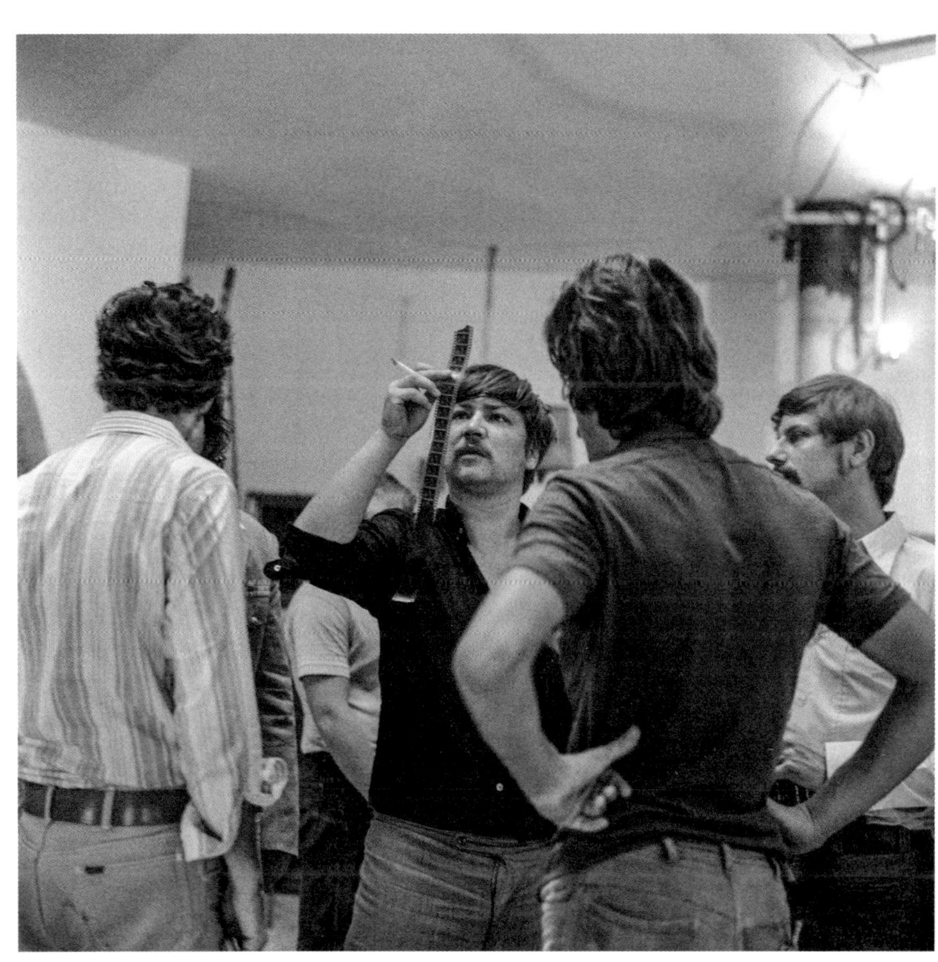

eter Kern Dieter Schidor Thea Eymesz Wolf Gremm Daniel Schmid Harry Baer
heinz Böhm Renate Leiffer Gerhard Zwerenz Hanna Schygulla Hans Hirschmüller
von Trotta Barbara Sukowa Thomas Schühly Ingrid Caven Michael Fengler
peter Irm Hermann Christoph Roser Rainer Langhans Magdalena Montezuma
Lilith Ungerer Elga Sorbas Rudolf Waldemar Brem Ulli Lommel Katrin Schaake
gsberg Molly von Fürstenberg (Kerstin Dobbertin) Yaak Karsunke Gunter Krää
allhaus Isolde Barth Ivan Desny Dirk Bogarde Marquard Bohm Karlheinz Braun
marie Düringer El Hedi ben Salem m'Barek Mohammed Mustafa Helga Feddersen
rich Gottfried John Roger Fritz Matthias Fuchs Peter Gauhe Giancarlo Giannini
Jacobsson Anna Karina Christine Kaufmann Michael König Gusti Kreissl
ch Eva Mattes Christiane Maybach Mascha Rabben Brigitte Mira Peter Moland
drea Schober Erik Schumann Walter Sedlmayr Herbert Steinmetz Armin Meier
u Rosel Zech Vitus Zeplichal Luggi Waldleitner Cornelia Froboess Jürgen Jürges
endlandt Günter Rohrbach Gisela Fackeldey Christian Hohoff Alexander Allerson
Teuber Anni Nöbauer Hannes Kaetner Doris Mattes Helmut Petigk Hilmar Thate
t Paetzold Liesgret Schmitt-Klink Jo Braun Rolf Bührmann Milan Bor Peter Knöpfle
ram Schütte Hans Günther Pflaum Christian Braad Thomsen Volker Schlöndorff
Sybille Danzer Marius Aicher Klaus Eckelt Burghard Schlicht Herb Andress
npke Beate Fischer-Weiskirch Manfred Oelschlegel Karsten Ullrich Rolf Müller
Peter Müller Christine Fritz Georg Kuhn Jim Willis Dieter Minx Christine de Loup
s-Reinhard Weiss Joachim Schulz Helmut Flieger Herbert Strabel Edwin Erfmann
erner Lüring Richard Eglseder Hans Stangl Kurt Schönwälder Angelika Deumling
ger Gerhard Nemetz Michael McLernon Olaf Schiefner Werner Asam Axel Bauer
Eva Madelung Gaetano Donizetti Gernot Krää Honorat Stangl An Dorthe Braker
Low Werner Maier Harry Rausch Evelyn Künneke Hans Zander Ulrich Radke
nz Vogelmann Michael Bohnstengel Wulf Gasthaus Peter Kollek Franz Buchrieser
rl Wolf-Dietrich Brücker Helga Fischer Susanne Philipp Walter E. Richarz
Reinhold Gruber Horst G. Tießler Ferdinand Bruckner Toni El Gitano Elke Koska
Ute Uellner Peter Schulz Ewald Sanden Valeska Gert Max Willutzki Josef Jung
Micha Cochina Konrad Hartmann David Morgan Holger Münzer Gisela Otto
Joachim Relin Amadeus Fengler Vinzenz Sterr Maria Sterr Peter Hamm
nery Hanna Schmidt Karl Baumgartner Michael Gordon Gustl Datz Lothar Dreher
endroth Martin Köberle Ulli Stangl Benjamin Lev Gianni Di Luigi Tanja Constantine
nzo Monteduro Mario Novelli Renato di Laudadio Marcello Zucchè Ralph Zucker
Enrico Simeone Andreas Schimek Maria Mastrocinque Ilse Zott Uta Wilhelm

Kunst- und Ausstellungshalle der Bundesrepublik Deutschland, Bonn
DFF – Deutsches Filminstitut & Filmmuseum, Frankfurt am Main
Rainer Werner Fassbinder Foundation, Berlin

Methode Rainer Werner Fassbinder

Eine Retrospektive

Inhalt

Methode

Theater

Film

Fernsehen

Musik

Rezeption

Weggefährtinnen und -gefährten

Vorwort

Den bildenden Künsten gilt die Aufmerksamkeit der Bundeskunsthalle wie gleichermaßen den darstellenden und angewandten künstlerischen Praxen, der Geistesgeschichte und relevanten Gesellschaftsfragen. Unser programmatisch schon seit jeher breites Spektrum im Ausstellungsbereich soll weiterhin so interdisziplinär wie möglich fortbestehen. Auch ist es uns ein Anliegen, die uns nachhaltig prägenden, großen Persönlichkeiten zu zeigen. Der Ausnahmekünstler Rainer Werner Fassbinder gehört unbedingt dazu, und so steht nicht nur eine filmische Retrospektive auf unserem Programm, sondern wir richten damit auch einem legendären Regisseur eine Ausstellung aus. Ihr zugrunde liegt der Anspruch, nicht nur seine professionelle Karriere darzustellen, sondern seinen Nachlass als kulturelles Erbe eines Künstlers zu würdigen, dessen Werk wie kein anderes so gnadenlos und scharfsinnig zugleich das Nachkriegsdeutschland porträtiert hat.

Rainer Werner Fassbinder (1945–1982) war in seinem kurzen Leben hochgradig produktiv und stets getrieben. Er galt als großartiger Inszenator und Enfant terrible, nicht nur der Filmbranche. Die widersprüchlichen 1960er- und 1970er-Jahre und deren gesellschaftliche Zerrissenheit zwischen Verdrängungsmodus und Rebellion könnten kaum besser als durch sein filmisches Vermächtnis gespiegelt werden.
Dies geschieht durch eine persönliche Perspektive auf das Private und das Öffentliche sowie deren gegenseitige Durchdringung. Immer wieder hat er Abbilder seines eigenen exzessiven Lebens verfilmt, mitsamt seinem unmittelbaren Umfeld und seinen Leidenschaften. Aber vor allem war er eine Ikone der Selbstdarstellung. Kaum ein anderer Regisseur hat sich derart in Szene gesetzt, für seine Entourage, für die Kamera und für sein Publikum.

Als Autodidakt hatte er trotz der Beeinflussung durch internationale Filmgrößen und den französischen Autorenfilm einen ganz eigenen Stil geprägt. Die eigene WG und ähnliche Interieurs, die Schwabinger Kneipen und Straßen, die Leere und die Langeweile, das Mörderische, Exzessive und der Hangover sind der Stoff, aus dem seine großen Filme gemacht sind. Seine unverkennbaren Bildwelten haben sich bei mir schon als junge »Münchner Nachbarin« in der persönlichen Erinnerung festgesetzt – weltweit hat sich Fassbinders Ästhetik in das kollektive Gedächtnis eingebrannt. In einem *Playboy*-Interview sagte Fassbinder im April 1978, er interessiere sich für alles, was ein Körper produzieren könne. Und damit meinte er all die emotional so nah beieinander liegenden psychologischen Extremsituationen: Liebe, Angst, Hysterie, Anziehungskraft, Verzweiflung, Scham, Zorn, Hass und vieles mehr. Aus diesem unendlichen Repertoire schöpfte er seine Filme.

Das Gesamtwerk seiner wenigen 37 Lebensjahre umfasst 45 Kurz-, Kino- und TV-Filme, darüber hinaus hat er 14 Theaterstücke und Hörspiele verfasst, weitere Skripte und sogar Musik geschrieben. Er erhielt zahlreiche Ehrungen, Preise und Auszeichnungen und war bei vielen großen internationalen Festivals mit seinen Werken im Wettbewerb. Es kann getrost behauptet werden, dass er einer der einflussreichsten Regisseure der Nachkriegszeit in Deutschland, der wichtigste Vertreter des Neuen Deutschen Films und Inspirator für Generationen weltweit war.

Aus seiner Hinterlassenschaft sind in der Bundeskunsthalle mehr als 850 Exponate, Dokumente, Fotografien, Filmausschnitte und Interviews mit Zeitzeugen versammelt. Begleitet wird die Ausstellung durch eine ausführlich recherchierte und bebilderte Timeline, die sein Werk in die Geschichte einbettet. Im vorliegenden Katalog spiegelt sich diese Auseinandersetzung in vielerlei Gastbeiträgen. Den Autorinnen und Autoren sei dafür sehr gedankt.

Unser großer Dank gilt unseren Kooperationspartnern und -partnerinnen, dem DFF – Deutsches Filminstitut & Filmmuseum in Frankfurt am Main mit der Direktorin Ellen M. Harrington sowie Juliane Maria Lorenz-Wehling, Präsidentin der Rainer Werner Fassbinder Foundation, für ihren unermüdlichen Einsatz rund um den Nachlass und das Weiterwirken des Filmemachers. Den Kurator*innen aus Frankfurt am Main, Hans-Peter Reichmann und Isabelle Bastian, verdanken wir die exzellente Expertise, die aus der jahrelangen intensiven Erforschung des Archivs resultiert. Ohne die großzügigen Leihgaben vieler Sammler, Sammlerinnen und Institutionen wäre das Projekt unmöglich in diesem Umfang zu realisieren gewesen. Allen Leihgeber*innen gilt daher mein tiefster Dank.
Großer Dank geht auch an Karl-Heinz Best und Meike Schermelleh, die in enger Zusammenarbeit mit dem kuratorischen Team für die Grafik des Katalogs und die Inszenierung der Ausstellung verantwortlich waren.

Im Haus möchte ich meiner Kollegin, der Kuratorin Susanne Kleine, sehr herzlich danken für ihr herausragendes, intensives Engagement an der Konzeption und Realisation, dem Filmprogramm und dem Katalog. Gemeinsam mit den Frankfurter Kolleg*innen ist ihr die Umsetzung einer umfangreichen und epochalen Ausstellung gelungen.
Dem gesamten Team der Bundeskunsthalle bin ich zu größtem Dank verpflichtet – seine außergewöhnliche Einsatzbereitschaft nährt das Vergnügen, gemeinsam zu arbeiten.

Posthum gilt mein ganzer Respekt dem Filmemacher für sein radikales, kompromissloses Werk, das er durch seine bedingungslose Hingabe an das Medium geschaffen hat. Ihn hat seine Zeit aufgehetzt, aber nicht weichwaschen können für Nichtssagendes. Anders gesagt: Fassbinder hat ein vielsagendes Œuvre hinterlassen, durchdrungen von der »Anarchie der Fantasie«.

Eva Kraus
Intendantin der Bundeskunsthalle

Vorwort

Rainer Werner Fassbinder wurde am 31. Mai 1945 in Bad Wörishofen in Bayern geboren, vier Jahre vor der Gründung des ursprünglichen Deutschen Instituts für Filmkunde (DIF), dem Vorgänger des heutigen DFF – Deutsches Filminstitut & Filmmuseum. Die erste Film-Institution im »neuen« Deutschland, das DIF, entstand im April 1949 in Wiesbaden, wo damals die Nachkriegs-Filmproduktion ihren Standort hatte. Mit offizieller Unterstützung der Verwaltung des amerikanischen Sektors begannen die ersten Mitarbeiter des DIF, das erhaltene, aber weit verstreute Erbe des deutschen Kinos zu sammeln.

Mehr als 70 Jahre danach ist Rainer Werner Fassbinder selbst eine Art Institution geworden, und das DFF wurde zur Heimat *seines* kinematografischen Erbes. Im Verlauf der Jahrzehnte ab der Mitte des 20. Jahrhunderts verlief die Entwicklung des Künstlers und der Institution in parallelen Bahnen, sie waren mit denselben gesellschaftlichen Auseinandersetzungen und politischen Ereignissen konfrontiert, blickten auf die Vergangenheit zurück und entwickelten neue Wege, Geschichten wahrzunehmen und zu erzählen. Fassbinder selbst hat einige Zeit in Frankfurt am Main gelebt, wo er hauptsächlich am Theater arbeitete, und in der Stadt ist heute sowohl das Filmmuseum als auch dessen neues Archiv- und Studienzentrum beheimatet, das die Sammlungen von mehr als 150 Filmschaffenden bewahrt. Mit dem Erwerb der Rainer Werner Fassbinder-Sammlung wurde 2019 das DFF Fassbinder Center zu seinen Ehren gegründet.

Im DFF Fassbinder Center können Studierende, Lehrende und Besucher*innen den Inhalt von 180 Archivboxen erforschen, die Schätze enthalten wie 25 Arbeitsskripte, 97 meist handgeschriebene Szenenfolgen, 118 handgeschriebene Dialoglisten, 16 Filmpläne, zahlreiche Produktionsunterlagen sowie Hunderte andere einzigartige Dokumente. Diese Sammlung von Originalmaterial ergänzt ein weiterer Schatz, eine Dauerleihgabe in Form eines zweiten Textarchivs mit Presseberichten, Fotos, Tonbandaufnahmen und anderen wertvollen Objekten, die die Rainer Werner Fassbinder Foundation (RWFF) zusammengetragen hat. Vergleichbare Sammlungen aus anderen Quellen gelangen weiterhin Stück für Stück in den Bestand des DFF. Dieses einzigartige Archiv bildet die Ausgangsbasis für die aktuelle Ausstellung in der Bundeskunsthalle, Bonn, und die Begleitpublikation, die Sie gerade in Händen halten.

Die Verbindung zwischen dem DFF und dem Leben und Werk von Rainer Werner Fassbinder wurzelt in der engen Verbindung zwischen unserem Senior-Kurator Hans-Peter Reichmann und Juliane Maria Lorenz-Wehling, der Präsidentin der RWFF, und in den zahlreichen von ihm angestoßenen und kuratierten Projekten, die Fassbinders Arbeit mithilfe faszinierender Ausstellungen und Publikationen lebendig werden ließen. Die erste dieser Ausstellungen fand 1992 statt, mit einer großen Präsentation/Installation am Berliner Alexanderplatz, gefolgt von der Ausstellung *Fassbinder – Jetzt!* im Deutschen Filmmuseum in Frankfurt am Main (2013) und im Martin-Gropius-Bau in Berlin (2015).

Das übergreifende Anliegen dieser Ausstellung ist es, dem Publikum Fassbinder und seine Zeit näherzubringen, seine Dynamik und Einzigartigkeit, sein umfangreiches und facettenreiches Œuvre, das ganz verschiedene Sparten umfasst, und seine anhaltende Bedeutung für die Filmwelt. Die Besucherinnen und Besucher – sowohl die Kenner*innen als auch die Neulinge – sind eingeladen, das unermessliche kreative Potenzial dieses einzigartigen Künstlers kennenzulernen. Wir im DFF sind stolz darauf, bei dieser eindrucksvollen Ausstellung mit unseren hochgeschätzten Kollegen und Kolleginnen der Bundeskunsthalle zusammenarbeiten zu können, ihrer Intendantin Eva Kraus sowie ihrem Vorgänger Rein Wolfs, und vor allem mit unserer bewährten Partnerin Juliane Maria Lorenz-Wehling. Besonders gedankt sei dem Kuratorenteam aus Frankfurt am Main und Bonn: Hans-Peter Reichmann, Isabelle Bastian und Susanne Kleine.

Danke auch an Karl-Heinz Best (mind the gap! design) und Meike Schermelleh (Supportarchitekten), die für die Grafik und Gestaltung der Ausstellung verantwortlich zeichnen.

Ich möchte Sie ermutigen, sich intensiv mit diesem reichhaltigen Katalog zu befassen und dem Besuch der Ausstellung einen langen, erlebnisreichen Tag zu widmen. Nach dieser Erfahrung werden Sie die Welt mit anderen Augen sehen.

Ellen M. Harrington
Direktorin des DFF – Deutsches Filminstitut & Filmmuseum

Grußwort

Spätestens 2018, als ich das Privileg hatte, der Premiere der europäischen Retrospektive *The Cleaner* über die Arbeiten der mir seit Jahren vertrauten Künstlerin und Freundin Marina Abramović beizuwohnen, war mir bewusst, welch großartige Räumlichkeiten der Kunst- und Ausstellungshalle in Bonn zur Verfügung stehen. Dieser Eindruck vertiefte sich, als ich die darauffolgende Ausstellung *Kino der Moderne: Film in der Weimarer Republik* besuchte. Eher nebenbei hatte mich bereits bei Marinas Ausstellung der damalige Intendant der Bundeskunsthalle, Rein Wolfs, gefragt, ob die Fassbinder Foundation sich vorstellen könne, gemeinsam mit der Bundeskunsthalle eine Ausstellung und Filmretrospektive über einen anderen weltbekannten Künstlers auszurichten. Wer könnte diesem schönen Vorschlag widerstehen?

Nach einem ersten gemeinsamen Gespräch gelang es der federführenden Kuratorin Susanne Kleine mit den Kuratoren des DFF – Deutsches Filminstitut & Filmmuseum in Frankfurt am Main, Hans-Peter Reichmann und Isabelle Bastian, dieses Ausstellungs- und Publikationsvorhaben zu konkretisieren.

Ausgangspunkt sollte nicht nur ein Rückblick auf das künstlerische Schaffen Rainer Werner Fassbinders innerhalb der ersten Nachkriegsgeneration in der damaligen Bundesrepublik Deutschland sein. Auch sein Einfluss auf die ihm nachfolgende Künstlergeneration sollte spürbar werden, denn er war bereits zu seinen Lebzeiten ein Vorbild für junge Künstler*innen, gleichgültig, in welcher Disziplin. Bis heute, nahezu 40 Jahre nach seinem Tod, ist Fassbinder nach wie vor aktuell! Dazu kommen fortwährende wissenschaftliche Auseinandersetzungen mit seinen Werken, was dazu führte, dass die Fassbinder Foundation, in Kooperation mit dem DFF, 2019 das Fassbinder Center in Frankfurt am Main gründete, in dem sich seitdem das Fassbinder Archiv befindet und allen Interessierten, Filmwissenschaftler*innen wie Laien, zugänglich ist.

Die aktuelle Ausstellung in der Bundeskunsthalle ist ein weiterer Schritt, Fassbinders Erbe und seine Schilderung/sein Bild der ehemaligen BRD an eine heutige Generation weiterzuvermitteln, sie zu inspirieren, anzuregen und dabei zu unterstützen, sich mit ihrer Gegenwart auseinanderzusetzen.

In diesem Zusammenhang darf ich den Kunst- und Zeitgeistvermittlern der beiden kooperierenden Häuser DFF und Bundeskunsthalle, allen voran den Kurator*innen Isabelle Bastian, Susanne Kleine und Hans-Peter Reichmann, zur mehr als nur gelungenen Ausstellung und der vorliegenden Publikation gratulieren. Danken möchte ich außerdem Rein Wolfs, der amtierenden Intendantin der Bundeskunsthalle, Eva Kraus, sowie den Mitgliedern des Verwaltungsrates des DFF, insbesondere dessen Vorständen, der Direktorin Ellen M. Harrington und Aurélio de Sousa für ihr Engagement bei diesem Kooperationsprojekt. Auch einem langjährigen Freund und zugleich Pionier der Videokunst, Marcel Odenbach, sei herzlich für seine spannenden Anregungen gedankt sowie dem RWFF-Team, allen voran Antonio Exacoustos und Jendrik Walendy.

Juliane Maria Lorenz-Wehling
Präsidentin der Rainer Werner Fassbinder Foundation

FASSBINDER, MONSTRE DEVORÉ

Le Monde, 20.9.1975

Berserker der Filmemacherei

Süddeutsche Zeitung, 11.6.1982

ER WILL DIE ANARCHIE

Hanauer Anzeiger, 25.11.1969

Der bundesdeutsche Dauerfilmer

Neue Zürcher Zeitung (NZZ), 28.3.1976

Deutschlands fruchtbarster Film- und Theatermacher

Abendzeitung (AZ), 3.2.1972

Er brennt wie eine große Wunderkerze

DIE ZEIT, 15.1.1976

Genie oder Schluderei?

Frankfurter Allgemeine Zeitung, 17.12.1976

Der sanfte Kaputtmacher

Lui, 11/1979

Das bundesrepublikanische Wunderkind

Frankfurter Allgemeine Zeitung, 30.5.1974

The messiah of the new German film

The New York Times, 16.2.1977

Des Schlechten zuviel

DIE ZEIT, 8.2.1974

DÜRRES POLIT-THEATER

Süddeutsche Zeitung, 28.10.1970

Filmt so spontan, wie andere Tagebuch schreiben

Stern, 22.2.1979

Anarchistische Revolutions-Spielerei

Die Wahrheit, 28.10.1970

Ein Außenseiter schockt das Fernsehen

TV Hören und Sehen, 24.10.1970

Fassbinder is one of the true originals of modern cinema

The Times, 6.7.1978

SÄUFER UND GENIE

stern, 16.8.1970

Derzeit das emsigste, originellste und vielseitigste Jungtalent in München

Abendzeitung, 6.5.1969

The Most Original Talent Since Godard

The New York Times, 6.3.1977

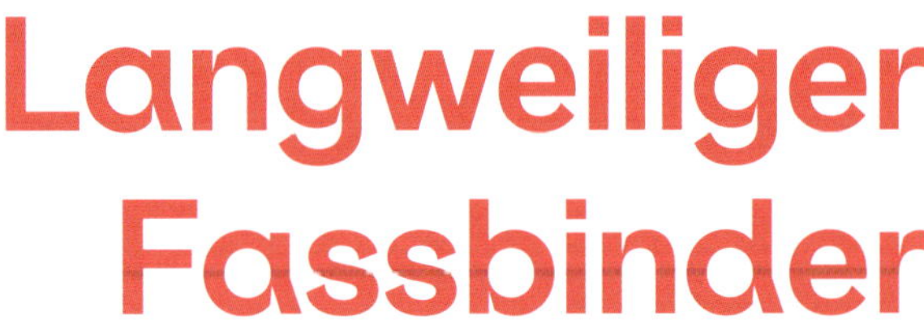

Abendzeitung, 28.6.1972

Der sanfte Fassbinder

DER SPIEGEL, 23.10.1972

Die wohl überraschendste Karriere im deutschen Kulturbetrieb

Frankfurter Neue Presse, 15.1.1971

Fassbinders Fließband

epd Kirche und Fernsehen, 29.5.1971

Hätschelkind der deutschen Dramaturgen

Kölner Stadt-Anzeiger, 16.10.1973

Deutschlands produktivster Filmregisseur

Frankfurter Rundschau, 21.8.1981

ALLROUNDGENIE

Frankfurter Allgemeine Zeitung, 28.1.1970

Extremely intelligent

The New Yorker, 19.3.1979

Eine merkwürdige Mischung aus urbayerischer Direktheit, verschmitztem Managertum, sensiblem Künstler und Eulenspiegel

Frankfurter Allgemeine Zeitung, 11.6.1970

Müder Wunderknabe

ZEITmagazin, 8.6.1973

BÜRGERSCHRECK

Bild + Funk, 13.10.1973

Grob, genial und gefährlich

Stuttgarter Zeitung, 16.1.1981

Das Herz des Neuen deutschen Films

Frankfurter Rundschau, 19.6.1982

Fassbinders Fehltritt

Süddeutsche Zeitung, 7.5.1975

Enfant terrible des deutschen Theaters

Rheinischer Merkur, 19.6.1970

Liebling des Kulturbetriebs

Medium, 12/1976

Methode

»Man muss zumindest versuchen zu beschreiben, was man nicht verändern kann.«

Rainer Werner Fassbinder

»Je weniger Geld da ist, umso weniger Möglichkeiten hat man, rein technisch, umso mehr muss man sich auf das konzentrieren, was man eben mit einer starren Kamera oder mit einer Fahrt aus einem Auto oder mit einem Schwenk machen kann.«

Corinna Brocher, Die Gruppe, die trotzdem keine war (1973), in: Robert Fischer (Hg.), Fassbinder über Fassbinder. Die ungekürzten Interviews, Frankfurt a.M.: Verlag der Autoren, 2004, S. 131.

»Ich bin dafür, ganz einfache Sachen zu machen. Aber sie müssen trotzdem schön sein.«

Corinna Brocher, Die Gruppe, die trotzdem keine war (1973), in: Robert Fischer (Hg.), Fassbinder über Fassbinder. Die ungekürzten Interviews, Frankfurt a.M.: Verlag der Autoren, 2004, S. 181.

»Alles Vernünftige interessiert mich nicht.«

Wolfgang Limmer/Fritz Rumler, »Alles Vernünftige interessiert mich nicht« (1980), in: Robert Fischer (Hg.), Fassbinder über Fassbinder. Die ungekürzten Interviews, Frankfurt a.M.: Verlag der Autoren, 2004, S. 493.

»Man wird nicht mit einer festen, sich allmählich erschöpfenden Menge an Dingen geboren, die man zu sagen hat. Alles hängt ab von dem Grad an Bewusstsein, mit dem man sein Leben lebt. Was meine Arbeit nährt, ist mein Leben: die Menschen, denen ich begegne, meine Träume und die Bücher, die ich lese.«

Nicolas Mangue (1978), in: Robert Fischer (Hg.), Fassbinder über Fassbinder. Die ungekürzten Interviews, Frankfurt a.M.: Verlag der Autoren, 2004, S. 13.

»[...] ich bin gegen Karikaturen, und ich bin gegen Parodien.«

Wilfried Wiegand, »Ich weiß über nichts als über den Menschen Bescheid« (1974), in: Robert Fischer (Hg.), Fassbinder über Fassbinder. Die ungekürzten Interviews, Frankfurt a.M.: Verlag der Autoren, 2004, S. 288.

»Zu Spiegeln hatte ich immer ein besonderes Verhältnis, weil Spiegel eine Szene mit verschiedenen Leuten in einer Einstellung brechen und weil sie gleichzeitig die Aufmerksamkeit auf einen ganz bestimmten Punkt richten. Sie richten den Schwerpunkt auf das, was wichtig ist. Das alles passiert gleichzeitig.«

John Hughes/Brooks Riley, Ein neuer Realismus (1975), in: Robert Fischer (Hg.), Fassbinder über Fassbinder. Die ungekürzten Interviews, Frankfurt a.M.: Verlag der Autoren, 2004, S. 347.

»Ich bin in dem Maße ehrlich, in dem mich die Gesellschaft ehrlich sein lässt.«

Peter W. Jansen, »Ich bin in dem Maße ehrlich, in dem mich die Gesellschaft ehrlich sein lässt« (1978), in: Robert Fischer (Hg.), Fassbinder über Fassbinder. Die ungekürzten Interviews, Frankfurt a.M.: Verlag der Autoren, 2004, S. 421.

»Für mich waren diese Glaswände, durch die man auf der einen Seite durchsieht, die aber auf der anderen Seite undurchsichtig sind, ein Symbol, um klarzumachen, dass etwas dazwischen ist, eben eine Möglichkeit die Geschichte auf einer anderen Ebene, über Gegenstände, zu erzählen.«

Wolfgang Limmer/Fritz Rumler, »Alles Vernünftige interessiert mich nicht« (1980), in: Robert Fischer (Hg.), Fassbinder über Fassbinder. Die ungekürzten Interviews, Frankfurt a.M.: Verlag der Autoren, 2004, S. 536–537.

»Ich versuche nie, die Wirklichkeit zu reproduzieren, sondern mein Ziel ist es, Mechanismen transparent zu machen, damit den Leuten klar wird, dass sie ihre Wirklichkeit verändern müssen.«

Christian Braad Thomsen, »Ich will, dass man diesen Film liest« (1974), in: Robert Fischer (Hg.), Fassbinder über Fassbinder. Die ungekürzten Interviews, Frankfurt a.M.: Verlag der Autoren, 2004, S. 311.

»Die Sprache, mit der wir uns heute verständigen, ist sicher nicht die Sprache, die man in einer freien Gesellschaft benutzen wird. Eine freie Gesellschaft wird sicher eine andere Sprache haben. Und deshalb steht einem beim Versuch zu formulieren, wie man sich das vorstellt, auch die Sprache im Weg, denn man spricht von morgen in einer Sprache von heute. Und die Sprache von heute reicht gerade nur dazu aus, um das Heute beschreiben zu können. Das, was man sich vorstellen kann, ist in der Sprache nicht enthalten, sondern ist im Unterbewusstsein gespeichert.«

Christian Braad Thomsen, »Bestimmte Erzählformen sind nicht ungefährlich« (1980), in: Robert Fischer (Hg.), Fassbinder über Fassbinder. Die ungekürzten Interviews, Frankfurt a.M.: Verlag der Autoren, 2004, S. 488.

»Ich glaube, dass man nicht in Sätze kleiden kann, wie ich Regie führe. Daraus lässt sich keine ›Schule‹ machen.«

Bion Steinborn/Rüdiger von Naso, »Ich bin das Glück dieser Erde« (1982), in: Robert Fischer (Hg.), Fassbinder über Fassbinder. Die ungekürzten Interviews, Frankfurt a.M.: Verlag der Autoren, 2004, S. 594.

»Wenn ich eine Geschichte finde, die besser ausgedacht ist, als ich es selber hätte tun können, dann benutze ich sie.«

Tony Rayns, »Das Publikum muss zufrieden sein« (1975), in: Robert Fischer (Hg.), Fassbinder über Fassbinder. Die ungekürzten Interviews, Frankfurt a.M.: Verlag der Autoren, 2004, S. 335.

»Ich nehme Frauen ernster, als es Regisseure sonst tun. Für mich sind die Frauen nicht nur dazu da, Männer in Gang zu setzen, diese Objektfunktion haben sie nicht. Das ist überhaupt eine Haltung des Kinos, die ich verachte. Und ich zeige eben, dass die Frauen mehr als Männer gezwungen sind, zu zum Teil ekelhaften Mitteln zu greifen, um dieser Objektfunktion zu entgehen.«

Rainer Werner Fassbinder und Hella Schlumberger, »Ich habe mich mit meinen Filmfiguren verändert.« Ein Gespräch mit Hella Schlumberger über Arbeit und Liebe, die Ausbeutbarkeit der Gefühle und die Sehnsucht nach einer Utopie, in: Michael Töteberg (Hg.), Rainer Werner Fassbinder. Die Anarchie der Phantasie. Gespräche und Interviews, Frankfurt a.M.: Fischer Taschenbuch Verlag, 1986, S. 108–128, hier S. 113f.

»Aber jetzt geht es mir darum zu zeigen, wie man sich wehren kann und es trotzdem irgendwie schafft. Heute glaub ich eher, dass man, wenn man diese deprimierenden Verhältnisse nur reproduziert, sie damit verstärkt. Deshalb sollte man eher die herrschenden Verhältnisse so durchschaubar darstellen, dass sie bewusst werden, und zeigen, dass sie überwunden werden können.«

Christian Braad Thomsen, Die Ästhetik der Hoffnung (1973), in: Robert Fischer (Hg.), Fassbinder über Fassbinder. Die ungekürzten Interviews, Frankfurt a.M.: Verlag der Autoren, 2004, S. 263.

»[...] bei uns zu Hause [gab's] niemals die normalen Kinder- und Bilderbücher. [...] Bilderbücher waren für mich die Dürer-Bände, die da lagen, oder Altdorfer oder Michelangelo. Das waren meine Bilderbücher.«

Wolfgang Limmer/Fritz Rumler, »Alles Vernünftige interessiert mich nicht« (1980), in: Robert Fischer (Hg.), Fassbinder über Fassbinder. Die ungekürzten Interviews, Frankfurt a.M.: Verlag der Autoren, 2004, S. 498.

»Die Gesamtheit des Werkes muss etwas Spezielles aussagen über die Zeit, in der sie entstanden ist [...] sonst ist es wertlos.«

Norbert Sparrow, »Ich lasse die Zuschauer fühlen und denken« (1977), in: Robert Fischer (Hg.), Fassbinder über Fassbinder. Die ungekürzten Interviews, Frankfurt a.M.: Verlag der Autoren, 2004, S. 413.

»Manchmal ist es einfacher, mehr über den Unterdrücker zu begreifen, indem man das Verhalten des Unterdrückten zeigt und seine – ihre – Methode, damit fertig zu werden.«

Pawel Pawlikowski, Filme als Antwort auf bestimmte Entwicklungen (1982), in: Robert Fischer (Hg.), Fassbinder über Fassbinder. Die ungekürzten Interviews, Frankfurt: a.M. Verlag der Autoren, 2004, S. 583.

»Ich würde eher so einen wie Alexander Kluge mit [Bertolt] Brecht vergleichen und mich selber mit [Ödön von] Horvath. Kluges Verfremdung ist intellektuell wie Brechts, während meine stilistisch ist.«

Christian Braad Thomsen, »Meine Filme handeln von Abhängigkeit« (1971), in: Robert Fischer (Hg.), Fassbinder über Fassbinder. Die ungekürzten Interviews, Frankfurt a.M.: Verlag der Autoren, 2004, S. 224.

»Ich sehne mich nach ein bisschen Naivität, aber das gibt es hier [in Deutschland] nicht. [...] auch innerhalb meiner Filme gibt es beträchtliche Unterschiede. Der Grad an Stilisierung wächst mit dem Verhältnis zur Künstlichkeit des Themas.«

Tony Rayns, »Das Publikum muss zufrieden sein« (1975), in: Robert Fischer (Hg.), Fassbinder über Fassbinder. Die ungekürzten Interviews, Frankfurt a.M.: Verlag der Autoren, 2004, S. 333f.

»[F]ür mich war immer wichtig, Filme über Menschen und deren Verhältnis zueinander zu drehen, über deren Abhängigkeit voneinander und ihre Abhängigkeit von der Gesellschaft.«

Christian Braad Thomsen, »Meine Filme handeln von Abhängigkeit« (1971), in: Robert Fischer (Hg.), Fassbinder über Fassbinder. Die ungekürzten Interviews, Frankfurt a.M.: Verlag der Autoren, 2004, S. 224.

»Der Realismus, den ich meine und den ich will, das ist der, der im Kopf der Zuschauer passiert, und nicht der, der da auf der Leinwand ist, der interessiert mich überhaupt nicht, den haben die Leute ja jeden Tag. Was ich will, ist ein offener Realismus [...].«

Wilfried Wiegand, »Ich weiß über nichts als über den Menschen Bescheid« (1974), in: Robert Fischer (Hg.), Fassbinder über Fassbinder. Die ungekürzten Interviews, Frankfurt a.M.: Verlag der Autoren, 2004, S. 293.

»Ich finde, dass die Frau, das erzwungene Verhalten der Frauen in dieser Gesellschaft, mehr über die Gesellschaft sagt als die Männer, als das Verhalten der Männer, die gern so leben, als wäre alles in Ordnung.«

Georges Bensoussan, »Wir sitzen auf einem Vulkan« (1981), in: Robert Fischer (Hg.), Fassbinder über Fassbinder. Die ungekürzten Interviews, Frankfurt a.M.: Verlag der Autoren, 2004, S. 570.

Berlin am 24.5.66

Sehr geehrter Herr L.,

da Sie als Produzent sicher sehr wenig Zeit haben, möchte ich mich nocheinmal ganz besonders für das doch recht lange und freundliche Gespräch bedanken.

Unsere gemeinsame Freude an Chagall ehrt mich, und daher habe ich mit großer Sorgfalt das seiner Bilder ausgesucht, das mich im Moment am meisten anregte, es zu verfilmen. Es ist „Das Mädchen auf dem Pferd“.

Möglichst kurz die Handlung. Es ist eine Romeo - und Julia - Geschichte, die auch ein wenig an das „Käthchen von Heilbronn“ erinnern soll, das ich sehr liebe.

Alexis und Jeanne haben sich auf einem Volksfest gesehen und wußten gleich, daß sie zueinander gehören. Aber die Familien sind zerstritten und so sperrt der Vater seine Tochter ein.

Der junge Mann jedoch ist nicht von seiner Hoffnung abzubringen, Tag für Tag verbringt er vor ihrem Haus und schließlich schläft er sogar dort.

Da verliert ihr Vater die Geduld und macht einen grausamen Vorschlag. Sie dürfen sich sehen und lieben, auf dem Marktplatz, der Junge wird Geige spielen, das Mädchen auf einem Pferd sitzen. Und solange sie beide dazu die Kraft haben, solange wird die Liebe dauern.

Das Mädchen wird in ein Kloster kommen, der Junge hat sie zu vergessen.

Es kommt zu der Szene auf dem Marktplatz, aber die Menschen, vorher noch bereit über die beiden zu lachen, haben plötzlich erkannt, daß hier etwas Großes vorgeht und sind zu Hause geblieben.

Die beiden sind allein auf dem Marktplatz. Sie sitzt auf dem Pferd, das ausharren wird, er spielt Geige.

Das über die Geschichte und es ist sicher nicht leicht, sie filmisch zu verarbeiten, aber wenn Sie mir ein paar kleine Wünsche gestatten und erfüllen können, dann glaube ich doch, daß mir ein schöner Film gelingen wird.

Zuerst die Darsteller. Das Mädchen würde ich gerne, so irgend möglich, von Anna Karina spielen lassen, den jungen Mann von einem Schauspieler, der noch nicht bekannt ist, dessen Kunst ich aber sehr schätze und den ich überhaupt dabei haben sollte, wenn ich arbeite. Es wird ihm möglich sein.

Als Drehort wähle ich Bad Wimpfen, einen kleinen Ort in Baden, nahe Heilbronn. Sie mögen ihn vielleicht nicht kennen, aber Bad Wimpfen ist eine Stadt, in der meine Geschichte tatsächlich passieren oder passiert sein könnte.

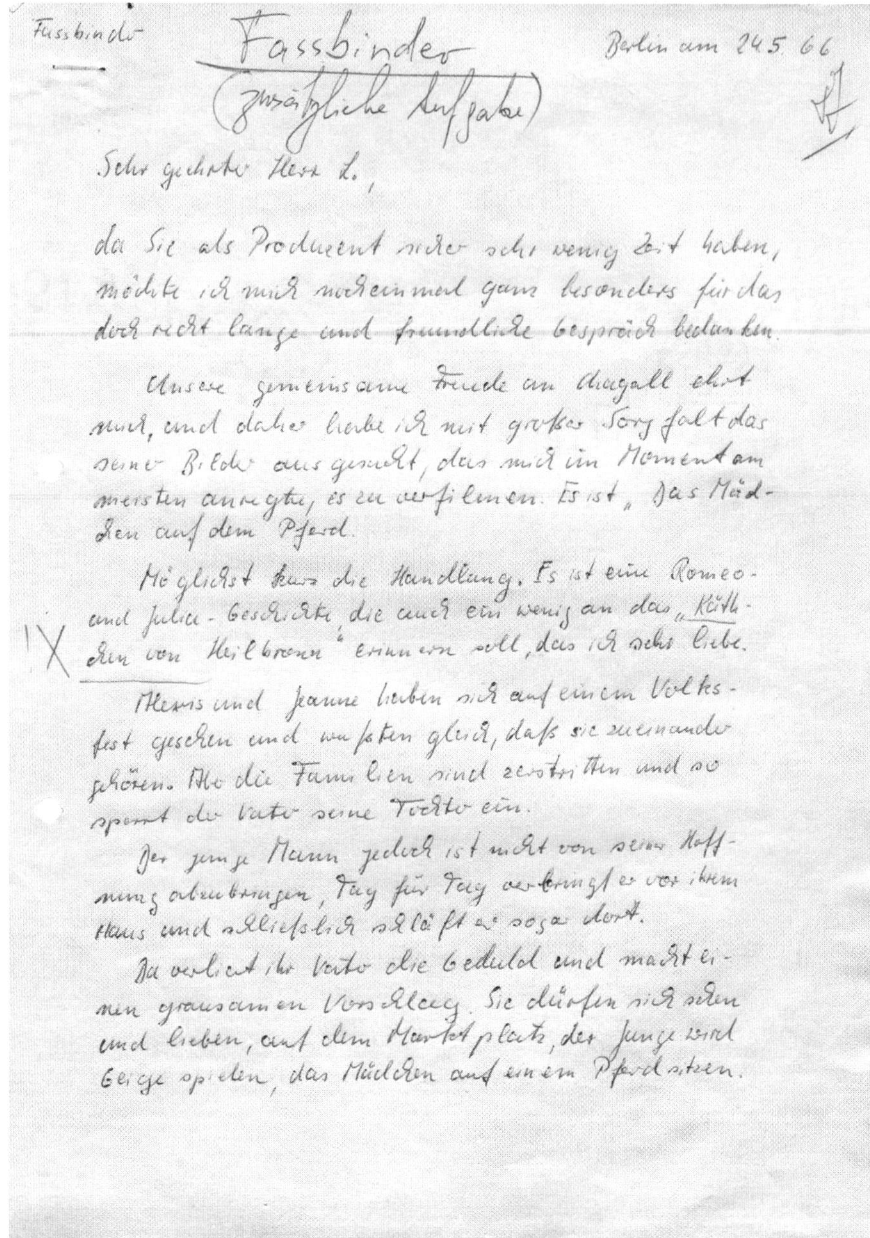

Fassbinder

Fassbinder (zusätzliche Aufgabe)

Berlin am 24.5.66

Sehr geehrter Herr L.,

da Sie als Produzent sicher sehr wenig Zeit haben, möchte ich mich nocheinmal ganz besonders für das doch recht lange und freundliche Gespräch bedanken.

Unsere gemeinsame Freude an Chagall ehrt mich, und daher habe ich mit großer Sorgfalt das seiner Bilder ausgesucht, das mich im Moment am meisten anregte, es zu verfilmen. Es ist „Das Mädchen auf dem Pferd.

Möglichst kurz die Handlung. Es ist eine Romeo- und Julia-Geschichte, die auch ein wenig an das „Käthchen von Heilbronn“ erinnern soll, das ich sehr liebe.

Alexis und Jeanne haben sich auf einem Volksfest gesehen und wußten gleich, daß sie zueinander gehören. Aber die Familien sind zerstritten und so sperrt der Vater seine Tochter ein.

Der junge Mann jedoch ist nicht von seiner Hoffnung abzubringen, Tag für Tag verbringt er vor ihrem Haus und schließlich schläft er sogar dort.

Da verliert ihr Vater die Geduld und macht einen grausamen Vorschlag. Sie dürfen sich sehen und lieben, auf dem Marktplatz, der Junge wird Geige spielen, das Mädchen auf einem Pferd sitzen.

Ich sähe auch während der Dreharbeiten gerne jeden Tag einen Film, außerdem wäre ich für einen kleinen Vorschuß auf die Gage dankbar, ich habe oft arg Hunger.

Auch mit reiflicher Überlegung fallen mir nicht mehr Bedingungen ein, die ich stellen könnte. Ich bin sicher unter diesen diesen Voraussetzungen eine gute Arbeit abzuliefern.

Mit hoffnungsvollen Grüßen
Ihr R. Fassbinder

Und solange sie beide dann die Kraft haben, solange wird die Liebe dauern.

Das Mädchen wird in ein Kloster kommen, der Junge hat sie zu vergessen.

Es kommt zu der Szene auf dem Marktplatz, aber die Menschen, vorher noch bereit über die beiden zu lachen, haben plötzlich erkannt, daß hier etwas Großes vorgeht und sind zu Hause geblieben.

Die beiden sind allein auf dem Marktplatz. Sie sitzt auf dem Pferd, das aus [illegible] wird, er spielt Geige.

Das wär die Geschichte und es ist sicher nicht leicht, sie filmisch zu verarbeiten, aber wenn Sie mir ein paar kleine Wünsche gestatten und erfüllen können, dann glaube ich doch, daß mir ein schöner Film gelingen wird.

Zuerst die Darsteller. Das Mädchen würde ich gerne, so irgend möglich, von Anna Karina spielen lassen, den jungen Mann von einem Schauspieler, der noch nicht bekannt ist,

dessen Kunst ich aber sehr schätze und den ich überhaupt dabei haben sollte, wenn ich arbeite. Es wird ihm möglich sein.

Als Drehort wähle ich Bad Wimpfen, einen kleinen Ort in Baden, nahe Heilbronn. Sie mögen ihn vielleicht nicht kennen, aber Bad Wimpfen ist eine Stadt, in der meine Geschichte tatsächlich passieren oder passiert sein könnte.

Ich sähe auch während der Dreharbeiten gerne jeden Tag einen Film, außerdem wäre ich für einen kleinen Vorschuß auf die Gage dankbar, ich habe oft arg Hunger.

Auch mit reiflicher Überlegung fallen mir nicht mehr Bedingungen ein, die ich stellen könnte. Ich bin sicher, unter diesen Voraussetzungen eine gute Arbeit abzuliefern.

Mit hoffnungsvollen Grüßen

Ihr R. Fassbinder

↑ Fassbinder verfasst den Brief an einen fiktiven Produzenten als Teil seiner Bewerbungsprüfung an der Deutschen Film- und Fernsehakademie, Berlin (DFFB), 1966.

Widerstand

Terror im Büchner-Theater ! Bei der Premiere am 1.8.1968 Hat der Besitzer vom Theater Waehrend der Vorstellung das Licht geloescht obgleich das antiteater einen vertrag fuer zehn vorstellungen mit dem buechnertheater hatte dem antiteater war zur Auflage gemacht worden kein politisches theater zu machen eine auflage mit der man schon grundsaetzlich nicht einverstanden sein kann und so wurde versucht die verbogene Kunstauffassung einer Kunstgewerbeindustrie zu der auch das Büchner-Theater gehört zu entlarven u. ihre ekelhaft verdummende und vernebelnde wirkung zu zeigen dieser versuch muss als einigermassen gelungen angesehen werden was Herrn Berningers Unterbrechung der Vorstellung beweist. Er hat verstanden, dass der Angriff auch ihm galt und er hat gehandelt, wie sie alle handeln, die die Macht dazu haben er hat unterdrueckt was nicht in die eigene ideologie paßte er hat nicht diskutiert er hat terror ausgeübt rwf

Das antiteater spielt ”ORGIE UBUH” heute 20.30 Uhr im Theater 44, Hohenzollernstr. 20, Tel. 33 96 28. Weitere Spielorte und Daten werden in der Tagespresse bekanntgegeben.

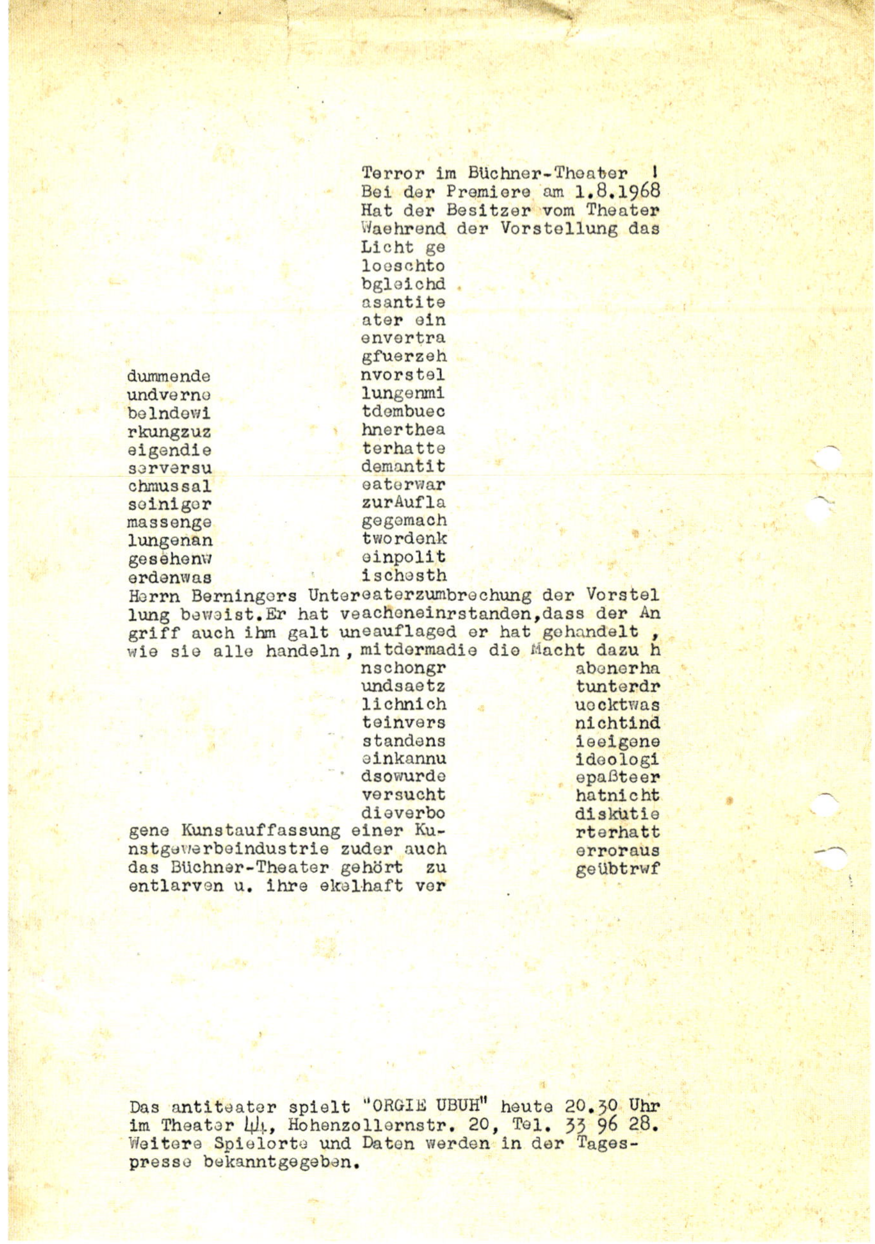

Terror im Büchner-Theater !
Bei der Premiere am 1.8.1968
Hat der Besitzer vom Theater
Waehrend der Vorstellung das
Licht ge
loeschto
bgleichd
asantite
ater ein
envertra
gfuerzeh
dummende nvorstel
undverne lungenmi
belndewi tdembuec
rkungzuz hnerthea
eigendie terhatte
serversu demantit
chmussal eaterwar
seiniger zurAufla
massenge gegemach
lungenan twordenk
gesehenw einpolit
erdenwas ischesth
Herrn Berningers Untereaterzumbrechung der Vorstel
lung beweist.Er hat veacheneinrstanden,dass der An
griff auch ihm galt uneauflaged er hat gehandelt ,
wie sie alle handeln , mitdermadie die Macht dazu h
nschongr abenerha
undsaetz tunterdr
lichnich uecktwas
teinvers nichtind
standens ieeigene
einkannu ideologi
dsowurde epaßteer
versucht hatnicht
dieverbo diskutie
gene Kunstauffassung einer Ku- rterhatt
nstgewerbeindustrie zuder auch erroraus
das Büchner-Theater gehört zu geübtrwf
entlarven u. ihre ekelhaft ver

Das antiteater spielt "ORGIE UBUH" heute 20.30 Uhr im Theater 44, Hohenzollernstr. 20, Tel. 33 96 28. Weitere Spielorte und Daten werden in der Tagespresse bekanntgegeben.

↑ Aus dem action-theater, zu dem Fassbinder 1967 stößt, geht 1968 das antiteater hervor. Die Spielorte der Truppe sind nicht fest, Aufführungen finden u.a. im Hinterzimmer der Kneipe »Witwe Bolte« in München, in der Münchner Kunstakademie, den Münchner Kammerspielen, dem Forum-Theater in Berlin und dem Büchner-Theater in München statt. In letzterem erlegte der Besitzer Helmut Berninger dem antiteater auf, kein politisches Theater zu machen. Während der Premiere von *Orgie Ubuh* kommt es zum Eklat: Berninger bricht die Aufführung ab, indem er das Licht löscht und die Truppe rausschmeißt. Mit dem Flugblatt kommentiert Fassbinder den Vorfall und lädt zu weiteren Aufführungen im Theater 44 ein.

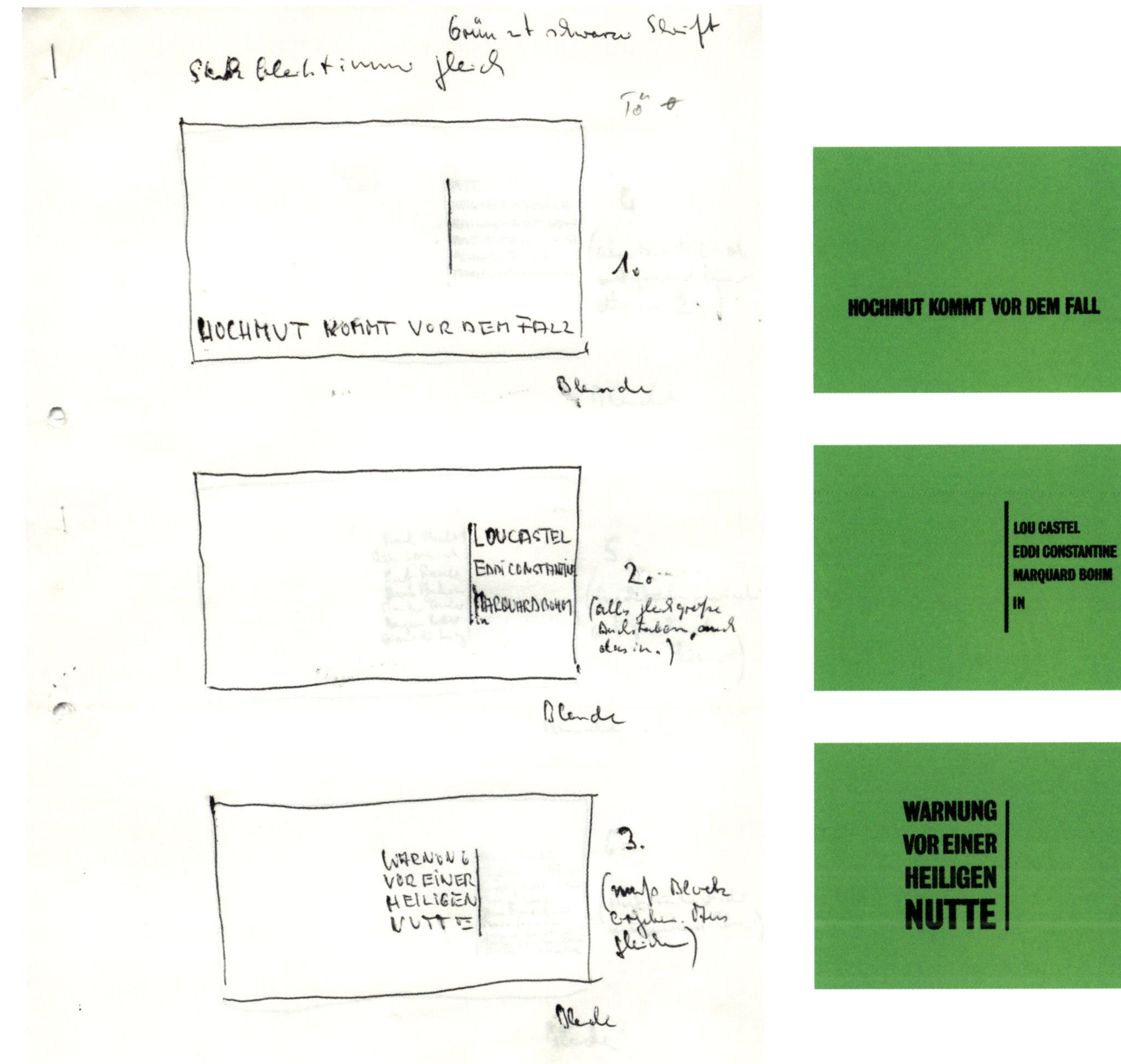

↑ Fassbinder gestaltet meist die Titel seiner Filme. Er skizziert Einstellungen, die Reihenfolge der Namensnennung und den Rhythmus, in dem der Text einzublenden ist. Die Titelsequenz von **WARNUNG VOR EINER HEILIGEN NUTTE** entwirft er in schwarzer Schrift auf grünem Hintergrund. Das Zitat »Hochmut kommt vor dem Fall« steht vor den drei männlichen Hauptdarstellern, erst dann folgt die Nennung des Titels.

Organisation

»Wir bezahlen pro Szene 800– DM. Davon müssen wir für die Hälfte um eine Beteiligung am Nettorückfluss der Fa. Tango Film bitten. Jeder der Beteiligten muß wissen, daß seine Beteiligung nicht erst nach Abdeckung der endgültigen Kosten zu Gunsten der Tango-Film zum Tragen kommt, sondern bereits ab der ersten Mark, die an die Tango-Film als Netto-Rückfluss vom Filmverlag der Autoren eingeht. Die Beteiligung betrifft ausdrücklich nur den prozentualen Anteil unserer Firma und nicht etwa Gelder, die brutto in den Kinos oder im Verleih ein [weiter auf dem Notizzettel] gehen. Der prozentuale Anteil der Fa. Tango-Film beträgt … %. Nach der Endabrechnung wird jedem Einzelnen der Endkostenstand und damit die genaue Bedeutung in Prozent seiner Rückstellung mitgeteilt. Auf ausdrücklichen und dringenden Wunsch R.W.F' werden Hanna Schygulla, Günther Kaufmann und Claus Holm voll ausbezahlt – und wenn er dafür eine Bank ausrauben müßte …«

↑ ← Fassbinder skizziert das Auszahlungsmodell als Vorstufe für eine vertragliche Vereinbarung auf das Verso eines Telegramms und auf einen ausgerissenen Notizzettel.

← Den Zettel scheint Fassbinder aus einem Notizblock ausgerissen zu haben, in dem er Dialoge oder sonstige, im Film **DIE DRITTE GENERATION** verwendete Texte notiert hat.

MONTAG, 15.1.79 Drehbeginn 13^{00}

1. Einwohnermeldeamt — Susanne/Hilde/Rudolf
2. Autofriedhof — Hilde/Petra/Ilse

DIENSTAG, 16.1.79 Drehbeginn 11^{00}

1. Friedhof — Franz, Bernhard, Gast
2. Rest. Überfall Lenz — Susanne, Edgar, Hilde, Rudolf
3. Schöneberger Rathaus II — Petra/August
4. Telephonzelle — August

Mittwoch, 17.1.79 Drehbeginn 9^{00}

1. Villa Gast (2) — Edgar/Opa/Mutter/Baby
2. Villa Gast (46) — Bernhard/Opa/Mutter
3. Villa Gast (11) — Susanne/Edgar/Opa/Mutter/Gast Baby

Donnerstag 18.1.79 Drehbeginn 10^{00}

1. Kneipe (17 ex-Wald) — August/Paul
2. Kneipe (Teil 52) — August/Bernhard/Franz

Freitag 19.1.79 frei

Samstag 20.1.79 Drehbeginn 12^{00}

1. Whng. Vielhaber (3 ex-Schule) — Petra/Hilde
2. Whng. Vielhaber — Petra

SUSANNE	16 3	16 3
HILDE	18 2	17 2
PETRA	10 7	9 7
RUDOLF	14 4	14 4
EDGAR	12 6	12 6
PAUL	8 11	8 10
AUGUST	20 1	19 1
FRANZ	9 8	9 8
BERNHARD	12 5	12 5
ILSE	8 10	7 11
LENZ	8 9	8 9
GAST	7 12	7 12
OPA	4 13	3 13
MUTTER	4 14	3 14
HANS	2 15	2 15

FA 1 Berlin 05:43

4. Bär
12 Bohm
7. Carstensen
9. Constantine
15 Draeger
10 Gimenez
13 Holm
8. Kaufmann
6. Kier
2. Ogier
14 Pempeit

3. Schygulla
1. Spengler 9.
11. Yszlo
5. Zeplichal

Das Telegramm besteht aus insgesamt 3 Blättern. Auf weiteren Rückseiten des Telegramms notiert Fassbinder die Tagesdisposition vom 15. Januar 1979 und umreißt die Anzahl der Szenen pro Rolle für den Drehplan. Dazu notiert er die prozentuale Beteiligung der Schauspieler*innen.

In Bildern denken

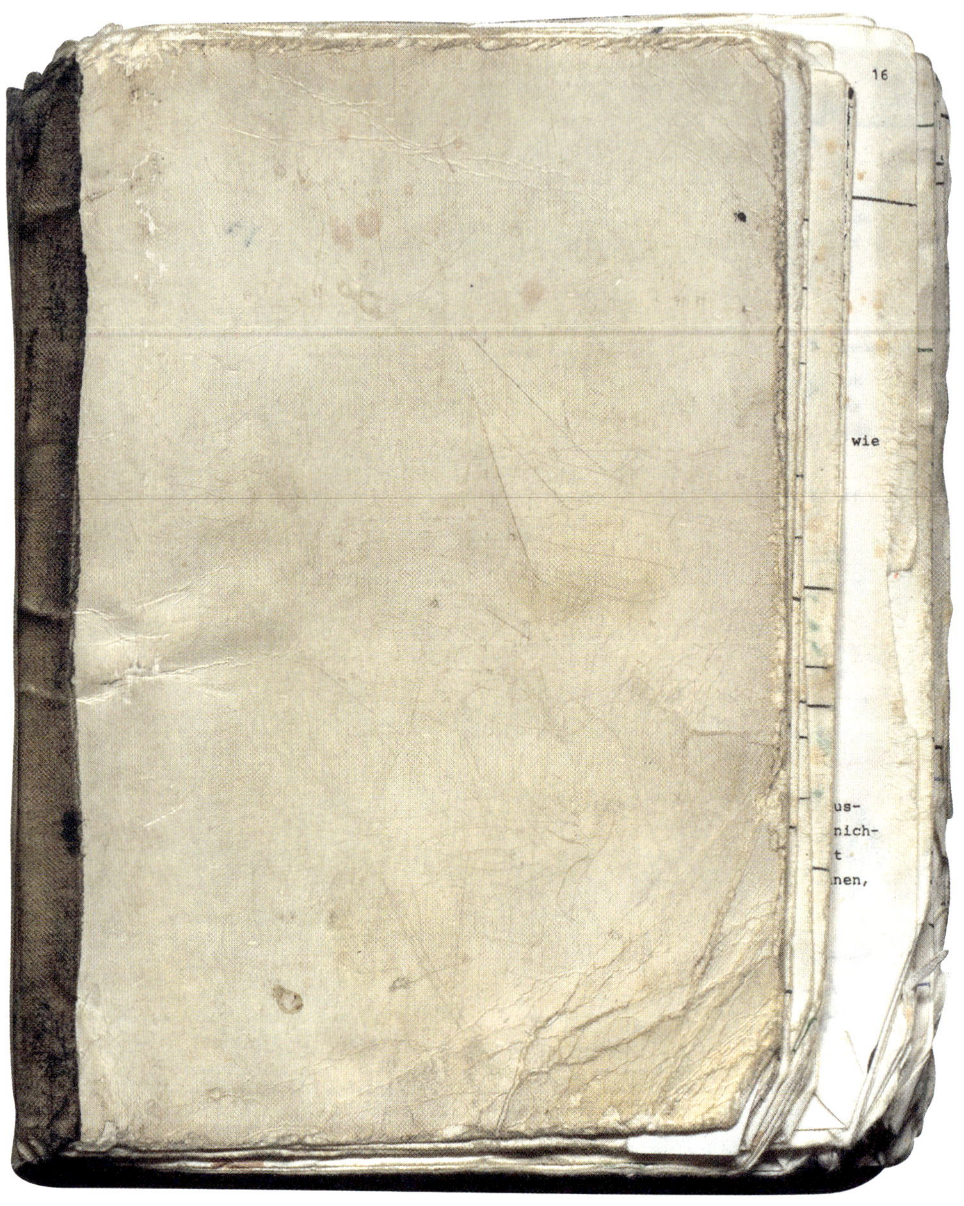

↑ Fassbinder schreibt in seine Drehbücher präzise Kameraeinstellungen. Trotzdem kommen viele Ideen zu Einstellungen und Dialogen spontan am Set. Das Drehbuch zu **LILI MARLEEN** lässt er sich auf das Format DIN A6 verkleinern, um es beim Drehen, in seiner Hosentasche verstaut, immer griffbereit zu haben. Ins Drehbuch notiert er zusätzliche Dialoge und Kameraeinstellungen.

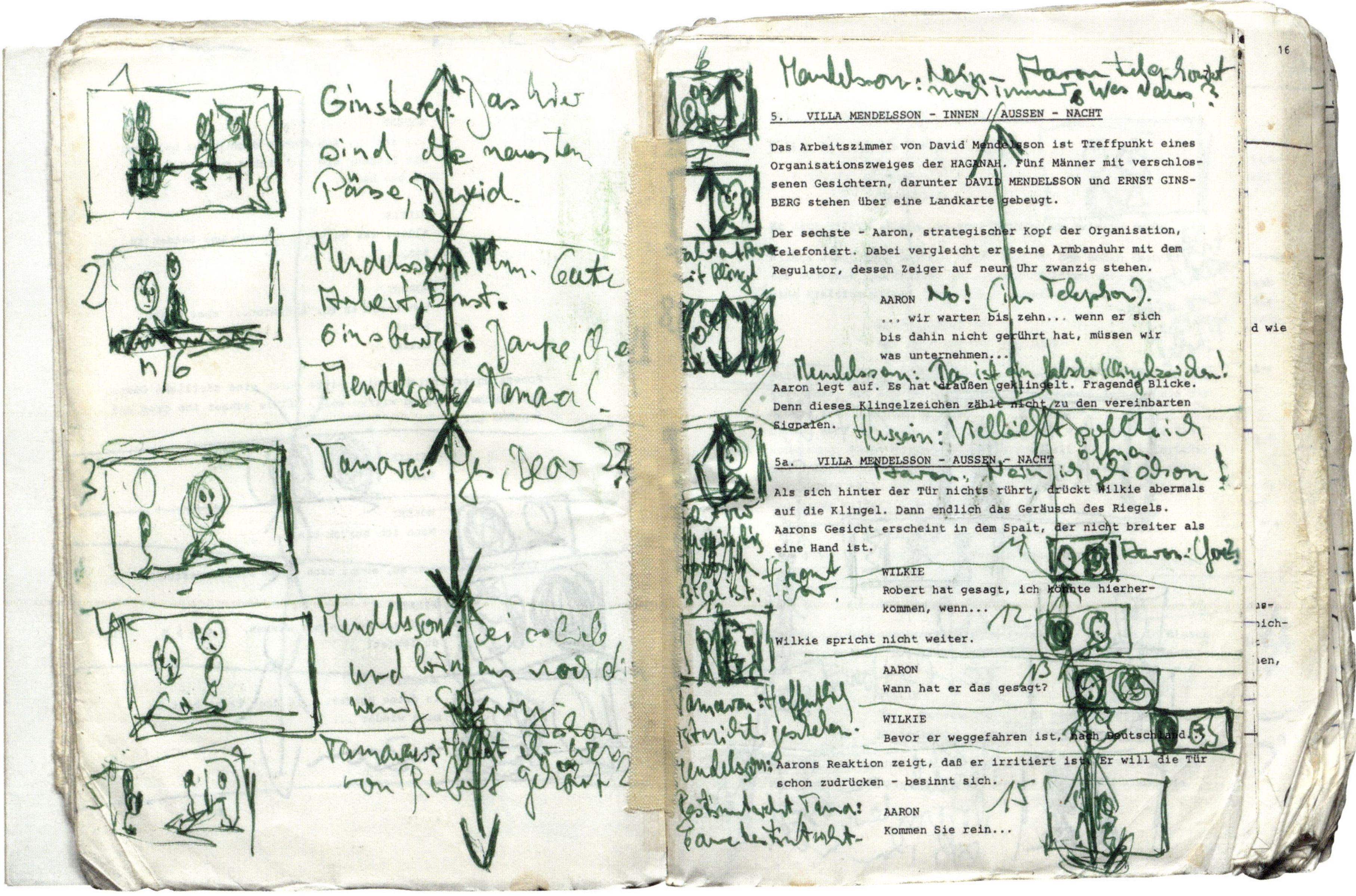

5. VILLA MENDELSSON - INNEN // AUSSEN - NACHT

Das Arbeitszimmer von David Mendelsson ist Treffpunkt eines Organisationszweiges der HAGANAH. Fünf Männer mit verschlossenen Gesichtern, darunter DAVID MENDELSSON und ERNST GINSBERG stehen über eine Landkarte gebeugt.

Der sechste - Aaron, strategischer Kopf der Organisation, telefoniert. Dabei vergleicht er seine Armbanduhr mit dem Regulator, dessen Zeiger auf neun Uhr zwanzig stehen.

AARON
... wir warten bis zehn... wenn er sich bis dahin nicht gerührt hat, müssen wir was unternehmen...

Aaron legt auf. Es hat draußen geklingelt. Fragende Blicke. Denn dieses Klingelzeichen zählt nicht zu den vereinbarten Signalen.

5a. VILLA MENDELSSON - AUSSEN - NACHT

Als sich hinter der Tür nichts rührt, drückt Wilkie abermals auf die Klingel. Dann endlich das Geräusch des Riegels. Aarons Gesicht erscheint in dem Spalt, der nicht breiter als eine Hand ist.

WILKIE
Robert hat gesagt, ich könnte hierherkommen, wenn...

Wilkie spricht nicht weiter.

AARON
Wann hat er das gesagt?

WILKIE
Bevor er weggefahren ist, nach Deutschland.

Aarons Reaktion zeigt, daß er irritiert ist. Er will die Tür schon zudrücken - besinnt sich.

AARON
Kommen Sie rein...

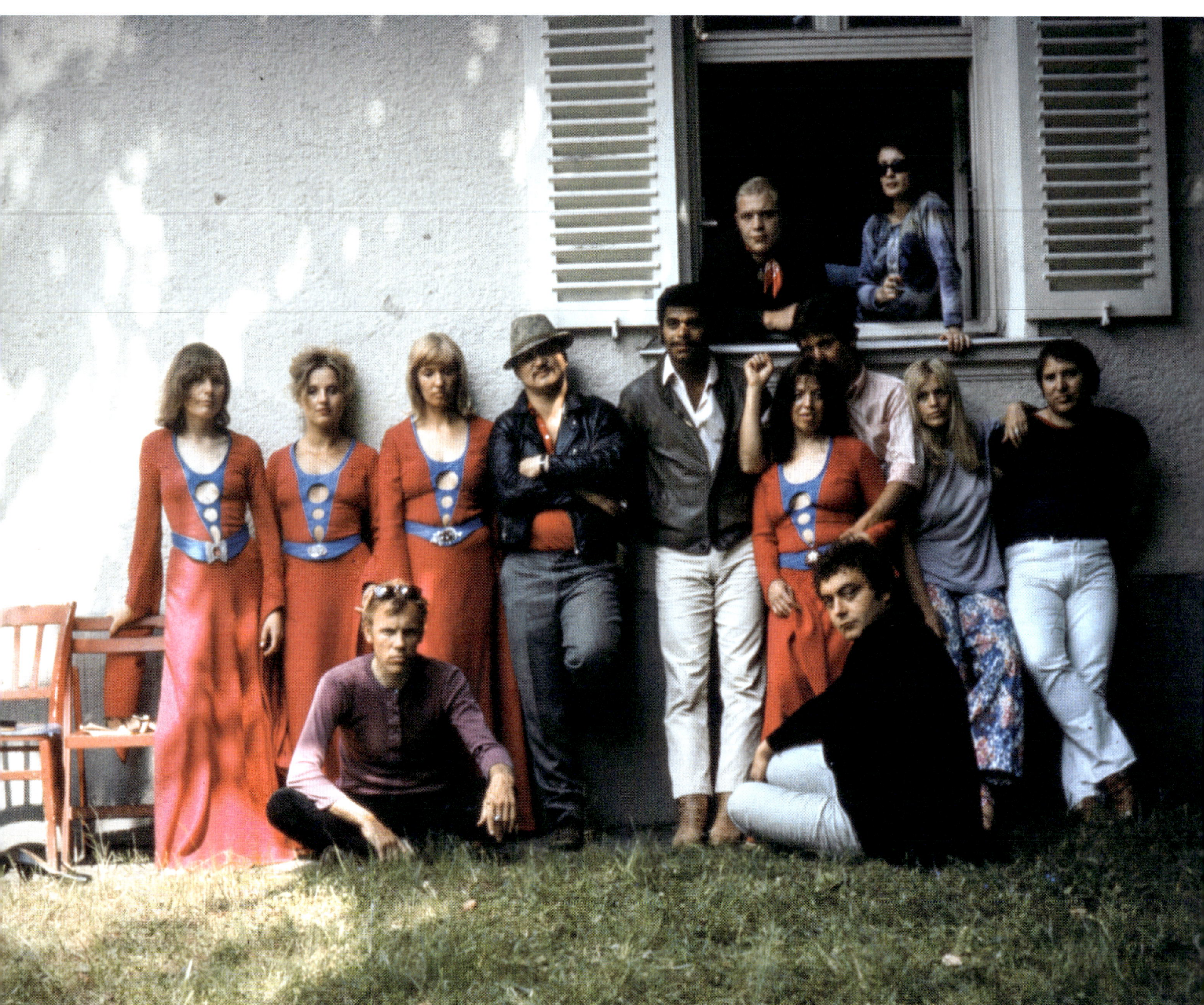

Hans-Peter Reichmann
Isabelle Louise Bastian
Susanne Kleine

Zeit. Personen. Werk. Die Methode Rainer Werner Fassbinder

Über Rainer Werner Fassbinder zu schreiben bedeutet, sich einem »Phänomen«, fast einem Mythos zu nähern, einer Persönlichkeit, deren Komplexität tiefen Respekt fordert. Es ist schon viel gesagt und geschrieben worden, und vielschichtige Analysen zu den verschiedensten Aspekten seiner Werke wurden verfasst, sodass wir uns die Aufgabe gestellt haben, eine Ausstellung und einen Katalog zu konzipieren, die den Versuch einer Analyse bzw. Sichtbarmachung seiner sehr eigenen Methode in Werk und Leben unternehmen. Auch das Hinterfragen des »Bildes« von Fassbinder, die Reflexion über verbreitete Stereotypen und Klischees sind uns ein großes Anliegen – so ist vielleicht nur wenigen bekannt, dass er allein aufgrund seines ausgeprägten Ordnungswillens und der klaren Strukturierung seiner Arbeit – eine seiner methodischen Vorgehensweisen – in der Lage war, seine Filme in all ihren Facetten, in Qualität und Quantität zu realisieren. 1978 bestätigt er dies selbst: »Was das Filmemachen anbetrifft oder das Arbeiten an sich, da bin ich ein ordentlicher Mensch, ja.«[1]

Hinlänglich bekannt ist jedoch, dass Fassbinder, der mit nur 37 Jahren starb, in den wenigen Jahren von 1966 bis 1982 45 Filme wie ANGST ESSEN SEELE AUF oder DIE EHE DER MARIA BRAUN gedreht hat, inklusive mehrteiliger Fernsehproduktionen, wie ACHT STUNDEN SIND KEIN TAG oder BERLIN ALEXANDERPLATZ. 26 Filme hat er selbst oder koproduziert, in 21 Filmen anderer Regisseure sowie in 19 eigenen ist er als Darsteller bzw. Gast aufgetreten. Darüber hinaus hat Fassbinder 14 Theaterstücke geschrieben, 6 neu bearbeitet und 25 inszeniert, 4 Hörspiele und 37 Drehbücher verfasst sowie an 13 Drehbüchern mit anderen Autoren zusammengearbeitet. Wie in einem Rausch scheint er die 1970er-Jahre hindurch gearbeitet zu haben – so umfangreich ist sein Œuvre.

Fassbinder war ein Ausnahmekünstler, dem in seinen Werken die Synthese aus radikaler Subjektivität und gesellschaftlicher Analyse gelang. Er setzte sie als Methode ein und insze-

← DIE NIKLASHAUSER FART In einer Drehpause: Vorn, v.l.n.r.: Michael Fengler, Kurt Raab. Mitte: Margit Carstensen, Hanna Schygulla, Kerstin Dobbertin (d.i. Molly von Fürstenberg), Rainer Werner Fassbinder, Günther Kaufmann, Ursula Strätz, Harry Baer, Elga Sorbas, Peer Raben. Hinten: Rudolf Waldemar Brem, Ingrid Caven

1 Rainer Werner Fassbinder in: Peter W. Jansen, »Ich bin in dem Maße ehrlich, in dem mich die Gesellschaft ehrlich sein lässt« (1978), in: Robert Fischer (Hg.), Fassbinder über Fassbinder. Die ungekürzten Interviews, Verlag der Autoren: Frankfurt am Main, 2004, S. 441.

nierte sie. Er lebte und forderte Intensität. Seine manchmal sperrige, kritische Haltung bei gleichzeitig liebevoller Darstellung und Zeichnung seiner Charaktere, ohne Unterscheidung ihrer jeweiligen Milieus, war respektvoll und von beispielloser Konsequenz. Seine Bildsprache changiert von Beginn an virtuos zwischen Theater, Film/Fernsehen und Zeitdokument.

Er war Regisseur, Filmproduzent, Schauspieler und Autor zugleich und gilt als einer der wichtigsten Vertreter des Neuen Deutschen Films.«[2] Wie kaum ein anderer Künstler hat er durch sein Werk das intellektuelle Bild von und über Nachkriegsdeutschland geprägt und inspiriert. In seinen Filmen ging es Fassbinder immer darum, das Allgemeine durch das Besondere aufzuzeigen: »Aber gerade weil sie so spezifisch und national sind und weil sie versuchen, das Land zu beschreiben, in dem sie gemacht werden, in dem ich lebe, sagen sie auch etwas über Demokratien ganz allgemein.«[3] Die kontroverse Diskussion über sein Werk und seine Person schon zu Lebzeiten gehörte dazu. Seine Exponiertheit, seine kreative Unangepasstheit, klare Direktheit und künstlerische Radikalität führten zu inzwischen legendären Filmen, Fernseh- und Theaterstücken, die sich ins kollektive Bildgedächtnis eingeschrieben haben.

Auch das System der Theater-, Film- und Fernsehproduktion der 1960er- bis 80er-Jahre ist an seinem Werk ablesbar, das in den Bereich der öffentlichen Produktionen eine innovative Qualität einbrachte, denkt man nur an die Serie BERLIN ALEXANDERPLATZ als inhaltlich innovatives Fernsehformat.

In der Ausstellung werden seine Biografie und sein Werk mit dem gesamtgesellschaftlichen System der Bundesrepublik Deutschland – als Spiegel dessen – verwoben: Dokumente und Fotografien ermöglichen eine Kontextualisierung. »Die Gesamtheit des Werkes muss etwas Spezielles aussagen über die Zeit, in der sie entstanden ist […], sonst ist es wertlos«[4], sagte er selbst 1977, und seine Arbeiten belegen, wie untrennbar sein Werk mit der bundesrepublikanischen Geschichte vor allem der 1950er- bis 70er-Jahre verbunden ist. Sein (gesellschafts-)politisch hellwacher Verstand, sein analytisches Verständnis von Geschichte waren die Grundvoraussetzung für viele seiner Werke – neben seiner profunden kulturhistorischen Bildung. Die chronologische Reise von 1945 bis 1982 hilft, ein Verständnis für Fassbinders Filme zu entwickeln, und umgekehrt vergegenwärtigen seine Arbeiten das damalige Klima in der BRD und verankern sie dort sehr eindeutig.

Fassbinder, am 31. Mai 1945 – direkt nach der deutschen Kapitulation – geboren, erlebte die emotionalen und realen Auswirkungen der Nachkriegszeit unmittelbar; sie fließen später direkt und indirekt in sein Werk ein. In seinen Filmen, besonders in der sogenannten BRD-Trilogie, versuchte er als Seismograf die gesellschaftliche Stimmung zu erfassen und offenzulegen. Mit DEUTSCHLAND IM HERBST und DIE DRITTE GENERATION setzte er sich explizit mit dem Deutschen Herbst und der Roten Armee Fraktion (RAF) auseinander. In DIE NIKLASHAUSER FART wird die Geschichte des Laienpredigers Hans Böhm, der im 15. Jahrhundert Anhänger um sich scharte und zur Revolution aufrief, collageartig mit der 68er-Bewegung verknüpft. Mit FONTANE EFFI BRIEST geht seine Rückschau in die wilhelminische Zeit. Das Bürgertum und seine erstarkenden und starren sozialen Normen wären auch in »Soll und Haben« nach Gustav Freytag behandelt worden – eines von vielen Projekten, die im Laufe von Fassbinders kurzer Schaffenszeit nicht mehr realisiert wurden. Zuletzt arbeitete er an einer Biografie über Rosa Luxemburg – ein Projekt, das sein unerwartet früher Tod 1982 beendete.

Politik war für Fassbinder eine Frage der Haltung zu den Verhältnissen, in denen jeder Einzelne lebt, und immer auch deren Hinterfragung. Dies verlangte er auch seinen Mitstreiter*innen ab, besonders in der frühen Theaterzeit. Mit ihnen wollte er gemeinschaftliche Konzepte erarbeiten, in denen »jeder Einzelne die Möglichkeit haben sollte, seine Beziehung zu dem Inhalt zu spielen […]«[5]. Das erweiterte, familiäre System seines intensiv gelebten »Kollektivs«, der »Kommune« oder auch »Gruppe«, wie er selbst sagte, spielt eine Rolle in der Ausstellung und im vorliegenden Katalog. Die »Familienbildung« hatte Methode und erinnert im gesellschaftlichen Kontext neuer Lebensformen mit der Gründung der Kommune 1 im Jahr 1967 ein wenig an Andy Warhols Verständnis künstlerischer Produktionsmöglichkeiten und seine »Factory« – persönlich trifft Fassbinder Warhol allerdings erst 1982 in Berlin bei den Dreharbeiten zu QUERELLE.

Fassbinder arbeitete mit einem relativ stabilen Stab von Darsteller*innen, Musikern und Bühnenbildnern und war eben kein

2 In den 1960er- und 1970er-Jahren; prägende Regisseure waren Rainer Werner Fassbinder, Werner Herzog, Alexander Kluge, Hansjürgen Pohland, Rosa von Praunheim, Edgar Reitz, Volker Schlöndorff, Werner Schroeter, Hans-Jürgen Syberberg und Wim Wenders. Beeinflusst wurde der Neue Deutsche Film von Jean-Luc Godard und der französischen Nouvelle Vague. Er entstand im Kontext der 1968er-Protestbewegung.

3 Rainer Werner Fassbinder in: Georges Bensoussan, »Wir sitzen auf einem Vulkan« (1981), in: Fischer (wie Anm. 1), S. 559.

4 Rainer Werner Fassbinder in: Norbert Sparrow, »Ich lasse die Zuschauer fühlen und denken (1977)«, in: Fischer (wie Anm. 1), S. 413.

5 Rainer Werner Fassbinder in: Corinna Brocher, Die Gruppe, die trotzdem keine war (1973), in: Fischer (wie Anm. 1), S. 36.

6 Rainer Werner Fassbinder in: Corinna Brocher, Die Gruppe, die trotzdem keine war (1973), in: Fischer (wie Anm. 1), S. 40.

7 Rainer Werner Fassbinder in: Corinna Brocher, Die Gruppe, die trotzdem keine war (1973), in: Fischer (wie Anm. 1), S. 134.

8 Rainer Werner Fassbinder in Wolfgang Limmer/Fritz Rumler, »Alles Vernünftige interessiert mich nicht« (1980), in: Fischer (wie Anm. 1), S. 493.

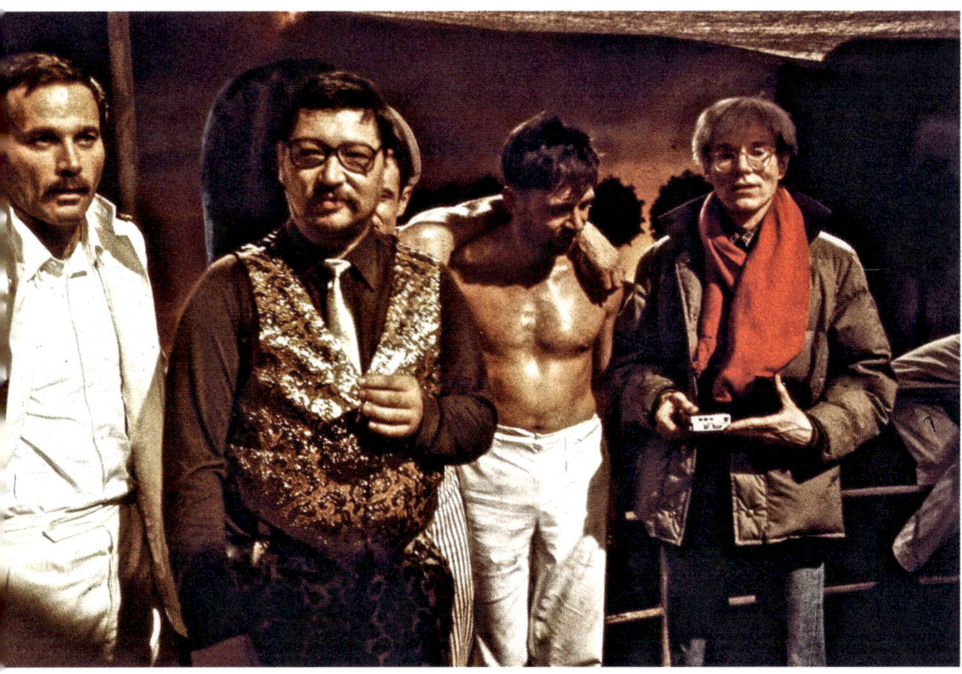

↑ Während der Dreharbeiten zu QUERELLE: Franco Nero, Rainer Werner Fassbinder, Brad Davis (verdeckt), Dieter Schidor, Andy Warhol

genialischer Solitär. Ohne diese für ihn lebensnotwendige Gemeinschaft und ihr soziales Gefüge – auch später in anderen Konstellationen – wären seine Werke nicht denkbar! Seit seiner Zeit im Münchner action-theater fand er in Peer Raben einen künstlerischen Wahlverwandten. »[...] ich hab auch noch bei vielen Dingen ihn um Rat gefragt, also war er auch noch sehr beteiligt an den Dingen. Ich hab sehr lange Zeit Dinge bis ins Kleinste mit ihm besprochen und hab mir da auch sehr viel Rückhalt geholt.«[6] Mit ihm bearbeitete und inszenierte er Stücke, später übernahm Raben die Buchhaltung in der gemeinsamen Produktionsfirma antiteater-X-film GmbH. Er war im Frühwerk das organisatorische Rückgrat der künstlerischen Unternehmungen. Größte Bekanntheit erlangte Raben für die Musiken, die er für viele Fassbinder-Filme komponierte. Andere wichtige Akteure aus den Anfangstagen Fassbinders wie Harry Baer, Ingrid Caven, Irm Hermann, Kurt Raab und Hanna Schygulla begleiteten ihn teilweise während seiner gesamten Schaffenszeit, ebenso wie seine Mutter, Liselotte Eder.

Spielten in seinen Stücken in den frühen action-theater- und antiteater-Zeiten meist Laiendarsteller, erweiterte sich der Kreis sehr schnell um professionelle Akteure. Vom Kameramann Dietrich Lohmann über Schauspieler*innen wie Margit Carstensen, die Fassbinder während seiner *Kaffeehaus*-Inszenierung am Bremer Schauspiel kennenlernte: »Das war schon eine ganz wichtige Erfahrung für uns, dass wir gesehen haben, man kann tatsächlich auch mit Schauspielern arbeiten, die nicht Gruppenmitglieder sind, man kann auch mit denen was Spezielles und Spezifisches und Eigenartiges erarbeiten.«[7] In spätere Bühnen- und Filmarbeiten integrierte Fassbinder auch sogenannte »Altstars« wie Karlheinz Böhm, Luise Ullrich oder Brigitte Mira. Später erweiterte sich der Kreis um internationale, nicht deutschsprachige Stars wie Dirk Bogarde, Franco Nero und Jeanne Moreau. Weiterhin verfolgte er auch das Prinzip, Freunde und Familie um sich zu haben, und besetzte seine Lebensgefährten wie Günther Kaufmann, El Hedi Ben Salem m'Barek Mohammed Mustafa und Armin Meier.

Das künstlerische, kreative, produktive Epizentrum der gemeinsamen Arbeit aber war und blieb Fassbinder, der viele in seinen Schaffensrausch mit hineinzog. Dabei ging es in der »Familie« nicht immer fair und gleichberechtigt zu. Fassbinder setzte seine Ideen und Vorstellungen oft ohne Rücksicht auf persönliche Befindlichkeiten durch, verfolgte eine schonungslose, grenzüberschreitende Ausbeutung seiner selbst und erwartete dies unausgesprochen auch von seinen Mitstreiter*innen. Wer nicht mitzog, fiel aus dem System heraus – beruflich und privat. Nicht wenige gingen im Streit, einige wurden regelrecht verstoßen, wenn sie in Ungnade fielen (oft reichte schon der Wunsch, an anderen Projekten als den Fassbinder'schen mitarbeiten zu wollen). So brutal diese Trennungen oft waren – sie blieben nicht immer endgültig, auch wenn Versöhnung und Rehabilitation erst Jahre später erfolgten.

Einig waren sich alle: Er zog sie an, er zog sie mit, er stieß sie auch wieder ab. Lobeshymnen und bittere Abrechnungen: Diese Polarisierung findet sich auch in seiner »Familie«, sogar noch in der Rückschau, 40 Jahre nach seinem Tod.

Unser Ziel ist es, auf eine Spurensuche zu gehen und Fassbinder auch einem breiteren Publikum in all seinen Facetten vorzustellen – untrennbar verbunden mit der deutschen Kultur, Gesellschaft und Politik. Beleuchtet werden außerdem filmische, literarische und musikalische Vorbilder und Quellen, die Fassbinder stark prägten und deren Einflüsse sein Werk durchziehen, z.B. der des amerikanischen Regisseurs Douglas Sirk, dessen Melodramen Fassbinder als Blaupause für die eigene filmische Erzählung dienten.

In allen Werken wird dem Betrachter subtil oder ganz offen der Spiegel vorgehalten. »Alles Vernünftige interessiert mich nicht«, sagt er 1980[8], und so sind viele seiner Bilder und Themen – wie Antisemitismus, Migration oder Rollenklischees, toxische Beziehungen, Spießertum, Tristesse und Queerness – radikal, innovativ, außerge-

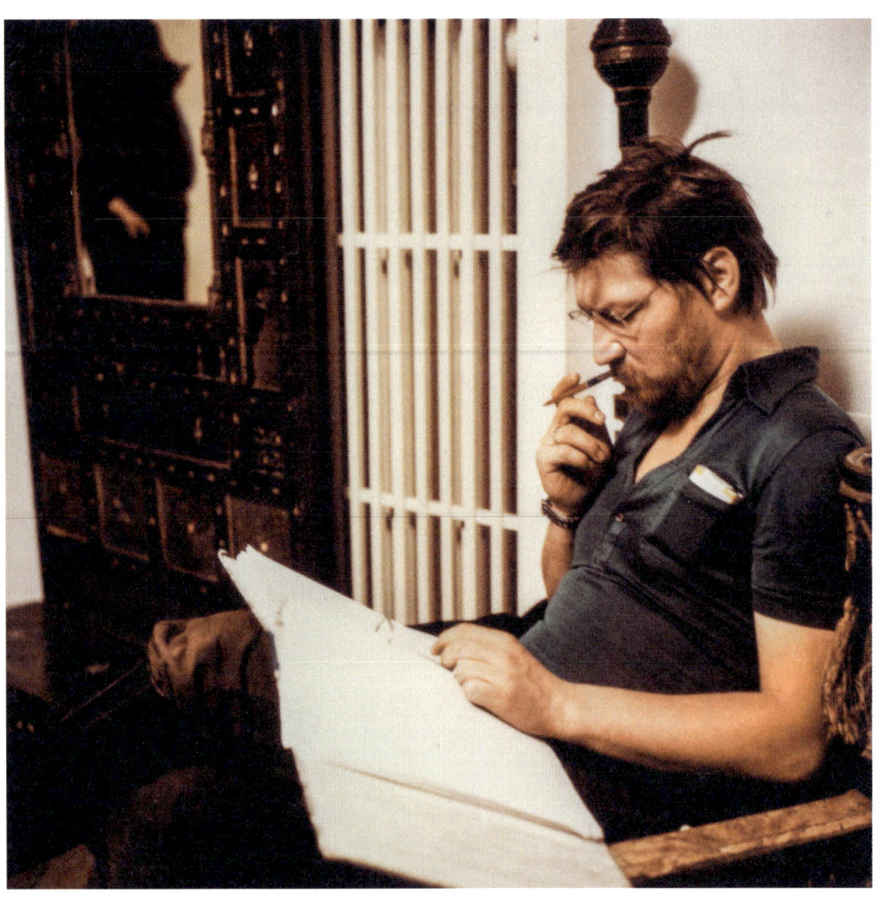

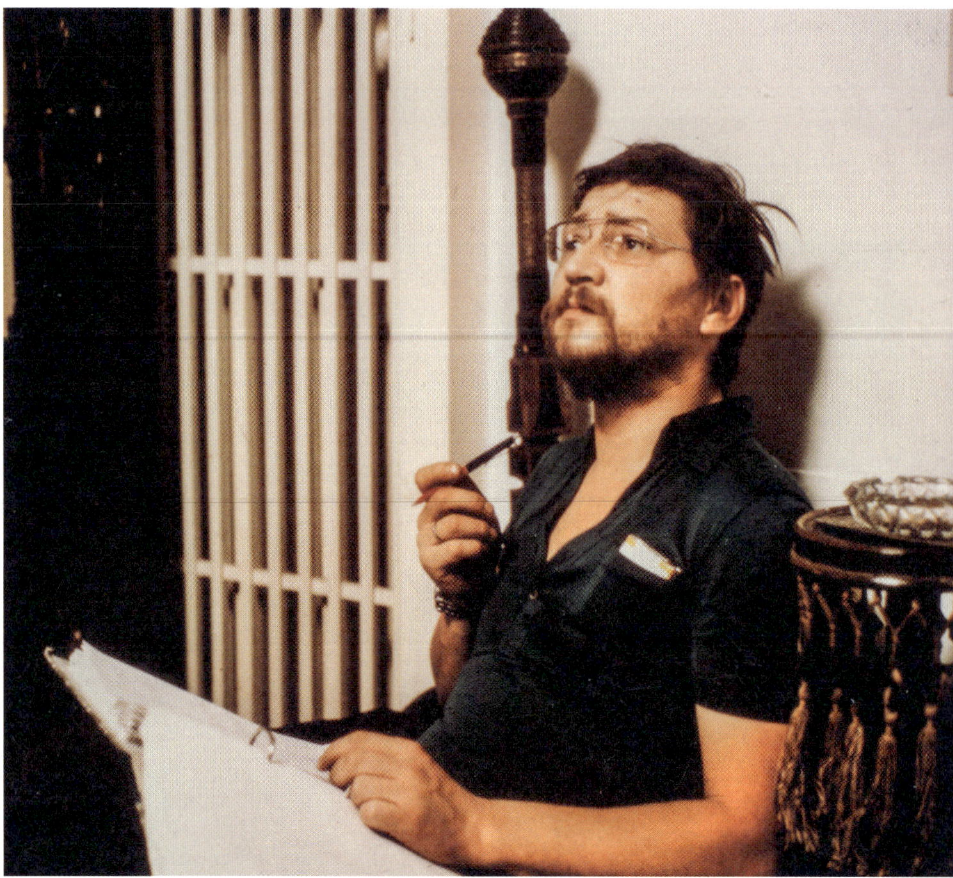

↑ Am Set von **SATANSBRATEN**, 1975

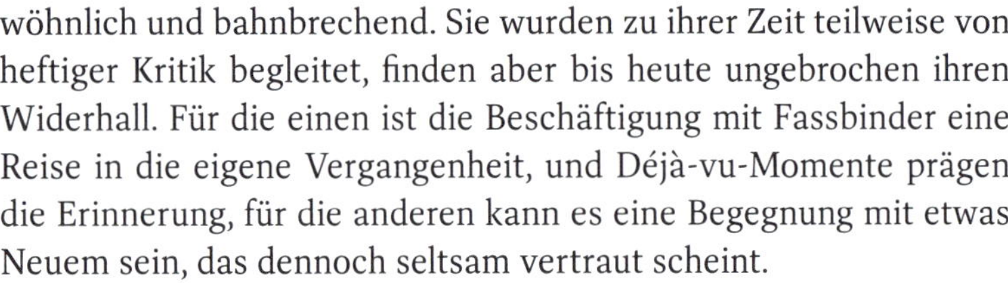

wöhnlich und bahnbrechend. Sie wurden zu ihrer Zeit teilweise von heftiger Kritik begleitet, finden aber bis heute ungebrochen ihren Widerhall. Für die einen ist die Beschäftigung mit Fassbinder eine Reise in die eigene Vergangenheit, und Déjà-vu-Momente prägen die Erinnerung, für die anderen kann es eine Begegnung mit etwas Neuem sein, das dennoch seltsam vertraut scheint.

In der retrospektiven, chronologisch strukturierten Ausstellung wird Fassbinders Œuvre als beispielloses Gesellschaftsdokument in Kombination mit Archivmaterial präsentiert. Hierfür konnten wir aus dem Nachlass Rainer Werner Fassbinders schöpfen – aus seinen erhaltenen Aufzeichnungen, Notizen, den Produktionsakten, Drehplänen, Arbeits- und Standfotos, Plakaten, Werbematerial, einigen privaten Objekten, Videobändern, zahllosen Pressekritiken sowie wissenschaftlichen Abhandlungen über das Film- und Theaterwerk. All dies und noch vieles mehr befindet sich seit Mai 2019 im DFF Fassbinder Center in Frankfurt am Main.[9] 125 Titel umfasst das Werkverzeichnis, alle realisierten und viele nicht verwirklichte Projekte: von Werknummer 001, *Nur eine Scheibe Brot* (1965), bis 125, »Rosa L.« (1982). Das erste ein Bühnenstück, das letzte ein geplanter Spielfilm. Alle Dokumente sind zweifelsohne eng mit der Persönlichkeit des Künstlers verbunden.

Dieses umfangreiche Archiv bildet den Ausgangspunkt für unsere Hinterfragung der Methode bei Fassbinder. Wie essenziell die Materialien sind, beschreibt er selbst 1978, und ohne diese Kontextualisierung ist ein Verständnis seiner Gesamtproduktion nicht möglich: »Man wird nicht mit einer festen, sich allmählich erschöpfenden Menge an Dingen geboren, die man zu sagen hat. Alles hängt ab von dem Grad an Bewusstsein, mit dem man sein Leben lebt. Was meine Arbeit nährt, ist mein Leben: die Menschen, denen ich begegne, meine Träume und die Bücher, die ich lese.«[10] Auratische, originale Schriftstücke, Fotografien, Videodokumente seiner Interviews und öffentlichen Auftritte sowie Dokumentationen von Dreharbeiten – seiner Inszenierungsarbeit – zeugen von der künstlerischen Urheberschaft Fassbinders, ermöglichen Einblicke in seine Gedanken und lassen kreative Prozesse anschaulich werden. Oft finden sich in den überlieferten Dokumenten auch Notizen seiner Mitstreiter*innen wie Wilhelm Rabenbauer (Peer Raben), Irm Hermann, Kurt Raab oder Harry Baer. Ihre mitprägende Rolle bei der Entstehung von Fassbinders Film- und Theaterwerken wird dadurch ersichtlich.

Die schriftlichen Belege zum Gesamtwerk eines der produktivsten deutschen Autoren und Regisseure sind nun chronologisch geordnet. Liselotte »Lilo« Eder, seine Mutter, hat dieses Konvolut aufbewahrt: keine akribisch zusammengestellte Dokumentation, sondern eben das, was vom Tage übrig blieb: Manuskripte, Typoskripte, Notizen, persönliche Nachrichten. Die handschriftlichen Texte hat sie transkribiert, lange hatte sie – neben ihrer Arbeit als Übersetzerin und Angestellte in einem wissenschaftlichen Institut – auch die Geschäftsakten ihres Sohnes geführt und seine Buchhaltung erledigt. Bis 1978 war sie Geschäftsführerin der Tango-Film, Fassbinders Produktionsfirma ab den 1970er-Jahren, und in den meisten Filmen ihres Sohnes wirkte sie auch als Schauspielerin mit. Vieles im Apparat hätte nicht funktioniert ohne die Mutter.

Seit seiner frühen Jugend war Literatur (meist Klassiker wie Tolstoi oder Heinrich von Kleist) für Fassbinder eine Flucht und zugleich eine Quelle der Inspiration – neben dem Kino. So sagte er später einmal: »Ich lese immer alles sehr bezogen auf die Filme, die ich dann mache, irgendwann hat das mal eingesetzt bei mir, dass ich kein Buch mehr lesen konnte, ohne es gleich gedanklich filmisch umzusetzen. Das wollte ich mir auch mal abgewöhnen, aber das geht schwer weg. Selbst wenn ich 'n Gedichtband lese […].«[11] Und Gedichte schrieb er schon früh:

»Eines Abends, Nebelfelder
Kaltes Lachen, Frost und Straße,
Undurchsichtige schwarze Wälder
Freiheit, Leben sind Ekstase
[…]
Rasend Rhythmus, rasend, rollend
Tanz, man treibt sich zur Ekstase
Im Gewitter tobend, grollend
Findet man sich auf der Straße«[12]

Was hier noch zaghaft anklingt, scheint einen Weg einzuleiten: Privates wird öffentlich bzw. die Trennung ist fließend. Das Niederschreiben hilft, Gedanken zu fassen, zu strukturieren, eine Ordnung zu schaffen.

Später hat Fassbinder alles beschrieben, was gerade zur Hand war: Collegeblöcke, Schulhefte, die Versos alter Drehbuchseiten, Telegramme, Briefe, Zettel. Auf jede freie Stelle eines Blattes notierte er Gedanken, Ideenskizzen, Nachrichten – regellos und eruptiv. Streichungen waren Streichungen, das Wort, das nicht mehr passte, wurde unkenntlich gemacht. So, wie die Gedanken fließen, schreibt Fassbinder diese auf. Daneben finden sich Ergebnisse von Bundesligaspielen und -tabellen sowie von ihm favorisierte Wunsch-Aufstellungen der deutschen Fußballnationalmannschaft, auch umfangreiche (Film-)Listen mit Kalkulationen, Kostenbilanzen, Honoraren, Berechnungen etc. Auch wer an seiner Produktion beteiligt wird, die Namen seiner Schauspieler*innen und Crewmitglieder, legte er handschriftlich genau fest – und den Vorspann eines Films hatte er meist selbst durch einen Layout-Entwurf vorgegeben. Fassbinder war methodisch äußerst strukturiert, er stellte Zahlenreihen auf, machte Anmerkungen, plante, organisierte, um realisieren zu können – eine »Ordnung der Dinge« entstand: Markieren, Beschriften, Ordnen als Methode und System. Diese besondere Arbeitsweise spiegelt die Intensität und Vielfalt seiner Gedanken sowie seiner Produktivität.

Immer wieder tauchen im Nachlass auch sogenannte »ungeordnete Gedanken« auf. Für Fassbinder eine literarische, essayistische Form, um seine genauen Beobachtungen zu Menschen wie dem Sänger Joachim Witt, über den er einen Film machen wollte, dem Regisseur Michael Curtiz oder »Hanna Schygulla. Kein Star, nur ein schwacher Mensch wie wir alle (unordentliche Gedanken über eine Frau, die interessiert)« festzuhalten und zu vermitteln.

Auch finden sich Korrespondenzen aller Art und in aller Ausführlichkeit. Er war – wenn er ein Ziel vor Augen hatte – ein kluger, intuitiver und diplomatisch agierender Stratege: Er wusste sehr genau, wie man mit wem reden und was man wem schreiben musste.[13] Skripte entwarf er in rasender Geschwindigkeit: Regieanweisungen, Einstellungsgrößen, Dialoge, Szene folgt auf Szene … tage- und nächtelang. Schreiben bis zur Erschöpfung, oft auch in endlosen Schachtelsätzen. Die Handschrift veränderte sich je nach Grad der Müdigkeit oder der Wirkung des eingenommenen Muntermachers. Dabei wurde auch das Papier selbst zum unmittelbaren Zeugnis seiner

9 Seit Fassbinders Tod 1982 wurde der Nachlass von seiner Mutter Liselotte Eder zusammengehalten und unter Juliane Maria Lorenz-Wehling, als Präsidentin der Rainer Werner Fassbinder Foundation, ab 1992 ausgebaut. Siehe auch das Interview mit Lorenz-Wehling, hier S. 120ff.

10 Rainer Werner Fassbinder zu Nicolas Mangue, in: Robert Fischer, Der parallele Diskurs (2004), in: Fischer (wie Anm. 1), S. 13.

11 Rainer Werner Fassbinder in: Arno Ziebell, »Angreifen muss man sich schon lassen können« (1979), in: Fischer (wie Anm. 1), S. 451.

12 Rainer Werner Fassbinder in: Im Land des Apfelbaums. Gedichte und Prosa aus den Kölner Jahren 1962/63, Schirmer/Mosel Verlag 2015, Hrsg. Juliane Lorenz, Rainer Werner Fassbinder Foundation, S. 13.

13 Siehe Brief, hier S. 28f.

besonderen Arbeitsweise: Nicht selten finden sich auf den Blättern Brandlöcher von Zigaretten oder Kaffeeflecken.

Manchmal lösten andere den Schreibenden ab und notierten nach seinem Diktat die nie versiegen wollenden Gedanken weiter. Dann änderte sich nur die Handschrift: In der frühen Phase stammt diese unter anderem von Irm Hermann, Kurt Raab, Peer Raben oder Harry Baer. Fassbinder diktierte später auch auf Audiokassetten: Etwa 78 Stunden lang sind allein die Aufzeichnungen für den 14-teiligen BERLIN ALEXANDERPLATZ.[14] Das Marathondiktat enthält seine exakten Vorstellungen von Kamerawinkeln und -positionen, Licht, Raum, Dialogen und Aktionen der Darstellerinnen und Darsteller. Das aufgezeichnete Tonmaterial wird auch hier zum Vermittler von Metainformationen, durch seine einnehmende, leise Stimme samt aller Nebengeräusche des Alltagslebens.

Zwischen den Skripten, auf Drehbuchseiten notiert oder auf Ausrissen, finden sich immer wieder Listen. Auf dem Titelblatt eines ALEXANDERPLATZ-Skriptes ist ein Verzeichnis der eigenen Filme notiert, inklusive der TV-Miniserien, die Fassbinder selbst auf 75 Stunden und 50 Minuten Laufzeit summiert. Schauspielerinnen und Schauspieler erhielten, kodiert mit Zahlenfolgen, Bewertungen, die zu entsprechenden Rankings führten.

Ein ganz besonderes Exponat ist in diesem Kontext das Arbeitsdrehbuch zu LILI MARLEEN. Um es immer zur Hand zu haben, ob in der Jacken- oder Hosentasche, ließ Fassbinder es auf DIN-A6-Format verkleinert kopieren. Zusammengehalten wird das stark abgenutzte Exemplar durch verschiedene Sorten von Klebeband – ein Artefakt intensiver Szenen- und Dialoggestaltung. Das fleckige, speckige, abgegriffene Typoskript ist voller Marginalien: Anmerkungen mit Dialog- und Szenenänderungen, auf jeder Seite Markierungen der abgedrehten Bilder. Das kleine Buch ist ein Beweis für die präzise visuelle Vorstellungskraft des Regisseurs, gerade auch dort, wo er mit Storyboard-Zeichnungen Einstellungsgrößen scribbelt. Vergleicht man diese mit dem fertigen Film, ist es beeindruckend, wie sie fast 1:1 umgesetzt wurden.

Hier wird ersichtlich, wie stark Fassbinder in Bildern dachte und die vollständige Erzählung en détail im Kopf hatte. Seine Geschichten sind dennoch keine reine Imagination, sondern immer an die Realität, z.B. an bestimmte Drehorte, gebunden, die er gleich mitdenkt – er ist kein Marc Chagall des Films, sondern eher ein Edward Hopper.

Mit seinen Filmen und Fernsehserien ist es Fassbinder gelungen, die bundesrepublikanische Gesellschaft zu porträtieren und damit zu polarisieren: Low-Budget-Produktionen, gesellschaftskritische Sozialstudien, Melodramen, kongeniale Literaturverfilmungen und Produktionen im »Hollywood-Format«. Oft zeigte er Missstände auf, ohne leichte und bequeme (Er-)Lösungen anzubieten. Als entschiedener und leidenschaftlicher Erzähler widmet er sich – in einer Synthese aus (scheinbarer) Subjektivität und gesellschaftlicher Relevanz – konsequent wiederkehrenden Themen: die Aufarbeitung der NS-Diktatur, Generations- und Gesellschaftskonflikte, die Stellung (und Macht) der Frau, die Ausbeutung von Gefühlen, nicht nur in Liebesbeziehungen, Bisexualität, Genderfragen, Individualität und Konformität, aber auch Ängste, Verluste, Sehnsüchte, uneingestandene Wünsche, Machtspiele oder Einsamkeit unter gesellschaftlichen Zwängen: »Es ist ja so, dass man auch mit vielen Leuten ganz einsam sein kann, man ist doch, ganz egal wo, sowieso nur mit sich selber beschäftigt. Um diese Einsamkeit, wo man ständig mit Leuten zu tun hat und doch mit niemandem, nur mit sich selbst, geht es ja in all meinen Filmen.«[15] Fassbinders unbeirrbare Neugier auf das Leben, seine Grenzen- und Atemlosigkeit, sein ungemeiner Arbeitswille, seine Beobachtungsgabe und Selbstreflexion führten zu filmischen Beschreibungen von »Welt«. Er schuf einen von ihm so genannten »offenen Realismus«, bei dem der Betrachter animiert wird, seine eigenen Geschichten im Kopf freizusetzen.

Im Kontext des Neuen Deutschen Films nimmt Fassbinder eine singuläre Position ein: Anders als viele zu seiner Zeit aktive Filmemacher*innen, die die Gesellschafts- und politische Kritik in den Mittelpunkt ihrer Arbeit stellten, auch in Abgrenzung zum reinen Unterhaltungsfilm, widmet Fassbinder sich – in einer wohl austarierten Balance zwischen Konvention und Avantgarde, zwischen Tradition und Innovation, künstlerischer Ambition und solidem Handwerk – Themen, die dem Alltag entlehnt und ein Abbild von Privatheit und Öffentlichkeit sind. Ohne den mahnenden Zeigefinger zu heben, haben sie dennoch eine klare Botschaft: »Ich versuche nie, die Wirklichkeit zu reproduzieren, sondern mein Ziel ist es, Mechanismen transparent zu machen, damit den Leuten klar wird, dass sie ihre Wirklichkeit verändern müssen.«[16] Das Sichtbarmachen der Mechanismen schließt auch das Offenlegen der »Gemachtheit« des jeweiligen Mediums, in dem Fassbinder wirkte, mit ein. Ebenso die Reflexion über

14 Mit der Serie, basierend auf dem Roman von Alfred Döblin, und dem unvergesslichen Günter Lamprecht als Franz Biberkopf schreibt Fassbinder Fernsehgeschichte.

15 Rainer Werner Fassbinder in: André Müller, »Man ist doch sowieso nur mit sich selber beschäftigt« (1976), in: Fischer (wie Anm. 1), S. 365.

16 Rainer Werner Fassbinder in: Christian Braad Thomsen, »Ich will, dass man diesen Film liest« (1974), in: Fischer (wie Anm. 1), S. 311.

17 Rainer Werner Fassbinder in: Norbert Sparrow, »Ich lasse die Zuschauer fühlen und denken« (1977), in: Fischer (wie Anm. 1), S. 405.

18 Rainer Werner Fassbinder in: Corinna Brocher, Die Gruppe, die trotzdem keine war (1973), in: Fischer (wie Anm. 1), S. 63.

LOLA In einer Drehpause: Y Sa Lo (Rosa), Anni Nöbauer (Maske), Harry Baer, Rainer Werner Fassbinder. Im Hintergrund: Ivan Desny (Wittich) →

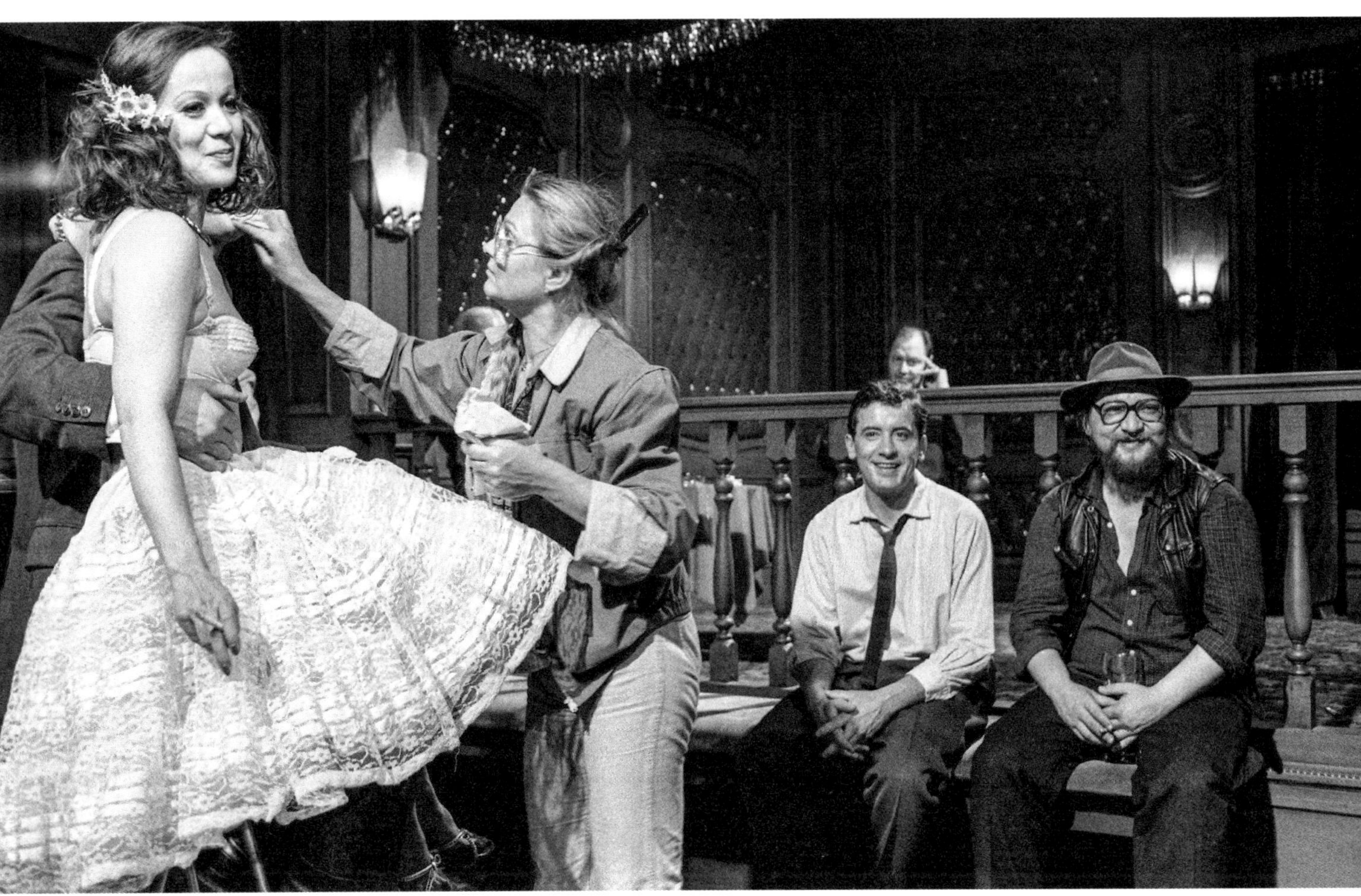

die gewählte Form des Aufzeigens. Um zur Vermittlung einer ganz eigenen, subjektiven Realität zu gelangen, damit diese beim Zuschauenden einen Zugang zur eigenen subjektiven Empfindung öffnet und zur Erzeugung von neuen führt. »Ich möchte dem Zuschauer die Gefühle vermitteln und dabei zugleich die Möglichkeit, darüber nachzudenken und zu analysieren, was er fühlt.«[17] Zu diesem Zweck suchte er die Nähe zum Publikum und »bediente« durchaus auch das Unterhaltungsbedürfnis der Zuschauer*innen. Im Gegensatz zu vielen Zeitgenossen sah er auch das Fernsehen als ideales Medium, um die Massen zu erreichen.

Eine andere »Methode«, um seine Ideen und Vorstellungen zu vermitteln und gleichzeitig den Publikumsgeschmack zu bedienen, stellte für Fassbinder der Genrefilm dar. Er, der Autodidakt, der nie eine Filmhochschule besucht hatte (bekannt ist, dass er sich zweimal an der Deutschen Film- und Fernsehakademie Berlin, DFFB, bewarb und abgelehnt wurde), lernte durch das intensive, beinahe exzessive Konsumieren von Filmen sein Handwerk, am liebsten amerikanische Thriller und Gangsterfilme von Alfred Hitchcock und Raoul Walsh (Fassbinder zollte ihm mit seinem Pseudonym Franz Walsch Tribut) sowie Filme europäischer Autoren, des poetischen Realismus (wie etwa Jean Renoir oder Jean Vigo) oder der Nouvelle Vague, allen voran Jean-Luc Godard. Auch Filmemacher der sogenannten Münchner Gruppe wie Klaus Lemke oder Jean-Marie Straub formten den Cineasten und Filmemacher. Von letzterem lernte er nach eigener Aussage das Regieführen, als Straub am action-theater 1968 *Krankheit der Jugend* nach Ferdinand Bruckner inszenierte: »Ich bin sicher, dass für mich [...] diese Arbeit mit Straub ganz wesentlich gewesen ist. Also was die Regie betrifft [...].«[18] Seine filmischen Vorbilder verleugnete Fassbinder nicht etwa, sondern stellte sie geradezu aus, als Teil der Bewusstmachung der nationalen und internationalen Filmgeschichte. Seine Filme, deren Handlungen oft einfach scheinen, sind vor allem auch in der Bildsprache teilweise direkt, oft subtil, aber immer vielschichtig und facettenreich, ein System mehrfacher ästhetischer Codierungen wächst im Laufe seiner Schaffenszeit. Er ist gebildet, hat sich als Jugendlicher in Literatur, Kino, Kunstgeschichte und Philosophie »geflüchtet« und dort früh Inspirationen gefunden:

»[…] bei uns zu Hause [gab's] niemals die normalen Kinder- und Bilderbücher. Bilderbücher waren für mich die Dürer-Bände, die da lagen, oder Altdorfer oder Michelangelo. Das waren meine Bilderbücher.«[19] Zitate, Adaptionen aus den verschiedensten Quellen werden bewusst mit einbezogen – so etwa die Verwendung von Nicolas Poussins *Midas und Bacchus* (um 1624) als Szenenhintergrund in DIE BITTEREN TRÄNEN DER PETRA VON KANT, um nur ein Beispiel zu nennen. Klassiker der deutschen Literatur, die er in Kindheit und Jugend las, bereiteten Fassbinder als Theatermacher den Weg. In seinen Bearbeitungen der originalen Stoffe ging es ihm weder um werkgetreue Adaptionen noch um »Zertrümmerung«. Vielmehr machte er den Prozess des Umarbeitens und Anpassens als Methode sichtbar und zeigte dadurch seine eigene Haltung zum ursprünglichen Stück.

Dreharbeiten zu LOLA: Barbara Baum (Kostüme), Barbara Sukowa (Lola), Stanislav Litera (Ton-Assistenz), Josef Vavra (Kamera-Assistenz), Thomas Schühly (Produktionsleitung), Karin Viesel (Regie-Assistenz), Rosel Zech (Frau Schuckert), Rainer Werner Fassbinder →

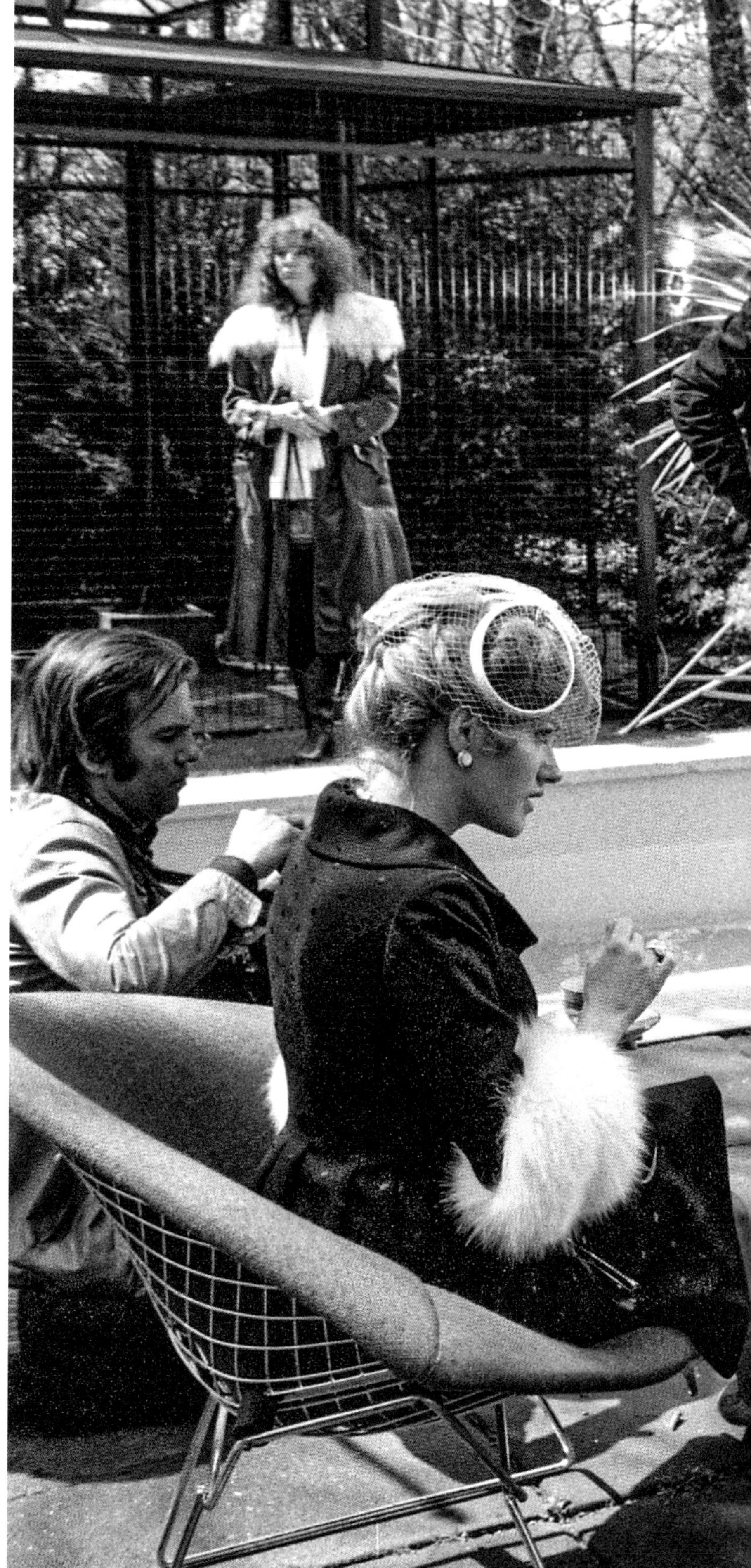

Das Sichtbarmachen der Mittel, um eine kritische Distanz der Zuschauenden zu erzeugen, behielt Fassbinder auch in seinen späteren Filmen bei, die er im »Hollywood-Format« drehte. Auch im absoluten Oberflächenrausch seiner Genet-Verfilmung QUERELLE geht es noch um die Suche und Freilegung des eigenen Ichs.

Zutiefst ehrliche, zwischenmenschliche Handlungen und soziale Gefüge wurden von Fassbinder mit großer Intensität als Abbilder der Gesellschaft visualisiert, so war es für ihn »[…] immer wichtig, Filme zu drehen über Menschen und deren Verhältnis zueinander, deren Abhängigkeit voneinander und von der Gesellschaft«.[20] Dies macht sein Werk als glaubwürdiges Dokument eines Zeitgenossen bis heute relevant. Wolfram Schütte schreibt 1983 dazu: »Erst im Rückblick [versteht man], wie intensiv seine filmischen Erzählungen von Menschen durchtränkt sind, von der Politik, der Geschichte und dem Alltag, den Wechseln und den Kontinuitäten im Lebenszusammenhang Deutschlands.«[21]

Menschen und ihre Verhältnisse zueinander – dies untersucht Fassbinder oft anhand von Randfiguren und Minderheiten der Gesellschaft, meist in Paarkonstellationen oder im Familiengefüge. Eine besondere Rolle kommt dabei seinen Frauenfiguren zu: Tauchten sie in den frühen Filmen oft nur am Rande und als Objekte männlicher Begehrlichkei-

19 Rainer Werner Fassbinder in: Wolfgang Limmer/Fritz Rumler, »Alles Vernünftige interessiert mich nicht« (1980), in: Fischer (wie Anm. 1), S. 498.
20 Rainer Werner Fassbinder in: Rainer Werner Fassbinder Foundation (Hg.), Rainer Werner Fassbinder. Werkschau, Argon Verlag GmbH: Berlin, 1992 S. 36.
21 Wolfram Schütte, Das Herz des neuen Deutschen Films. Rückblicke auf die Ära Fassbinder, Webseite der Rainer Werner Fassbinder Foundation, aufgerufen am 10.7.2021.

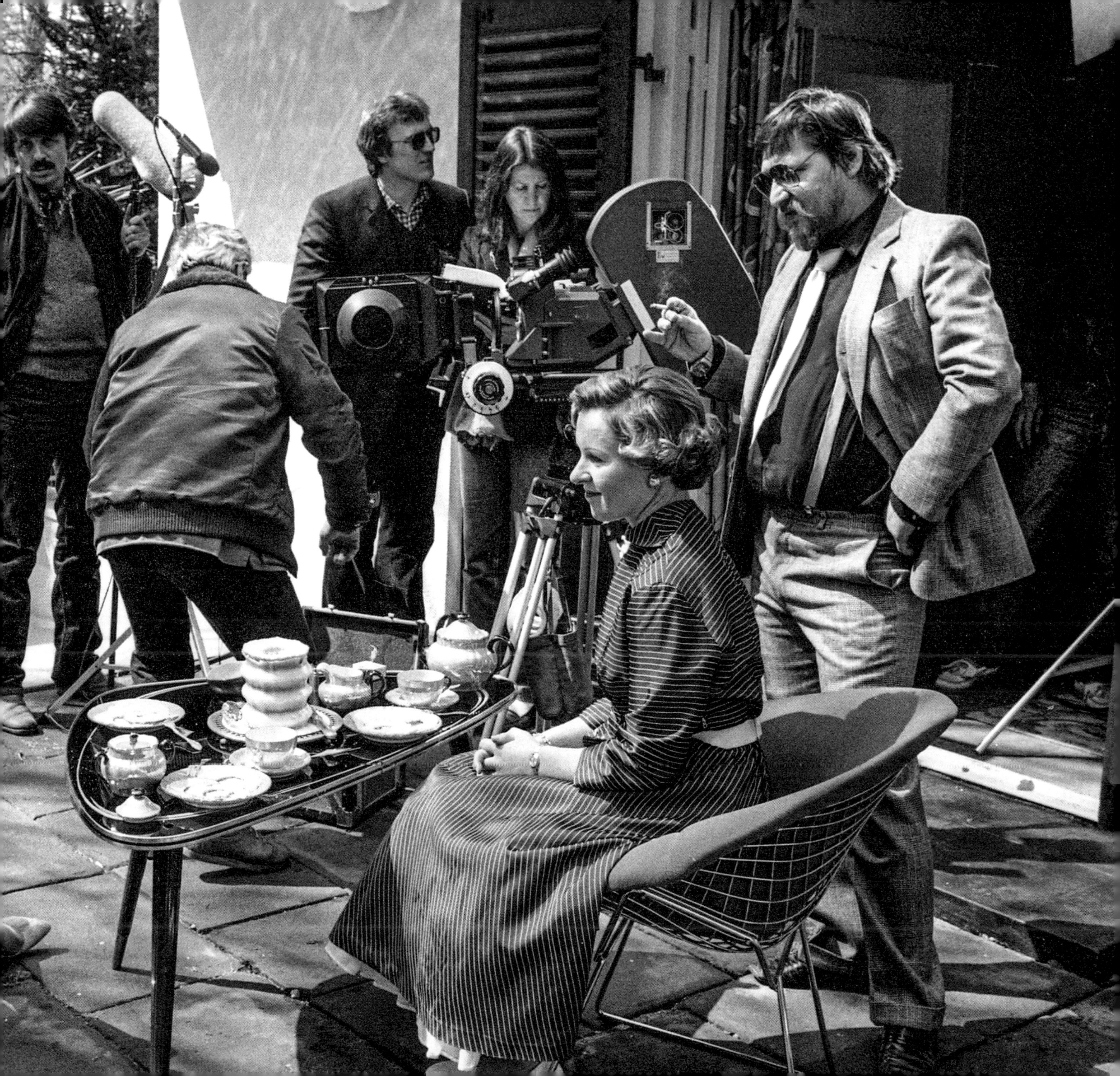

ten und Aggressionen auf, entwickelten sie sich in seinem Werk weiter zu Handlungsträgerinnen. Anhand ihrer Schicksale erzählt er von gesellschaftlichen Entwicklungen und Umständen: »Ich finde, dass die Frau, das erzwungene Verhalten der Frauen in dieser Gesellschaft, mehr über die Gesellschaft sagt als die Männer, als das Verhalten der Männer, die gern so leben als wäre alles in Ordnung.«[22]

Form und Inhalt sind bei Fassbinder untrennbar miteinander verbunden. Themen wie die Ausbeutbarkeit von Gefühlen und damit verbunden die Frage nach den Verhältnissen, in denen das Subjekt agiert und reagiert, setzt er immer wieder mit filmsprachlichen Mitteln um. Zu Beginn seiner Laufbahn als Filmemacher war er sich sehr bewusst, dass die finanziellen Produktionsmittel und das eigene handwerkliche Können begrenzt waren: »Je weniger Geld da ist, umso weniger Möglichkeiten hat man, rein technisch, umso mehr muss man sich auf das konzentrieren, was man eben mit einer starren Kamera oder mit einer Fahrt aus einem Auto oder mit einem Schwenk machen kann.«[23]

Die Kamera blieb meist statisch, die Einstellungen waren lang, die Figuren meist in Totalen oder Halbtotalen (ein-)gefangen. Seine Mise-en-scène, verbunden mit der künstlichen, formelhaften Sprache und dem Schauspiel seiner Protagonisten, vermitteln einen Eindruck von den starren sozialen Normen, unter denen sie agieren. Selbst in den späteren Filmen, als ihm größere finanzielle Mittel zur Verfügung standen, behielt er dieses Prinzip bei. Die vielbesprochenen Kamerafahrten, zusammen mit Michael Ballhaus entwickelt, verleihen den Figuren nicht etwa größere Freiheit oder suggerieren »Entfesselung«. Das Umkreisen, das einem Einkreisen gleicht, verdeutlicht nur umso stärker, wie wenig die Protagonisten fähig sind, aus ihren sozialen Gefügen auszubrechen. Bei der viel zitierten Kamerafahrt in MARTHA lässt Fassbinder die Kamera nicht nur um 360° um Margit Carstensen und Karlheinz Böhm kreisen, sondern die Schauspieler kreisen auch umeinander, um den schwindelerregenden Taumel zu versinnbildlichen, in den die beiden Figuren unausweichlich hineinsteuern.

Auch der Einsatz von Spiegeln oder Glasscheiben, in denen sich die Figuren mehrfach brechen, ist ein beliebtes Stilmittel in Fassbinders Filmen. Sie dienen dazu, (Bild-)Räume zu schaffen, in denen sie metaphorisch die Brüchigkeit und das Hinterfragen der eigenen Existenz veranschaulichen.

Überhaupt ist Fassbinder, dem genauen Registrar von Stimmungen und Befindlichkeiten, daran gelegen, in seinen Filmen eine bestimmte Atmosphäre zu erzeugen und zu vermitteln. Bei Dreharbeiten oder Inszenierungen am Theater gab er meist nur den Rahmen vor, in dem Geschichte und Schauspiel sich entfalten sollten: »Ich war von der Art zu inszenieren [...] überzeugt, weil es keine Art war, die die Leute zwang, etwas Bestimmtes zu tun, sondern sie nur dazu brachte, das in dem Rahmen zu tun, was sie selber für richtig hielten. Ich hab eigentlich immer nur versucht, den Rahmen dessen zu erklären, was passieren muss.«[24] Hanna Schygulla sagte später einmal, dass er die Leute immer herausgefordert habe, die eigene Verantwortung im Spiel, für die Rolle zu übernehmen. Diese besondere Schauspielführung ist symptomatisch für jedes Theaterstück, jeden Film und jede TV-Produktion und neben anderen Charakteristika Fassbinders immer erkennbare Handschrift.

Seine stillen, poetischen Bilder, die in ihrer realistischen, parabelhaften Ausstrahlung eine ungemeine Kraft haben, wie in ANGST ESSEN SEELE AUF oder ACHT STUNDEN SIND KEIN TAG, spielen mit Nähe und Distanz, besitzen eine Direktheit, die unter die Haut geht, ebenso wie der zutiefst persönliche, »schmerzhafte« Film IN EINEM JAHR MIT 13 MONDEN. Aber auch laute, opulente Bilder wie in DESPAIR oder QUERELLE, die den Betrachter in ihrer Wucht fast überfordern, haben eine solche Kraft. Mit QUERELLE nach Jean Genet scheint Fassbinder die »Realität« vollständig in eine (Sur-)Realität zu überführen, die symbolisch und fast rituell erscheint. Wie sehr Zeit-Personen-Werk zusammenfließen und wie untrennbar das (öffentliche) Werk mit der (privaten) Person Fassbinder verbunden ist, zeigt die Aussage kurz vor seinem Tod: »Ich musste mein Leben gelebt haben, um diesen Film machen zu können.«[25]

Die Rolle der Filmkritiker, die Fassbinder über sein Schaffen hinweg begleiteten, war nicht unwichtig. Internationale Kritiker wie der Däne Christian Braad Thomsen oder der New Yorker Vincent Canby »entdeckten« Fassbinder für ihre jeweiligen Länder. In Deutschland waren es vor allem der Münchner Hans Günther Pflaum und der Frankfurter Wolfram Schütte, die schon in den frühen Arbeiten ein großes Talent erkannten, dessen künstlerische Visionen und Konzepte auf große Sympathie und Verständnis stießen – während sich ihre Kolleg*innen am »Enfant terrible« und »Bürgerschreck« abarbeiteten. Gerade Schütte und Fassbinder verband ein großes gegenseitiges Vertrauen, sie waren eine

22 Rainer Werner Fassbinder in: Georges Bensoussan, »Wir sitzen auf einem Vulkan« (1981), in: Fischer (wie Anm. 1), S. 570.
23 Rainer Werner Fassbinder in: Corinna Brocher, Die Gruppe, die trotzdem keine war (1973), in: Fischer (wie Anm. 1), S. 131.
24 Rainer Werner Fassbinder in: Corinna Brocher, Die Gruppe, die trotzdem keine war (1973), in: Fischer (wie Anm. 1), S. 41.
25 Rainer Werner Fassbinder in: Dieter Schidor, »Ich musste mein Leben gelebt haben, um diesen Film machen zu können« (1982), in: Fischer (wie Anm. 1), S. 617.
26 Schütte (wie Anm. 21).
27 Rainer Werner Fassbinder in: Georges Bensoussan, »Wir sitzen auf einem Vulkan« (1981), in: Fischer (wie Anm. 1), S. 566.

Art Brüder im Geiste. 1983, ein Jahr nach Fassbinders Tod, beschreibt Schütte die liebevolle und zugleich kritische Methode des »Zeichnens« bei Fassbinder: »Er war ein Darsteller, Beschreiber, ein Maler von Menschen, von Charakteren; die Palette seiner Menschendarstellungskunst umfasste alle Farben, sein Interesse richtete sich auf alle Formen menschlicher Existenz, der Fokus seiner Wahrnehmungsfähigkeit und seiner Gestaltungskraft umfasste Alte und Junge, Frauen und Männer – alle Differenzen und Homogenitäten zwischen ihnen. Erst im Rückblick – und vielleicht braucht dieser Blick noch eine größere Distanz, um sich dessen bewusst zu werden – wird man inne, welche Comédie humaine Rainer Werner Fassbinder in seinem Œuvre hinterlassen hat.«[26]

Rainer Werner Fassbinders Wirkmacht für Film- und Theaterschaffende, Intellektuelle oder Künstler*innen ist international bis heute ablesbar. Ikone und Mythos ist er nicht nur für Eingeweihte. Mit seinem Werk – als bildgewaltiges, beschreibendes, (ab-)bildendes Korrektiv – hat er sich in seiner nur kurzen Schaffenszeit in die Kulturgeschichte der BRD eingeschrieben. Ohne ihn wäre das Bild über Deutschland, über die Fallstricke und Werte des Lebens unvollständig. Fassbinders Filme, seine Theaterstücke, seine Gedichte und Hörspiele werden gezeigt, aufgeführt, gelesen. Sein kurzes, produktives, maßloses Leben ist Thema von Dokumentationen, Ausstellungen und Spielfilmen. Seine Werke sind untrennbar mit der internationalen Filmgeschichte verbunden, viele der Titel längst in das kulturelle Gedächtnis eingegangen.

Wenn man versucht, Fassbinders Filme zu entschlüsseln, erweist es sich oft als schwierig, in ihnen konkrete zeitgeschichtliche oder biografische Ereignisse dezidiert nachzuweisen. Aber darum ging es ihm auch nicht. Er wollte nicht auf einzelne Ereignisse Bezug nehmen und sie kommentieren, sondern Kontexte schildern, Entwicklungen aufzeigen. Daher auch sein Interesse an deutscher Geschichte, am Bürgertum und seinen Normen und Prinzipien, an Frauen und Männern, deren Rollen und deren Selbstverständnis und wie die Gesellschaft all das formte – immer verbunden mit der direkten oder indirekten Aufforderung, diese gesellschaftlichen Normen nicht nur zu hinterfragen, sondern auch zu verwerfen. Anarchie, für ihn der einzige Weg in die Freiheit, war die große Utopie.

Fassbinder polarisiert, fasziniert, provoziert und inspiriert – bis heute. So extrovertiert und mitteilsam er war, so introvertiert und sensibel war er auch. Ein Künstler, dessen Werk die bundesrepublikanische Identitätsfindung der Nachkriegszeit spiegelt und der mit Dynamik und Temperament und in unnachahmlicher Kreativität und Intensität Grenzen überschritt – für sich selbst und für andere. Sein Werk kommt uns persönlich nah, ist aktuell, relevant, inspirierend und unvergesslich – es zu verstehen bedeutet, sich und andere zu verstehen und zu tolerieren.

In diesem Sinne enden wir konsequent mit einem Zitat von Rainer Werner Fassbinder: »Ein Film oder ein Roman, jedes Kunstwerk ist etwas, das das Leben bereichert, erweitert, eben weil es nicht einfach eine Kopie des Lebens ist, sondern ein Versuch, bestimmte Aspekte des Lebens zu verstehen.«[27]

Bin auf Motiv Besichtigung. Komme ca 15^{30} zurück

↑ Notiz von Fassbinder für Juliane Maria Lorenz während der Dreharbeiten zu LOLA

Petra Terhoeven

Die westdeutsche Gesellschaft in den »langen« 70er-Jahren (1968–1982)

Die Zeitspanne zwischen Rainer Werner Fassbinders ersten, 1965 realisierten Filmprojekten und seinem frühen Tod nur 17 Jahre später ist nicht leicht zu charakterisieren. Von der Aufbruchsstimmung, die mit dem Amtsantritt des ersten sozialdemokratischen Bundeskanzlers verbunden war, bis zur konservativen Tendenzwende, die die Ära Kohl vorbereitete, von Ölpreisschock, Massenarbeitslosigkeit und neuer Armut zu technischen Innovationen und einer boomenden Konsumgesellschaft, von den Neuen Sozialen Bewegungen zum Primat der Inneren Sicherheit – zu zahlreich sind die Brüche und Ungleichzeitigkeiten, zu komplex und widersprüchlich die damit verbundenen gesellschaftlichen Dynamiken, als dass diese Zeit mit einem einzigen, griffigen Etikett gekennzeichnet werden könnte. Aus heutiger Sicht wirkt sie wie die unmittelbare Vorgeschichte unserer Gegenwart. Denn im Zuge der »verwirrenden Ab- und Aufbrüche« dieser Jahre bildete sich eine neue Problemkonstellation heraus, welche »die globalen Herausforderungen des 21. Jahrhunderts ankündigte«.[1]

Für Hans Magnus Enzensberger, eine der intellektuellen Leitfiguren der Neuen Linken in der Bundesrepublik, war das Land in den fraglichen Jahren überhaupt erst »bewohnbar« geworden. »Davor«, so bekräftigte er 1995 in der *Zeit*, »war es unbewohnbar«, die Studentenbewegung deshalb »eine zivilisatorische Notwendigkeit«.[2] Der hier aufscheinende, unter »Ehemaligen« weit verbreitete Mythos von 1968 als tiefgreifender Zäsur in der Geschichte der Bundesrepublik und alleinigem Wegbereiter einer völlig neuen Liberalität wurde unter umgekehrten Vorzeichen auch von Konservativen befördert: Sie stilisierten die Jugendrevolte zur Initialzündung eines denkbar umfassenden Kultur- und Werteverfalls, dessen offensichtlichste Folge der Linksterrorismus sei.

In der Geschichtswissenschaft wird die 68er-Bewegung heute als »ein getriebener, zugleich treibender und übertreibender Ausdruck von gesellschaftlich tiefgreifenden Veränderungen« interpretiert – also als Symptom und Katalysator, weniger als Ursache allgemeinerer Wandlungsprozesse.[3] Getrieben, zugleich treibend und übertreibend – diese Beschreibung trifft zweifellos auch auf Fassbinder selbst zu, der, wenngleich im politischen Sinne nur bedingt ein 68er, die Schockwellen der antiautoritären Rebellion zunächst in der Münchener, dann in der Frankfurter Theaterszene intensiv absorbiert und in den Neuen Deutschen Film getragen hat.[4]

1 Konrad H. Jarausch, Verkannter Strukturwandel. Die siebziger Jahre als Vorgeschichte der Probleme der Gegenwart, in: Ders. (Hg.), Das Ende der Zuversicht? Die siebziger Jahre als Geschichte, Göttingen 2008, S. 9–29, hier S. 23.
2 Hans Magnus Enzensberger, »Ich will nicht der Lappen sein, mit dem man die Welt putzt«. Interview von André Mueller, in: Die Zeit 4/1995, 20.1.1995.
3 Axel Schildt, 1968, in: Frankfurter Allgemeine Zeitung Nr. 77, 3.4.2018, S. 7.
4 Christian Braad Thomsen, Rainer Werner Fassbinder. Leben und Werk eines maßlosen Genies, Hamburg 1993, S. 30–32.

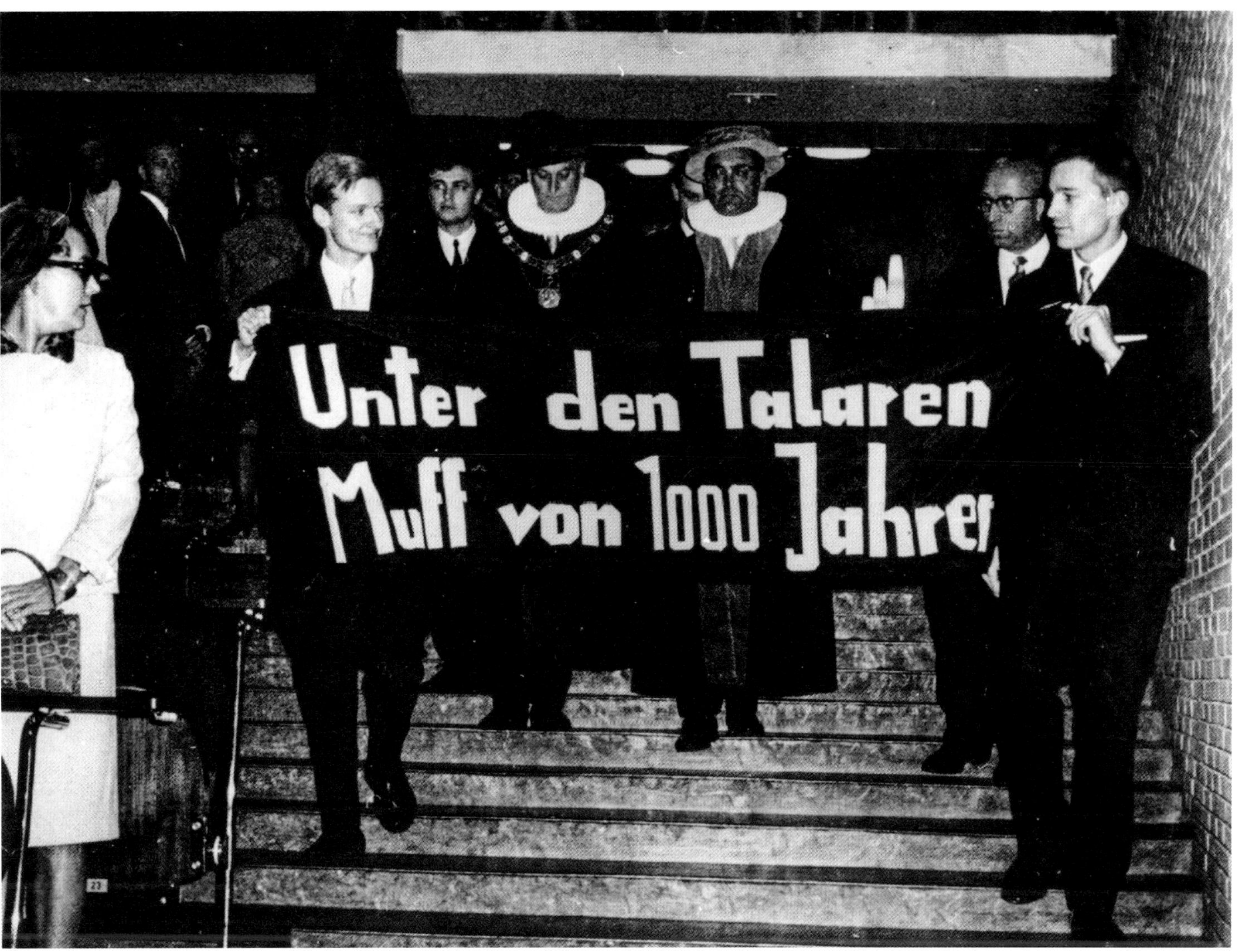

↑ Eintritt des neuen und des alten Rektors. Zwei Studenten halten aus Protest ein Spruchband. Universität Hamburg, Auditorium Maximum, 9. November 1967

1968 kam weder als unvermittelter Einbruch in eine »bleierne Zeit« (Margarethe von Trotta) noch war danach alles anders.[5] Dennoch hat das Jahr zweifellos ganz eigene Spuren hinterlassen. Diese werden vor allem aus einer emotionsgeschichtlichen Perspektive erkennbar, wie sie unlängst der in Kalifornien lehrende Historiker Frank Biess vorgeschlagen hat. Biess interpretiert die 68er-Bewegung als Träger eines neuen Emotionsregimes, das es in einem bisher ungekannten Ausmaß möglich gemacht habe, Gefühle zu zeigen – öffentlich und privat. »Diese Kultur emotionaler Expressivität« nennt Biess »eines der wichtigsten Vermächtnisse von ›1968‹ in der westdeutschen Gesellschaft«.[6] Die neue Gefühlskultur – von Enzensberger als Wende zur Bewohnbarkeit erinnert – sei dabei in erster Linie für das alternative Milieu typisch, aber keineswegs auf dieses beschränkt gewesen.

Im Mittelpunkt von Biess' Gefühlsgeschichte der Bundesrepublik steht die sowohl von Zeitgenossen als auch nachträglich oft spöttisch kommentierte spezifisch »deutsche Angst«, die der Historiker jedoch ausdrücklich nicht als nationale Pathologie, sondern als kollektiv geteilte Folge einer katastrophalen Vergangenheit und letztlich als Symptom demokratischer Wachsamkeit betrachtet. Die »langen« 70er-Jahre, die mit Fassbinders Schaffen zusammenfallen, seien sogar eine Periode »allgegenwärtiger Angst« gewesen.[7] Ausgehend von der stilbildenden

5 Norbert Frei, 1968. Jugendrevolte und globaler Protest, München 2008, bes. S. 209–228.
6 Frank Biess, Republik der Angst. Eine andere Geschichte der Bundesrepublik, Reinbek b. Hamburg 2019, S. 284.
7 Ebd., Kap. 7, auf das sich die folgenden Ausführungen maßgeblich beziehen.

Aufwertung der Artikulation von Ängsten im linken Milieu und dem zeitgenössischen »Psychoboom«, spürt er dieser Emotion unter anderem in der Erinnerungskultur und anhand der gesellschaftlichen Folgen des Linksterrorismus nach. Der vorliegende Beitrag greift diesen Ansatz auf, denn er verspricht einem Künstler besonders gerecht zu werden, der die Angst nicht nur mehrfach direkt im Titel seiner Produktionen adressiert hat – wie in den Filmdramen ANGST ESSEN SEELE AUF (1973) und ANGST VOR DER ANGST (1975) –, sondern dessen gesamte künstlerische Existenz letztlich im Zeichen der Bewusstwerdung von Angst und ihrer Unentrinnbarkeit gestanden hat.

Fassbinders Werk fungierte dabei nicht nur als Seismograf gesellschaftlicher Gefühlslagen, allen voran in Bezug auf die NS-Vergangenheit. Die wiederholt aufbrechenden erbitterten Kontroversen um seine Person zeigen, dass er als integraler Vertreter der neuen expressiven Gefühlskultur auch selbst imstande war, erhebliche emotionale Erschütterungen auszulösen.

Therapeutische Gesellschaft und neue Subjektivität

Null- oder gar Minuswachstum, der Zusammenbruch ganzer Industriezweige, die drohende Überdehnung der Sozialsysteme – zweifellos gab es mit dem Ende des jahrzehntelangen Nachkriegsbooms, das durch die Ölkrise von 1973 eingeläutet wurde, ganz handfeste Gründe für die Westdeutschen, sich zu fürchten. Die ersten Leidtragenden der Krise waren allerdings einreisewillige ausländische Arbeitnehmer, die in der Bundesrepublik nun anders als bisher nicht mehr willkommen waren. Auch gegenüber Migranten, die schon vor Ort waren bzw. von ihren Familienangehörigen nachgeholt wurden, wurde die Stimmung erheblich feindseliger.[8]

Das spürbare Anwachsen der Angst in der Gesellschaft war aber keineswegs nur eine Reaktion auf die neuartigen ökonomischen Probleme, deren strukturelle Bedingtheit vielen Beobachtern noch gar nicht bewusst war. Mindestens ebenso wichtig war, dass man das menschliche Innenleben selbst inzwischen als Quell potenzieller Gefahren betrachtete, denen es mit verstärkter ›Arbeit am Selbst‹ zu begegnen galt. Diese Entwicklung war einerseits ein Ergebnis des Siegeszuges der Psychowissenschaften – seit 1967 war die Psychotherapie eine kassenärztlich abrechenbare Maßnahme –, andererseits eine Folge der Psychologisierung politischer Phänomene durch die 68er-Bewegung.[9] Die vielzitierte Parole »Das Private ist politisch« bedeutete eben auch, dass die Revolutionierung der Gesellschaft mit der Veränderung des Individuums beginnen musste. Auf dem Weg zu einem besseren, »authentischeren« Selbst erschien die möglichst expressive Artikulation von Gefühlen – einschließlich der eigenen Ängste – nicht nur legitim. Sie wurde bald zu einer neuen Norm, die ihrerseits Schwierigkeiten machen konnte. Gerade das Aufbrechen traditioneller Beziehungsmuster und Wohnformen im Dienste neuer Formen der Subjektivität, wie es im alternativen Milieu praktiziert wurde, produzierte zwar zahlreiche individuelle Befreiungserfahrungen, aber auch Unsicherheit und Frustration. In Fassbinders berühmtem »Clan«, wie seine von Film- und Theaterleuten, Liebhabern und Liebhaberinnen bevölkerte »Ersatzfamilie« bald bezeichnet wurde, trug man Konflikte auf besonders extreme und öffentlich sichtbare Weise aus, wie sie für viele Kommunen und Wohngemeinschaften damals typisch waren. Die Auseinandersetzungen resultierten dabei nicht nur aus der grundsätzlichen Spannung zwischen den Bedürfnissen des autonomen Subjekts auf der einen und des Kollektivs auf der anderen Seite. Sie waren auch Ausdruck der Sehnsüchte der Beteiligten nach Freiheit *und* Geborgenheit, sexuellem Rausch *und* stabilen Beziehungen, Selbstgeltung *und* Gleichheit.[10] Das Ideal des offenen Auslebens und ständigen Diskutierens solch widerstreitender Gefühle vermochte zwar kreative Energien freizusetzen, bedeutete für den Einzelnen aber auch erhebliche Belastungen, denen, wie sich bald zeigte, längst nicht alle gewachsen waren. Die in Teilen der Medien verzerrt dargestellten bzw. bewusst skandalisierten Experimente mit neuen Formen des Zusammenlebens und befreiter Sexualität auch zwischen gleichgeschlechtlichen Partnern machten aber vor allem den Vertretern traditioneller Familien- und Geschlechtermodelle Angst, die sich durch sie ganz neuen Rechtfertigungszwängen ausgesetzt fühlten. Nicht umsonst galt Fassbinder als Bürgerschreck par excellence.

Die Emotionalisierung der Erinnerungskultur

»Durfte Brandt knien?« Diese Frage stellte der *Spiegel* seinen Lesern unmittelbar nach der politisch wegweisenden Geste, zu der sich der Bundeskanzler am 7. Dezember 1970 vor dem Mahnmal für die Opfer des Aufstandes im Warschauer Ghetto entschloss. 41 Prozent der Befragten fanden den Akt, der als »Kniefall von Warschau« in die Geschichte einging, angemessen, 48 Prozent übertrieben.[11] Wie auch an solchen Zahlen deutlich wird, stand Brandts überraschende Demutsgeste nicht nur für die Möglichkeit eines offeneren Umgangs mit Gefühlen auch in der »großen« Politik. Sie löste bei Befürwortern wie Gegnern von Brandts Neuer Ostpolitik, die sich im Kniefall symbolisch verdichtete, selbst intensive Emotionen aus – darunter auch Hass auf den ehemaligen Exilanten, den man für den vermeintlichen Ausverkauf deutscher Interessen im Osten verantwortlich machte.[12]

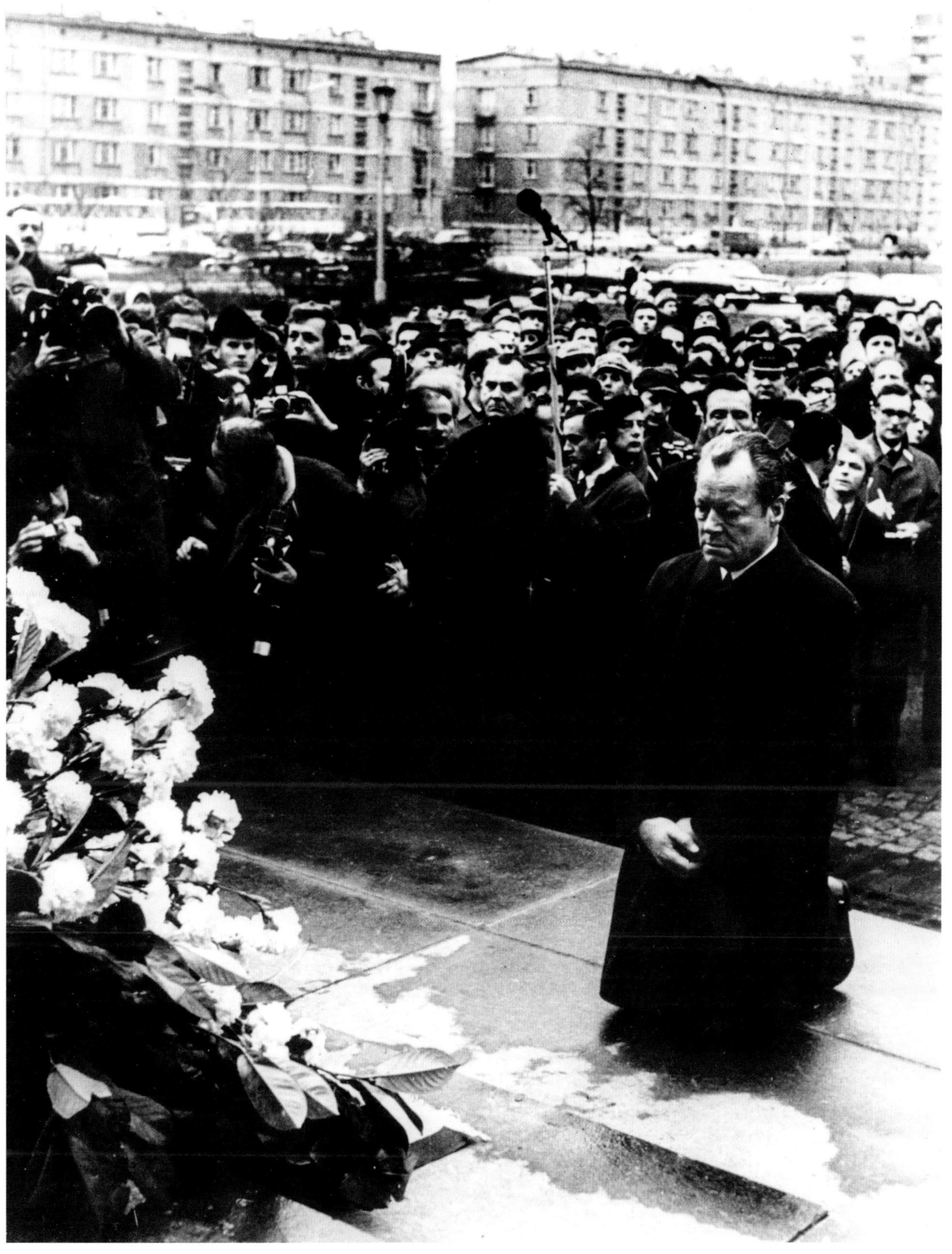

← Bundeskanzler Willy Brandt. Warschau, 7. Dezember 1970

8 Vgl. zum Anwerbestopp und allgemein zur Ausländerpolitik nach 1973 Ulrich Herbert, Geschichte der Ausländerpolitik in Deutschland. Saisonarbeiter, Zwangsarbeiter, Gastarbeiter, Flüchtlinge, München 2003, Kap. 5. Zur Bedeutung migrantischer Schicksale bei Fassbinder vgl. Nicole Colin/Franziska Schößler/Nike Thum (Hg.), Prekäre Obsession: Minoritäten im Werk von Rainer Werner Fassbinder, Bielefeld 2012, bes. den Beitrag von Maren Butte und Kati Röttger.
9 Maik Tändler, Das therapeutische Jahrzehnt. Der Psychoboom in den siebziger Jahren, Göttingen 2016.
10 Sven Reichardt, Authentizität und Gemeinschaft. Linksalternatives Leben in den siebziger und achtziger Jahren, Frankfurt a. M. 2014.
11 Der Spiegel Nr. 51, 14.12.1970.
12 Alexander Behrens (Hg.), Durfte Brandt knien? Der Kniefall von Warschau und der deutsch-polnische Vertrag. Eine Dokumentation der Meinungen, Bonn 2010.

Dennoch setzte sich in den folgenden Jahren die von Brandt verkörperte Tendenz zu einer ehrlicheren, Scham- und Schuldgefühle einschließenden Auseinandersetzung mit den NS-Verbrechen fort. Eine wichtige Voraussetzung dafür bestand laut Biess darin, dass die nach 1945 virulenten Ängste vor einer möglichen Vergeltung des Unheils, das die Deutschen zuvor über so viele andere Menschen gebracht hatten, mittlerweile überwunden waren. Allerdings waren es immer noch in erster Linie die Nachgeborenen, die sich zunehmend selbstkritisch die Frage stellten, warum der Nationalsozialismus für »ganz normale« Männer und Frauen eine so große Anziehungskraft besessen hatte. Die Distanzierungsmechanismen, mit denen sich noch kurz zuvor auch kritische Linke das »Dritte Reich« und vor allem die Shoah emotional vom Leibe gehalten hatten, brachen im Zuge dessen mehr und mehr zusammen. Dass die größer werdende Empathie für die Opfer allerdings immer noch Ambivalenzen barg, zeigt nicht zuletzt der Streit um Fassbinders Stück *Die Stadt, der Müll und der Tod* (1975), das vor dem Hintergrund des Frankfurter Häuserkampfes das antisemitische Zerrbild des raffgierigen Juden auf eine zumindest missverständliche Weise wiederaufleben ließ.[13] Eine Mehrheit der Bundesdeutschen ließ sich erst 1979 im Zuge der Ausstrahlung der US-amerikanischen Fernsehserie HOLOCAUST (HOLOCAUST – DIE GESCHICHTE DER FAMILIE WEISS. US 1978. Regie Marvin J. Chomsky) die die Geschichte des »Dritten Reiches« anhand des Schicksals einer »arischen« und einer jüdischen Familie erzählte, wirklich vom Leid der Opfer berühren. Nicht nur die Einschaltquoten waren überwältigend – jeder zweite Deutsche hatte zumindest Teile der Serie verfolgt, jeder Dritte sogar alle vier Folgen –, auch die Reaktionen der Zuschauer zeugten von einer neuen Dimension emotionaler Betroffenheit. Peter Märthesheimer, der als Drehbuchautor großen Anteil am Erfolg von Fassbinders BRD-Trilogie gehabt hatte, war am höchst umstrittenen Ankauf der Serie für den deutschen Markt durch den WDR maßgeblich beteiligt gewesen.[14] Die Rückbindung des abstrakten Wissens um die Vernichtung der europäischen Juden an konkrete persönliche Schicksale, wie sie HOLOCAUST anhand der fiktiven zehnköpfigen Familie Weiss zeigte, deren Mitglieder in Babi Jar, dem Warschauer Ghetto, Theresienstadt und Auschwitz gequält und schließlich ermordet wurden, fungierte als Dammbruch für eine grundsätzliche erinnerungskulturelle Wende. Die gewachsene Identifikation mit den Opfern bereitete den großen Erinnerungskontroversen der Kohl-Ära den Weg, in denen die Bedeutung der NS-Vergangenheit für das politische Selbstverständnis der Bundesrepublik zwischen »Aufklärern« und »Verdrängern« neu ausgehandelt wurde.[15]

↓ HOLOCAUST Tom Bell (Adolf Eichmann) und Michael Moriarty (Erik Dorf)

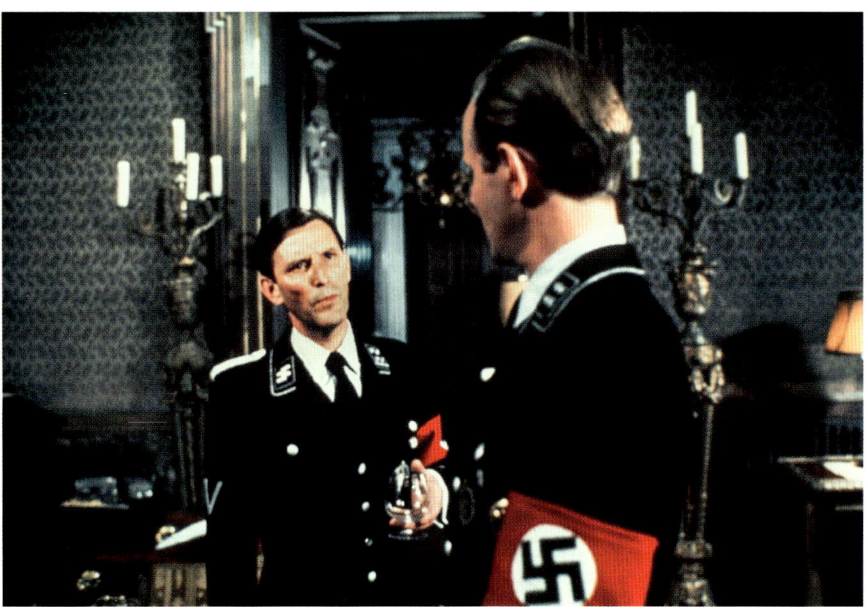

Der Linksterrorismus als Fluchtpunkt der vagierenden Ängste

Auch die massive Erschütterung der westdeutschen Gesellschaft durch den Linksterrorismus ist angesichts des aus heutiger Sicht überschaubaren Ausmaßes der Bedrohung nur zu erklären, wenn man die langen Schatten des Nationalsozialismus in Rechnung stellt. Die durch die erste RAF-»Generation« produzierte Angst wirkte, »weil sie auf bereits existierende Ängste traf und diese verstärkte«.[16] Teile der Bevölkerung sahen in den terroristischen Gruppierungen ihre schlimmsten Befürchtungen über »die Linke« bestätigt, während andere sich an das Ende der Weimarer Republik erinnert fühlten und massive Ängste um den, vor allem aber vor dem Staat entwickelten.

Denn im Kampf gegen den Terrorismus wurden die Regierungsparteien SPD und FDP von einer Union vor sich hergetrieben, die nicht nur hoffte, die gewaltsame Nachgeschichte der 68er-Proteste nutzen zu können, um die verlorene Macht zurückzugewinnen, sondern die auch die sozial-liberale Idee, »mehr Demokratie zu wagen«, endgültig als gefährliches Spiel mit dem Feuer diskreditieren wollte. Zwar lehnte eine überwältigende Mehrheit selbst der radikalen Linken die Methoden der RAF ab. Angesichts der demonstrativen Härte, mit der Teile des Staatsapparats der terroristischen Bedrohung begegneten, wähnte sich so mancher aber dennoch in einer gemeinsamen Frontstellung mit der »kämpfenden Truppe« gegen die allgemeine »Repression«. Und durch den Filter der deutschen Vergangenheit entwickelten auch die Berich-

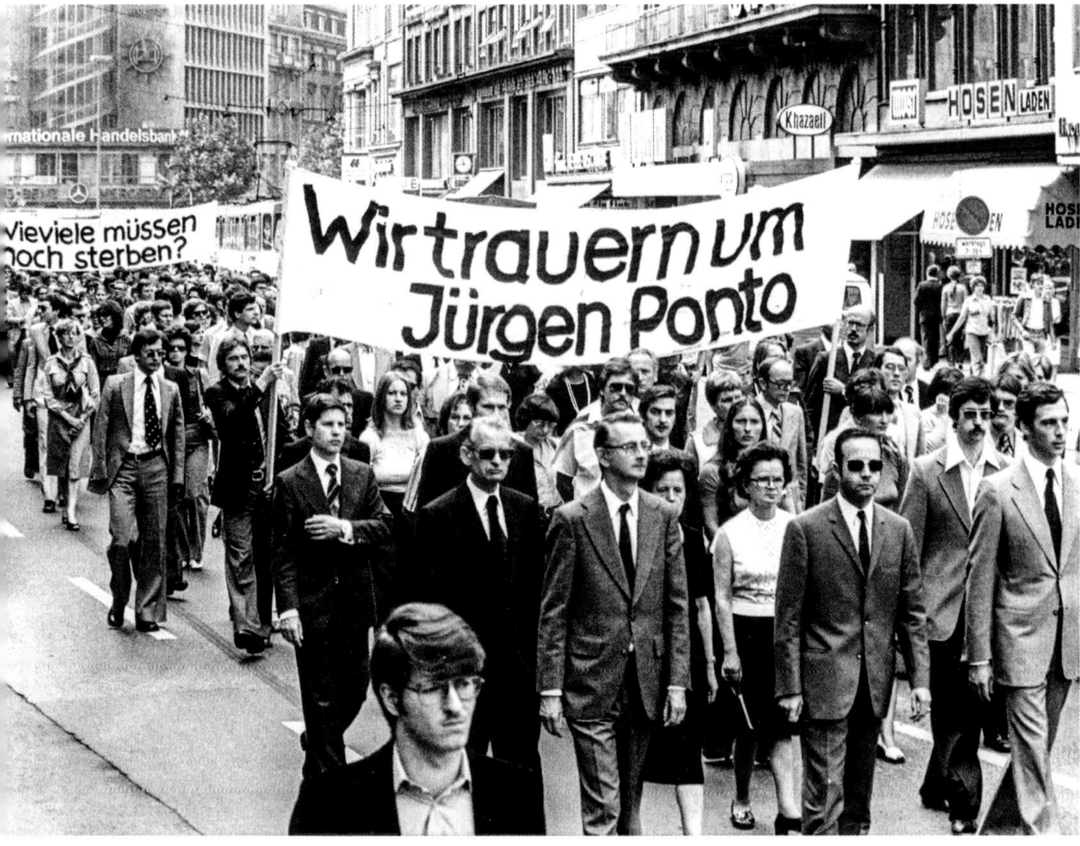

↑ Trauermarsch für Jürgen Ponto in Frankfurt am Main. Der Vorstandsvorsitzende der Dresdner Bank wurde am 30. Juli 1977 ermordet

↓ Der von der RAF entführte Arbeitgeberpräsident Hanns Martin Schleyer am 13. Oktober 1977

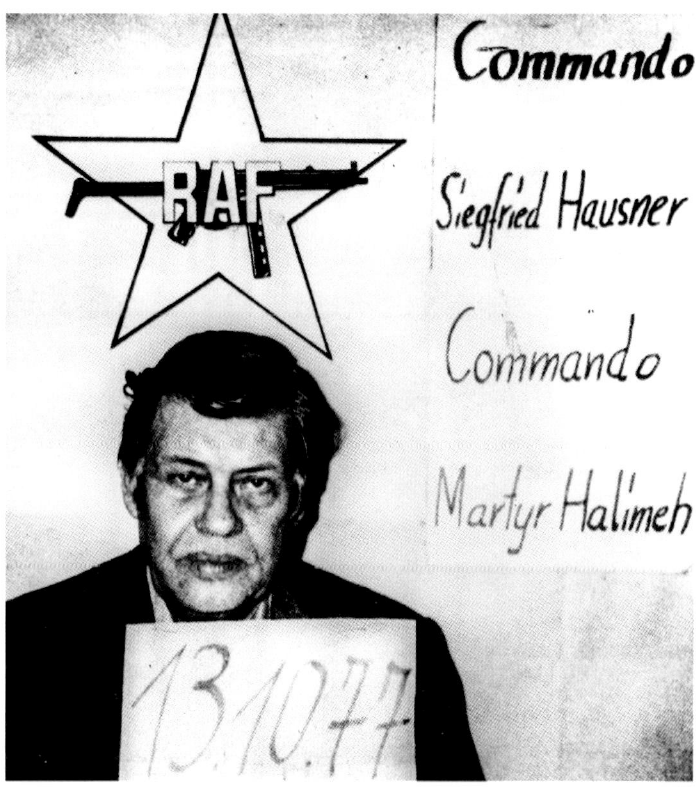

te der RAF-Anwälte, die von »Vernichtungshaft« und »Isolationsfolter« in den Gefängnissen der Bundesrepublik sprachen, einen erstaunlich suggestiven Sog.[17] Im so genannten Deutschen Herbst des Jahres 1977 eskalierte mit der Konfrontation zwischen der RAF und dem deutschen Staat auch der politische Streit. Die Angst der Eliten, ins Visier der Angreifer zu geraten, und die Verstörung der Bevölkerung durch die Brutalität der Anschläge schaukelten sich gegenseitig hoch; 67 Prozent der Bundesbürger plädierten für eine Wiedereinführung der Todesstrafe für Terroristen. Der stets mit dem Pathos der Nüchternheit agierende Helmut Schmidt, der Willy Brandt 1974 als Kanzler abgelöst hatte, sprach gegenüber dem britischen Regierungschef Callaghan vom »fürchterlichen Zustand« der öffentlichen Meinung seines Landes. Rainer Werner Fassbinder, Volker Schlöndorff und andere Vertreter des Neuen Deutschen Films haben dieses Klima in ihrem berühmten Episodenfilm DEUTSCHLAND IM HERBST (1977/78) meisterhaft eingefangen. Fassbinder spielte sich selbst im Streitgespräch mit seiner Mutter und seinem damaligen Lebensgefährten Armin Meier, der sich wenig später das Leben nahm. Dieser persönlichen Katastrophe folgte keine politische. Denn die Angst davor, dass Liberalität, rechtstaatliche Prinzipien und Menschlichkeit auf deutschem Boden einmal mehr das Nachsehen haben könnten, trägt nicht nur diesen Film. Als »demokratische Angst« trug sie auch wesentlich dazu bei, dass die Bundesrepublik den autoritären Versuchungen am Ende widerstand. Helmut Kohl, der im Oktober 1982 wenige Monate nach Fassbinders Tod durch ein Misstrauensvotum gegen den amtierenden Kanzler an die Regierung kam, fand eine fundamental liberalisierte Gesellschaft vor.[18] Die »geistig-moralische Wende« blieb aus.

---

13 Heiner Lichtenstein (Hg.), Die Fassbinder-Kontroverse oder das Ende der Schonzeit, Königstein/Ts. 1986.
14 Peter Märthesheimer/Ivo Frenzel (Hg.), Im Kreuzfeuer: Der Fernsehfilm Holocaust. Eine Nation ist betroffen, Frankfurt a. M. 1979, S. 2.
15 Jürgen Peter, Der Historikerstreit und die Suche nach einer nationalen Identität der achtziger Jahre, Frankfurt a. M. 2015.
16 Biess (wie Anm. 6), S. 345.
17 Petra Terhoeven, Die RAF. Eine Geschichte terroristischer Gewalt, München 2017.
18 Andreas Wirsching, Abschied vom Provisorium. Die Bundesrepublik 1982–1990, München 2006.

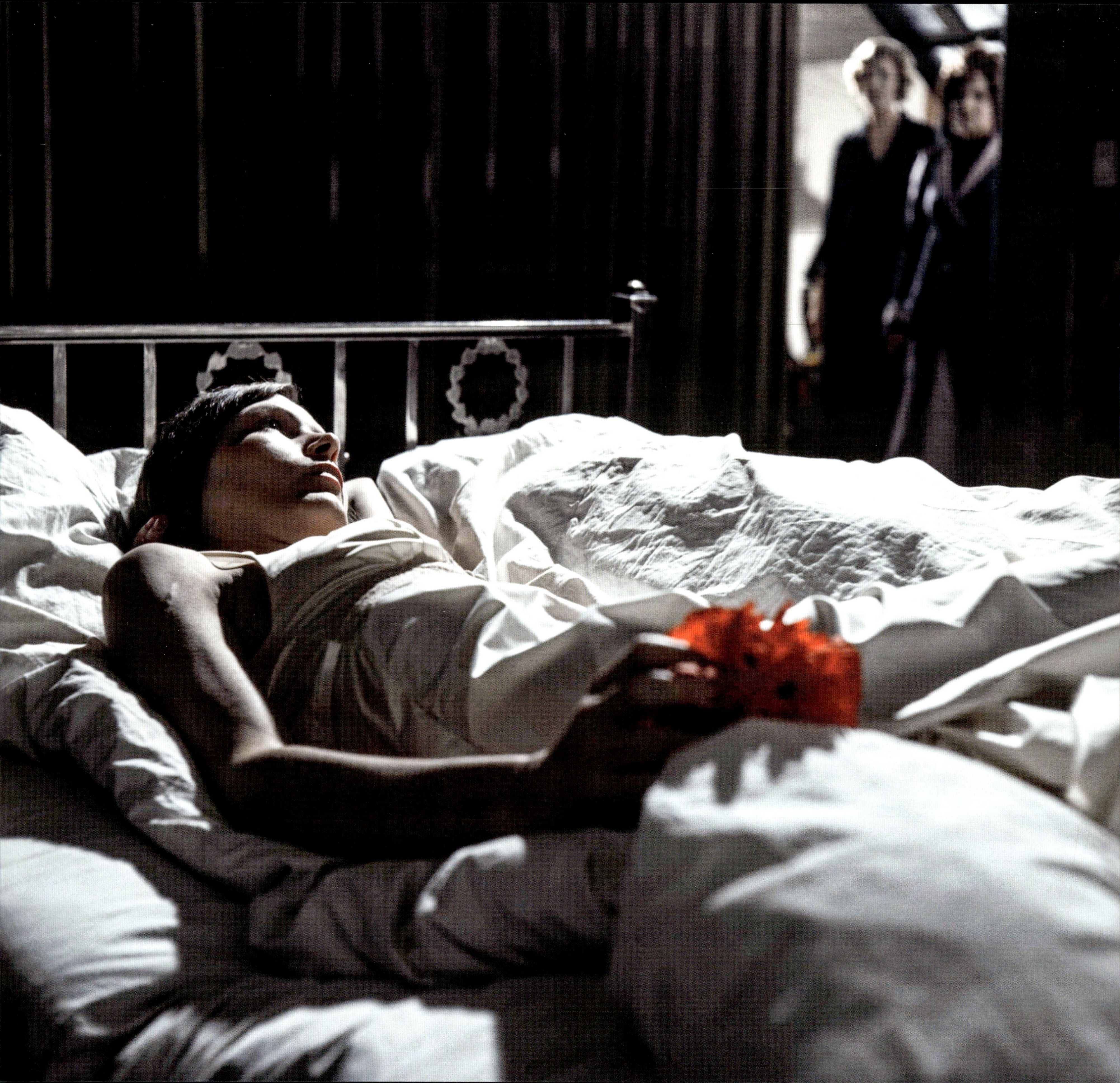

Raí Gandra

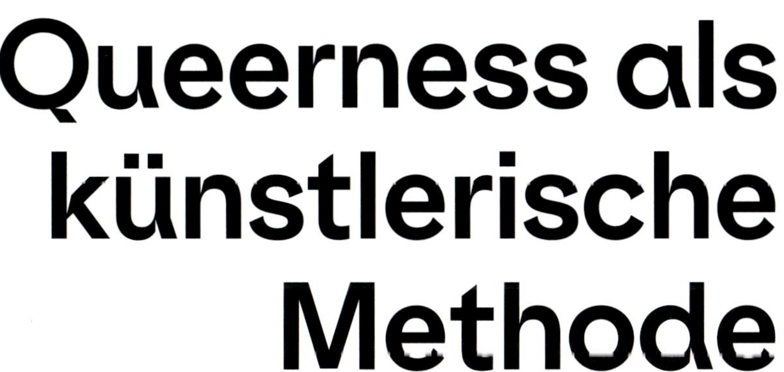

Queerness als künstlerische Methode

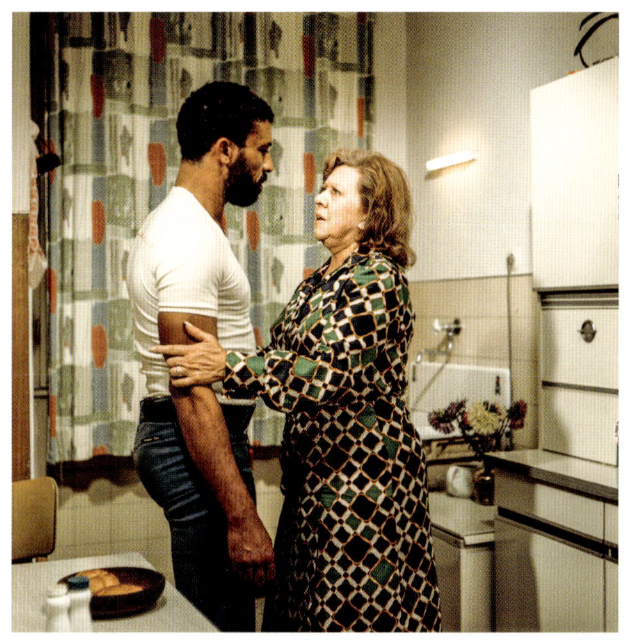

↑ **ANGST ESSEN SEELE AUF** Brigitte Mira (Emmi) und El Hedi Ben Salem (Ali)

Das Jahr 1982, in dem die Welt von Rainer Werner Fassbinder Abschied nahm, war auch das Jahr, in dem in meiner Heimatstadt ein kleines Lichtspielhaus eröffnet wurde; 11 Jahre später – in meinem Geburtsjahr – beendete es seine Aktivitäten. Nach fast drei Jahrzehnten gibt es in meiner Stadt, in Minas Gerais, Brasilien, immer noch kein Kino. Ich erinnere mich, wie ich meine Jugend damit verbrachte, in Videotheken nach Filmen zu suchen, die ich am Wochenende auf DVD anschauen könnte. So kam ich zum ersten Mal in Berührung mit Fassbinders filmischem Schaffen – mit ANGST ESSEN SEELE AUF (1973). Auch wenn die Diskussion, die über diesen Film entbrannte, darum ging, wie die deutsche Gesellschaft zu diesem Zeitpunkt die Beziehung zwischen einer 60-jährigen Witwe und einem jüngeren muslimischen Immigranten wahrnahm: Was ist ein queerer Körper, wenn nicht ein fremder Körper inmitten einer funktionierenden Heteronormativität?

Dieser fremde Ort, an den ein queerer Körper gehört, ist zufällig so, denn queer kann hier als sonderbar, seltsam, streunend, schamlos, ungewöhnlich übersetzt werden, und obwohl der Begriff viele Male pejorativ verwendet wurde, um Homosexuelle zu bezeichnen, hat er sich heute zu einer stolzen Selbstbezeichnung

← **DIE BITTEREN TRÄNEN DER PETRA VON KANT** Margit Carstensen (Petra von Kant), Irm Hermann (Marlene) und Gisela Fackeldey (Valerie van Kant)

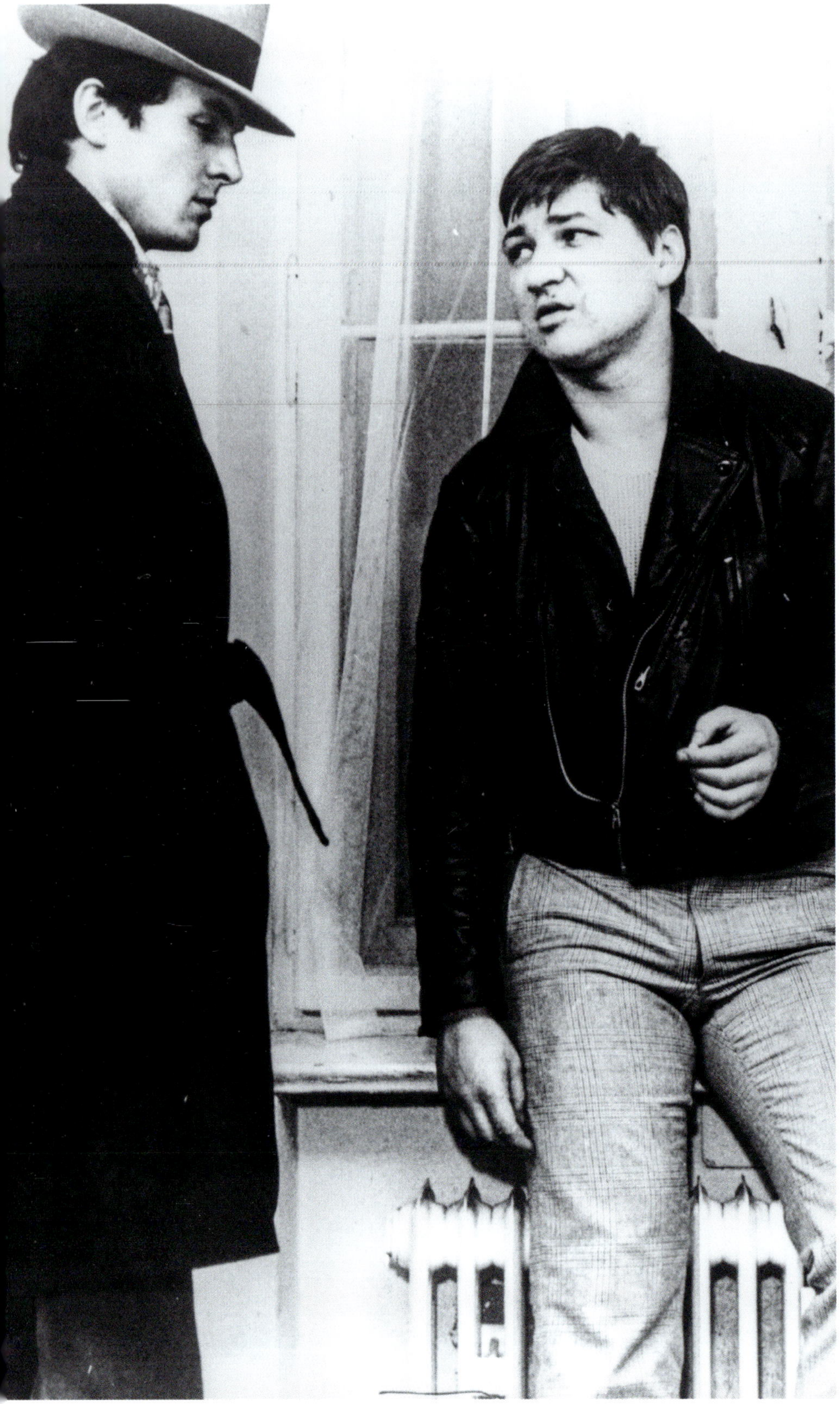

← **LIEBE IST KÄLTER ALS DER TOD** Ulli Lommel (Bruno) und Rainer Werner Fassbinder (Franz)

gewandelt. In den 1980er-Jahren entwickelten sich in den Vereinigten Staaten die Queer Studies als natürliche Reaktion auf den Aufschwung weit verbreiteter Bewegungen, die an die Universitäten gelangten und so die Entstehung sogenannter »kulturwissenschaftlicher Studien« beschleunigten. Diese beruhten auf poststrukturalistischen Idealen und zielten darauf ab, diese Bewegungen durch eine neue Perspektive des Denkens über die sozialen Gegebenheiten zu verstehen. Bei Philosophen wie Michel Foucault und Jacques Derrida fanden sie eine Entwicklungsgrundlage. Mit Judith Butler als einer ihrer bekanntesten Vertreterinnen wurde die Queer Theory dann dahingehend vertieft, dass feministische Theorien einen wesentlichen Teil des Individuums über das Geschlecht konstruieren. Gleichzeitig versuchte sie, Queer Studies zu einem Konzept zu erweitern, das Homosexualität als ein durch sexuelle Praktiken geschaffenes soziales Konstrukt sieht. Darüber hinaus wird die Dekonstruktion der binären Pole Mann/Frau, Homo-/Heterosexualität, männlich/weiblich und folglich die Aufgabe von Konzepten wie Hierarchie, Herrschaft und Exklusion vorgeschlagen.

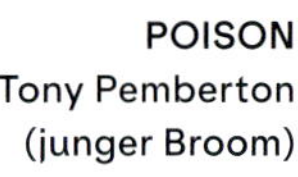

POISON Tony Pemberton (junger Broom) →

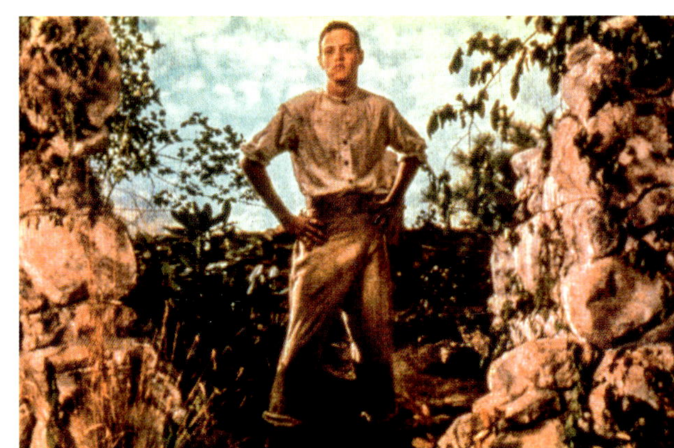

EDWARD II Steven Waddington (Edward II) und Nigel Terry (Mortimer) →

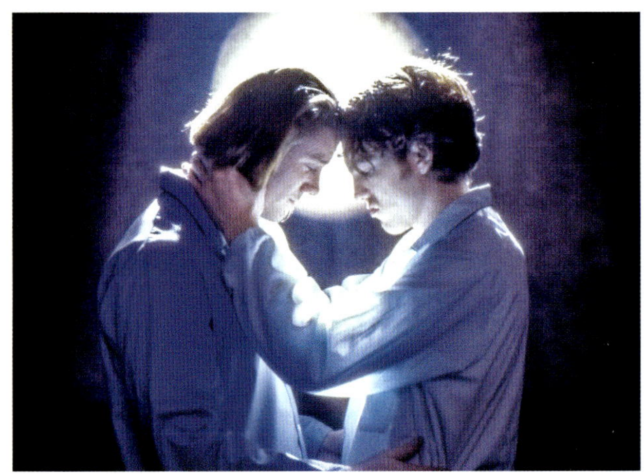

Da es sich um einen politischen und gesellschaftlichen Trend handelte, sollte es nicht lange dauern, bis Queer in der Kunst wahrgenommen wurde; in ihrem Artikel »New Queer Cinema« aus dem Jahr 1992 schlägt die Wissenschaftlerin B. Ruby Rich vor, Filme wie POISON (1991) von Todd Haynes, EDWARD II (1991) von Derek Jarman, SWOON (1992) von Tom Kalin, THE LIVING END (1992) von Gregg Araki und RRSVP (1991) von Lauren Lynd zu einer kinematografischen »Schule« zusammenzufassen, denn diese Filme, die Debatten über Geschlecht, Körper und Sexualität auf die Leinwand bringen, gehen durch eine inklusive Darstellung von Diversität (die auch offen ist für das Studium menschlicher Beziehungen aus ihrer Ambiguität heraus) über ein stereotypes kulturelles und künstlerisches LGBTQIA+-Modell hinaus.

Definierten diese Merkmale eine »neue« Bewegung, dann nur, weil Namen wie Rainer Werner Fassbinder ihr über die Geschichte des Kinos hinaus den Weg bereitet haben, insbesondere seit den 1960er-Jahren, angetrieben durch gesellschaftliche Entwicklungen und eine Nachkriegsgeneration, die überall auf der Welt nach Wandel schrie. Fassbinder lässt den Großteil seines bedeutenden und umfangreichen Schaffens in diesem Szenario stattfinden. Bereits in seinem ersten Spielfilm, LIEBE IST KÄLTER ALS DER TOD (1969), verwendet er einige Elemente, die später zum Verständnis dessen beitragen, was sein filmisches Schaffen ist, zum Beispiel ein wirtschaftlich ins Abseits gedrängtes Deutschland, das sich selbst neu ordnet und wiederaufbaut; die Dualität von Liebe und Gewalt; gesellschaftliche Außenseiter; aber warum gibt es nicht bereits zu diesem Zeitpunkt queere Figuren und Geschichten?

Auch wenn von diesem Gangsterfilm nicht unbedingt erwartet wird, dass er Gender-Fragen oder Sexualität diskutiert, sehen wir an einer Stelle den Anführer und einen seiner Schergen namens Raoul in einer »zärtlichen« Situation, in der der Anführer, als Franz (der von Fassbinder selbst gespielt wird) nach dessen Freundin fragt, die Beine seines Angestellten über der Kleidung liebkost. Raouls Aufmachung betont auch einen weiteren queeren Faktor, der in Fassbinders Arbeit präsent ist – die Bewunderung (oder in gewissem Maße Objektivierung) männlicher Körper, insbesondere schwarzer und arabischer Körper. Darüber hinaus lässt auch die Beziehung zwischen den drei Männern des Haupttrios Raum für Fragen, aber hier wäre dies eher eine Mutmaßung als etwas Eindeutiges.

In den kurzen, aber äußerst produktiven 18 Jahren, die er dem Kino widmete, hatte Fassbinder, der über 40 Filme und Fernsehserien drehte, die Gelegenheit, eine große Vielfalt von Themen zu analysieren, wobei er mit unterschiedlichen Genres flirtete und

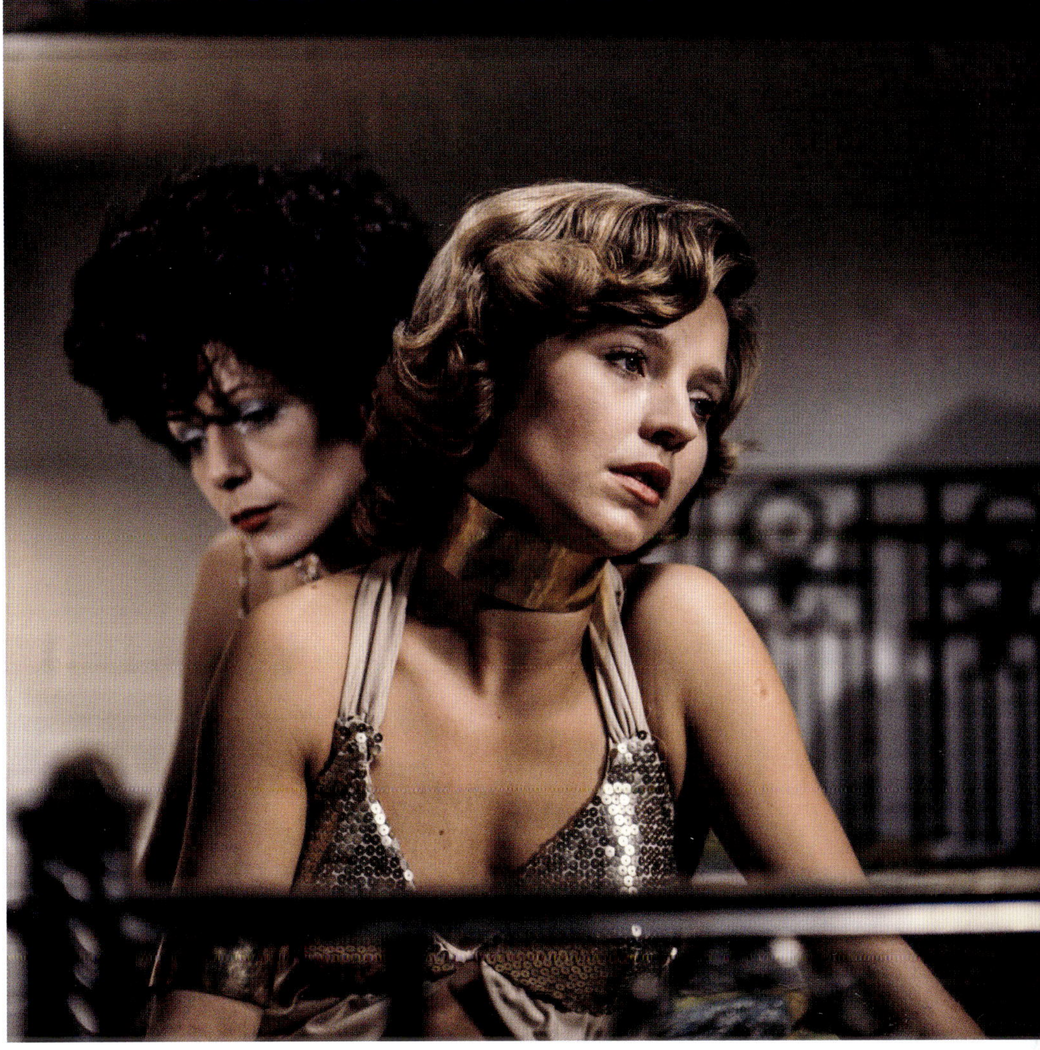

↑ **DIE BITTEREN TRÄNEN DER PETRA VON KANT** Margit Carstensen (Petra von Kant) und Hanna Schygulla (Karin Thimm)

einen der bedeutendsten Autorenfilmbestände nicht nur in Deutschland, sondern weltweit schuf. Nur in vier Produktionen entwickelte er das Thema Queerness direkt über die Protagonisten, zum ersten Mal in DIE BITTEREN TRÄNEN DER PETRA VON KANT (1972), der weibliche Homosexualität behandelt. Dort versucht die Modeschöpferin Petra von Kant ihre existenzielle Leere, ihre Suche nach sich selbst, die Unzufriedenheit mit ihrem Leben und ihre sexuellen Frustrationen damit zu überwinden, dass sie eine Beziehung zu ihrer neuen Bekannten Karin entwickelt. In diesem Melodrama, eine Öffnung Fassbinders hin zu weiblichen Hauptfiguren, wird außerdem – im Hintergrund – eine zweite Beziehung aus Unterwerfung, gemischten Gefühlen und grenzwertiger Leidenschaft vonseiten Marlenes (Petras Assistentin und Hausangestellte) gegenüber ihrer Chefin/Herrin konstruiert. In der gesamten Geschichte geht es um Fragen der Macht, von Interessen geprägte Beziehungen und die Interaktion zwischen verschiedenen sozialen Klassen. Etwas sehr Ähnliches vollzieht sich 1975 mit FAUSTRECHT DER FREIHEIT – der Hauptunterschied ist hier, dass die zentrale Figur, Franz Biberkopf, oder einfach »Fox« (der ebenfalls vom Regisseur gespielt wird), nicht aus der Elite stammt, weder aus der wirtschaftlichen noch aus der kulturellen.

Sein Leben ändert sich, als er, der auf Rummelplätzen arbeitet, in der Lotterie gewinnt. Zu diesem Zeitpunkt verliebt Fox sich in Eugen, einen Bourgeois, der kurz vor dem Bankrott steht. Geld ist ein Schlüsselelement der Geschichte, und für den naiven (oder vielleicht blinden) Fox liegt der Wert der Dinge in den Beziehungen und nicht im Geld – und es ist die Reise in dieses bourgeoise »gay Metier«, die Fox ins Unglück stürzt. Fassbinder zeigt hier abermals, wie gefährlich es ist, zu viel zu geben und zu wenig zu bekommen. Fox wird alles genommen, selbst seine Identität: In der letzten Szene stiehlt man ihm auch noch seine Jacke, und so bleibt nur ein lebloser Körper in einer U-Bahn-Station zurück.

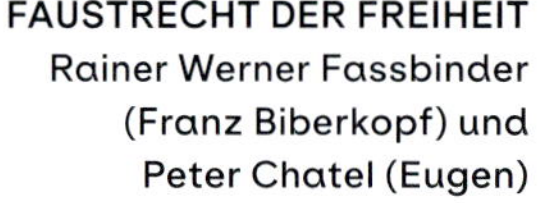
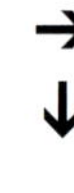

FAUSTRECHT DER FREIHEIT →
Rainer Werner Fassbinder ↓
(Franz Biberkopf) und
Peter Chatel (Eugen)

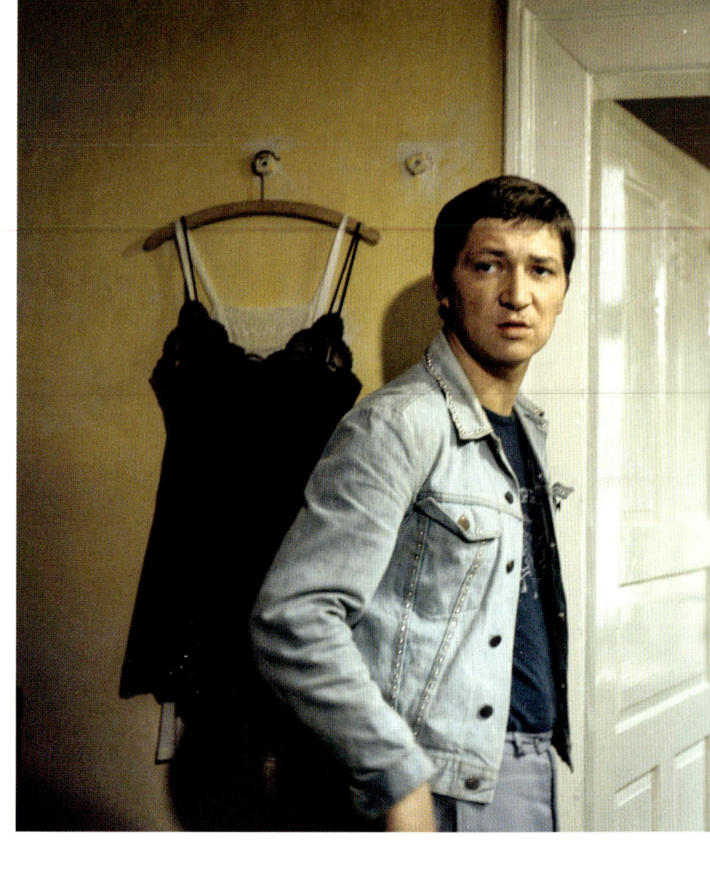

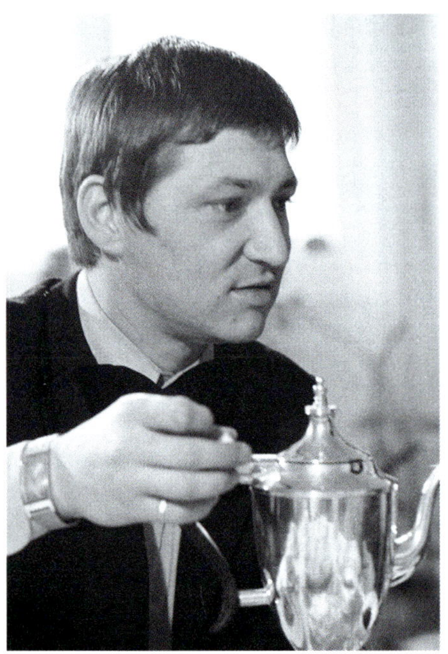

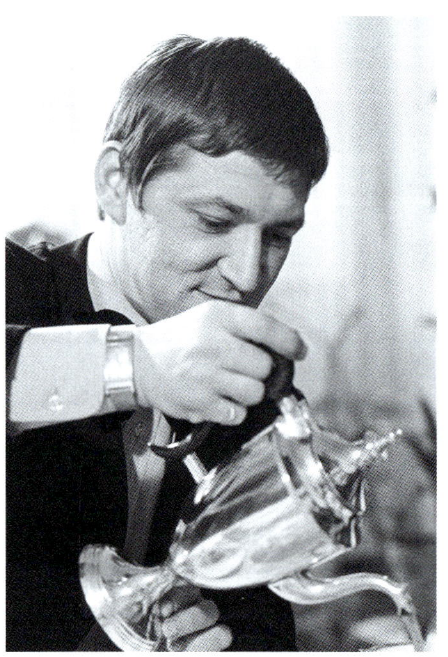

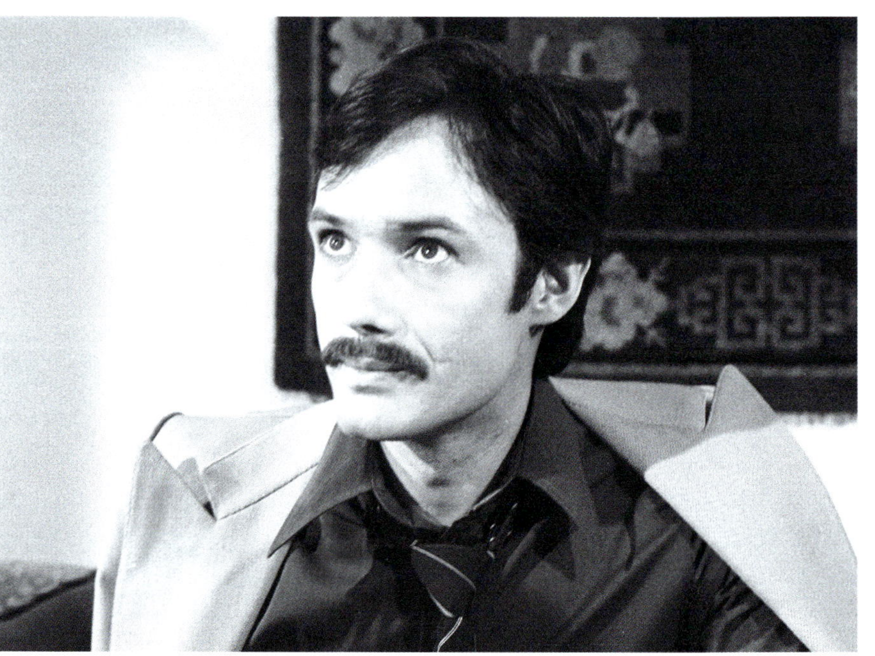

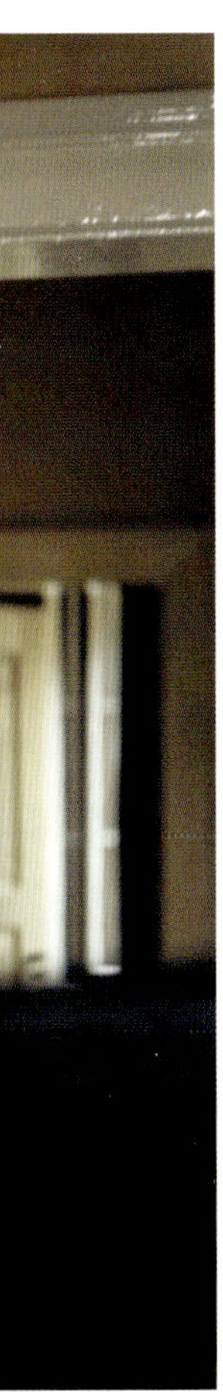

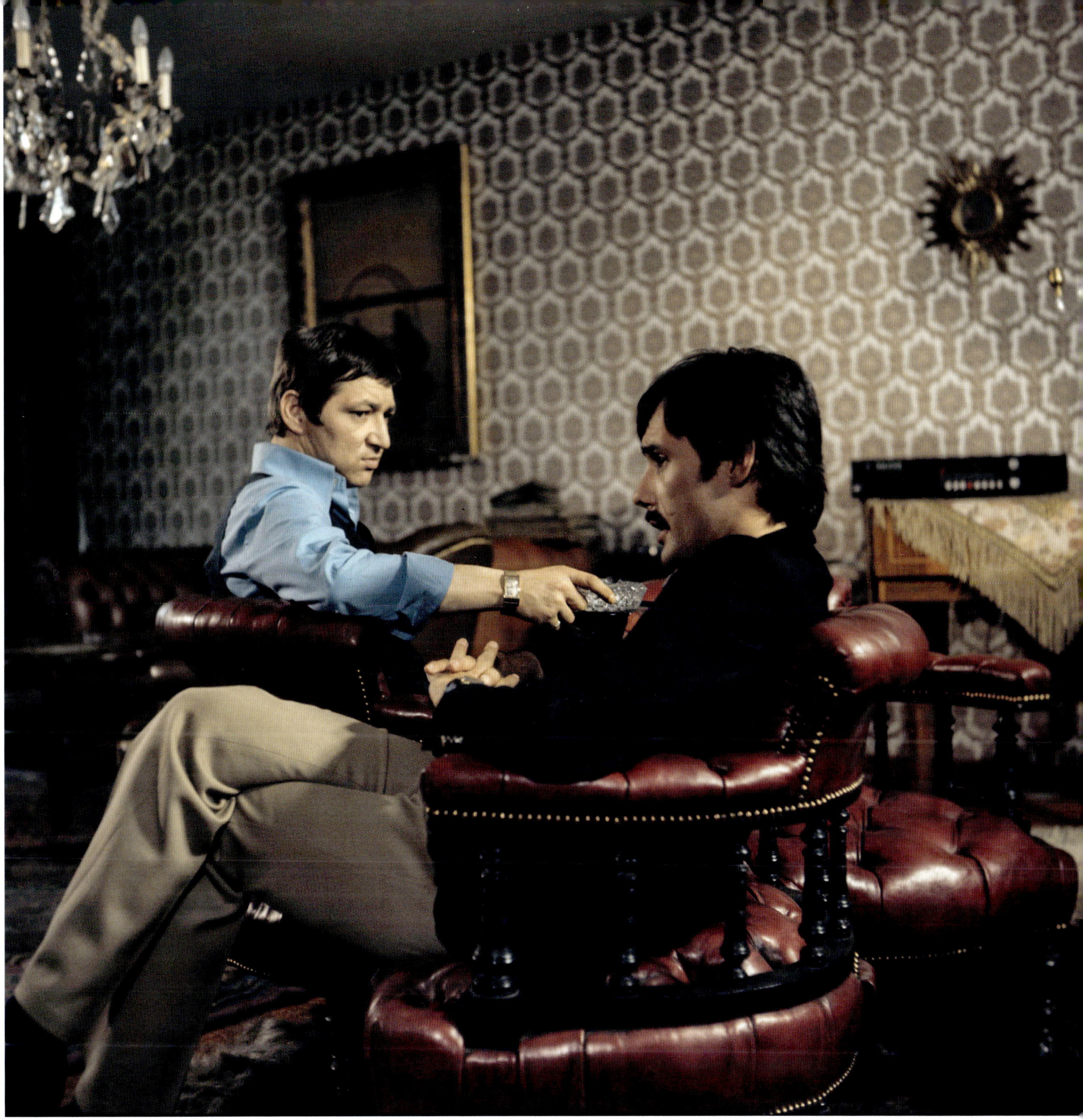

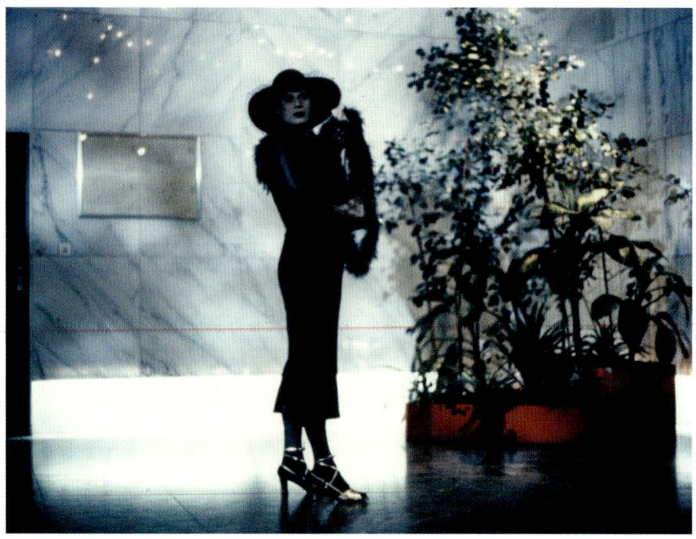

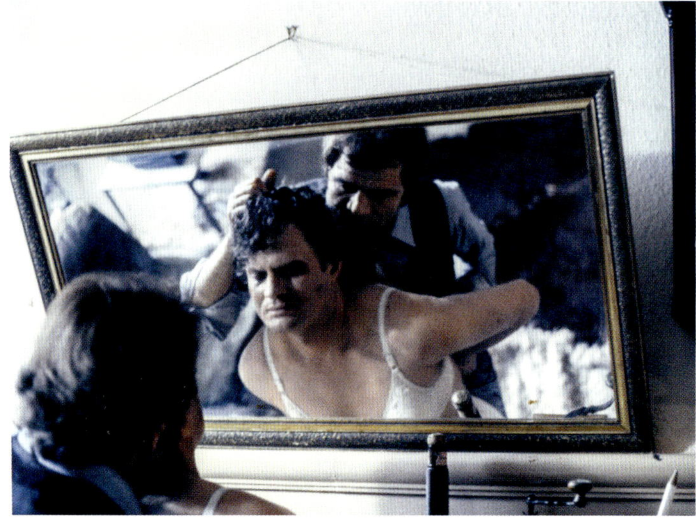

↑ **IN EINEM JAHR MIT 13 MONDEN** (oben) Volker Spengler (Erwin/Elvira Weishaupt) (unten) Volker Spengler und Karl Scheydt (Christoph Hacker)

In IN EINEM JAHR MIT 13 MONDEN (1978), der sich in eine andere Richtung als die oben beschriebenen Filme bewegt, ist wohl zum ersten Mal die Geschlechtsidentität und die Sexualität der Protagonistin ein für den Fortgang der Geschichte entscheidender Faktor. Den Film, der von vielen Kritikern als persönlichster Film Fassbinders betrachtet wird (er wurde wenige Monate nach dem Suizid seines Partners Armin Meier gedreht), verstehen viele als eine Art Autobiografie, in der er seine Einstellung zu einem Land zeigt, das manchmal seine jüngste Vergangenheit blind vergisst, fremden Schmerz und Leid ignoriert und ihnen den Rücken zukehrt. Elvira passt nicht in die Gesellschaft, die Liebe oder andere Institutionen, gleichzeitig hat sie ihren Körper aus dem Wunsch dazuzugehören geformt, und dieser Wunsch nach Zugehörigkeit ist wohl die Kraft, die alle Figuren bei Fassbinder treibt, sei es aus Angst, Wut, Anpassungsdruck, erfolgreich oder nicht.

QUERELLE (1982), Fassbinders letzter großer Akt, der drei Monate nach seinem frühen Tod erschien, ist die Verfilmung eines Romans von Jean Genet, die verblüffender und wohl auch fragwürdiger queerer Ästhetik und Erzählweise folgt. Indem eine endlose Dämmerung der Männlichkeit durchlebt wird (die in der queeren Ikonografie der 1970er- und frühen 80er-Jahre mit Künstlern wie Tom of Finland und Robert Mapplethorpe recht weit verbreitet war), wird die Suche nach Genuss und sexueller Befriedigung zu einer Suche nach Selbsterkenntnis und Zufriedenheit. Obwohl die Queerness innerhalb dieses Filmuniversums als ans Kriminelle grenzend dargestellt wird, steht Sex zwischen zwei Männern nicht nur zur Verhandlung, sondern er stellt auch einen Weg zu persönlichem Wachstum dar. Da es sich um einen der letzten Filme des Regisseurs handelt, bleibt offen, in welche Richtung er sich im queeren Universum weiterbewegt hätte, und er behält seinen unbestrittenen Platz unter den Filmklassikern, wobei deutlich wird, wie das »New Queer Cinema« aussehen könnte.

Auch wenn das Schicksal der queeren Figuren bei Fassbinder nicht glücklich endet (Happy Ends kommen in seinen Filmen nur als seltene Ausnahmen vor), kann man doch sagen, dass sie nicht zu einem solchen tragischen oder komischen Ende verdammt waren, wie es bis zu diesem Zeitpunkt in der Filmgeschichte gängig war. Ihr unglückliches Schicksal rührt aus einer anderen Quelle, es resultiert aus einem fast schon chronischen Zynismus, der Fassbinders Schaffen durchzieht. Es ist menschlicher Einsamkeit, Verzweiflung, Angst und Zweifeln an der Gesellschaft geschuldet.

In dem Moment, in dem das Queere dazu ermutigt, gegen die von den Machthabenden geforderte Anpassung der Welt und des Verstandes zu rebellieren, wird es nicht nur zu einem Grenzüberschreiter, sondern auch zu einem Befreier und somit zu einem Werkzeug, das für die Erforschung von Subjektivität, Positionen und Kritiken unerlässlich ist. Queerness wird aufgrund ihrer Disposition, das »Normale« und »Natürliche« zu hinterfragen, zu einem Werkzeug und einer Methode. Dabei fokussiert sie sich nicht auf Geschlecht und Gender einer Person, sondern auf ihre Beziehungen, Verbindungen und Widersprüchlichkeiten. Und auf diese »normalen« und »natürlichen« Fragen baut Fassbinder sein Deutschland, seine Vision als Zugehöriger und als Abweichender. Welchen Platz nehmen er und seine Figuren ein? Wie weit können sie gehen? Queerness als Methode wird folglich mit schwuler

Empfindsamkeit übersetzt, sodass die persönliche Sensibilität des Regisseurs nicht von seinem Schaffen getrennt werden kann. Aus dieser »schwulen Empfindsamkeit« heraus nimmt Fassbinder die Welt wahr und wird von ihr wahrgenommen.

Daher kann das Queere auch an anderen zentralen Punkten in Fassbinders Laufbahn wahrgenommen werden, etwa in Gabriel Kasts Monolog in CHINESISCHES ROULETTE (1976) oder in SATANSBRATEN (1975/76), wo sich der Dichter Walter Kranz in dem Glauben, dass eine homosexuelle Erfahrung sein Schreiben verbessern würde, mit einem Stricher in einer öffentlichen Toilette trifft. Dieselbe queere Atmosphäre wie in QUERELLE war auch in einer viel leichteren Version, in WIE EIN VOGEL AUF DEM DRAHT (1974), präsent, das komplett in die Camp-Ästhetik eintaucht – von der Szene in der Schwulenbar bis hin zur letzten Episode im Fitnessraum könnte der Film queerer nicht sein.

Diese »schwule Empfindsamkeit« (wie Fassbinder selbst sie nannte) kann auch mit anderen Aspekten eines queeren Lebens assoziiert werden, etwa mit der Anerkennung weiblicher Stärke und Emanzipation in Filmen wie BREMER FREIHEIT (1972), DIE EHE DER MARIA BRAUN (1978) oder LILI MARLEEN (1980). Diese Frage wird außerhalb des Films noch deutlicher, wenn wir Fassbinder zusammen mit seinen Schauspieler*innen betrachten – Beziehungen, die zwar auch zu Problemen und Streit führen, doch es waren wohl seine Schauspieler*innen, zu denen Fassbinder die dauerhaftesten Beziehungen aufbaute. In FÜR MICH GAB'S NUR NOCH FASSBINDER (2000) von einer weiteren deutschen queeren Ikone, Rosa von Praunheim, kann man beide Seiten dieser Partnerschaften erleben.

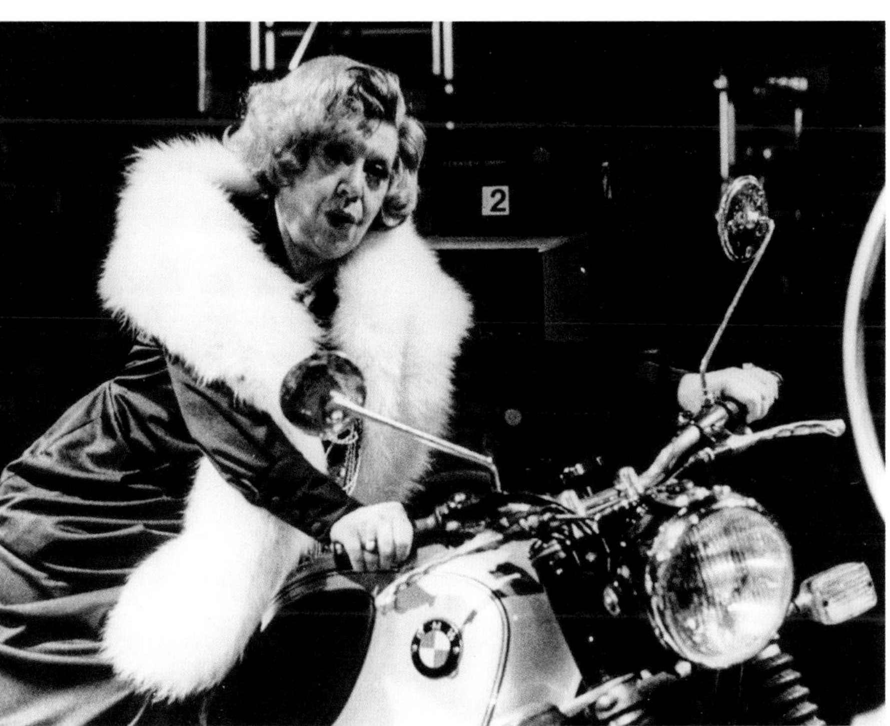

← WIE EIN VOGEL AUF DEM DRAHT Brigitte Mira

Wenn man zum Eingangstext »New Queer Cinema« von B. Ruby Rich zurückkehrt, kommt man auch zur Frage nach dem queeren Publikum. Sie bestätigt, dass Filme vom queeren Publikum abgelehnt oder akzeptiert werden, und zwar aufgrund der Ablehnung oder Akzeptanz der Darstellung. Vielleicht gibt es aus diesem Grund so viele queere Figuren in Fassbinders Geschichten; die queere Präsenz, sogar eine im Hintergrund, stellte eine Verbindung zum queeren Publikum her. Auch wenn Fassbinder für seine Charaktere Kritik von der queeren Community erntete, so wurde er von derselben Gruppe ebenso als Ikone wahrgenommen, die etwa für das Schaffen anderer queerer Filmemacher wie Karim Aïnouz, Bruce LaBruce, Pedro Almodóvar und François Ozon als Inspiration diente.

Somit kann man drei mögliche Kategorien beschreiben, die helfen könnten, einen Film als queer einzuordnen. Ausgehend vom Publikum über die Geschichten selbst bis hin zur Sexualität des Autors. Charaktere wie Petra, Fox, Elvira oder Querelle und weitere Figuren dürfen nicht nur über ihre Sexualität definiert werden, sie sind komplexe Wesen mit vielschichtigen interpersonellen Beziehungen, die sich in einer Umgebung und einer Zeit großer Veränderungen in der äußeren Welt befinden. Und auch wenn die exakte Definition dessen, was genau queeres Kino ist, noch zur Diskussion steht, so ist es nicht möglich, das persönliche Leben Fassbinders, der insbesondere für seine abweichende Sexualität bekannt war, von seinem Schaffen zu trennen. Und ebenso ist es unmöglich, sein Schaffen von einem Porträt Deutschlands in der zweiten Hälfte des 20. Jahrhunderts zu trennen.

Von Beginn an war Fassbinder stets achtsam und einfühlsam gegenüber Außenseitern und Benachteiligten, vielleicht, weil er sich selbst so fühlte. Er umarmte seine Queerness und nutzte seine Stimme, um schwule, lesbische, bisexuelle, transsexuelle und queere Menschen – wenn auch nur im Hintergrund – in seine Filme einzuschließen, sowohl auf als auch hinter der Leinwand. Auf seiner verzweifelten Suche nach einem Ort, an den er gehörte, ging er zu weit. So gelang ihm der Aufstieg in die Reihe der größten Regisseure der Filmgeschichte, aber, um zum Schluss Hanna Schygulla zu Wort kommen zu lassen, die Fassbinder selbst zitierte: »Wenn Du zu weit gehst, gibt es kein Zurück mehr.«

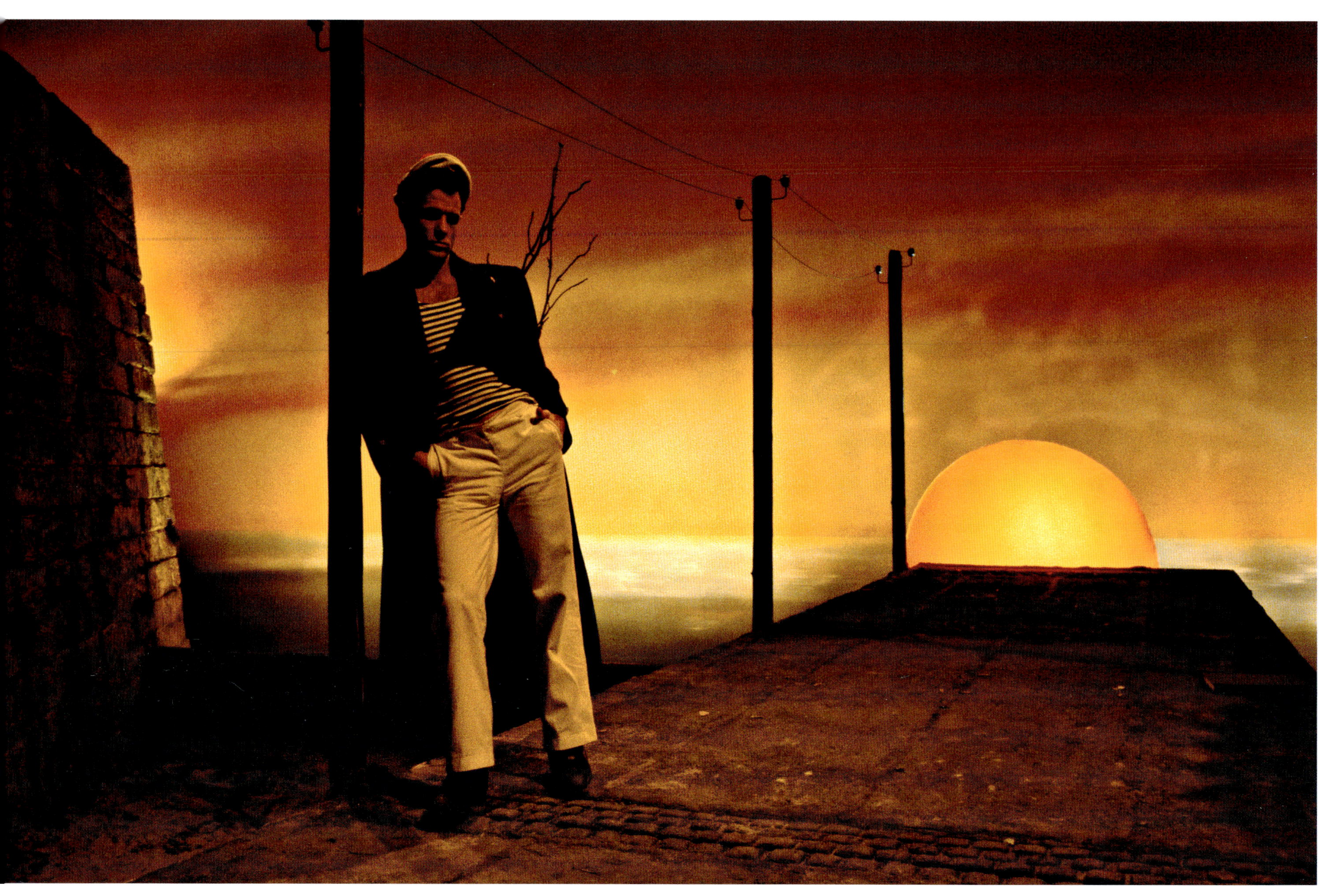

↑ **QUERELLE** Brad Davis (Querelle)

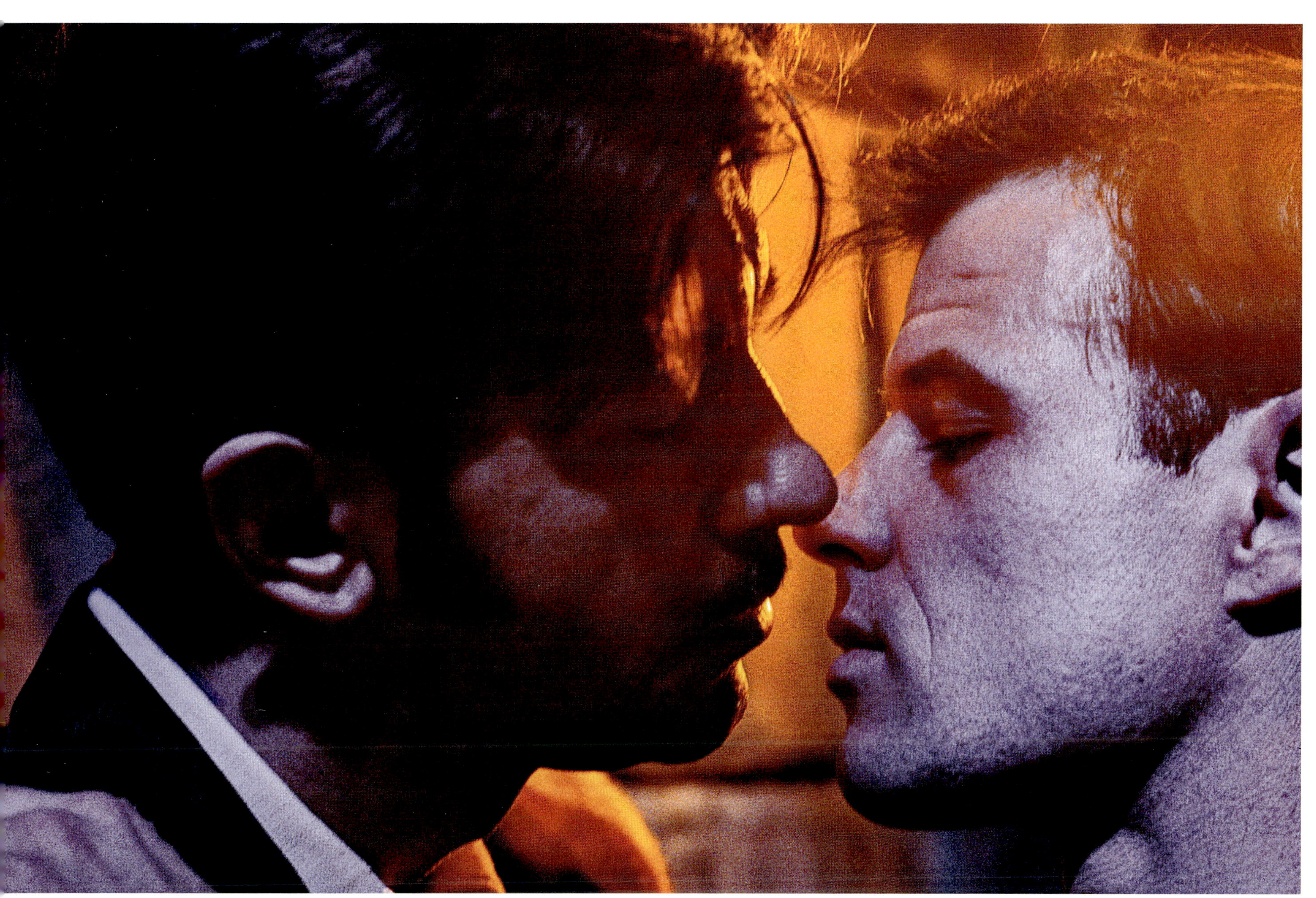

↑ **QUERELLE** Hanno Pöschl (Robert/Gil) und Brad Davis

Barbara Vinken

Die Passio des jungen Fassbinder

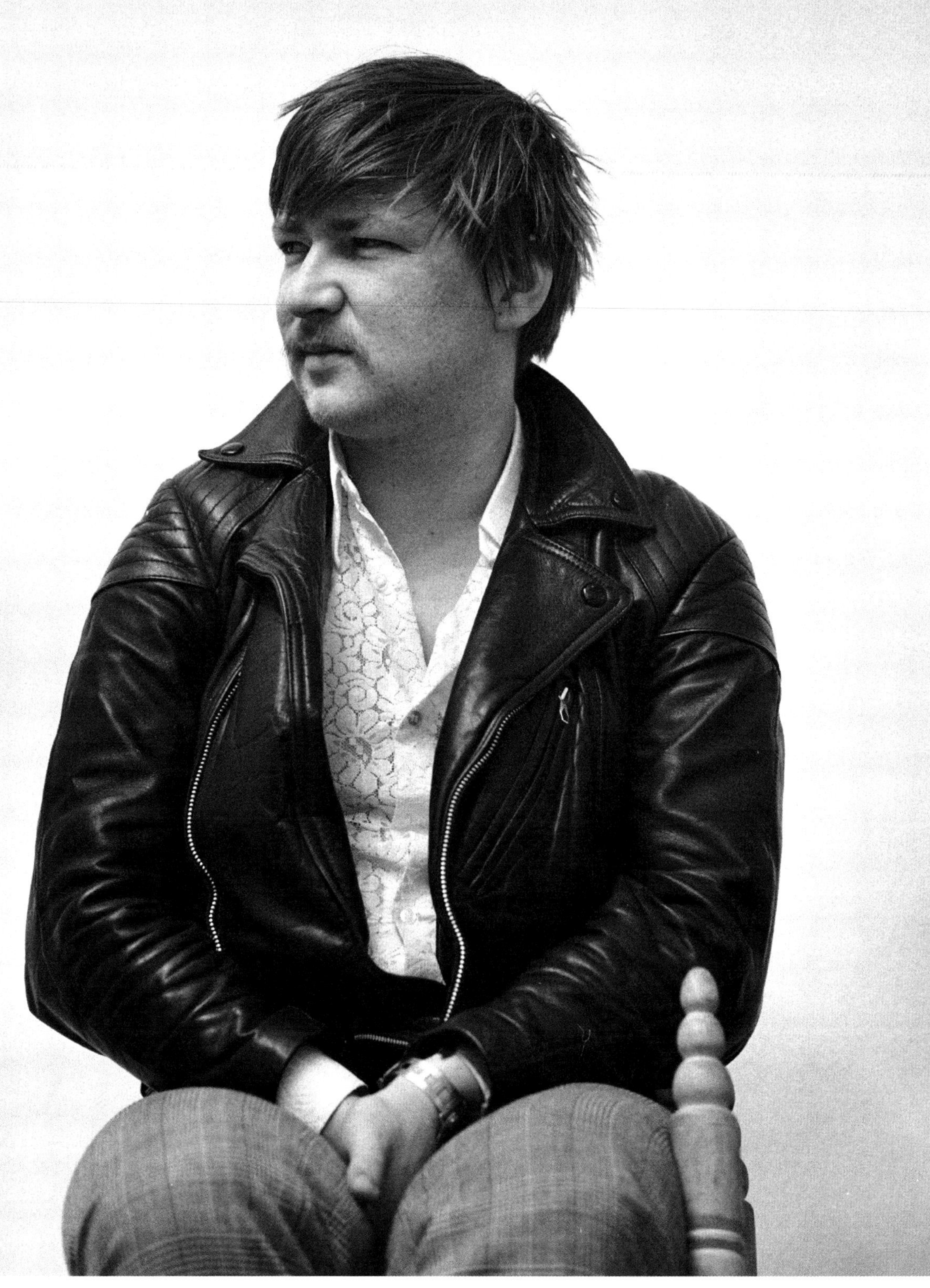

»Je suis la plaie et le couteau.«
Charles Baudelaire

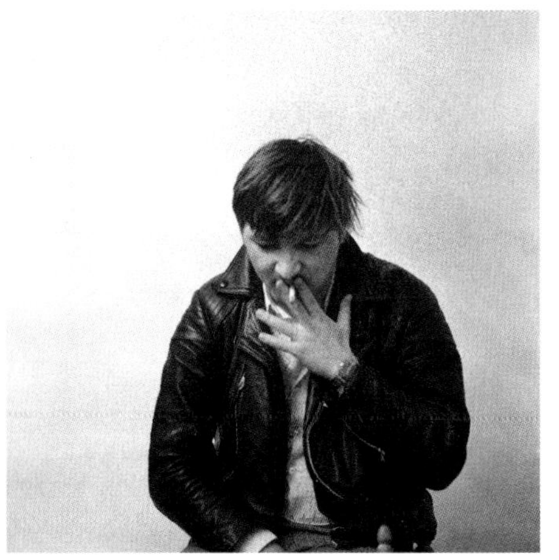

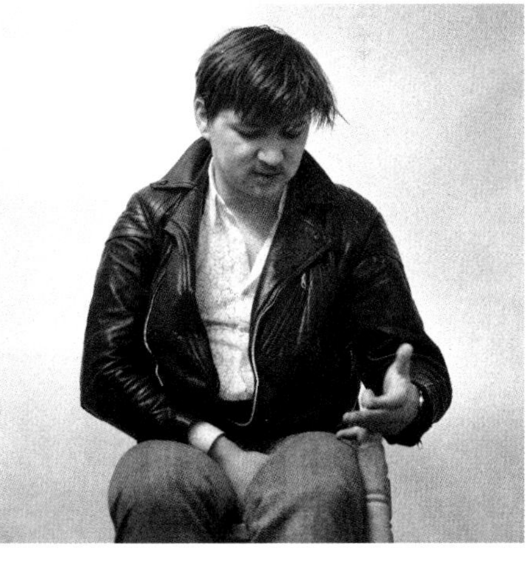

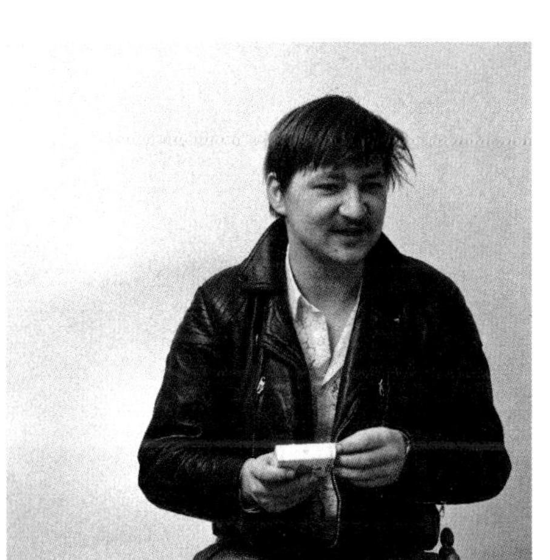

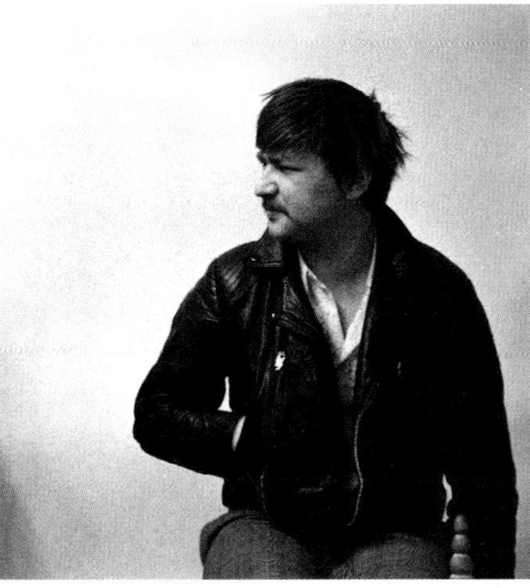

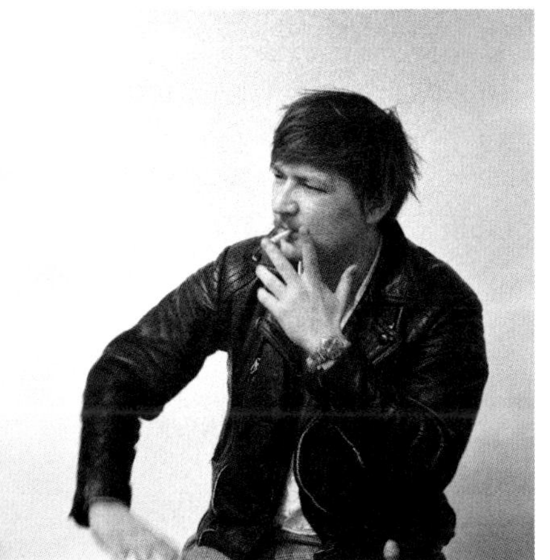

← Rainer Werner Fassbinder, 1970

Rainer Werner Fassbinder, fast immer mit tief aufgeknöpftem Hemd. Im Decolleté kein männliches Brusthaar, sondern weißes Fleisch. Wie bei Flauberts Aulus üppig. Um den Hals trug er kein blitzendes Saphirgeschmeide, wie der römische Kaiser Aulus Vitellius, der seinen Aufstieg der Tatsache verdankte, der bevorzugte Schließmuskel des Kaisers Tiberius gewesen zu sein.[1] Dafür ein übers andere Mal Goldkettchen. »Dressed for success« war Fassbinder nicht. In der Kleidung identifizierte er sich mit denen, die am Rande der Gesellschaft standen, den Unterprivilegierten, den Nutten und Zuhältern, den Strichjungen – mit der Halbwelt, die ausgenommen ausnahmen: sich selbst und andere.

Das Horoskop von Fassbinder scheint mit dem von Aulus nichts, mit Julian Apostata, dem späten knabenliebenden Kaiser, der die Ausbreitung des Christentums ungeschehen machen wollte, vieles gemeinsam zu haben.[2] Weniger zu einer Kirche, die republikanische Autoren wie Jules Michelet oder Victor Hugo im 19. Jahrhundert als den Inbegriff des monströs »Queeren« zeichneten[3], als zur bürgerlich heterosexuellen Doxa lag Fassbinder quer. Er durchkreuzte die bürgerliche Geschlechterordnung, sprengt deren normatives Genderkorsett. Transgender und Transsexuelle, Strichjungen und der schöne exotische Mann als dunkles Objekt weiblicher Begierde streifen durch Fassbinders Filme.

Die bundesrepublikanische Gesellschaft der 1960er-, 70er- und 80er-Jahre war dagegen so homosozial wie homophob. Frappierend, sieht man sich die Fernsehshows jener Zeit an oder die Diskussionsveranstaltungen, wie selbstverständlich dort, überflüssig zu sagen, ausschließlich heterosexuelle Männer saßen. Frauen kamen als Ehefrauen, Verlobte und, immerhin, als Schauspielerinnen vor. Saß eine Frau auf dem Podium, etwa Ingrid Caven, so redete sie nur, um eine schlecht verstandene Frage nachzuformulieren. Mann blieb unter sich. Aber steckte selbstverständlich nicht unter einer Decke. Fassbinder wirkt in diesen Szenarien wie die Faust aufs Auge. Subtil verschiebt er die Konstellationen. Schwulsein, eine verunsichernde, die Vorstellung von Männlichkeit und Weiblichkeit ins Rutschen bringende Subkultur.

So sitzt Fassbinder in Interviews nicht anständig und hält sich nicht gerade. Oft liegt er halb, oft ist er gleich in der Horizontalen. Er ist nicht ordentlich angezogen, spricht nicht richtig, hält sich ständig die Hände vor den Mund, hat die Ellenbogen auf dem Tisch, fährt sich

1 Vgl. Gustave Flaubert, Hérodias.
2 Alexander Kluge: »Die Bielefelder Astrologin Elfriede Schückler liest aus dem Geburtshoroskop R. W. Fassbinders, daß es mit dem des knabenliebenden oströmischen Kaisers Julian Apostata nicht bloß ähnlich, sondern identisch ist.« Neun Geschichten für Rainer Werner Fassbinder, www.logbuch-suhrkamp.de 31.5.2015.
3 Barbara Vinken, Herz Jesu und Eisprung. Jules Michelets »devotio moderna«, in: Stigmata. Poetiken der Körperinschrift, hg. von Bettine Menke und Barbara Vinken, München 2004, S. 295–318.

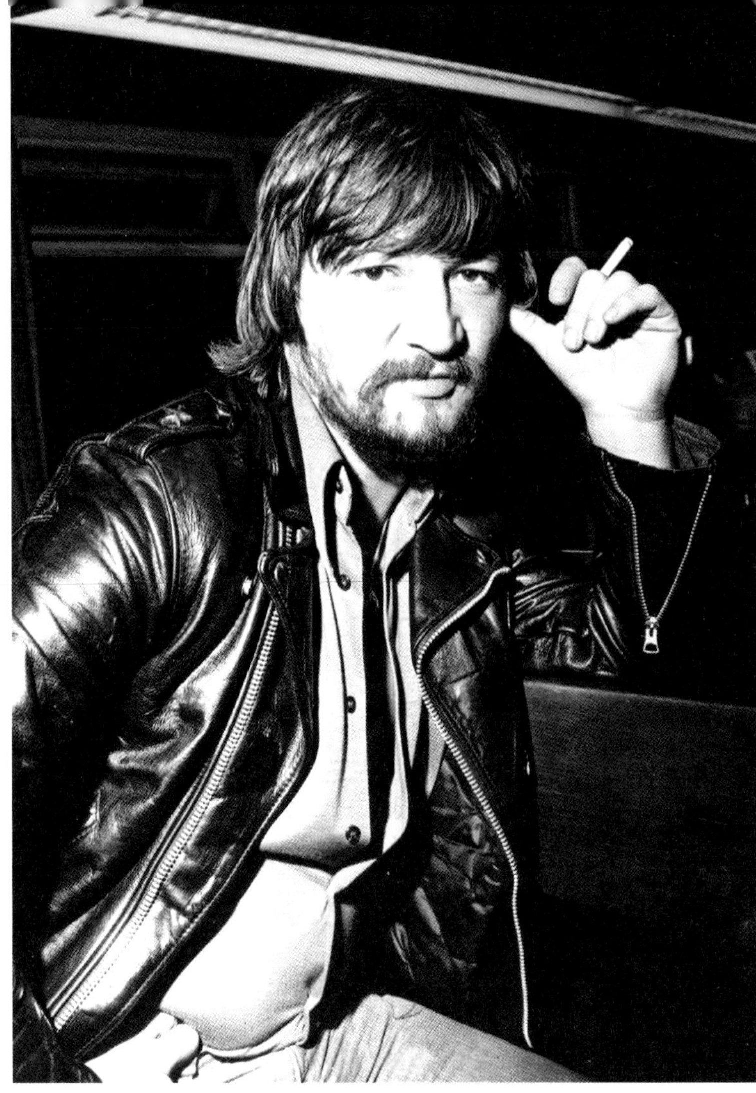

↑ Internationale Filmfestspiele Berlin, 1975

durch die Haare, nuschelt, artikuliert nicht. Seine Wörter werden vom Knarzen der Lederjacke übertönt.[4] Er zeigt nicht sein Gesicht, versteckt es hinter einer Sonnenbrille, zumindest getönten Gläsern. Vor allen Dingen hinter dem Rauchschleier eines Kettenrauchers, der zum Leben braucht, was ihn ruiniert. Der nicht stillsitzen kann, der sich fieberhaft verzehrt wie der Rauch der Zigarette. Seine Kleider sind eher zu eng, auf den Körper geschnitten. Wenn er eine Krawatte trägt – selten – ist sie schlecht gebunden. Jeder Schauspiellehrer, jeder Rhetoriklehrer, jede Mutter, jede Erzieherin würde die Hände über dem Kopf zusammenschlagen.

Krass setzt sich Fassbinder schon in Kleidung und Pose von der Norm des bürgerlichen Mannes, des selbstredend Heterosexuellen ab. Ein Mann hat korrekt und nicht schön, nicht prächtig oder reizvoll angezogen zu sein. Er zeigt mit seinen Kleidern, dass er Wichtigeres im Kopf hat, als die Kleider, die er trägt. Seine entscheidenden Gedanken kann er nicht auf Äußerlichkeiten verschwenden. Nicht die eitle frivole Oberfläche, allein seine Leistung zählt. Seine Kleidung, sein Körper treten zurück, um allein das Gesicht, Charakterkopf und Hände in den Fokus zu rücken. Das Spiel zwischen Stoff und Haut, das entscheidend ist für den Reiz der weiblichen Mode, ist beim bürgerlichen Mann verpönt; seit der Renaissance sind Männer nicht mehr decolletiert. Mit tief geöffnetem Hemd bricht Fassbinder dieses Tabu. Offen hat der bürgerliche Mann nur sein Gesicht zu zeigen; ein Blick in die Augen, ein Händedruck sagt alles. Er redet klar und vernünftig geradeaus. Straight, eben, ist Fassbinder keine Sekunde.

Die bürgerliche Norm korrekter Männlichkeit repräsentieren seine Interviewpartner, wenn sie ins Bild kommen: Anzug, meistens mit Hemd und Krawatte. Tragen sie den Kragen offen, dann jedenfalls nicht bis zum Bauch, höchstens die zwei oberen Knöpfe. Ein lavendelfarbenes Hemd, eine knallgrün glänzende Krawatte, ist das höchste Wagnis, das man eingeht. Später, Ende der 70er-Jahre, geht auch ein Pullover, bei linken Intellektuellen schon mal ein Rolli. Bleibt alles im Rahmen der Norm. Sieht man Fassbinder einmal im Anzug, dann in solchen, die nicht weniger anrüchig sind als die schwarze Motorradlederjacke: weiße Anzüge oder Anzüge im Leopardenprint oder aufwendig und raffiniert, jedenfalls unübersehbar gemusterte Jacketts. Das in einer Zeit, als Anzüge nicht mehr die Norm, sondern ein Statement waren, das die Norm unterläuft.

Die männliche Gegenfigur zu dieser normierten, korrekt gekleideten Bürgerlichkeit ist seit dem 19. Jahrhundert der Dandy. Das ist ein Mann, der Einspruch gegen das heterosexuelle Regime erhebt, indem er allen Wert auf seine Kleider legt. Beruf und Berufung des Dandys ist es, Kleider zu tragen. Sich schön, ja reizend anzuziehen, war in der bürgerlichen Kleiderordnung je nach Perspektive Privileg oder Stigma der Frauen. Auf den Dandy fällt deshalb von Anfang an der Schatten des Schwulen, des Fob, des Queer, des Weibischen. Der Dandy kontert durch kunstvolle Künstlichkeit, vollkommenen Stil. Im kleinsten Detail ist er von verblüffender Nuanciertheit. Die wird, wie Proust beschreibt, zu einem raffinierten Geheimcode unter den homoerotischen Menschen der vorletzten Jahrhundertwende.[5]

Bei Fassbinder handelt es sich jedoch um keinen geheimen Code, sondern um ostentative Gestik. Er behält etwas Ungeschlachtes, das in seinen besten Momenten in hysterischen Kontrollverlust umkippen konnte. Er zeigt offensiv das, was

4 Diesen Hinweis verdanke ich Raphael Tandler.
5 Vgl. Gregor Schuhen, Erotische Maskeraden – Sexualität und Geschlecht bei Proust, Heidelberg 2007.

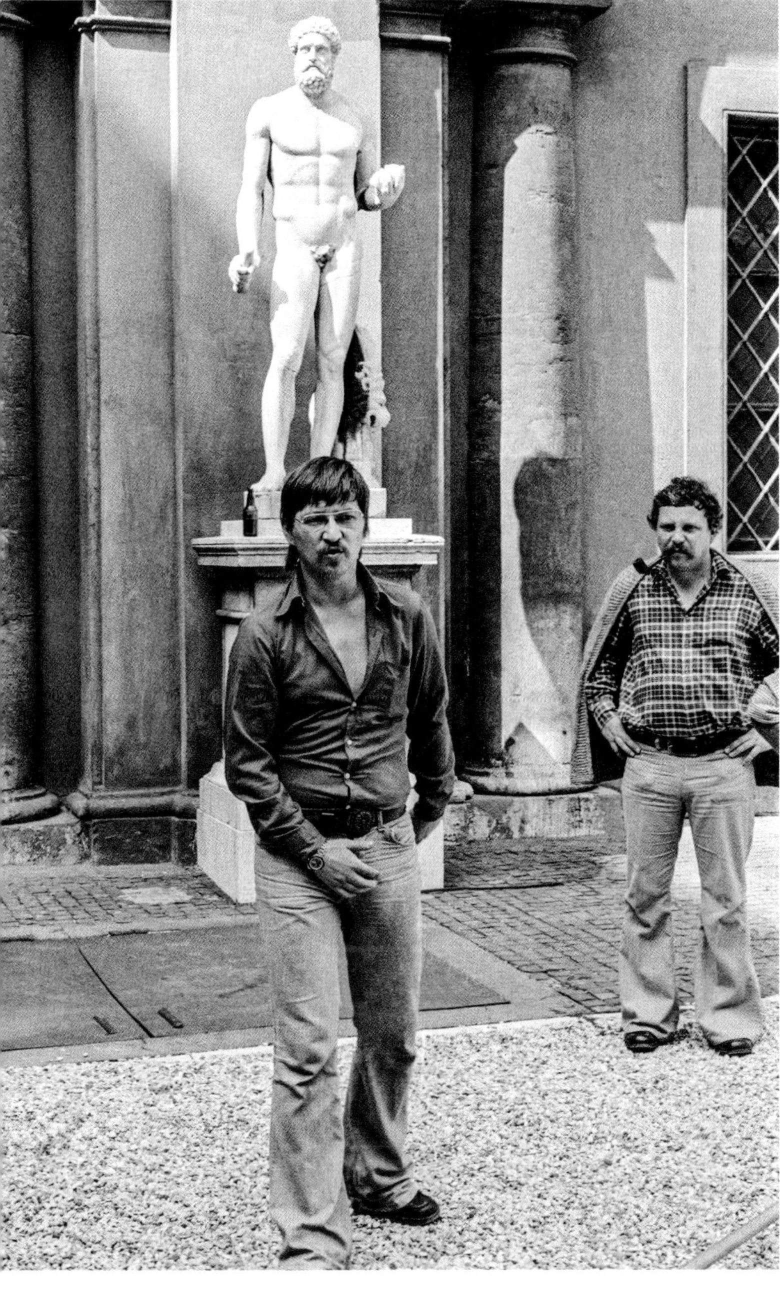

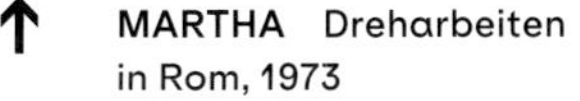

↑ **MARTHA** Dreharbeiten in Rom, 1973

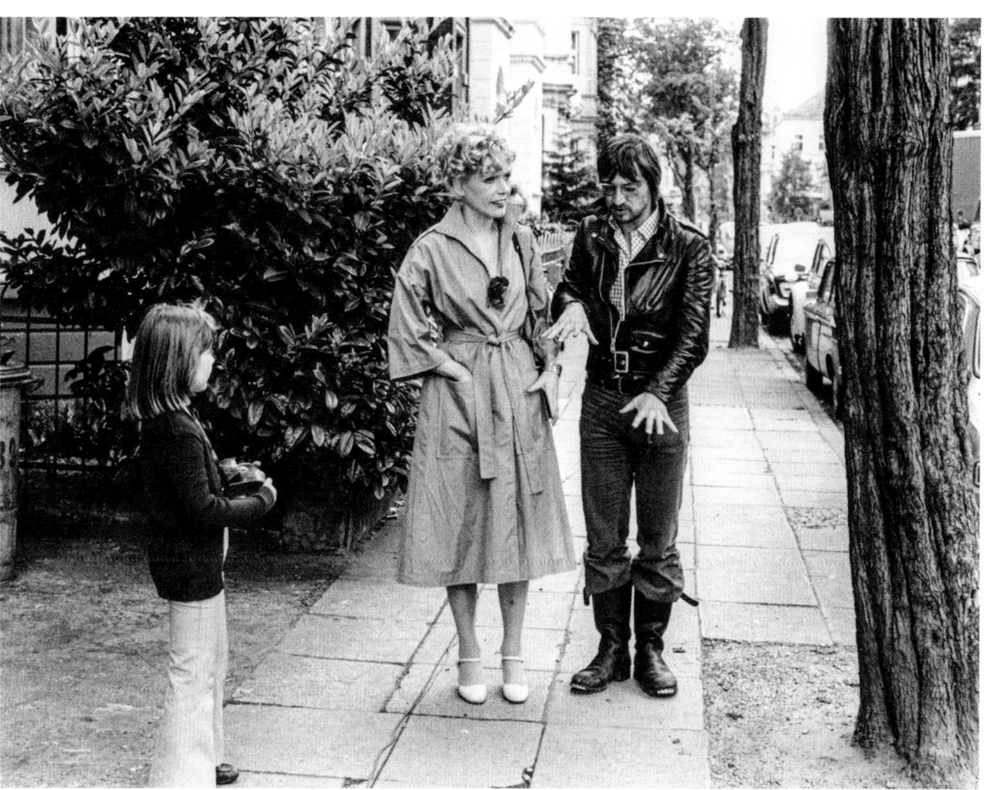

ANGST VOR DER ANGST ↑
Dreharbeiten mit Margit Carstensen und Constanze Haas in Köln, 1975

IN EINEM JAHR MIT 13 MONDEN →
Während der Dreharbeiten in Frankfurt am Main, 1978

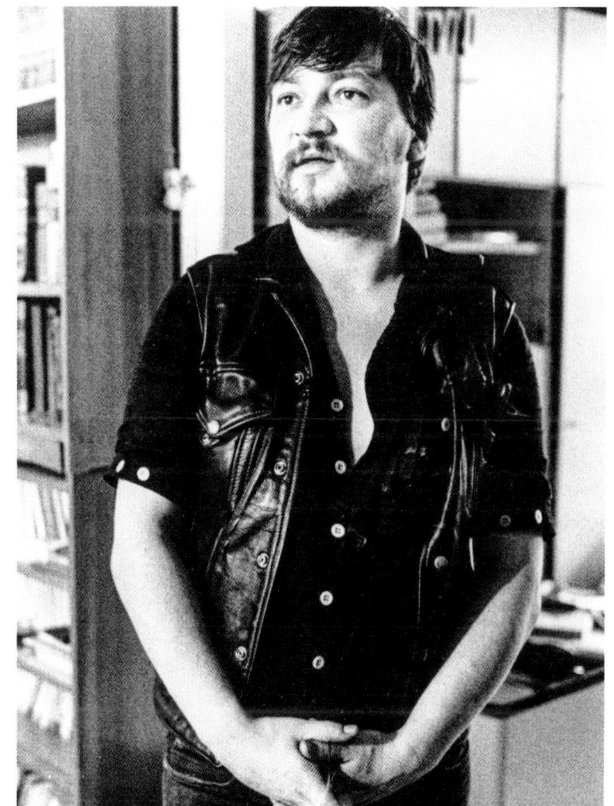

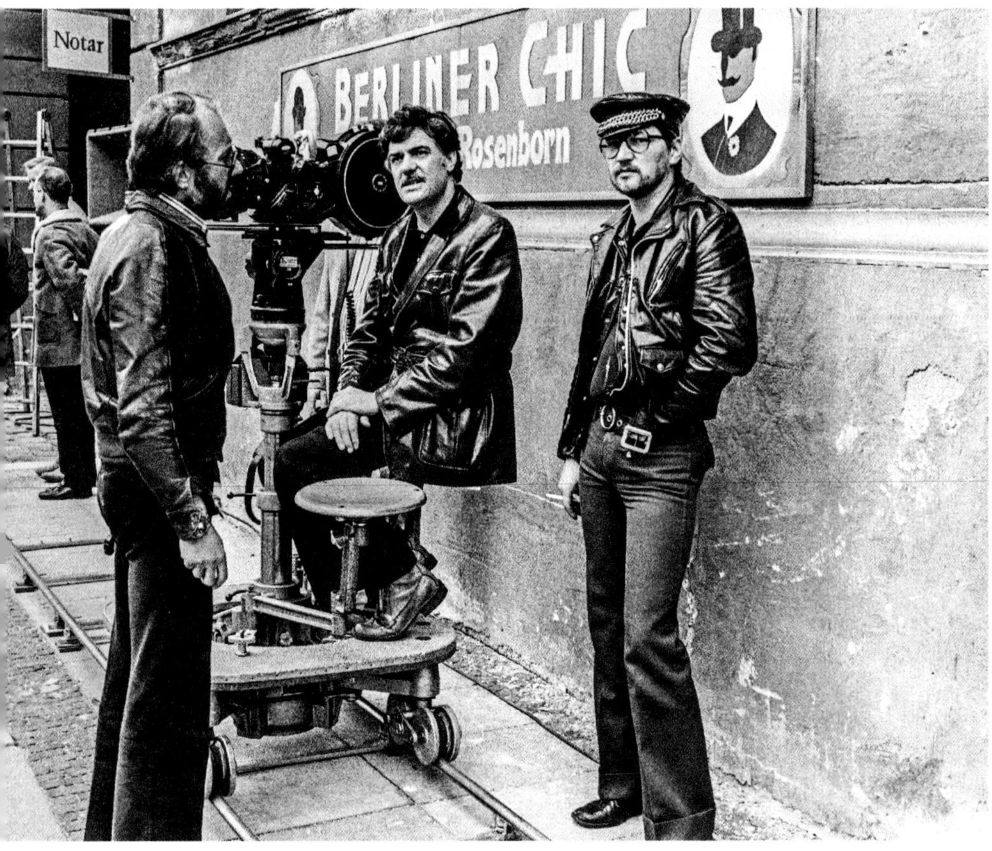

↑ **DESPAIR** Mit Kameramann Michael Ballhaus, 1977

ein anständiger Mann, »ein Geistesmensch«, wie Nietzsche sagte, zu bedecken hat: Fleisch, nackte Haut. Nackt, das berichteten die sensationsgeilen Medien, habe man seine Leiche um fünf Uhr morgens gefunden. Etwas von einem Zuhälter, etwas von einem Strichjungen. Mit Hut und Sonnenbrille ein Hauch Mafia. Mit glänzenden Lederstiefeln, schwarzer Lederjacke und schwarzer Matrosenschirmmütze ein Rocker in Marlon Brandos Perfecto. Wild? Das sagte man, aber auch verletzlich auf der Suche nach immer schon verlorener Liebe.

Ein Mann, der schüchtern ist und dessen Schutzlosigkeit offenbar die blödesten Angriffe herausfordert. »À fleur de peau«, jemand, der die Angstlust, die er hat, im Rampenlicht zu stehen, mit Schnoddrigkeit überspielt. Kein Mann, der sich behauptet, sondern der oft sagt »ich weiß nicht« oder »ich habe versucht, das so zu machen«. Der erstaunlich einfühlsam zuhört und doktrinärer Rechthaberei oft nichts als ein »ja mei«, »ach gehen's« entgegensetzt. Der Zumutungen der »political correctness« als hexentreiberische Selbstgerechtigkeit erkennt und entwaffnend lächelt. Der den Kopf wie zum Schutz vor der Kamera senkt. Der mit anderen auf der Bühne flirtet, lacht, sich und alle auf den Arm und nicht alles tierisch ernst nimmt. Der aber auch gefallen will. Der seine Wunden auf der Haut trägt, ins Bild hält, die Aknenarben seiner Jugend. Der weder marmornen Teint noch klassische Schönheit besitzt. Eine picklige kleine Katze, erzählt Hanna Schygulla, hätten die Schulkameraden ihn genannt. Und verprügelt. Ein Mann, dessen Körper unsublimiert sichtbar bleibt. Der auch schlank nichts Filigranes, Schöngliedriges hat, sondern fleischige Massigkeit behält. Die Fettleibigkeit in späteren Jahren macht das nicht besser.

Das ist kein beherrschter Körper, kein durchtrainierter sportlicher, selbstoptimierter Körper, kein Körper, der reiten und fechten kann. Ein Körper, in dem Fassbinder, sagt wieder Hanna Schygulla, sich nicht wohl, sondern eingeschlossen fühlte. Sich selbst vielleicht kaum aushielt, ertrug. In Exzessen ruinierte, in »sex, drugs, and rock and roll«. Ein Körper, der durch Drogen außer Kontrolle geriet. Der Anstoß erregte. Ein Körper, der sich nach Zärtlichkeit und Nähe sehnte, aber Schläge erntete: Sie küssten und sie schlugen ihn. Fassbinder wirkte dem Publikum gegenüber, als stelle er sich einer Meute, die ihn in die Enge treiben will. Er gab sich, in schwarzer Motorradschutzkleidung, nicht als klar argumentierender Intellektueller, sondern oft wie ein Stenz, der seiner Herzensdame von der Bühne Bussis zuwirft.

Fassbinder sprach nicht aus einer hegemonialen, neutral überlegenen Position. Nicht schneidend, richtend, erstaunlich weich. Er sprach auch nie im Namen des Volkes, der Arbeiter, der Unterdrückten. Immer hat man ihm – wie übrigens auch Flaubert – vorgeworfen, dass er keine positiven Identifikationsfiguren biete. Immer wieder inszeniert er in seinen Filmen die Logik des abgeschlachteten, ausgeweideten Sündenbocks, durch dessen Opferung sich eine Gemeinschaft konstituiert und gleichzeitig als verworfene zeigt und verrät. Wer Sündenbock wird, kann die Seiten wechseln, in die Sündenbocklogik einsteigen und selbst ausnehmen und abschlachten. Jeder wird von diesem Oszillieren zwischen Täter und Opfer, zwischen Ausnehmen und Ausgenommen-Werden sadomasochistisch bestimmt. ANGST ESSEN SEELE AUF ist vielleicht deshalb Fassbinders berühmtester Film, weil er dieses Oszillieren von Opfer und Täter in der Selbst-Verwerfung des Sündenbocks am schärfsten inszeniert. Verworfen, verwirft Fassbinder auch sich selbst. Er inkarniert unsere verworfenen Gesellschaften in ihrer Sündenbockdynamik, besessen präzise stellt er sie uns vor Augen – und erleidet diese abstoßende Wahrheit genießend.

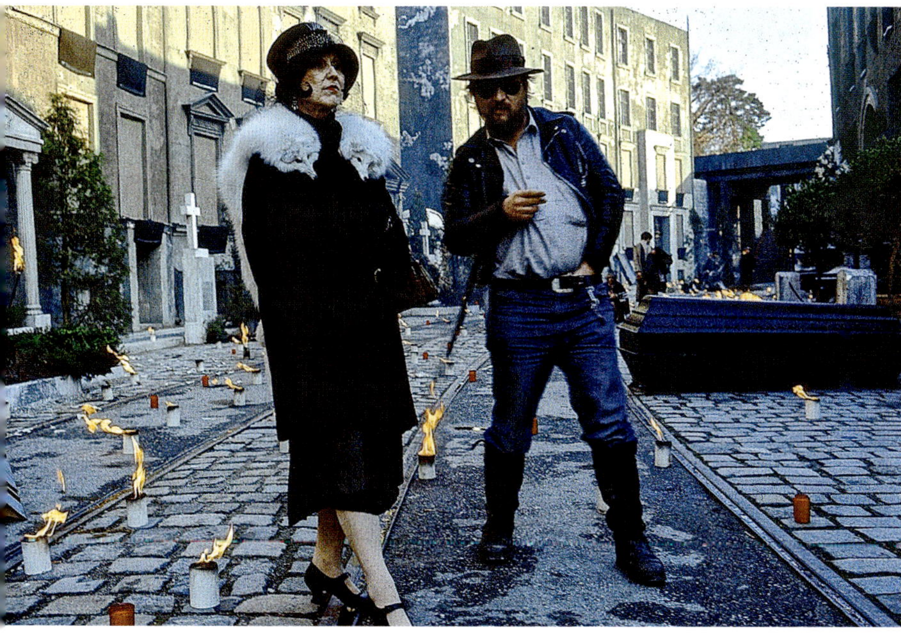

↑ **BERLIN ALEXANDERPLATZ** Während der Dreharbeiten mit Liselotte Eder, 1979/80

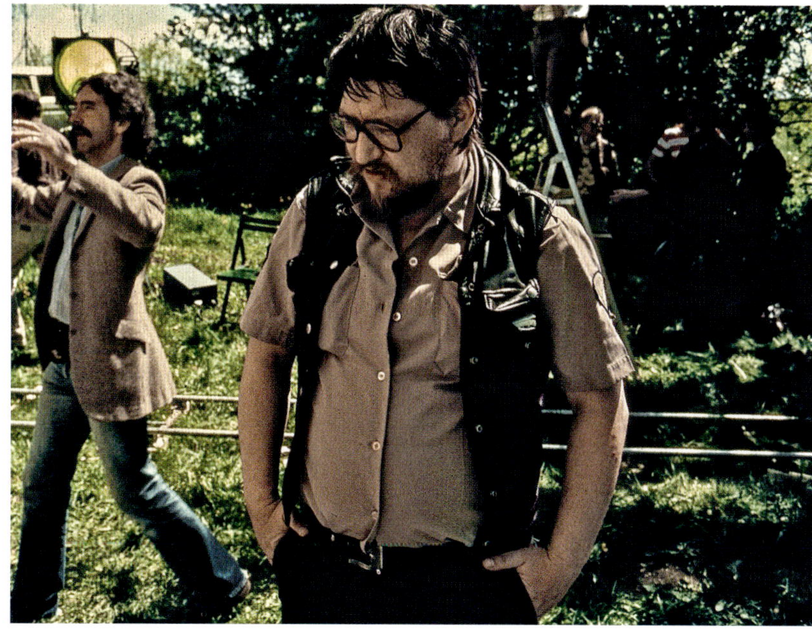

↑ **LOLA** Mit Kameramann Xaver Schwarzenberger, 1981

→

LOLA
Mit Regieassistentin Karin Viesel, 1981

LILI MARLEEN
Mit Hanna Schygulla bei der Premiere in Berlin, 15. Januar 1981

HÄNDLER DER VIER JAHRESZEITEN
Mit Irm Hermann beim Bundesfilmpreis. Berlin, 24. Juni 1972

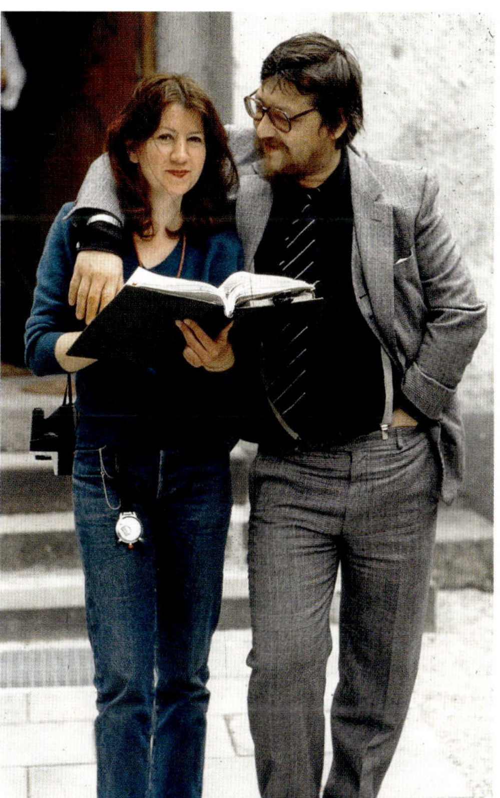

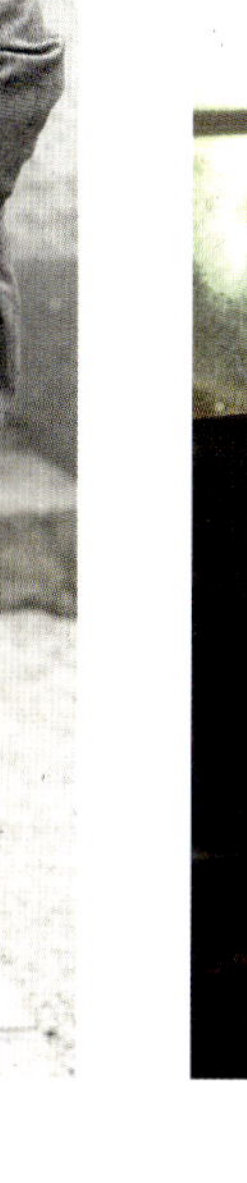

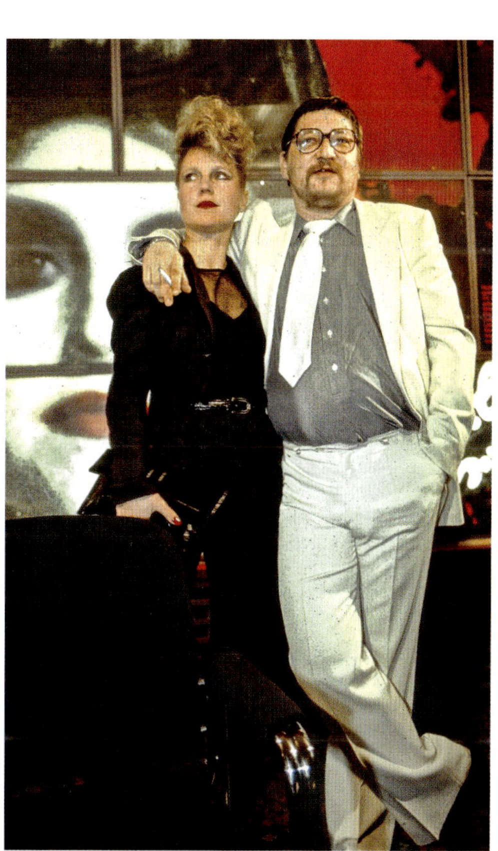

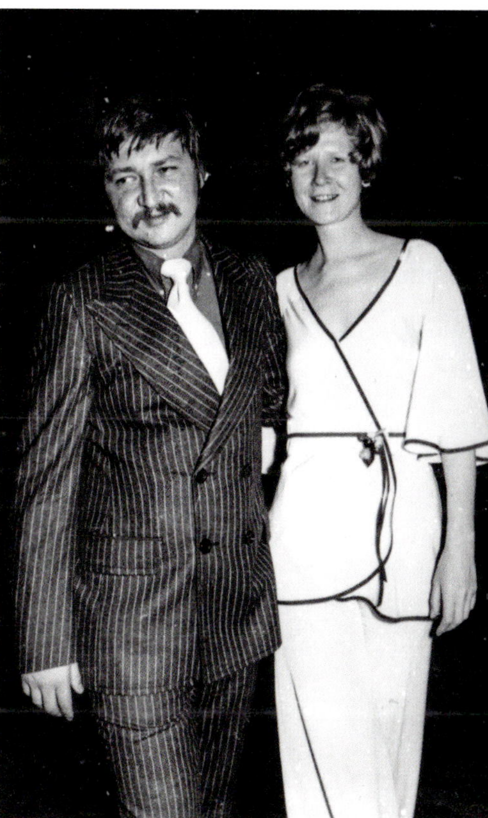

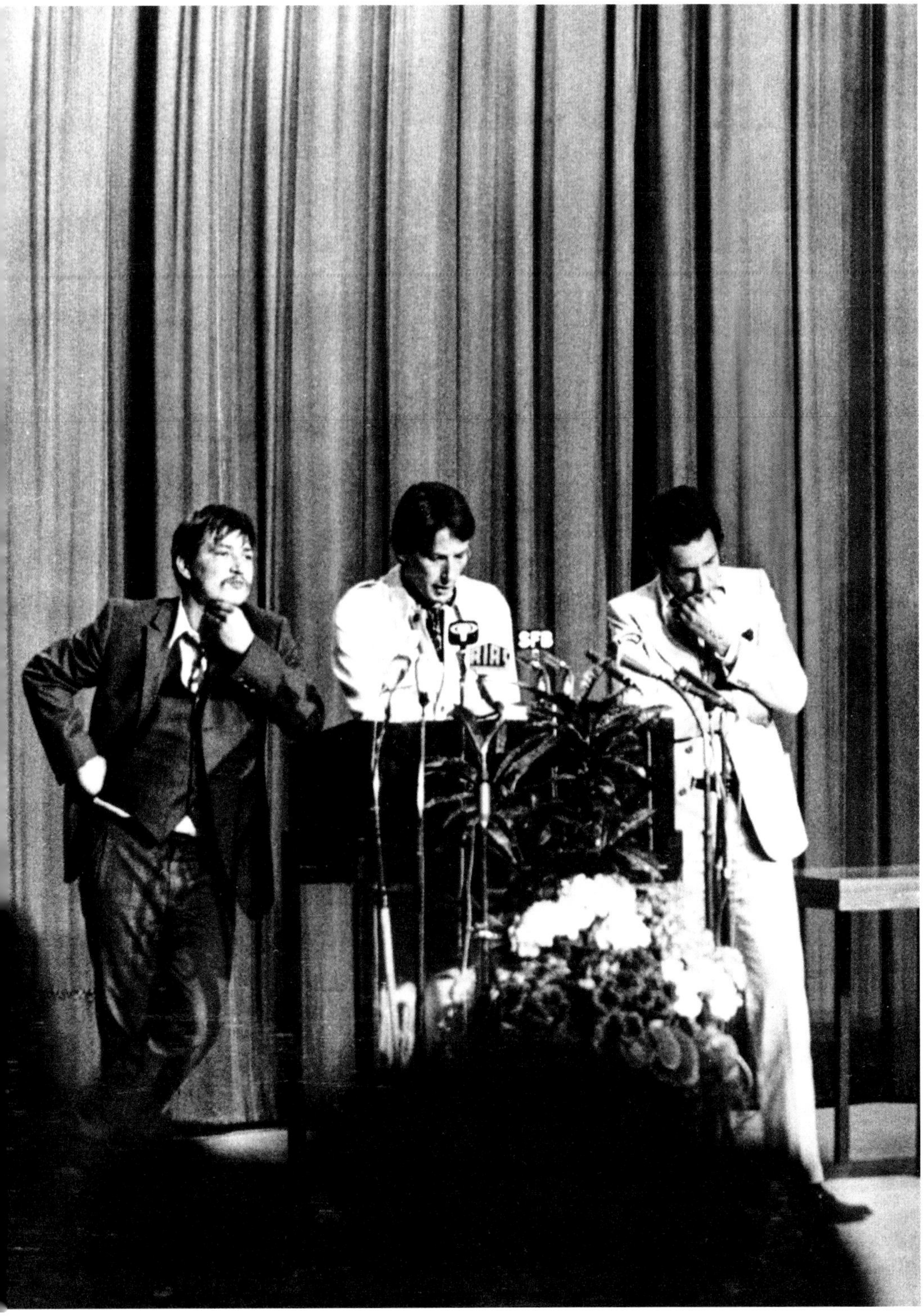

Auf Festivals und Preis-verleihungen

↓ DIE BITTEREN TRÄNEN DER PETRA VON KANT
Mit Irm Hermann und Katrin Schaake.
Internationale Filmfestspiele Berlin, 25. Juni 1972

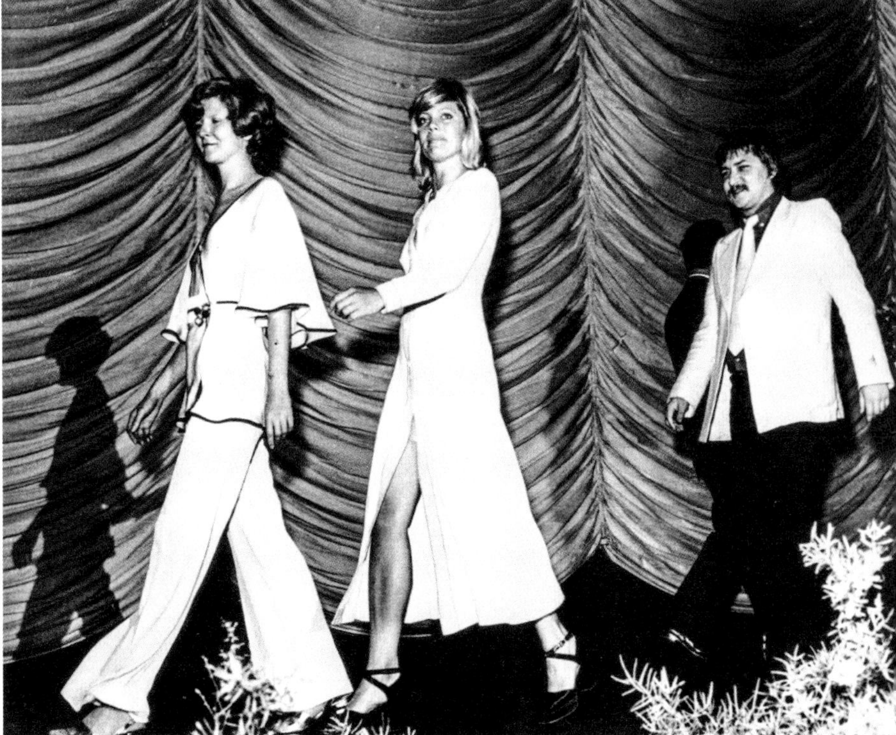

↑ KATZELMACHER Mit Thomas Schamoni und Peter Lilienthal beim Bundesfilmpreis.
Berlin, 28. Juni 1970

↓ **FONTANE EFFI BRIEST** Mit Irm Hermann, Liselotte Eder, Hanna Schygulla und Kurt Raab. Internationale Filmfestspiele Berlin, 28. Juni 1974

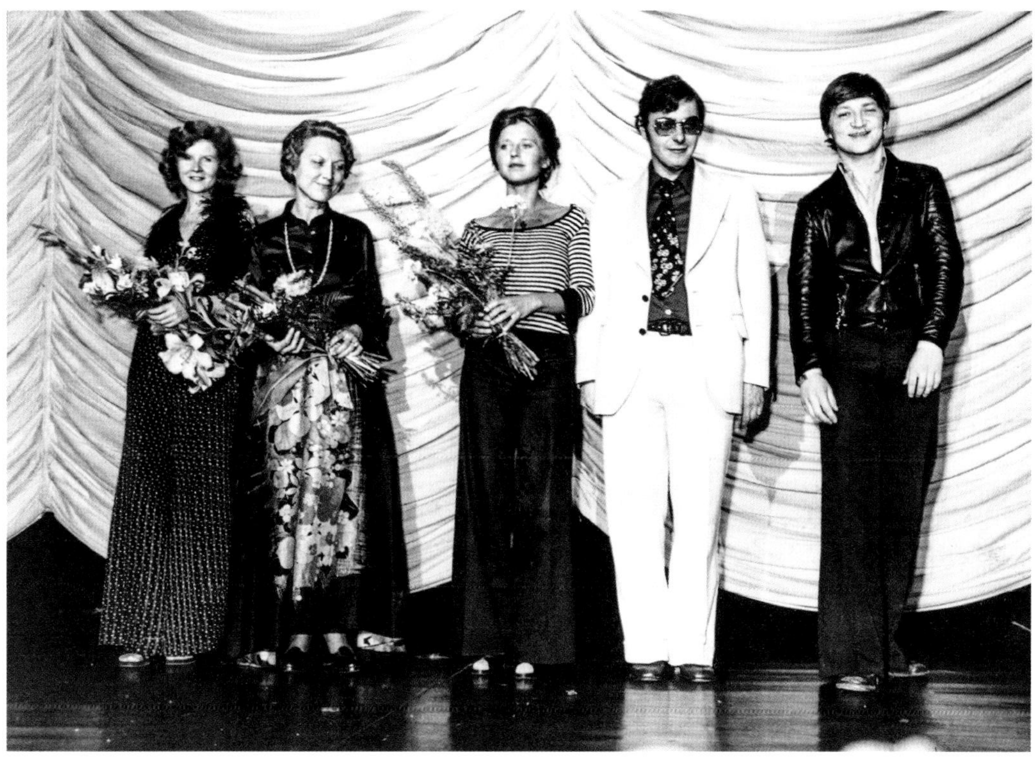

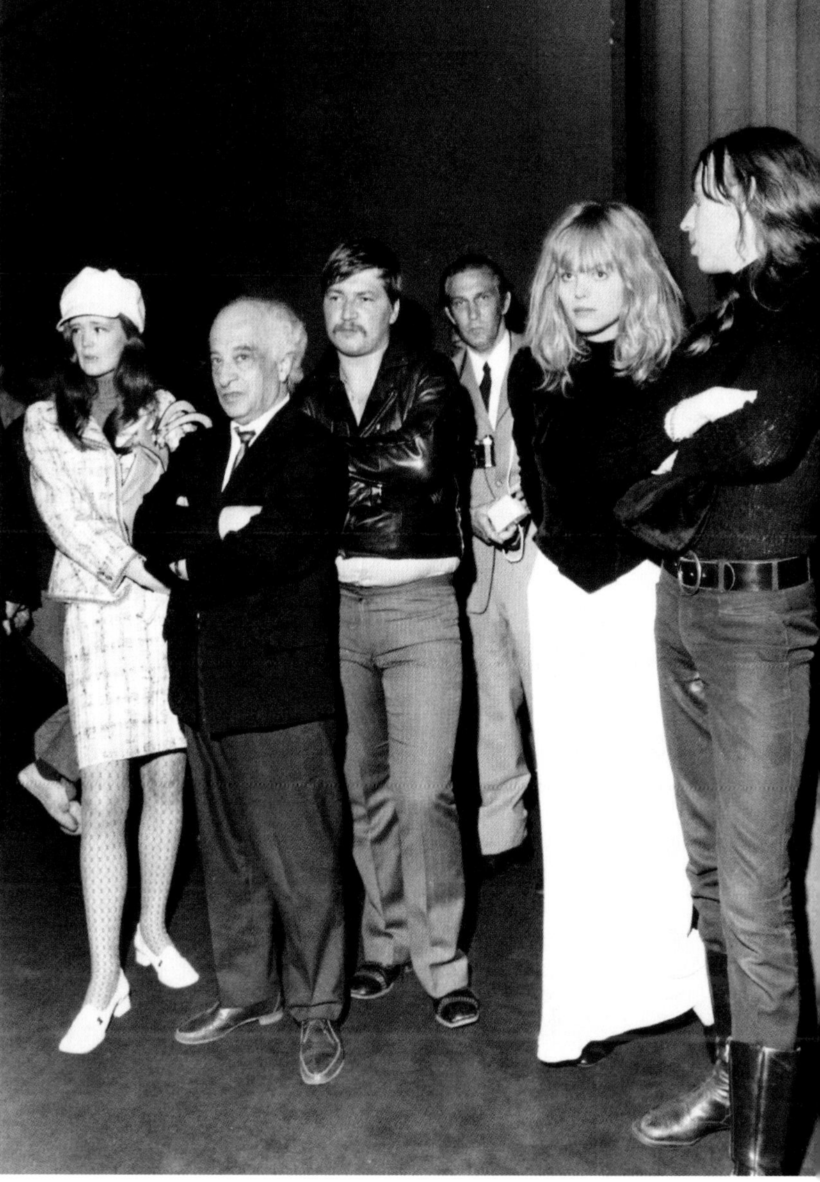

↑ **WARUM LÄUFT HERR R. AMOK?** Mit Max Nosseck, Mascha Rabben und Werner Schroeter. Internationale Filmfestspiele Berlin, 28. Juni 1970

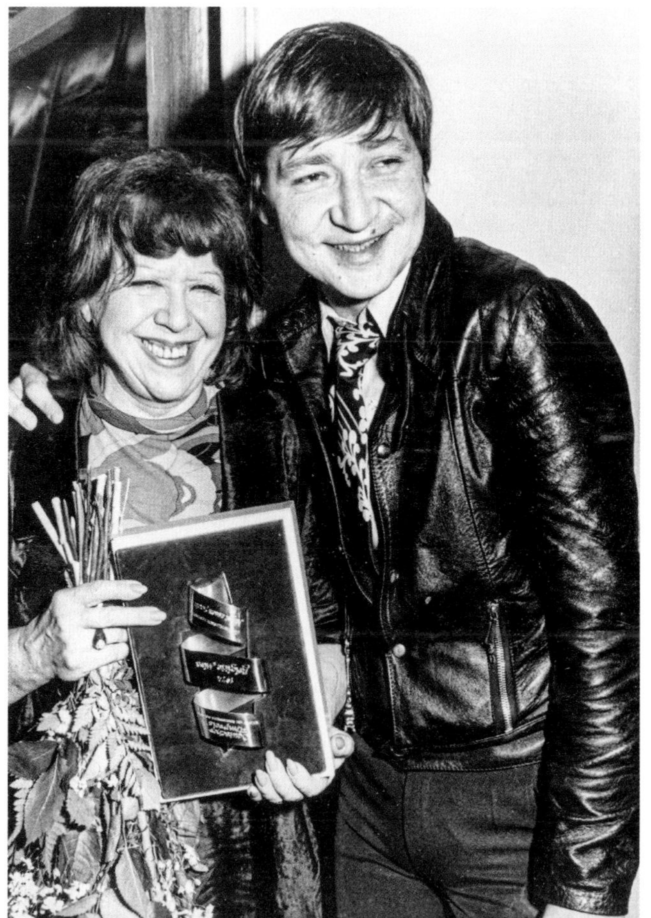

← **ANGST ESSEN SEELE AUF**
Mit Brigitte Mira bei der Verleihung des Bundesfilmpreises, 22. Juni 1974

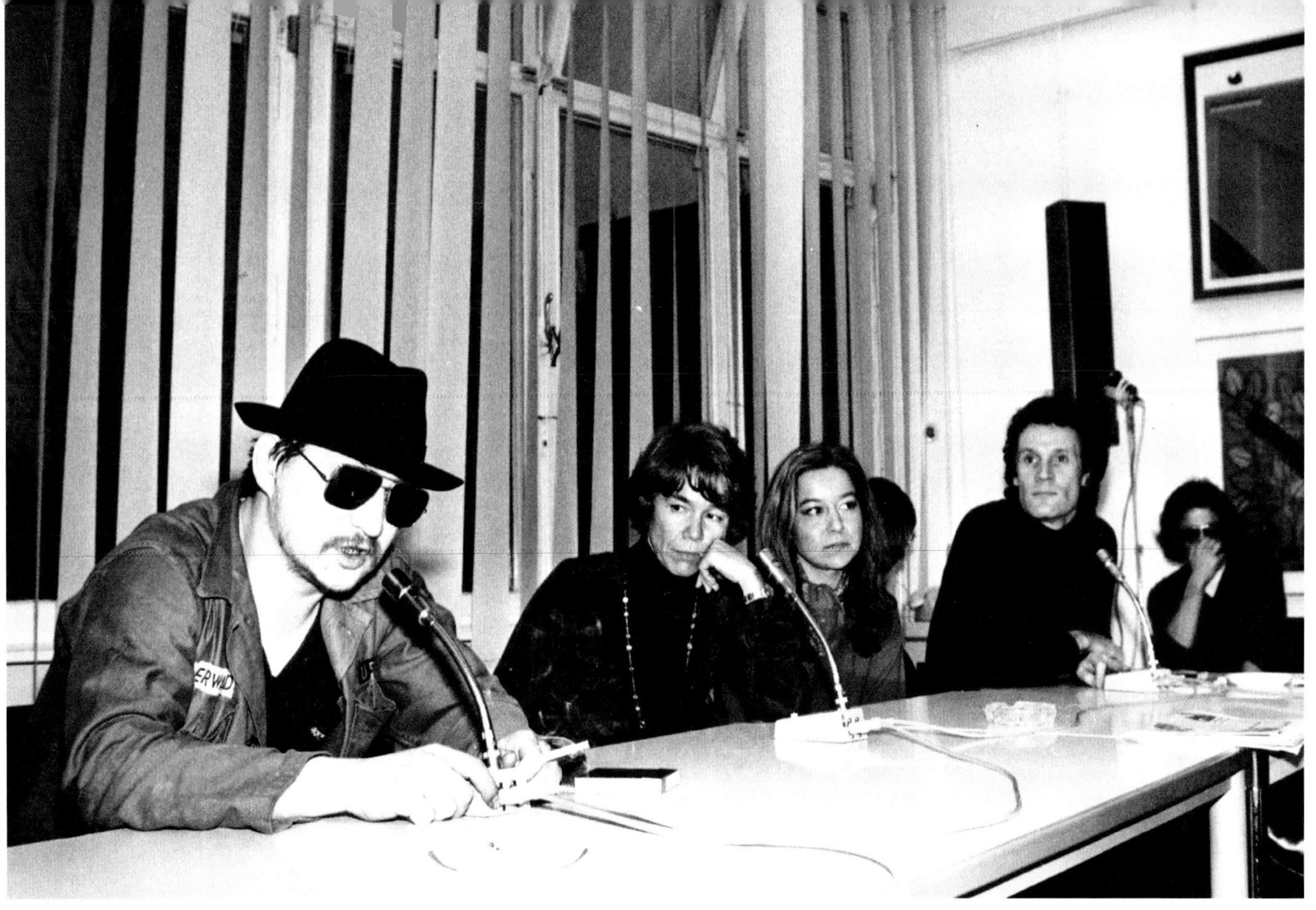

↑ **DEUTSCHLAND IM HERBST** Mit Wolf Donner (2.v.r.) auf der Pressekonferenz. Internationale Filmfestspiele Berlin, 1978

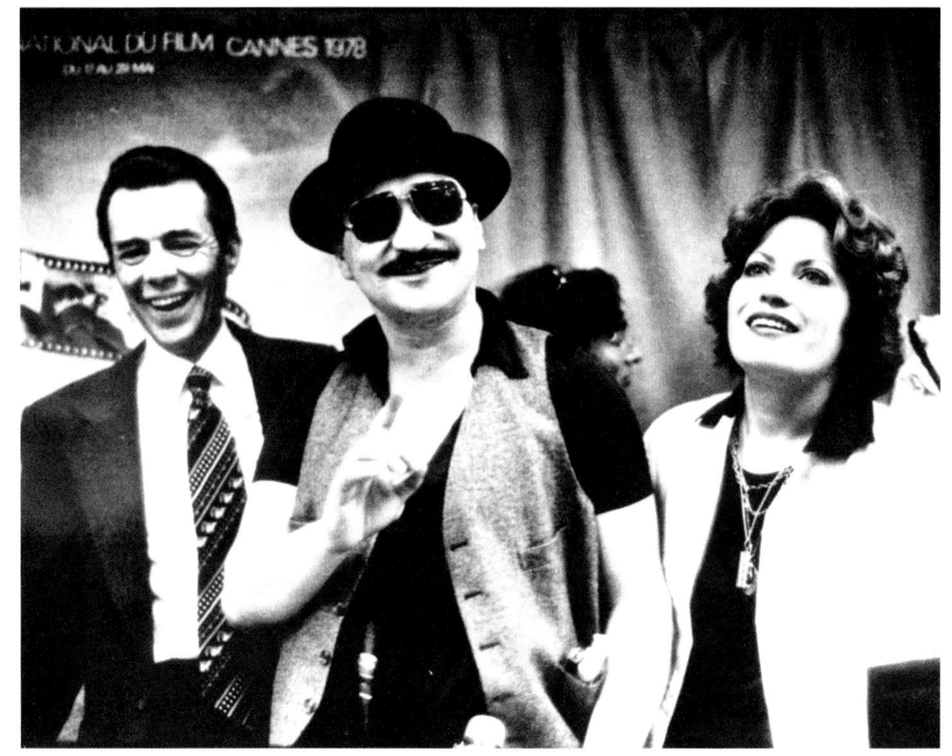

DESPAIR Mit Dirk Bogarde und Andrea Ferréol. Internationale Filmfestspiele Cannes, 19. Mai 1978 →

Während des Interviews mit Christian Braad Thomsen. Cannes, 1978

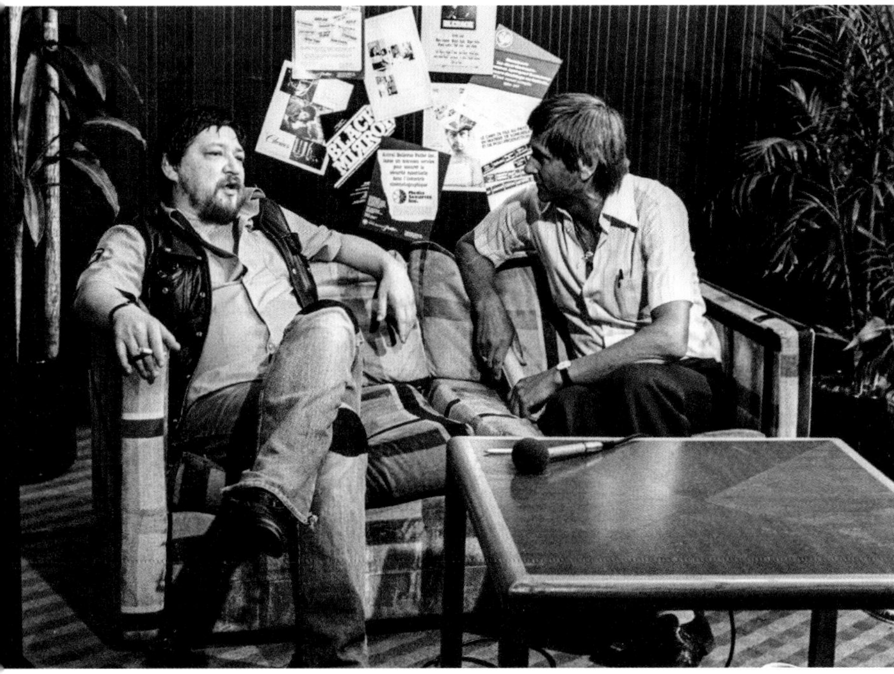

↑ LOLA Im Gespräch mit einem Journalisten. Filmfestival Montréal, 1981

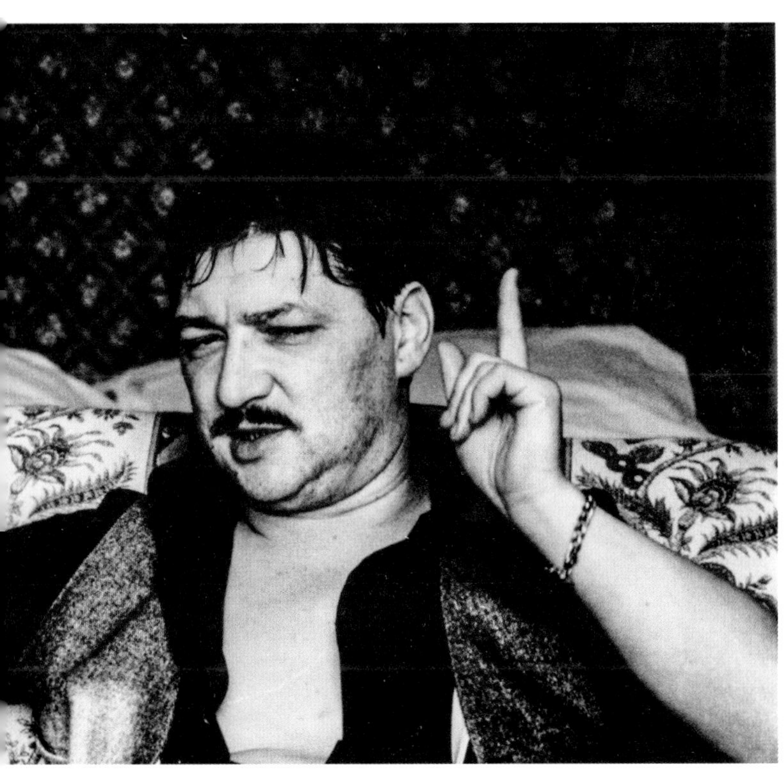

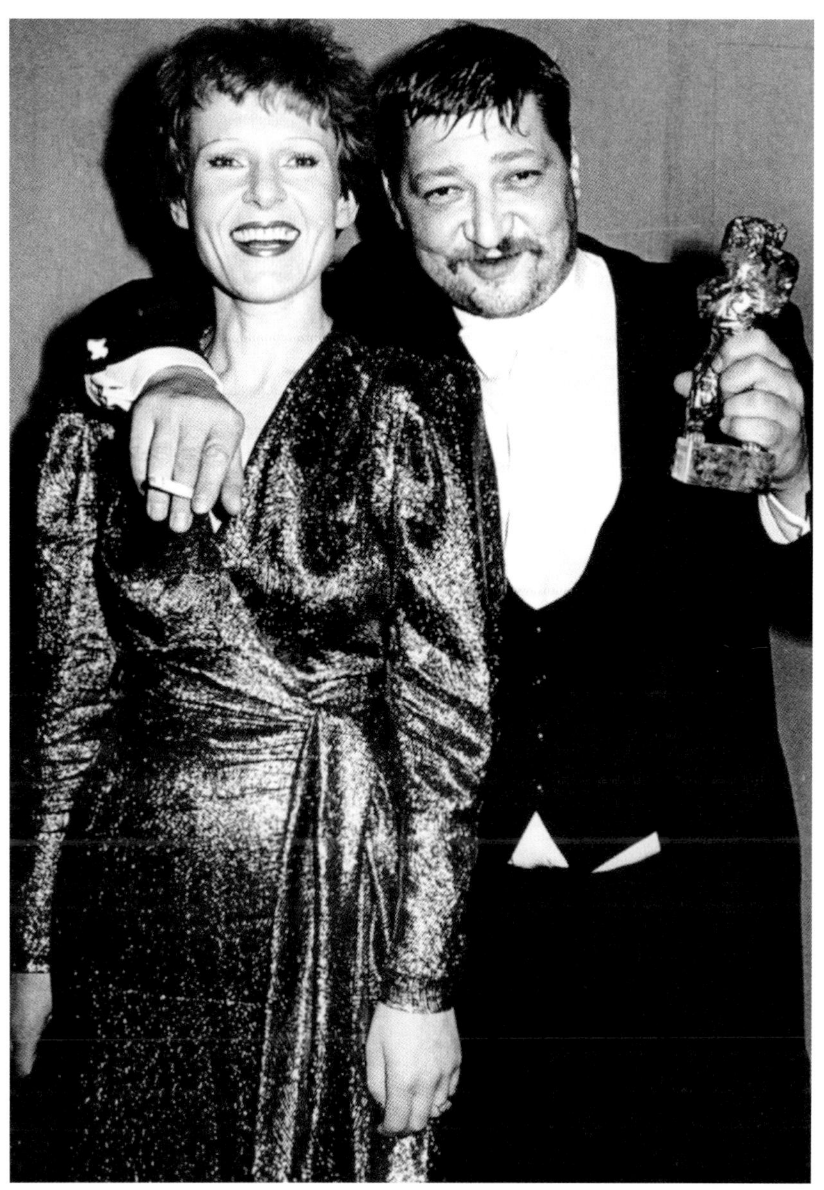

↑ DIE SEHNSUCHT DER VERONIKA VOSS Mit Rosel Zech. Internationale Filmfestspiele Berlin, 1982

Theater

»Ich hatte […] eine Hemmung, Theater als etwas Politisches zu begreifen, zumal halt im Theater immer sehr wenig Zuschauer waren […] und mir auch ganz, ganz schnell klar geworden ist, dass von dem politischen Anspruch her Theater nicht zu machen ist, in der Wirkung auf Publikum.«

Corinna Brocher, Die Gruppe, die trotzdem keine war (1973), in: Robert Fischer (Hg.), Fassbinder über Fassbinder. Die ungekürzten Interviews, Frankfurt a.M.: Verlag der Autoren, 2004, S. 20.

»Aber da haben wir uns ziemlich geeinigt, dass, wenn man Theater macht, man es anders machen muss.«

Corinna Brocher, Die Gruppe, die trotzdem keine war (1973), in: Robert Fischer (Hg.), Fassbinder über Fassbinder. Die ungekürzten Interviews, Frankfurt a.M.: Verlag der Autoren, 2004, S. 24.

»[...] wenn's im Theater schief geht, na gut, dann geht's halt schief, aber wenn ein Film schief geht, dann hängt halt sehr viel mehr dran.«

Corinna Brocher, Die Gruppe, die trotzdem keine war (1973), in: Robert Fischer (Hg.), Fassbinder über Fassbinder. Die ungekürzten Interviews, Frankfurt a.M.: Verlag der Autoren, 2004, S. 155.

»[Wir] fanden, dass es auch eine Möglichkeit ist, politisch Theater zu machen, wenn man Theater über das Theater macht, das Theater durchschaubar und durchsichtig macht und nicht unbedingt das Theater in sich politische Inhalte haben muss.«

Corinna Brocher, Die Gruppe, die trotzdem keine war (1973), in: Robert Fischer (Hg.), Fassbinder über Fassbinder. Die ungekürzten Interviews, Frankfurt a.M.: Verlag der Autoren, 2004, S. 57.

»Ich war von der Art zu inszenieren, die ich hatte, […] überzeugt, weil es keine Art war, die die Leute zwang, etwas Bestimmtes zu tun, sondern sie nur dazu brachte, das in dem Rahmen zu tun, was sie selber für richtig hielten. Ich hab eigentlich immer nur versucht, den Rahmen dessen zu erklären, was passieren muss. Daher fand ich, dass das an sich schon eine sehr freie Art ist, Regie zu führen, eine Art, die einem Schauspieler mehr Freiheit lässt, als er sie sonst hat.«

Corinna Brocher, Die Gruppe, die trotzdem keine war (1973), in: Robert Fischer (Hg.), Fassbinder über Fassbinder. Die ungekürzten Interviews, Frankfurt a.M.: Verlag der Autoren, 2004, S. 41.

»Im Theater bin ich mehr am Verlauf der Arbeit interessiert, am kreativen Prozess. Im Film eher am Ereignis. Das Theaterpublikum ist anders, kleiner, spezialisierter.«

Tony Rayns, »Das Publikum muss zufrieden sein« (1977), in: Robert Fischer (Hg.), Fassbinder über Fassbinder. Die ungekürzten Interviews, Frankfurt a.M.: Verlag der Autoren, 2004, S. 338.

Annette Reschke

Auf der Bühne: Zur Rezeption der Stücke und Drehbücher

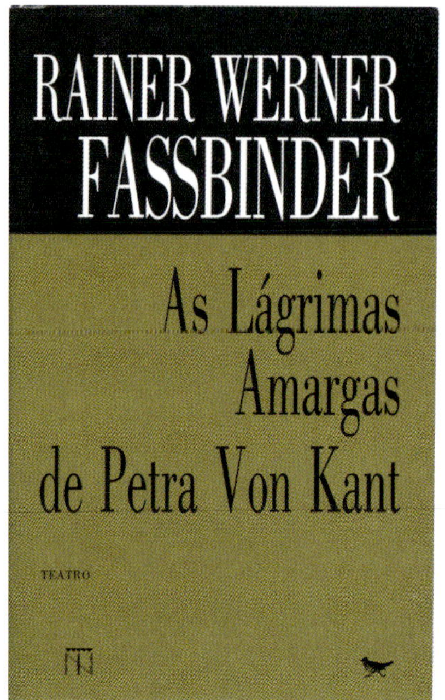

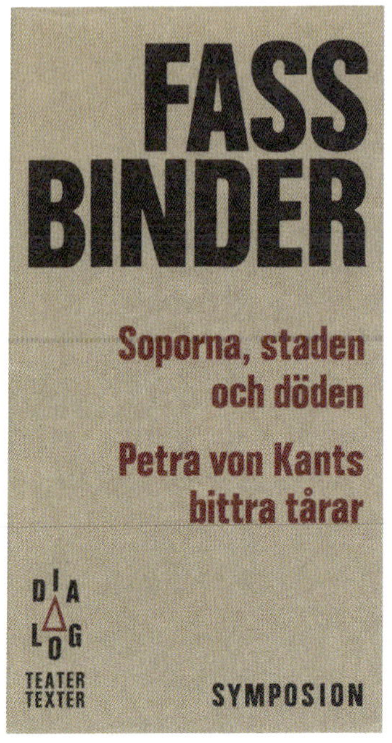

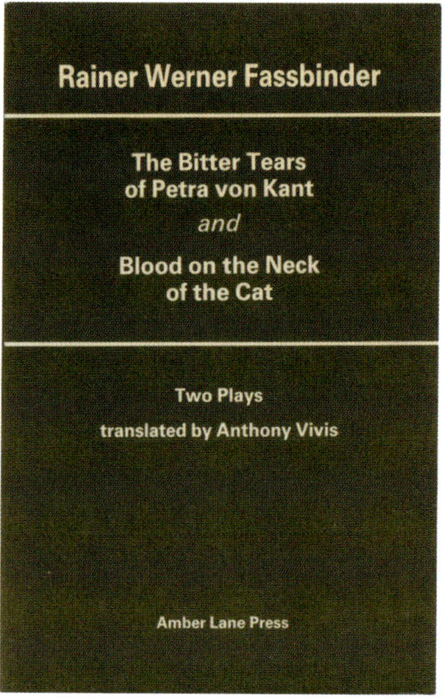

↑ *DIE BITTEREN TRÄNEN DER PETRA VON KANT*
Buchausgaben, internationale Sprachfassungen

»Genie-Bubi W. [sic!] Fassbinder hat dringend eine Pause nötig.«[1] »Fassbinder hat Mist gemacht. Ihm fällt nichts mehr ein.«[2] Eine frisch geschiedene, erfolgreiche, wohlhabende und auch noch adelige Modeschöpferin, die ausgerechnet für ein Kaufhaus eine neue Kollektion entwirft, demütigt ihre stumme Dienerin in dem Maße, wie sie einer jungen, schönen, treulosen Aufsteigerin in Liebe verfällt, und bricht beim Scheitern dieser Beziehung in bittere Tränen aus: Das war im Sommer 1971 nicht nach dem Geschmack der Theaterkritik, und auch beim Publikum kam das Stück nicht an.

Man hatte von Fassbinder nach den Erfolgen von *Katzelmacher* (zentral rezipiertes Thema: Ausländerfeindlichkeit), *Das Kaffeehaus* (Kapitalismuskritik) und *Pre-Paradise Sorry Now* (Alltagsfaschismus) wohl etwas anderes erwartet: In den Augen der Kritik enthielt dieses Auftragswerk für das Festival der Theateravantgarde *Experimenta* 1971 »nichts von des Autors theatralischer Erkennungsmarke: den wie ritualisierten Bewegungsabläufen, die so oft zu bestürzend klaren, aufhellenden Szenenbildern gerieten, Augenblicken der Wahrheit für ihre Personen und Zuschauer«.[3]

Obwohl *Die bitteren Tränen der Petra von Kant* in Fassbinders eigener Verfilmung im Jahr darauf zu einem großen Erfolg, 1973 mit drei Bundesfilmpreisen bedacht und berühmt wurde: Das Theaterstück war so gründlich durchgefallen, dass es auf deutschen Bühnen lange Zeit nur selten zu sehen war. Ganz im Gegensatz zu einem weiteren neuen Stück, das Fassbinder ein halbes Jahr später, im Dezember 1971, in eigener Regie am Theater Bremen präsentierte und das schon einen Tag später unter Jürgen Flimms Regie am Thalia Theater Hamburg herauskam: *Bremer Freiheit* passte offensichtlich besser in die Zeit. Die Aufbereitung der historischen Begebenheiten um die bremische Giftmörderin Gesche Gottfried wurde allenthalben als exemplarische Emanzipationsgeschichte verstanden und in den folgenden fünf Jahren an fast 30 Theatern in Deutschland nachinszeniert. Die erste Premiere im Ausland gab es bereits 1974 in London. Welche Bedeutung Fassbinder damals auch als Theaterautor zugemessen wurde, zeigt sich daran, dass dieser Umstand der Deutschen Presseagentur eine Meldung wert war, in der sie aus Kritiken zitierte (deren Urteil von »alberner feministischer Streich« bis »universelle Geltung« reichte).[4]

1 Überschrift der Rezension von Michael Beckert, Unterzeile: »›experimenta‹ beendet: Krise des Publikums und des Theaters«, Kölnische Rundschau, 8.6.1971. Premiere: 5.6.1971, Landestheater Darmstadt; Regie: Peer Raben.
2 H.S., »Zum Heulen. Fassbinders Experimenta-Uraufführung«, Frankfurter Rundschau, 7.6.1971.
3 Ebda.
4 dpa-Meldung von Peter Munk, unter verschiedenen Überschriften am 20. und 21.2.1974 in mehreren Tageszeitungen veröffentlicht.

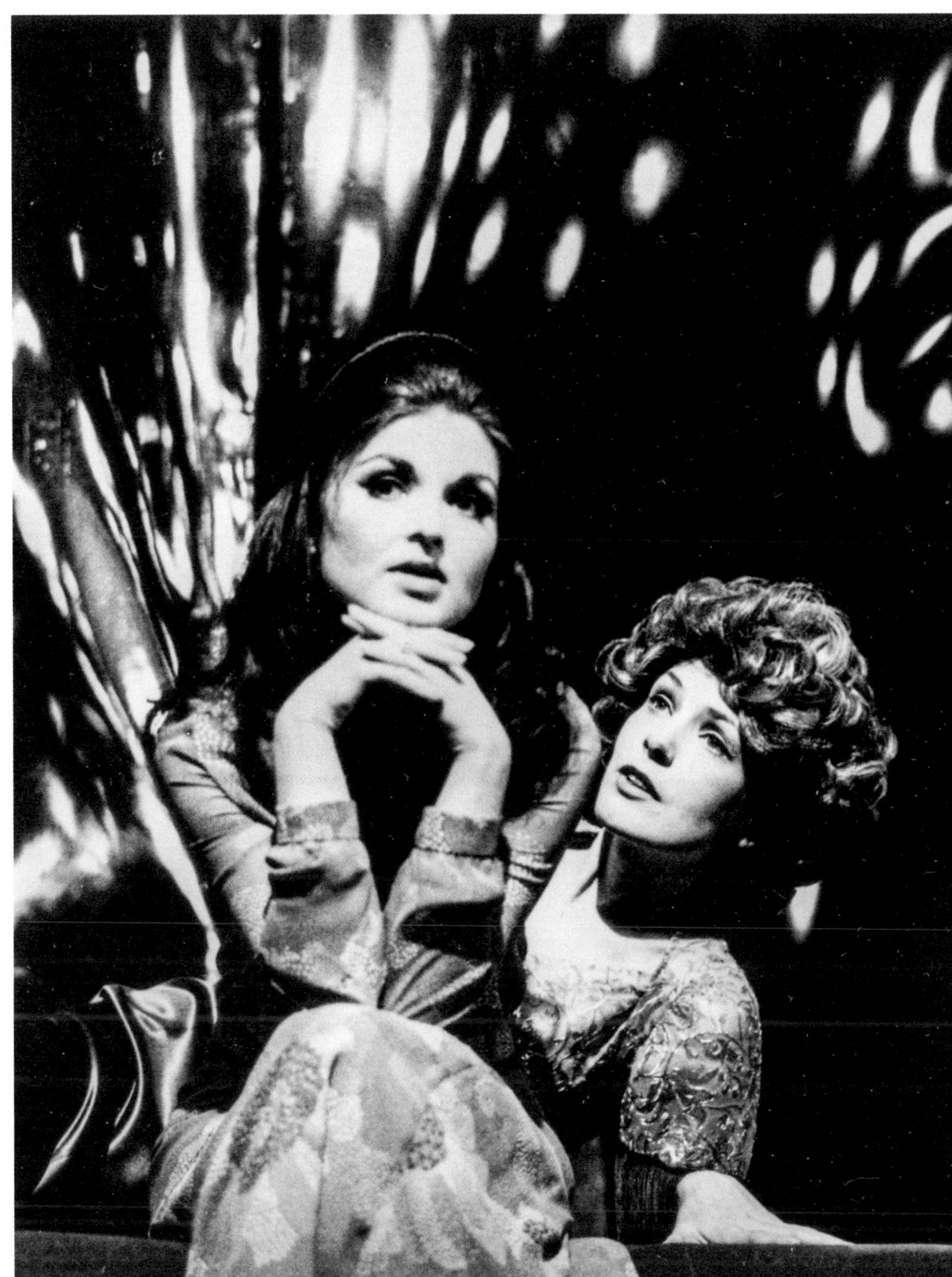

↑ ***DIE BITTEREN TRÄNEN DER PETRA VON KANT*** Elisabeth Gassner (Karin Thimm) und Margit Carstensen (Petra von Kant). *Experimenta 4*, 5. Juni 1971

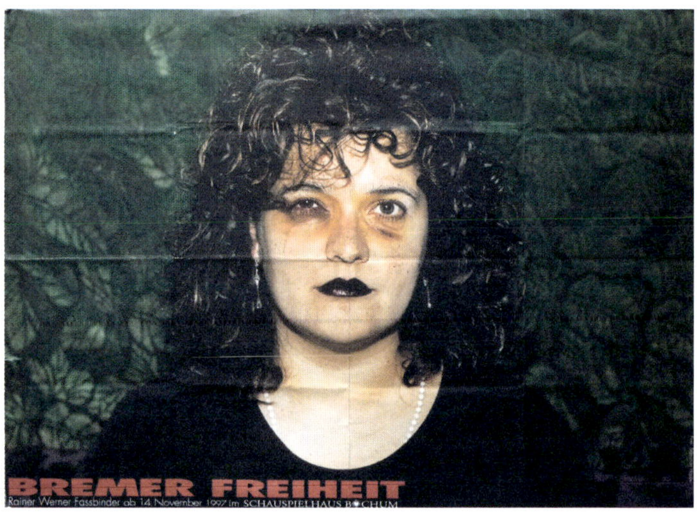

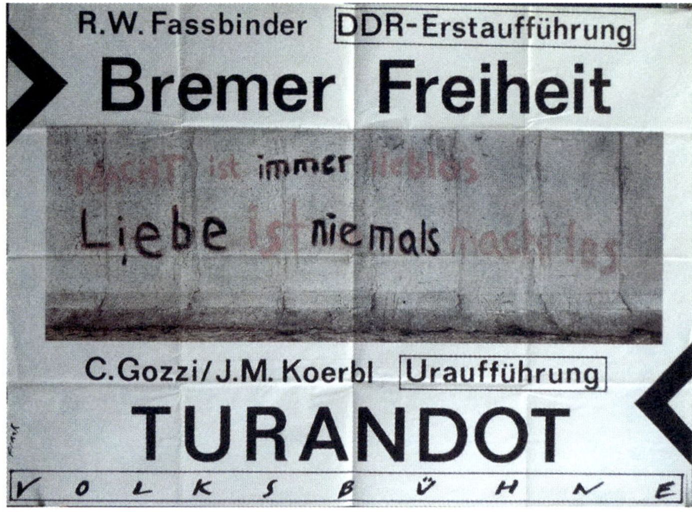

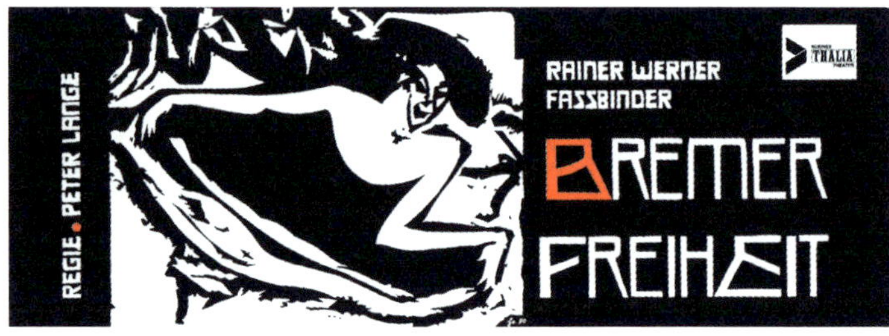

↑ *BREMER FREIHEIT*
Schauspielhaus Bochum. Plakat, 1997
Volksbühne Berlin. Plakat zur Doppelpremiere, 3. März 1990
Kleines Thalia Theater. Plakat, Hamburg 1990

Vor allem mit *Bremer Freiheit* und *Pre-Paradise Sorry Now* war Rainer Werner Fassbinder in der ersten Hälfte der 1970er-Jahre auf den Bühnen der deutschen Stadttheaterlandschaft sehr präsent. Nach 1976 brach die Zahl der deutschsprachigen Inszenierungen seiner Stücke jedoch abrupt ein. Eine kleine Erholung zu Beginn der 80er-Jahre gipfelte im Mai 1985 in der Uraufführung des nachgelassenen Stücks *Tropfen auf heiße Steine*, die viel Aufmerksamkeit erfuhr. Dann folgte ein erneuter Einbruch, und von wenigen Ausnahmen wie Werner Schroeters vielgepriesener Inszenierung von *Katzelmacher* am Düsseldorfer Schauspielhaus 1987 und einem Highlight mit der Uraufführung von Adriana Hölszkys Oper *Bremer Freiheit. Singwerk auf ein Frauenleben* im Rahmen der Münchner Biennale für Neues Musiktheater 1988 abgesehen, wurden Fassbinders Stücke bis zum Ende der 80er-Jahre im deutschsprachigen Raum nicht mehr häufig gespielt.

Man kann über die Gründe für diesen Rückgang nur spekulieren. Auffällig aber ist die zeitliche Parallele zu den beiden Phasen der Debatte um Fassbinders Theaterstück *Der Müll, die Stadt und der Tod*. Der gegen Stück und Autor erhobene Antisemitismusvorwurf beschäftigte die deutsche Öffentlichkeit 1976 zum ersten Mal. Fassbinder hatte sein Stück ausdrücklich für Frankfurt und das dortige Theater am Turm geschrieben, als dessen Intendant er zur Spielzeit 1974/75 bestellt worden war. Die Proben zur Uraufführung gerieten jedoch im Frühsommer 1975 in die Wirren seines vorzeitigen Abgangs und wurden abgebrochen. Anfang 1976 erschien der Text neben *Petra von Kant* und *Das brennende Dorf* im dritten Band mit Fassbinder-Stücken in der edition suhrkamp. Ein knappes Vierteljahr später warf Joachim Fest als Mitherausgeber der *Frankfurter Allgemeinen Zeitung* und Leiter des Feuilletons in seinen Artikeln »Reicher Jude von links« und »Linke Schwierigkeiten mit links« Fassbinder »Antisemitismus von links«[5] vor. Damit begann eine der heftigsten kultur- und gesellschaftspolitischen Kontroversen der Nachkriegszeit, die 1985 posthum einen zweiten Höhepunkt erreichte: Mitglieder der jüdischen Gemeinde Frankfurt besetzten am 31. Oktober – nach wochenlangen Protesten und Diskussionen und unter großer Anteilnahme der Öffentlichkeit – die Bühne der Frankfurter Kammerspiele, um auf diese Weise die verspätete Uraufführung von *Der Müll, die Stadt und der Tod* zu verhindern, was auch gelang. Die sogenannte »Wiederholungsprobe«, zu der lediglich Presse und Theaterbeschäftigte zugelassen waren, galt und gilt zwar formell als Uraufführung, von weiteren Vorstellungen sah man jedoch ab. Nachdem das Stück seither in aller Welt gespielt worden war, kam es 2009 auch in Deutschland zu einer ersten Premiere vor Publikum.[6] Der Antisemitismusvorwurf gegen Stück und Autor ist inzwischen vielfach widerlegt, und die Aufarbeitung der Kontroverse füllt Regalmeter. Die Vermutung, dass dieser Vorwurf und der zeitweilige Rückgang von Fassbinder-Stücken auf deutschen Bühnen zusammenhängen, liegt nahe.

Des ungeachtet wurden die 80er-Jahre für Fassbinders Theaterwerk zu einem ausgesprochen erfolgreichen Jahrzehnt, denn es wurde im Ausland entdeckt: Bühnen zwischen Adelaide und Malmö, New York und Paris, Rio de Janeiro und Belgrad spielten die Stücke, am häufigsten *Bremer Freiheit*, *Blut am Hals der Katze* und *Die bitteren Tränen der Petra von Kant*, deren Erfolg am Teatro Reina Victoria in Madrid[7] bis nach Deutschland drang: »Fassbinders scharfe Attacke gegen die ›große Gesellschaft‹ der Erfolgreichen und Karrieremacher zog seit September Abend für Abend die Zuschauer in Scharen an.«[8] Es gab Buchausgaben in vielen Sprachen, und Rainer Werner Fassbinder wurde nicht nur als Filmemacher, sondern auch als Theaterautor zu einem internationalen Begriff.

Auf deutschen Bühnen begann die bis heute anhaltende Fassbinder-Renaissance erst in der Spielzeit 1989/90 mit dem Stück *Katzelmacher*. In Deutschland tobte damals die sogenannte »Asyldebatte«. Die Unterstellung von »Asylmißbrauch« wurde von der Zeitungsschlagzeile zur Parole auf Wahlplakaten und beherrschte die Kampagne der größten Regierungspartei zur Änderung des Grundrechts auf Asyl. In diesem Klima kam es in West- und Ostdeutschland zu einer Vielzahl schwerer ausländerfeindlicher, rassistischer Übergriffe und Verbrechen, die in den Ausschreitungen von Hoyerswerda im September 1991 und Rostock-Lichtenhagen im August 1992 und schließlich in den tödlichen Brandanschlägen auf mehrere aus der Türkei stammende Familien in Mölln am 23. November 1992 und in Solingen am 29. Mai 1993 gipfelten, denen acht Menschen zum Opfer fielen. Vor diesem Hintergrund suchten die Theater verstärkt »Stücke gegen Rassismus, Fremdenhaß, Ausländerfeindlichkeit, Nationalismus«[9] und entdeckten Fassbinders über 20 Jahre altes Drama *Katzelmacher* wieder: »Ein Stück, das wehtut«[10], »so frisch wie damals«[11], wurde *Katzelmacher* mit 17 Premieren

5 Siehe hierzu die »Chronologie der Ereignisse« im Anhang von: Rainer Werner Fassbinder. Theaterstücke, Frankfurt a.M.: Verlag der Autoren, 2005, S. 664ff.

6 Im Theater an der Ruhr, Mülheim, an einem Abend zusammen mit *Nur eine Scheibe Brot* und *Blut am Hals der Katze*. Premiere: 1.10.2009; Regie: Roberto Ciulli.

7 *Las amargas lágrimas de Petra von Kant*. Spanische Übersetzung: Sebastián Junyent; Titelrolle: Lola Herrera; Regie: Manuel Collado; Premiere: 10.9.1985. Das Stück erschien bei MK Ediciones, Madrid, in der »Colección Escena« im selben Jahr auch als Buch.

8 Genoveva Dieterich, »Petra von Kant in Madrid. Fassbinders Stück erweist sich als Kassenschlager der Saison«, Nürnberger Nachrichten, 27.12.1985.

9 Titel des »Programmhefts des Verlags der Autoren«, einer sechs Mal jährlich erschienenen, an die Theaterdramaturgien gerichteten Informationsbroschüre, Ausgabe 6/91, Dezember 1991, in der neben *Katzelmacher* auch das Drehbuch von *Angst essen Seele auf* für die Bühne empfohlen wurde.

10 Martin Schwarz, »Allein sein ist noch schlimmer. ›Katzelmacher‹ von Fassbinder im Magazin«, zur Berliner Erstaufführung des Stücks am Theater am Kurfürstendamm. Regie: Martin Woelffer; Premiere 23.4.1992. In: [Stadtmagazin] Zitty 11/1992.

11 Carla Rohde in der Sendung »Galerie des Theaters«, SFB 3, 26.4.1992. Transkript.

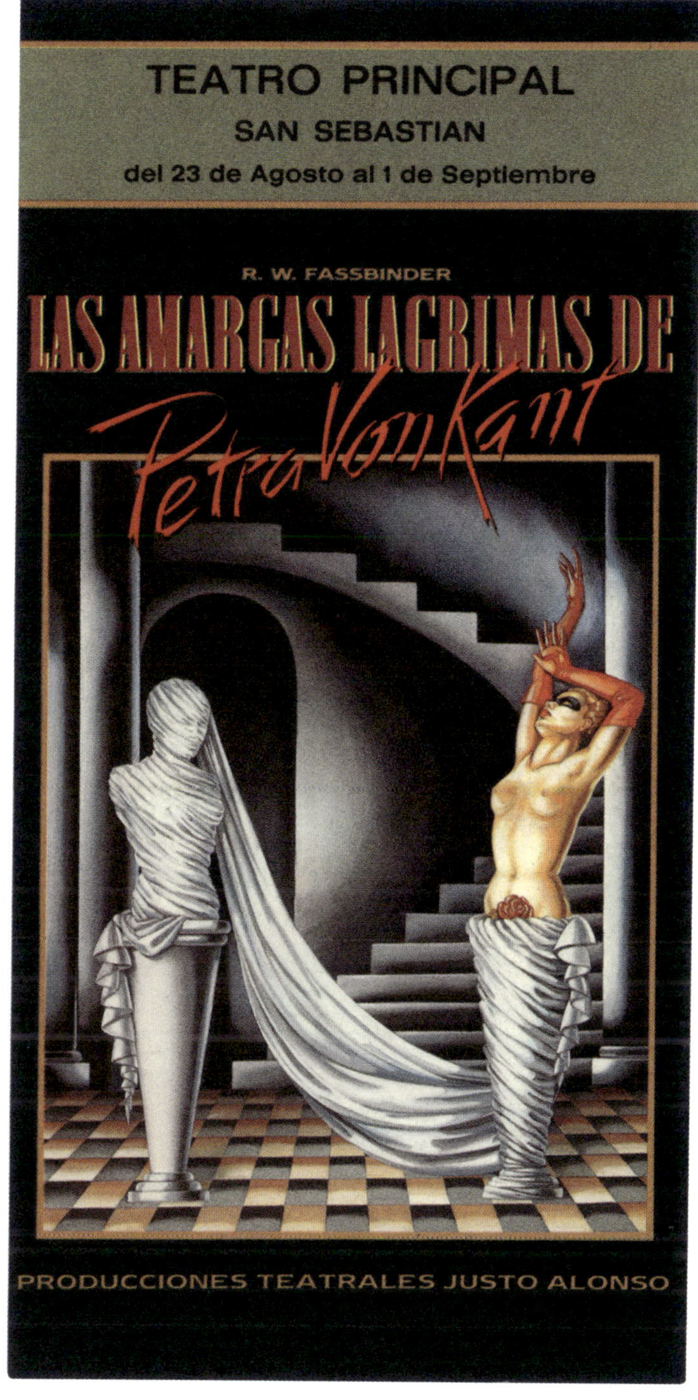

↑ ***DIE BITTEREN TRÄNEN DER PETRA VON KANT***
LAS AMARGAS LAGRIMAS DE PETRA VON KANT
Programmzettel zum Gastspiel des Teatro Reina Victoria, Madrid, in San Sebastian (ES), 1987

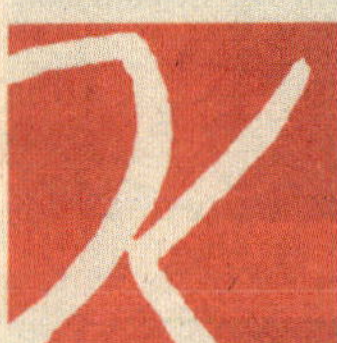

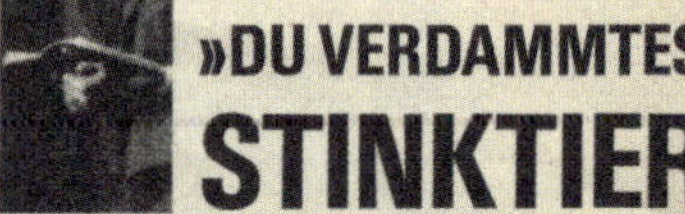

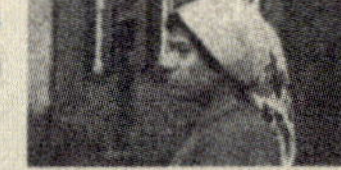

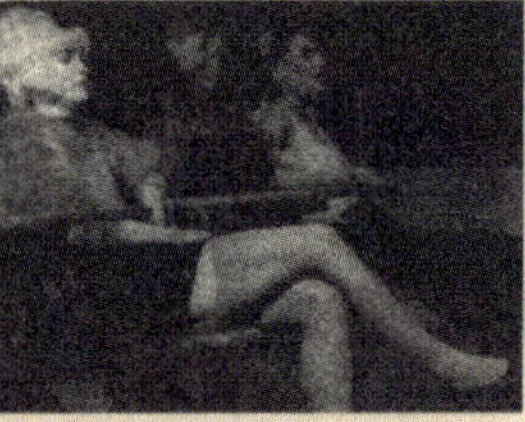

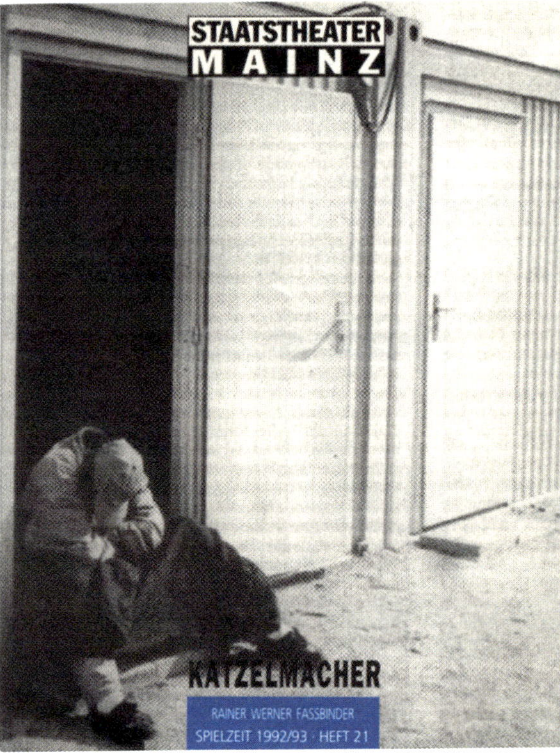

← *KATZELMACHER*
Staatstheater Stuttgart. Programmheft, 1985/86

Staatstheater Mainz. Programmheft, 1992/93

allein in den Jahren zwischen 1990 und 1993 eines der meistgespielten Stücke zu dieser Thematik.

Die Kritiken hoben vor allem einen Aspekt hervor, der das Interesse der Theater an Fassbinders Stücken insgesamt neu entfachte und seither bestimmt: die Gültigkeit über die vordergründige Thematik hinaus. »Eine Geschichte, die unter die Haut geht, weil sie – über den brandaktuellen Zündstoff hinaus – an Lebenshaltungen rührt, die hinter den Vorgängen stehen«, schrieb beispielhaft der *Vogtlandanzeiger* zu einer Inszenierung am Vogtlandtheater Plauen im Oktober 1992.[12]

Die 90er-Jahre waren das Jahrzehnt der Entdeckung und Wiederentdeckung von Fassbinders Theaterstücken im frisch vereinigten Deutschland. Die Aufmerksamkeit und Würdigung, die der »Dichter Schauspieler Filmemacher«[13] zum zehnten Todestag erfuhr, die erste Werkschau in Berlin, die Fassbinders »Leben und Arbeit in all ihren Facetten«[14] vorstellte, die auch in Deutschland reflektierte Anerkennung Fassbinders im Ausland, wie sie nicht zuletzt in der international beachteten Retrospektive seiner Filme im Museum of Modern Art in New York 1997 zum Ausdruck kam – dies alles trug mit dazu bei, dass Fassbinder über die Jahre hierzulande mehr und mehr zu einem »household name« wurde. Auch im Ausland nahm die Zahl der Inszenierungen stetig zu, besonders augenfällig in Frankreich, wo seine Texte prestigeträchtige Bühnen eroberten.

1995, im Jahr seines 50. Geburtstags, rief der *Figaro* das »L'année Fassbinder«[15] aus. Den Auftakt bildete ein auch hierzulande beachtetes Fassbinder-Programm[16] beim Festival d'Avignon, dessen Hauptattraktion die Bühnen-Uraufführung des »plaidoyer en faveur de la tolerance et la difference«[17], *In einem Jahr mit 13 Monden*, war. »Avignon sur les lunes de Fassbinder«, titelte die Zeitung *Ouest-France*[18] damals.

12 Christa Stöß, »Dem Griech' werden sie's schon zeigen«, Vogtlandanzeiger, 27.10.1992.
13 Untertitel der Werkschau Rainer Werner Fassbinder, 28.5.–19.7.1992 in Berlin.
14 Grußwort von Ulrich Roloff-Momin, Senator für kulturelle Angelegenheiten, für den Katalog zur Werkschau, hg. von der Rainer Werner Fassbinder Foundation, Berlin 1992.
15 Caroline Jurgenson, »L'Année des Larmes«, Figaroscope, 6.9.1995, anlässlich zweier weiterer prominenter Fassbinder-Premieren, beide in Paris: *Les larmes amères de Petra von Kant* auf der Kleinen Bühne des Théâtre national La Colline; Übersetzung und Regie: Michel Hermon; Premiere: 7.9.1995; mit Maryline Even als Petra von Kant. Und *Qu'une tranche de pain* (*Nur eine Scheibe Brot*) am Théâtre de la Bastille; Übersetzung und Regie: Bruno Bayen; Premiere: 18.9.1995.
16 Siehe dazu: Joseph Hanimann, »Die Straße ist die Wohnung ist das Bett. Vom Main ans Mittelmeer. Ein Fassbinder-Programm beim Festival d'Avignon«, Frankfurter Allgemeine Zeitung, 15.7.1995.
17 Anmoderation eines Beitrags im Fernsehsender France 3, 20.7.1995, Videoarchiv des Institut national de l'audiovisuel (INA), www.ina.fr/video/CAC95041628.
18 Pierre Gilles in der Ausgabe vom 11.7.1995.

↓ *ANGST ESSEN SEELE AUF* Meininger Staatstheater Südthüringen. Programmheft, 1997/98

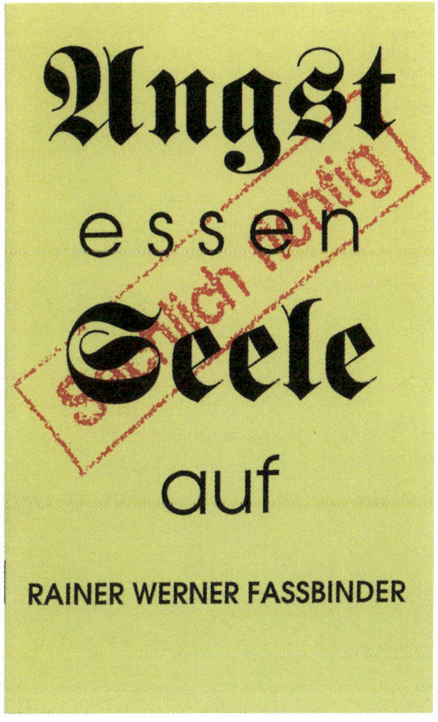

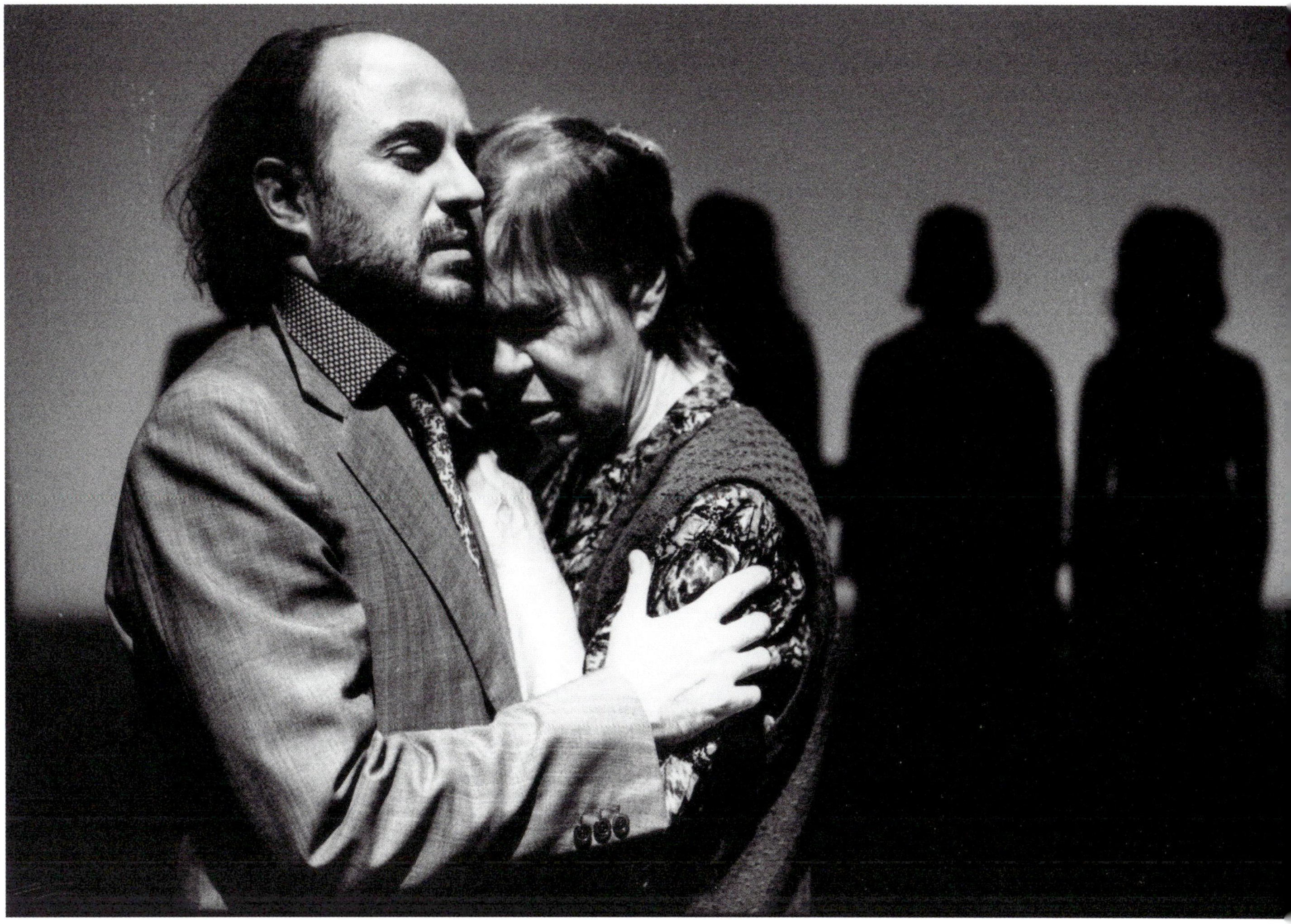

↑ *ANGST ESSEN SEELE AUF* Alberto Fortuzzi (Ali) und Marion Lindt (Emmi). Theater Rotwelsch / Theater am Halleschen Ufer Berlin / Mousonturm Frankfurt, 1995

Mitte der 1990er-Jahre begann somit ein Trend, der in den 2000er-Jahren weiter an Fahrt gewann und inzwischen zur Selbstverständlichkeit geworden ist: die Adaption von Fassbinders Filmen für das Theater. Das erste auf der Bühne realisierte Drehbuch war – bereits ein halbes Jahr vor Avignon – *Angst essen Seele auf*[19], das sich schnell zu einem festen Bestandteil der Spielpläne entwickelte. Die Liebe zwischen einer älteren Frau und einem jungen Mann, zwischen einer Deutschen und einem Marokkaner, scheitert an der Ablehnung und Feindseligkeit einer Umgebung, die »Lichtjahre von toleranter Gesellschaft entfernt«[20] ist – die Dringlichkeit des Stoffes lag auf der Hand: »21 Jahre nach dem erfolgreichen Fassbinder-Film ist das Gegeneinanderleben von Deutschen und Ausländern in Deutschland, das Fassbinder überwinden helfen wollte, eher noch härter geworden.«[21]

Die Suche der Theater und der Regisseur*innen nach neuen, komplexen und wichtigen (um nicht »welthaltigen« und »relevanten« zu sagen) Stoffen für das Große Haus war einer der Gründe für die Bühnenkarriere von Fassbinders Filmen. Zudem erwiesen sich die Drehbücher beziehungsweise Dialoglisten, die ohne Veränderungen als Grundlage für Inszenierungen verwendbar waren, durch die dramaturgische Präzision, die Purheit des Dialogs und den Sprechduktus der Figuren als theaternah und bühnentauglich.[22]

19 Regie: Winni Victor. Premiere: 12.1.1995, Theater am Halleschen Ufer, Berlin. Produktion: Theater Rotwelsch/Theater am Halleschen Ufer/Mousonturm Frankfurt. Mit Marion Lindt als Emmi und Alberto Fortuzzi als Ali.
20 Überschrift der Rezension von Claudia Seiring, Oranienburger Generalanzeiger, 14./15.1.1995.
21 Jan Schulz-Ojala, »Echowellen, Schmerzwellen. Bühnenfilm: Die Gruppe Rotwelsch mit ›Angst essen Seele auf‹ im Theater am Halleschen Ufer«, Der Tagesspiegel, 14.1.1995.

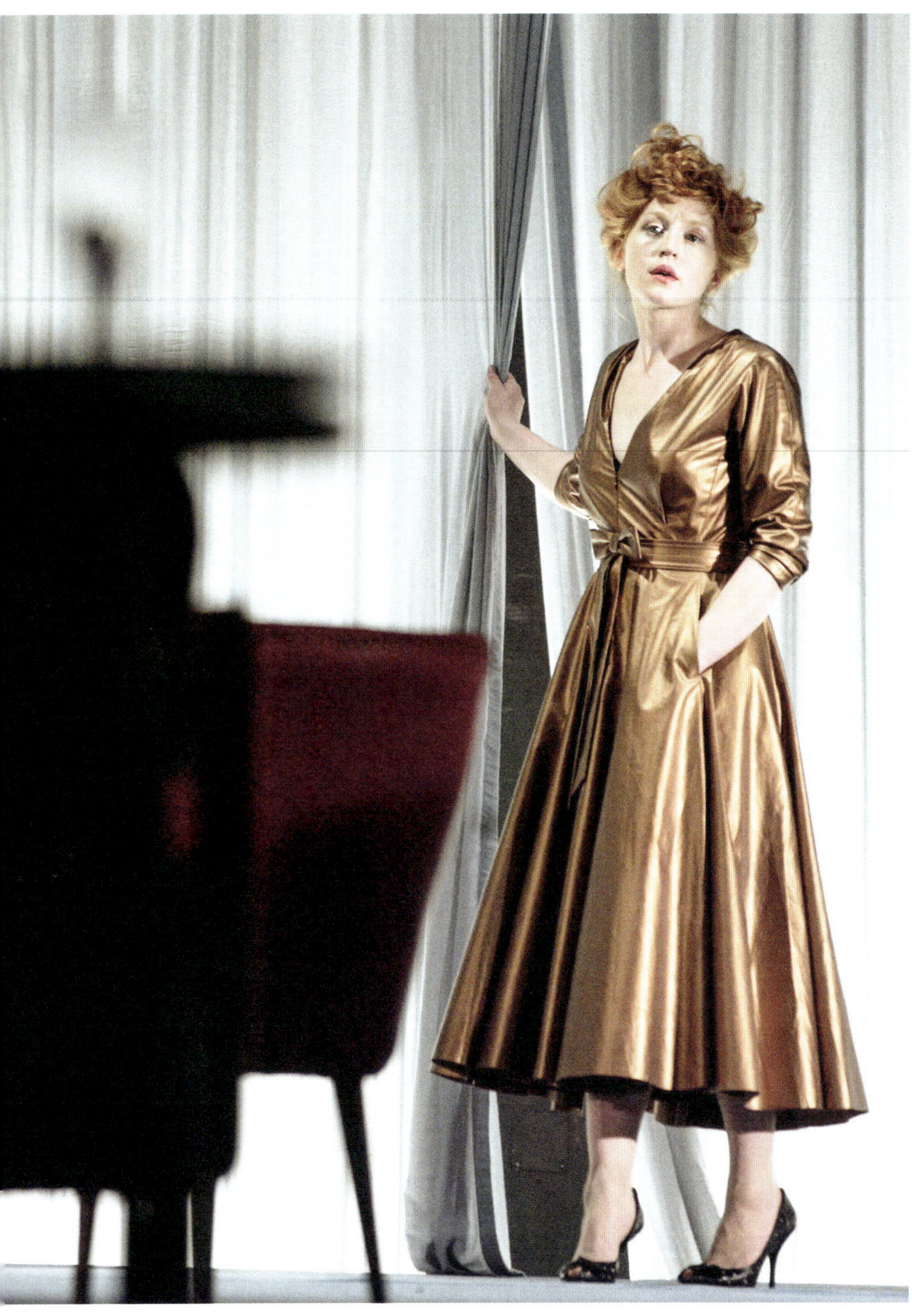

↑ *DIE EHE DER MARIA BRAUN* Brigitte Hobmeier als Maria Braun. Münchner Kammerspiele, 2007

Die 2000er-Jahre waren ein Jahrzehnt des Entdeckens und Ausprobierens von Filmstoffen, die für die Bühne freigegeben wurden. Und es gab einen einhellig gefeierten Inszenierungserfolg, der nachhaltig weiterwirkte: *Die Ehe der Maria Braun* in der Regie von Thomas Ostermeier (Drehbuch: Peter Märthesheimer und Pea Fröhlich nach einer Vorlage von Fassbinder). 2007 mit Brigitte Hobmeier in der Titelrolle an den Münchner Kammerspielen inszeniert, 2008 zum Theatertreffen eingeladen, 2009 an die Schaubühne am Lehniner Platz gebracht, 2014 in neuer Besetzung mit Ursina Lardi als Maria wiederaufgenommen, tourte die Produktion durch die halbe Welt, zuletzt 2018 nach Madrid, wo das Gastspiel der »celebrada adaptación«[23] von großem Presseecho begleitet wurde.

Im Laufe der Jahre hat sich das Interesse an den Filmstoffen verstetigt und verdichtet. In der Spielzeit 2019/20 machten die Filmadaptionen über die Hälfte der 15 im deutschsprachigen Raum geplanten Fassbinder-Premieren aus.

Neben ANGST ESSEN SEELE AUF und DIE EHE DER MARIA BRAUN sind es die beiden anderen großen Frauenfilme der so bezeichneten »BRD-Trilogie«, LOLA (Drehbuch: Peter Märthesheimer und Pea Fröhlich)[24] und DIE SEHNSUCHT DER VERONIKA VOSS, sowie IN EINEM JAHR MIT 13 MONDEN, WARUM LÄUFT HERR R. AMOK? und, seit der New Yorker Uraufführung 2012, auch der Fernseh-Zweiteiler WELT AM DRAHT, auf die sich die Bühnen konzentrieren.

Das meistgespielte Drehbuch und das meistgespielte Theaterstück sind im deutschsprachigen Raum indes auch im zweiten Jahrzehnt des neuen Jahrtausends *Angst essen Seele auf* und *Katzelmacher* geblieben. Die Modellhaftigkeit von Konstellation und Erzählung bei Fassbinder interessiert auch Theatermacher*innen der jüngeren Generation, die die Texte neu lesen und in die Gegenwart spiegeln. So machte Hakan Savaş Mican im Jahr eins nach Aufdeckung des NSU aus dem »Katzelmacher« geschmähten, griechischen »Gastarbeiter« Jorgos den perfekt deutsch sprechenden türkischen Migranten Mehret: »Die wichtige Frage ist: Wann beginnt die Mehrheitsgesellschaft aus dem ›integrierten Anderen‹ einen ›Katzelmacher‹ zu machen? Wie sehen heu-

22 Nach der Verbindung seiner Theater- und seiner Filmarbeit gefragt, antwortete Fassbinder einmal in einem Gespräch mit John Hughes und Brooks Riley: »Es gibt einen Zusammenhang zwischen beidem, aber man kann nicht sagen, dass das eine aus dem anderen abzuleiten ist, selbst wenn ich viele Techniken der Arbeit an Theaterstücken auch in meinen Filmen angewandt habe.« Zit. n. Robert Fischer (Hg.), Fassbinder über Fassbinder. Die ungekürzten Interviews. Frankfurt a.M.: Verlag der Autoren, 2004, S. 347.
23 José Luis Romo, »Ostermeier, por fin, vuelve a Madrid con ›El matrimonio de María Braun‹«, El Mundo, 6.4.2018.
24 Die Bühnenrechte für *Lola* vertritt der Drei Masken Verlag, München, für alle übrigen Fassbinder-Texte der Verlag der Autoren, Frankfurt a.M.

te die Strukturen aus, die zu Rassismus und Fremdenhass führen können? Wie würde dann der ›Katzelmacher‹ von heute aussehen? Wie reagiert die Mehrheitsgesellschaft auf diesen ›neuen Fremden‹? Wie lange ist der Fremde einer von uns? Wann beginnt er, doch ›der Andere‹ zu sein?«[25] Und Nuran David Calis stellte mit seiner Inszenierung von *Angst essen Seele auf* am Schauspiel Leipzig 2018 die Frage, »wo die Ängste der Mehrheitsgesellschaft sitzen«: »Wenn man die Oberfläche Rassismus aufkratzt und tiefer reingeht, dann steht die große Machtfrage im Raum. Wer hat sie, wer verliert sie?«[26]

»Die große Machtfrage« ist ein existenzielles Thema in Fassbinders Werk. Von ihr handelt im Kern auch das Stück, das die Rangliste der weltweit am häufigsten gespielten »Fassbinders« inzwischen mit weitem Abstand anführt, weil es im Ausland so populär ist wie kein zweites[27] und auch hierzulande immer häufiger auf die Spielpläne findet: *Die bitteren Tränen der Petra von Kant*. Der irische Komponist Gerald Barry erklärte einmal, warum er das Sechs-Frauen-Drama in eine Oper verwandelt hat: »I was immediately gripped by its emotional range – it is enormous and single-minded. There's almost a Shakespearean range of comedy and tragedy in the same play.«[28] Die Oper *The bitter tears of Petra von Kant*[29] wurde bei der Uraufführung als »Haute couture bitch fest«[30] angekündigt und als »study of domination and desperation«[31] und »high octane tale of obsessive love«[32] gefeiert.

»Seinerzeit fiel es durch«, schrieb die *Neue Zürcher Zeitung* über Fassbinders Stück anlässlich der deutschsprachigen Erstaufführung der Oper, »aber heute ist festzustellen, dass Fassbinder großes, zeitloses Theater verfasst hat, das uns immer noch angeht.«[33]

25 Hakan Savaş Mican, »Katzelmacher. Konzept für eine freie Adaption des gleichnamigen Stückes von R.W. Fassbinder für das Staatstheater Mainz«. In einer Probenfassung des Stücks ließ Mican die Figur des Mehret fragen: »Was sind die Gründe und das wahre Ausmaß des bürgerlichen Totalausfalls, der Rassismus immer wieder möglich macht? Warum hat kein einziger rassistischer Überfall in diesem Land zu einem dauerhaften Zusammenrücken unserer Gesellschaft geführt?« Zitiert nach der »Fassung vom 18.10.2012«. © Hakan Savaş Mican 2012. Premiere: 20.11.2012, Staatstheater Mainz (Deck 3).
26 Beide Zitate aus: »Wer hat die Macht, wer verliert sie?« Nuran David Calis im Gespräch mit Dimo Riess zu seiner Inszenierung von *Angst essen Seele auf* am Schauspiel Leipzig, Premiere: 17.5.2018, in: Leipziger Volkszeitung, online-Ausgabe, 18.5.2018.
27 So wurde z.B. die prominent besetzte Inszenierung von Thierry de Peretti 2015 am Pariser Théâtre de l'Œuvre (Premiere: 12.2.2015 mit Valeria Bruni-Tedeschi in der Titelrolle, Zoé Schellenberg als Karin und Isabelle Hupperts Tochter Lolita Chammah als Marlene) nicht nur in der französischen Presse, sondern auch in der spanischen Tageszeitung El País euphorisch besprochen: »Petra von Kant resucita en París«. Artikel von Álex Vicente, 26.2.2015.
28 Martin Hoyle, »The ENO bites back«, Time Out London, 7.–14.9.2005.
29 Englisches Libretto: Denis Calandra; Premiere: London Coliseum, 16.9.2005; Produktion: English National Opera; Regie: Richard Jones; Dirigat: André de Ridder. Deutschsprachige Erstaufführung (in derselben Regie unter demselben Dirigenten): Oper Basel, 4.5.2008.
30 Time Out London, (wie Anm. 28).
31 Stephen Mitchell, »Access all arias«, Pride Magazine, 05/2005[?].
32 Überschrift des Artikels von Tom Service. The Guardian, 17.9.2005.
33 Alfred Zimmerlin, »Macht und Liebe«, Neue Zürcher Zeitung, 6.5.2008.

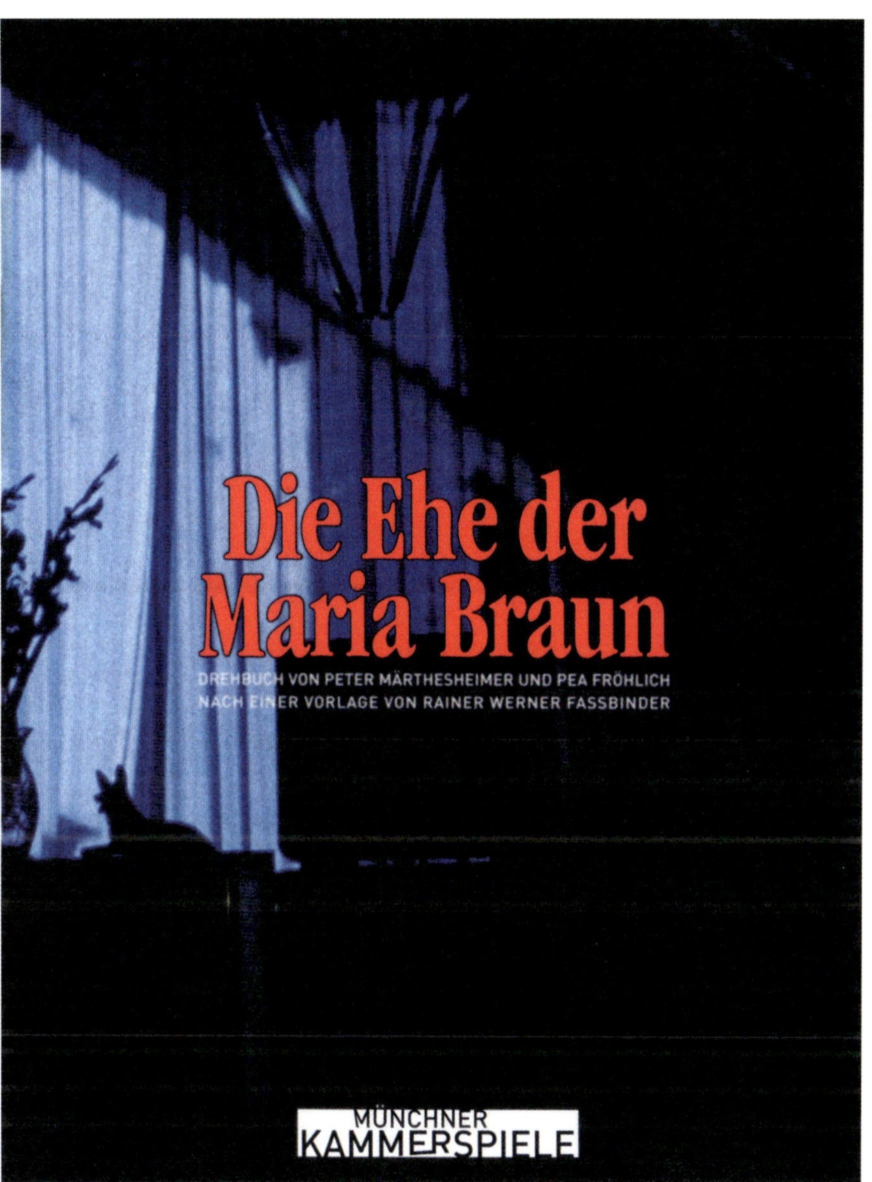

↑ *DIE EHE DER MARIA BRAUN* Programmheft der Inszenierung an den Münchner Kammerspielen, 2007

Karlheinz Braun

Erinnerungen des Theaterverlegers

Als Peter Iden und ich 1968 die *Experimenta 3* vorbereiteten, wurde ich durch Berichte der Münchner *Abendzeitung* auf ein action-theater aufmerksam, das auch »Living Theatre in der Müllerstraße« genannt wurde und das mit einer *Anti-Gone* wohl gegen jeden bürgerlichen Kodex rebellierte.

Aber bevor wir da aktiv werden konnten, war das action-theater schon wieder geschlossen, um mit zum Teil denselben Akteuren wie Peer Raben und Rainer Werner Fassbinder in einem Hinterzimmer der Schwabinger Kneipe *Witwe Bolte* als antiteater wiederaufzuerstehen. Aus irgendeinem Grunde klappte es jedoch nicht mit einem Gastspiel bei der *Experimenta 3* im Juli 1969, dafür aber mit der Eröffnung des Verlags der Autoren am 1. April. Schon am 21. Mai schrieb ich:

Sehr geehrter Herr Fassbinder,
von verschiedenen Seiten habe ich bereits Berühmtes über Ihre Stücke gehört, und ich bedauere es sehr, daß wir, Peter Iden und ich, es nicht mehr fertig gebracht haben, das antiteater und Sie zur *Experimenta* einzuladen. Aber vielleicht können wir für das nächste Jahr einen Plan aushecken. Heute schreibe ich Ihnen aber nicht wegen der *Experimenta*, sondern aus Interesse an dem Schriftsteller Fassbinder. Falls Sie noch keine anderweitigen Bindungen eingegangen sind, wäre ich Ihnen sehr dankbar, wenn Sie mir einmal schicken könnten, was Sie für gut befinden und was Sie uns lesen lassen könnten. Sie haben vielleicht schon von unserem Unternehmen »Verlag der Autoren« gehört: ich lege Ihnen einmal unseren ersten Prospekt bei, der Sie auch über die Struktur unseres Verlags informiert. Ich würde mich freuen, wenn Sie mir schreiben könnten, noch mehr, wenn wir uns gelegentlich kennenlernen könnten. Ich werde dann nach der *Experimenta* Ihre Stücke lesen.
Mit besten Grüßen bin ich Ihr Karlheinz Braun

Darauf antwortete Rainer Werner Fassbinder mit Absender antiteater, Stolbergstraße 9:

Lieber Herr Dr. Braun,
hier ein paar Beispiele: die Bayern-Trilogie. Ein Dialektstück, eine Szenenfolge und eine Revue, und eine Stückbearbeitung des *Kaffeehaus* von Goldoni, angefertigt für das Bremer Schauspielhaus. Das sind ein paar Möglichkeiten, Stücke gibt es viel mehr.
Ihr Rainer Werner Fassbinder

Das war einer der sehr raren Briefe von RWF, von ihm selbst unterschrieben. Später gab es fast nur noch Unterschriften auf Verträgen, das meiste wurde entweder telefonisch oder bei gelegentlichen Treffen besprochen. Dem Brief beigelegt waren die sogenannte »Bayern-Trilogie«, also das »Dialektstück« *Katzelmacher*, die »Szenenfolge« *Pre-Paradise Sorry Now* und die »Revue« *Anarchie in Bayern*.

Ich habe ihm daraufhin geantwortet:

Lieber Herr Fassbinder,
Ihre Stücke habe ich jetzt gelesen. Das hat mal wieder richtig Spaß gemacht. Wir müssen uns kennenlernen, wir müssen über die einzelnen Stücke reden, und, da Sie von nur »ein paar« Beispielen schreiben, die Sie uns schickten, sollten wir die anderen Stücke auch noch lesen. Also, könnten Sie mal nach Frankfurt kommen, noch vor dem 20. Juli, an dem Tag fahren wir in Ferien, und wenn Sie wenig Geld haben, bezahlen wir Ihnen auch gerne die Reise (wir haben auch wenig). Könnten Sie uns die anderen Stücke schicken? Ich hoffe bis bald.
Ihr Karlheinz Braun

Und dann ist er wohl gekommen, denn in meinem nächsten Brief an ihn vom 14. Juli schrieb ich:

Lieber Herr Fassbinder,
es war schön, daß Sie und Herr Raben hier waren und daß wir alles besprechen konnten. Heute ist das Buch vom *Kaffeehaus* zum Hektographieren nach Berlin gegangen, nach den Ferien werden wir die Textbücher fertig haben. Die anderen Bücher lassen wir herstellen, sobald wir den endgültigen Text von Ihnen haben, die ausführlichen Regieanweisungen von *Preparadise* und die vom Dialekt etwas befreite Fassung von *Katzelmacher* sowie die allgemeinere *Anarchie*. Mit diesem Brief schicke ich Ihnen, wie verabredet, den Vertrag für die 4 Stücke zu, bitte lesen Sie ihn durch, es ist der Standardvertrag, der mit den Autoren erarbeitet wurde und den jeder Autor erhält. Wenn Sie damit einverstanden sind, unterzeichnen Sie bitte beide Exemplare und schicken uns ein Exemplar zurück. Das andere ist für Sie bestimmt. Ich hoffe, ich habe nichts vergessen, und wenn Sie noch ein Übriges tun wollen und dafür Zeit finden, hätten wir gerne noch von Ihnen: a) eine Bio-Bibliographie, b) die genauen Daten, und vielleicht je ein Programmheft der Uraufführungen der 4 Stücke. Ich denke, das wärs, herzliche Grüße von uns, auch an Peer Raben,
Ihr Karlheinz Braun

Verlag der Autoren

Vertrag

Zwischen der VERLAG DER AUTOREN GmbH & Co KG, Frankfurt am Main, Staufenstrasse 46 (Verlag), und Herrn Rainer Werner Fassbinder, München, Stollbergstrasse 9 wird folgender

VERLAGSVERTRAG

geschlossen, dessen Rechte und Pflichten nach Ablieferung des endgültigen Manuskripts auch für die Rechtsnachfolger beider Vertragspartner gelten. Er ist von den Vertragspartnern rechtsgültig unterschrieben; jeder von beiden hat eine Ausfertigung erhalten.

§ 1

Der Autor räumt dem Verlag zum Zweck der Vermittlung und Verwertung das Recht des Vertriebs der Aufführungsrechte für die ganze Welt und in allen Sprache an seinem Werken

1. Katzelmacher
2. Pre-Paradise sorry now
3. Anarchie in Bayern (Arbeitstitel)
4. Das Kaffeehaus (nach Goldoni)

für die Dauer des gesetzlichen Urheberrechts ein. Er versichert, daß sein Werk keine Rechte Dritter verletzt, daß er allein berechtigt ist, über das Urheberrecht zu verfügen, und daß er bisher eine solche Verfügung weder ganz noch teilweise getroffen hat. Der Autor wird dem Verlag ein endgültiges Manuskript für die Herstellung der Textbücher übergeben.

Rechts, insbesondere des deutschen Urheber- und Verlagsrechts. Es gelten außerdem ergänzend der Vereinbarungen des Gesellschaftervertrages der Verlag der Autoren GmbH & Co KG. Dieser Autorenvertrag, dessen Rechtswirksamkeit nicht an den rechtlichen Bestand einzelner Vertragsbestimmungen gebunden ist, oder einzelne Bestimmungen desselben können nur auf Grund schriftlicher Vereinbarungen geändert oder außer Kraft gesetzt werden.

Erfüllungsort und Gerichtsstand ist Frankfurt am Main.

Ergänzend gilt die anliegende Zusatzvereinbarung zu diesem Vertrag.

München, 19.7.69 den

Rainer Werner Faßbinder

Frankfurt am Main, den 14. Juli 1969

VERLAG DER AUTOREN GmbH & Co KG

Dr. Karlheinz Braun

↑ Vertrag zwischen Rainer Werner Fassbinder und dem Verlag der Autoren (Auszug), Juli 1969

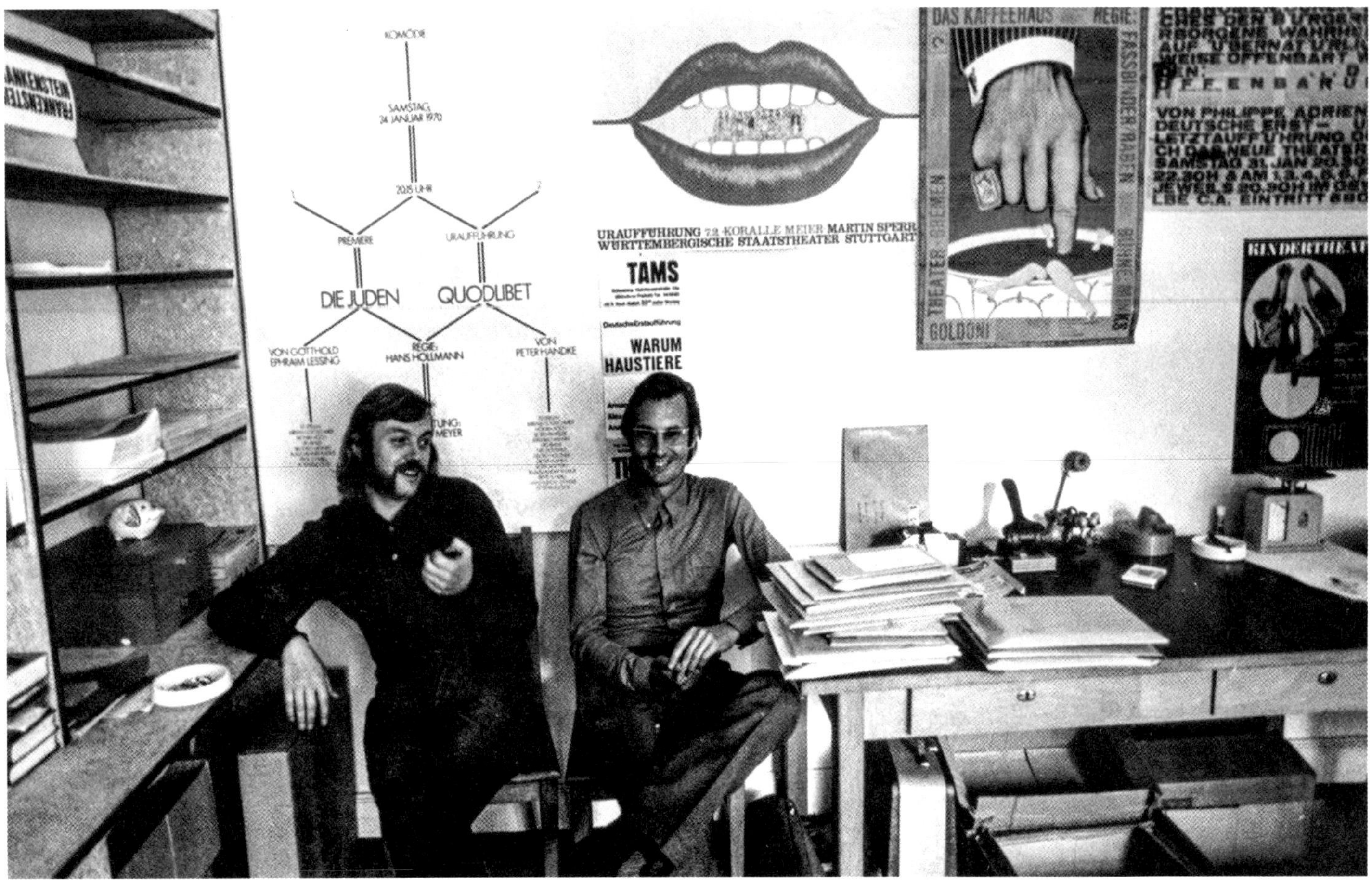

↑ Wolfgang Wiens (l.) und Karlheinz Braun vor Plakatkunst in den Räumen des Verlags der Autoren in der Frankfurter Staufenstraße

Dieses erste Treffen mit RWF war also auch ein Lektoratsgespräch über drei der Stücke. Wolfgang Wiens, der bei dem Gespräch sicher dabei war, und ich rieten Fassbinder, den starken bayerischen Dialekt von *Katzelmacher* abzumildern, sodass das Stück auch von nicht bayerischen Schauspielern gespielt werden könne; wir baten für *Pre-Paradise* um einige Hinweise, wie denn die drei Szenenkomplexe anzuordnen wären; und schließlich sollte die *Anarchie* nicht allein auf Bayern beschränkt bleiben, sondern die ganze Bundesrepublik umfassen. Fassbinder war damit offenbar einverstanden, denn bis auf die *Anarchie* hat er unsere Vorschläge innerhalb weniger Tage umgesetzt; die *Anarchie* wolle er später überarbeiten, sagte er, dafür habe er jetzt keine Zeit. Die fand er auch später nicht mehr, so ist sie Fragment geblieben.

Fassbinder war für mich damals nicht unbedingt etwas Neues. Zwar frappierte uns der frische und variantenreiche dramaturgische Zugriff, das spielerische Potenzial des gerade 24-jährigen Dramatikers, aber unverkennbar war seine Herkunft vom realistisch-aufklärerischen Theater des Augsburgers Brecht, so wie von den Volksstücken der Ingolstädterin Marieluise Fleißer, mit der ich gerade bei Suhrkamp noch zu tun hatte. Und Fassbinder fügte sich ganz selbstverständlich ein in die Reihe derer, die in diesen Jahren den Dialekt für das Theater aktivierten, sei es Martin Sperr, Franz Xaver Kroetz, Fitzgerald Kusz oder Wolfgang Deichsel.

Verblüffend war eher der Wechsel zwischen sehr verschiedenen Stilen und dramatischen Genres, vom dialekt-realistischen *Katzelmacher* zu der experimentellen Szenen-Collage von *Pre-Paradise Sorry Now*, bei der sich Fassbinder nicht festlegen wollte, in welcher Reihenfolge die Szenen gespielt werden sollten, sodass wir statt eines normalen Textbuchs eine Sammlung loser Blätter herstellten, dann zum *Kaffeehaus* für das Bremer Theater, eine heutige, sehr artifizielle Commedia nach Goldoni, und gleich darauf zum schwülen Salonstück von den *Bitteren Tränen der Petra von Kant*. Das hatten wir – wie versprochen – bei RWF für die *Experimenta 4* in Auftrag gegeben, der *Experimenta* für neue deutschsprachige Stücke, wo es, oberflächlich betrachtet, formal natürlich fehl am Platze war. Peer Raben hatte die Uraufführung am Landestheater

Darmstadt inszeniert – und es war ein totaler Reinfall. Die Presse verstand weder den Balanceakt zwischen Kunst und Kitsch noch die Leihgabe vom Boulevard und verriss das Stück, wie selten ein Stück verrissen wurde. Was nicht verhinderte, dass es zu einem der größten Theatererfolge Fassbinders wurde. Schon 1972 hat Fassbinder das Stück verfilmt. Aber das ist eine andere Geschichte.

Wenn man zurückblickt, sieht man, dass sich die kreative Theaterphase Fassbinders als Dramatiker nur über eine Zeitspanne von etwa drei Jahren erstreckt hat: von *Katzelmacher* im April 1968 über sieben Stücke im Jahr 1969 und vier weiteren 1970 bis zur Uraufführung von *Bremer Freiheit* 1971. 13 Stücke in knapp drei Jahren, das ist (bis auf das spätere Stück *Der Müll, die Stadt und der Tod*) schon sein gesamtes dramatisches Œuvre. Wobei er die Stücke fast alle auch noch selbst inszeniert hat. Hinzu kommen dann noch vier Hörspiele und – genau in dieser Phase zwischen seinem 24. und 26. Lebensjahr – die frühen zehn Filme, zu denen er auch die Drehbücher schrieb. Eine schier unfassbare Kreativität, die auch noch mit den Bedingungen zu kämpfen hatte, unter denen die Stücke und Filme produziert wurden. Es waren vielleicht die wichtigsten drei Jahre innerhalb eines nur 14-jährigen künstlerischen Schaffens. Und wir im Verlag folgten den immer neuen Projekten, halfen dabei so gut wie möglich, ab und zu von Rainer ein Hilferuf nach Vorschüssen. Die Texte zu den Stücken, Hörspielen oder Filmen bekamen wir meist, wenn sie bereits produziert waren, an ein normales Lektorat war nicht zu denken: So war RWF ein sehr pflegeleichter Autor, der den Verlag immer als eine Art Heimatbasis ansah, von der aus er in die Welt abhob.

Deutsche Autoren Stücke (D) · Hörspiele (H) Fernsehspiele (TV) **im Verlag der Autoren** Frankfurt/Main Staufenstraße 46
Bazon Brock Unterstzuoberst (D) Grundgeräusche (H) **Wolfgang Deichsel** Frankenstein (D) (in Vorbereitung)
Rainer Werner Fassbinder Katzelmacher · Pre-Paradise Sorry Now Anarchie in Bayern · Das Kaffeehaus (nach Goldoni)
Fritz Rudolf Fries Calderon: Dame Kobold (Ü) Subvertrieb Henschelverlag **Uwe Friesel** Ping-pong (H)
Dieter Forte Schöne Zeiten (TV) Vorbereitung (TV) **Sebastian Goy** Abgesang (TV) Eltern (D) · Goll Moll (H)
Peter Handke Quodlibet (D) · Hörspiel 2 + 3 Chronik der laufenden Ereignisse (TV) **Heinrich Henkel** Steinzeit (D) Spiele um Geld (D)
Günter Herburger Tanker (TV) Das Geschäft (H) **Joachim Knauth** Plautus: Miles Gloriosus (Ü) Subvertrieb Henschelverlag
Renke Korn Partner (D) Capri (TV) **Gerhard Kelling** Arbeitgeber (D)
Hartmut Lange Molière: Die Schule der Frauen (Ü) Die Ermordung Trotzkijs (D in Vorber.) **Heiner Müller** Horatier (D) Subvertrieb Henschelverlag
Gerlind Reinshagen Leben und Tod der Marilyn Monroe (D) **Erika Runge** Zum Beispiel Bottrop (D) (zusammen mit Werner Geifrig)
Bernd Schroeder Die Glückskuh (D) 8051 Grinning (TV) **Harald Sommer** Ein unheimlich starker Abgang (D)
Martin Sperr Münchner Freiheit (D) Koralle Meier (D) **Urs Widmer** Henry Chicago (H)
Konrad Wünsche Dramaturgische Kommandos (D) **Jochen Ziem** Die Stadt die stirbt (H)

↑ Die erste Anzeige des Verlags der Autoren in *Theater heute*, 1970

Wiederabdruck aus:
Karlheinz Braun, Herzstücke. Leben mit Autoren, Frankfurt a. M. 2019,

David Barnett

NUR EINE SCHEIBE BROT, →
Auszug aus dem
Theaterstück, 1965

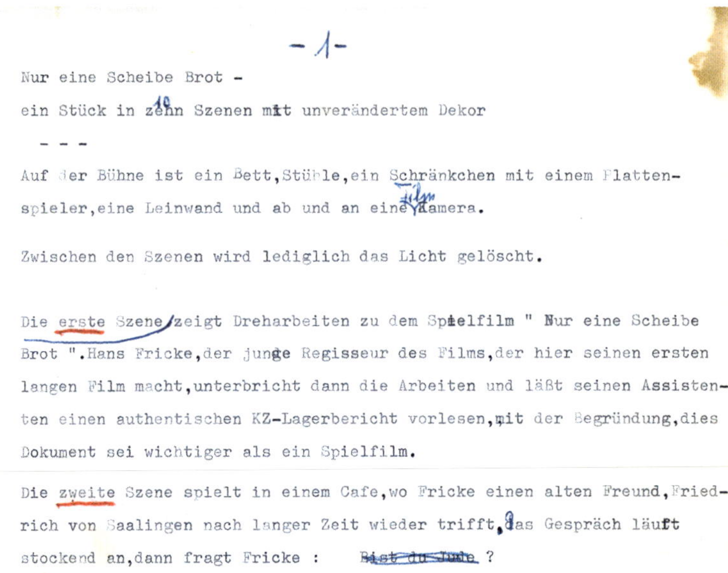
-1-

Nur eine Scheibe Brot -
ein Stück in zehn Szenen mit unverändertem Dekor

\- - -

Auf der Bühne ist ein Bett, Stühle, ein Schränkchen mit einem Plattenspieler, eine Leinwand und ab und an eine Filmkamera.

Zwischen den Szenen wird lediglich das Licht gelöscht.

Die erste Szene zeigt Dreharbeiten zu dem Spielfilm " Nur eine Scheibe Brot ". Hans Fricke, der junge Regisseur des Films, der hier seinen ersten langen Film macht, unterbricht dann die Arbeiten und läßt seinen Assistenten einen authentischen KZ-Lagerbericht vorlesen, mit der Begründung, dies Dokument sei wichtiger als ein Spielfilm.

Die zweite Szene spielt in einem Cafe, wo Fricke einen alten Freund, Friedrich von Saalingen nach langer Zeit wieder trifft, das Gespräch läuft stockend an, dann fragt Fricke : ~~Bist du Jude~~ ?

Bühnenautor und Theaterregisseur

Es sollte nicht überraschen, dass Fassbinder sein erstes belegtes Bühnenstück schrieb, bevor er seinen ersten belegten Film drehte. In puncto Kosten und Logistik macht dies absolut Sinn. Der als verschollen geltende Film THIS NIGHT wurde nur ein Jahr nach dem ersten Entwurf seines Stückes *Nur eine Scheibe Brot* gedreht, das aus dem Jahr 1965 stammt. Die Nähe dieser Daten deutet auf eine bemerkenswerte Wechselbeziehung hin: Zumindest bis 1976 arbeitete Fassbinder mit fast gleicher Hingabe für das Theater wie für den Film. In der Art, in der er Drehbücher für Filme schrieb und diese inszenierte, erarbeitete er sich auch seine Bühnenstücke.

Fassbinder kam durch seinen Wunsch, Schauspieler zu werden, mit dem Theater in Kontakt. Zwischen 1964 und 1966 nahm er an der Schauspielschule Fridl Leonhard Unterricht und arbeitete an den Münchner Kammerspielen als Statist. Die Schule reizte ihn kaum, aber immerhin lernte er dort Hanna Schygulla und Marite Greiselis kennen, und Letztere lud ihn im Spätsommer 1967 zu einer Aufführung der *Antigone* unter der Leitung von Peer Raben in einem kleinen Münchner Kellertheater, dem action-theater, ein. Fassbinder war von der Produktion fasziniert und sprang als Darsteller des Boten ein, als sich ein Mitglied der Besetzung verletzt hatte. Dieser Zufall führte zu seiner vollen Eingliederung in die Gruppe. Nach knapp einem Monat leitete Fassbinder seine erste Aufführung mit dem action-theater: Büchners *Leonce und Lena*. Hier mischte er dem klassischen Text die zeitgenössische Popkultur bei. Leonce wurde zum Hippie, der keine Lust mehr auf die prinzliche Rolle hat.

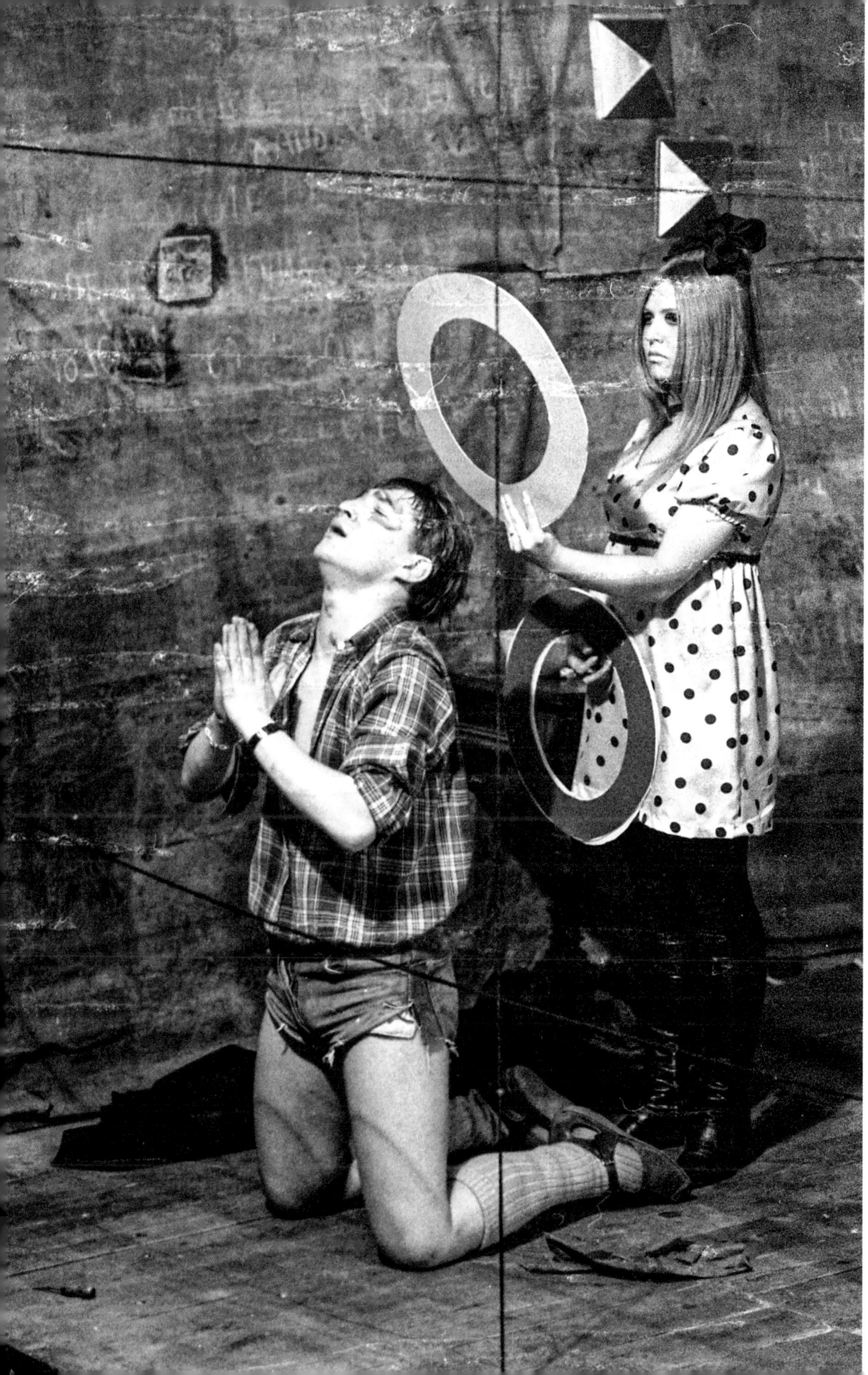

← *HANDS UP, HEILIGER JOHANNES!* Rainer Werner Fassbinder (Johannes der Täufer) und Elke Koska (Salome). action-theater. München, 1967

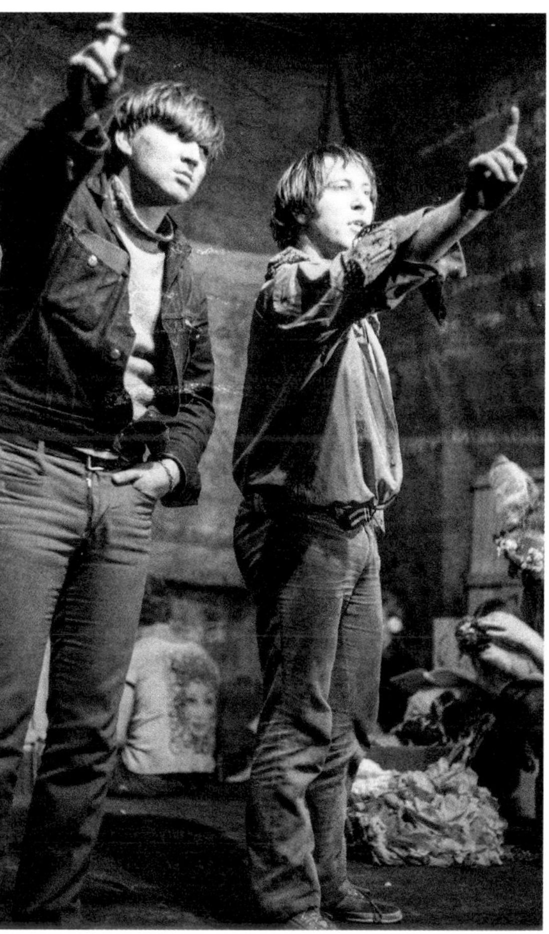

↑ *LEONCE UND LENA* Rainer Werner Fassbinder (Valerio) und Peer Raben. action-theater. München, 1967

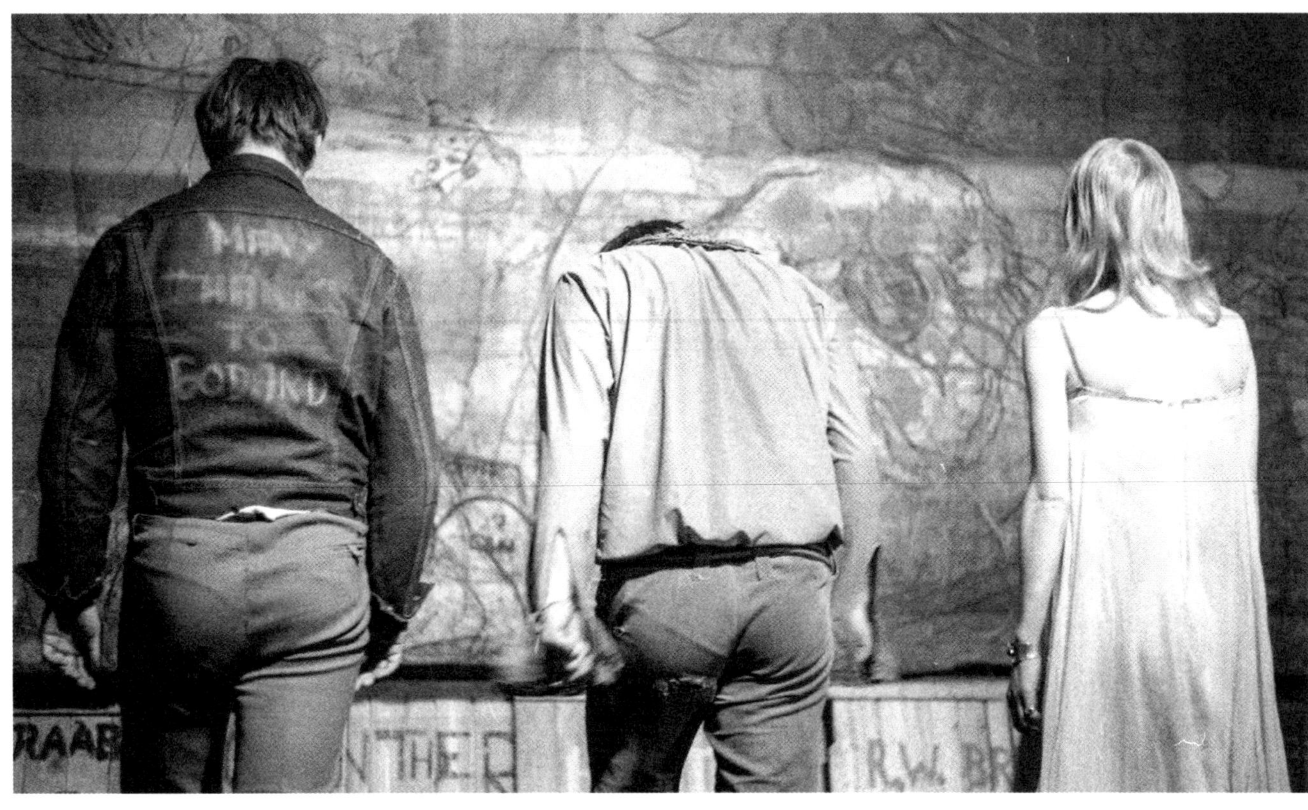

↑ *LEONCE UND LENA* Rainer Werner Fassbinder, Peer Raben und Kristin Peterson. action-theater. München, 1967

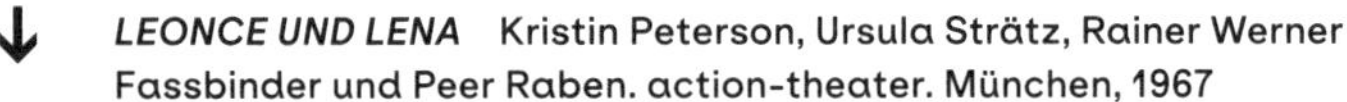

↓ *LEONCE UND LENA* Kristin Peterson, Ursula Strätz, Rainer Werner Fassbinder und Peer Raben. action-theater. München, 1967

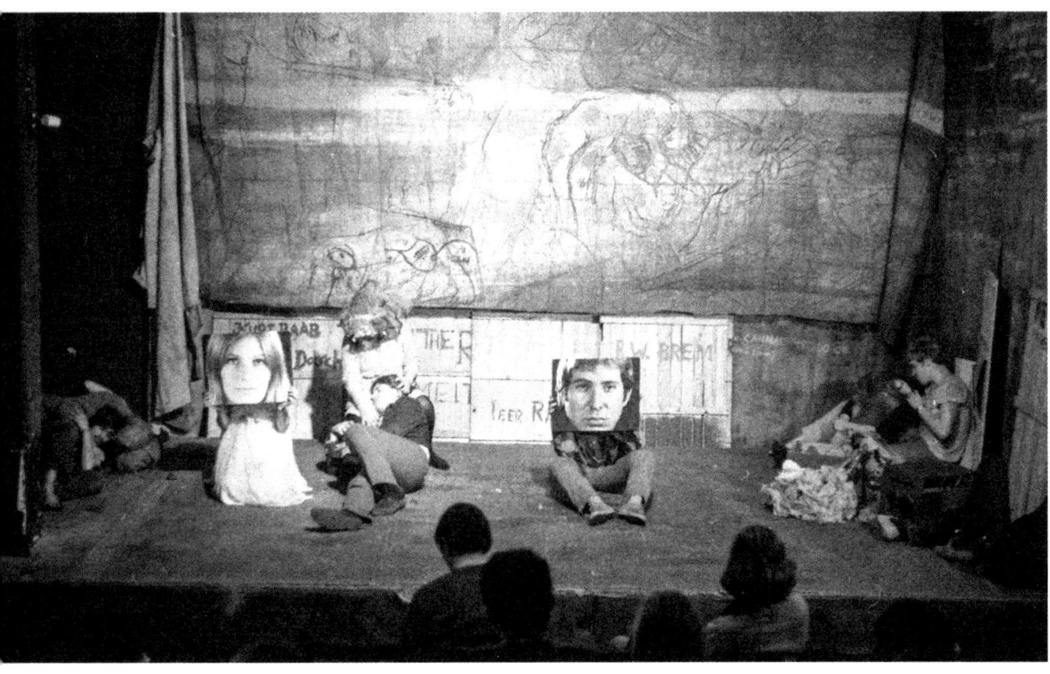

↓ *LEONCE UND LENA* Lilith Ungerer, Kurt Raab, [Peter J. Heinrich]. action-theater. München, 1967

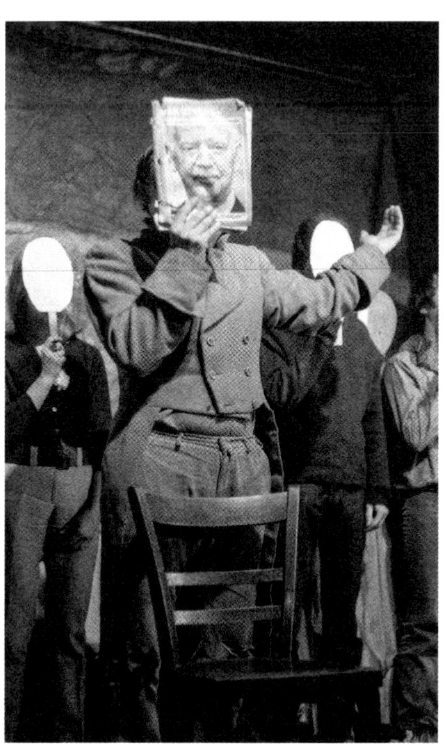

↑ *LEONCE UND LENA* Peer Raben, [Peter J. Heinrich], Kurt Raab, Lilith Ungerer, Horst »Hoschi« Tießler. action-theater. München, 1967

Anfang 1968 schrieb Fassbinder seine eigenen radikalen Adaptionen bereits existierender Stücke, etwa *Zum Beispiel Ingolstadt* nach Marieluise Fleißers *Pioniere in Ingolstadt* (1928). Diese Bearbeitung bereits vorhandenen dramatischen Materials ließ einen wichtigen Aspekt dessen erkennen, wie Fassbinder an das Schreiben und die Regie vieler seiner Bühnenstücke herangehen sollte. Er strich praktisch alle Massenszenen und konzentrierte sich auf Konstellationen mit zwei oder drei Figuren, wobei er eher die Beziehungen als einzelne Personen hervorhob. Fassbinder war nicht an Psychologie, sondern an sozialer Interaktion und deren Auswirkungen auf Menschen interessiert. Dementsprechend wollte er für die Personen Choreografien entwickeln, die dem Publikum die gesellschaftlichen Normen und Rituale vorspielen. Er wies seine Schauspieler darüber hinaus an, in einem eher neutralen Ton zu sprechen. So übertrug er die Deutung ihrer Rede den Zuschauern, statt sie von der Bühne herab zu diktieren. Auf diese Weise versuchte er, die Besonderheiten der Handlung auf der Bühne zu verallgemeinern, deshalb die Änderung des Titels. Diese Prinzipien sind in seinem zweiten Film, KATZELMACHER (1969), klar zu erkennen: Dort wird das gesellschaftliche Phänomen des »Gastarbeiters« behandelt. Der Film basierte auf seiner Theaterproduktion (April 1968), bei der er gemeinsam mit Peer Raben Regie führte. Das action-theater selbst war jedoch zu dieser Zeit im Begriff, sich aufzulösen. Fassbinder war zur treibenden Kraft des Ensembles geworden, und diese Machtverschiebung führte zum Streit mit den ursprünglichen Mitgliedern des Ensembles. Als das Münchner Ordnungsamt das action-theater im Juni 1968 schloss, fanden er und seine Verbündeten jedoch schnell einen Ersatz.

Der Name »antiteater« war eine offensichtliche Provokation, die aus turbulenten Zeiten hervorgegangen war. Die Studentenbewegung war in vollem Gange, und das Ensemble wollte das Establishment provozieren. Die zehn Buchstaben des neuen Namens der Gruppe waren sorgfältig ausgewählt worden. Das Fehlen des Großbuchstabens am Wortanfang und des obligatorischen »h« stach optisch hervor, und die Weigerung, das »anti« vom »teater« zu trennen, stand für den Versuch zu zeigen, dass das Ensemble nicht das Theater selbst, sondern die bestehenden Formen des Theaters ablehnte. Es genügt zu sagen, dass die Wahl dieses Namens auch aufgrund seiner Fähigkeit, die Aufmerksamkeit auf sich zu lenken, kulturpolitisch clever war, und nur wenige Monate nach seiner Gründung war das Ensemble Thema des Kulturmagazins des Hessischen Rundfunks *Titel. Thesen. Temperamente.*

Anfangs war das antiteater beinahe eine Guerilla-Truppe, die von Bühne zu Bühne zog. Es fand jedoch schon bald in einem Hinterzimmer der Kneipe »Witwe Bolte« in der Münchner Amalienstraße ein festes Zuhause. Mit einem festen Aufführungsort, der ihm

ZUM BEISPIEL
INGOLSTADT
NACH MOTIVEN VON MARIELUISE
FLEISSER

← ***ZUM BEISPIEL INGOLSTADT***
Programmheft (Auszug), action-theater. München, 1968

↓ ***PIONIERE IN INGOLSTADT***
Irm Hermann. Schauspielhaus Bremen, 1971

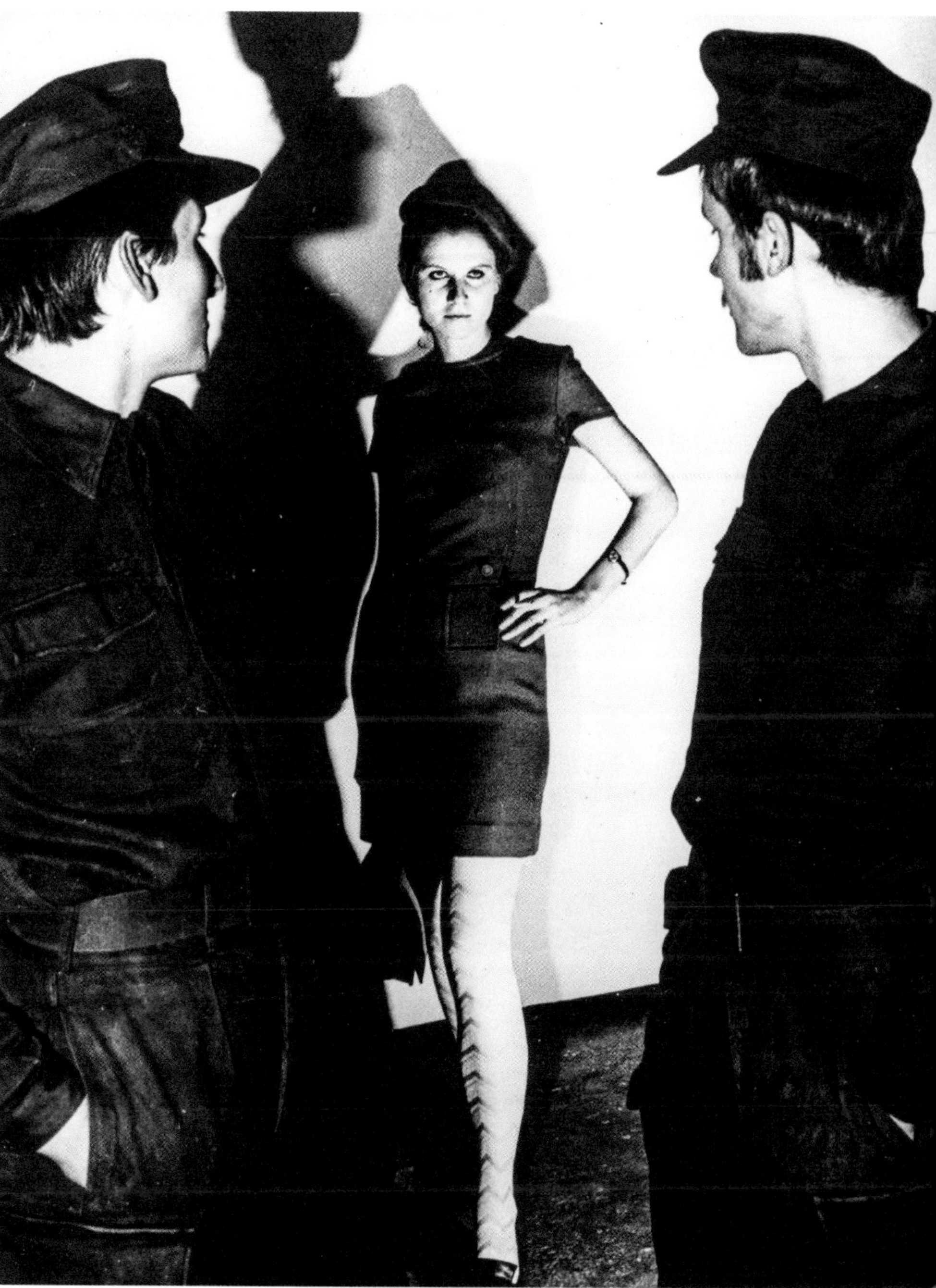

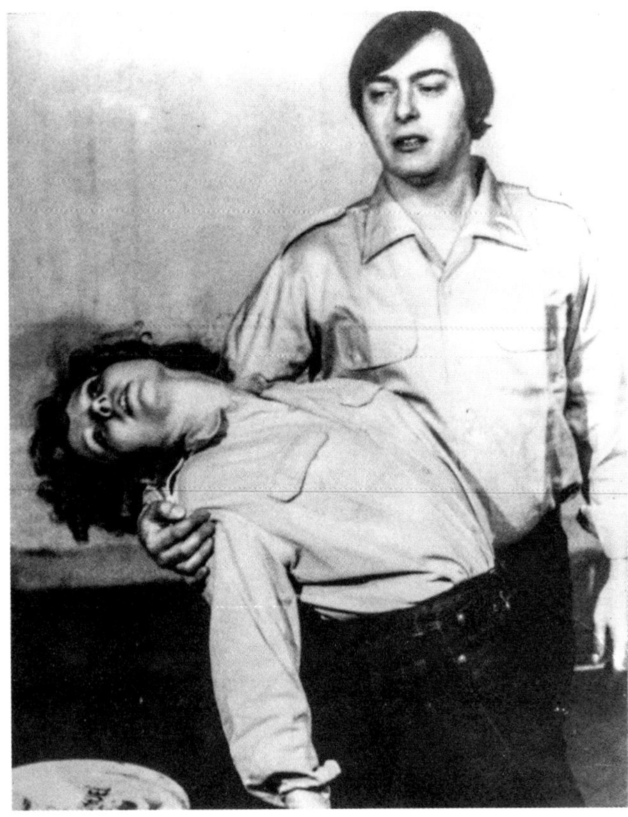

↑ *PRE-PARADISE SORRY NOW*
Kurt Raab und Hanna Schygulla. antiteater. München, 1969

Stabilität bot, schrieb Fassbinder in weniger als zwei Jahren sieben Dramen – bei allen führte er die Regie oder war Co-Regisseur. So wie beim action-theater arbeitete er mit klassischen Stücken, schrieb aber auch neue.

Beispielsweise war *Iphigenie auf Tauris von Johann Wolfgang von Goethe* (1968), um den ganzen Titel zu nennen, sowohl eine zeitgemäße Klassiker-Zertrümmerung als auch ein vielschichtiger Gegenentwurf. Fassbinders Ausgangspunkt war das, was er bei den Machtverhältnissen in Goethes neoklassischem Original als falsch und änderungsbedürftig empfand. Fassbinders neues Stück ist vielmehr eine Reflexion über Goethe, mehr Metadrama als Drama oder reine Adaption. So verkündet die Figur des Arkas: »Im Schulheft von Rainer Werner Fassbinder steht, Iphigenie auf Tauris ist das Drama von der Großmut der Mächtigen.« Der Autor wollte diesen Standpunkt in seiner neuen Version in einer Bundesrepublik, deren »Mächtige« in Form der Großen Koalition, die im vorangegangenen Mai die berüchtigten Notstandsgesetze erlassen hatte, infrage stellen. Fassbinders Stück hat keine nennenswerte Handlung; stattdessen repräsentieren die fünf Charaktere (König Thoas, sein Vertrauter Arkas, Iphigenie, Orest und nunmehr sein Liebhaber Pylades) verschiedene Standpunkte, reden aber kaum miteinander. Manchmal erhalten sie die Anweisung, aneinander vorbeizureden, sodass das Publikum sich entscheiden muss, wem es zuhören will. Es gibt keine Versöhnung am Ende, und die Schlussmonologe sind überwältigend verzweifelt. Das war eine radikale Kritik an einem klassischen Stück, die sich direkt an ein junges Publikum richtete, das sich nach einem Wandel sehnte.

Ein weiteres Stück, das aus der antiteater-Periode stammt und regelmäßig in Deutschland und anderen Ländern aufgeführt wird, ist *Pre-Paradise Sorry Now*, das im März 1969 uraufgeführt wurde. Der Titel bezieht sich auf den Hippie-Optimismus der Produktion *Paradise Now* (1968) des Living Theatre und nimmt die Moormorde, bei denen Ian Brady und seine Partnerin Myra Hindley zwischen 1963 und 1965 aus keinem ersichtlichen Grund in den Mooren um Manchester fünf Kinder töteten, als thematischen Kern. Das Stück ist eine Collage aus vier Arten von kurzen Szenen. Zur ersten Gruppe gehören sechs epische Erzählungen, die einen Teil von Bradys Biografie schildern. Für die zweite hat Fassbinder einen Begriff aus dem Ballett verwendet, »Pas de deux«, und in diesen Szenen werden fiktive Dialoge zwischen den beiden Mördern dargestellt. Auch für die dritte Gruppe wird ein Begriff aus dem Ballett herangezogen – »Contres« –, und hier werden 15 verschiedene gesellschaftliche Situationen dargestellt, in denen sich zwei Figuren gegen eine dritte verbünden. Die letzte Gruppe enthält die »Liturgiques«, oder, nach Fassbinder, »Texterinnerungen an liturgische und kultische Kannibalismen«. Dieses religiöse Element kreist um einen Masochismus, der von göttlicher Autorität getrieben wird, und in den Szenen ist häufig von Blut und Opfer die Rede. Zusammengenommen führen diese vier Gruppen von Szenen die Moormorde als extremes Beispiel für die soziale Unterdrückung an, die die zeitgenössische Gesellschaft durchdringt.

Beide Stücke, *Iphigenie* und *Pre-Paradise*, kontrastieren die Energie der Studentenbewegung und ihre utopischen Ziele mit den düsteren Seiten der gesellschaftlichen Machtverhältnisse. Fassbinder inszenierte sie in einer jeweils individuell stilisierten, greifbaren Sprache. Wie immer vermied er jede Anspielung auf eine psychologische Motivation und konzentrierte sich stattdessen auf die Positionierung der Schauspieler auf der Bühne und aussagekräftige Bewegungen und Gesten.

Fassbinders Entwicklung als Regisseur war eng mit seinen Schreibstrategien als Bühnenautor verbunden. Schon eine oberflächliche Untersuchung seines Spracheinsatzes offenbart eine überraschende Beständigkeit, die sich durch sein Œuvre zieht. Die Dialoge bewahren eine trügerische Schlichtheit und Direktheit. Schnell schaffen und entwickeln sie die Situationen, in denen die Figuren schnörkellos agieren und die Handlung voranbringen. Etwa die Anfangszeilen der Szene »K+L-H«, eines der »Contres« von *Pre-Paradise*:

> **K:** Sie waren befreundet mit ihm.
> **H:** Das wissen Sie doch schon.
> **L:** Und wann haben Sie ihn zuletzt gesehn?

Nach drei Zeilen wissen wir, dass K und L H Fragen stellen. Sie siezen ihn und stellen so eine eher formelle als zwanglose Beziehung her. Die Kürze der Zeilen ermöglicht die knappe Vorstellung einer repressiven Beziehung. Die Szene endet nach weiteren 23 kurzen Wortwechseln. Das verkürzte »gesehn« anstelle des hochsprachlichen »gesehen« vermittelt möglicherweise ein Gefühl von Realismus. Aber dieses Detail, das auch in anderen Szenen dieses Stückes und in den übrigen dramatischen Arbeiten Fassbinders zu finden ist, deutet auf zwei weitere sachdienliche Funktionen der atypischen Schreibweisen hin, die er mochte. Erstens bilden sie eine Folie für die Wortwechsel; die soziale Klasse kann dadurch identifiziert werden, inwieweit die Sprache vom Hochdeutschen abweicht bzw. wie konsequent ihm gefolgt wird. Diese Betonung des Gesellschaftlichen bietet bereits eine alternative Quelle für die dicht ausgearbeiteten Konflikte, weit entfernt von der Psychologie. Zweitens schafft die stilisierte Rede Sprechergemeinschaften und, was noch wichtiger ist, gemeinsame Denkweisen, wie etwa zu Beginn einer Szene aus *Katzelmacher*:

> **Bruno:** Weil wenn alle reden, dann hat es seinen Sinn.
> **Elisabeth:** Keiner versteht was. Von nix.
> **Bruno:** Was gewesen ist, das ist gewesen. Das ist.

Hier entpuppt sich die Schlichtheit tatsächlich als trügerisch. Die Sprache, die nahelegt, dass der reine Umfang der Rede ihre Wahrheit ausmacht, verwendet einen geschwollenen, zirkulären Satz, um Elisabeth anzuklagen, ohne Berücksichtigung ihrer Antwort. Meinungen werden aufgrund der Gruppenstrukturen, die die Sprache untermauert, zu Tatsachen. Und die stärkeren Mitglieder der Gemeinschaft verwenden Sprache, um Abweichler in die Schranken zu weisen.

Natürlich hat Fassbinder nicht nur kurze Zeilen geschrieben, aber selbst längere Reden sind Aneinanderreihungen kürzerer Sätze, wie beispielsweise in einem Dialog aus demselben Stück:

> **Erich:** Und ein jeder muss einen Schlagring haben.
> Mit dem in der Tasche ist ein ganz anderes Gefühl.
> Der Bruno macht auch mit. Er hat es mir schon gesagt.

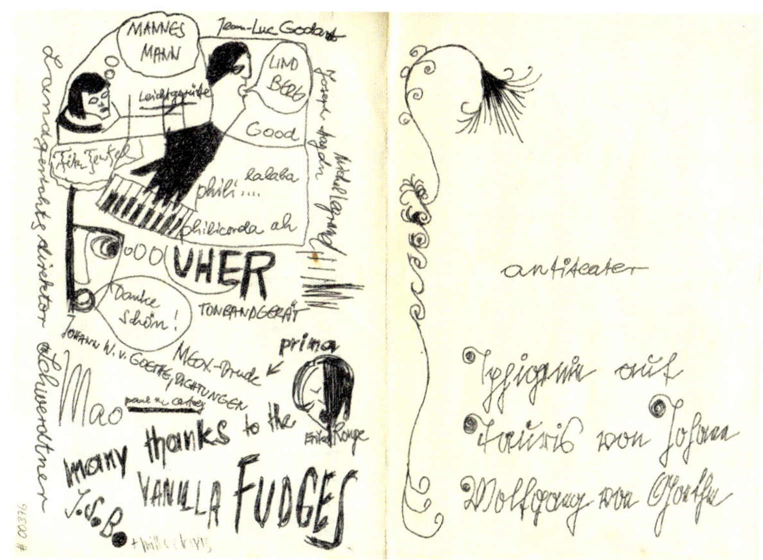

↑ ***IPHIGENIE AUF TAURIS VON JOHANN WOLFGANG VON GOETHE***
Auszug aus dem Programmheft, gestaltet von Rainer Werner Fassbinder. antiteater. München, 1969

K A T Z E L M A C H E R

für Marieluise Fleißer

Helga	Paul
Gunda	Jorgos
Elisabeth	Bruno
Marie	Erich
Ingrid	Franz

Buch: Rainer Werner Fassbinder

Eigentlich hätte dies ein Stück
über ältere Leute werden müssen.
Aber es sollte am Action-Theater
realisiert werden.
Jetzt sind sie alle jung. RWF

↑ ***KATZELMACHER*** Titelblatt des Theaterstücks, 1968

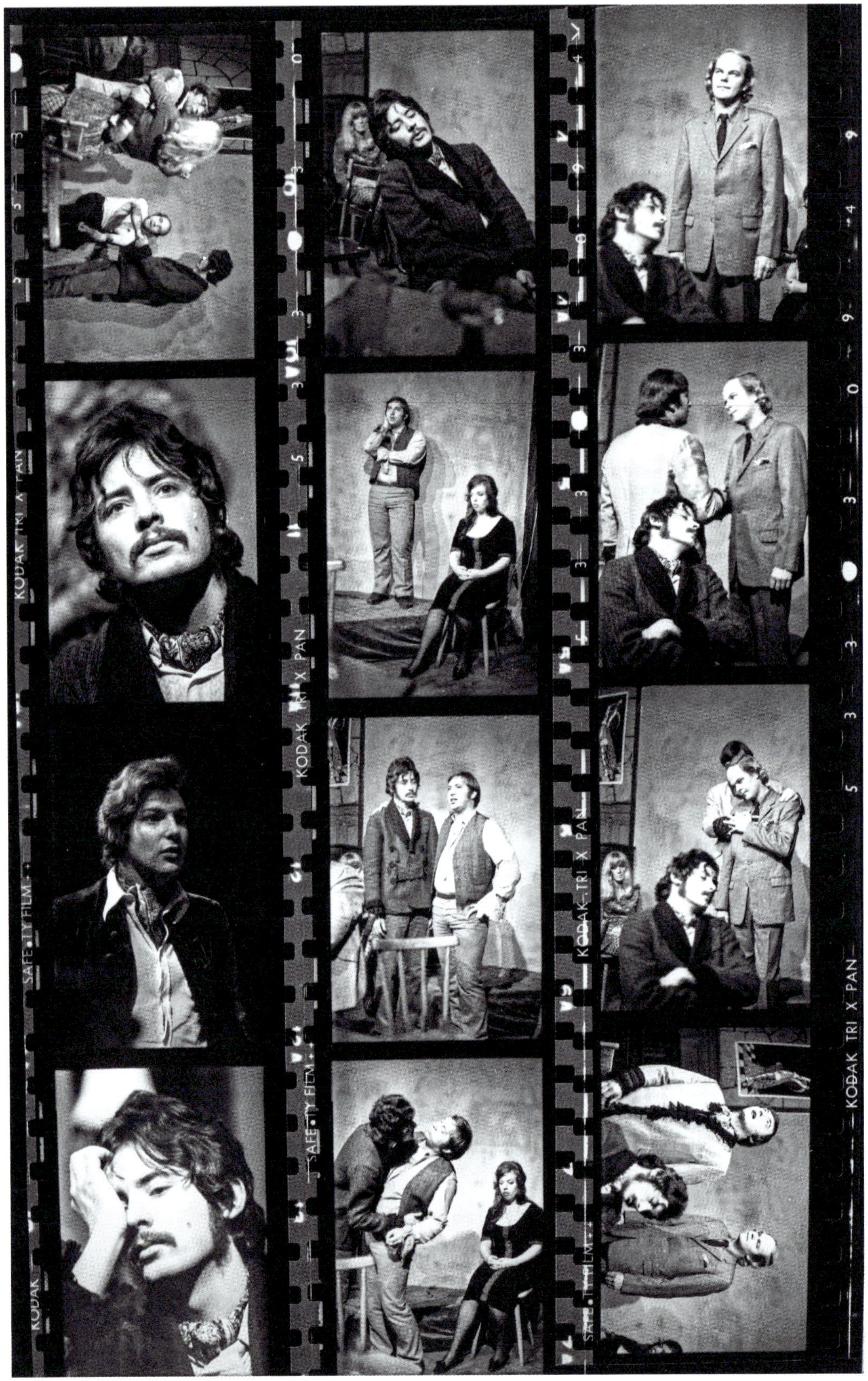

← *DAS KAFFEEHAUS* Harry Baer, Peer Raben, Elga Sorbas, Ursula Strätz, Peter Moland und Kurt Raab. antiteater. München, 1969

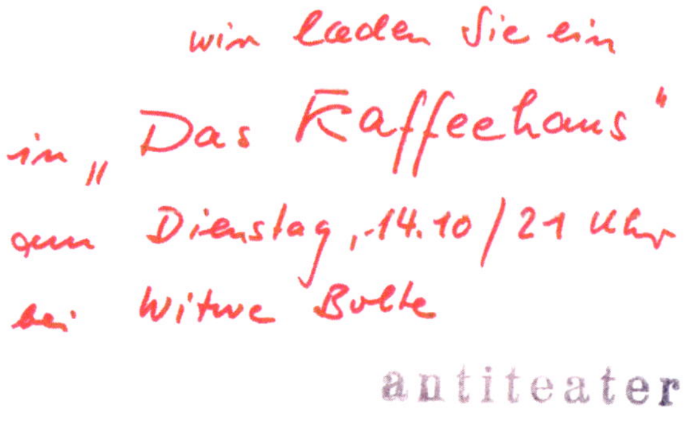

wir laden Sie ein
in „Das Kaffeehaus"
am Dienstag, 14.10 / 21 Uhr
bei Witwe Bolte

antiteater

↑ *DAS KAFFEEHAUS* Einladung zur Premiere in der Witwe Bolte, 14.10.1969

↘ ***BREMER FREIHEIT*** **Margit Carstensen und Wolfgang Schenck. Schauspiel Bremen, 1971**

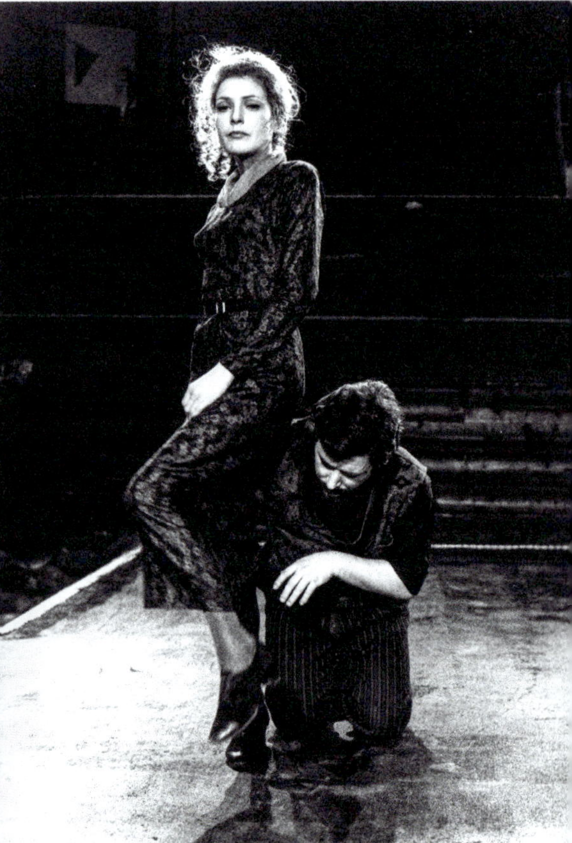

Die Rede beginnt mit einem indirekten Befehl, es geht um einen Überfall auf den »Gastarbeiter« Jorgos. Die Schwäche des Befehls bzw. Erichs eigener Stellung in der Gruppe wird durch einen generalisierten Aufruf an Erichs Gesprächspartner Paul verstärkt. Eine weitere Motivation entsteht dadurch, dass er den Herdenzusammenhalt der Gruppe heraufbeschwört; erst dann wird Brunos Beteiligung bestätigt. Die lineare Reihenfolge suggeriert das Fortschreiten von einer Idee zur nächsten, aber in Wirklichkeit verwendet Erich die darauffolgenden Sätze, um seinen anfänglichen Vorschlag zu untermauern. Jede schlichte Zeile offenbart das, was Brecht einen Gestus nennt – ein gesellschaftlich verankertes Verhältnis zwischen Sprecher, Empfänger und Kontext. Zusammengenommen verbinden sich diese Zeilen zu dialektischen Knoten, wobei sie die einfache Sprache in all ihrer Komplexität zeigen.

In allen Dramen Fassbinders war das sprachliche Material konzipiert, um Themenkomplexe zu schaffen, die einander durchdrangen und sich widersprachen, während ihre kühlen Darstellungen voranschritten. Dem Publikum oblag die Aufgabe, sich einen Reim auf diese disparaten Szenen und Haltungen zu machen.

Der Erfolg des antiteaters machte den wohl damals wichtigsten Intendanten der Bundesrepublik, Kurt Hübner, auf Fassbinder aufmerksam. Er leitete das Theater Bremen und scharte einige der wichtigsten Regisseure um sich, die das Land zu bieten hatte, einschließlich der drei Peter: Palitzsch, Zadek und Stein. Ursprünglich hatte Hübner Fassbinder als Bühnenautor eingestellt, und dieser lieferte zur Eröffnung der Spielzeit 1969/70 seine Adaption von Goldonis *Kaffeehaus*. Der Dramatiker brauchte nicht lange, um die Arbeit des ursprünglichen Regisseurs als mangelhaft zu beurteilen, und brachte sich dann rasch selbst in dessen Position. Seine Produktion bot eine bemerkenswert melancholische Darstellung von Goldonis Komödie. Der neutrale Ton, der in Fassbinders frühester Theaterarbeit zu beobachten ist, verlieh den Bühnencharakteren, die mit finanziellem und emotionalem Elend kämpfen müssen, eine gewisse Schwermut.

Fassbinder inszenierte in Bremen noch drei weitere Stücke, das letzte gehört zu seinen berühmtesten und am häufigsten aufgeführten: *Bremer Freiheit* – hier führte er im Dezember 1971 Regie. Die Handlung basierte auf einer realen Kriminalgeschichte aus dem frühen 19. Jahrhundert. Gesche Gottfried vergiftete 15 Perso-

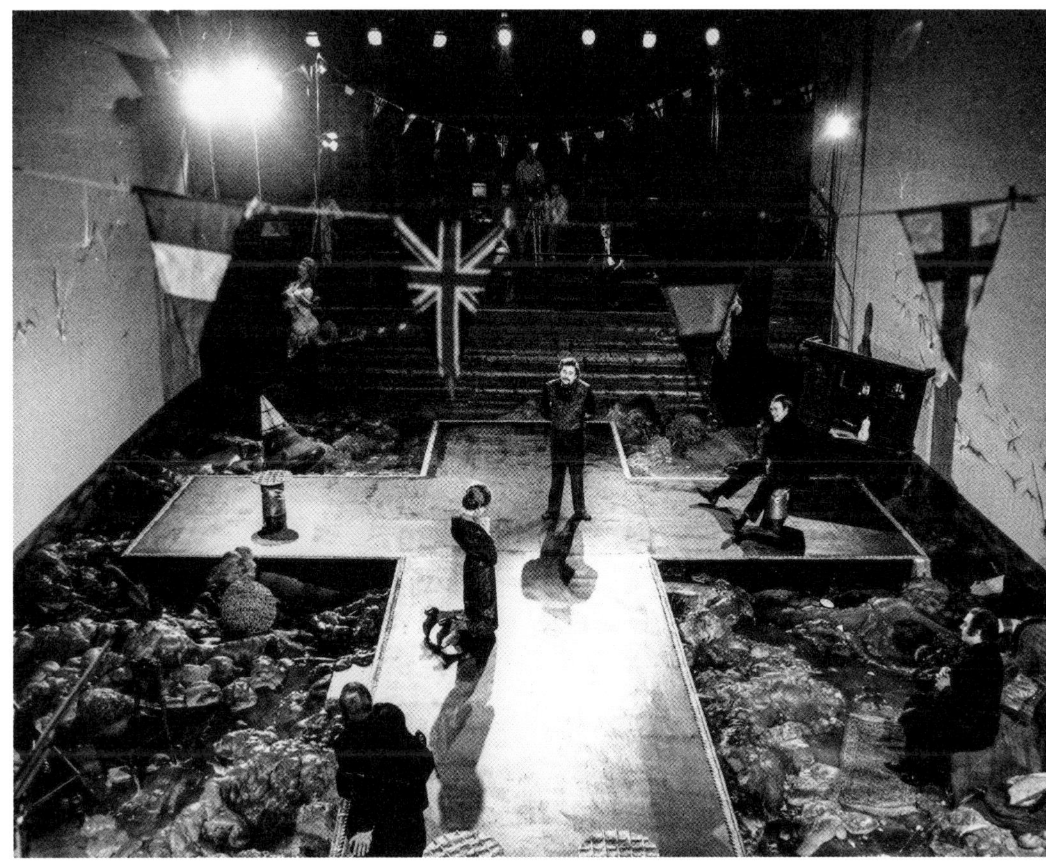

nen, darunter ihre Eltern, ihre drei Kinder, ihren Zwillingsbruder, zwei Ehemänner und einen Verlobten. Was psychotisches Verhalten zu sein scheint, wird – wie immer bei Fassbinder – in ein gesellschaftliches Thema umgedeutet. Er interpretierte die Handlung als Gesches »Drang nach Freiheit und Selbstverwirklichung«. Das heißt, er stellte die Morde als den Versuch einer Frau dar, sich in einer patriarchalischen Gesellschaft zu emanzipieren – sicherlich eine provokante These. Das Stück selbst wurde in weitgehend realistischer Sprache geschrieben, aber Fassbinder entschied sich abermals, seine Schauspieler zu kühlem Understatement und bewusst stilisierten Gesten anzuleiten, um so die Zuschauer nicht auf einer Welle von Emotionen mitzutragen, sondern ihnen Dialoge anzubieten, damit sie ihre eigenen Antworten finden.

Während seines Aufenthalts in Bremen schrieb Fassbinder weiter Stücke und bot sie anderen Theatern an. Das bekannteste ist wohl *Die bitteren Tränen der Petra von Kant*, das 1971 uraufgeführt und ein Jahr später verfilmt wurde. Das Melodrama, bei dem Peer Raben für das avantgardistische *Experimenta*-Festival auf recht schlichte Weise Regie führte, wurde von der Kritik schlecht aufgenommen. Man könnte sagen, dass Fassbinders Filmversion, bei der das dynamische Verhältnis zwischen Petra und ihrer jüngeren Liebhaberin Karin hin zu einer nuancierten und komplexen Mise en Scène geöffnet wird, das Stück gerettet hat. Es gehört heute zu den am häufigsten aufgeführten Stücken aus Fassbinders Œuvre.

↓ ***LILIOM*** **Plakatskizze von Rainer Werner Fassbinder in seinem Leseexemplar des Theaterstücks. Schauspielhaus Bochum, 1972**

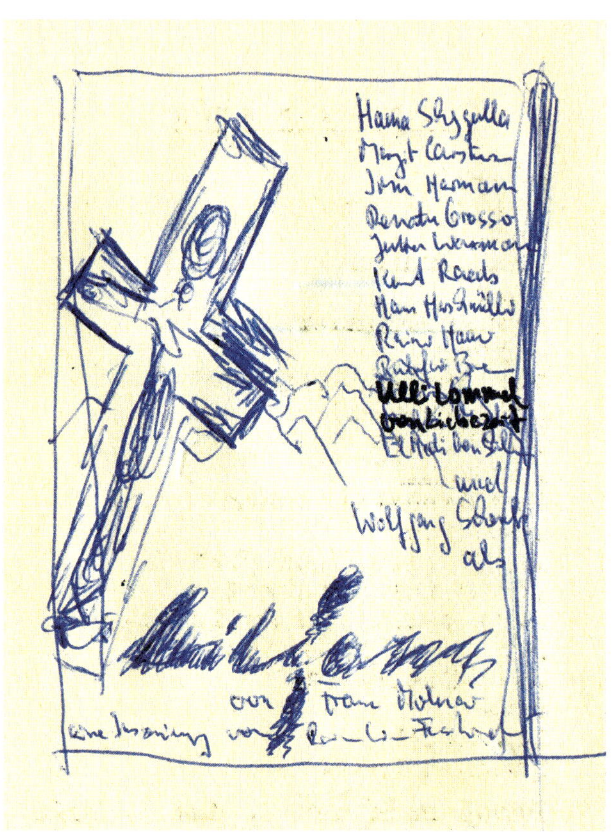

Nachdem er Bremen verlassen hatte, arbeitete Fassbinder in dcr Spielzeit 1972/73 unter dem Intendanten Peter Zadek, auch wenn die zwei Produktionen, bei denen er Regie führte – Molnars *Liliom* und Heinrich Manns *Bibi* – kaum als Erfolge betrachtet werden können. Fassbinder und Zadek überwarfen sich wegen finanzieller Fragen, und die beiden starken Charaktere gingen getrennte Wege, bevor die Spielzeit vorüber war. Trotz dieser Episode blieb Fassbinders Ruf als aufregender Künstler weitgehend intakt. Man lud ihn zum Frankfurter Theater am Turm (TAT) ein, um dort künstlerischer Leiter und Mitglied des dreiköpfigen Direktoriums zu werden, in der Spielzeit 1974/75 trat er seine Amtszeit dort an. Es handelte sich insgesamt um eine sehr attraktive Perspektive: das TAT bot ihm die Freiheit, einen Spielplan zu erstellen und von einem Team vertrauter Mitarbeiter und Künstler unterstützt zu werden. Das Theater erhielt außerdem Subventionen, auch wenn es sich dabei um keinen besonders hohen Betrag handelte. Das TAT arbeitete darüber hinaus mit einem Mitbestimmungssystem, was Fassbinders politisch fortschrittlichen Prinzipien zusagte.

Die Spielzeit begann vielversprechend, und sein Team arbeitete mit Begeisterung daran, das TAT zu einem Erfolg zu machen. Fassbinder beschloss, eher Regie zu führen als zu schreiben. Er eröffnete die Spielzeit mit einer Produktion von Yaak Karsunkes Adaption von Zolas Roman *Germinal*, die recht gut aufgenommen wurde. Das Stück ermöglichte ihm, mit einer Besetzung aus 25 Schauspielern zu arbeiten, wobei er seine eigenen Akteure mit denjenigen zusammenbrachte, die er aus seiner vorherigen Tätigkeit am TAT behalten hatte. Kurze Zeit später ging es jedoch mit dem Theater bergab. Fassbinder übernahm die Rolle des Jean in Strindbergs *Fräulein Julie*, überwarf sich aber mit der Regisseurin Ula Stöckl. Bald traten Spannungen auf, da das Mitbestimmungsmodell unter dem Druck der Unterfinanzierung zusammenbrach. Die positive Energie der Eröffnungswochen verflog schnell, es entstanden Splittergruppen, und Fassbinder war zweifellos desillusioniert. Er und sein Team hielten nicht bis zum Ende der Spielzeit durch.

Er hatte jedoch ein Stück für Frankfurt geschrieben und plante nach wie vor, es aufzuführen, bevor seine Beziehung zum TAT endete; dies nun war sein berüchtigstes Werk: *Der Müll, die Stadt und der Tod* wurde 1976 veröffentlicht. Es erzählt die Geschichte von Roma B., einer Edelprostituierten, inspiriert von der echten

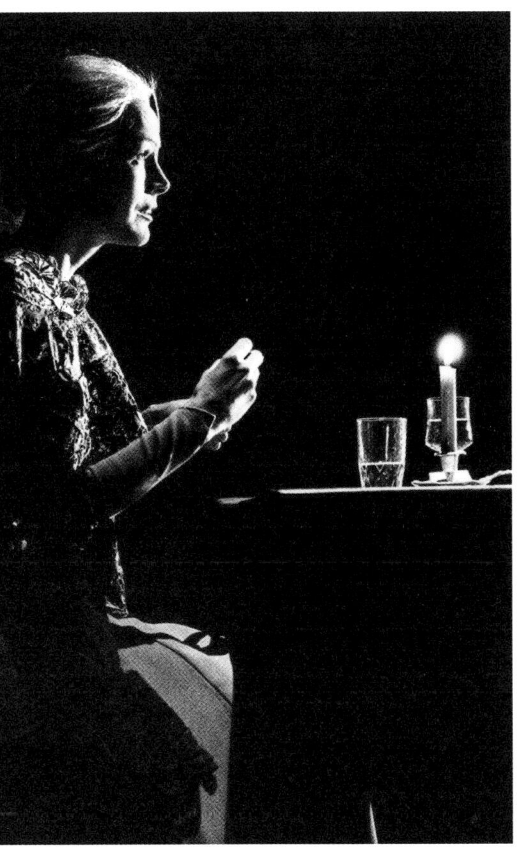
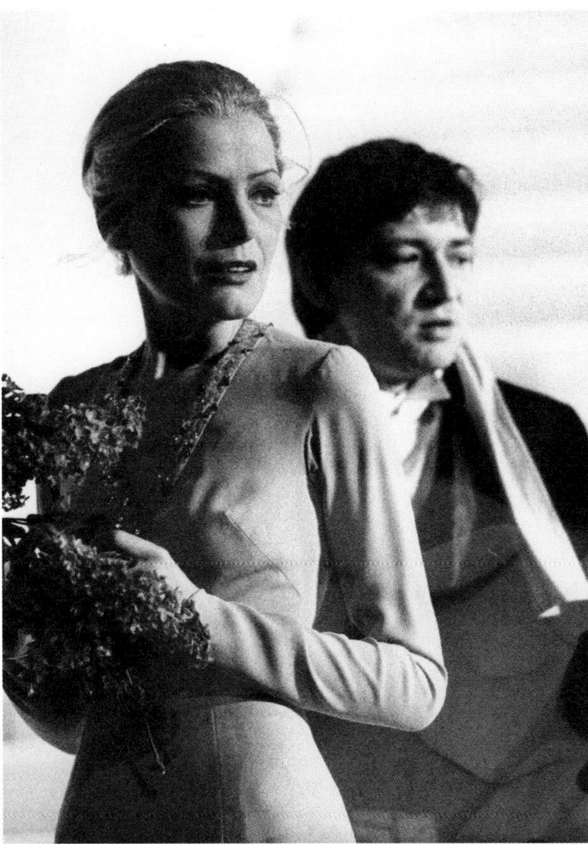
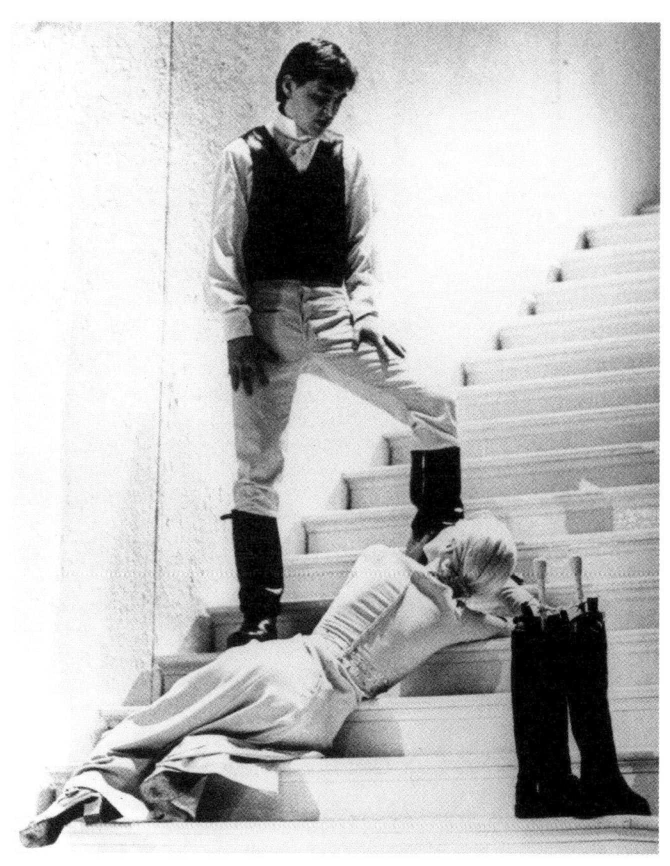

Rosemarie Nitribitt, die 1957 unter mysteriösen Umständen ums Leben kam. Auch wenn sich das Stück auf Roma konzentriert, war es die Figur des A., des »reichen Juden«, die einen Skandal hervorrief. A. ist nicht die zentrale Figur; er ist ein wohlhabender Immobilienspekulant und Vermieter von Elendsquartieren. Er ist Teil eines unbarmherzigen Systems, das von der Polizei und der Politik geschützt wird. Am Ende des Stückes fleht Roma, die erkannt hat, wie widerwärtig die Gesellschaft in Wirklichkeit ist, ihn an, sie zu töten, und er tut dies aus Liebe zu ihr. Das Stück bietet die Untersuchung und Diagnose einer kranken Gesellschaft. Kurz nach seiner Veröffentlichung wurde es jedoch Zielscheibe des Vorwurfs, der hauptsächlich aus der konservativen Presse kam, antisemitisch zu sein. Diese Behauptung ist fragwürdig. Das Stück hat zwei Nebenfiguren, die antisemitische Feinde A.s sind. A. selbst wird weder übermäßig positiv noch negativ dargestellt. Das Stück behandelt auf komplexe Weise die Situation, die Fassbinder in Frankfurt vorfand, und er analysierte sie, indem er Stereotype außer Acht ließ. Dennoch wurde das Stück als so giftig betrachtet, dass in den nächsten drei Jahrzehnten alle Versuche, es aufzuführen, scheiterten. Die deutsche Erstaufführung fand erst 2009 statt.

↑ ***FRÄULEIN JULIE*** **Margit Carstensen (Fräulein Julie), Rainer Werner Fassbinder (Jean). TAT, Frankfurt a.M., 1974**

Wenn man Fassbinders Arbeit als Bühnenautor und Theaterregisseur miteinander vergleicht, fällt eine interessante Spannung auf. Als Bühnenautor ist Fassbinders Arbeit in Bezug auf die Themen, die er wählte, und die formalen Mittel, die er einsetzte, auffallend abwechslungsreich. Man findet bei *Bremer Freiheit* Realismus, bei *Petra von Kant* ein Melodrama und bei *Pre-Paradise Sorry Now* experimentelle Montage. Als Regisseur war Fassbinder jedoch überraschend beständig, indem er eine eher postdramatische als dramatische Herangehensweise an seine Arbeiten wählte. Er setzte nicht Einzelpersonen in Szene, sondern die komplexen sozialen Wechselbeziehungen zwischen ihnen. Statt sich auf die Charakterdarstellung zu konzentrieren, zog er es vor, durch eine neutralere und rhythmische Darbietung von Text und Handlung eine Distanz zwischen den Figuren und dem Publikum herzustellen. Fassbinder war von der deutschen Gesellschaft fasziniert und versuchte, sie in all ihrer Komplexität und Diversität darzustellen.

Vom Autor überarbeitete Zusammenstellung aus seiner Publikation: Rainer Werner Fassbinder and the German Theatre, Cambridge 2005/Taschenbuch 2009. Dt. Ausgabe: Rainer Werner Fassbinder. Theater als Provokation. Leipzig 2012.

Film

»Filme möchte ich machen, weil Film für mich seit Jahren die faszinierendste Ausdrucksmöglichkeit bedeutet, weil ich das Kino liebe und weil ich glaube, dass ich meine Ideen im Film verwirklichen kann.«

Rainer Werner Fassbinder, 26.2.1967, in seiner Bewerbung an der Deutschen Film- und Fernsehakademie Berlin (DFFB)

»Ich lese immer alles sehr bezogen auf die Filme, die ich dann mache, irgendwann hat das mal eingesetzt bei mir, dass ich kein Buch mehr lesen konnte, ohne es gleich gedanklich-filmisch umzusetzen. Das wollte ich mir auch mal abgewöhnen, aber das geht schwer weg. Selbst wenn ich 'n Gedichtband lese [...].«

Arno Ziebell, »Angreifen muss man sich schon lassen können« (1979), in: Robert Fischer (Hg.), Fassbinder über Fassbinder. Die ungekürzten Interviews, Frankfurt a.M.: Verlag der Autoren, 2004, S. 451.

»Der amerikanische Film ist der einzige, den ich wirklich ernst nehmen kann, weil er sein Publikum erreicht.«

Christian Braad Thomsen, »Meine Filme handeln von Abhängigkeit« (1971), in: Robert Fischer (Hg.), Fassbinder über Fassbinder. Die ungekürzten Interviews, Frankfurt a.M.: Verlag der Autoren, 2004, S. 221.

»Mir geht's darum, dass das Publikum, das diesen Film sieht, die eigenen ganz privaten Gefühle überprüft. [...] Das finde ich politischer oder politisch aggressiver und aktiver, als wenn ich jemandem die Polizei als die großen Unterdrücker zeige.«

Joachim von Mengershausen, »Unsere Vorstellungen von Anarchie haben nichts mit Chaos zu tun« (1969), in: Robert Fischer (Hg.), Fassbinder über Fassbinder. Die ungekürzten Interviews, Frankfurt a.M.: Verlag der Autoren, 2004, S. 187f.

»Ich zeige es [die Darstellung von Traurigkeit von Menschen im Film] anhand von Räumen, ich zeige es anhand von den Räumen, die sie sich als, sagen wir's noch mal, als die Fluchtmöglichkeit ihrer Existenz hergestellt haben. Film ist ja so eine sinnliche Umsetzung von Gedanken [...].«

Peter W. Jansen, »Ich bin in dem Maße ehrlich, in dem mich die Gesellschaft ehrlich sein lässt« (1978), in: Robert Fischer (Hg.), Fassbinder über Fassbinder. Die ungekürzten Interviews, Frankfurt a.M.: Verlag der Autoren, 2004, S. 425.

»Was das Material betrifft, das ich in diesen Ton-Collagen verwende, arbeite ich sehr genau. Die Sportreportagen, Politikerreden und Schlager, die Sie in den Filmen hören, wurden alle sorgfältigst ausgewählt und haben Bezüge zu den Geschichten oder den Situationen, auch wenn diese Bezüge vielleicht nicht sofort erkennbar sind. Bei jedem neuen Film frage ich mich: Welche Zeitdokumente will ich einarbeiten?«

Pawel Pawlikowski, Filme als Antwort auf bestimmte Entwicklungen (1982), in: Robert Fischer (Hg.), Fassbinder über Fassbinder. Die ungekürzten Interviews, Frankfurt a.M.: Verlag der Autoren, 2004, S. 585.

»Jede Lebensgeschichte, in der es um Beziehungen geht, ist ein Melodram, und deshalb glaube ich, dass es richtig ist, melodramatische Filme zu machen. Die amerikanische Methode, solche Filme zu machen, vermittelt dem Zuschauer Gefühle und sonst nichts, ich möchte dem Zuschauer die Gefühle vermitteln und dabei zugleich die Möglichkeit, darüber nachzudenken und zu analysieren, was er fühlt.«

Norbert Sparrow, »Ich lasse die Zuschauer fühlen und denken« (1977), in: Robert Fischer (Hg.), Fassbinder über Fassbinder. Die ungekürzten Interviews, Frankfurt a.M.: Verlag der Autoren, 2004, S. 405.

»Normalerweise teile ich meine Produktionen in zwei Gruppen ein. Da sind die bürgerlichen Filme, die sich alle in einem näher definierten bürgerlichen Milieu abspielen, und dann gibt es die Kinofilme, die sich im typischen Filmmilieu abspielen und eine Handlung haben, wie man sie vom Kino gewöhnt ist.«

Christian Braad Thomsen, »Meine Filme handeln von Abhängigkeit« (1971), in: Robert Fischer (Hg.), Fassbinder über Fassbinder. Die ungekürzten Interviews, Frankfurt a.M.: Verlag der Autoren, 2004, S. 223.

»Das Wichtigste ist, dass der Film einen Unterhaltungswert hat. Der neuere deutsche Film hat nämlich seit langem versäumt, sein Publikum zu unterhalten. Wir Regisseure versuchen vor allem Probleme darzustellen, ohne dabei an den Unterhaltungswert zu denken. Meiner Meinung nach muss man beides vereinbaren können, und wenn es gelingt, wird man eines Tages vielleicht auch einen Film machen können, der international Erfolg erzielt.«

Christian Braad Thomsen, Die Ästhetik der Hoffnung (1973), in: Robert Fischer (Hg.), Fassbinder über Fassbinder. Die ungekürzten Interviews, Frankfurt a.M.: Verlag der Autoren, 2004, S. 263.

»Ich bin [...] ziemlich offen, was das Private anbetrifft. Was das Filmemachen anbetrifft oder das Arbeiten an sich, da bin ich ein ordentlicher Mensch, ja.«

Peter W. Jansen. »Ich bin in dem Maße ehrlich, in dem mich die Gesellschaft ehrlich sein lässt« (1978), in: Robert Fischer (Hg.), Fassbinder über Fassbinder. Die ungekürzten Interviews, Frankfurt a.M.: Verlag der Autoren, 2004, S. 441.

»Ich kann nicht einen Rembrandt ansehen, die Augen schließen und den Kopf zur Seite drehen, wieder die Augen aufmachen und dasselbe Licht sehen. Es sieht ganz anders aus. Viel komprimierter, es ist eine komprimierte Wirklichkeit. Und jedes Bild im Film muss eine in sich stimmige Sache sein.«

Bion Steinborn/Rüdiger von Naso, »Ich bin das Glück dieser Erde« (1982), in: Robert Fischer (Hg.), Fassbinder über Fassbinder. Die ungekürzten Interviews, Frankfurt a.M.: Verlag der Autoren, 2004, S. 608f.

»Ein Film oder ein Roman, jedes Kunstwerk ist etwas, das das Leben bereichert, erweitert, eben weil es nicht einfach eine Kopie des Lebens ist, sondern ein Versuch, bestimmte Aspekte des Lebens zu verstehen.«

Georges Bensoussan, »Wir sitzen auf einem Vulkan« (1981), in: Robert Fischer (Hg.), Fassbinder über Fassbinder. Die ungekürzten Interviews, Frankfurt a.M.: Verlag der Autoren, 2004, S. 566.

»Es gibt ja filmtheoretisch tatsächlich nichts. Bei Gedichten gibt's 'ne Metrik, bei Musik bestimmte Gesetze, eine Kontrapunktion, was eine Novelle ist, weiß man auch, was ein Roman ist, weiß man ungefähr auch, und was ein Film ist, weiß man halt nicht.«

Arno Ziebell. »Angreifen muss man sich schon lassen können« (1979), in: Robert Fischer (Hg.), Fassbinder über Fassbinder. Die ungekürzten Interviews, Frankfurt a.M.: Verlag der Autoren, 2004, S. 454.

»[...] alles, was man macht, ist eine Zusammenstellung von Erfahrungen, die man gemacht hat. Natürlich sind auch Erfahrungen, die ich als Kind, als Jugendlicher, in der Schule, im Elternhaus, wo auch immer, gemacht habe, in den Filmen irgendwie drin.«

Peter W. Jansen, »Ich bin in dem Maße ehrlich, in dem mich die Gesellschaft ehrlich sein lässt« (1978), in: Robert Fischer (Hg.), Fassbinder über Fassbinder. Die ungekürzten Interviews, Frankfurt a.M.: Verlag der Autoren, 2004, S. 415.

»Die erste Forderung ist die, das Publikum zufriedenzustellen, und danach dann den politischen Inhalt des Films ins Spiel zu bringen. Zuerst einmal geht es darum, Filme zu machen, die verführen, die schön sind, in denen es um Gefühle oder sonst etwas geht.«

Tony Rayns, »Das Publikum muss zufrieden sein« (1975), in: Robert Fischer (Hg.), Fassbinder über Fassbinder. Die ungekürzten Interviews, Frankfurt a.M.: Verlag der Autoren, 2004, S. 332.

»Bei meinem Film soll es nicht so sein, dass da Gefühle, die die Leute schon haben, aufgefressen oder aufgesogen werden, sondern der Film soll neue machen.«

Joachim von Mengershausen, »Unsere Vorstellungen von Anarchie haben nichts mit Chaos zu tun« (1969), in: Robert Fischer (Hg.), Fassbinder über Fassbinder. Die ungekürzten Interviews, Frankfurt a.M.: Verlag der Autoren, 2004, S. 186.

»Ein deutscher Film, der wirklich deutsch ist, ohne gleich um eine gewisse Allgemeingültigkeit zu buhlen, bringt anderen Ländern bestimmt viel mehr, zumindest den Ländern mit einer vergleichbaren politischen Struktur, als ein Film mit internationalem Anstrich. Deshalb würde ich meine Filme zunächst einmal als eher nationale Filme definieren. Aber gerade, weil sie so spezifisch und national sind und weil sie versuchen, das Land zu beschreiben, in dem sie gemacht werden, in dem ich lebe, sagen sie auch etwas über Demokratien ganz allgemein.«

Georges Bensoussan, »Wir sitzen auf einem Vulkan« (1981), in: Robert Fischer (Hg.), Fassbinder über Fassbinder. Die ungekürzten Interviews, Frankfurt a.M.: Verlag der Autoren, 2004, S. 559.

»Es geht also im Film [...] in erster Linie nicht um irgendwelche größeren, politischen Strukturen, sondern es geht darum, zu zeigen, wie Gewaltanwendung durch private Dinge, durch Liebe und Gefühle, wie das zusammenhängt, oder dass da Zusammenhänge sind. Dass man versuchen sollte, im ganz Privaten Revolution zu machen, nicht irgendwelche Umschwünge zu machen zu einem Zeitpunkt, der gar nicht richtig ist.«

Helmut Färber et al., Revolution im Privaten (1969), in: Robert Fischer (Hg.), Fassbinder über Fassbinder. Die ungekürzten Interviews, Frankfurt a.M.: Verlag der Autoren, 2004, S. 216.

»Es ist ja so, dass man auch mit vielen Leuten ganz einsam sein kann, man ist doch, ganz egal wo, sowieso nur mit sich selber beschäftigt. Um diese Einsamkeit, wo man ständig mit Leuten zu tun hat und doch mit niemandem, nur mit sich selbst, geht es ja in all meinen Filmen.«

André Müller, »Man ist doch sowieso nur mit sich selber beschäftigt« (1976), in: Robert Fischer (Hg.), Fassbinder über Fassbinder. Die ungekürzten Interviews, Frankfurt a.M.: Verlag der Autoren, 2004, S. 365.

»Ein realistischer Film verfälscht die Realität, er ist nichts als überflüssige Wiederholung, das lehne ich ab. Man hält die Leute für dümmer, als sie sind, wenn man ihnen die Wirklichkeit so zeigt, wie man glaubt, dass sie sie sich vorstellen. Wichtig ist, den Sinn der Realität freizulegen.«

Jacques Grant, Der Sinn der Realität (1974), in: Robert Fischer (Hg.), Fassbinder über Fassbinder. Die ungekürzten Interviews, Frankfurt a.M.: Verlag der Autoren, 2004, S. 318.

Hans Helmut Prinzler

Kleine Chronik des Neuen Deutschen Films

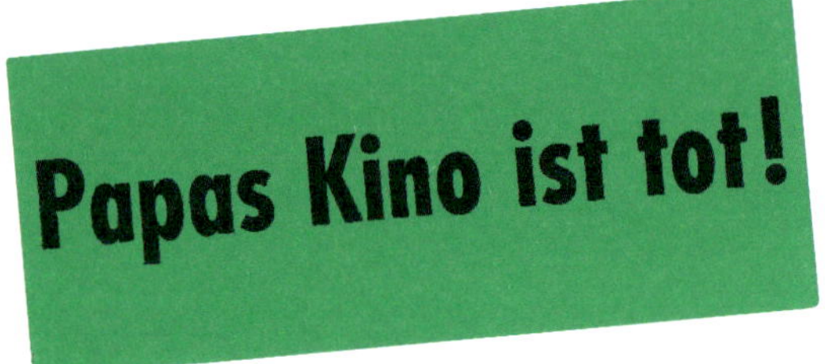

↑ Papas Kino ist tot! Originalaufkleber der Oberhausener Gruppe, 1962

Das »Oberhausener Manifest« vom 28. Februar 1962 ist so etwas wie eine Geburtsurkunde. 26 Väter haben sie unterzeichnet. Sie erklärten ihren Anspruch, den neuen deutschen Spielfilm zu schaffen. »Der alte Film ist tot. Wir glauben an den neuen«, lautet der Schlusssatz. Zu den Unterzeichnern gehörten die Regisseure Alexander Kluge, Hans-Jürgen Pohland, Edgar Reitz, Peter Schamoni, Haro Senft und Herbert Vesely, die Drehbuchautoren Bodo Blüthner und Boris von Borresholm, der Schauspieler Christian Doermer, die Kameramänner Pitt Koch und Wolf Wirth, die Produzenten Rob Houwer und Walter Krüttner. Frauen waren nicht darunter. Alexander Kluge als Sprecher der Gruppe verlas das Dokument auf einer Pressekonferenz während der Oberhausener Kurzfilmtage. Die Unterzeichner des Manifests lebten und arbeiteten überwiegend in München. Sie hatten bisher vor allem Kurzfilme realisiert. Im Februar 1962 war Rainer Werner Fassbinder 16 Jahre alt.

Rainer Werner Fassbinder

Geboren in Bad Wörishofen, aufgewachsen in München, erlebte Fassbinder eine konfliktreiche Kindheit und Jugend. Seine Eltern – Vater: Arzt, Mutter: Übersetzerin – ließen sich 1951 scheiden. Der Sohn blieb bei der Mutter, besuchte zeitweise Internate und brach 1964 vor dem Abitur die Schule ab. Er nahm in München Schauspielunterricht. Und bewarb sich 1966 um einen Studienplatz an der Deutschen Film- und Fernsehakademie Berlin (DFFB). Er nahm als einer von 74 Kandidaten an der Aufnahmeprüfung teil, erhielt aber keinen Studienplatz. 1967 bewarb er sich noch einmal, wurde aber nicht zur Prüfung eingeladen.

Filmschulen

Im Oktober 1962 wurde an der Hochschule für Gestaltung in Ulm die erste Ausbildungsstätte für ein Filmstudium in der Bundesrepublik eingerichtet. Unter den Initiatoren waren Alexander Kluge und Edgar Reitz. Im September 1966 wurde in Berlin die DFFB eröffnet. Zum ersten Jahrgang gehörten Hartmut Bitomsky, Harun Farocki, Wolf Gremm, Holger Meins, Wolfgang Petersen, Helke Sander, Daniel Schmid und Christian Ziewer. In Filmen von Wolf Gremm und Daniel Schmid hat Fassbinder später Hauptrollen gespielt. 1967 eröffnete in München die Hochschule für Fernsehen und Film. Zu den Absolventen des ersten Jahrgangs gehörte Wim Wenders. Fassbinder hat sich dort nicht um einen Studienplatz beworben.

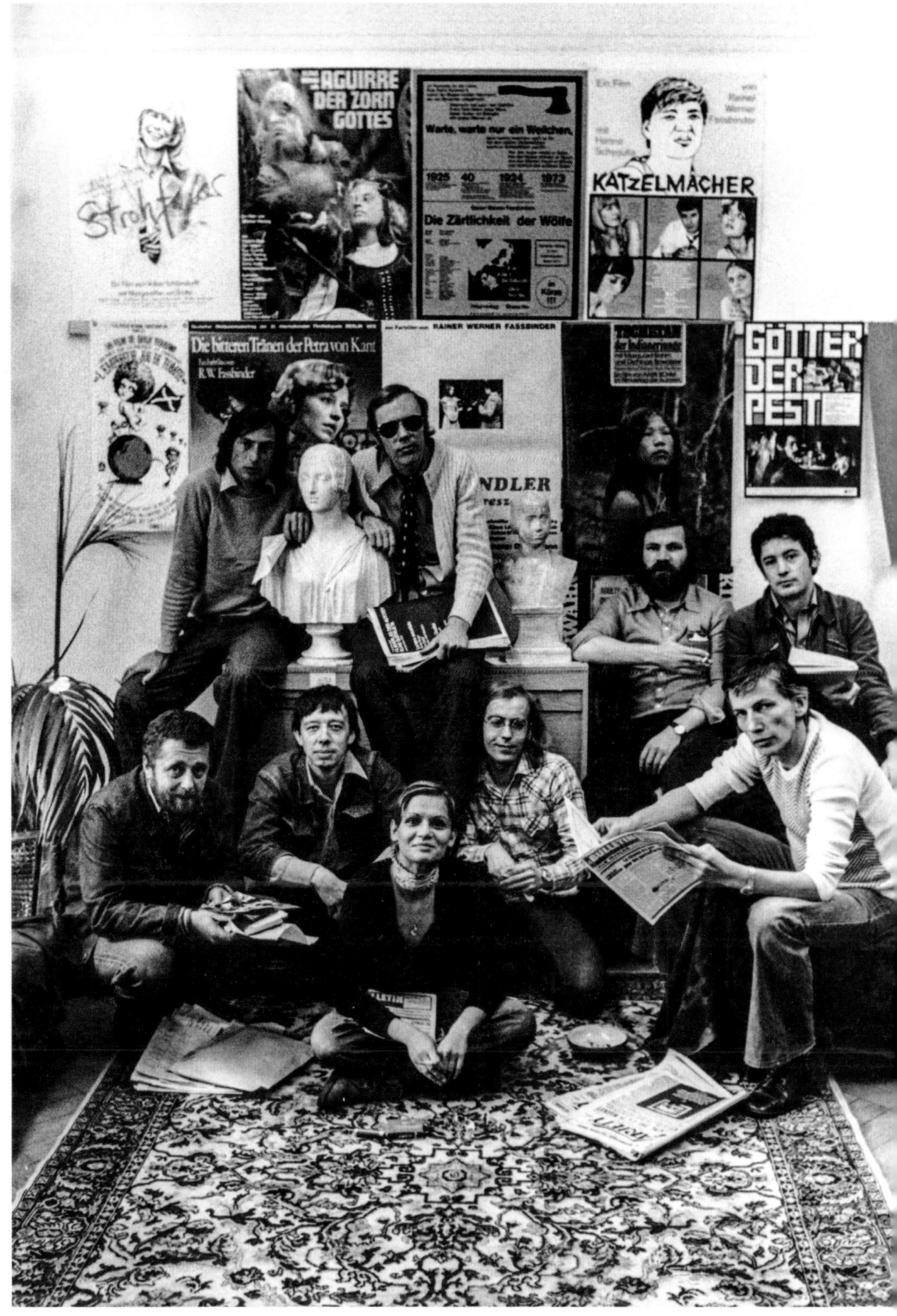

↑ Gründungsmitglieder und Team des Filmverlags der Autoren: Klaus Brücher-Herpel, Michael Fengler, Laurens Straub, Harry Baer (obere Reihe, v.l.n.r.); Volker Vogler, Hark Bohm, Renate Kapuste, Christian Friedel, Thomas Schamoni (untere Reihe, v.l.n.r.). München-Schwabing, 1973

Autodidakt

Er hat sich das Filmemachen selbst beigebracht. Seine ersten Kurzfilme entstanden 1965/66: THIS NIGHT (verschollen), DER STADTSTREICHER und DAS KLEINE CHAOS. Auf der Bühne des actiontheaters und des antiteaters übte er das Inszenieren und die Arbeit mit Schauspielern. Zum Ensemble gehörten Hanna Schygulla, Kurt Raab, Hans Hirschmüller, Irm Hermann, Ingrid Caven, Harry Baer. Im April 1969 wurde der erste Spielfilm gedreht: LIEBE IST KÄLTER ALS DER TOD. Die Geschichte von Franz Walsch (Fassbinder), der in Konflikte mit einem Syndikat und unter falschen Mordverdacht gerät. Bei einem Banküberfall geht alles schief. Wie die Geschichte endet, bleibt offen. Die Form ist orientiert am amerikanischen Gangsterfilm und an Jean-Marie Straub. Deswegen passiert viel und manchmal auch nichts.

Die Berlinale

Im Juni hat der Film Premiere im Wettbewerb der Berlinale. Er bekommt keinen Preis, aber viel Aufmerksamkeit. Insgesamt neun Filme von Fassbinder wurden in den folgenden Jahren bei der Berlinale uraufgeführt. Für DIE EHE DER MARIA BRAUN hatte er 1979 fest mit dem Goldenen Bären gerechnet, aber es wurden nur Hanna Schygulla als beste Darstellerin und das gesamte Team des Films mit zwei Silbernen Bären ausgezeichnet. 1982 gewann er endlich den Goldenen Bären für DIE SEHNSUCHT DER VERONIKA VOSS. Kein Regisseur des Neuen Deutschen Films war so eng mit der Berlinale verbunden wie Fassbinder. Volker Schlöndorff und Wim Wenders reüssierten in Cannes, Alexander Kluge und Edgar Reitz in Venedig.

Deutscher Filmpreis

Fassbinders zweiter Spielfilm, KATZELMACHER, wurde 1970 mit einem Filmband in Gold für Herstellung und Gestaltung ausgezeichnet. Es gab dafür eine Prämie von 650 000 DM. Der Film hatte rund 80 000 DM gekostet. Filmbänder in Gold erhielten auch Fassbinder als Drehbuchautor und sein Ensemble des antiteaters. Die Vergabe verantwortete damals das Innenministerium auf der Basis von Jury-Entscheidungen. Da Fassbinder schneller produzierte als seine Kollegen, war er mit mehr Titeln in der Konkurrenz vertreten.

Schauspieler und Schauspielerinnen im Neuen Deutschen Film

Rainer Werner Fassbinder war als Darsteller nicht nur in Filmen zu sehen, bei denen er Regie führte, er übernahm auch kleinere oder größere Rollen, wenn er von Kollegen gefragt wurde und kurzfristig zur Verfügung stand. So spielte er den Zuhälter Freder in Jean-Marie Straubs Kurzfilm DER BRÄUTIGAM, DIE KOMÖDIANTIN UND DER ZUHÄLTER (1968), den Flecklbauer in Reinhard Hauffs MATHIAS KNEISSL (1970), einen Bauern in Volker Schlöndorffs DER PLÖTZLICHE REICHTUM DER ARMEN LEUTE VON KOMBACH (1970), den Zuhälter Raoul in Daniel Schmids SCHATTEN DER ENGEL (1975), einen Regisseur in Hellmuth Costards DER KLEINE GODARD … (1977). Seine größte Rolle war der Dichter Baal in der Brecht-Verfilmung von Volker Schlöndorff (1969). Aus rechtlichen Gründen durfte der Film viele Jahre lang nicht gezeigt werden. 1981 spielte Fassbinder die Hauptrolle des Polizeileutnants Jansen in Wolfs Gremms KAMIKAZE 1989. Durch seine Mitwirkung in Produktionen des Neuen Deutschen Films entstanden persönliche Kontakte/Beziehungen.

BAAL Rainer Werner Fassbinder (Baal), Carla Aulaulu (Junges Weib), Margarethe von Trotta (Sophie) →

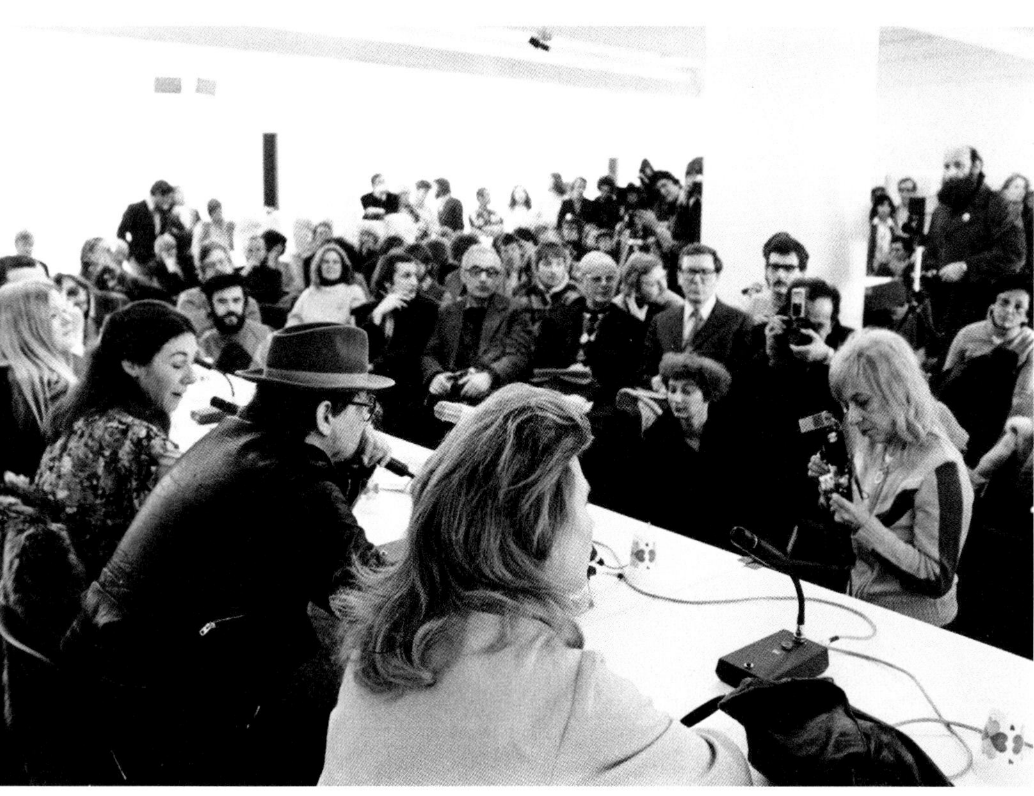

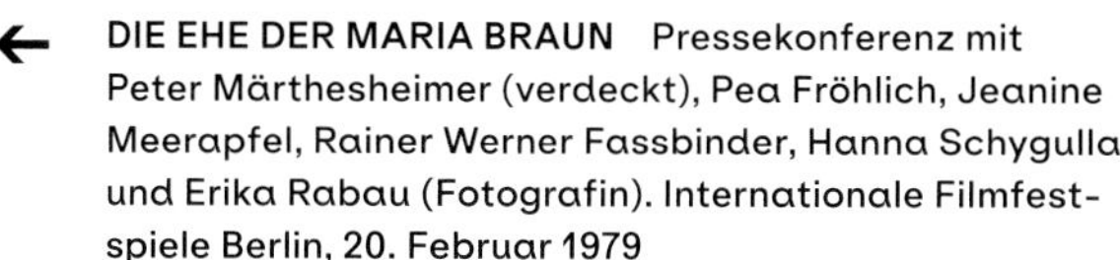

← **DIE EHE DER MARIA BRAUN** Pressekonferenz mit Peter Märthesheimer (verdeckt), Pea Fröhlich, Jeanine Meerapfel, Rainer Werner Fassbinder, Hanna Schygulla und Erika Rabau (Fotografin). Internationale Filmfestspiele Berlin, 20. Februar 1979

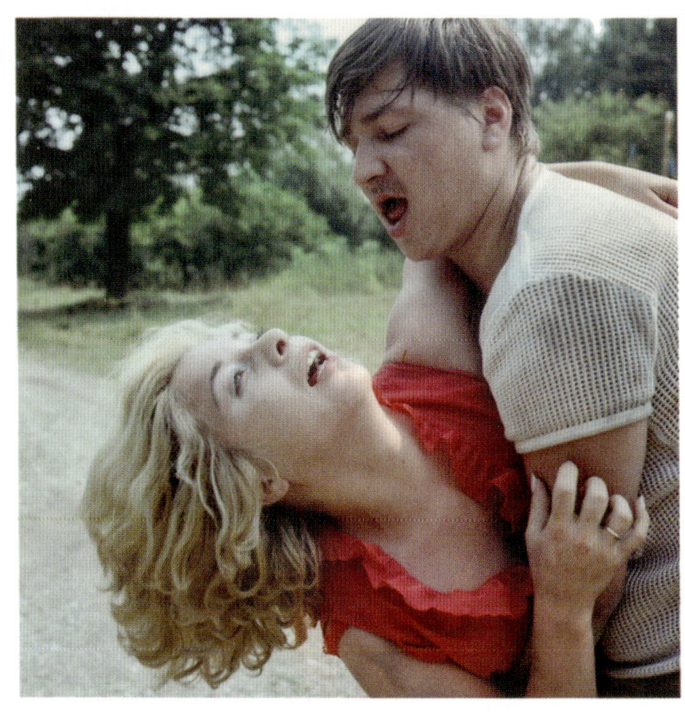
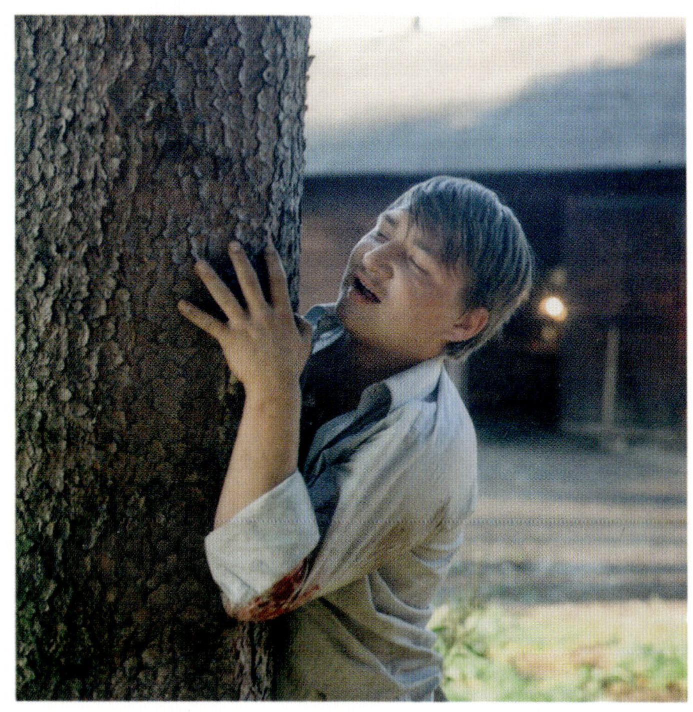
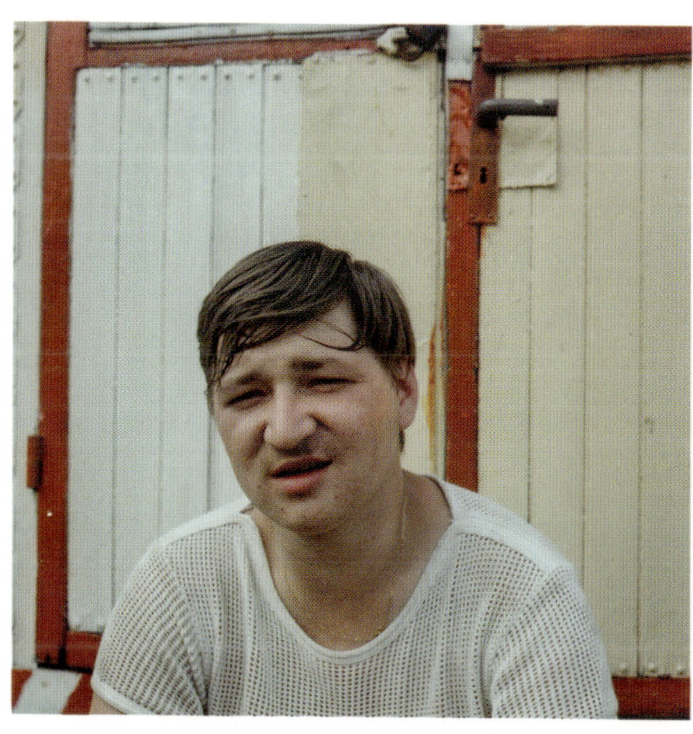
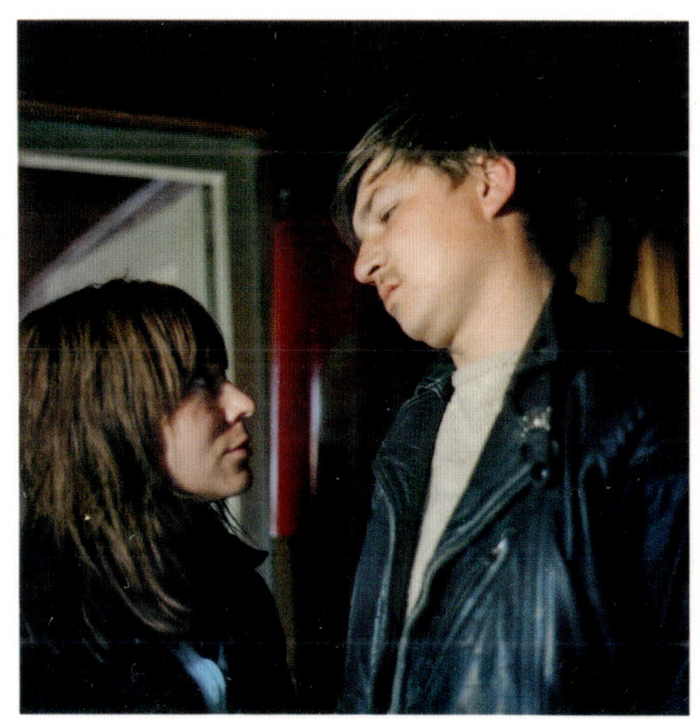

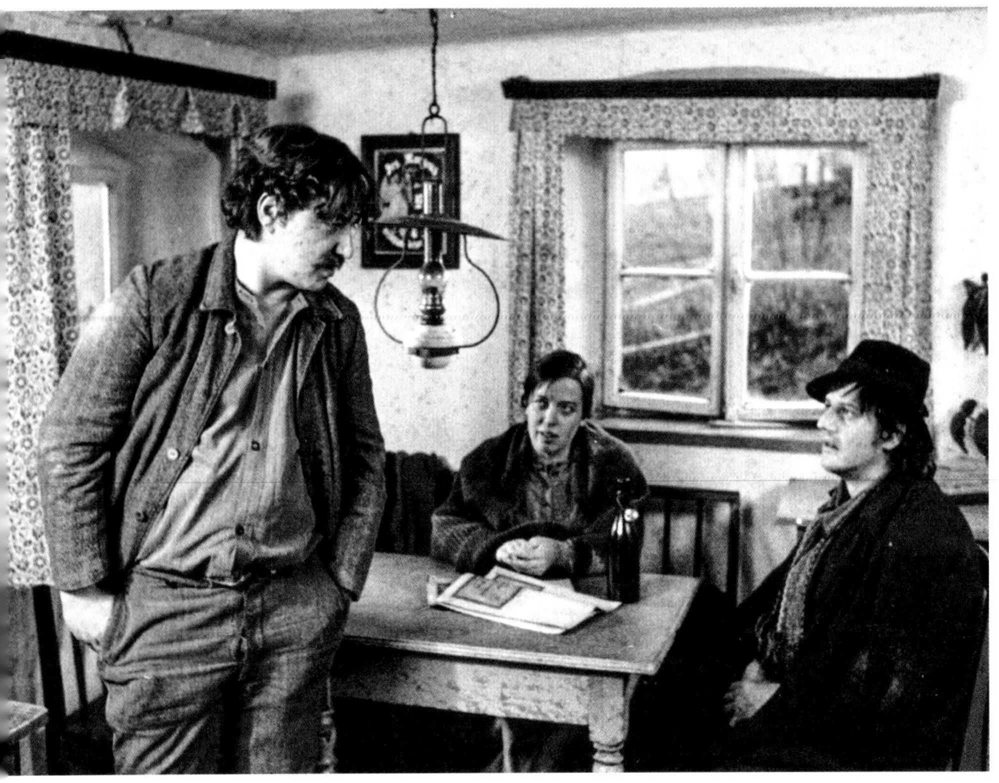

← **MATHIAS KNEISSL** Rainer Werner Fassbinder (Fleckl-bauer), Ursula Strätz (Fleckl-bäuerin) und Hans Brenner (Mathias Kneißl)

Vor allem über Schauspielerinnen gab es in den 1970er-Jahren Querverbindungen zwischen Fassbinder und dem Neuen Deutschen Film. Hanna Schygulla, seine Protagonistin in 17 Filmen, spielte bei Peter Fleischmann (JAGDSZENEN AUS NIEDERBAYERN), Franz-Josef Spieker (KUCKUCKSEI IM GANGSTERNEST), Reinhard Hauff (DIE REVOLTE, MATHIAS KNEISSL, HAUS AM MEER), Wim Wenders (FALSCHE BEWEGUNG) und Volker Schlöndorff (DIE FÄLSCHUNG) tragende Rollen. Margarethe von Trotta, in drei frühen Fassbinder-Filmen die Hauptdarstellerin, war vor allem in Filmen von Volker Schlöndorff und Herbert Achternbusch zu sehen. Irm Hermann, in 20 Fassbinder-Filmen in Haupt- oder Nebenrollen besetzt, wurde auch von Reinhard Hauff, Hans W. Geißendörfer und Werner Herzog als Darstellerin geschätzt. Eva Mattes, in sechs Fassbinder-Filmen dabei, spielte ihre erste Hauptrolle bei Michael Verhoeven in O.K. Sie stand bei Roland Klick in SUPERMARKT, bei Werner Herzog in STROSZEK und WOYZECK, bei Helma Sanders-Brahms in DEUTSCHLAND – BLEICHE MUTTER vor der Kamera. 1984 spielte sie in Radu Gabreas Film EIN MANN WIE EVA die Titelrolle: einen Regisseur, der RWF nachempfunden ist.

Schauspielerinnen und Schauspieler, die schon im »alten« deutschen Film beschäftigt gewesen waren und von den jungen Regisseuren eher verachtet wurden, bekamen bei Fassbinder tragende Rollen: Karlheinz Böhm, Annemarie Düringer, Joachim Hansen, Adrian Hoven, Elma Karlowa, Rudolf Lenz, Brigitte Mira, Luise Ullrich, Barbara Valentin, Helen Vita. Sein Umgang mit ihnen war respektvoll, sie gehörten jedoch nicht zu seinem engen Clan.

Filmverlag der Autoren

Im April 1971 wurde von 13 Filmemachern der Filmverlag der Autoren gegründet. Zu den Initiatoren gehörten Hark Bohm, Michael Fengler, Veith von Fürstenberg, Hans W. Geißendörfer, Peter Lilienthal, Hans Noever, Thomas Schamoni, Volker Vogeler und Wim Wenders. Als die Firma 1974 vor dem Konkurs stand, fand die Umgründung in eine GmbH & Co. KG statt. Schwerpunkt war künftig der Filmverleih. Sechs Gesellschafter blieben dabei, neu hinzu kam Rainer Werner Fassbinder. 1971 hatte er die Firma Tango-Film gegründet, die bis 1981 (DIE SEHNSUCHT DER VERONIKA VOSS) zahlreiche seiner Projekte koproduzierte und keine Überlebensschwierigkeiten hatte. Drei Jahre blieb Fassbinder dem Filmverlag treu, dann drohte erneut der Konkurs, aber es gab einen Retter: Rudolf Augstein übernahm als Privatperson die Mehrheit des Gesellschaftskapitals, und Fassbinder schied aus dem Unternehmen aus.

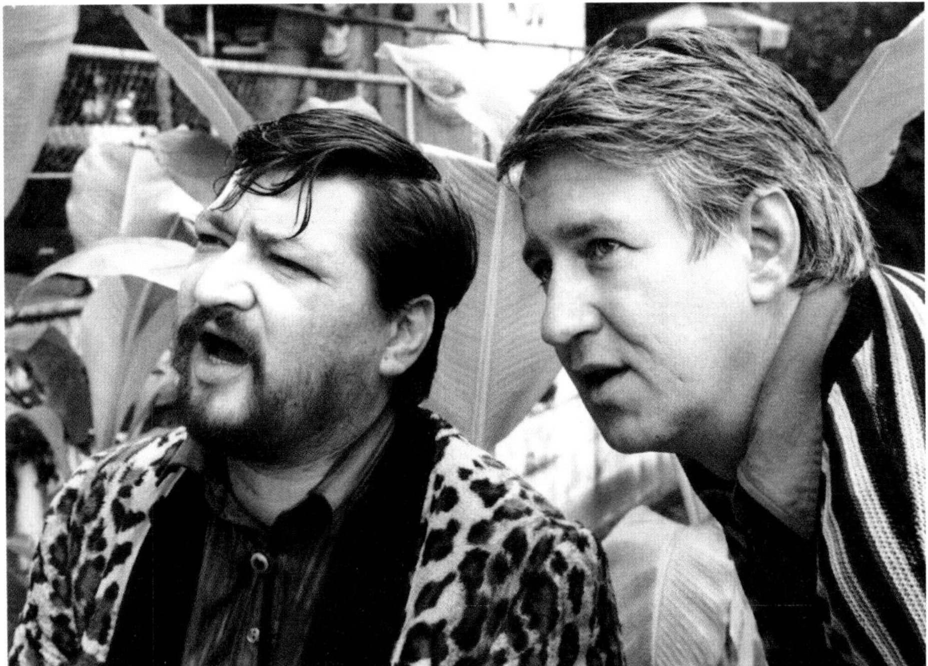

↑ **KAMIKAZE 1989** Rainer Werner Fassbinder (Polizeileutnant Jansen) mit Regisseur Wolf Gremm in einer Drehpause

Literaturverfilmungen

»Es macht mir sehr oft mehr Spaß, Vorhandenes zu verfilmen, mich auf literarische Vorlagen zu stützen als selber Modelle aufzubauen«, hat Fassbinder in einem Interview gesagt. Seine Quellen waren Marieluise Fleißer (PIONIERE IN INGOLSTADT), Franz Xaver Kroetz (WILDWECHSEL), Daniel F. Galouye (WELT AM DRAHT), Theodor Fontane (FONTANE EFFI BRIEST), Oskar Maria Graf (BOLWIESER), Vladimir Nabokov (DESPAIR), Alfred Döblin (BERLIN ALEXANDERPLATZ), Lale Andersen (LILI MARLEEN) und Jean Genet (QUERELLE). Nur Volker Schlöndorff war fleißiger bei Literaturverfilmungen.

DEUTSCHLAND IM HERBST

»In dem von mehreren deutschen Regisseuren hergestellten Film setzt die Fassbinder-Episode, die gleich an die einleitenden Dokumentaraufnahmen von der Beerdigung Hanns Martin Schleyers anschließt, einen starken persönlichen Akzent. Sie bestimmt das Klima des Films, die Verzweiflung, die individuell, aber auch in den politischen Verhältnissen begründet ist. In einer höhlenartigen Wohnung, die nie durch einen Lichtstrahl erhellt wird, lebt Fassbinder, der als er selbst auftritt, mit seinem Freund Armin Meier, den er wie ein Stück Dreck behandelt. Fassbinder nimmt Rauschgift, hat Angst, hängt ständig am Telefon. Dazwischengeschnitten sind Passagen aus einem Gespräch mit seiner Mutter, die sich von ihrem Sohn zu einigen Aussagen des »gesunden Menschenverstandes« provozieren lässt: Für jede Geisel sollte ein Terrorist umgebracht werden, besser als eine Demokratie sei ein autoritärer Herrscher, der allerdings »gut« sein müsse. Fassbinder beharrt dagegen auf der Einhaltung der Gesetze.

Diese sehr schnell, noch Ende Oktober 1977 unter dem unmittelbaren Eindruck der Ermordung Schleyers, von Mogadischu und den Selbstmorden in Stammheim gedrehte 30-Minuten-Film lässt ungeschützter als alle anderen Teile von DEUTSCHLAND IM HERBST das Gefühl der Ohnmacht eines linken Intellektuellen spürbar werden. Nicht die verbalisierbaren politischen Aussagen geben dieser halben Stunde ihr Gewicht, sondern die Brutalität und Ehrlichkeit, mit der Fassbinder sich selbst als Mensch und als Regisseur in den Film einbringt.«[1]

[1] Wilhelm Roth, Kommentierte Filmografie, in: Peter W. Jansen/Wolfram Schütte (Hg.), Rainer Werner Fassbinder, München/Wien 1985 (5. ergänzte und erweiterte Auflage), S. 208–210.

DEUTSCHLAND IM HERBST. Episode 02: Rainer Werner Fassbinder

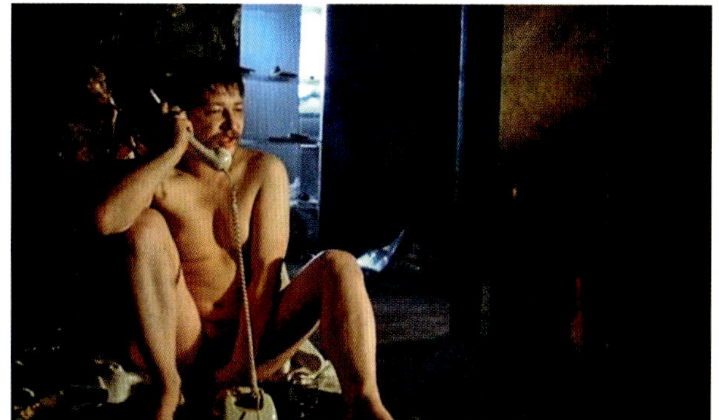

Rainer Werner Fassbinder und Liselotte Eder (als sie selbst)

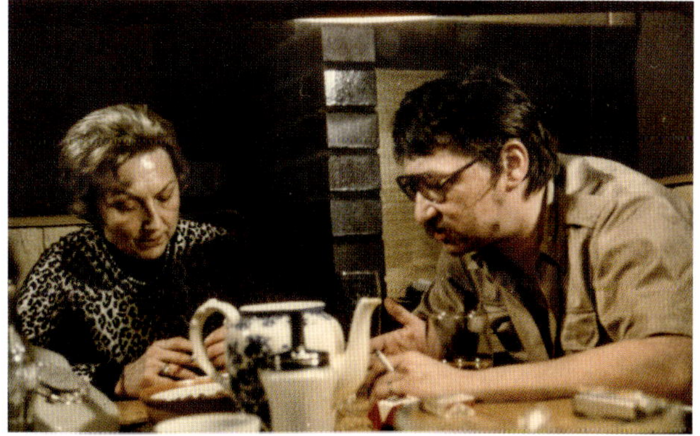

An dem Film waren außerdem Alf Brustellin, Alexander Kluge, Maximiliane Mainka, Edgar Reitz, Katja Rupé, Hans Peter Cloos, Volker Schlöndorff und Bernhard Sinkel beteiligt. Er gilt als wichtigstes Gemeinschaftswerk des Neuen Deutschen Films.

Hamburger Erklärung

Weil es die Stadt München Ende der 70er-Jahre nicht schaffte, mit den dort lebenden Filmemachern ein Festival zu etablieren (das gelang erst 1983), zog man im September 1979 nach Hamburg und veranstaltete dort ein Filmfest. In einer Erklärung hieß es: »Die Stärke des deutschen Films ist seine Vielfalt. In drei Monaten beginnen die 80er Jahre. [...] Wir haben unsere Professionalität erprobt. Wir können uns deshalb nicht als Zunft verstehen. Wir haben gelernt, dass unsere Verbündeten nur die Zuschauer sein können.«

Die Erklärung wurde von über 50 Filmschaffenden unterschrieben, unter ihnen Hark Bohm, Peter Fleischmann, Hans W. Geißendörfer, Wolf Gremm, Reinhard Hauff, Werner Herzog, Alexander Kluge, Jeanine Meerapfel, Rosa von Praunheim, Edgar Reitz, Helma Sanders-Brahms, Volker Schlöndorff, Margarethe von Trotta, Wim Wenders und Rainer Werner Fassbinder. Ein Film von ihm wurde in Hamburg nicht gezeigt.

Fassbinder und München

»Vielleicht ist es bezeichnend, dass die längste Münchner Einstellung gar nicht von ihm selbst stammt. In LIEBE IST KÄLTER ALS DER TOD fährt die Kamera minutenlang die Landsberger Straße entlang, nimmt die vereinzelt stehenden Nutten auf, die nächtliche Tristesse hinter den Gleisen. Die Fahrt ist eine nicht verwendete Einstellung seines Kollegen Jean-Marie Straub. Überhaupt ist München in Fassbinders Filmen ein Zitat, zusammengesetzt aus anderen Kinostädten bei Godard und Melville. München spielt Paris, München spielt Chicago: Ein Showdown am Hauptbahnhof in DER AMERIKANISCHE SOLDAT; ein Stehcafé im Stachus-Tiefgeschoss in ICH WILL DOCH NUR, DASS IHR MICH LIEBT; das Postscheckamt in SATANSBRATEN. Es gibt da eine sanfte Trauer, dass München so ist, wie es ist, eine mitleidige Zärtlichkeit fast.«[2]

QUERELLE – EIN PAKT MIT DEM TEUFEL

Im März 1982 drehte Fassbinder in den Berliner CCC-Filmstudios von Artur Brauner den Film QUERELLE. Das Drehbuch schrieb er zusammen mit Burkhard Driest nach dem Roman von Jean Genet. Titelfigur ist ein junger Matrose, der Männer wie Frauen sexuell anzieht, aber alle Beziehungen durch Verrat, Intrigen und Mord beendet. Die Hauptrollen spielten Brad Davis, Franco Nero, Jeanne Moreau und Hanno Pöschl. Gedreht wurde in englischer Sprache. Dieter Schidor, Koproduzent und Nebendarsteller des Films, hat über die Produktion einen Dokumentarfilm gemacht, DER BAUER VON BABYLON, der ein langes Interview mit Fassbinder enthält. Am Ende fragt Schidor: »Gibt es eine Gemeinsamkeit zwischen Dir und anderen deutschen Regisseuren, wie Herzog, Schroeter, Schlöndorff, Wenders oder Syberberg?« Die Antwort: »Es sind alles meine Freunde.«[3]

Die Uraufführung von QUERELLE am 31. August 1982 bei den Filmfestspielen in Venedig hat Rainer Werner Fassbinder nicht mehr erlebt. Er starb am 10. Juni 1982 in München. Im Juli wollte er sein nächstes Filmprojekt realisieren: »Ich bin das Glück dieser Erde.«

Werner Schroeter

In seiner Autobiografie *Tage im Dämmer, Nächte im Rausch* schreibt Werner Schroeter: »Die Nachricht von Rainer Werner Fassbinders Tod traf uns wie ein Schock. Zwar war ich wütend, enttäuscht und eifersüchtig gewesen, dass er mir mein Herzensprojekt QUERELLE DE BREST weggeschnappt hatte, überhaupt hatte die Kränkung stärker in mir getobt, als ich es öffentlich zugeben mochte, doch nun verlor ich mit Fassbinder einen Menschen, dem ich mich trotz allem brüderlich verwandt fühlte. [...] Wir waren die gleiche

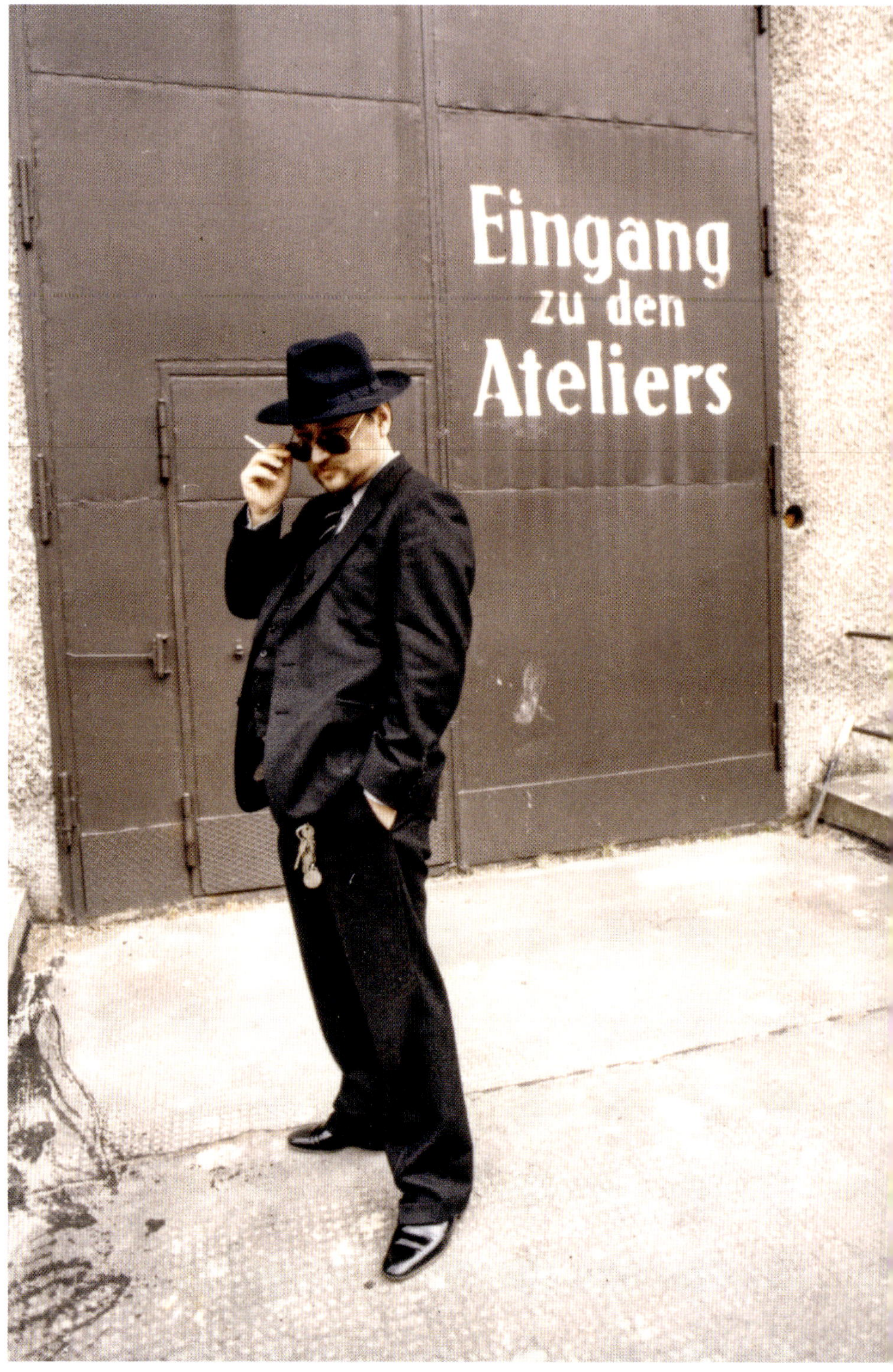

↑ QUERELLE Rainer Werner Fassbinder auf dem Gelände der CCC-Studios. Berlin-Spandau, 1982

Generation, wir fühlten, dass eine Ära zu Ende ging, in der wir den deutschen Film mit unseren Gesten des Aufbruchs und der Revolte geprägt hatten.«[4]

Das Herz des Neuen Deutschen Films

»Der Neue Deutsche Film (was von den ›Oberhausenern‹ geblieben ist und danach kam) besitzt viele Energien. Alexander Kluge wäre seine kombinatorische Intelligenz, Werner Herzog sein athletischer Wille, Wim Wenders seine phänomenologische Wahrnehmungskraft, Werner Schroeter sein Empathiker der Emotion, Herbert Achternbusch der Rebell seines Eigensinns, und Volker Schlöndorff ist sein Handwerker. Rainer Werner Fassbinder aber wäre das Herz, die schlagende, vibrierende Mitte aller dieser Partialbetriebe, dieser je eigenen energetischen Ausprägungen gewesen. Melos und Melodramatik, Emotion und Kalkül, Wahrnehmungssensibilität und handwerkliche Perfektion: im Schnittpunkt dieses Spannungsfelds ist der Ort seines künstlerischen Werks zu finden; es war das Prisma, in dem sich die Arbeiten der anderen brachen.«[5]

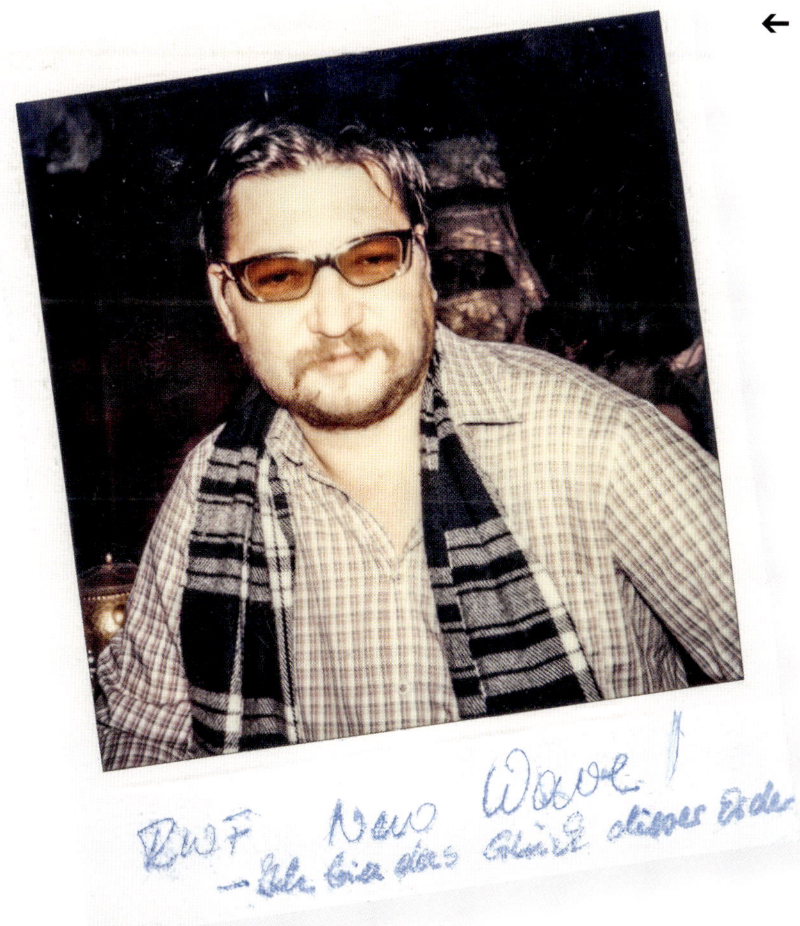

← Rainer Werner Fassbinder während der Dreharbeiten zu **QUERELLE**. Handschriftliche Notiz von Juliane Maria Lorenz: »RWF New Wave – Ich bin das Glück dieser Erde«

Fassbinders Tod und das Ende des Neuen Deutschen Films

Wenn das Herz nicht mehr schlägt, ist aus medizinischer Sicht der Tod eingetreten. Es hat eine Logik, dass das Jahr 1982 für Filmhistoriker als das Ende des Neuen Deutschen Films gilt. Zwar haben Achternbusch, Hauff, Herzog, Kluge, von Praunheim, Reitz, Sanders-Brahms, Schlöndorff, Schroeter, Stöckl, von Trotta, Wenders weiterhin Filme gedreht, aber es gab zwischen ihnen keine unmittelbaren Verbindungen mehr, wie sie im Oberhausener Manifest oder in der Hamburger Erklärung deutlich wurden. Als Epoche existierte der Neue Deutsche Film also 20 Jahre. Rainer Werner Fassbinder gehörte 13 Jahre lang dazu.[6]

---

2 Michael Althen, Ein Stadtstreicher im Reich der Träume, in: Süddeutsche Zeitung, 10.6.1992.
3 Das Interview wurde in der Zeitschrift Evangelischer Filmbeobachter, Nr. 17, September 1982 publiziert. Zu lesen auf filmportal.de: https://www.filmportal.de/sites/default/files/6528E672C-59242FD95CEB3E07B40708C_interview_fassbinder.pdf
4 Werner Schroeter mit Claudia Lenssen, Tage im Dämmer, Nächte im Rausch. Autobiographie, Berlin 2011, S. 231f.
5 Wolfram Schütte, Sein Name: eine Ära. Rückblicke auf den späten Fassbinder (1974/82), in: Jansen/Schütte (wie Anm. 1), S. 63.
6 Zur Vertiefung des Themas s. auch: Michaela Ast, Der alte Film ist tot. Wir glauben an den neuen. Die Genese des Jungen Deutschen Films, Marburg 2013; Ilka Brombach, Eine offene Geschichte des Kinos. Alexander Kluge, Rainer Werner Fassbinder, Wim Wenders, Christian Petzold, Thomas Arslan, Michael Haneke, Berlin 2014; Barbara Bronnen/Corinna Brocher, Die Filmemacher. Der neue deutsche Film nach Oberhausen, München/Gütersloh/Wien 1973; Thomas Elsaesser, Der Neue Deutsche Film. Von den Anfängen bis zu den neunziger Jahren, München 1994; Thomas Elsaesser, Rainer Werner Fassbinder, Berlin 2012 (2., überarbeitete Auflage); Ralph Eue/Lars Henrik Gass (Hg.), Provokation der Wirklichkeit. Das Oberhausener Manifest und die Folgen, München 2012; Norbert Grob/Hans Helmut Prinzler/Eric Rentschler (Hg.), Neuer Deutscher Film, Stuttgart 2012; Hilmar Hoffmann/Walter Schobert (Hg.), Abschied vom Gestern. Bundesdeutscher Film der sechziger und siebziger Jahre, Frankfurt a. M. 1991; Hans Helmut Prinzler/Eric Rentschler (Hg.), Augenzeugen. 100 Texte neuer deutscher Filmemacher, Frankfurt a.M. 1988; Marion Schmid/Herbert Gehr (Red.), Rainer Werner Fassbinder. Werkschau, Berlin 1992.

»Man muss machen, was man zu machen hat.«

Die 1986 von Liselotte Eder gegründete Rainer Werner Fassbinder Foundation (RWFF) ist Inhaberin der Rechte an Fassbinders Nachlass. Seit Jahren lässt die private Stiftung mit Sitz in Berlin Sicherungsnegative, neue Kopien und Digital Cinema Packages (DCPs) zum filmischen Werk anfertigen und in diesem Zusammenhang restaurieren. Fast sämtliche Filme Fassbinders liegen auf hochwertig editierten DVD- oder Blu-Ray-Ausgaben vor. Nur wenige Fernseh- und Kinoproduktionen sind – meist aus rechtlichen Gründen – noch nicht verfügbar. Juliane Maria Lorenz-Wehling ist als Nachfolgerin Lilo Eders Präsidentin der gemeinnützigen Nachlassstiftung. Von 1976 bis zum Tode Fassbinders 1982 gehörte sie zum Team, war Cutterin bei 14 seiner Filme, Beraterin und Partnerin. Seit 1991 sorgt sie mit Verve und Durchsetzungskraft gemeinsam mit der RWFF für die Sicherung, Erhaltung und internationale Verbreitung des Fassbinder'schen Werkes.

DFF: Juliane, Rainer Werner Fassbinder war nicht nur Autor, Regisseur und oft auch Schauspieler in seinen Filmen, sondern auch sein eigener Produzent. Hat er von Anfang an seine Filme selbst produziert? Wo kam das Geld für die Finanzierung seiner frühen Filme her?

Juliane Maria Lorenz-Wehling: Einerseits war sein Anfang ein Glücksfall, andererseits auch eine harte Schule. Anfang 1966 hatte Rainer Christoph Roser in München kennengelernt. Roser war ausgebildeter Schauspieler, hatte aber selten Engagements. Als er Rainer begegnete, verdiente sich Roser seinen Unterhalt als Vertreter von Waschanlagen-Anleihen. Rainer wiederum hatte bereits seine dreijährige Schauspielausbildung am Fridl-Leonhard-Studio in München beendet und bereitete sich auf eine Bewerbung an der bald öffnenden Deutschen Film- und Fernsehakademie in Berlin (DFFB) vor. Die er bekanntermaßen nicht bestand. Rainer war aber nicht verzweifelt, im Gegenteil, es brodelte in ihm, und er hatte viele Filmgeschichten im Kopf. Darunter war die Geschichte des Kurzfilms DER STADTSTREICHER, in dem Christoph Roser die Hauptrolle spielen würde. Kurz zuvor hatte Rainer Irm Hermann bei einem Dramenwettbewerb kennengelernt, beide waren voneinander entzückt, sodass Rainer Irm kurzerhand im STADTSTREICHER besetzte. Kurz vor den Dreharbeiten besuchten Rainer und Christoph Lilo [Liselotte Eder, Fassbinders Mutter], um ihr von den kommenden Dreharbeiten zu berichten. Lilo war wenig begeistert und meinte, dass die beiden ohne Geld nicht einfach einen Film machen könnten. Worauf Christoph antwortete: »Wieso? Ich hab' das Geld und der Rainer muss das machen.« So berichtete es mir Lilo. Die beiden ließen sich nicht davon abbringen und drehten im November 1966 DER STADTSTREICHER und gleich darauf, im Januar 1967, den nächsten Kurzfilm, DAS KLEINE CHAOS. Dann war das Geld zu Ende.

Was geschah weiter?

Zusammen mit Irm Hermann, die inzwischen mit Rainer zusammengezogen war, reisten er und Roser nach der Fertigstellung des letzten Kurzfilms durch Westdeutschland. Einerseits, um die beiden Filme beim Kurzfilmfestival in Oberhausen vorzustellen, andererseits, um sie einem geeigneten Verleih anzubieten. Leider ohne Erfolg. Dann wurde ihnen geraten, die beiden Kurzfilme bei der Filmbewertungsstelle Wiesbaden einzureichen, was dazu führen könnte, dass sie eine gute FBW Bewertung bekommen würden und somit ins Kino kämen. Die FBW lehnte allerdings eine Bewertung zu STADTSTREICHER ab, mit der Begründung, es sei eine »Huldigung des Selbstmords«. DAS KLEINE CHAOS wurde nicht mal angeschaut. Nun kam Katzenjammer seitens des Produzenten Roser auf, dessen Ersparnisse von 10 000 DM in dieser Situation nicht mehr zurückgeführt werden konnten. Die beiden trennten sich dann aus ganz anderen Gründen, was dazu führte, dass es ein Nachspiel gab, denn Christoph Roser drohte, Rainer zu verklagen, wenn er ihm nicht umgehend die 10 000 DM zurückzahlen würde.

Wie ging es aus?

Roser berief sich auf einen Schuldschein über die besagte Summe, den Rainer ihm offensichtlich unterschrieben hatte. Aber Rainer hatte kein Geld. Er hielt sich mit ein paar gelegentlichen Drehtagen als Schauspieler über Wasser. Demzufolge bat er um Aufschub der Rückzahlung. Daraufhin verklagte ihn Roser, was dazu führte, dass der Prozess zu Ungunsten von Rainer ausging, der fortan jeden Pfennig mit Zinsen und Zinseszins über einige Jahre zurückbezahlte. Es hat ihm vielleicht nicht geschadet, diese Erfahrung zu machen, denn nun wusste er, dass er sich in Zukunft genauer überlegen musste, wie er seine Filme finanzieren will.

Mit LIEBE IST KÄLTER ALS DER TOD wird er Filmproduzent.

Im Grunde begann sein Bewusstsein, bald auch als Produzent verantwortlich zu sein, bereits im action-theater, das von Ursula Strätz und ihrem Ehemann Horst Söhnlein Anfang des Jahres 1967 gegründet worden war und auf das Rainer bereits Mitte 1967 durch eine Kollegin aus der Schauspielschule, Marite Greiselis, aufmerksam wurde. Es gab dann in der aktuell laufenden Inszenierung *Antigone*, einer Bearbeitung der Bertolt-Brecht-Fassung nach Sophokles, einen Unglücksfall, der das Überleben des gerade erst gegründeten Theaters bedrohte: Ein Eifersuchtsdrama war der Auslöser, bei dem ein Gruppenmitglied seine Freundin Marite Greiselis mit einem Messer niederstach, was das Ende ihrer Laufbahn als Schauspielerin bedeutete, weil sie von da an querschnittsgelähmt war. Was zur Folge hatte, dass Rainer sich an eine andere Schauspielkollegin erinnerte, Hanna Schygulla. Er hinterließ eine Notiz in ihrem Briefkasten, mit der Bitte, sich am nächsten Tag in der Müllerstraße 12 einzufinden. Hanna kam und sprang für Marite ein, wodurch alle weiteren Aufführungen gerettet waren. Ursula Strätz und der bislang federführende Regisseur Wilhelm Rabenbauer, im Weiteren Willi genannt, der später zu Peer Raben wurde und die meisten Fassbinder-Filme als Komponist begleitete, haben Rainers lebensrettende Aktivität für das action-theater mitsamt seinen Inszenierungsvorschlägen wohlwollend aufgegriffen. Ursula nannte es in unserem Ende der 80er-Jahre geführten Interview einen »Donnerschlag«, der durch Rainers Erscheinen auf das action-theater niedergegangen sei. Was aber auch ein großes Glück gewesen sei, denn Rainer sei nie fordernd oder anmaßend gewesen. Er habe seine Vorschläge eher leise und als Bittsteller eingebracht.

Aber das endgültige Aus für das action-theater ließ nicht lange auf sich warten, das besorgte Horst Söhnlein, der Ehemann von Ursula und Mitbegründer des Theaters. In einem Anfall von Jähzorn und offensichtlicher Verzweiflung zerschlägt er dessen gesamtes Mobiliar, woraufhin Ursula Strätz einen Nervenzusammenbruch erleidet, ein paar Wochen im Krankenhaus verbringt und danach in ein Sanatorium geht. Die Kraft, ein neues Theater aufzubauen, hatte sie nach ihrer Entlassung drei Monate später nicht mehr.[1]

Für das Kollektiv ging es aber weiter, Fassbinder gründet mit Peer Raben das antiteater und die antiteater-X-Film.

Es folgen hintereinander bis Juli 1969 insgesamt zehn Inszenierungen, u.a. eine im Kollektiv bearbeitete Fassung zu *Orgie Ubuh*, nach Alfred Jarry, sowie *Iphigenie auf Tauris von Johann Wolfgang von Goethe, Drama per Musica*, die Rainer mit Peer Raben und in Zusammenarbeit mit Gottfried Hüngsberg erstellt. Rainer wiederum arbeitet weiterhin auch als Schauspieler für andere Regisseure, dabei hatte er 1967 Ulli Lommel bei Paul Vasils *Tonys Freunde* kennengelernt. Kurz davor sah er Melvilles LE SAMOURAI [DER EISKALTE ENGEL, FR 1967]. Der Film inspiriert ihn zu einer Filmgeschichte, die er innerhalb einiger Tage als Drehbuch aufschreibt. Was dann die erste Produktion der antiteater-X-Film GmbH wird: LIEBE IST KÄLTER ALS DER TOD. Spätestens jetzt sollte erwähnt werden, dass diese mit dem präsenten »GmbH« im Firmenpapier nie ins Handelsregister eingetragen worden war; so wie das antiteater als Theaterkollektiv juristisch auch nie registriert wurde. Das interessierte damals auch keinen, zumal die politische Bewegung der 68er-Generation für diese Art von »bürgerlichen« Formalitäten weder das nötige Geld noch die dazu nötigen buchhalterisch ausgebildeten Kräfte hatte. Trotzdem gab es zwischen Rainer und Willi mündliche Absprachen, die besagten, wer von den beiden für welche Arbeitsgebiete zuständig sein sollte.

1 »Dazu kommt, dass im Laufe der knapp zwei Jahre action-theater 30 000 DM Schulden angewachsen waren und sie diese erst einmal abzuzahlen hatte.«

Übereingekommen waren sie, dass Rainer als Autor und Regisseur nach außen hin für die Produktionen des antiteaters und der antiteater-X-Film zuständig blieb. Wohingegen Willi neben seiner künstlerischen Mitverantwortung den verwaltungstechnischen Bereich übernehmen sollte. Letztendlich war es aber so, dass sich weder Rainer noch Willi, geschweige denn ein anderes antiteater-Mitglied, um die nötige »Bürokratie« kümmerte. Was mit dem Zusammenbruch des antiteaters und dem Erscheinen des Münchner Finanzamts zum äußerst ernsthaften Thema für die nächsten Jahre wurde, denn das antiteater hatte bis dahin nie Steuererklärungen abgegeben. Insgesamt rechnete das damalige Finanzamt eine Steuerschuld von ca. 350 000 DM aus und belegte darüber hinaus Willi und Rainer mit einer Strafe von jeweils 10 000 DM, die sofort zu zahlen war. Die Abzahlung der Steuerschulden wollten sich die beiden dann teilen, aber Willi gelingt es in dieser Sache, seiner Mitverantwortung zu entkommen, sodass Rainer am Ende zum Alleinhaftenden des ausstehenden Schuldenbetrages wird. Rainer wird übrigens später nicht mal mitbekommen, dass er die Schulden ganz alleine abbezahlt hatte […].[2]

Schauen wir auf das Positive …

Rainer hatte mit LIEBE IST KÄLTER ALS DER TOD als Filmemacher und Produzent einen fulminanten Anfang hingelegt: Der Film lief auf der Berlinale 1969. Dazu kam seine Präsenz als Schauspieler, die er – zusammen mit Irm und Hanna – eindrucksvoll unter Beweis stellte. Dann kam der nächste antiteater-X-Film: KATZELMACHER, nach seinem gleichnamigen Theaterstück.[3] Bereits am 8. Oktober wird das Werk auf der Filmwoche Mannheim uraufgeführt. Der Film erhält den Interfilm sowie den Kritikerpreis, und weitere Preise folgen.[4] Zu erwähnen ist, dass Rainer die Gagen der Schauspieler*innen, seine eigene und die des technisch-künstlerischen Teams erst mal zurückgestellt hatte. Es wurde vereinbart, dass die antiteater-X-Film, sobald die Produktionskosten des Films eingespielt worden sind, den Vertragspartnern die jeweils vereinbarte Summe ausbezahlt. Das war dann erst einige Jahre später der Fall.

Wie ging das Produzieren weiter?

Im Oktober/November 1969 beginnen die Dreharbeiten zu GÖTTER DER PEST.[5] In den Hauptrollen sind Harry Baer, Hanna Schygulla, Margarethe von Trotta besetzt, auch Günther Kaufmann und Ingrid Caven sind in kleineren Rollen zu sehen, und zum ersten Mal wird Lilo auftreten, die in Zukunft auch in weiteren Filmen ihres Sohnes zu sehen sein wird.[6]

Mit WARUM LÄUFT HERR R. AMOK? beginnen Koproduktionen.

Die erste Koproduktion der antiteater-X-Film wurde mit der Maran Film abgeschlossen, eine dem Süddeutschen Rundfunk angeschlossene Produktionsfirma, die zu 100 Prozent dem SWR gehört und bis heute existiert. AMOK wurde im September 1969 gedreht.[7] Der Film war ein Experiment, dessen Geschichte aus einer Improvisationsvorlage bestand, die Rainer mit Michael Fengler erarbeitet hatte. Sie legten den grundsätzlichen Verlauf der Geschichte fest, die Dialoge sollten die Darsteller und Darstellerinnen selbst gestalten. In einer Szene bekommt man das gut mit, wenn sich Willi und Kurt Raab gegenseitig ihre Schulgeschichte erzählen – was eine wahre Geschichte ist, denn die beiden waren bereits als Schüler Freunde. Der Film wurde ein Publikumserfolg.

Was passierte mit den Theaterproduktionen des antiteater?

Rainer schrieb weiterhin Theaterstücke oder adaptierte andere Stücke, inszenierte sie oder überließ es Peer Raben. Das hatte zur Folge, dass in der »Pionierzeit« 1969/70 jedes Jahr drei, 1969 sogar vier Filme gedreht wurden und dazwischen Theaterarbeiten entstanden. Außerdem gibt es am 1. November 1969 unter dem Titel *Fassbinder Showdown* am Theater Bremen eine Präsentation von zwei Fassbinder-Stücken/Inszenierungen: *Anarchie in Bayern* und *Das Kaffeehaus*, samt Diskussion mit angeschlossener Filmpräsentation von LIEBE IST KÄLTER ALS DER TOD und KATZELMACHER. Dabei trifft Rainer auf Margit Carstensen, die zu dieser Zeit am Theater Bremen fest engagiert ist, für die Rainer dann ein Stück über die Geschichte der Giftmörderin Gesche Gottfried zu

---

2 Juliane Maria Lorenz-Wehling: »[…] Erst als er mir davon erzählt, dass Peer Raben die Abzahlung übernommen habe, frage ich bei Lilo nach, ob das stimmt. Sie wiederum bittet mich, Rainer darüber zu informieren, dass er bislang alle Schulden allein abgezahlt habe. Als ich Rainer von dem Gespräch mit Lilo berichtete und ihm ausrichtete, dass er alle antiteater-Schulden allein abzahlt habe und Willi nur seine 10 000 DM Strafe bezahlt habe, schaut er mich höchst verwundert an und sagt: ›Das mag ich nicht glauben.‹ Es wird danach nie wieder darüber gesprochen.«

3 Budget: 80 000 DM.

4 Deutscher Bundesfilmpreis für Bester Film, den er sich mit Peter Lilienthals MALATESTA (1970) teilen wird; Dazu kommt Bester Film in der Herstellung für die Filmproduktionsfirma antiteater-X-Film, der mit 400 000 DM dotiert ist, Bester Film in der Gestaltung und für das Drehbuch für Rainer Werner Fassbinder, der wiederum mit 250 000 DM dotiert ist, Bester Film in der weiblichen Darstellung für das Schauspielerinnenensemble des antiteaters, Beste Kamera für Dietrich Lohmann.

5 Budget: 180 000 DM.

6 »Liselotte Eder war ausgebildete Übersetzerin vom Englischen ins Deutsche, konnte damit aber nicht viel verdienen, zumal ihr zweiter Mann, Wolff Eder, als freiberuflicher Journalist bald erkrankt und im Frühjahr 1972 verstirbt. Lilo hatte sich Ende 1969, kurz vor Beginn von Wolff Eders Krankheit, an einem wissenschaftlichen Institut in München beworben, das neue Mitarbeiter für Datenverarbeitungen suchte. Aufgrund ihrer guten Englischkenntnisse wurde Lilo eingestellt, erlernte dafür auch die Programmiersprache und begann, neben ihrer hauptberuflichen Tätigkeit, in ihrer ›Freizeit‹, wie sie es nannte, sich mit der buchhalterischen Aufarbeitung der antiteater-X-Film-Schulden zu befassen. Ihr Einsatz für die antiteater-X-Film Schulden endete nach ca. fünf Jahren. Parallel dazu übernahm sie ab 1972 die Finanzbuchhaltung als Geschäftsführerin der Tango-Film.«

7 Budget: 135 000 DM. Die antiteater-X-Film führt die gesamte Produktion durch, ohne spätere Beteiligung an den Einnahmen.

schreiben beginnt, das sich *Bremer Freiheit* nennt. Rainer bekommt auch Zugang zu den originalen Gerichtsunterlagen im Stadtarchiv Bremen. Neben *Bremer Freiheit* wird Rainer 1971 noch Margit und Hanna DIE BITTEREN TRÄNEN DER PETRA VON KANT auf den Leib schreiben. Rainers Zeit- und Kreativmanagement ist weiterhin atemberaubend. Keine Frage. Aber offensichtlich fiel es ihm leicht, alles miteinander zu verbinden: Das Leben, die kreative Arbeit und die Liebe. Was im Ergebnis bedeutete: Rainer hatte seine Stoffe für beide Disziplinen im Kopf. Er war gut organisiert und hatte offensichtlich kein Problem, zwischen Theater und Film zu wechseln. Ich habe in den letzten Jahren unseres Zusammenlebens intensiv erlebt, wie genau er seinen Kreativablauf einteilte. Er schrieb ein Drehbuch für einen Spielfilm handschriftlich, und dann transkribierte Lilo oder einmal auch ich diese Vorlagen. Dabei konnte bereits das nächste Filmprojekt nach der ersten Grundlagenbesprechung mit der Produktionsfirma und den entsprechenden Abteilungen ohne Rainer weitergehen. Ähnlich geschah es mit den Drehbüchern, die er schrieb: Waren sie fertig und gingen sie z.B. zum WDR, später Bavaria Media oder an die Rialto Film, Horst Wendlandt, konnte er einen bereits fertigen Stoff für ein anderes Projekt mit einem anderen Produzenten einschieben. Dazu kommt, dass Rainer entscheidungsfreudig war und selten zögerte, konkret zu handeln.

Für Fassbinder ging es weiterhin bergauf …

Durch den künstlerischen Erfolg von KATZELMACHER und den ersten finanziellen Erfolg bei WARUM LÄUFT HERR R. AMOK? wurde Janus Film, Klaus Hellwig, auf ihn aufmerksam. Die antiteater-X-Film koproduzierte dann mit Janus Film RIO DAS MORTES.[8] DIE NIKLASHAUSER FART folgte.[9] Diesmal war der WDR als TV-Sender der Auftraggeber für Janus Film, was übrigens Rainer vermittelte. Der WDR hatte ihm eine Arbeiterserie als Drehbuchautor und Regisseur angeboten. Rainer hat dann bei den ersten Verhandlungen mit dem Fernsehspielleiter Günter Rohrbach und dem Redakteur Peter Märthesheimer geschickt verhandelt, dass er bereit sei, ein Konzept zu entwickeln, samt Exposés und Drehbüchern etc., wenn der WDR den Koproduzenten Janus Film unterstützt, sein aktuelles Projekt NIKLASHAUSER FART zu finanzieren. Das wurde seitens des WDR umgehend möglich gemacht, und Rainer begann nach Abschluss der Verträge mit den fünf Exposés. Sie wurden von Peter Märthesheimer allesamt positiv begrüßt, was dazu führte, dass innerhalb der nächsten drei Monate fünf Drehbücher entstanden.

Bei ACHT STUNDEN SIND KEIN TAG hat Fassbinder bewusst eine TV-Ästhetik eingesetzt.

Rainer war an dem ganz normalen Fernsehzuschauer interessiert, der nicht unbedingt viel ins Kino geht und gewiss auch kein Cineast sein musste. Sein vorrangiges Interesse war die Umsetzung der Frage, wie er diesem Zuschauer das Thema einer Arbeiterserie vermitteln kann. Zumal der damalige Zuschauer noch nicht so überfordert war von einer Überzahl an Programmen wie heute. Damals gab es noch eine klare Unterscheidung zwischen der Fernseh- und der Kinoästhetik. Fassbinder wollte sich bei ACHT STUNDEN SIND KEIN TAG auch nicht an das halten, was man damals unter dem Begriff »Serie« verstand. Er hat dann eine ganz eigene, für das Fernsehen geeignete Bild- und Dialogsprache entwickelt und dabei ganz bewusst auch Kinobilder einfließen lassen. Was letztendlich klug war, denn dadurch wurden die Protagonisten in gewisser Weise glamourös. Die Serie war auch für den WDR eine Herausforderung. Aber Fassbinder, das WDR-Team, seine Darsteller und Darstellerinnen sowie die Dreh-Crew haben es mit Bravour gemeistert. Dazu kam Fassbinders Mut, vergessene Ufa-Schauspieler zu besetzen, allen voran Luise Ullrich als lebenslustige Oma oder der Komiker und Kabarettist Werner Finck als ihr Lebensgefährte.[10]

Papas Kino samt seinen Darstellern waren nicht, wie es die Oberhausener postulierten, tot.

Rainer kannte die Stars aus ihren Filmen und betrachtete sie in erster Linie als erfahrene Handwerker. Dazu kam, dass er wusste, dass Luise Ullrich immer noch ein Name für die ältere Zuschauergeneration war. Die Besetzung von Oma und ihrem Gefährten war nicht nur eine tolle Idee, sondern führte dann auch zu steigenden Zuschauerzahlen, die Serie wurde mit einer Einschaltquote von bis zu 64 Prozent ein Publikumserfolg. Rainer schrieb dann auf Wunsch von Rohrbach und Märthesheimer drei weitere Folgen, die auch umgesetzt worden wären, wenn am Ende nicht die deutschen Gewerkschaften dagegen gewettert hätten, mit dem Argument, dass wirkliche Arbeiter nicht fröhlich seien und auch nicht selbstständig denken würden. Auch würde keine Arbeiterin so ausschauen wie Hanna Schygulla, geschweige denn sei ein Arbeiter so clever wie Gottfried John als Fabrikarbeiter Jochen. Auf diese zahlreichen Diskussionen hin ließ der damalige WDR-Intendant, Friedrich-Wilhelm von Sell, das ganze Thema noch einmal

8 Budget: 125 000 DM.
9 Budget: 550 000 DM.
10 »Werner Finck (1902–1978) war damals eine Legende. Er hatte 1929 das politische Kabarett der Berliner Katakombe mitbegründet, das zeitweise auch von hochrangigen Nationalsozialisten besucht wurde, die ihn, trotz seines kritischen Humors, beklatschten. Irgendwann wurde es ihnen dann zu viel, und er bekam Berufsverbot samt KZ-Aufenthalt. Das Schicksal war ihm aber weiterhin hold: Göbbels soll mitgeholfen haben, dass er unversehrt aus der Verbannung zurückkam und weiterhin kabarettistisch störte. Was dazu führte, dass die Katakombe 1935 geschlossen wurde.«

überdenken, was zur Folge hatte, dass die Fortsetzung der Serie abgeblasen wurde.

Es folgten die Tango-Film-Produktionen.

Nach dem Zusammenbruch des antiteaters, samt des finanziellen Debakels mit der antiteater-X-Film Ende 1970, machte Rainer erst einmal ein halbes Jahr Pause und sah sich im Münchner *Leopold*-Kino Douglas-Sirk-Filme an[11]. Und er schrieb ein neues Drehbuch mit dem Arbeitstitel *Der Obsthändler*. Das war als HÄNDLER DER VIER JAHRESZEITEN die erste Tango-Film-Produktion. Mit Hans Hirschmüller in der Titelrolle, Irm Herrmann als Ehefrau und Hanna Schygulla als seine Schwester. Die Gagen waren, dem kleinen Budget entsprechend, bescheiden, wobei Rainer auf seine eigene für Drehbuch und Regie verzichtete. Um zu verhindern, dass der Film nicht rechtzeitig ins Kino kommen würde, verhandelte er mit dem Leiter der Redaktion des »Kleinen Fernsehspiels«, Abteilung »Kamerafilm«, Eckart Stein, u.a. auch darüber, dass die Uraufführung am 10. Februar 1972 in der Cinémathèque française stattfinden konnte. Dort war bereits eine Retrospektive seiner bisherigen Filme unter der Ägide der legendären Lotte Eisner und dem nicht weniger berühmten Direktor Henri Langlois in Vorbereitung. Rainer handelte dann mit Stein einen Termin aus, der es dem deutschen Verleih Verlag der Autoren ermöglichte, eine deutsche Kino-Erstaufführung zeitnah nach der deutschen TV-Uraufführung zu planen. Nach langem Hin und Her einigten sie sich darauf, dass der Film am 10. März 1972 im ZDF ausgestrahlt wird und dessen Kino-Erstaufführung genau eine Stunde später in einem Münchner Kino erfolgt. Auch dieser Film wurde zum Klassiker und wird, wie viele andere Fassbinder-Filme, inzwischen auch als Theateradaption auf deutschen und internationalen Bühnen aufgeführt.

Es gab weitere Fassbinder Produktionen mit dem WDR.

Der WDR wollte Fassbinder nicht verlieren, zumal Rainer einen neuen Stoff gefunden hatte, den er unbedingt machen wollte: WELT AM DRAHT, nach dem futuristischen Roman *Simulacron-III* von Daniel F. Galouye. Rainer schreibt zusammen mit Fritz Müller-Schertz das Drehbuch, der WDR, bzw. Peter Märthesheimer, schlägt zwei Teile vor.[12] Der erste Teil wird am 14. Oktober 1973 ausgestrahlt, der zweite ein Jahr später, am 16. Oktober 1974. Was für heutige Verhältnisse undenkbar wäre. Rainer wird noch im September 1973 MARTHA drehen, der am 28. Mai 1974 ausgestrahlt wird. Dazwischen entsteht eine MAZ-Produktion für den Saarländischen Rundfunk, Ibsens *Nora Helmer*, und kurz darauf wird er mit seiner Tango-Film-Produktion ANGST ESSEN SEELE AUF drehen.[13] Nicht zu vergessen FONTANE EFFI BRIEST, ebenfalls von der Tango-Film produziert. Mit Hanna Schygulla als Effi, Wolfgang Schenk als Baron Geert von Instetten und Ulli Lommel als Major Crampas. Lilo spielt Effis Mutter Luise von Briest, Irm Hermann Johanna, Effis Zofe, Ursula Strätz Roswitha, ihr Kindermädchen. Diesmal sind Stars aus den Filmen der 50er-Jahre dabei: Karlheinz Böhm, mit dem Rainer kurz zuvor MARTHA gedreht hatte. Auch Rudolf Lenz, der mit dem Film DER FÖRSTER VOM SILBERWALD [1954] bekannt wurde, als Geheimrat Rummschüttel gehörte dazu. Das war damals für die meisten Regiekollegen von Rainer eine Rückwendung zu den alten Zeiten, wobei ihm teilweise auch unterstellt wurde, dass er Nazifilmen huldigen würde. Das war Unsinn: Sein Blick richtete sich eher auf die Schauspieler aus jener Zeit und nicht auf die Ideologie jener Filme.

Das waren alles wichtige Erfahrungen.

Rainer hat mit den WDR-Produktionen eine Menge dazugelernt. Ihm wurde bewusst, was es heißt, ein gut eingespieltes und erfahrenes Drehteam zu haben, regelmäßig Filmstoffe zu entwickeln und einen festen Anker wie den WDR an seiner Seite zu haben. Wie oft hörte ich ihn erzählen, wie toll der damalige Chef-Beleuchter Ernst Küsters gewesen sei oder der damalige Herstellungsleiter Fred Ilgner, mit dem er zum ersten Mal bei ACHT STUNDEN SIND KEIN TAG zusammenarbeitete und der bei allen weiteren WDR-Filmen Produktionsleiter war. Auch die Cutterin Liesgret Schmitt-Klink hatte ihn bei MARTHA enorm beeindruckt, ob ihrer virtuosen Schnittverläufe, die sich nicht unbedingt an seine Schnittangaben im Drehbuch hielten, ihn sogar überraschten und weiterdenken ließen für kommende Bildeinstellungen. Die antiteater- und antiteater-X-Film-Zeit war für Rainer allerdings mehr oder weniger zu Ende gegangen. Was nicht bedeutet, dass er auch deren Schauspieler und Team verdrängte. Er hat weiter mit seinen Mitstreitern gearbeitet, soweit ihre weiteren Entwicklungen und eigenen Wünsche es zuließen. Mit der Neugründung der Tango-Film wollte er dann für sich selbst ein Zeichen für einen Neuanfang setzen. Auch wurde Rainer im weiteren Verlauf der Filmprojekte immer sicherer als eigener Produzent. Dazu gehört auch eine weniger erfreuliche Produktion, die die Firma Intertel im Auftrag des Sender Freies Berlin (SFB, heute RBB) produzierte. Rainer interessierte sich für den Stoff, denn den Autor des dem Film zugrundeliegenden Theaterstücks, Franz Xaver Kroetz, kannte er aus einer früheren Begegnung im action-theater. Kroetz hatte zu jener Zeit einige Erfolge im Theater zu verzeichnen und war, zusammen mit Rainer und

11 Siehe dazu den Beitrag von Ines Bayer, hier S. 130ff.
12 Budget: 950 000 DM.
13 Budget: 260 000 DM. Uraufführung in Cannes, dort erhält Fassbinder den Kritikerpreis; Brigitte Mira, El Hedi ben Salem und Fassbinder bekommen Bundesfilmpreise.

Martin Sperr, als einer der »künstlerischen Söhne« von Marieluise Fleißer bezeichnet worden. Rainer hätte gerne mit Franz Xaver Kroetz zusammen das Drehbuch zu WILDWECHSEL geschrieben, aber Kroetz lehnte die Zusammenarbeit entschieden ab. Dazu kam, dass der ausführende Produzent Manfred Korytowski nur 14 Drehtage einkalkuliert hatte, was dem Projektumfang nicht angemessen war, wenn man die diversen Drehorte berücksichtigte. Zumal das Budget die gleiche Produktionssumme von 550 000 DM betrug, die Rainer bereits bei NIKLASHAUSER FART und PIONIERE IN INGOLSTADT zu Verfügung hatte, bei denen 20 Drehtage als Mindestdrehzeit angesetzt wurden. Dass er nur 14 Drehtage haben würde, erfuhr Rainer erst bei der ersten Produktionsbesprechung. Trotzdem hat er den Auftrag nicht zurückgegeben. Im Gegenteil: Ihm wurde während der Dreharbeiten erst richtig bewusst, wie er und das gesamte Team von Korytowski ausgebeutet wurden, dass es diesem offensichtlich nur um seinen maximalen Profit ging. Das Produktionsteam kam täglich an seine Grenzen, und Rainer selbst, samt Kameramann Dietrich Lohmann, wuchsen über sich hinaus und schafften das Drehpensum trotz aller Widerstände in der vorgegebenen Zeit. Rainer hat es buchstäblich durchgezogen und danach für sich beschlossen, dass er auf diesem Niveau der totalen Ausbeutung nie wieder arbeiten würde. WILDWECHSEL mit der damals 16-jährigen Eva Mattes und einem jungen Harry Baer in den Hauptrollen wurde dann ebenfalls zu einem finanziellen Erfolg, zuallererst für den Verleiher Hanns Eckelkamp, der den erfolgreichen TV-Film nach seiner Uraufführung im Fernsehen als Kinofilm auswertete und ihn mit einem Lastwagen mit integriertem Freiluftkino-Equipment durch Westdeutschland touren ließ und ihn in jedem bayerischen Dorf auf dem Marktplatz als Freiluft-Kinoereignis präsentierte. Als ich den weit über 90-jährigen Hanns Eckelkamp vor einiger Zeit wiedertraf, erzählte er mir, wie schon zu früheren Zeiten – immer noch mit klarem Verstand und großem Stolz –, dass er mit diesem Fassbinder-Werk einige Millionen Mark verdient habe. Logischerweise bekamen der Produzent und der SFB davon etwas ab. Während Rainers Vertrag keine Beteiligung vorsah.

Änderte sich durch die TV-Produktionen Fassbinders Arbeitsweise?

Rainer hatte diesen unbändigen Gedanken: Wir sind ein Team! Wir halten zusammen! Wir sind auch Freunde, manchmal auch eine kurze Zeit keine. Aber wir machen immer weiter und werden dabei erfahrener, und irgendwann sind wir Profis; aber vor allem machen wir »gute und soweit als möglich perfekte Filme«. Ich muss gestehen, dass Rainer zu meiner Zeit, also ab Frühjahr 1976, ganz wenig von seinen früheren Produktionen sprach. Ich habe inzwischen durch seine originalen Verträge und alle sonstigen Unterlagen, auch durch meine umfassenden Interviews mit seinen frühen Mitarbeitern und der Gruppe, einen ganz anderen Wissensstand. Als ich zu seinem Team dazustieß, das war am 3. März 1976, da kam ich über Umwege in den Schneideraum zu Ila von Hasperg, die CHINESISCHES ROULETTE editierte. Seit HÄNDLER DER VIER JAHRESZEITEN [1971] hatte Rainer 14 weitere Filme gedreht, darunter TV-Filme samt Mehrteilern und Spielfilme. Er arbeitete also entweder als angeworbener freier TV-Autor und Regisseur oder als sein eigener Produzent mit der Tango-Film, als Drehbuchautor und Regisseur – hierbei entstehen auch FAUSTRECHT DER FREIHEIT [1974] oder SATANSBRATEN [1975]. Mit der Tango-Film ist er bei CHINESISCHES ROULETTE Koproduzent, aber Michael Fengler ist ausführender Koproduzent, denn Rainer hatte zuvor Michael dabei unterstützt, selbst eine Produktionsfirma zu gründen, mit der er mit seiner Tango-Film koproduzieren könnte. Hier ging es auch um den Einsatz von Referenzgeldern, die Fassbinder zuerst mit der antiteater-X-Film erwirtschaftet hatte und nun auch mit der Tango-Film bekommen konnte. Wiederum produzierte dann Tango-Film, quasi nebenbei, als alleiniger Produzent EIERDIEBE unter der Regie von Michael Fengler. In der Folge wird Tango-Film auch mit Christian Hohoff eine Filmkoproduktion durchführen. Das ist dann SPIEL DER VERLIERER [1976] mit Maria Schell. Diese Zusammenarbeit führte leider zum finanziellen Desaster für Christian Hohoff, der sein Budget weit überzogen hatte, Rainer jedoch als durchführender Produzent nicht bereit war, die Überziehungskosten zu finanzieren. Dann kommen wieder die sogenannten großen Produktionen mit der Bavaria Film, mit der der TV-Film ICH WILL DOCH NUR, DASS IHR MICH LIEBT [1975/76] entsteht. Rainer ist als freier Drehbuchautor und Regisseur engagiert, erstellt in kurzer Zeit das Drehbuch und übernimmt die Regie. Danach folgt sein erster größerer Film in englischer Sprache: DESPAIR – EINE REISE INS LICHT [1978].

Wim Wenders, Werner Herzog und viele andere Filmemacher des Neuen Deutschen Films beteiligten sich in den 1970er-Jahren beim Filmverlag der Autoren, um ein Gegenmodell zu schaffen, um als Künstler auch ein Mitspracherecht am eigenen Film zu bekommen und an den Einnahmen beteiligt zu werden.

In der Anfangsphase des Filmverlags der Autoren war Rainer dabei, er ist dann aber später ausgeschieden. Zudem hat er sich mehr oder weniger rausgehalten, denn er war ja ständig am Produzieren. Als der Filmverlag dann eine Filmproduktionsfirma, die Pro-ject Filmproduktion im Filmverlag der Autoren, gründete, hat diese Rainers Filme mitproduziert und der Filmverlag der

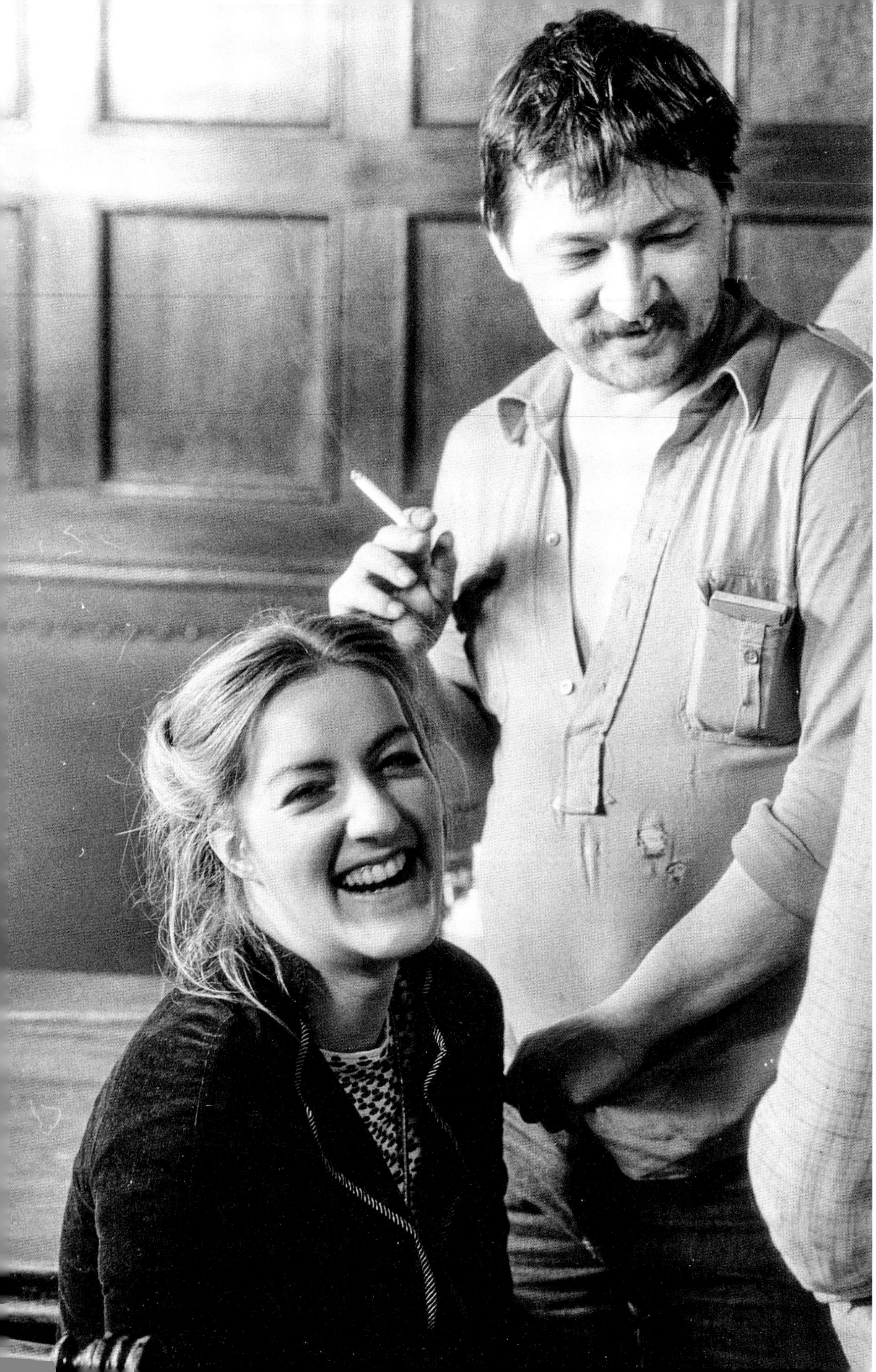

← Bei den Dreharbeiten zu
DIE DRITTE GENERATION, 1978/79

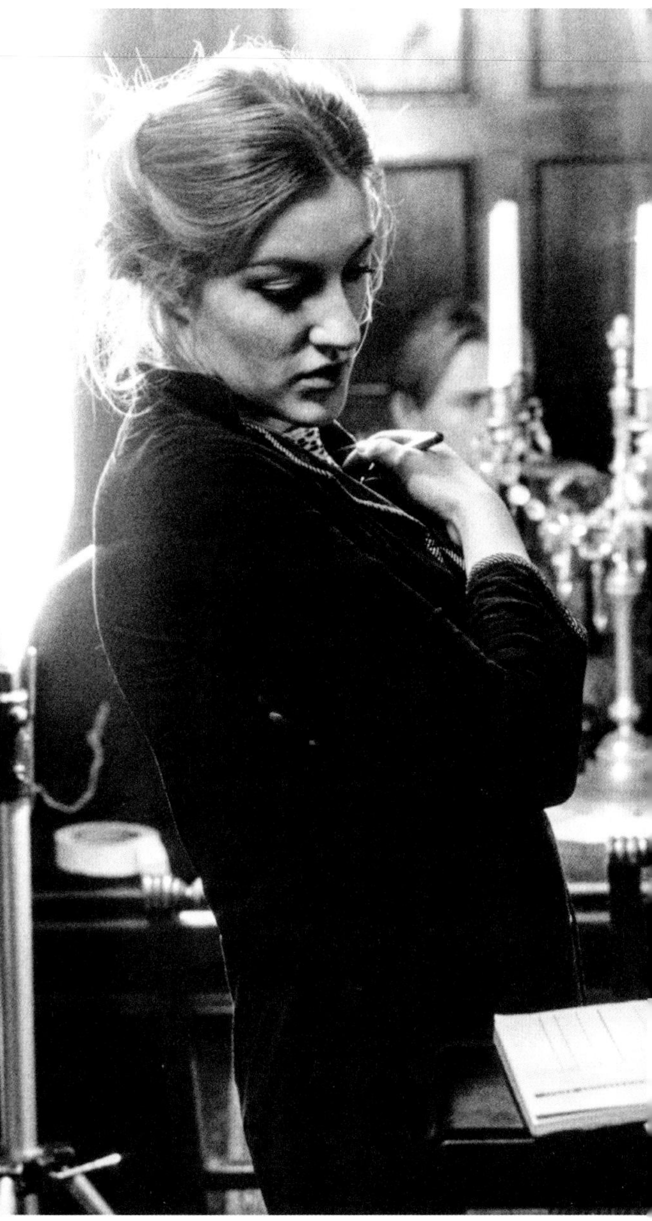

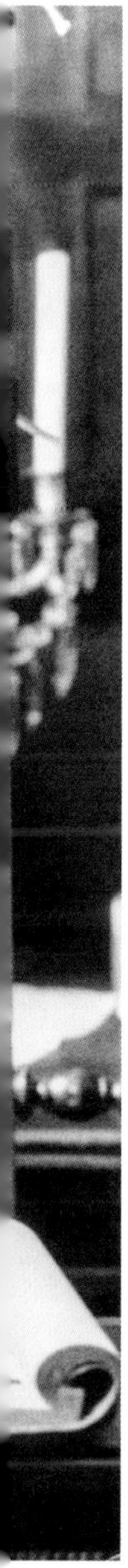

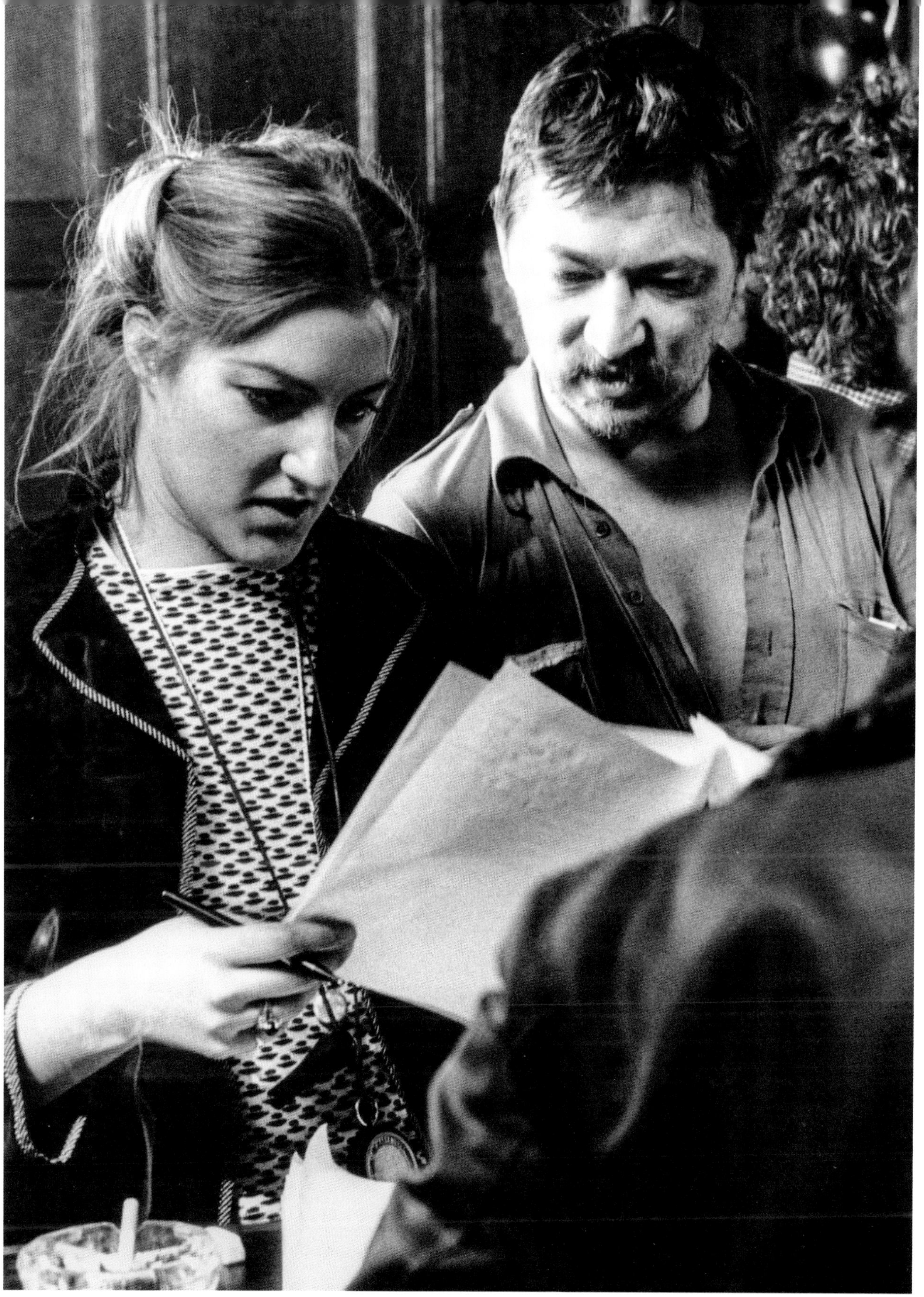

Autoren und dessen Weltvertrieb sie weltweit vertrieben, u.a. IN EINEM JAHR MIT 13 MONDEN [1978] und DIE DRITTE GENERATION [1979]. Rainer war es aber wichtiger, dass das Filmsystem in Deutschland offener würde, weil es zu seiner Zeit bei weitem noch nicht viele Neue Deutsche Filmemacher und Filmproduzenten gab.

Die Materialien, die wir von der Rainer Werner Fassbinder Foundation in unser Archiv übernommen haben, speziell das Produktionsarchiv mit den sogenannten »Lilo«-Ordnern, belegen wunderbar, dass Fassbinder auch ein Mensch der Zahlen war. Er hat viele Zahlenkolonnen sowie handschriftliche Kalkulationen aufgestellt. Dieses chaotische Arbeiten, das ihm nachgesagt wird, stimmt in der Hinsicht gar nicht.

Rainer war äußerst strukturiert und immer auch auf die Kosten eines Films fokussiert, egal wer ihn produzierte. Das war letztendlich auch der Produzent in ihm. Nun merkt man auch an seiner Autorensprache, was für einen detailgenauen Blick er auf seine Figuren warf, auf die Zeit und deren politische Hintergründe. Dieses Jonglieren mit der realen Welt seiner Figuren und das Vermitteln einer Zeit ist nach meiner Einschätzung einzigartig in der Filmkunst. Rainers Blick war ein eigenwilliger, realer einerseits, aber andererseits gab es auch eine poetische Erzählstruktur, in die er eine klare politische Haltung einband. Für Rainer war das Politische auch das Private.

Es gibt ein Zitat von Fassbinder, »Man muss machen, was man zu machen hat«, wäre das das Motto, unter dem seine Produzententätigkeit zusammengefasst werden könnte?

Rainer hatte zu der Zeit, in seiner sogenannten dritten Phase, gelernt, dass er prozentuale Anteile bei allen seinen Spielfilmproduktionen haben musste, egal ob es seine eigenen Filmprojekte waren, Fremdproduktionen oder Koproduktionen. Nach seinem Welterfolg DIE EHE DER MARIA BRAUN und dessen Produktionschaos seitens der Albatros Film war er einfach dazu gezwungen, nur noch mit professionellen Produzenten zu arbeiten. Nun waren alle folgenden Produktionen auch gut durchfinanziert, ich spreche jetzt von LILI MARLEEN, LOLA und DIE SEHNSUCHT DER VERONIKA VOSS. Bei den beiden Tango-Film-Produktionen IN EINEM JAHR MIT 13 MONDEN und DIE DRITTE GENERATION hielten sich dann plötzlich die öffentlichen Förderer wieder bedeckt. Man verstand damals 13 MONDE nicht. Nur Peter Märthesheimer besorgte damals vom WDR 100 000 DM Produktionsstartgeld samt einmaliger Ausstrahlungslizenz. Damit wurde der Film gedreht, wobei wir alle, samt RWF, nur eine minimale Gage bekamen. Danach kam DIE DRITTE GENERATION, da erging es uns ähnlich wie mit 13 MONDEN, zumal die Geschichte Rainers Stellungnahme zur dritten Terroristengeneration in Deutschland war. Wir bekamen dann über den Filmverlag der Autoren unter der damaligen Führung von Theo Hinz vorab eine Verleihgarantie in Höhe von ca. 100 000 DM. Mehr gab es nicht. Es folgten dann die eineinhalb Jahre andauernden Dreharbeiten samt Postproduktion zu BERLIN ALEXANDERPLATZ. Damit war erst einmal Schluss mit den kleinen Filmproduktionen. Rainer wird nach dem BERLIN-ALEXANDERPLATZ-Marathon von der Roxy Film für LILI MARLEEN die damals in Europa höchste Drehbuchbearbeitungsgage bekommen. Von der Rialto Film bekommt er dann auch hohe Gagen; manchmal auch Beteiligungen an den Auswertungserlösen. Das hatte auch damit zu tun, dass Rainer ab DESPAIR – EINE REISE INS LICHT [1978] eine weltweit operierende Agentur hatte, die berühmte William Morris Agency, die ihn als Regisseur vertrat.

Rainer war in den letzten Jahren seines Schaffens an erfahrenen und erfolgreichen Produzenten interessiert. Die kamen nach dem Welterfolg von DIE EHE DER MARIA BRAUN alle auf ihn zu, auch international. Unter anderem fragte ihn Francis Ford Coppola, ob er einen Film für seine Filmproduktion machen würde.

Das ist schon eine andere Größenordnung.

Sicherlich, aber Rainer hatte die Befürchtung, dass er sich dann Coppola unterordnen müsste, und wollte sich diesem Stress nicht aussetzen. Auch die sogenannten »Altproduzenten«, wie Luggi Waldleitner mit seiner Roxy Film oder Horst Wendlandt mit Rialto Film, kamen auf Rainer zu. Er ließ sich aber nicht einfach »einkaufen«, er wollte auch aus künstlerischen Gründen mit ihnen arbeiten. Dazu kamen seine Stammschauspieler, allen voran Hanna Schygulla, aber auch internationale Stars, die mir Rainer arbeiten wollten.[14] Seine Filme wurden ja bereits seit Beginn der 70er-Jahre weltweit gezeigt. Es kam einmal zu einem Kontakt mit Jane Fonda, mit der Rainer telefonierte, um über das *Rosa-Luxemburg*-Projekt zu sprechen. Das hatte bereits Margarethe von Trotta im Visier, wurde dann aber Rainer angeboten. Jane Fonda war sehr daran interessiert, die Rolle der Rosa zu übernehmen. Aber Rainer tat sich schwer, das Projekt zuzusagen, denn er wollte Margarethe nicht ausbooten, der bereits vor ihm vom Koproduzenten Eckelkamp das Projekt angeboten worden war. Deshalb rief Rainer Margarethe an, die ihm dann wiederum ausredete, dass sie den Film machen müsse, sondern ihm gerne den Stoff überlassen wolle. Es gab dann noch

14 »Obgleich es auch mal eine dreijährige Hanna-Schygulla-Pause gab, die dann mit DIE EHE DER MARIA BRAUN endete.«

ein anderes Projekt, das ihm Horst Wendlandt angeboten hatte, der wiederum von dem legendären Roman von Pittigrilli, *Kokain*, angetan war und ihm den Auftrag gab, ein Drehbuch zu schreiben. Das es noch heute gibt. Dann hatten Rainer und ich bereits zusammen an einem Stoff recherchiert, auf den ich stieß, als ich im Archiv der *Süddeutschen Zeitung* für die Filme LOLA und DIE SEHNSUCHT DER VERONIKA VOSS zu den 50er-Jahren recherchierte und auf einen Artikel über Christiane Ebert stieß, eines der vielen Starlets dieser Zeit, die jedoch mangels Rollenangebote und entsprechender Gagen und wegen mangelnder Fürsorge ihrer ehemaligen Liebhaber im wahrsten Sinne des Wortes verhungerte.

Rainer Werner Fassbinder verstarb am 10. Juni 1982, und keines dieser letzten Projekte wurde gedreht.

Es gab eine Pause von etwa zehn Jahren, in der seine Filme ausschließlich im Ausland gezeigt wurden, in Retrospektiven. Ich habe nach Rainers Tod, mit gerade mal 26 Jahren, lange getrauert und meinen Beruf weiter ausgeübt, soweit ich es konnte, denn viele Regisseure sahen bei mir immer auch den Blick Fassbinders. Ich habe dann mit einigen anderen Regisseuren des Neuen Deutschen Films gearbeitet, unter anderem mit Werner Schroeter ein paar Filme gemacht und mitproduziert. Nach über 50 Filmen als Editorin verließ ich diesen Weg. Parallel dazu habe ich 1991 die Rainer Werner Fassbinder Foundation von Lilo übernommen und als Präsidentin weitergeführt, was ich bis heute tue, und ich kann mit Stolz sagen, dass durch die Foundation die Filme und das Werk von Fassbinder auch nach seinem Tod weiterleben, entdeckt und wiederentdeckt werden. Zudem hatte ich das große Glück, den Schriftgutnachlass in das 2019 gegründete Fassbinder Center am DFF übertragen zu können, wo das Erbe von Rainer verantwortlich gepflegt wird und somit auch langfristig Ausgangspunkt von wissenschaftlichen Projekten sein wird.

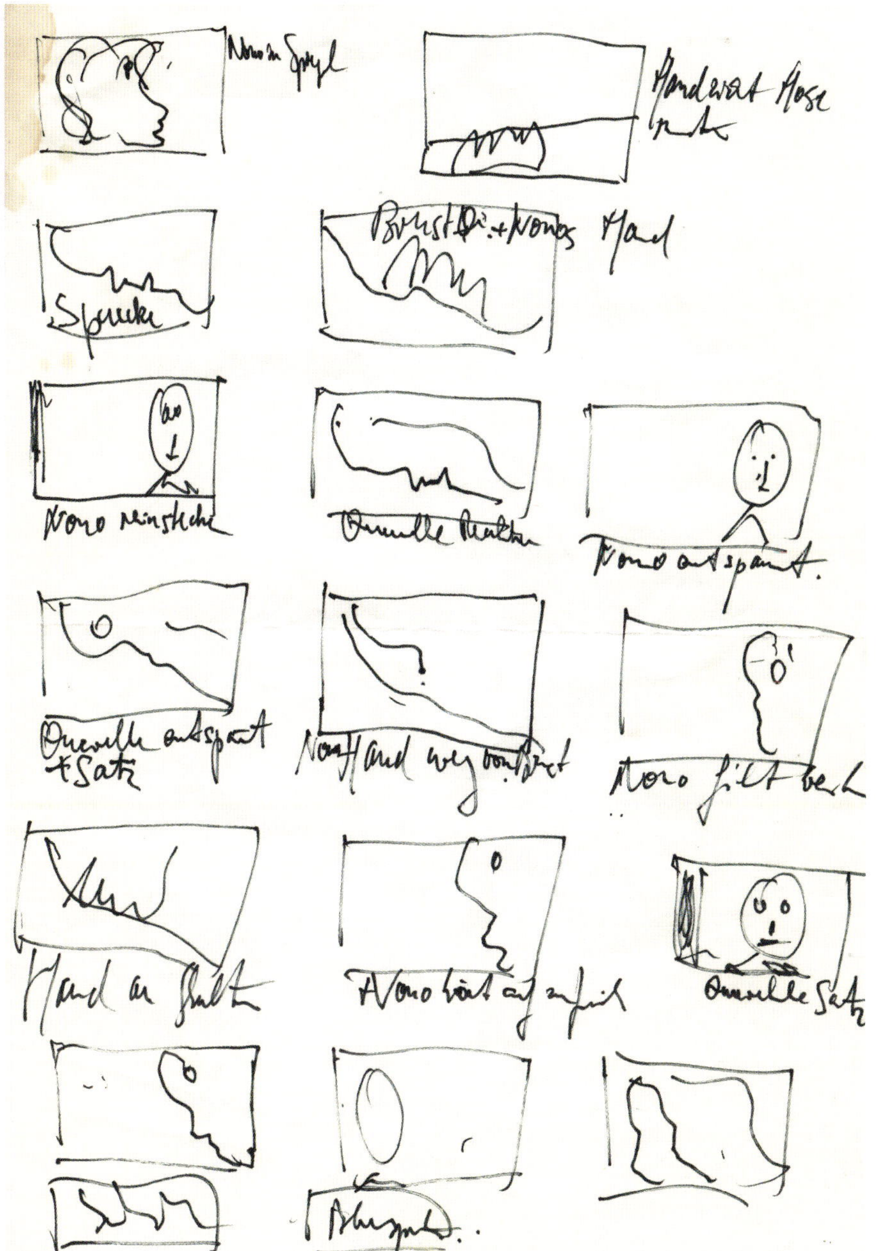

↑ Skizzen von Rainer Werner Fassbinder für Juliane Maria Lorenz zur Montage von **QUERELLE**, 1982

Das Gespräch mit Juliane Maria Lorenz-Wehling führten Hans-Peter Reichmann und Isabelle Louise Bastian (DFF) am 6. November 2020.

Ines Bayer

Die Münchner Kinopraxis der 1950er- bis 1970er-Jahre

Rainer Werner Fassbinders Weg zum Film führte durch das Kino. In einer Zeit, in der Filmhochschulen in Westdeutschland noch zu etablieren waren (für den ersten und zweiten Jahrgang der 1966 eröffneten Film- und Fernsehakademie Berlin hatte Fassbinder sich ohne Erfolg beworben), hatte das Kino als Lern- und Lehrort das größte Potenzial.

»[A]ls wahres Lernen des Filmemachens allerdings betrachte ich das systematische Sehen von etwa drei bis vier Filmen pro Tag.«[1]
Rainer Werner Fassbinder, 1981

Fassbinders Kinosozialisation vollzog sich während einer Phase gewaltiger Umbrüche in der westdeutschen Film- und Kinowirtschaft, und damit: der westdeutschen Film- und Kinokultur. Im Alter von fünf Jahren, so Fassbinder, habe er begonnen, ins Kino zu gehen. Er war elf, als das Kino boomte wie nie und 817 Millionen Menschen in der Saison 1955/56 die Filmtheater der Bundesrepublik besuchten. Fassbinder war 16, als eine Gruppe von 26 Filmemachern im Februar 1962 in Oberhausen Papas Kino öffentlich und wirkungsvoll für tot erklärte. Er war 24, als im Juni 1969 sein erster eigener Spielfilm bei den Internationalen Filmfestspielen in Berlin zur Uraufführung kam.

**»Und was hast du dir vorgestellt von dem, was mal sein soll für dich? – Ich wusste, ich werde Filme machen. – Woher? – Das wusste ich. – Ist das, pluff, irgendwann mal in deinem Kopf gewesen? – Nee, das wusste ich, seit ich zwölf war. Das war für mich gar keine Debatte, das war alles nur eine Frage der Zeit, wann das passieren wird. Na gut. – Trotzdem, wieso wusstest du das dann, als du zwölf warst? – Weil ich es wollte. – Das kommt doch von irgendwo her. – Du, weil ich viel im Kino war und das das einzige war, was mich wirklich interessiert hat. […] Und das, was mir am besten gefiel – auch weil ich am wenigsten davon wusste, also von der Herstellung –, war Film. Ich wollte es machen, und ich wusste, ich werde es machen.
Ich kann einfach nicht mehr sagen, weil's auch nicht mehr war. Nun gut.«**[2]
(Rainer Werner Fassbinder im Gespräch mit Corinna Brocher, 1973)

Besucherandrang beim Horror Festival im *Leopold*-Kino, 1960er-Jahre →

1 Rainer Werner Fassbinder, Hanna Schygulla. Kein Star, nur ein schwacher Mensch wie wir alle (unordentliche Gedanken über eine Frau, die interessiert), in: Michael Töteberg (Hg.), Rainer Werner Fassbinder: Filme befreien den Kopf. Essays und Arbeitsnotizen, Frankfurt a. M. 1984, S. 97–114, hier S. 98.
2 Corinna Brocher, Die Gruppe, die trotzdem keine war. Rainer Werner Fassbinder über die Entwicklung des antiteaters und die Entstehung seiner ersten fünf Filme, in: Robert Fischer (Hg.), Fassbinder über Fassbinder. Die ungekürzten Interviews. Berlin/Frankfurt a.M. 2004, S. 17–176, hier S. 18f.

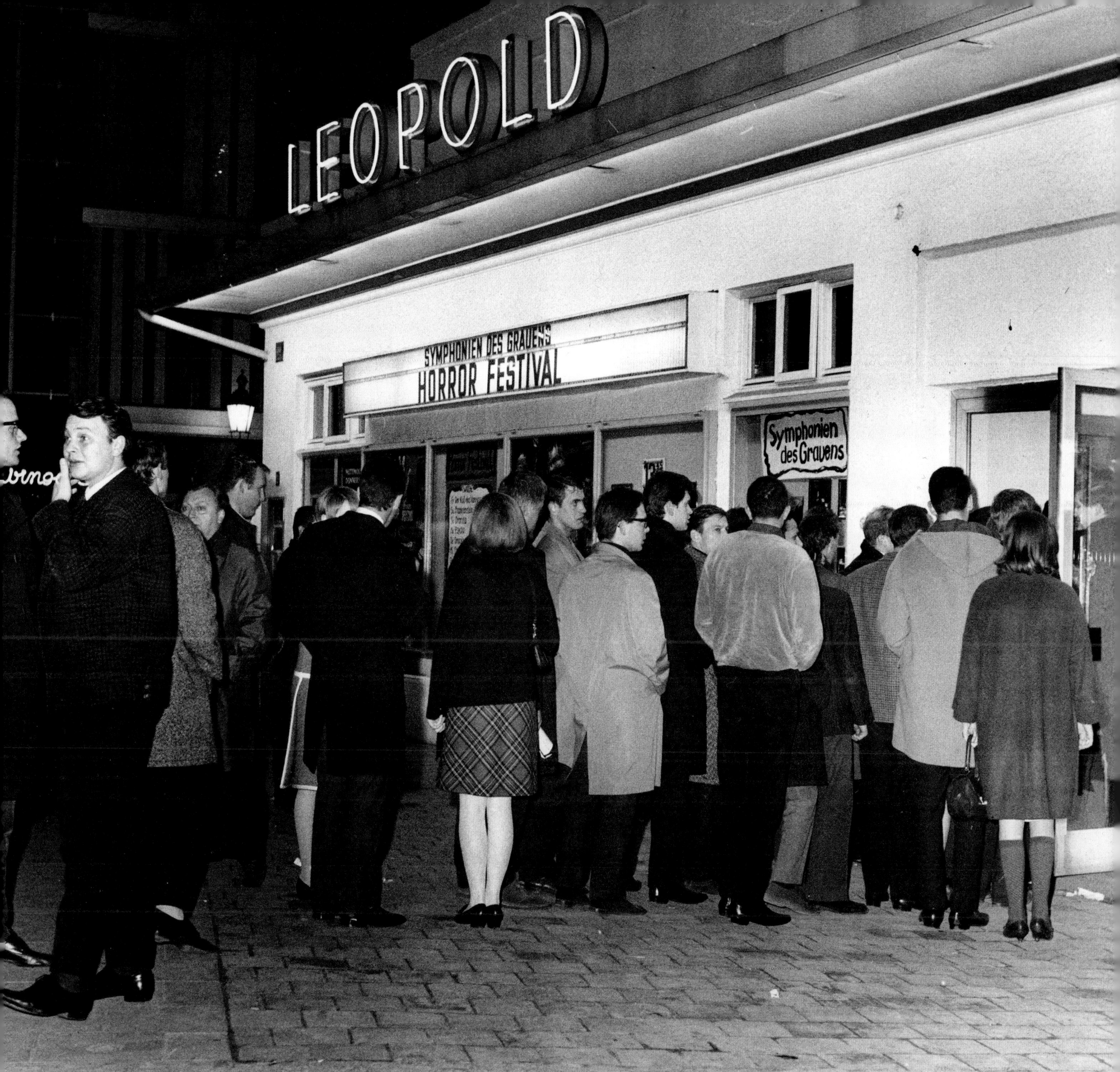
LEOPOLD
SYMPHONIEN DES GRAUENS
HORROR FESTIVAL
Symphonien des Grauens

Drei bis vier Filme am Tag. Mehr als 100 im Monat. Mehr als 1 000 im Jahr. Um zu verstehen, woraus das gewaltige Film-, Bilder- und Tongedächtnis bestanden haben könnte, das Fassbinder in gut 30 Jahren aktiven Filmesehens übereinanderschichtete, sind zwei Faktoren wichtig. Zum einen: das Angebot an deutschen und internationalen Filmen in den 1950er-Jahren. Zum anderen: die Kinopraxis speziell in München, der Stadt, in der Fassbinder hauptsächlich lebte, ins Kino ging und arbeitete. Neben Fassbinder als Zuschauer nimmt dieser Text auch Kinomacher als Akteur*innen in den Fokus, insbesondere Thomas Kuchenreuther, dessen Übernahme des *Leopold*-Kinos in der Leopoldstraße in Schwabing 1965 ein »einschneidendes und tatsächlich zukunftsweisendes Ereignis für die Münchner Kinolandschaft« war.[3] Ein im Februar 2021 mit Thomas Kuchenreuther geführtes Gespräch grundiert den nachfolgenden Text.

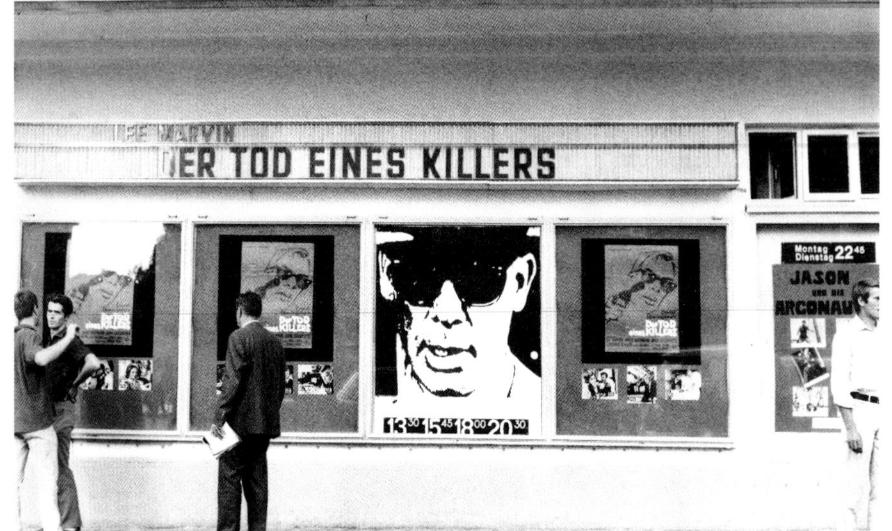

Der Kino-Boom der 50er-Jahre

Als Rainer Werner Fassbinder das Kino kennenlernte, präsentierte es sich ihm ohne jeden Zweifel als Massenphänomen. »Das Kino als sozialer und kultureller Ort hatte […] in den 1950er Jahren eine Wichtigkeit, die heute kaum noch vorstellbar ist«, schreibt Claudia Dillmann und erläutert den »Pakt mit dem Publikum«, der Grundlage allen Kalkulierens und Handelns des etablierten, wenn auch strukturell prekären Produktions- und Verleihsystems in Westdeutschland war.[4] In München gingen im dortigen Rekordjahr 1957 mehr als 22 Millionen Besucher*innen in die 130 Kinos der Stadt, das waren statistisch 23 Kinobesuche pro Kopf pro Jahr.[5] Die Kinos, die sich vor allem in den Innenstädten damals Filmtheater nannten, umwarben ihre Kundschaft mit einem umfang- und facettenreichen Programm. Mitte der 1950er-Jahre konnten Leser*innen der *Süddeutschen Zeitung* in den dortigen Filmspalten für einen beliebigen Tag mühelos aus 50 verschiedenen Filmen in etwa ebenso vielen annoncierenden Kinos wählen.[6]

Zahlenmäßig wurden die Spielpläne von US-amerikanischen sowie weiteren internationalen Filmen dominiert, und zu den meistbesuchten Titeln der Dekade gehörten THE THIRD MAN/DER DRITTE MANN (US 1949, R: Carol Reed), REBECCA (US 1940, R: Alfred Hitchcock), DON CAMILLO (IT/FR 1952, R: Julien Duvivier), HON DANSADE EN SOMMAR/SIE TANZTE NUR EINEN SOMMER (SE 1951, R: Arne Mattsson), FROM HERE TO ETERNITY/VERDAMMT IN ALLE EWIGKEIT (US 1953, R: Fred Zinnemann), DU RIFIFI CHEZ LES HOMMES/RIFIFI (FR 1955, R: Jules Dassin) und EAST OF EDEN/JENSEITS VON EDEN (US 1955, R: Elia Kazan). Gut am Markt behauptete sich aber auch der in den 1950er-Jahren stetig wachsende Anteil westdeutscher Produktionen, die grob verbindlichen Genrekategorien folgten und sich eines leidlich ausgebauten Starsystems bedienten (mit Namen wie Hildegard Knef, Heinz Rühmann, Romy Schneider, Curd Jürgens, Liselotte Pulver, O.W. Fischer). Hinsichtlich der längsten Laufzeiten und der meisten Einsätze lagen deutsche Filme sogar oft vorn: So hatten etwa SCHWARZWALDMÄDEL (1950, R: Hans Deppe), 08/15 (1954, R: Paul May), DER HAUPTMANN VON KÖPENICK (1956, R: Helmut Käutner), DAS MÄDCHEN ROSEMARIE (1958, R: Rolf Thiele) und DAS WIRTSHAUS IM SPESSART (1958, R: Kurt Hoffmann) in ihrer jeweiligen Saison auf westdeutschen Leinwänden die größte Präsenz.[7]

Dass die einheimische Ware dabei weniger gleichförmig war als gemeinhin angenommen, ist eine Einsicht, die sich – nach der Organisation und Sichtung entsprechend weitgefasster Retrospektiven – erst seit wenigen Jahren durchzusetzen beginnt. Dennoch: Im Kontext des deutschen Kinos der 1950er-Jahre wäre Fassbinders Schaffen nicht möglich gewesen. Genauso wenig möglich war es ohne dieses Kino. Was Fassbinder hier sah, an Routinen, Konventionen, Klischees, Ausbruchsversuchen hier und da; an technischer Perfektion, an Schauspielkunst, an Manierismen; an verhandelten Themen, an Verschwiegenem und der so oft mitgelieferten Moral: Es war eine notwendige Basis, zu der er sich als Filmemacher verhalten konnte.

München galt den Verleihern dabei als schwieriges Pflaster. In der *Süddeutschen Zeitung* schrieb Gunter Groll 1953 über »Filme und ihr Publikum«: »Immer wieder sprechen Verleiher vom ›gefürchteten

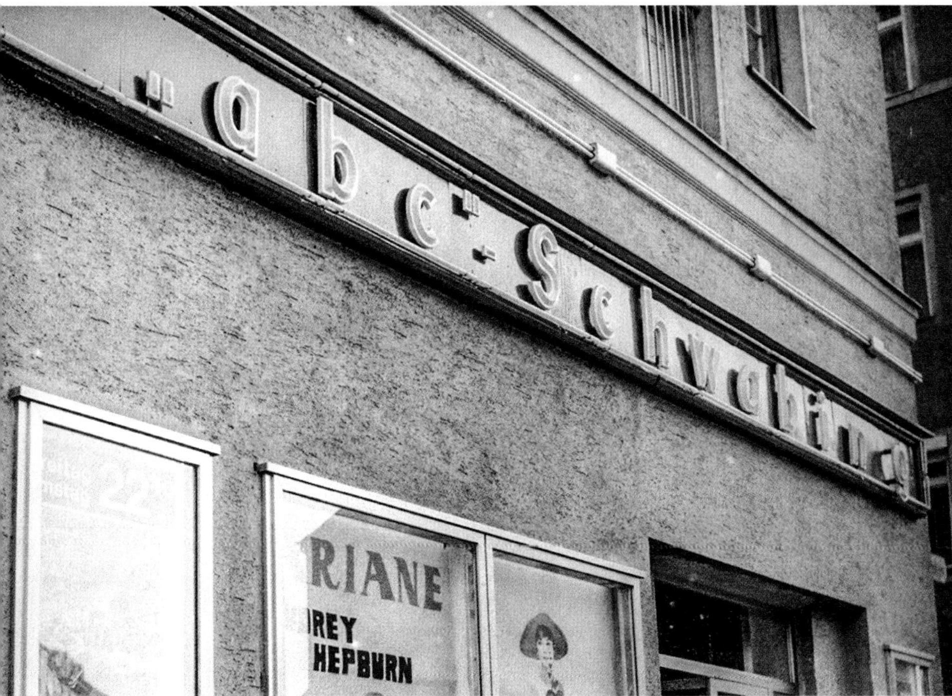

München‹ – hier seien, so heißt es, gewisse Filme einfach nicht zu starten.« Zum Teil werde das der »bösen« Münchner Filmkritik angelastet (eine regelrechte Schule des Schreibens über Film entstand aus dieser Szene, die weit über München hinaus wirksam und für die Formierung der deutschen Filmwissenschaft wichtig war), zum Teil aber auch dem Münchner Publikum, »das so schwer zu begeistern sei [für gewisse Filme]«. Nach einer knappen Auseinandersetzung mit jenen Titeln, die die Verleiher gern nach München gäben, fragt Groll: »Wenn Kitsch wie Kunst ihr Echo finden – welche Filme sind es denn dann, die man ungern in München startet? Es sind, so scheint mir, vor allem die mittelmäßigen. Die mittelminderen. Der Kitsch findet überall seine Freunde [...]. Und die Filmkunst findet in München ein anderes, erstaunlicherweise kaum weniger großes Publikum.«[8]

Kinopraxis in den Sechzigern: Programmmacher und ihr Publikum

Der hohe Anteil »anspruchsvoller« Filme in München hatte auch mit Fritz Falter zu tun, der mit seinem 1951 in der Schwabinger Occamstraße eröffneten Studio »die Gattung der bundesdeutschen Filmkunstkinos begründete«.[9] Ein Schwerpunkt des international angelegten Programms war, schon der Verfügbarkeit wegen, das frankophone Kino, hatte doch einer der Mitstreiter Fritz Falters zuvor in der französischen Besatzungszone gelebt und wusste, auf welchen Wegen Kopien zu bekommen waren. Mit der wohl ebenfalls pragmatischen Entscheidung, einige der Filme in der originalen Sprachfassung mit Untertiteln zu zeigen, begründete Falter eine neue, wenn auch rar bleibende Praxis.[10]

Man muss allerdings davon ausgehen, dass Fassbinder – ob im Kino oder später in den filmhistorisch reich bestückten Programmen des Fernsehens – die Titel des internationalen Kinos in der Mehrzahl als deutsch synchronisierte Fassungen erlebte. Für ihn, der sowohl die Arbeit der Schauspieler*innen als auch den Umgang mit Sprache für essenziell erachtete, mag das ein zwiespältiges Phänomen gewesen sein. Zum einen muss die Diskrepanz zwischen Darsteller*in und Stimme in der Synchronisation als Verlust (von Nuancen und von Zwischentönen, von Emotion, von der Eindeutigkeit des Sinns) erscheinen. Zum anderen mag die Entkörperlichung der Stimme, mag der befremdliche Effekt als für den künstlerischen Ausdruck produktiv zu machender Reiz erscheinen. Man kann sich fragen, ob die Akzentuierung von Sprache in Fassbinders eigenem Werk, in der Syntax wie im Duktus, mit der Praxis der Synchronisation im deutschen Kino in Verbindung steht.

In den 1960er-Jahren bildete sich in München ein Portfolio an Kinos heraus, das für die Stadt – speziell für Schwabing – charakteristisch war und von dem sich sagen ließ: »[V]ieles von dem, was der junge Münchner Film und die junge deutsche Filmkritik vom Film begriffen, begriffen sie hier.«[11] Thomas Kuchenreuther, der im Jahr 1965, damals 21-jährig, mit seinem drei Jahre jüngeren Bruder Steffen das *Leopold*-Kino aus insolventer Hand übernahm und zwei Jahre später mit dem *abc* sein zweites Kino in Schwabing eröffnete (weitere Häuser in München sollten folgen), war Teil, wenn nicht Motor dieser Entwicklung. Die wirtschaftlichen Vorzeichen freilich waren andere als

3 Gabriele Jofer, Im tiefen Tal der Kinokrise. Misere und Überlebenskampf der Münchner Filmtheater in den sechziger Jahren, in: Monika Lerch-Stumpf (Hg.), Neue Paradiese für Kinosüchtige. Münchner Kinogeschichte 1945–2007, München/Hamburg 2008, S. 143–167, hier S. 166.
4 Claudia Dillmann, Der Pakt mit dem Publikum. Zu den Produktionsbedingungen des Adenauer-Kinos, in: Dies./Olaf Möller (Hg.), Geliebt und verdrängt. Das Kino der jungen Bundesrepublik Deutschland von 1949 bis 1963, Frankfurt a.M. 2016, S. 26–37, hier S. 34.
5 Vgl. Monika Lerch-Stumpf, Filmfieber und Kinosucht. Kino-München – gestern und heute, in: Lerch-Stumpf (wie Anm. 3), S. 13–27, hier S. 16, oder: Sylvia Wolf/Ulrich Kurowski, Das Münchner Film- und Kino-Buch, hg. von Eberhard Hauff, Ebersberg 1988, S. 6 (und S. 231 re. Pro-Kopf-Besuch).
6 Vgl. Gabriele Jofer, Herrliche Zeiten im Kino-Paradies. Die Münchner Filmtheater der fünfziger Jahre, in: Lerch-Stumpf (wie Anm. 3), S. 49–107, hier S. 79.
7 Vgl. Werner Sudendorf, Die erfolgreichsten Filme 1950–1959. Online: wernersudendorf.de (basierend auf einer Analyse der Filmblätter).
8 Gunther Groll, Filme und ihr Publikum, in: Süddeutsche Zeitung, 31.12.1953, zit. nach Monika Lerch-Stumpf, Filmfieber und Kinosucht. Kino-München – gestern und heute, in: Lerch-Stumpf (wie Anm. 3), S. 13–27, hier S. 18.
9 Monika Lerch-Stumpf, Filmfieber und Kinosucht. Kino-München – gestern und heute, in: Lerch-Stumpf (wie Anm. 3), S. 13–27, hier S. 18.
10 Vgl. Jofer (wie Anm. 3), S. 49–107, hier S. 63ff.
11 Doris Kuhn, Ein Jahrzehnt ohne Skrupel. Geschäft und Experiment: Münchner Kinos in den Siebzigern, in: Lerch-Stumpf (wie Anm. 3), S. 173–191, hier S. 177.

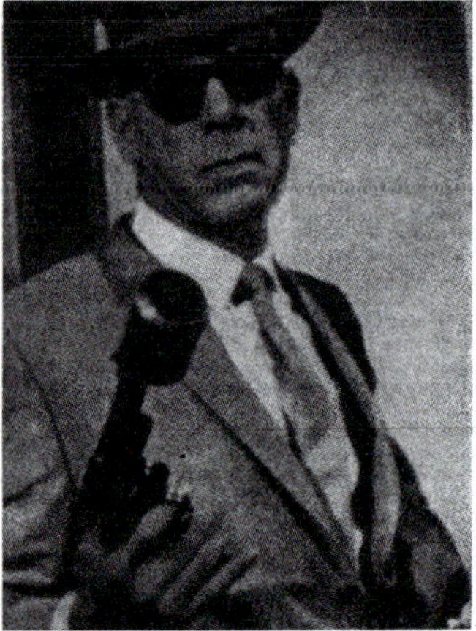

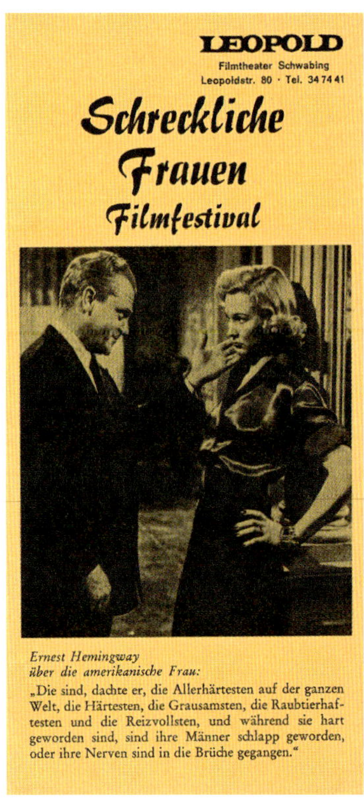

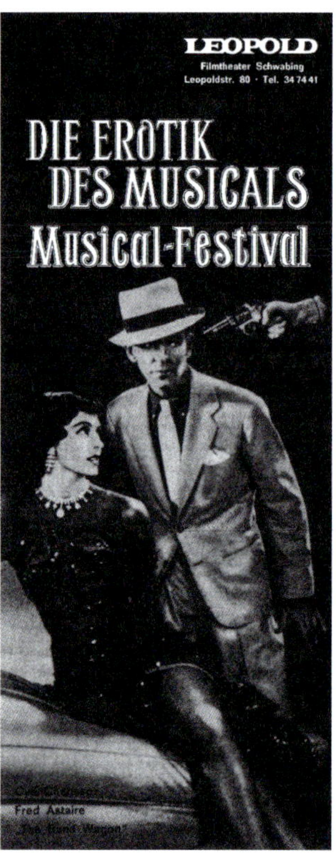

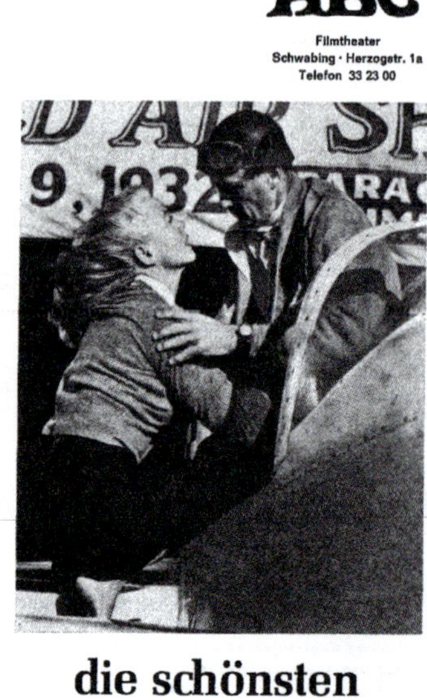

↑ Programmhefte zu Filmreihen im *Leopold* und im *abc*, 1970er-Jahre

im goldenen Kinojahrzehnt davor. Auf die Hausse des Kinomarkts in Deutschland in den 1950ern war, mit Wucht, die Baisse gefolgt.

Eine sich rapide motorisierende Gesellschaft, verändertes Freizeitverhalten und der Siegeszug des Fernsehens entzogen den Kinos das Publikum. Von 1956 bis 1963 hatte sich die Zahl der in der BRD verkauften Eintrittskarten mehr als halbiert. Im selben Zeitraum stieg die Zahl der Fernsehgeräte von 284 000 auf 10 Millionen. Zwischen 1960 und 1969 schlossen 65 Münchner Bezirkstheater (26 von ihnen wurden in Supermärkte umgewandelt). Nur 63 Filmtheater blieben in ganz München zum Ende des Jahrzehnts bestehen. Zum Vergleich: 1958 hatte man noch 131 Kinos gezählt.[12] Die prekäre Lage erforderte (und belohnte) Mut und Innovation. Thomas Kuchenreuther, der aus einer Erlangener Filmtheaterfamilie stammte und in zweiter Generation Kino machte, war bereit und in der Lage, programmatisches Risiko mit unternehmerischem Denken in Einklang zu bringen.

Man muss sich die Programmgestaltung jener Zeit als volatile Praxis vorstellen, in der die Entschlossenheit der Akteure so wichtig war wie die Gelegenheit des Augenblicks. In Schwabing waren qua Entscheidung der Verleiher keine Erstaufführungen möglich. Vom stoisch-routinierten Nachspiel aber, dessen wirtschaftliche Einträglichkeit er für unzureichend hielt, wollte Thomas Kuchenreuther sich lösen, und so sorgte er zuallererst dafür, dass entsprechende Altverträge seiner Kinos mit der Constantin und der Gloria Film beendet wurden. Kuchenreuther abonnierte wesentliche Filmzeitschriften wie *Screen, Films & Filming* und *Positif* und reiste systematisch Jahr für Jahr zu den Filmfestspielen nach Berlin, Cannes und Venedig. Er war an Titeln interessiert, die im Premierenzyklus untergegangen waren und in denen er, unterstützt durch gezielte Pressearbeit, ein bislang nicht ausgeschöpftes Marktpotenzial sah. Zugleich spielte er ein breites Repertoire, facettenreich und entdeckerfreudig und ohne dünkelhafte Unterscheidung zwischen Kunst und Kommerz. Kopien bezog er z.B. über die Verleihe Atlas und Neue Filmkunst Walter Kirchner, die sich auf Wiederaufführungen internationaler Klassiker spezialisiert hatten. Der Herausforderung, auch aus Titeln auszuwählen, die er zuvor nicht hatte sehen können, begegnete Thomas Kuchenreuther mit Andrew Sarris' enzyklopädisch angelegtem Buch *The American Cinema: Directors and Directions, 1925–1968*: Die nach Ansicht des Autors bemerkenswertesten Titel im Œuvre jedes Regisseurs waren darin kursiv hervorgehoben, und nach ihnen forschte Kuchenreuther für sein Programm zuvorderst. Sarris' Buch liegt heute, 2021, noch immer auf Kuchenreuthers Schreibtisch.

Wilhelm Roth schrieb 1968 in der Zeitschrift *Filmkritik*: »Aktivstes schwabinger [sic] Kino ist schon seit längerer Zeit das *Leopold*. Sein Besitzer, Thomas Kuchenreuther, bietet geschickt eine Mischung, die sowohl die Laufkundschaft wie die Cinephilen zufriedenstellt. Er verläßt sich vor allem auf gute Action-Filme.«[13] Vier Programmplätze – einer am Nachmittag, zwei am Abend, dazu die Spätvorstellung – galt es täglich im *Leopold* (mit 290 Plätzen) und im *abc* (mit 206 Plätzen) zu bestücken. Das Nachtprogramm mit vergessenen Streifen des klassischen Hollywood-Kinos, mit B-Pictures, Horror und Film noir war legendär. Und Fassbinder war mittendrin: »Und dann bin ich sehr viel ins Kino gegangen [...]. In alle Filme, ich hab' mich da nicht spezialisiert, was man halt so schafft am Tag, vom *Leopold* ins *Marmorhaus* und vom *Marmorhaus* ins *abc* und vom *abc* ins *Studio für Filmkunst*, oder dasselbe in der Stadt.«[14]

Zu Kuchenreuthers bemerkenswerten Neuerungen gehörte, dass er Reihen zu Stars und Regisseuren (Jerry Lewis, Alfred Hitchcock) und zu Genres (Horrorfilm, Western, Film noir, Melodram) zusammenstellte. Die im *Leopold* und im *abc* angebotenen »Festivals« machten Schule, noch bevor die Abteilung Film des Münchner Stadtmuseums unter Enno Patalas bedeutende Retrospektiven organisierte. In Thomas Kuchenreuthers und in Fritz Falters Kinos (neben dem *Studio* das *Isabella* und der *Türkendolch*), im *Marmorhaus*, im *Cinemonde* oder im *Theatiner* in der Altstadt liefen Ende der 1960er-, Anfang der 70er-Jahre »die großartigsten Filmreihen, als sei es die selbstverständlichste Sache der Welt, dem Publikum eine filmhistorische Ausbildung zu liefern [...]. Diese Kinos schufen sich durch ihr Programm eine Identität und im besten Fall dem Zuschauer die seine gleich mit.«[15]

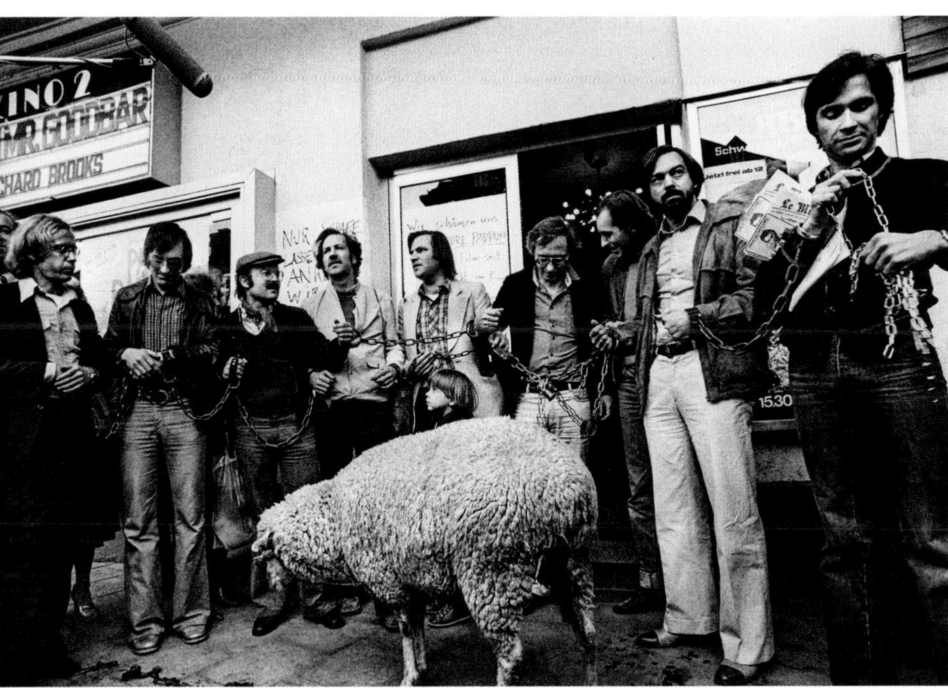

↑ Michael Fengler, Christian Friedel, Adrian Kutter, Volker Schlöndorff, Werner Herzog, Laurens Straub, Hans Noever, Roland Koller, Thomas Kuchenreuther (mit Bart) und Stephan Hutter vor dem *Leopold*-Kino, (26.) April 1978. **PADRE PADRONE** von Paolo und Vittorio Taviani, der in Cannes mit der Goldenen Palme ausgezeichnet worden war, sollte nur im Fernsehen gezeigt werden. Aus Protest ließen sich Regisseure, Produzenten und Verleiher zusammen mit einem Schaf (der Film handelt von einem Schafhirten) anketten und demonstrierten dafür, dass der Film auf der großen Leinwand im Kino gezeigt wird.

Zu keiner Zeit und nirgendwo sonst in Deutschland hat es eine solche physische und ideelle Nähe, eine Gleichzeitigkeit, ja Deckungsgleichheit zwischen Kinoleuten, Filmemachern und dem Publikum wie im Schwabing der 1960er- und 70er-Jahre gegeben. Die Rollen gingen ineinander über: Werdende Regisseure zeigten, wie Wim Wenders im *Leopold*, nach den regulären Spätvorstellungen ihre eigenen Werke (in dem Fall: SUMMER IN THE CITY, 1969–1971) bis in den Morgen. Die schon reüssierten Filmemacher saßen auch nach den ersten Erfolgen weiter in den Kinos. Gleiches galt für die Kinoleute, die auf die programmierten Titel so neugierig waren wie ihr Publikum. Zuschauer*innen konnten zu Programmmacher*innen werden, indem sie sich in den Filmclubs engagierten, die in den einschlägigen Kinos regelmäßig Programmplätze, meist in der Spätvorstellung, bespielten. Jeder kannte, jeder traf jeden jederzeit. Dabei war es auch von Bedeutung, dass die Kinos in der Regel aus einem einzigen großen Saal bestanden, bevor in den 1970er-Jahren unter dem Schlagwort der »Kinocenter« die Vermehrung und Verkleinerung der Säle durch Umbau betrieben wurde.[16] Bis dahin vollzog sich das Filmesehen im Kollektiv. Hark Bohm: »Diese Kinos waren in gewissem Sinne unser Zuhause. Es war fast so eine Art Gruppenzwang. So wie man in einem Dorf am Sonntag in die Kirche zu gehen hat und kontrolliert, dass auch ja alle da sind, so war es auch, dass man in einem dieser Kinos gewesen sein musste und dann mitredete über den neuen Truffaut.« Und weiter: »Ich schätze mal, dass es wahrscheinlich nur in Paris eine solche Dichte an Filmkunsttheatern auf einem so begrenzten Quadratkilometer gab wie in München.«[17]

12 Vgl. Reinhold E. Thiel, Fernsehen – Rettung für den Film?, in: Filmreport Nr. 2/1964, S. 1; Jofer (wie Anm. 3), S. 143–167, hier S. 149; Wolf/Kurowski (wie Anm. 5), S. 229.
13 Wilhelm Roth, Zum Beispiel München, in: Filmkritik 12/1968, S. 811–813.
14 Rainer Werner Fassbinder, zit. nach Barbara Bronnen/Corinna Brocher, Die Filmemacher. Der neue deutsche Film nach Oberhausen, München/Gütersloh/Wien 1973, S. 177.
15 Doris Kuhn, Ein Jahrzehnt ohne Skrupel. Geschäft und Experiment: Münchner Kinos in den Siebzigern, in: Lerch-Stumpf (wie Anm. 3), S. 173–191, hier S. 175.
16 Klaus Sigl, Lexikon der Münchner Kinos, in: Lerch-Stumpf (wie Anm. 3), S. 320–352, hier S. 336.
17 Hark Bohm, zit. nach: »Pass auf, Eddie!« Kinokult und Kultkinos im Schwabing der 60er Jahre, Radio-Feature von Friedemann Beyer, Bayerischer Rundfunk (Bayern 2), 3.4.2020.

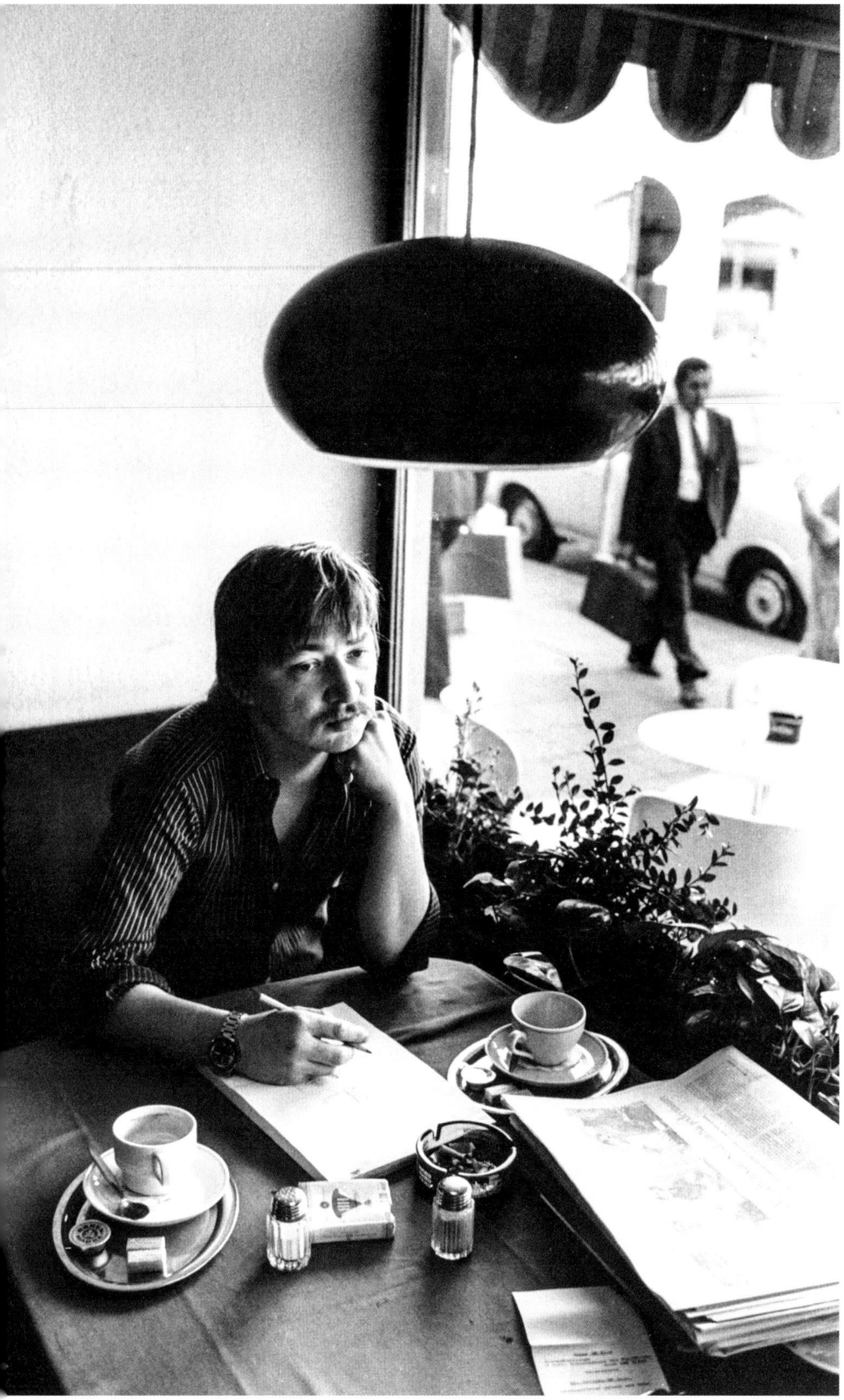

← In einem Schwabinger Café, 1970er-Jahre

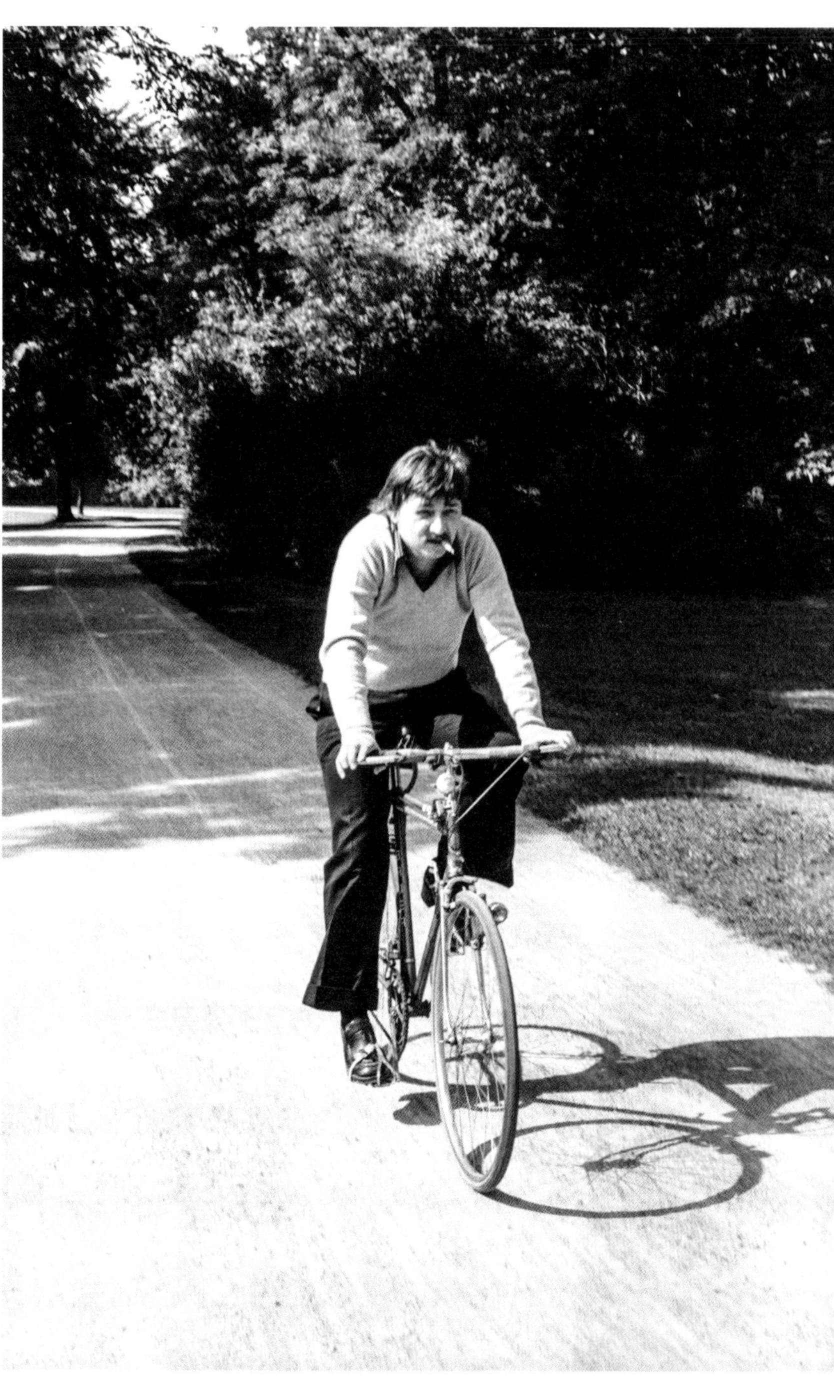

↑ Im Englischen Garten, 1970er-Jahre

Enno Patalas beschrieb die Münchner Kinoszene 1969 für die Zeitschrift *Filmkritik* wie folgt: »Mehr als Hamburg hatte München den Charakter eines Familienfests; ich will damit sagen, daß hier das Machen und Zeigen von Filmen als Tätigkeit erschienen, die sich nicht prinzipiell unterscheiden von anderen täglichen Handlungen, an denen man seine Freude hat und die einem wichtig sind.«[18] Das Kino als selbstverständlicher, als notwendiger Teil des alltäglichen Daseins: Deutlicher kann man die Verwandtschaft zwischen der Münchner Kinopraxis jener Zeit und dem Selbstverständnis Rainer Werner Fassbinders, für den Leben und Arbeit, Leben und Kunst voneinander nicht zu trennen waren, nicht beschreiben.

Reibungsflächen

LIEBE IST KÄLTER ALS DER TOD, Fassbinders erster Langspielfilm, beginnt mit einer Widmung: an die Regisseure Claude Chabrol, Jean-Marie Straub und Eric Rohmer sowie an Linio und Cuncho, womit die Protagonisten in Damiano Damianis Italowestern QUIÉN SABE?/TÖTE AMIGO (IT 1967) gemeint sind, die eigentlich El Niño und El Chuncho heißen. Im selben Film verlangt die von Fassbinder gespielte Figur im Kaufhaus: »Ich suche so eine runde Brille, wie sie der Polizist in PSYCHO anhatte, ja, also der, der zum Auto von Janet Leigh gekommen ist da.« Der Name dieser Figur ist Franz Walsch – nach Franz Bieberkopf aus Döblins Roman *Berlin Alexanderplatz,* und nach dem großen Raoul Walsh, einem Altmeister des klassischen Hollywood-Kinos sowohl der Stummfilm- als auch der Tonfilmära, berühmt für seine Gangsterfilme bei Warner Brothers mit James Cagney und Humphrey Bogart. Den Namen Franz Walsch verwendete Fassbinder auch als Pseudonym. Dem Film ANGST ESSEN SEELE AUF ist ein Zitat aus Godards Film VIVRE SA VIE/DIE GESCHICHTE DER NANA S. (FR 1962) vorangestellt: »Das Glück ist nicht immer lustig«, den Fassbinder nach eigenem Bekunden 27 Mal gesehen hat. Anna Karina, den Star aus VIVRE SA VIE, besetzte Fassbinder 1976 in CHINESISCHES ROULETTE.

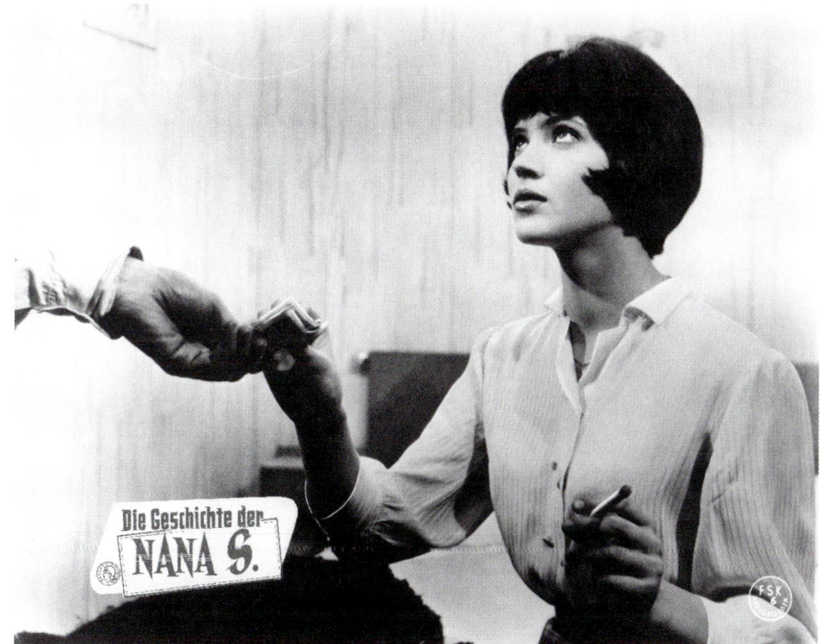

VIVRE SA VIE Anna Karina (Nana Kleinfrankenheim) →

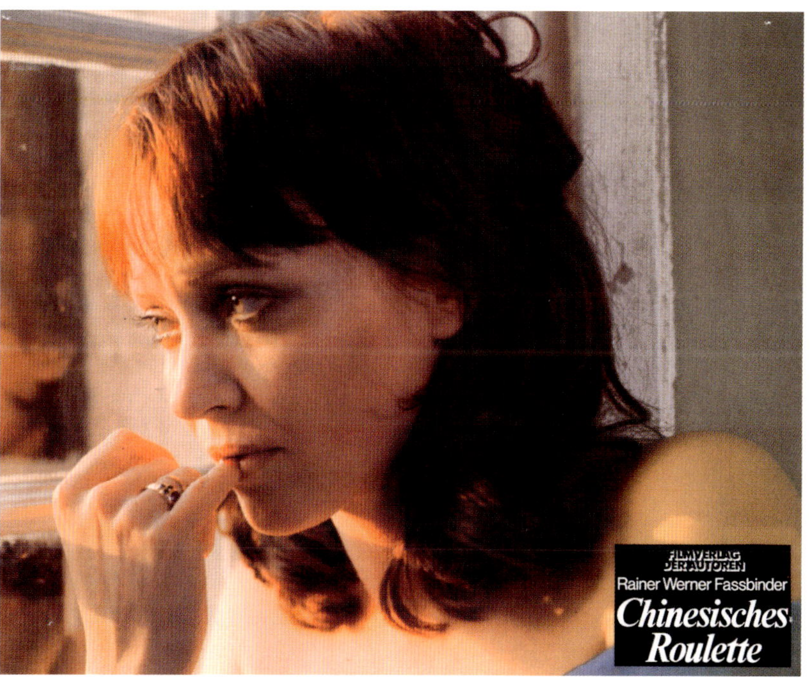

CHINESISCHES ROULETTE Anna Karina (Irene)

Fassbinders Filme sind reich an Zitaten und Verweisen auf die Filmgeschichte, genauer: auf Werke und auf Akteure der Filmgeschichte, die er schätzte und für herausragend befand. (Sein Urteil galt dabei nie pauschal dem Œuvre eines Regisseurs, sondern formte sich stets am einzelnen Film: Claude Chabrol, über dessen Frühwerk Fassbinder emphatisch schrieb, legte er im selben Artikel sorgfältig die Ermangelung einer konsistenten Haltung dar sowie den Umstand, dass er das Publikum »als seinen Feind« begreife, »und, na klar, warum soll man seinen Feinden Gutes tun?«[19]) Vielfach wurde Fassbinder in Interviews nach »Vorbildern« und »Einflüssen« gefragt, aber im Grunde waren die Fragen falsch gestellt. Denn: Fassbinder – ein Kopist, ein Nachahmer, ein Epigone? Richtiger ist, das Konvolut an Filmen, die Fassbinder kannte, schätzte oder

18 Enno Patalas, in: Filmkritik 1/1969, S. 15.
19 Rainer Werner Fassbinder, … Schatten freilich und kein Mitleid. Ein paar ungeordnete Gedanken zu Filmen von Claude Chabrol, in: Fassbinder (wie Anm. 1), Text datiert auf 1975.

verwarf, als Reibungsfläche zu verstehen, als Angebot filmsprachlicher, erzählerischer, auch ideeller und politischer Möglichkeiten, die für die Erwägung der je eigenen künstlerischen Entscheidung heranzuziehen waren. Er betonte in seiner Würdigung von Regisseuren: deren Haltung; von Hollywood: die Sicherheit, die Naivität, das Tempo, die Chuzpe, die Auffassung von Film als Ware; vom einzelnen Film: dessen Schönheit, das Licht, die Räume, den schauspielerischen Ausdruck. Fassbinders Blick auf das Kino war emotional, aber auch analytisch. Auseinandergenommen, kritisch gewendet, negiert, gespiegelt, durcheinandergewirbelt, neu arrangiert: Nur auf Umwegen, nie durch direkte Übernahme fanden Elemente fremden Filmschaffens Eingang in Fassbinders Werk.

Douglas Sirk, oder: Zum Beispiel Hollywood

»Ich habe 6 Filme von Douglas Sirk gesehen. Es waren die schönsten der Welt dabei.« Dieses Fazit zog Fassbinder am Ende seines oft als hymnisch beschriebenen, dabei zugleich scharfen und kritischen Aufsatzes »Imitation of Life«, der im Februar 1971 in der Zeitschrift *Fernsehen + Film* erschien.[20] Drei der sechs in dem Essay beschriebenen Filme hatte Fassbinder im November 1970 im *abc*-Kino als Teil des von Thomas Kuchenreuther organisierten Melodramen-Festivals gesehen (einen vierten Sirk-Film aus dieser Reihe, SIGN OF THE PAGAN/ATTILA, DER HUNNENKÖNIG [US 1954], hatte Fassbinder entweder verpasst oder bewusst verworfen). Den Initiationsmoment, in dem Fassbinder sich von Sirks Werk ergreifen ließ, hat Thomas Kuchenreuther miterlebt. Mit seiner Frau Susanne saß er zur 15.45-Uhr-Vorstellung von IMITATION OF LIFE/SOLANGE ES MENSCHEN GIBT (US 1959) im Saal des *abc*: »Und plötzlich stupst mich Susanne an und machte mich auf einen Besucher aufmerksam, der hinter uns wie ein Schlosshund heulte. Als das Licht nach der Vorstellung anging, sahen wir, dass es Fassbinder war.«[21] Das mythische Potenzial dieses Moments, die Ahnung, dass hier etwas Wesentliches seinen Anfang nahm, wurde erst in der Rückschau offenbar (s. auch den Beitrag von Bronfen, hier S. 140).

Kuchenreuthers Festival stand am Anfang einer größer angelegten Wieder- oder Erstentdeckung von Sirks Werk in Deutschland – einer Neubewertung, die von den Jungen ausging, während die alte Garde ob der scheinbaren Gefälligkeit der Filme die Nase rümpfte. »Jetzt hat es wie eine schwer erklärliche Infektion die deutschen Cineasten vom Geschmacksdienst befallen«, schrieb der Kritiker Friedrich Luft in der *Welt* im Herbst 1973 anlässlich einer großen, 25 Filme umfassenden Douglas-Sirk-Retrospektive im Münchner Stadtmuseum und einer zeitgleichen Sirk-Reihe im Ersten Deutschen Fernsehen.[22]

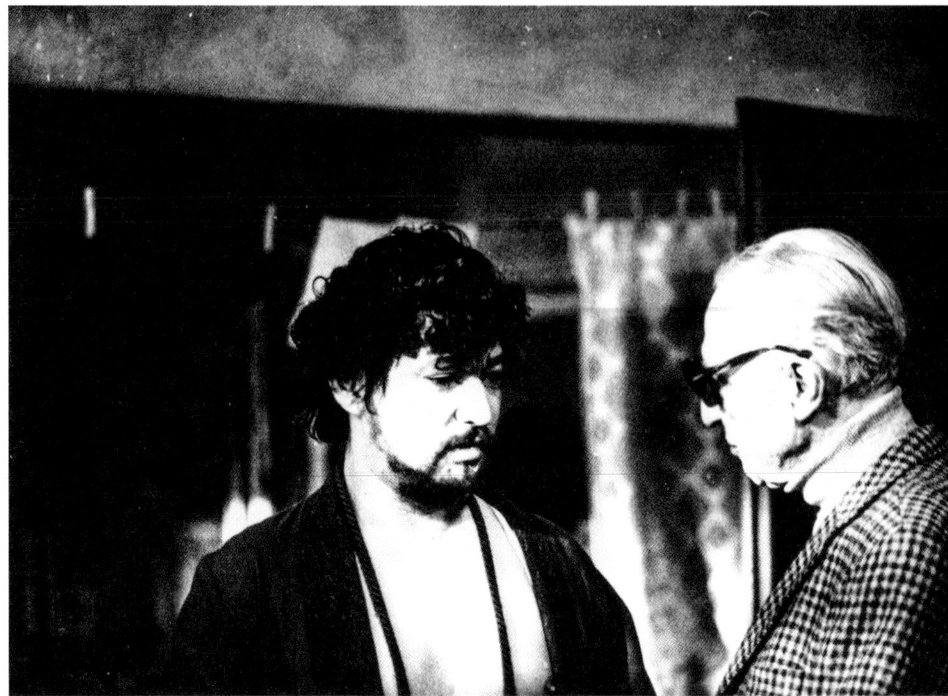

↑ BOURBON STREET BLUES
Mit dem Regisseur Douglas Sirk bei den Dreharbeiten zu dem Kurzfilm

Fassbinder suchte aktiv die Nähe, den Austausch, die Zusammenarbeit mit dem älteren Regisseur (er agierte als Darsteller im zweiten Kurzspielfilm, den Sirk für die und mit den Studierenden der Münchner Filmhochschule realisierte: BOURBON STREET BLUES, 1978). 1971 war er zusammen mit einigen Freunden nach Lugano gefahren, wo Sirk seit Ende der 1950er-Jahre lebte, von München weniger weit als Berlin oder Köln entfernt. Spontan und nachhaltig entstand eine persönliche Verbindung, die bis zu Fassbinders Tod hielt. Über den Mentor sagte er in einem gemeinsamen Interview: »Ich hab jemanden gefunden, der in einer Art und Weise Kunst macht, daß ich gemerkt habe, was ich an mir verändern muß.«[23] In seinem Nachruf auf Fassbinder schrieb Douglas Sirk drei Jahre später: »[T]oday I have lost a good friend and Germany a genius.«[24]

Fassbinders ANGST ESSEN SEELE AUF (1974) ist bekanntlich in der Anlage des Grundkonflikts (eine Frau beschließt, einen jüngeren Mann von

20 Rainer Werner Fassbinder, Imitation of Life, in: Fernsehen + Film 2/1971, S. 8–13, hier S. 13.
21 Thomas Kuchenreuther, Gespräch mit der Autorin, 22.2.2021.
22 Friedrich Luft, Schmalz mit Klavier und Geige. Zur ARD-Retrospektive der Filme von Douglas Sirk, in: Die Welt, 2.11.1973.
23 Rainer Werner Fassbinder: Reagieren auf das, was man erlebt. Ein Gespräch von Ernst Burkel mit Douglas Sirk und Rainer Werner Fassbinder, in: Ders., Die Anarchie der Phantasie. Gespräche und Interviews, hg. von Michael Töteberg, Frankfurt a. M. 1986, S. 141–145, hier S. 143f. [erstmals veröffentlicht am 8.3.1979 in der Süddeutschen Zeitung].
24 Douglas Sirk, Obituary for Rainer Werner Fassbinder, in: Framework. The Journal of Cinema and Media, No. 20/1983, S. 4–5 [übersetzter Nachdruck aus: Les nouvelles litteraires, 1.7.1982], hier S. 4.

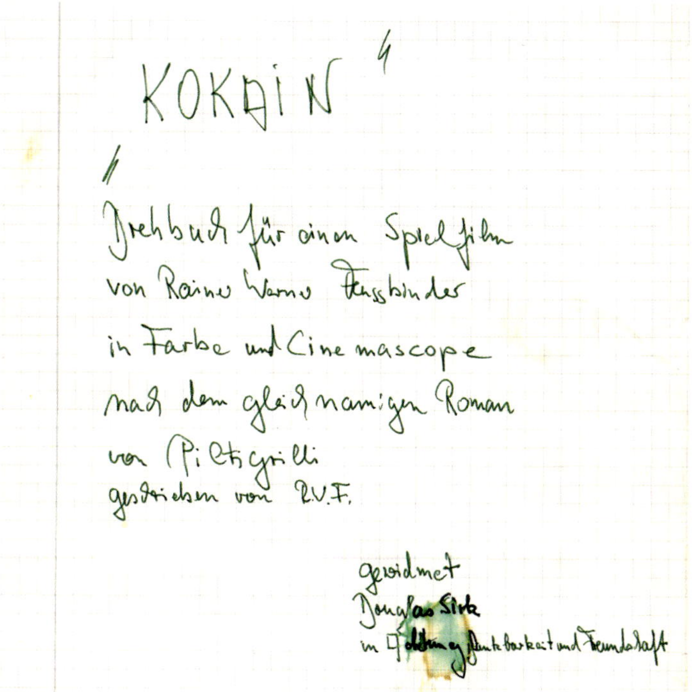

← »Kokain«. Titelblatt (Auszug) des handschriftlichen »Drehbuch[s] für einen Spielfilm von Rainer Werner Fassbinder […] gewidmet Douglas Sirk, in Achtung, Dankbarkeit und Freundschaft«, 1980

geringerem sozialen Rang zu heiraten) wie in wesentlichen Details (das Fernsehgerät als Symbol für die Kälte der Kinder) als Remake von Sirks ALL THAT HEAVEN ALLOWS/WAS DER HIMMEL ERLAUBT (USA 1955) angelegt. Trotzdem greift es zu kurz, die Verwandtschaft zwischen den Filmemachern mit dem Plot, mit dem Einsatz der Farben oder der Anlage und Ausstattung der Räume (von denen Fassbinder sagte, sie seien bei Sirk »außerordentlich genau«[25]) zu begründen. Was der junge Filmemacher an dem alten schätzte, hat Fassbinder selbst erklärt. Im Grunde fasste er dabei das Paradox des klassischen Hollywood zusammen: »Das sind keine Filme, die Kunst sind, verstehst du, also die gemacht worden sind, um Kunst zu machen, sondern es sind Filme, die gemacht worden sind, um das Publikum möglichst spannend zu unterhalten.«[26] An anderer Stelle: »Und das ist das, was ich bei Sirk zum erstenmal konkret gesehen habe: daß offensichtlich unter Arbeitsbedingungen innerhalb eines anderen Systems, wo es um Geld geht, trotzdem etwas ganz Eigenes und Persönliches rausgekommen ist.« Und weiter: »[S]elbst bei diesem Studio-System, wo immer noch etwas dazwischen stand, kann man ganz genau sehen, dieser Film kann nur von Douglas Sirk sein, ein anderer nur von Raoul Walsh. Trotz der Studios, trotz der Tatsache, daß sie zum Teil mit Schauspielern arbeiten mußten, mit denen sie gar nicht wollten, überträgt sich da eine ganz persönliche Sicht der Welt.«[27]

»Performance under pressure« (Andrew Sarris):[28] Im Arbeiten gegen Widerstände, in der Behauptung einer subjektiven Haltung im radikal objektivierten Produktionssystem zeigte sich die Größe der großen Regisseure des klassischen Hollywood – jener, die in den 1950er-Jahren von französischen Cineasten (Bazin, Truffaut, Rivette, Godard) und wohl auch von Rainer Werner Fassbinder als Filmautoren entdeckt und neubewertet wurden. Neben Sirk, Hawks und Walsh gehörten etwa Orson Welles, Alfred Hitchcock, Billy Wilder, John Huston, Michael Curtiz dazu. Den wirklichen Reichtum im Schaffen dieser Regisseure zu erkennen, setzt das systematische Sehen ihrer Filme voraus. Fassbinder hatte sie gesehen: drei bis vier Filme pro Tag. Mehr als 100 im Monat. Mehr als 1000 im Jahr.

Heimkino Im Nachlass Rainer Werner Fassbinders ist eine Sammlung von rund 120 VCR-Kassetten erhalten. Es verwundert nicht, dass Fassbinder sich (vermutlich in der ersten Hälfte der 1970er-Jahre) für die Anschaffung des Video-Cassette-Recording-Systems von Grundig & Philips entschied: Vielleicht weil es zuerst am Markt war oder weil es, eine kurze Zeitlang jedenfalls, den Konkurrenzformaten als technisch überlegen galt. Alle der oben genannten Regisseure finden sich auf den Labels der aus dem Fernsehen aufgezeichneten Videos wieder.

Anstelle eines Fazits, hier einige Titel aus der Liste: LE SAMOURAI von Jean-Pierre Melville. EL DORADO von Howard Hawks. ROMA CITTÀ APERTA von Roberto Rossellini. FONTANE EFFI BRIEST von Rainer Werner Fassbinder. A FOREIGN AFFAIR von Billy Wilder (gleich zweimal). MARNIE von Alfred Hitchcock (stellvertretend für 18 Hitchcocks). KIRMES von Wolfgang Staudte. THE AFRICAN QUEEN von John Huston. DR. STRANGELOVE von Stanley Kubrick. Loriot. UNTER DEN BRÜCKEN von Helmut Käutner. SOLARIS von Andrei Tarkowski. INVASION OF THE BODY SNATCHERS von Don Siegel. BERLIN ALEXANDERPLATZ von Phil Jutzi. RIVER OF NO RETURN von Otto Preminger. DER STARKE FERDINAND von Alexander Kluge. FRENCH CANCAN von Jean Renoir. KLEINER MANN, WAS NUN? von Peter Zadek. DODGE CITY von Michael Curtiz (und 15 weitere Curtiz-Filme). Von Detlef Sierck (Douglas Sirk): ZU NEUEN UFERN.

---

25 Fassbinder (wie Anm. 20), S. 8–13, hier S. 10.

26 Christian Braad Thomsen, »Hollywoods Geschichten sind mir lieber als Kunstfilme«. Rainer Werner Fassbinder über naives Kino und Politik im Film, in: Robert Fischer (Hg.), Fassbinder über Fassbinder. Die ungekürzten Interviews, Berlin/Frankfurt a. M. 2004, S. 233–241, hier S. 234. [Das Interview wurde 1972 in Venedig während der dortigen Filmfestspiele geführt.]

27 Rainer Werner Fassbinder, Reagieren auf das, was man erlebt. Ein Gespräch von Ernst Burkel mit Douglas Sirk und Rainer Werner Fassbinder, in: Ders. (wie Anm. 23), S. 141–145, hier S. 141 [erstmals veröffentlicht am 8.3.1979 in der Süddeutschen Zeitung].

28 Andrew Sarris, The American Cinema. Directors and Directions 1929–1968, New York 1996 ([1]1968), S. 31.

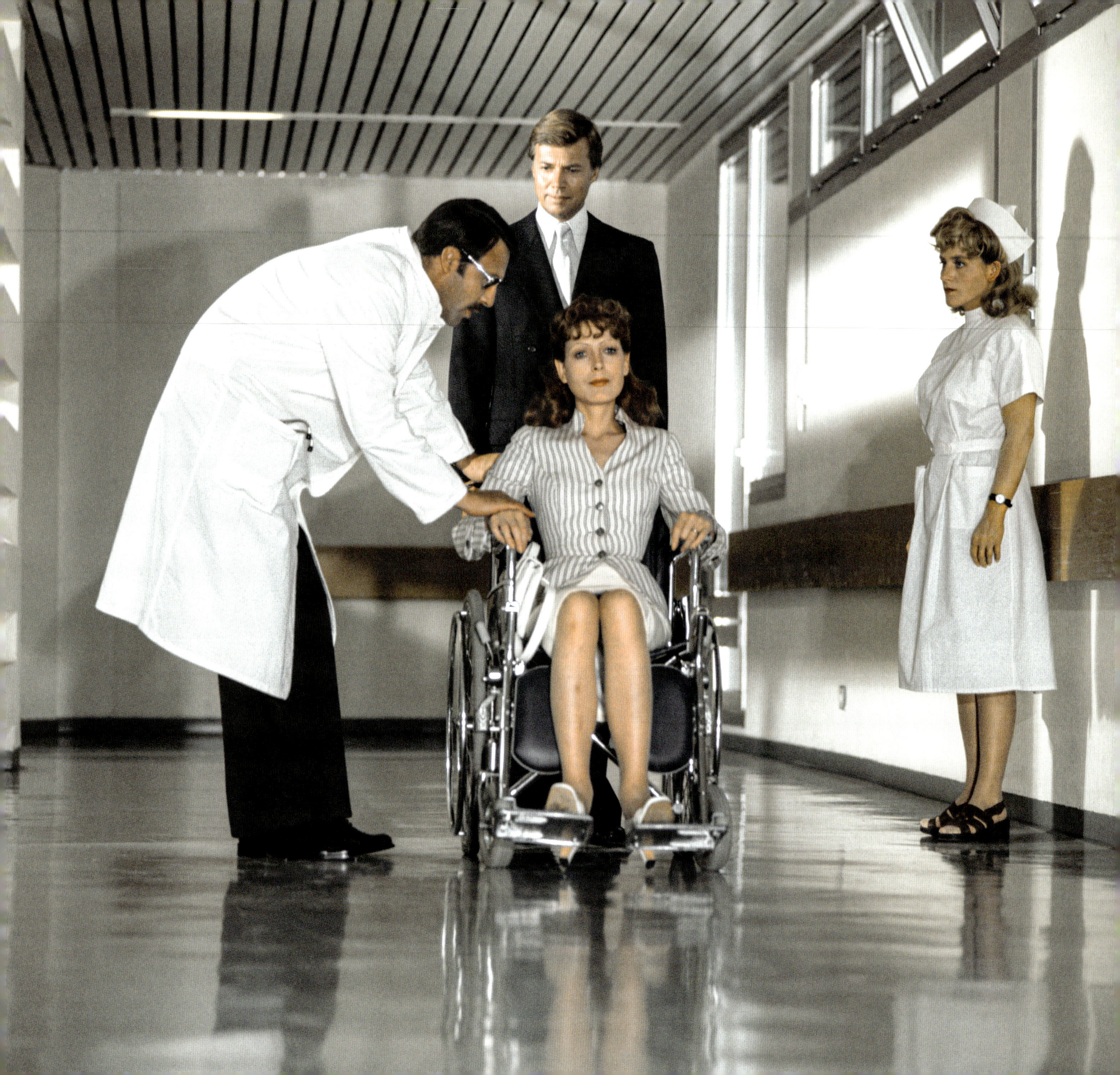

Elisabeth Bronfen

Entlarvende Emotionen

← MARTHA Günter Lamprecht (Dr. Salomon), Karlheinz Böhm (Helmut Salomon), Margit Carstensen (Martha Salomon, geb. Hyer)

Die weibliche Lust am Leiden

Am Anfang des Films MARTHA (1973) trifft die gleichnamige Bibliothekarin vor dem deutschen Konsulat in Rom flüchtig auf Helmut Salomon. Während ihr Vater auf der Spanischen Treppe einen tödlichen Herzinfarkt erlitten hat, wurde ihr die Handtasche gestohlen. Verstört flüchtet sie sofort zum Konsulat. Ihr Landsmann Helmut beobachtet, wie sie mit dem Taxifahrer verhandelt. Vor dem Konsulat laufen dann Martha und Helmut, wie auf einer Tanzfläche, schweigend aufeinander zu. Während sie sich umeinander drehen, fängt die Kamera sie in einer Kreisbewegung ein, bevor sie sich wieder trennen. Nachdem Martha das Eingangstor erreicht hat, wendet sie sich nochmals kurz um und blickt mit tränengefüllten Augen durch das Eisengitter auf den Fremden. Sein Taxi fährt rückwärts aus dem Innenhof, und Helmut schaut seinerseits durch das Autofenster auf die einsame Frau. Sein finsterer Blick ist umrahmt von dunklen Blättern, die sich auf der Oberfläche der Scheibe spiegeln. In dem Augenblick, als das Taxi wendet, hat sich diese verheißungsvolle Spiegelung verflüchtigt. Die Künstlichkeit der Mise en Scène stellt diese Begegnung als eine Liebe auf den ersten Blick dar. Was wie ein zufälliges Treffen erscheint, hat eine zwingende Notwendigkeit gewonnen.

Kurze Zeit später taucht Helmut in Konstanz auf, wohin Martha zusammen mit dem Sarg ihres Vaters zurückgekehrt ist. Sie nimmt seinen Heiratsantrag sofort an: Damit nabelt sie sich von der Mutter ab, die so sehr an ihrer eigenen Ehe gelitten hat, dass sie zur Alkoholikerin geworden ist, und wird zugleich zu deren Double. Wiederholt setzt Fassbinder Spiegelungen ein, um diese Ehe als Fantasiegebilde zu entlarven, in das sich Martha aus ihrem trostlosen Alltag flüchtet. Auf der nächtlichen Fahrt, mit der ihre Hochzeitsreise nach Italien beginnt, sitzt sie neben ihrem Ehemann im Auto. Die Kameraeinstellung fängt ihr Gespräch durch die Glasscheibe ein, über die wegen des starken Regens immerfort der Scheibenwischer fährt. Martha spricht von dem Glück, das sie sich von ihrer trauten Zweisamkeit verspricht, und von der unermesslichen Zärtlichkeit, die sie zu verschenken hat. Auf die Frage, ob er denn nicht auch glücklich sei, schweigt Helmut lange und meint schließlich lakonisch, er sei glücklich, weil er es sich nicht einreden müsse. Uns allerdings kündigt der Dialog an, wie sehr sich diese Ehe als Selbsttäuschung entpuppen wird. Das verhängnisvolle sadomasochistische Spiel, das am nächsten Morgen beginnt, dient Fassbinder als Kritik an Marthas Ehefantasie. Helmut wird mit seiner Angetrauten die toxische Kehrseite ihres spießbürgerlichen Wunsches durchspielen und sie konkret am eigenen Leib erfahren lassen, was es heißt, sich dem Gatten uneingeschränkt hinzugeben. Dabei verleiht der dramaturgische Aufbau dieser perversen Heirat etwas Zwingendes: Es hätte nicht anders kommen

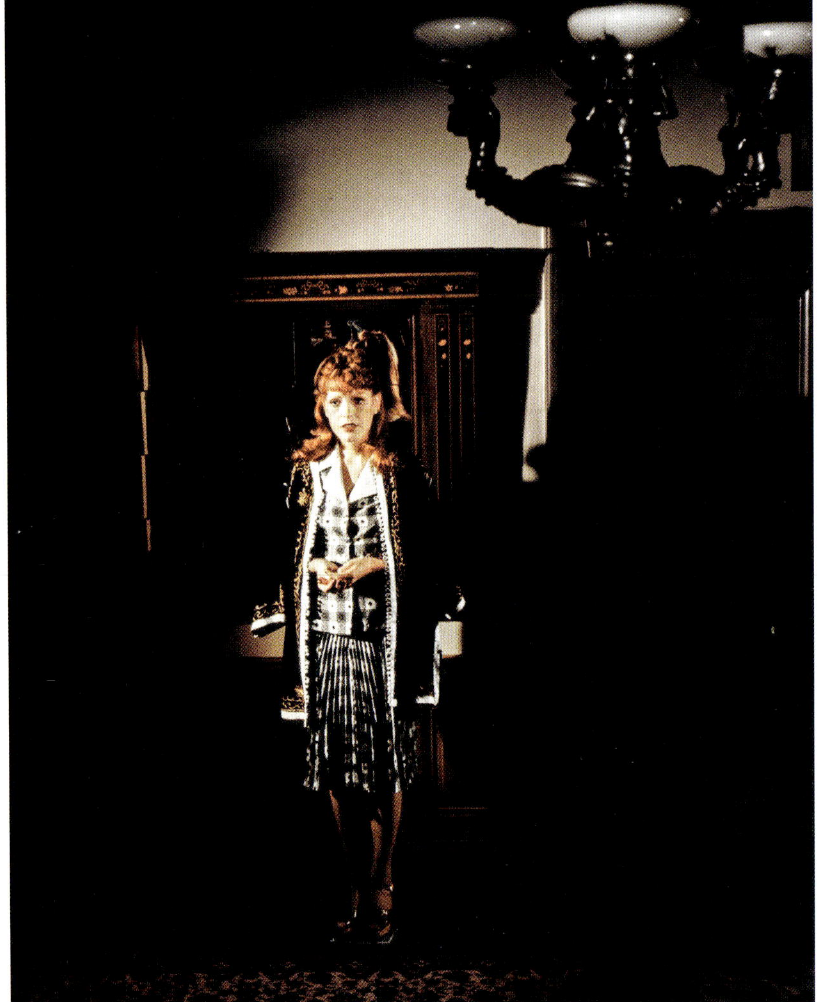

↑ MARTHA Margit Carstensen (Martha Salomon, geb. Hyer)

können. Der Umstand, dass Helmut seine Braut zum ersten Mal vor dem deutschen Konsulat getroffen hat, enthält eine weitere Pointe, ebenso wie sein jüdisch klingender Nachname. Der Angehörige eines von den Deutschen gequälten Volkes ist implizit nun zum Quäler einer Deutschen geworden.

Die Farben und das Licht, die Fassbinder einsetzt, um seinem Film den nostalgischen Look des klassischen Film noir zu verleihen, dienen dazu, Martha als Inbegriff der deutschen Frau der Kriegs- und Nachkriegszeit zu inszenieren. Ist sie bereit, alle Qualen zu ertragen für eine Fantasie von Selbsterfüllung, in die sie sich hineinsteigert, fungiert diese Ehe zugleich als Chiffre für eine unumschränkte Opferbereitschaft, die einen politischen Unterton hat und an die Heimatfront erinnert. Nach der Hochzeitsreise wird Helmut ihr seinen Willen immer massiver aufzwingen, indem er ihre Stelle in der Bibliothek kündigt und ihr vorschreibt, welche Musik sie hören und welche Bücher sie lesen darf. Er engt ihr Leben zunehmend auf die klaustrophobische Villa ein, die er gemietet hat, und verbietet ihr schließlich, diese zu verlassen und sich überhaupt mit anderen Menschen zu treffen. Martha hingegen entwickelt eine hysterische Lust am Leiden. Meinte sie bei der Hochzeitsreise noch, vor Glück weinen zu müssen, machen nun jene Tränen sie glücklich, die sie aus Schmerz und Verzweiflung vergießt. Zunächst will sie niemandem eingestehen, dass Helmut sie sexuell missbraucht, und steigert sich dann lustvoll in die Fantasie, er wolle sie umbringen. Indem wir an die Perspektive der Frau und die Ambivalenz ihrer Gefühle gebunden sind, sollen wir für die Ausweglosigkeit ihrer Lage Mitgefühl entwickeln und darin zugleich eine Verirrung erkennen, die so grausam ist, weil sie ihrem eigenen Begehren entspricht. Sie will Opfer sein, denn so trägt sie für das, was ihr passiert, keine Verantwortung. Zwar basiert das Drehbuch auf einer Kurzgeschichte des amerikanischen Kriminalautors Cornell Woolrich, doch in Fassbinders kinematischer Übertragung schildert es zugleich ein spezifisch deutsches Frauenschicksal.

Der Umstand, dass Martha aggressiv auf alles reagiert, was ihre Selbsttäuschung infrage stellt, führt – der Gattung des Melodramas entsprechend – zu einem dramatischen Höhepunkt. Nachdem Martha einen ehemaligen Mitarbeiter aus der Bibliothek gedrängt hat, ihr zu helfen, unternehmen sie gemeinsam eine Autofahrt auf der Landstraße. Überzeugt davon, dass Helmut sie verfolgt, zwingt sie ihren Helfer, immer schneller zu fahren, ergreift schließlich selbst das Lenkrad und verursacht dadurch einen Unfall, den nur sie überleben wird. Wie zu Anfang sehen wir mehr als sie. Es war ein Fremder, der hinter ihnen hergefahren ist.

Martha, die querschnittsgelähmt im Krankenhaus aufwacht, reagiert zunächst hysterisch auf die Mitteilung, dass Helmut sich nun ununterbrochen um sie kümmern wird. Ihre Wut erinnert an die Schreiausbrüche ihrer Mutter am Anfang des Films. An dem Tag aber, als Helmut sie abholt, sitzt sie milde lächelnd im Rollstuhl, während er sie in den Fahrstuhl schiebt und dort regungslos hinter ihr stehen bleibt. Es liegt an uns, ob wir ergriffen in Tränen oder nervöses Lachen ausbrechen, setzt Fassbinder doch auf einen offenen Ausgang: In der Schwebe bleibt die Frage, ob Martha aus ihren romantischen Illusionen endlich erwacht ist oder ob sie sich nun gänzlich in ihre Fantasiewelt geflüchtet hat.

Vorbild Douglas Sirk

Bereits im klassischen Hollywoodfilm war der schmerzhafte Widerspruch zwischen persönlichem Begehren und gesellschaftlichen Konventionen für das Melodrama entscheidend. Dabei basiert die für diese Gattung typische Sentimentalität darauf, dass die Geschichte aus der Perspektive der Heldin erzählt wird. Zudem wird das emotionale Dilemma, in dem sie sich befindet, nie gänzlich aufgelöst. Die weiblichen Tagträume, die von dieser Filmgattung auf die Leinwand gebracht werden, reagieren somit auf die Beschränkungen, welche die Gesellschaft der Heldin auferlegt. Allerdings zerbricht diese Fantasiewelt als gelebte Illusion auch an der Realität, die sie ersetzen sollte; als würde weibliches Begehren zwangsläufig zu einem Exzess führen, der eine Befriedigung unmöglich macht. Deshalb diente das Melodrama von Anfang an zwar als kritischer Kommentar zu jenen kulturellen Konventionen, welche die Entfaltungsmöglichkeiten der Heldin eindämmen; doch indem die Heldin ihr Aufbegehren nur durch den Ausbruch großer Gefühle zum Ausdruck bringen kann, wird sie auf diese auch festgeschrieben. Sie ist ausschließlich eine Händlerin der Emotionen.

In einer Sondernummer der Zeitschrift *Fernsehen + Film* zu Melodramen im Kino hatte Fassbinder 1971, bereits drei Jahre bevor MARTHA in die Kinos kam, über sechs Filme von Douglas Sirk geschrieben. Der Essay war zugleich eine Reflexion über sich selbst als Filmemacher und somit eine Vorschau darauf, wie er sich diese Filmgattung in den kommenden Jahren zu eigen machen würde. Denn auch in seinen Melodramen kommt das intensive Empfinden beim Zuschauer nicht aus einer naiven Identifikation mit dem, was sich auf der Leinwand abspielt. Vielmehr rückt er ebenso Filmtechniken wie Montage, Musik und den Einsatz von Licht in den Vordergrund. Emotion wird in seinen Melodramen dadurch erzeugt, dass die Mise en Scène mehr als nur eine Szene wiedergibt: Fassbinder nutzt die Kameraeinstellungen, die das Blickfeld und die Bildbewegung begrenzen, zugleich dazu, eine bestimmte Haltung zur Welt zu verhandeln. Denn wie Sirk versteht er seine Filme vornehmlich als beschreibend: Sie wollen durch das Ausstellen im Medium Film ein affektreiches Wiedererkennen in Gang setzen: »Man hat etwas von anderen Menschen gesehen, und was daran für einen selbst wichtig ist, kann man freiwillig erkennen oder mit Spaß begreifen.«

Als Brücke zwischen Sirk und den eigenen Filmen hebt Fassbinder zugleich ihr gemeinsames Interesse an den Spuren der Verzweiflung bei seinen Filmfiguren hervor. Es gilt zu verstehen, dass Gedanken, Wünsche und Träume aus der gesellschaftlichen Realität entstehen und von dieser manipuliert werden. Ebenso aber gilt es, sich nüchtern einzugestehen, wie wenig Glück eben jene Liebe enthält, auf die im Melodrama als Ausflucht gesetzt wird. Übernimmt Fassbinder von Sirk die Überzeugung, dass Menschen an der Sehnsucht scheitern, der sie hinterherlaufen, so leitet er daraus jedoch eine viel ernüchterndere Anklage gegen die Liebe ab, hält er sie doch für das »beste, hinterhältigste und wirksamste Instrument gesellschaftlicher Unterdrückung«. Wenn sich seine Figuren in ein Begehren hineinsteigern, das nie befriedigt werden kann, so lenkt diese sentimentale Umtriebigkeit sie in seinen Filmen auch von jenen gesellschaftlichen Ungerechtigkeiten ab, die aufgrund dieser Verblendung bestehen bleiben. Doch die Melodramen von Douglas Sirk haben ihm auch gezeigt, warum eine Erfüllung der Sehnsucht zugleich eine psychische Unmöglichkeit darstellt. Die Einsamkeit gehört ebenso sehr zum Kern dessen, was den Menschen ausmacht, wie der Wunsch, sie in der Liebe zu überwinden. Auch seine Filme handeln davon, was Menschen bereit sind sich vorzumachen, um diese Einsamkeit auszublenden. Fassbinder aber rückt unsere Aufmerksamkeit noch erbarmungsloser als sein Vorgänger darauf, wie falsch es ist, das Wissen um diese Einsamkeit mithilfe von Illusionen zu verdrängen.

Im gleichen Jahr wie MARTHA erscheint auch ANGST ESSEN SEELE AUF: Ein Remake von ALL THAT HEAVEN ALLOWS/WAS DER HIMMEL ERLAUBT (US 1955). Douglas Sirk hat bei einem Gespräch mit Fassbinder eingestanden, dass dies einer der Filme sei, die er besonders geliebt habe. Bei ihm kreist das Melodrama um die gesellschaftlich verpönte Liebe zwischen der Witwe Cary Scott (Jane Wyman) und ihrem Gärtner Ron Kirby (Rock Hudson). Sie wird von seiner Lebensphilosophie ange-

↓ **ALL THAT HEAVEN ALLOWS**
Rock Hudson und Jane Wyman

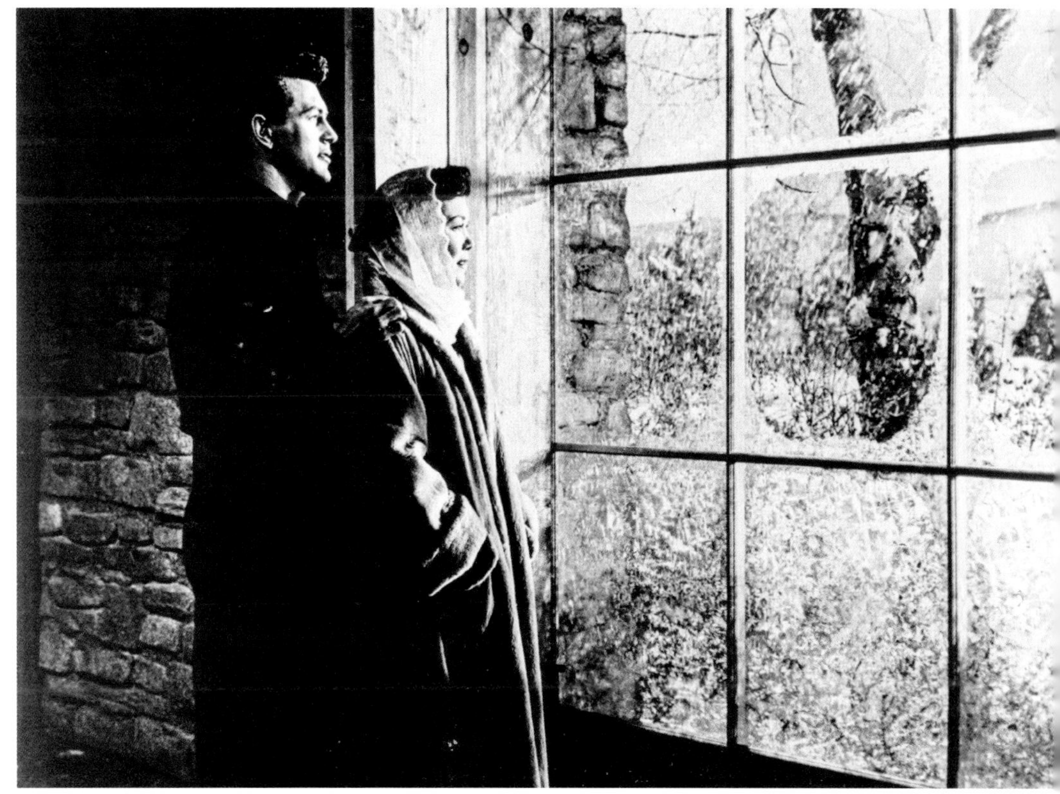

zogen, verkörpert er doch jene Unangepasstheit, die Henry David Thoreau in seinem Traktat *Walden* rühmt. Zugleich fällt es Cary schwer, die Einwände ihrer konventionellen bürgerlichen Freunde zu ignorieren. Nachdem sie Rons Heiratsantrag angenommen hat, lässt sie sich von ihren Kindern umstimmen. Diese verbitten sich einen Stiefvater, der nicht ihrer Schicht angehört. Erst nachdem Cary eingesehen hat, wie sinnlos ihr Opfer war, sucht sie Ron erneut auf. Doch Sirk, der den Titel des Films als Hinweis darauf verstanden haben wollte, wie geizig der Himmel bei der Verteilung von Glück ist, bietet ein ironisches Happy End. War Cary, als sie das erste Mal in diese Ehe einwilligte, noch unsicher, was sie wollte, hat sie sich nun nach langem Hadern bewusst dazu entschlossen. An dem Winternachmittag, an dem sie ihren Geliebten in seiner Mühle aufsuchen will, ist er auf der Jagd. Ron sieht sie kommen, doch erreicht er sie nicht rechtzeitig, bevor sie in ihr Auto steigt und wieder fortfährt. In seiner Aufregung achtet er nicht auf seine Schritte, fällt von einem Berggrat und erleidet eine schwere Kopfverletzung. Erst dem versehrten Mann, der am nächsten Morgen auf dem Sofa im Wohnzimmer seiner Mühle aus der Ohnmacht erwacht, kann die Heldin versichern, sie sei nun endgültig zu ihm zurückgekehrt.

In Fassbinders Remake ist die verwitwete Putzfrau Emmi Kurowski weitaus weniger unschlüssig als Sirks Heldin, was ihre Liebe zu dem marokkanischen »Gastarbeiter« Ali betrifft. Nachdem sie eines Abends zufällig mit ihm in einer Kneipe getanzt hat, lädt sie ihn zu sich nach Hause ein. Sie ist es auch, die bald darauf vorschlägt, dass sie trotz des Altersunterschieds und trotz ihrer unterschiedlichen Herkunft heiraten sollten. Emmi lässt sich auch nicht von der Ablehnung beirren, die dem Paar von allen Seiten entgegenschlägt: Weder von ihren Kindern, die sie eine Hure nennen, noch von der Nachbarin, die die Polizei ruft, weil sie sich durch die fremdländische Musik belästigt fühlt, die aus Emmis Wohnzimmer dringt. Auch von dem Besitzer des Krämerladens, der Ali nicht bedienen will, lässt sie sich nicht einschüchtern und schimpft ihn aus. Wie stark sie gegen alle Vorurteile gefeit ist, obgleich diese sie schmerzlich treffen, wird besonders eindrücklich in der Szene deutlich, in der Emmi zusammen mit den anderen Putzfrauen Pause macht. Sie sitzt auf der Treppe, die anderen drei auf der Fensterbank. Diese tun so, als sei sie nicht da. Zuerst schwenkt die Kamera an den vier Frauen entlang, dann fährt sie auf Emmi zu, um ihre Isolation hervorzuheben. Ungeduldig steht diese auf und holt sich das Messer, um das sie gebeten hat und das die anderen ihr nicht geben wollten. Weil sie darauf besteht, am Gespräch der Frauen teilzunehmen, verlassen die drei die Fensterbank

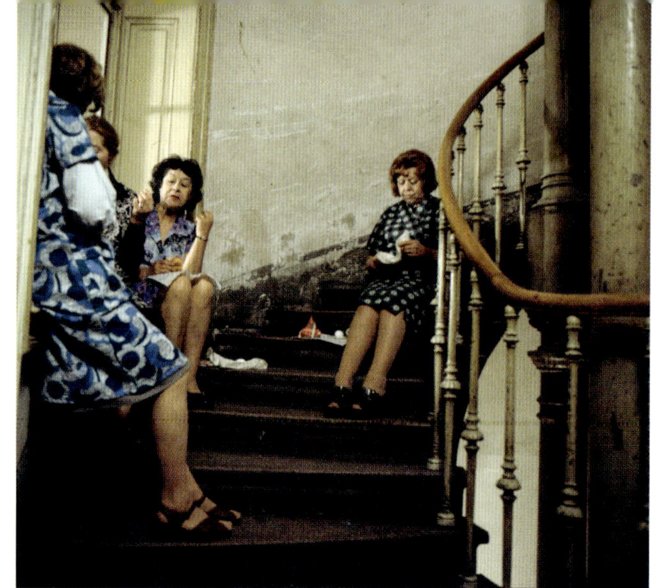

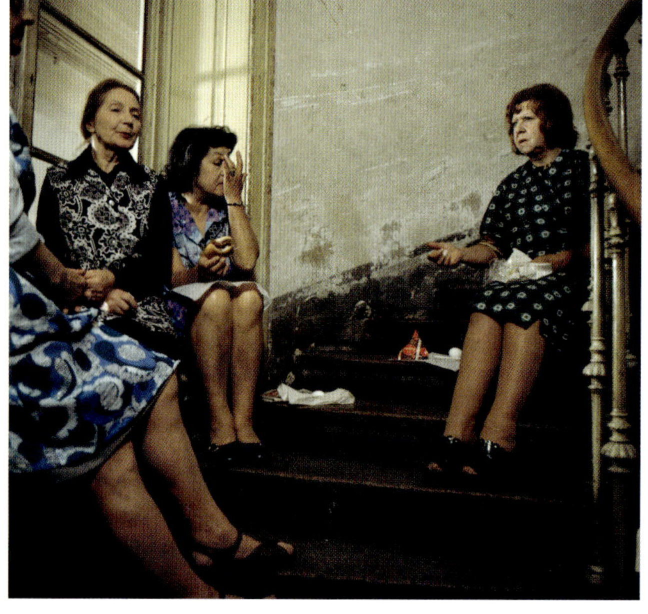

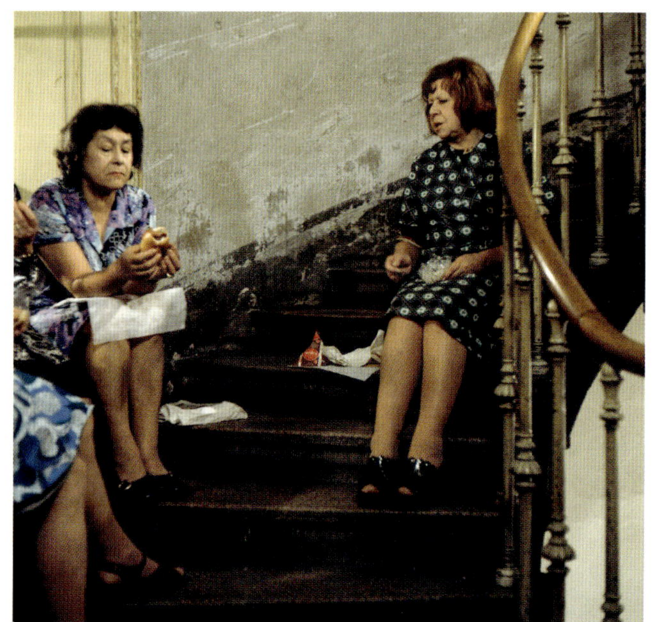

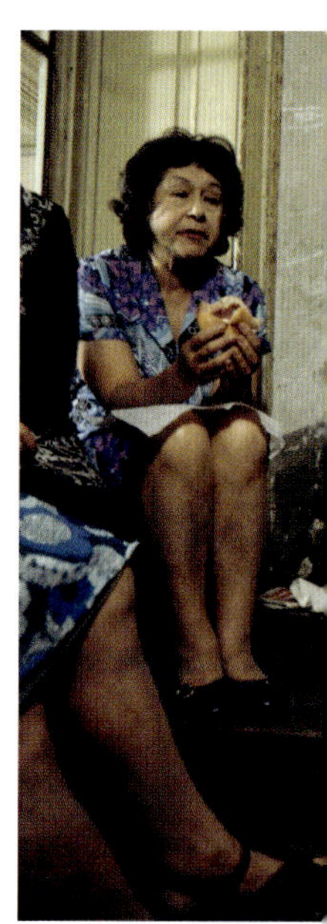

ANGST ESSEN SEELE AUF →
Brigitte Mira (Emmi) und Elma Karlowa (Frau Kargus), Anita Bucher (Frau Ellis), Gusti Kreissl (Paula)

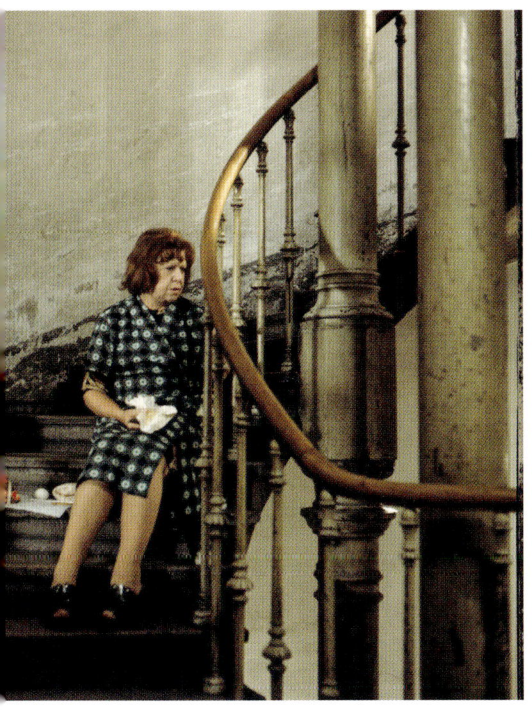

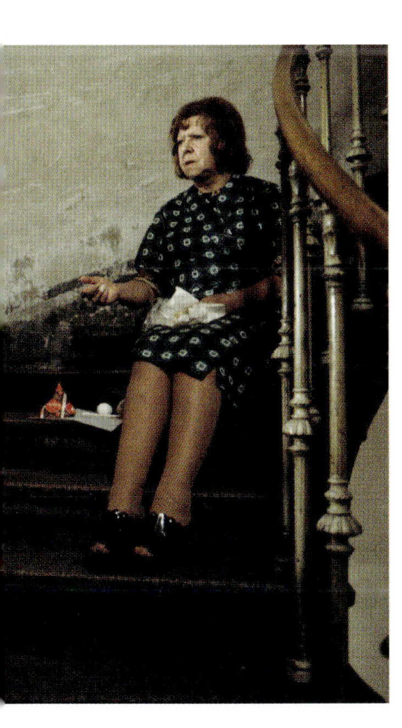

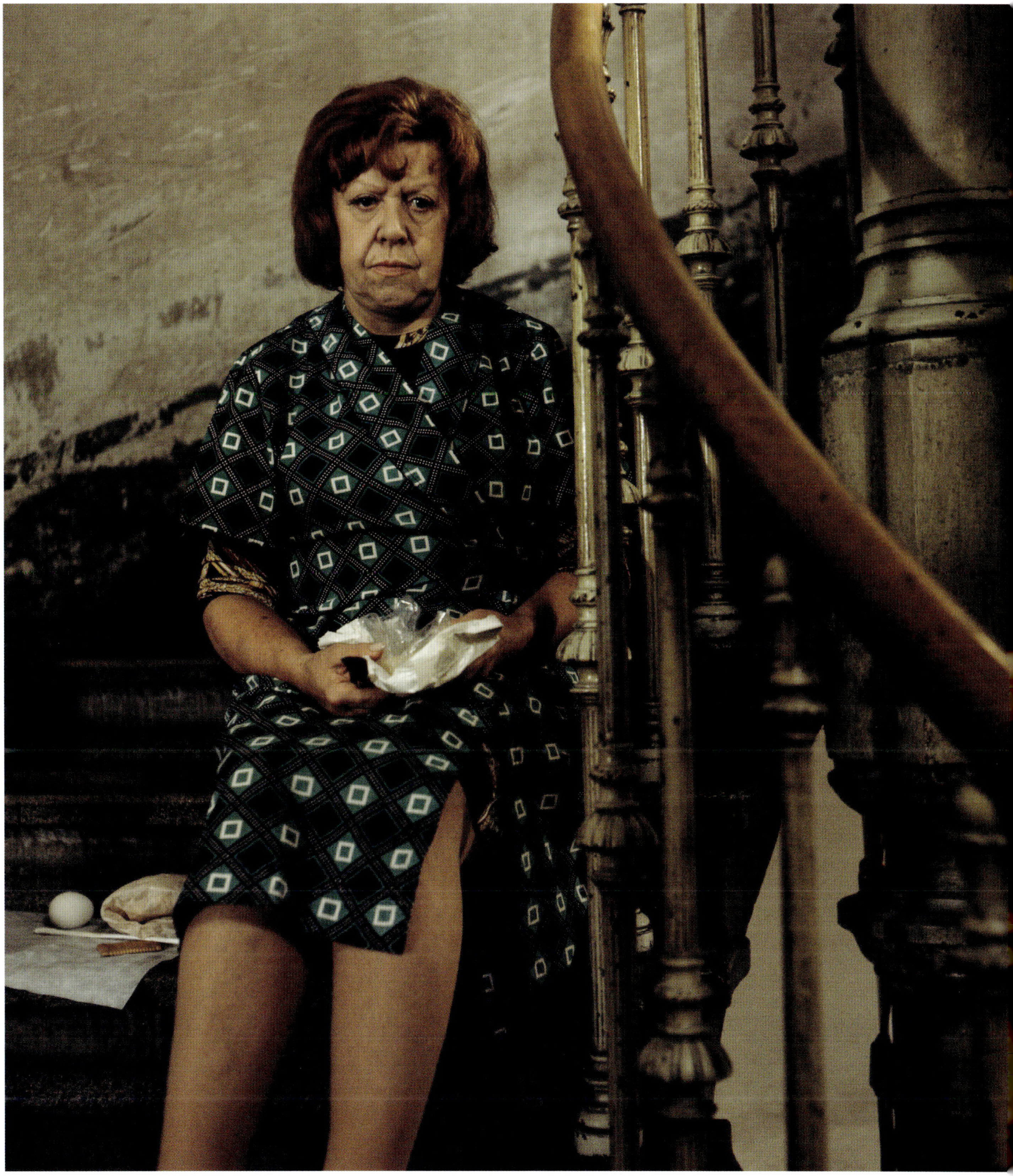

und setzen ihre Brotzeit am gegenüberliegenden Fenster stehend fort. Mit einem Schwenk begleitet die Kameraeinstellung ihre Bewegung und fängt anschließend durch die Eisenstäbe des Treppengeländers Emmi ein, die den drei Kolleginnen ihrerseits mit einem verwunderten Blick gefolgt ist. Dann wendet sie ihren Blick wieder ab und verbringt, nachdenklich und allein auf der Treppe zurückgelassen, dort den Rest ihrer Pause. Ihre einsame Entschlossenheit trägt sie mit Würde.

Zwar sehen wir wiederholt, wie Emmi weint, weil sie den Hass der Anderen schlecht ertragen kann, doch im Gegensatz zu Sirks Heldin hegt sie nie Zweifel an der Wahl, die sie getroffen hat. Überzeugt davon, dass die Zeit alle Wunden heilt, schlägt Emmi ihrem Mann vor, gemeinsam in die Ferien zu fahren. Nach ihrer Rückkehr sind tatsächlich alle netter zu ihnen. Jedoch will Fassbinder noch grundsätzlicher als Sirk die Erwartung eines Happy Ends als unhaltbare Illusion entlarven. Bei ihm ist es der Mann, der sich seiner Gefühle unsicher ist. Deshalb verlässt Ali kurzerhand seine Frau und kehrt zurück zu der Besitzerin der Bar, in deren Lokal er Emmi einst kennengelernt hat. Emmi hingegen ist in ihrer Liebe unbeirrbar und schämt sich nicht, ihn in der Bar aufzusuchen. Ihre Bitte an ihn ist ebenso schlicht wie ergreifend: Sie wollen einfach nur gut zueinander sein. Und auch in Fassbinders Remake erfordert dieses Glück einen versehrten Mann. Bei ihrem Versöhnungstanz bricht Ali zusammen und muss ins Krankenhaus gebracht werden.

↓ **ANGST ESSEN SEELE AUF**
Brigitte Mira (Emmi) und El Hedi Ben Salem (Ali)

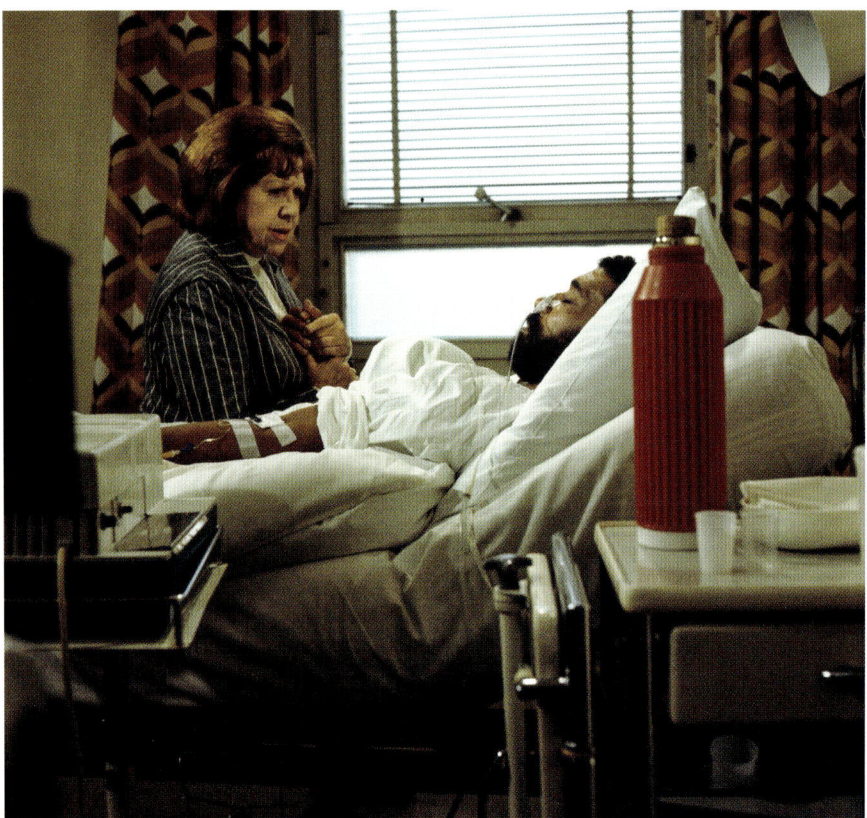

Die Abweichung, die Fassbinder in die Schlussszene seines Remakes einführt, ist für seine Neuinterpretation des klassischen Melodramas entscheidend. Am Ende von ALL THAT HEAVEN ALLOWS versteht Cary etwas über sich, was sie vorher nicht wusste. Nach längerem Zögern entscheidet sie sich für die unkonventionelle Ehe mit Ron. Diese Selbsterkenntnis kommt nicht zu spät, sondern gerade noch rechtzeitig. Die Schneelandschaft in Technicolor, die sich hinter dem großen Fenster ausbreitet, vor dem der verletzte Mann aufwacht, bildet die Kulisse für ein Glück, auf das sie hoffen dürfen. Das Liebespaar ist vereint in der gemeinsamen Fantasie, Carys uneingeschränkte Zuwendung könne zu seiner Genesung führen. Es ist zudem eine Fantasie, welche die Heldin ermächtigt: Es hängt alles von ihrer Fürsorge ab.

Emmi hingegen wird bei ihrem Besuch im Krankenhaus mit einer hoffnungslosen Lage konfrontiert. Zusammen mit dem Arzt verharrt sie auf der Schwelle zu dem Zimmer, in dem der schlafende Ali am anderen Ende direkt am Fenster liegt. Der Arzt meint zwar, das aufgebrochene Magengeschwür werde heilen, aber wegen des ganz besonderen Drucks, der auf ausländischen Arbeitern laste, würde Ali in einem halben Jahr wieder hier liegen. Ungläubig meint Emmi, das würde nicht passieren, wenn sie sich Mühe gäbe. Um diese Hoffnung als Selbsttäuschung zu entlarven, fährt die Kamera, während Emmi sich dem Bett nähert, auf den Spiegel neben der Tür zu. Nur als Spiegelung sehen wir, wie sie sich zu ihm setzt und seine Hand nimmt. Nachdem der Arzt den Raum verlassen hat, bekommen wir eine halbnahe Einstellung der beiden. Emmi blickt besorgt auf Ali und beginnt zu schluchzen, er aber öffnet die Augen nicht. Dann wendet Emmi ihren Blick ab und schaut aus dem Fenster, hinter dem nur ein graues Licht zu sehen ist. In dieser Kameraeinstellung ist sie mit ihrem Mann vereint und zugleich eine einsame Gestalt. Dieses nüchterne Bild der Versöhnung demaskiert jeden Glauben an die heilende Kraft der Fantasie.

Melodrama der Politik

Wird in den Filmen von Douglas Sirk nur in Nebensätzen auf die politische Situation angespielt, die den historischen Hintergrund für seine Inszenierung großer Gefühle bildet, rückt Fassbinder sie bewusst in den Vordergrund. Dabei fungieren die Heldinnen in seinen Kriegsmelodramen auch als allegorische

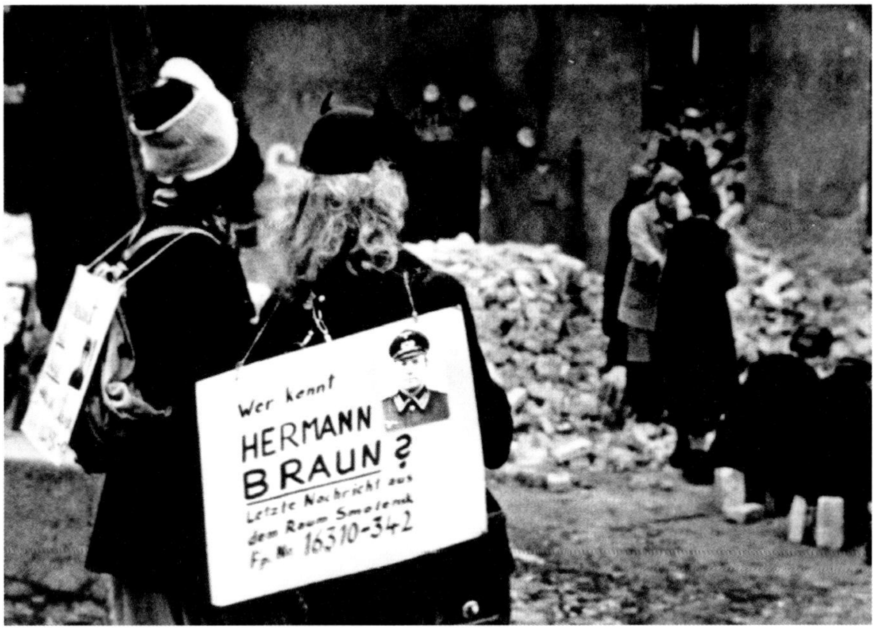

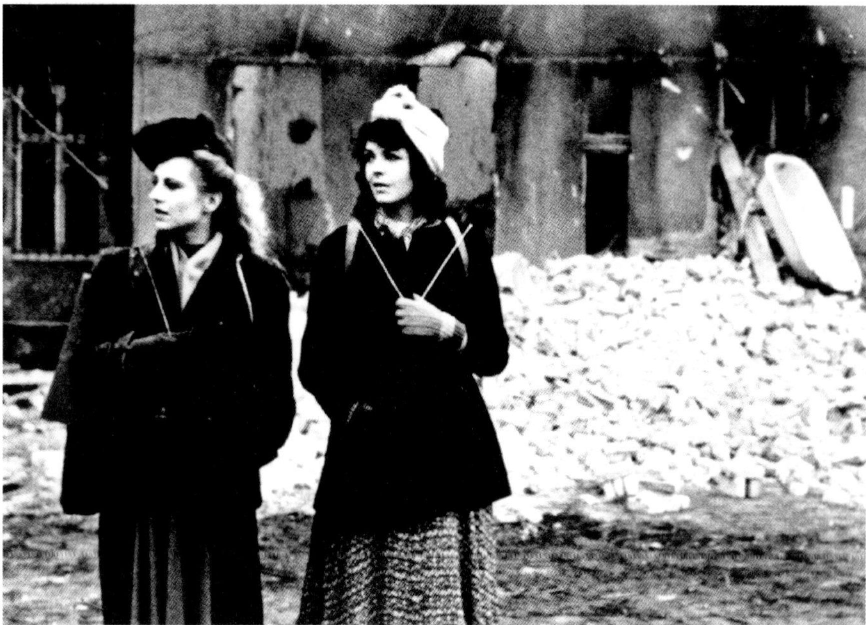

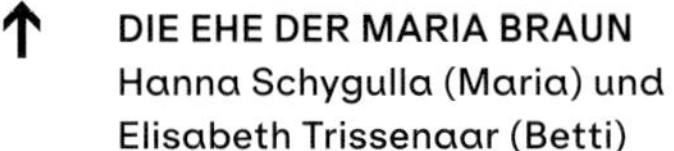
↑ **DIE EHE DER MARIA BRAUN**
Hanna Schygulla (Maria) und Elisabeth Trissenaar (Betti)

Verkörperungen eines Deutschlands, das zuerst in dem verhängnisvollen Traum eines tausendjährigen Reiches aufging, um diesen anschließend mit dem Traum vom Wirtschaftswunder zu überblenden. Auch in DIE EHE DER MARIA BRAUN (1978) gilt es, die Ehe als Hort des Glücks zu dekonstruieren. Weit expliziter als in den vorangegangenen Filmen wird mit der persönlichen Verblendung der Titelheldin zugleich auch eine nationale entlarvt. Als Parallele und zugleich als Kommentar zum Aufstieg der Heldin fungiert die fortlaufende Berichterstattung im Radio: Am Anfang hört man noch die Namen der Kriegsgefallenen, später Adenauers Reden zur Frage der Wiederbewaffnung und schließlich die Stimme eines Sportjournalisten, der das Fußballspiel zwischen Deutschland und Ungarn in Bern kommentiert.

Mit ihrem Ehemann Hermann war Maria nur zwei Tage lang verheiratet. Am Ende des Krieges verkauft sie ihr Hochzeitskleid für Kartoffeln und Speck. Die Hoffnung, dass er doch noch zurückkehren wird, gibt sie zwar nicht auf, lässt sich aber, während sie wartet, auf eine Beziehung mit einem schwarzen G.I. ein. Als Hermann tatsächlich eines Nachmittags in ihrer Wohnung auftaucht, erschlägt Maria den gutherzigen Mr. Bill mit einer Whiskey-Flasche. Vom amerikanischen Militärgericht angeklagt, erklärt sie: »Ich hatte ihn lieb, aber ich liebe meinen Mann.« Allerdings geht nicht sie ins Gefängnis, sondern Hermann, der die Schuld freiwillig auf sich nimmt. Auch diese Liebesgeste ist allegorisch zu verstehen, gibt sie doch den damaligen Zeitgeist wieder. Diejenigen, die man brauchte, um Deutschland so schnell wie möglich wiederaufzubauen, wurden im Zuge der Entnazifizierung oftmals von der Justiz verschont. Die eigenwillige Drehung, die Fassbinder mit seinem Film anbietet, ist, dass es in diesem Fall die Frau ist, die sich für den Wiederaufbau als unentbehrlich erweist.

Auch für die melodramatische Dramaturgie ist dieses Opfer notwendig. Der Umstand, dass ihr Zusammenleben mit Hermann ein weiteres Mal aufgeschoben wurde, erlaubt Maria sich einzureden, sie müsse sich für ihn um jeden Preis als Geschäftsfrau durchsetzen. Sie darf ihren wirtschaftlichen Aufstieg selbst in die Hand nehmen, weil sie ihn im Namen einer hehren Ehevorstellung angeht. Dabei zeichnet sich in ihrem sturen Optimismus ein Wille zur Verdrängung ab, der eine kollektive Verdrängung als persönlichen Ehrgeiz verhandelt. Zu behaupten, ihre Zeit würde jetzt erst anfangen, heißt auch, die Vergangenheit auszublenden. Das protzige Haus, das sie für ihren Mann bauen lässt, steht unzweideutig für den Wiederaufbau Deutschlands. Ambivalent hingegen ist die Auflösung, die Fassbinder anbietet. Hermann kehrt erst zu ihr zurück, nachdem er nach seiner Entlassung aus dem Gefängnis selbst in Kanada zu Reichtum gekommen ist. Indem nun endlich eintritt, wonach Maria sich seit dem Kriegsende gesehnt hat, begreift sie aber auch, dass sie einer Illusion hinterhergelaufen ist. Den Mann, der nun vor ihr steht, kennt sie eigentlich gar nicht. Die Angst vor der Enttäuschung, die damit einhergehen könnte, dass sie ihn wieder kennenlernt, führt zu jener unachtsamen Geste, die ihrer Ehefantasie in einem fulminanten Schlussbild ein Ende setzen wird.

Nachdem Maria sich am Gasherd in der Küche eine Zigarette angezündet hat, bläst sie die Flamme aus. Auf der Tonspur ist das Rauschen des Gases weiterhin zu hören. Wenige Minuten später wird sie erkennen, wie fremd ihr der Ehemann, für den sie alles getan zu haben meint, eigentlich ist. Noch im Gefängnis hatte Hermann mit dem Großunternehmer, dem sie ihr Vermögen verdankt, insgeheim einen Handel abgeschlossen. Er hat die Liebesbeziehung zwischen Maria und dem Industriellen gutgeheißen und zugesagt, erst nach dessen Tod nach Deutschland zurückzukehren. Als Dank für dieses Zugeständnis hat der Geschäftsmann die beiden in seinem Testament zu gleichen Teilen als Erben eingesetzt. In dem Augenblick, als Maria begreift, dass sie die ganze Zeit das Pfand im Tauschgeschäft zwischen diesen beiden Männer war, erkennt sie auch, dass sie sich selbst betrogen hat, was den Beweggrund für ihren Ehrgeiz betrifft. Sie greift nach einer Zigarette, als wolle sie eine weitere Aussprache aufschieben, und weil Hermann kein Feuerzeug bei sich hat, geht sie zurück in die Küche. Während der Abspann bereits läuft, sehen wir die Auswirkung der Explosion. Was auf den ersten Blick wie ein unglücklicher Zufall wirkt, könnte auch als selbstbewusster Akt dieser beherzten Trümmerfrau verstanden werden: Besser alles in die Luft jagen, als mit dem Katzenjammer zu leben, der mit dem Aufwachen aus allen Träumen einhergeht. Dieser Ernüchterung hält die Stimme des Radioreporters, der Deutschlands Gewinn der Fußballweltmeisterschaft verkündet, nicht nur die Waage: Seine Euphorie deutet auch den Beginn eines neuen kollektiven Traums an.

Zwei Jahre später tritt Hanna Schygulla noch einmal in einem Kriegsmelodrama auf, in dem der vereitelte Ehetraum der Heldin verhängnisvoll mit dem politischen Traum des Nationalsozialismus verschränkt ist. Ganz zu Beginn von LILI MARLEEN beschreibt eine Männerstimme aus dem Off den Schauplatz: »Zürich im Jahre 1938, sieben Jahre vor Ende des Zweiten Weltkriegs, beginnt in einer behäbigen Schweizer Geschäftsstadt die Geschichte eines Liedes, das die Welt erobert hat.« Verantwortlich für diesen globalen Feldzug ist die Kabarettsängerin Willie. Ihr leidvolles Liebesdrama beginnt ebenfalls in dieser Stadt. Fast hätte sie den Dirigenten Robert Mendelssohn geheiratet, doch der Gattung des Melodramas entsprechend, erlauben es die Konventionen nicht. Seinem Vater, der mit gefälschten Pässen für jüdische Immigranten handelt, gelingt es, diese Ehe zu verhindern. Ein Jahr später wird sie in Deutschland mit jenem elegischen Soldatenlied berühmt, das dank einer Schallplattenaufnahme und der Deutschen Wehrmacht in alle besetzten Gebiete Einzug nimmt.

Um die Bedeutung von Unterhaltung für die nationalsozialistische Propaganda zu visualisieren, nutzt Fassbinder wiederholt Montagesequenzen. Einstellungen von Bombenangriffen und Maschinengewehrfeuer auf beiden Seiten werden verknüpft mit Einstellungen, die die Breite der Zuhörerschaft zeigen: Soldaten an der Front, die immer um 21.57 Uhr ergriffen diesem Lied am Radio lauschen, darunter auch britische Soldaten in der Sahara, sowie die Wächter in Konzentrationslagern und ihre Gefangenen. Zusammen mit den Spuren der Zerstörung, die dieser Krieg hinterlässt, verbindet auch die affektive Mobilisierung, welche die Stimme Hanna Schygullas hervorruft, alle, die in ihn involviert sind. Während eines ihrer Auftritte im Sportpalast in Berlin gibt es für die Dauer ihres Gesangs einen kurzen Waffenstillstand. Sowie der Applaus einsetzt, beginnen auch die Bombardierungen von neuem. Die Bildmontage setzt die Blumen, die der Sängerin zugeworfen werden, mit dem Kugelhagel zwischen den amerikanischen und den deutschen Truppen gleich, die deren Vormarsch erfolglos zu bremsen suchen. Im Pathos des Liedes versunken, kann man weiterhin an den Endsieg glauben.

Diese kollektive Illusion hat in Willies Weigerung, ihre Komplizenschaft mit dem NS-Regime zuzugeben, ihre Entsprechung. Gegenüber ihrem jüdischen Liebhaber, der die Gefahr auf sich genommen hat, zu ihr nach Berlin zu reisen, um herauszufinden, woran er bei ihr ist, rechtfertigt sie sich mit der Ausrede: »Ich sing bloß ein Lied, ein Lied, das ist alles.« Schonungslos entlarvt Fassbinder diese Ausflucht als Selbstverblen-

↓ **LILI MARLEEN** Giancarlo Giannini (Robert Mendelssohn)

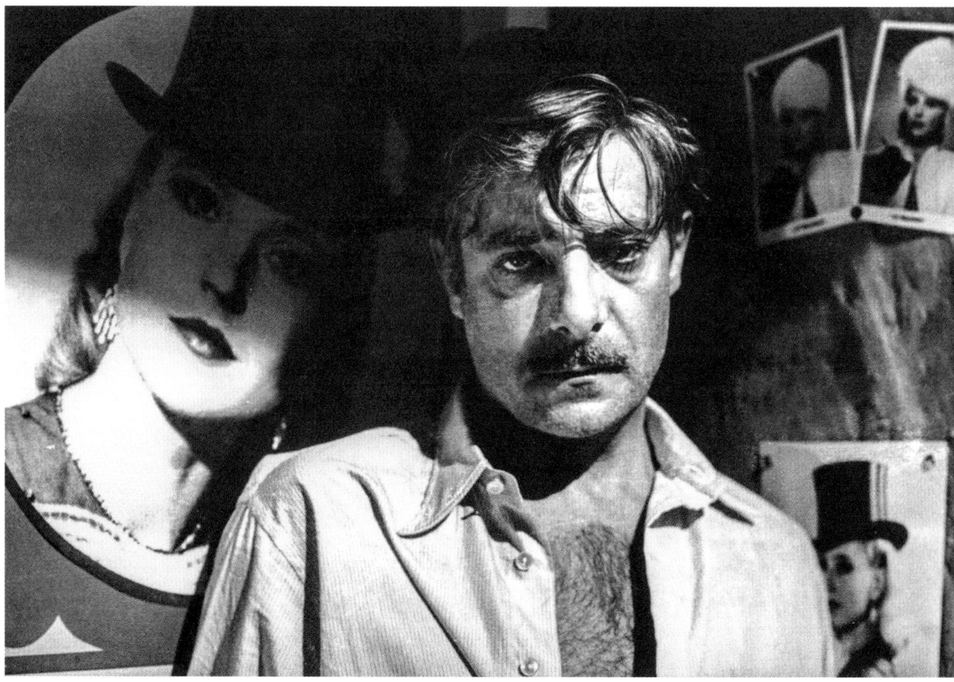

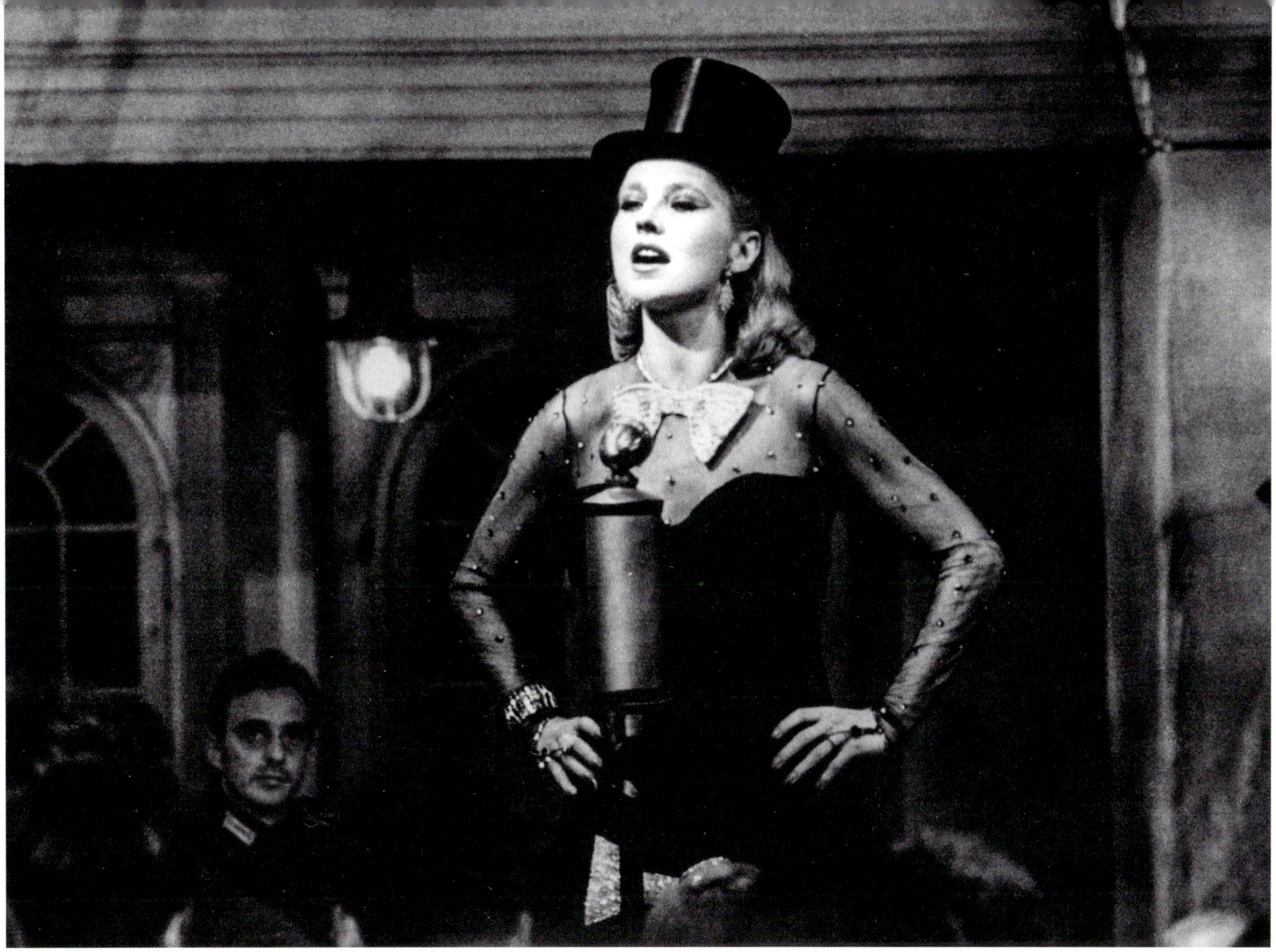

← **LILI MARLEEN**
Hanna Schygulla
(Willie Bunterberg)

↓ Christine Kaufmann
(Miriam Mendelssohn)
und Giancarlo Giannini
(Robert Mendelssohn)

dung, die auch alle anderen Mitläufer betrifft, die sich nach dem Krieg keiner Schuld bewusst sein wollten. So wird auch das traurige Erwachen der deutschen Bevölkerung aus dem von eben diesem Lied mitgetragenen Kriegsrausch mit Willies persönlicher Enttäuschung eng geführt. Hat sie den Krieg hindurch an ihrer Liebe zu Robert festgehalten, sucht sie ihn nach der Kapitulation in der Stadt auf, in der alles begonnen hat. Sie treffen sich am Eingang zur Bühne des Konzertsaals, wo nach einem seiner Auftritte das Publikum noch immer begeistert applaudiert. Dort stellt sich ihr auch Miriam Mendelssohn vor, die Frau, die Robert inzwischen geheiratet hat. Während ihr ehemaliger Geliebter auf die Bühne zurückkehrt, um sich nochmals zu verbeugen, läuft Willie mit schnellem Schritt aus dem Gebäude und ins Dunkel der Nacht davon. Ganz in einer Gegenwart angekommen, in der ihre Sehnsucht so plötzlich ausgelöscht worden ist, verschwindet ihre einsame Gestalt einfach aus unserem Blickfeld: ohne Selbsterkenntnis, ohne Reue, aber auch ohne Illusionen. Das ist das Melodrama nach Fassbinder.

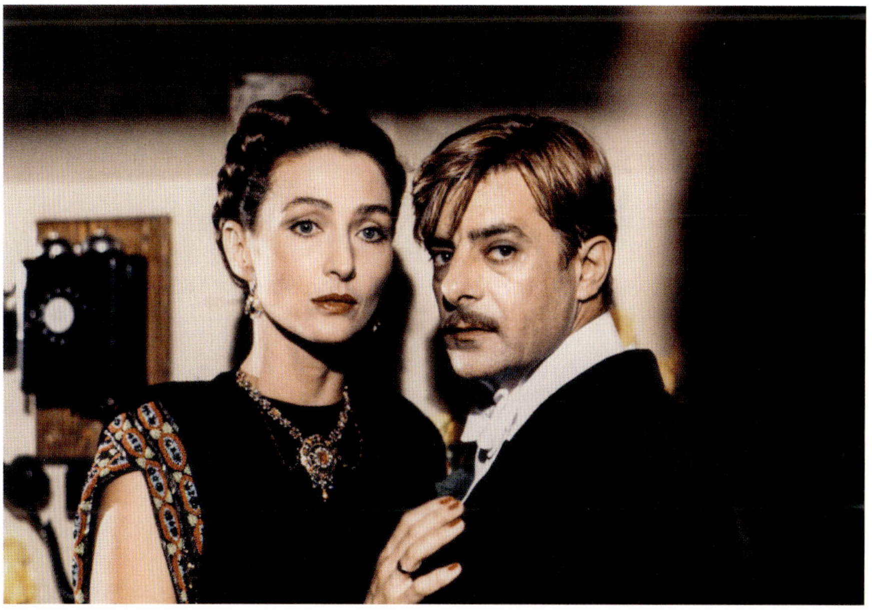

Fernsehen

»Ja, […] beim Film habe ich mit der Ästhetik des Pessimismus gearbeitet, während ich beim Fernsehen mit der Ästhetik der Hoffnung gearbeitet habe, und das macht natürlich einen Unterschied.«

Christian Braad Thomsen, Die Ästhetik der Hoffnung (1973), in: Robert Fischer (Hg.), Fassbinder über Fassbinder. Die ungekürzten Interviews, Frankfurt a.M.: Verlag der Autoren, 2004, S. 260.

»Ich weiß, dass ich im Fernsehen dreiundzwanzig Millionen Zuschauer habe, und da versuche ich, einen gemeinsamen Nenner für ein Publikum dieser Größe zu finden, um den politischen Hintergrund zu verankern.«

Tony Rayns, »Das Publikum muss zufrieden sein« (1977), in: Robert Fischer (Hg.), Fassbinder über Fassbinder. Die ungekürzten Interviews, Frankfurt: a.M. Verlag der Autoren, 2004, S. 338.

»Ich glaube, dass man fürs Fernsehen relevantere Filme machen muss, gesellschaftlich relevantere Filme als fürs Kino. Im Kino kann man wirklich mehr mit Träumen arbeiten, man kann mehr Traumfabrik machen. Vom Fernsehen erwartet das Publikum eine gewisse Realität.«

Corinna Brocher, »Nur wer Leier spielt, lernt Leier spielen« (1972), in: Robert Fischer (Hg.), Fassbinder über Fassbinder. Die ungekürzten Interviews, Frankfurt a.M.: Verlag der Autoren, 2004, S. 253.

»Beim Fernsehen arbeitet man sehr viel direkter, einfache Wirkung, unmittelbare Gefühle, unmittelbares Lachen, während man beim Film stärker atmosphärisch arbeitet.«

Christian Braad Thomsen, Die Ästhetik der Hoffnung (1973), in: Robert Fischer (Hg.), Fassbinder über Fassbinder. Die ungekürzten Interviews, Frankfurt a.M.: Verlag der Autoren, 2004, S. 260.

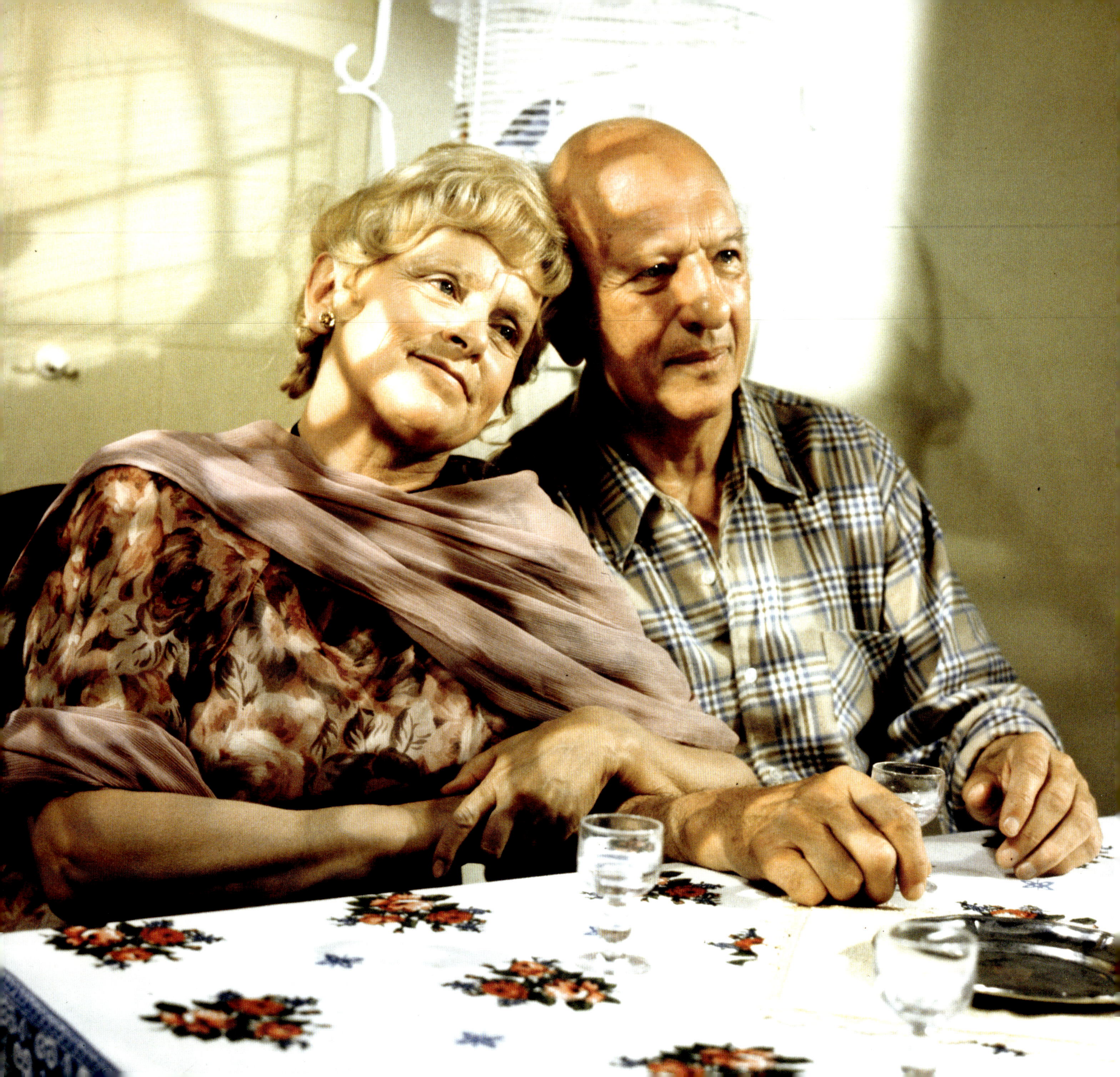

Michael Töteberg

Zur besten Sendezeit

Realitätsnahe Märchen

»Lieber Herr Fassbinder, ich möchte zum Schluss noch zu einer Grundsatzerklärung ansetzen, die vielleicht etwas albern klingt, die mir aber am Herzen liegt«, beendete Peter Märthesheimer, Redakteur beim WDR-Fernsehspiel, sein mehrseitiges Schreiben.[1] Es ging um das Pilot-Drehbuch zu ACHT STUNDEN SIND KEIN TAG; das Konzept zu dieser alternativen Familienserie stammte von Märthesheimer. »Wir haben uns, wie Sie wissen, mit diesem Projekt ungewöhnlich schwer getan: weil wir es, wenn es gelingen würde, für eines der wichtigsten und notwendigsten halten. Wir haben Ihnen, nach langem Hin und Her, dieses Projekt angetragen, nicht etwa deshalb, weil die Filme, für die Sie sich bisher interessiert haben, auch nur das geringste mit diesem Vorhaben zu tun hätten (oder vielleicht doch: in Ihrer Haltung gegenüber Ihren Menschen), als vielmehr deshalb, weil wir, wenn überhaupt irgendjemandem, Ihnen die Potenz zu diesem Unternehmen zutrauen, und weil man sein Lieblingskind ja gerne in gute Hände gibt.«

Peter Märthesheimer war Diplomsoziologe, er hatte in Frankfurt bei Adorno studiert und für die IG Metall gearbeitet; zum WDR in die Fernsehspielabteilung war er auf Empfehlung von Jürgen Habermas gekommen. »Redakteur sein hieß für mich«, so sein Selbstverständnis, »Konzeptionen zu entwickeln, die ich für dieses Massenmedium richtig und wichtig fand, und dann nach Autoren und Regisseuren zu suchen, die daraus Filme machen wollten.«[2] Der Regisseur, den er für sein Projekt engagieren wollte, war kurz zuvor gleich zweimal mit dem Bundesfilmpreis ausgezeichnet worden und im Kino mit Filmen wie KATZELMACHER, HÄNDLER DER VIER JAHRESZEITEN und DIE BITTEREN TRÄNEN DER PETRA VON KANT präsent. Natürlich war der eine oder andere Film auch im TV gelaufen, meist im Spätprogramm zu nachtschlafender Zeit. Aber mit ACHT STUNDEN SIND KEIN TAG betrat Fassbinder Neuland: Filmen für das Massenmedium Fernsehen war gleichbedeutend mit der Öffnung hin zu einem breiten Publikum. Dies hatte Konsequenzen, inhaltliche wie ästhetische. »Im Fernsehen kann man nicht nur nach seinem eigenen Geschmack arbeiten, sondern man muß sich immer auch dessen bewußt sein, daß da zwanzig Millionen Menschen zusehen«,[3] erklärte Fassbinder und rechtfertigte seine Entscheidung, die eigenen cineastischen Interessen hintenan zu stellen. Ihm ging es darum, möglichst viele Zuschauer zu erreichen, wollte er doch Denkanstöße zu gesellschaftlichen Veränderungen geben. »Filme, die politisch sind, müssen ans große Publikum kommen, sonst haben sie

1 Peter Märthesheimer an Rainer Werner Fassbinder, 18.8.1971.
2 Peter Märthesheimer in: Juliane Lorenz (Hg.), Das ganz normale Chaos. Gespräche über Rainer Werner Fassbinder, Leipzig ²2012, S. 154.
3 Interview zu ACHT STUNDEN SIND KEIN TAG von Armin Borski, Der Abend, Berlin, 27.6.1973.

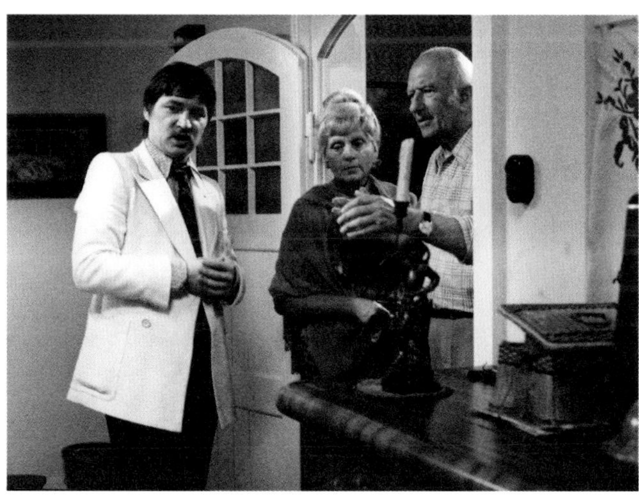

← ACHT STUNDEN SIND KEIN TAG, 2. Teil
Luise Ullrich (Oma) und Werner Finck (Gregor)

↑ Mit Luise Ullrich und Werner Finck

keinen Sinn«,[4] konstatierte er. Eine Familienserie, ausgestrahlt zur besten Sendezeit am Sonntagabend um 20.15 Uhr, bot sich dazu an, neue Inhalte in einem konventionellen und besonders populären Fernsehformat unterzubringen. »Ich finde das wichtiger als die beste Aufklärungsserie mit dem politischen Zeigefinger, die dann nachts um elf im Dritten Programm gezeigt wird.«[5]

Familie X oder Märchen von der Emanzipation

Die Idee, eine moderne Familienserie gegen die ziemlich verschnarchte, vom NDR produzierte FAMILIE SCHÖLERMANN zu setzen, stammte von Günter Rohrbach, dem Fernsehspielchef des seinerzeit als »Rotfunk« verschrienen WDR. Das Projekt bekam den Arbeitstitel »Familie X«. Märthesheimer entwickelte das Konzept, das auf drei Maximen beruhte: Die Protagonisten sollten erstens jung sein, die Serie zweitens nicht im Mittelstand, sondern im Arbeitermilieu spielen, und drittens sollten Konflikte nicht harmonisiert, sondern ausgetragen werden. Die Figuren entwarf Märthesheimer, nur Oma und Gregor waren Erfindungen von Fassbinder. Mit der *unwürdigen Greisin* (Brecht) und ihrem schrulligen Liebhaber brachte er in den Erzählkosmos zwei alte Leute ein, ohne gegen die erste Maxime zu verstoßen: Sie sind im Kopf jünger als manch andere Figur.

Die Buchentwicklung erfolgte in engem Kontakt mit der Redaktion; nach den Besprechungen schrieb Märthesheimer mehrseitige Briefe. Den Dramaturgen beschäftigten vor allem Fragen der Struktur. ACHT STUNDEN SIND KEIN TAG wurde programmatisch als Serie ausgegeben, doch handelte es sich nach heutiger Klassifikation um eine Reihe. Zwischen der Ausstrahlung der einzelnen Episoden lag ein ganzer Monat.[6] Märthesheimer hatte es versäumt, dies mitzuteilen. Fassbinder hatte in der ersten Drehbuchfassung die Folgen mit Cliffhangern beendet, die Episoden sollten jedoch in sich abgeschlossen sein. Trotzdem mussten die Handlungsstränge verzahnt werden. »Diese Ausweitung in Folge 3 bedeutet«, heißt es beispielsweise in einem Märthesheimer-Brief, »daß die Trennung Harald/Monika jetzt in Folge 4 mit der Beziehung Jochen/Marion verschränkt werden muß.«[7] Märthesheimer machte auch en détail Vorschläge und äußerte Änderungswünsche, legte seinem Lektorat Ablaufskizzen bei. »Auf S. 58 habe ich außerdem statt Marion die Mutter kochen lassen, und der Mutter so wenigstens eine kleine Lüge zum Anpreisen ihrer Tochter.«[8] »Durch das Vorschalten einer Arbeitsplatzszene wird, glaube ich, der allzu private Charakter dieser Folge etwas zurückgenommen, und die Aufmerksamkeit von vornherein auf den eigentlichen Konflikt strukturiert.«[9]

4 Fassbinder im Gespräch mit Christian Braad Thomsen, in: Robert Fischer (Hg.), Fassbinder über Fassbinder, Frankfurt a.M. 2004, S. 239.
5 Interview mit Borski (wie Anm. 3).
6 Die Ausstrahlung erstreckte sich über fünf Monate: Die erste Folge lief am 29.10.1972, die letzte am 18.3.1973.
7 Märthesheimer an Fassbinder, 20.10.1971.
8 Märthesheimer an Fassbinder, 21.12.1971.
9 Märthesheimer an Fassbinder, 18.8.1971.
10 Märthesheimer an Fassbinder, 20.10.1971.
11 Märthesheimer an Fassbinder, 21.1.1972.
12 Peter Märthesheimer, Die Okkupation eines bürgerlichen Genres, in: Fernsehen und Bildung, Heft 1, 1973, S. 25–30.
13 Rainer Werner Fassbinder, Ein paar unordentliche Gedanken zu Jochen und Marion und ..., in: Fernsehspiele Westdeutscher Rundfunk, Juli – Dezember 1972, S. 88–89.

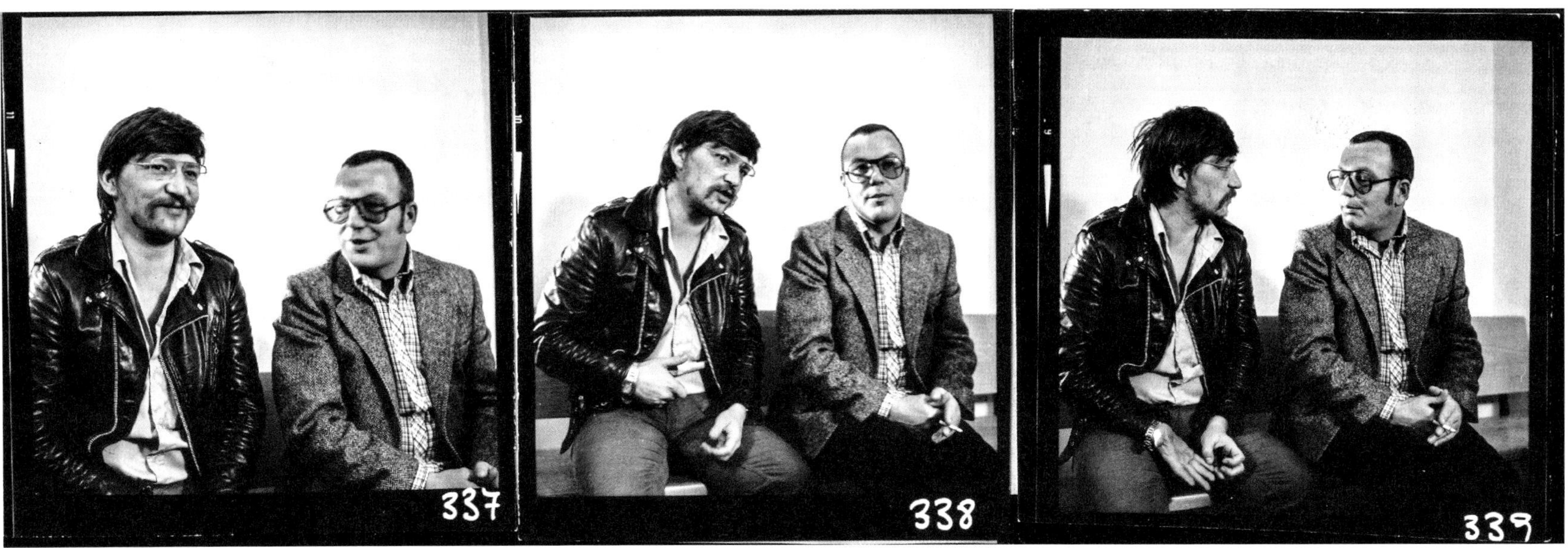

↑ Mit dem Redakteur Peter Märthesheimer in einer Drehpause von ACHT STUNDEN SIND KEIN TAG

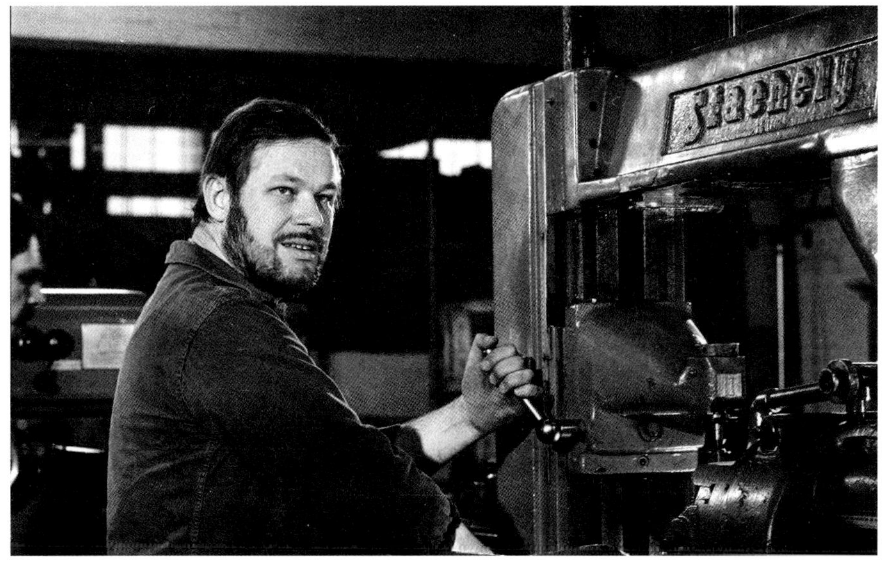

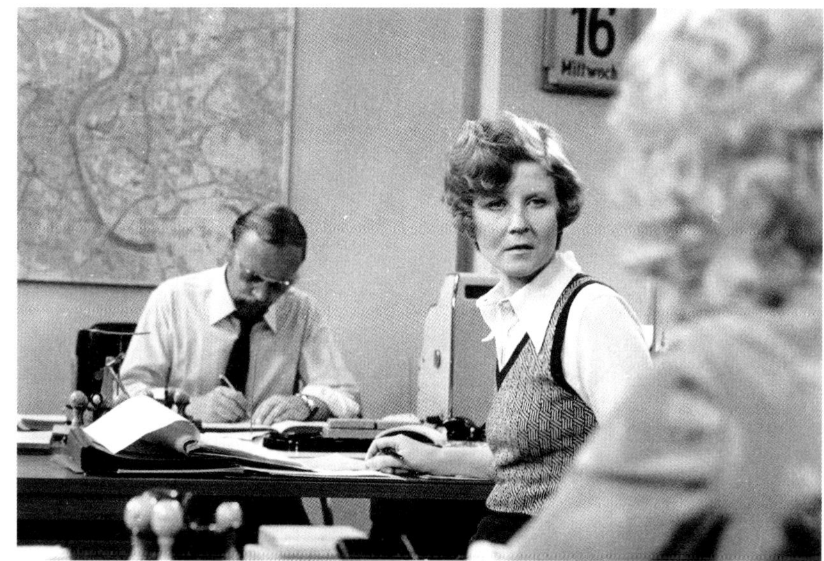

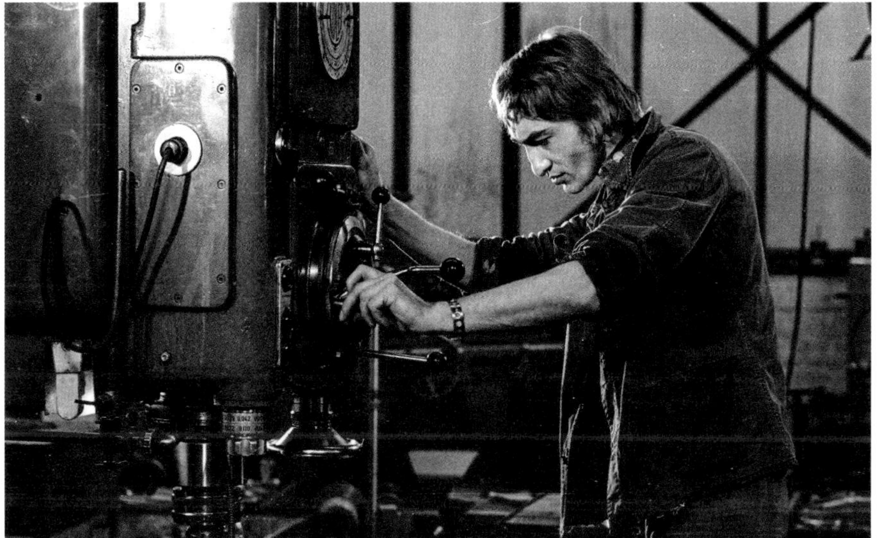

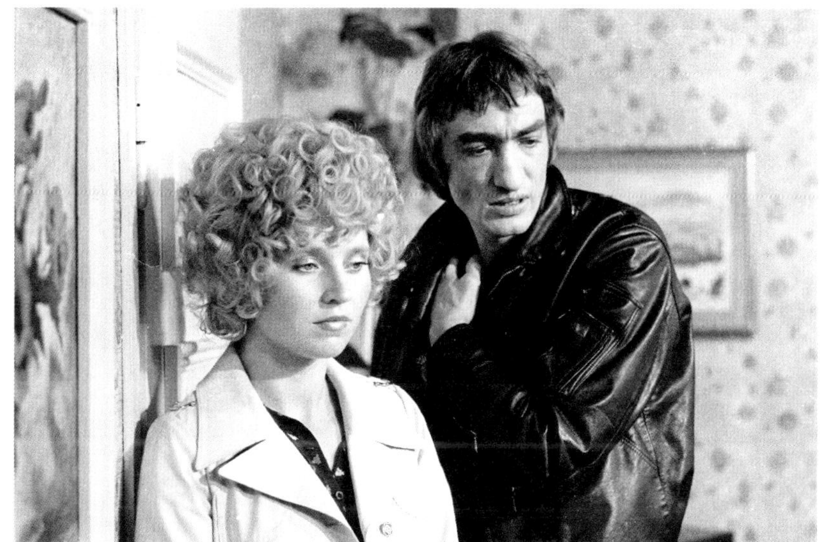

↑ **ACHT STUNDEN SIND KEIN TAG** Wolfgang Schenck (Franz), Irm Hermann (Irmgard Erlkönig), Gottfried John (Jochen) und Hanna Schygulla (Marion)

Bei den Liebesgeschichten brauchte Fassbinder keine Ratschläge, Märthesheimer war für die Abläufe im Betrieb und die Funktion des Betriebsrats zuständig. »Die Art der Aktion, die Geschichte mit dem Nachweis der mangelnden Qualifikation und die besondere Lernmethode muß ich noch recherchieren. Schwierig wird werden, fällt mir jetzt auf, Ernst zum richtigen Zeitpunkt einzuführen, wenn man dieses wundervolle Bündnis zwischen Intelligenz und Arbeiterklasse richtig etablieren will.«[10] Er versorgte Fassbinder mit Material: »Der Arbeiter-Fragebogen von Marx hat sich entgegen meiner Vermutung als unergiebig erwiesen; wenn wir noch ein einfaches Modell der Mehrwertberechnung finden, schicken wir es Ihnen.«[11]

Während der theoretisch denkende Märthesheimer über »Die Okkupation eines bürgerlichen Genres«[12] in einer Fachzeitschrift reflektierte, steuerte Fassbinder für die WDR-Programmbroschüre »Ein paar unordentliche Gedanken zu Jochen und Marion und …« bei. Und Oma und Gregor, Monika, Harald, Manfred, Franz und und und. »Die sind alle verschieden, die sind naiv und spießig, lieb und bös und brav und blöd und schlau, ich habe sie alle sehr lieb.«[13] Märthesheimer hatte Fassbinder für die Familienserie engagiert, weil er um dessen Haltung zu seinen Figuren wusste. »Aber – ein Funken Utopie ist dabei«, denn in dieser Serie werden Rollenklischees hinterfragt, Solidarität und Selbstbestimmung gefeiert. »Daran stirbt man, daß man nicht tun kann, was man will«, weiß Oma. »Resignieren finde ich wirklich das Letzte!«, ist Marions Meinung. Fassbinder billigt allen seinen Figuren zu, dass sie sich emanzipieren und ausbrechen aus den herrschenden Verhältnissen.

ACHT STUNDEN SIND KEIN TAG wurde von linken wie rechten Kritikern verrissen, von »geschminkten Proleten«[14] und »Märchenwelt«[15] war die Rede, aber beim Fernsehpublikum kam die Serie gut an: 25 Millionen sahen die erste Folge, die Quote schwankte zwischen 45 und 60 Prozent Zuschauerbeteiligung. Fassbinder war zufrieden: »Der [Film] ist ja wirklich nur von den Leuten verstanden worden, für die er eigentlich gemacht worden ist. Wir hatten unheimlich viel Diskussionen mit Arbeitern und Gewerkschaftern, das hat unheimlich funktioniert, die haben diese sogenannten Märchen in ACHT STUNDEN SIND KEIN TAG auf ihre Situation umdenken können und haben das auch getan.«[16]

Margot und Peter oder Märchen von den Zwängen

Ohne das öffentlich-rechtliche Fernsehen hätte der Autorenfilm nicht stattgefunden, doch die Filmemacher stellten dies nicht heraus: Sie wollten ins Kino, die Finanzierung durch koproduzierende Anstalten ermöglichte ihre Filme, aber jegliche Einflussnahme lehnten sie ab. Anders Fassbinder: Er produzierte bewusst fürs Fernsehen, scheute keineswegs die Zusammenarbeit mit der Redaktion und eignete sich vom Sender vorgeschlagene Stoffe an. In Märthesheimer hatte er einen kreativen Mitarbeiter gefunden. Auf seinen Einfluss geht es zurück, dass Fassbinder bei seinen Fernsehfilmen ein hoffnungsvolles Ende zumindest andeutete. »Bei einem so großen Publikum wie bei der Fernsehserie wäre es dagegen reaktionär, ja fast ein Verbrechen, wenn man die Welt so aussichtslos darstellen würde, denn denen muss man vor allem Mut machen und zu ihnen sagen: Für euch gibt es trotz allem Möglichkeiten.«[17] Das Fernsehen als ein Medium der Aufklärung war verbunden mit dem Appell, die gesellschaftlichen Verhältnisse zu ändern, politische und ökonomische Mechanismen zu erkennen und zu überwinden. Sozialkritik schloss bei Fassbinder immer auch psychische Abhängigkeit ein.

»Asta Scheib, 35 Jahre, lebt als Hausfrau und Mutter von zwei Kindern in Schweinfurt. Sie schreibt gelegentlich für eine Lokalzeitung, hat auch schon einige Beiträge für eine Frauenzeitschrift gemacht«,[18] so stellte die WDR-Fernsehspielbroschüre die Autorin der Erzählung *Angst vor der Angst* vor. »Obwohl ich mich gern hinter einer Freundin versteckte, ist es zum Teil meine Geschichte«,[19] hat sie später bekannt. »Sie handelt von der Mutter eines kleinen Kindes, die keinen Namen findet für ihre Angst, die sie oft überfällt, ganz unvermittelt, aber nicht spontan wieder verschwindet.« Dann raste sie aus dem Haus, ließ die Kinder zurück, »nur weg, raus aus der Tiefe meiner Trauer«. Für ihre Panikattacken, die sie mit Valium bekämpft, und depressiven Schübe findet Margot, die Protagonistin (gespielt von Margit Carstensen), kein Verständnis in ihrer Umgebung, weder bei ihrem Mann, der sich nicht darauf einlassen kann, schließlich muss er für eine Prüfung lernen, noch bei der Schwiegermutter und der Schwägerin, die alles besser wissen und in deren Haus sie leben. Selbst das geliebte Töchterchen Bibi geht lieber in den Kindergarten als bei Mama zu Hause zu bleiben. »Gründlicher kann kein Mensch erfahren, daß er nicht gebraucht wird«,[20] erklärte Scheib in einem Gespräch, das Märthesheimer mit ihr für die WDR-Broschüre führte. »So fremd, wie Margot sich mit ihrem Mann fühlt, muß sie auch die Wohnung empfinden, in der sie lebt, mit den fremden Möbeln um sie herum, mit den fremden Menschen im Haus.« Der Film erläutert nicht, woher die Angst kommt, er benennt keine konkreten Ursachen. Für Fassbinder war es »ein Film über den ganz ›normalen‹ menschlichen Zustand«.[21] Es bedarf keines äußeren Anlasses, um die Angst aus ihrem Inneren hochkommen zu lassen, es ist die fortwährende Entfremdung ihrer gesellschaftlichen Existenz. Fassbinder: »Das Leben, das diese Frau führen muss, ist nicht ihr Leben. Ihr Unterbewusstes beginnt zu begreifen, dass sie ein Leben führt, das in Wahrheit nichts mit ihr zu tun hat.«[22] Margot fürchtet, wahnsinnig zu werden. Die Umwelt glaubt, in ihrem auffälligen Verhalten Schizophrenie zu erkennen; sie wird in eine psychiatrische Klinik eingewiesen, bald aber wieder entlassen. Am Ende sehen wir Margot an der Schreibmaschine: Sie wird sich aus dem Hausfrauendasein befreien, ganz so wie es der Autorin Asta Scheib im realen Leben gelang. Mehr als ein

---

14 Frank J. Heinemann, Abschied vom geschminkten Proleten, Frankfurter Rundschau, 4.6.1973.
15 W. W. [Wilfried Wiegand], Der Realismus des Märchens, Frankfurter Allgemeine Zeitung, 19.12.1972.
16 Interview mit Kraft Wetzel, Juli 1974, zit. nach: Rainer Werner Fassbinder, Die Anarchie der Phantasie. Gespräche und Interviews, Frankfurt a.M. 1986, S. 62.
17 Interview mit Christian Braad Thomsen, 1973, in: Fischer (wie Anm. 4), S. 259.
18 Fernsehspiele Westdeutscher Rundfunk, Juli – Dezember 1975, S. 13.
19 Asta Scheib, Jeder Mensch ist ein Kunstwerk. Begegnungen, München 2008, S. 15, 18.
20 Peter Märthesheimer, Auf eine infame Weise endgültig. Aus einem Gespräch mit Asta Scheib, in: Fernsehspiele Westdeutscher Rundfunk, Juli – Dezember 1975, S. 11–13.
21 Fassbinder über ANGST VOR DER ANGST im Gespräch mit John Hughes/ Ruth McCormick, in: Fischer (wie Anm. 4), S. 379.
22 Ebd., S. 380.
23 Rainer Werner Fassbinder, Filme befreien den Kopf. Essays und Arbeitsnotizen, Frankfurt a.M. 1984, S. 117.
24 Handschriftliche Korrektur des Titels auf dem Typoskript: *Arbeit macht frei. Bericht eines Lebenslänglichen. Drehbuch für einen Spielfilm.* o.D.
25 Klaus Antes/Christiane Ehrhardt/ Heinrich Hannover, Lebenslänglich – Protokolle aus der Haft, München 1972, S. 42–84.
26 Peter Märthesheimer, Mutmaßungen über Peter. Aus einem Gespräch mit Rainer Werner Fassbinder, in: Fernsehspiele Westdeutscher Rundfunk, Januar – Juni 1976, S. 151.

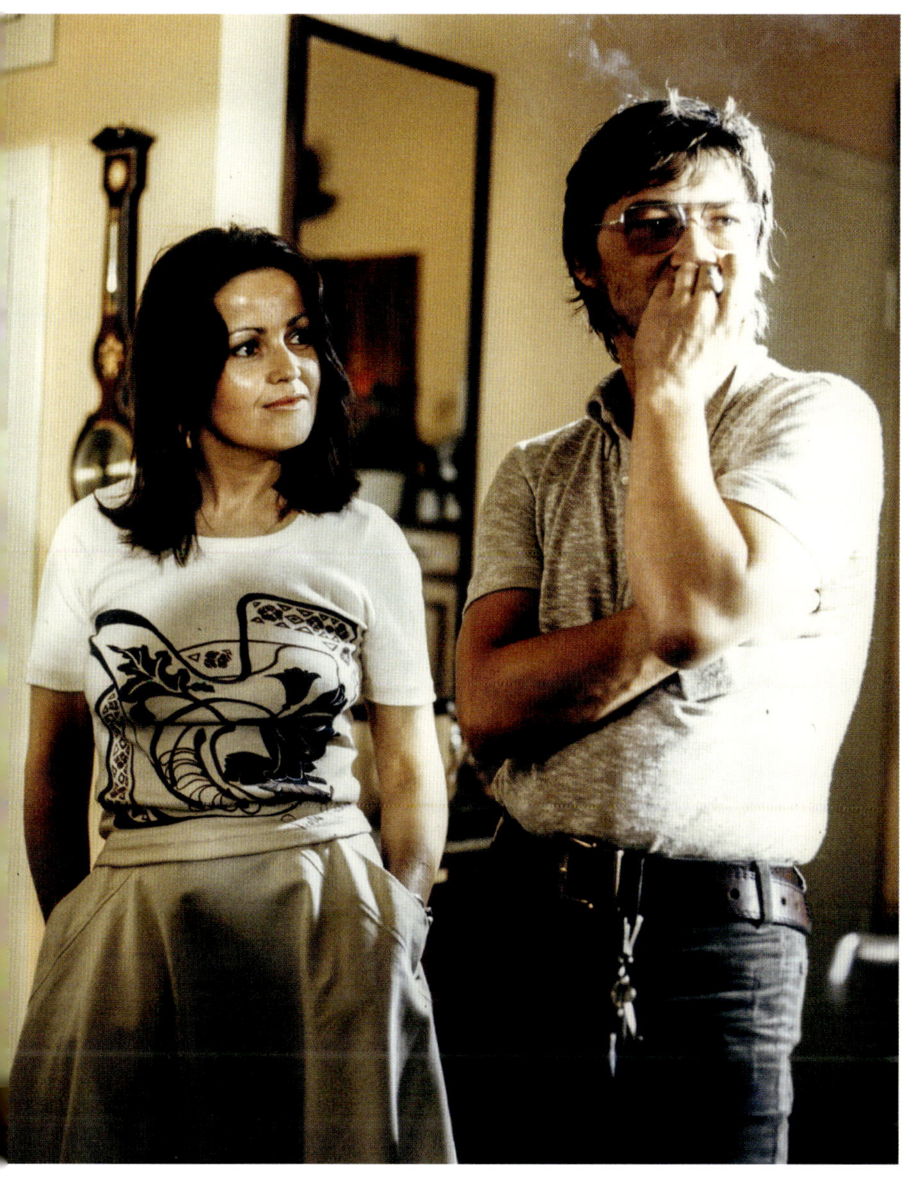

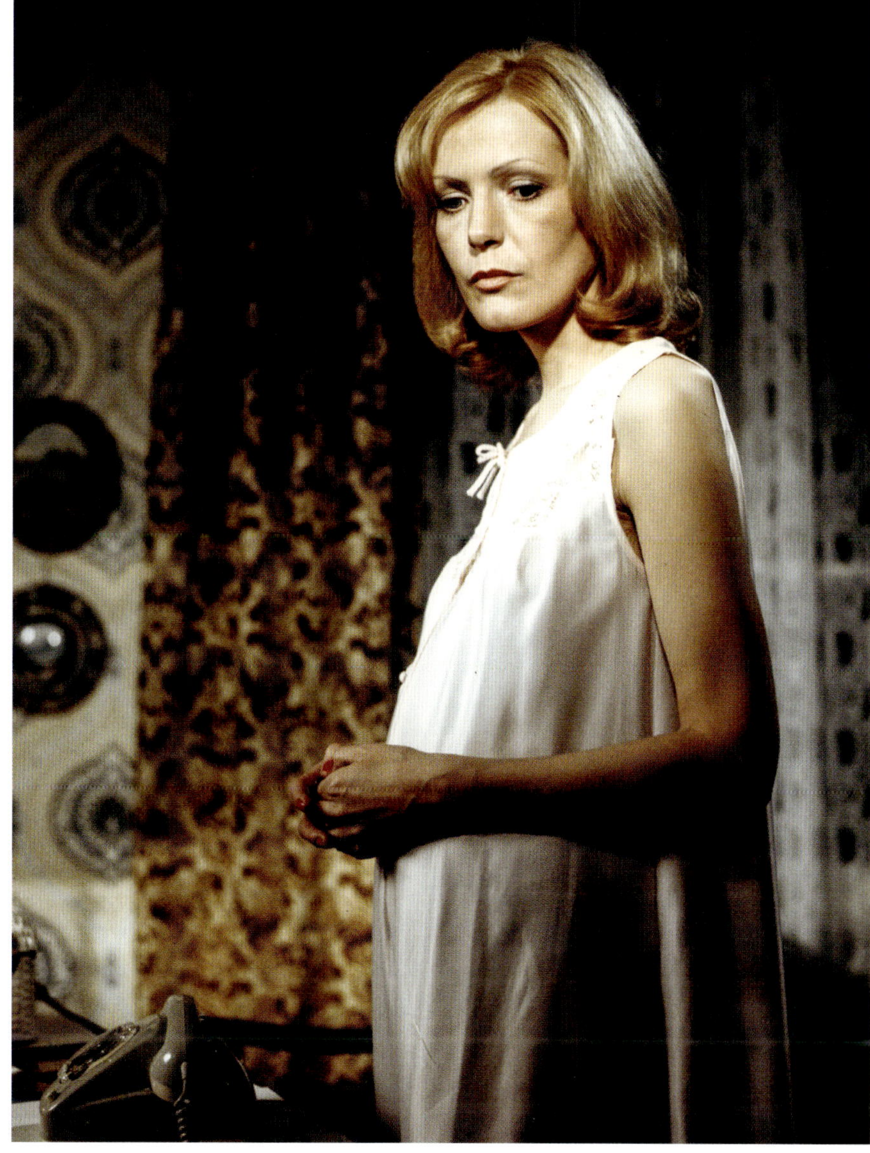

Hoffnungsschimmer ist dies nicht, denn in der Schlusseinstellung wird das Bild wieder unscharf: Margot wird mit der Angst vor der Angst leben müssen. Der Titel von Asta Scheibs Erzählung wurde eine Formel, die Fassbinder sein Leben lang begleitete. »Nur wer wirklich mit sich identisch ist, braucht keine Angst mehr vor der Angst zu haben«,[23] heißt es in den Vorbemerkungen zu seinem letzten Film QUERELLE.

»Ein Märchen von den Zwängen«[24] war der Arbeitstitel von ICH WILL DOCH NUR, DASS IHR MICH LIEBT. Der Film basiert auf Tonbandprotokollen mit »Lebenslänglichen«, die Christiane Ehrhardt und Klaus Antes in Haftanstalten geführt haben, genauer, auf den Aussagen von Peter Jörnschmidt.[25] Die Interview-Situation hat

↖ **ANGST VOR DER ANGST**
Die Autorin Asta Scheib mit dem Regisseur

↑ Margit Carstensen (Margot)

Fassbinder in kurzen Einblendungen nachgestellt (in der ersten Drehbuchfassung sind es noch zwei Journalisten; im Film wird Peter von Erika Runge befragt, deren Dokumentarfilme Märthesheimer betreute). Nur wenige Motive aus dieser Lebensgeschichte hat Fassbinder übernommen. »So ein Film ist ja nie eine strikte sozialpsychologische Beweisführung, sondern eben ein Film, in den Phantasien eingehen, eigene Erfahrungen, Beobachtungen, also eben eine Mutmaßung über die Figuren, von denen er erzählt«, erklärte er Märthesheimer im Gespräch für die WDR-Broschüre.[26] Er verlegte die Geschichte in seine Kindheit, die Zeit des sogenannten Wirtschaftswunders. Der Film popula-

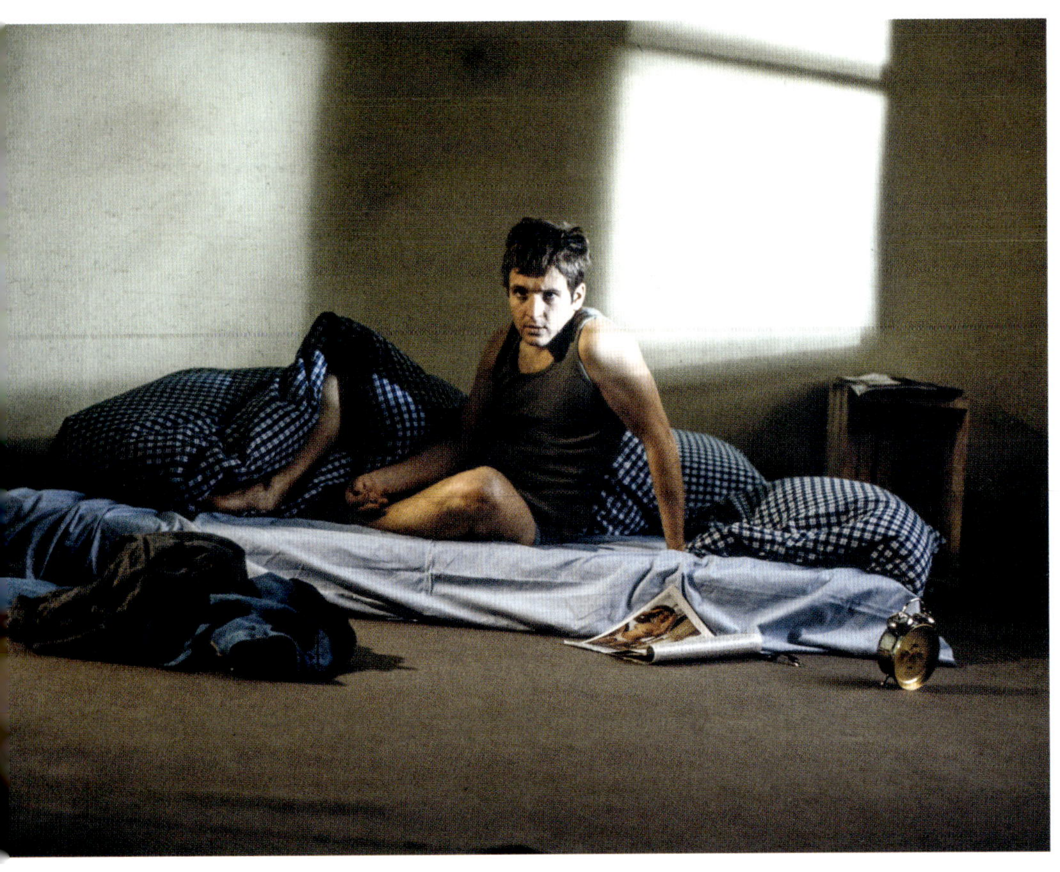

↑ **ICH WILL DOCH NUR, DASS IHR MICH LIEBT**
Vitus Zeplichal (Peter)

risiert Erkenntnisse von Freud ebenso wie von Marx: der Mechanismus der Übertragung, demonstriert an einem Mord im Affekt, ausgeführt an einem Ersatzvater; die Spielregeln des Konsums und der Tauschgesellschaft, demonstriert an einem, der schon als Kind keine Liebe bei seinen Eltern erfahren hat. »Die rechnen schon gar nicht mehr mit Liebe, die rechnen nur noch mit Geld, das ihnen verlorengeht, wenn der andere sich Liebe irgendwo kauft. Das ist ja auch ein Verhalten, was der Peter exakt gelernt hat in seiner sogenannten Erziehung, daß man halt dafür bezahlen muß, wenn man Liebe will, und daß er sich das gar nicht anders vorstellen kann.«[27] Es nützt Peter nichts, dass er den Eltern ein Haus baut, dass er seiner Frau ein komfortables Heim schaffen will – die immer größer werdenden Blumensträuße sind nur Ausdruck seiner emotionalen Hilf- und Sprachlosigkeit. Er kann diesem Leben nur ein Ende machen, indem er einem anderen Leben ein Ende macht. »In diesem Film sind die Eltern so böse wie im Märchen«,[28] so Fassbinder während der Dreharbeiten. Der Kritiker Wilfried Wiegand erkannte, dass das Fernsehspiel »im Kern ein Märchen [ist], das so unrealistisch – aber auch so realistisch – ist wie beispielsweise die Geschichte von Hans im Glück«.[29]

»Man kann jedes Genre benutzen, um damit etwas Eigenes zu treiben«,[30] postulierte Fassbinder, als er sich 1973 dem Fernsehen zuwandte. Er experimentierte neben der Familienserie mit einem anderen beliebten TV-Genre: der Fernsehshow. WIE EIN VOGEL AUF DEM DRAHT war eine Personality-Show für und mit Brigitte Mira. Ein TATORT-Projekt – MENSCHENSCHMUGGEL hieß das gemeinsam mit Laurens Straub verfasste Treatment – stieß bei dem Produzenten Günter Rohrbach auf Ablehnung. Der Anstoß zu dem Science-Fiction-Zweiteiler WELT AM DRAHT stammte wieder einmal von Märthesheimer. Das deutsche Fernsehen erfüllte in jenen Jahren einen Bildungsauftrag und brachte in epischen Literaturverfilmungen Romane des 20. Jahrhunderts (Joseph Roth, Lion Feuchtwanger, Bernard von Brentano, Hans Fallada u.a.) auf den Bildschirm; Fassbinder nahm sich, diesmal im Auftrag des ZDF, Oskar Maria Graf und dessen Roman *Bolwieser* an. Die zweiteilige TV-Fassung war eine Adaption mit dem Ziel, den Fernsehzuschauern den vielschichtigen Roman zu vermitteln, während die (erst posthum veröffentlichte) Kinoversion sich auf das Thema sexuelle Abhängigkeit fokussierte. Fassbinder war derart im Fernsehen präsent, dass im Programmbeirat bereits Unmut angesichts einer »Art Monopolstellung« im ARD-Programm laut wurde.[31]

Manche Fassbinder-Freunde waren von seinen Fernseharbeiten enttäuscht. Im Kino konnte man den Leuten mehr zumuten als den TV-Konsumenten, das wusste Fassbinder, war aber überzeugt, »man muß etwas für die Zuschauer tun«: »Meine persönlichen Interessen sind natürlich nicht, Filme zu machen wie ACHT STUNDEN SIND KEIN TAG.«[32] Doch auch ihm brachte diese Arbeit etwas. Auf die Frage, ob er künftig vor allem fürs Fernsehen tätig sein wolle, lautete seine Antwort: »Nein, ich will auch Kinofilme drehen, aber ich will künftig meine Erfahrungen vom Fernsehen beim Film anwenden, genauso wie ich früher meine Erfahrungen vom Theater auf den Film übertragen habe.«[33] Die Geschichte, die er im Kopf hatte und früher tragisch geendet hätte, werde nun anders verlaufen – es handelte sich um ANGST ESSEN SEELE AUF.

27 Ebd., S. 152.
28 Eva-Suzanne Bayer, Naivität mit Widerhaken, Stuttgarter Zeitung, 24.12.1975.
29 Wilfried Wiegand, Ich will doch nur, daß ihr mich liebt, Frankfurter Allgemeine Zeitung, 25.3.1976.
30 Wolfgang Röhl: Kommt die Prolet-Welle?, konkret, Nr. 13, 22.3.1973, S. 17.
31 Protokoll über die 169. Sitzung des Programmbeirats für das Deutsche Fernsehen/ARD am 7./8.11.1973, S. 10.
32 Fassbinder (wie Anm. 16), S. 58.
33 Fassbinder im Gespräch mit Christian Braad Thomsen, in: Fischer (wie Anm. 4), S. 263.

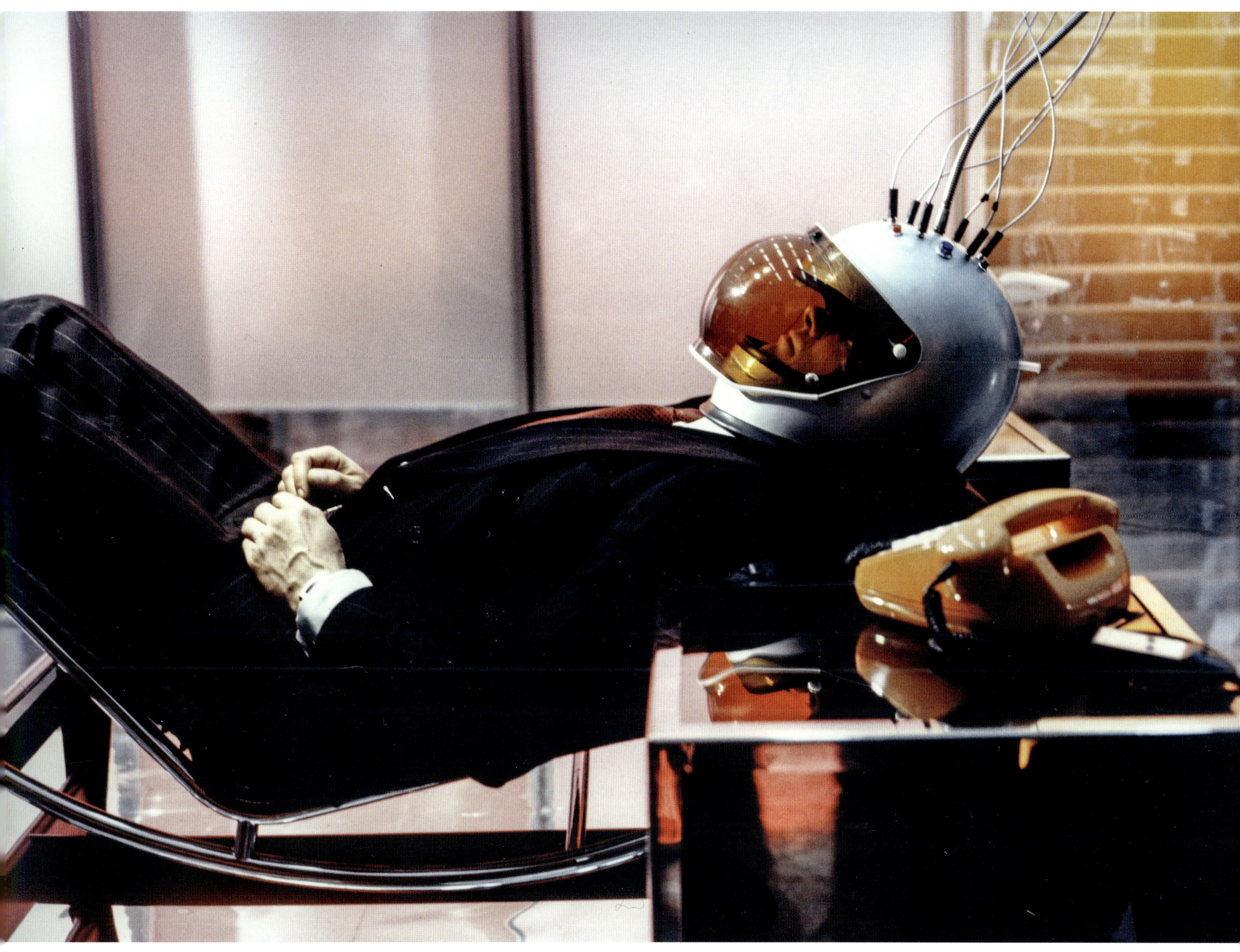

↑ **WELT AM DRAHT** Klaus Löwitsch (Fred Stiller)

WELT AM DRAHT Regisseur, Kameramann und Drehteam richten eine Szene mit Adrian Hoven ein →

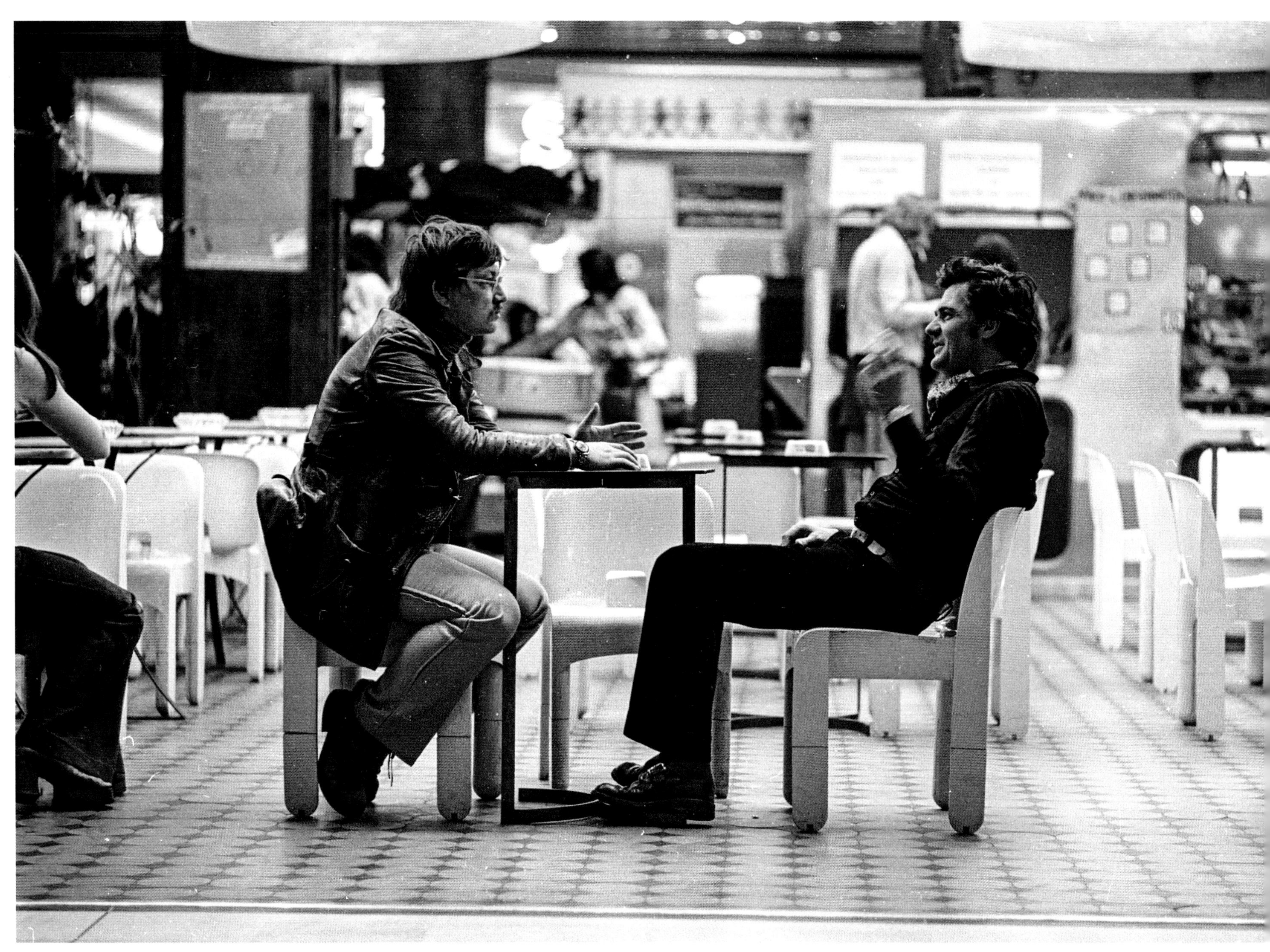

↑ Rainer Werner Fassbinder mit Kameramann Michael Ballhaus in einer Drehpause von **WELT AM DRAHT**

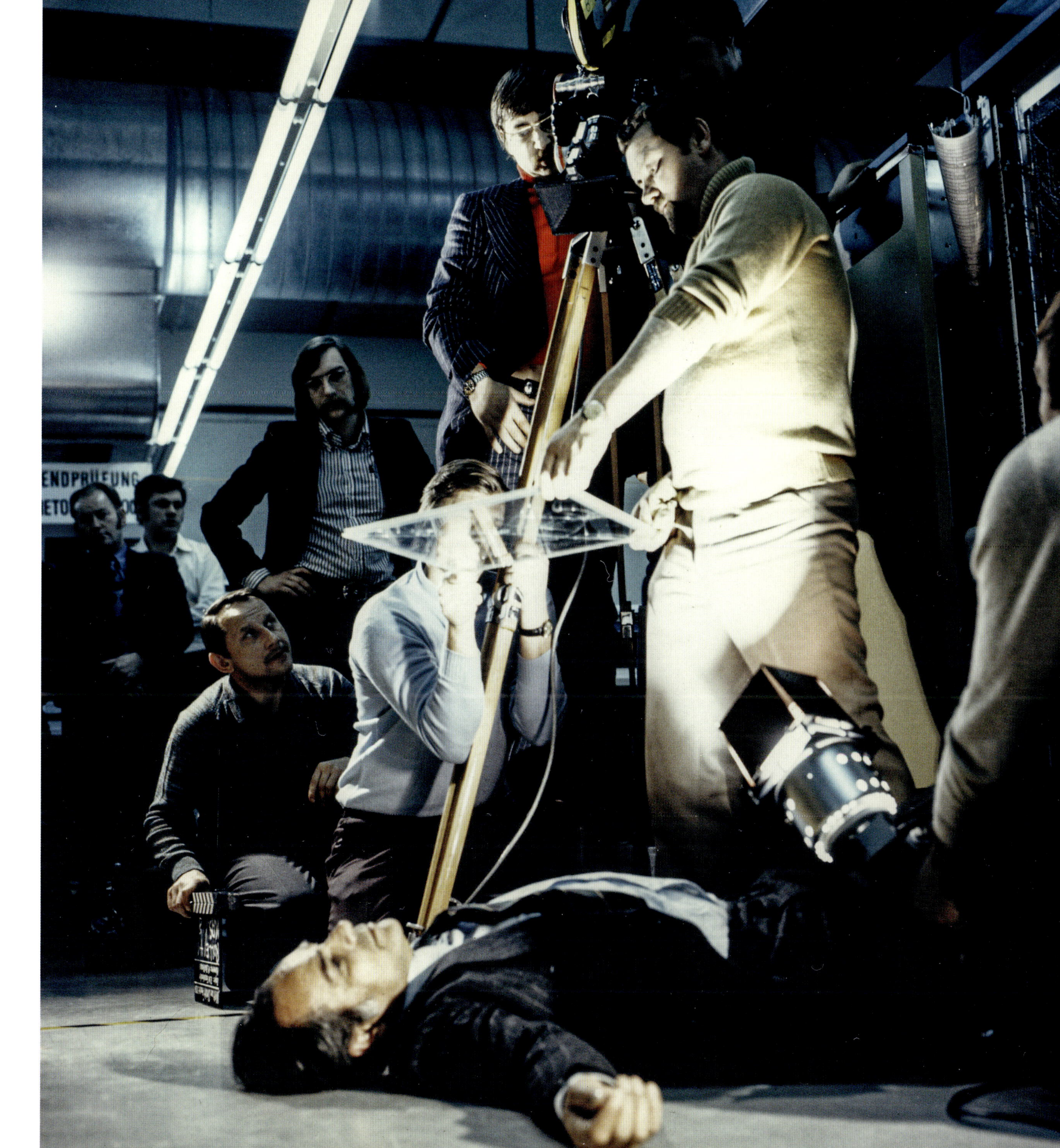
ENDPRÜFUNG

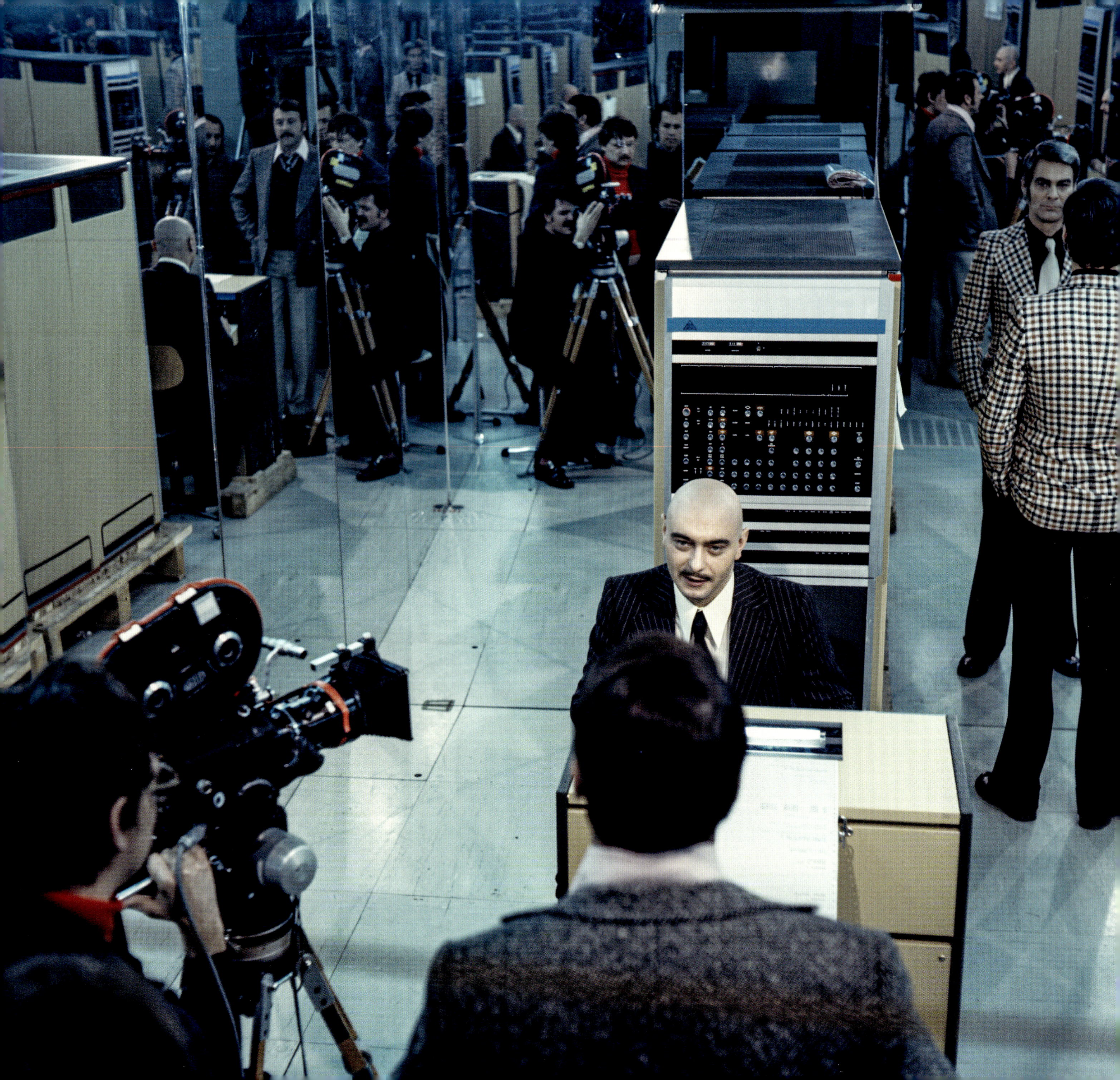

← **WELT AM DRAHT** Regisseur, Kameramann und Drehteam richten eine Szene mit Kurt Raab, Günter Lamprecht und Karl-Heinz Vosgerau ein

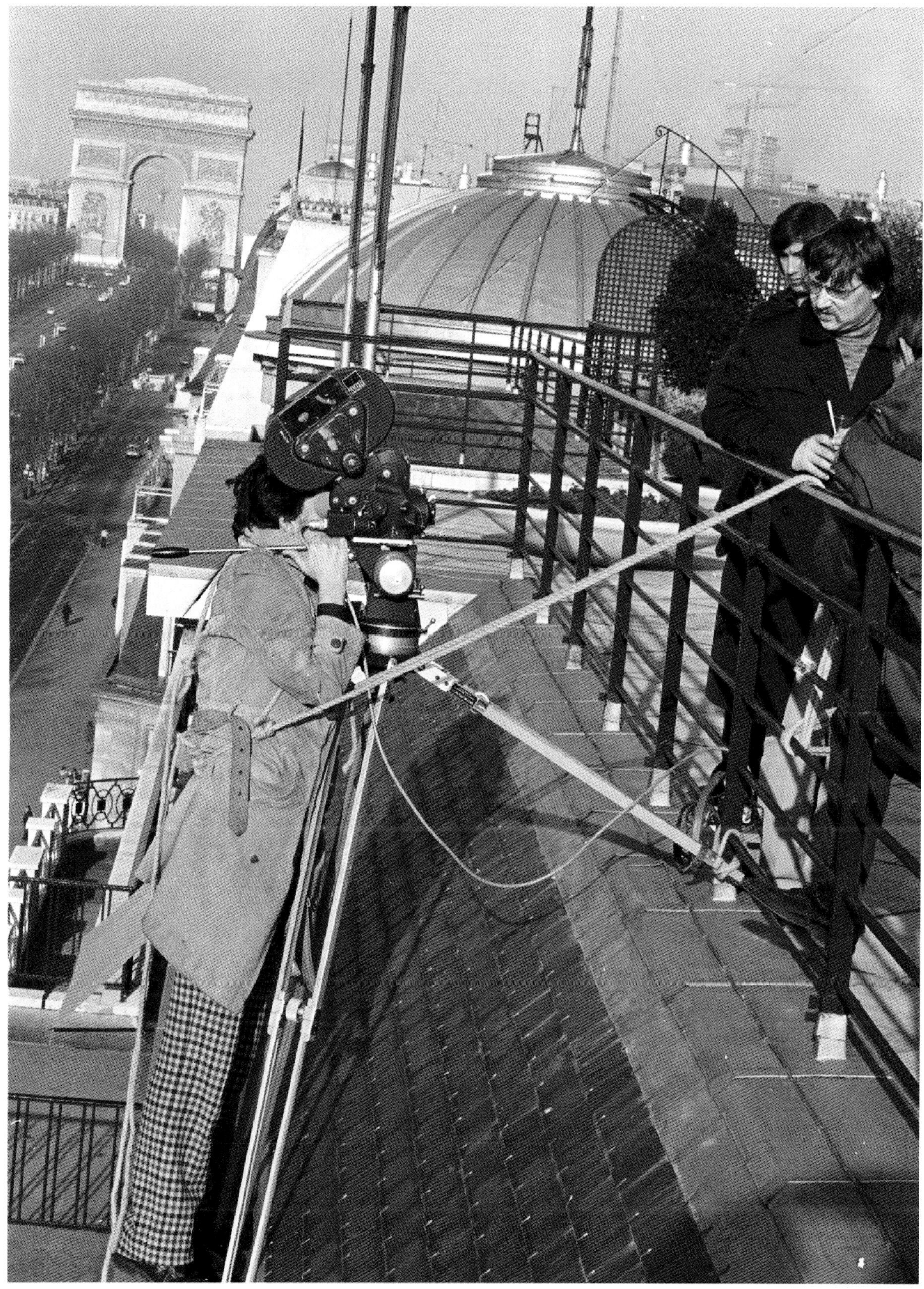

WELT AM DRAHT Über den Dächern von Paris: Kameramann Michael Ballhaus, Fassbinder und das Drehteam →

Musik

Lieder und Musikstücke, die Rainer Werner Fassbinder in seinen Filmen verwendete

Eine Auswahl

2. Sinfonie, 4. Satz, Urlicht / Gustav Mahler

5. Klavierkonzert Es-Dur op. 73 / Ludwig van Beethoven

5. Sinfonie, 1. Satz / Ludwig van Beethoven

8. Sinfonie, 2. Teil, Blicket auf zum Retterblick / Gustav Mahler

9. Sinfonie, 3. Satz / Ludwig van Beethoven

A Ship For The Bandits / Peer Raben

Abendstille überall / Volkslied

Abschiedsmelodie / David Ambach, Peer Raben

After the Gold Rush / Neil Young

Al Asfouriah / Sabah

Albatross / Fleetwood Mac

Am Brunnen vor dem Tore / Text: Wilhelm Müller; Musik: Friedrich Silcher

Am Tag als der Regen kam / Text: Pierre Delanoë; Musik: Gilbert Bécaud

Amalie geht mit'm Gummikavalier / Siegwart Ehrlich

Amara terra mia / Musik: Domenico Modugno; Text: Enrica Bonaccorti

An der schönen blauen Donau / Berliner Philharmoniker nach Johann Strauss

Atlantis / Donovan

Bandiera Rossa / Carlo Tuzzi

Bird On A Wire / Leonard Cohen

Bist du bei mir, Aria BWV 508 / Johann Sebastian Bach

Blaue Nacht am Hafen / Lale Andersen

Boys In The Backroom / Musik: Friedrich Hollaender; Text: Frank Loesser

Buona Notte Bambino / Rocco Granata

Café Mozart Waltz / Anton Karas

Candy Says / The Velvet Underground

Capri-Fischer / Rudi Schuricke

Chelsea Hotel Nr. 2 / Leonard Cohen

Darum trinken wir noch eins / Musik: Walter Kollo; Text: Willi Kollo

Das Lied der Deutschen / Heinrich Hoffmann von Fallersleben

De Hamborger Veermaster bzw. ***The Banks of Sacramento*** / Shanty

Der Jäger aus Kurpfalz / unbekannt; Volkslied

Der Rosenkavalier, op. 59 / Richard Strauss

Der Zauberwald / Harold M. Kirchstein

Diamonds Are a Girl's Best Friend / Originaltext: Leo Robin; Musik: Jule Styne

Divertimento No. 17 in d-major K. 334 / Wolfgang Amadeus Mozart

Dream Lover / Bobby Darin

Du schwarzer Zigeuner / Rudolf Antonín Dvorský

Each Man Kills The Thing He Loves / Musik: Peer Raben; Text: Oscar Wilde

Ein Gläschen Wein und du / Rita Paul, Bully Buhlan

English Waltz / David Ambach, Peer Raben

Es fährt ein Zug nach Nirgendwo / Christian Anders

Fischia il vento / Felice Cascione

Freunde, das Leben ist lebenswert / Franz Lehár

Ganz Paris träumt von der Liebe / Caterina Valente

Geh' nicht vorbei / Christian Anders

Got A Bran' New Suit / Text: Howard Dietz; Musik: Arthur Schwartz

Hangman Hang My Shell On A Tree / Spooky Tooth

Havanaise in E-Dur, Op. 83 / Camille Saint-Saëns

Heimweh / Freddy Quinn; Originalmusik, Text: Irving Berlin; Deutsche Fassung: Günther Beda

Heinrich schlief bei seiner Neuvermählten / Johann Friedrich August Kazner

Herbstlied, op. 37a / Peter Tschaikowsky

Here We Go Again / Ray Charles

Here's to You / Text: Joan Baez; Musik: Ennio Morricone

Hör mein Lied, Violetta / Alfred Hause und Orchester

Horch, was kommt von draußen rein / Volkslied

I Can't Control Myself / The Troggs

I Kill Them / Peer Raben

I've Got Enough Heartaches / Spooky Tooth

Ich denk an dich / Roy Black

In Japan ist alles so klein / Kurt Tucholsky

In My Room / The Walker Brothers

In The Moon / Text: Wingy Mannone, Andy Razaf, Joe Garland

Jailhouse Rock / Elvis Presley

Joan of Arc / Leonard Cohen

Just Walking in the Rain / The Prisonaires

Kamikaze 1989 / veröffentlicht von Edgar Froese

Kein schöner Land in dieser Zeit / Anton Wilhelm von Zuccalmaglio

Kinderszenen Op. 15, No. 1
Von Fremden Ländern und Menschen / Robert Schumann

Kleine Liebe / Rainer Werner Fassbinder, Hauptmotiv

La Mer m'a donné / Georges Moustaki

Lady Jane / The Rolling Stones

Le Métèque / Georges Moustaki

Let's Go Get Stoned / Ray Charles

Lieb Vaterland / Udo Jürgens

Liebe kleine Nachtigall / Richard Tauber

Lied der Liebe / Willi Meisel

Lili Marleen / Norbert Schultze

Lola Theme / David Ambach, Peer Raben

Lonely Boy / Paul Anka

Lover, Lover, Lover / Leonard Cohen

Lucia di Lammermoor / Gaetano Donizetti

Lucille / Little Richard

Maskenball der Tiere / Karl Valentin, Liesl Karlstadt

Matrimony / Gilbert O'Sullivan

Me and Bobby McGee / Janis Joplin

Mein Blondes Baby / Marlene Dietrich

Meine Liebe zu dir / Roy Black

Memories Are Made of This / Richard Dehr, Terry Gilkyson, Frank Miller

Men Are At Peace / Musik: Peer Raben; Text: Oscar Wilde

Moonlight Serenade / Glenn Miller

Morning Song / Pearls Before Swine

Olé Guapa / Alfred Hause und Orchester

On A Hilltop / The Berlin Ramblers

One Night / Elvis Presley

Only You / Paul Anka

Orgelkonzert Nr. 10 in d-Moll op. 7 Nr. 4 / Georg Friedrich Händel

Our Love / So Much Tenderness / Günther Kaufmann nach Rainer Werner Fassbinder und Peer Raben

Ouvertüre / David Ambach, Peer Raben

Over the Waves Waltz / Juventino Rosas

Per un pugno di dollari / Ennio Morricone

Piano Concerto No. 23, Adagio / Wolfgang Amadeus Mozart

Plaisir d'amour / Jean-Paul-Égide Martini

Radioactivity / Kraftwerk

Ruby, Don't Take Your Love to Town / Kenny Rogers

Rue des Fosses Saint Jacques / Georges Moustaki

Run, Boy Run / Sanford Clark

Sailor's Accordion / Peer Raben

Santa Lucia / Elvis Presley

Save the Last Dance for Me / The Drifters

Schwarze Engel / Alexandra

Sehnsuchtswalzer / Peer Raben nach Franz Schubert

Serenade Out Of Tune / David Ambach, Peer Raben

Silent Night / Dean Martin

Sisters of Mercy / Leonard Cohen

Sixteen Tons / Tennessee Ernie Ford

Smoke Gets in Your Eye / The Platters; Text: Otto A. Harbach; Musik: Jerome Kern

So Long, Marianne / Leonard Cohen

Stand by Me / Ben E. King

Suzanne / Leonard Cohen

Teachers / Leonard Cohen

The Battle Of New Orleans / Johnny Horton

The Cross-Road / Peer Raben

The Great Pretender / The Platters

The Self-Extradition / Peer Raben

The Ship And The Seaman / Peer Raben

The Tears Of The Lady / Peer Raben

Thema Willie / David Ambach, Peer Raben

Trouble / Elvis Presley

Twilight Time / The Platters

Un di, Felice aus La Traviata / Giuseppe Verdi

Unter fremden Sternen / Freddy Quinn

Veronika, der Lenz ist da / Text: Walter Borchert; Musik: Walter Jurmann

Violinkonzert Nr. 1 in g-Moll / Max Bruch

Warte, warte nur ein Weilchen / Musik: Walter Kollo; Text: Willi Kollo

Was eine Frau im Frühling träumt / Musik: Walter Kollo; Text: Willi Kollo

Was wird bloß aus unseren Träumen / Wolf Biermann

Was wissen Männer von der Liebe / Zarah Leander

We Love You / The Rolling Stones

Wear My Ring Around Your Neck / Elvis Presley

Westerwaldlied / Text: Willi Münker; Musik: Joseph Neuhäuser

Why Don't You Try / Leonard Cohen

Wiegenlied / Ludwig Spohr

Willie's Walzer / David Ambach, Peer Raben

Winter Lady / Leonard Cohen

With A Bitter Look / Peer Raben

With My Tears / Ingrid Caven

Wohin soll ich mich wenden? / Text: Johann Phillip Neumann; Musik: Franz Schubert

Wolgalied – Es steht ein Soldat am Wolgastrand / Text: Bela Jenbach, Heinz Reichert; Musik: Franz Lehár

You Are My Destiny / Paul Anka

Young And Joyful Bandit / Peer Raben

Zwei Märchenaugen / Text: Julius Brammer, Alfred Grünwald; Musik: Emmerich Kálmán

Bernd Schultheis

Lieder – Anspielung – Gleichzeitigkeit

Ein Aufriss der musikalischen Modelle, Formen und Verfahren in den Filmen von Rainer Werner Fassbinder

Lieder Lieder und Gesänge, mit und ohne Worte, sind in allen Filmen Rainer Werner Fassbinders die Keimzellen der Musik, auch der instrumentalen. Volksmusik, völkische und volkstümliche Musik, amerikanische Folksongs und Rockmusik der 1960er-Jahre, deutsche und internationale Rock- und Popmusik der 1970er- und frühen 1980er-Jahre sowie das romantische Kunstlied des 19. Jahrhunderts und Gesänge aus Renaissance und Barock bilden die Grundlage zur musikalischen Kennzeichnung psychologischer, soziologischer, politischer, gelegentlich auch religiöser Felder.

Anspielung Texte und erzählerische Programme sowie mit Bedeutung aufgeladene klangliche Gesten, Floskeln, Signale oder Symbole bilden als sogenannte Effektmusiken nur eine von mehreren musikalischen Ebenen. Sie binden die abstrakteren Klanggestalten der instrumentalen Musik an die menschliche Lebenswirklichkeit. Liedmelodien, gelegentlich auch prägnante harmonische und rhythmische Begleitmuster, bilden musikalische Assoziationsräume. Mit dem künstlerischen Mittel der Anspielung werden traditionelles musikalisches Vokabular, vertraute Klangfarben, Floskeln und Gesten allgemein bekannter Musikwerke in die Kompositionen eingeflochten. Anhand solcher stilistischer Zitate wird zunächst ein klangliches Umfeld etabliert, aus dem sich die Komposition in der Folge melodisch, harmonisch und rhythmisch in langsamem Übergang oder hartem Bruch entfernen kann. Häufig wird eine zweite Musik überlagert, die das harmonische Gerüst und das zeitliche Empfinden mehr oder weniger auffällig unterminiert, dem Publikum damit den vertrauten Boden entzieht und Unbehagen schafft.

Zeit und Gleichzeitigkeit

Die instrumentale Musik ist nur eine der klingenden Ebenen der Filme. Fassbinders Tonspuren bestehen meist aus einer Montage von gesprochenen und gesungenen Texten, Geräusch, Atmosphären und Musik, die im Tonstudio elektronisch oder elektroakustisch bearbeitet und gemischt werden. Dabei ist das Studio selbst als Instrument bzw. als Medium gegenwärtig. Musikaufnahmen werden verzerrt oder in künstliche Hallräume gesetzt, Lautstärkeverhältnisse manipuliert. Musiken beginnen nicht zwangsläufig mit dem Anfang eines Stückes oder dem Anfang einer Melodie. Sie werden nicht selten harsch oder sanft eingeblendet, sodass ihre nicht umkehrbare Eigenzeit erfahrbar wird. Ein Verlauf, an dem das Publikum nur ausschnitthaft teilhat, gewissermaßen zugeschaltet wird. Umso deutlicher verweist die aufgezeichnete und gespeicherte Musik auf bereits vergangene Ereignisse, sie bildet Spuren von Ideenwelten und Jugendbewegungen ab, Utopien, die durch die Aufzeichnung verfügbar, wiederholbar und durch Stilisierung in Inszenierung und Darstellung geradezu heraufbeschworen werden. Diegetische und nicht-diegetische Zuspielungen, wie Schallplatten, Rundfunkbeiträge oder Kommentare und Musiken aus dem Off, werden jeweils in sich oder miteinander überlagert. Durch solche Gleichzeitigkeit, die, im Gegensatz zur Collage, eine sequenzielle Dekodierung nicht zulässt, ist der jeweilige Sinn der einzelnen Erzählebenen nur noch schwer oder gar nicht mehr nachvollziehbar, wie etwa in DIE DRITTE GENERATION. Text ist nicht mehr nur Information und Bedeutung, Text ist Klang.[1]

Initiale und Verweise

Schon in den ersten überlieferten Kurzfilmen spielt Fassbinder mit der Wirkung unterschiedlicher musikalischer Genres: DAS KLEINE CHAOS von 1967 beginnt mit einer Art Jazz-Fanfare als Referenz an den Film noir. Nachdem die Drückerkolonne der Zeitungsverkäufer erfolglos aufgeben muss, singt Franz, auf einer Treppe sitzend, *Unter fremden Sternen* von Freddy Quinn (1959; Text: Aldo von Pinelli, Musik: Lotar Olias). Er hat Sehnsucht nach einer anderen Wirklichkeit und nach einem »Krimi, der gut ausgeht«. Eine Frau lackiert ihre Fingernägel und summt dabei das mächtige *Halleluja* aus dem Oratorium *Messiah*, HWV 56 von Georg Friedrich Händel, bevor sie überfallen wird. Während des Überfalls fragt Franz nach einem Plattenspieler und verlangt, eine Platte aufzulegen: »Schön laut.« Marite stöbert in der Sammlung und liest vor: »Tschaikowski«, Franz genervt: »Nee!«, Marite: »Dietrich«, Franz: »Nein, Wagner!« Tatsächlich erklingt dann der Beginn des ersten Satzes, *Allegro*, aus dem *Klavierkonzert Nr. 5 in Es-Dur*, op. 73 von Ludwig van Beethoven. Franz: »Das ist gut so.« Die Musik begleitet die als lustvoll inszenierte Demütigung der Überfallenen. Die Szene kippt in eine überhebliche Lässigkeit und steigert sich bis zur Schlusspointe, als Franz auf die Frage, was mit dem erbeuteten Geld zu unternehmen sei, »Ich? Ich geh ins Kino!« antwortet und die Musik mit dem »Oh, No!«-Ruf und *I Can't Control Myself* von The Troggs umschlägt und abhebt. Fassbinder hält Beethovens Musik offensichtlich für populär. Er setzt voraus, sie sei ohne Weiteres vom Publikum zu erkennen oder zumindest von Wagner zu unterscheiden. Schon in den ersten Filmen sind die meisten auch später verwendeten musikalischen Motive, Zitate und Verfahren bereits angelegt.

Musikalische Verweise erscheinen ebenfalls in der Ausstattung: Poster oder Schallplattencover an der Wand, Plattenspieler neben dem Bett, eine stumme Musikbox im Wirtshaus. Musik, die zwar nicht erklingt, aber durch das Vorhandensein eines Verweises eine Leerstelle erzeugt, die einen Klangraum, eine Sehnsucht, den Wunsch nach Bewegung hervorruft.

Diegetische Musik

Einzelne Komponisten, Interpreten und Musiken werden von Fassbinder im gesamten Filmwerk mehrfach zitiert; in Originalgestalt, als Neu-Arrangement, gesungen, gesummt oder gepfiffen.[2] Die meisten der zitierten Titel erklingen als diegetische Musik. Diese dient nicht allein der naturalistischen Plausibilität einer Szene, etwa einer musizierenden Kapelle, dem Auftritt einer Sängerin in einer Bar, einer Radio- oder Fernsehsendung. Diegetische Musikeinsätze treten vorwiegend als mediales Ereignis, reflektiert und reflektierend, in Erscheinung. Schallplatten vermitteln Botschaften. So etwa Karl Valentins *Maskenball der Tiere* in GÖTTER DER

1 »Auf dem Programmzettel wurde ein ›dramma per musica‹ angekündigt, und neben eine Beatorgel und elektronische Musik trat ›als drittes Klangbild‹ das gesprochene Wort.« Zeugnisse, in: Michael Töteberg, Rainer Werner Fassbinder, Reinbek bei Hamburg 2002.

2 Komponisten und Interpreten: Georg Friedrich Händel, Ludwig van Beethoven, Franz Schubert, Johann Strauss (Sohn), Gustav Mahler, Richard Strauss, Richard Wagner (wird hier und da erwähnt. In WELT AM DRAHT und BERLIN ALEXANDERPLATZ erklingt *Isoldes Liebestod* aus *Tristan und Isolde*), Giuseppe Verdi, Gaetano Donizetti, Vincenzo Bellini, Juventino Rosas Cadenas, Franz Lehár, Elvis Presley, Leonard Cohen, The Rolling Stones, Kris Kristofferson, Janis Joplin, The Troggs, Spooky Tooth, The Walker Brothers, The Platters, Georges Moustaki, Freddy Quinn, Rudi Schuricke, Christian Anders. Lieder: *Capri-Fischer* (1943; Text: Rainer Maria Siegel, Musik: Gerhard Winkler), *Heimweh* (1956; Cover-Version von *Memories are made of this* [1955]; deutscher Text: Dieter Rasch/ Ernst Bader, Musik: Hamilton Henry »Terry« Gilkyson [zugeschrieben]), *Unter fremden Sternen* (1959; Text: Aldo von Pinelli, Musik: Lotar Olias), *Wohin soll ich mich wenden* (1826; Text: Johann Philipp Neumann, Musik: Franz Schubert), *Bist Du bei mir, geh' ich mit Freuden* (1718; aus der Oper *Diomedes*; Text: Anonymos, Musik: Gottfried Heinrich Stölzel [früher Johann Sebastian Bach zugeschrieben, BWV 508]), *Lili Marleen* (1915/1937; Text: Hans Leip, Musik: Norbert Schultze), *Die Wacht am Rhein* (1840/1854; Text: Max Schneckenburger, Musik: Carl Wilhelm), *Westerwald-Lied* (1935; Text: kompiliert aus Überlieferungen, Musik: Volksweisen kompiliert von Willi Münker, als Marsch arrangiert von Joseph Neuhäuser), *Die Internationale* (französischer Text, 1871: Eugène Pottier, deutscher Text, 1910: Emil Luckhardt, Musik 1888: Pierre Degeyter), *Radio-Aktivität* (1975; Text und Musik: Kraftwerk [Ralf Hütter und Florian Schneider-Esleben]), *Amara Terra Mia* (1973; Text: Enrica Bonaccorti, Musik: Domenico Modugno), *Me and Bobby McGee* (1969; Text und Musik: Kris Kristofferson).

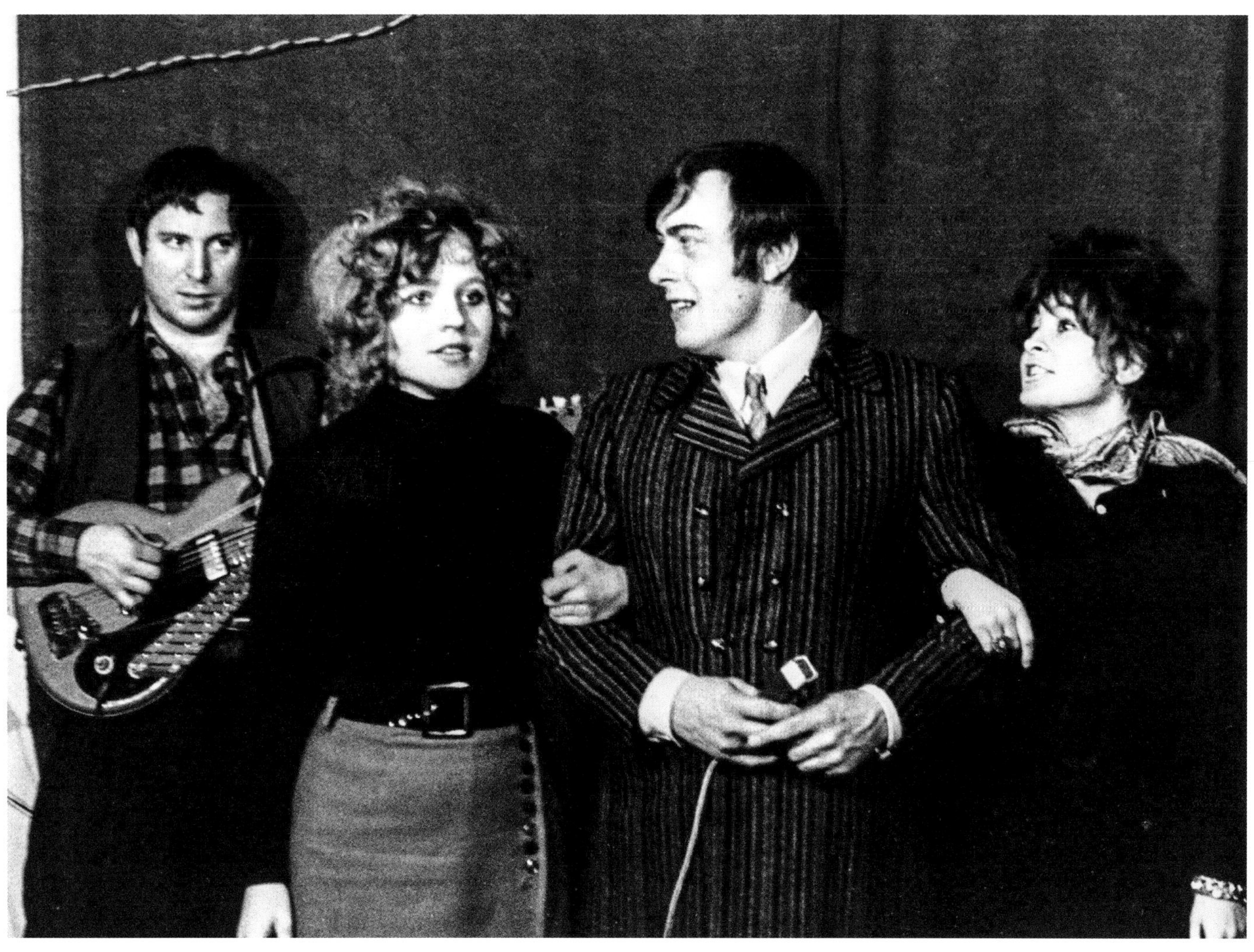

↑ *DIE BETTLEROPER* Peer Raben (Klau), Hanna Schygulla (Polle), Kurt Raab (Peach) und Ingrid Caven (Peachi). München, antiteater, 1969

PEST. Musik kann auch zur Waffe werden, die für sadistische Unterwerfung oder zur Demütigung durch soziale Arroganz benutzt wird. Sowohl in MARTHA als auch in FAUSTRECHT DER FREIHEIT wird eine Figur aufgrund ihrer musikalischen Vorliebe verhöhnt und geringschätzig behandelt. Das Medium Schallplatte als Code, mit dem die oftmals wenig gesprächigen Figuren kommunizieren, mit dem der Regisseur allerdings auch Zeichen an sein Publikum sendet. Dabei ist Fassbinder nicht auf Konsens aus. Er sucht nicht die Bestätigung von Gleichgesinnten. Er denunziert weder seine Figuren, deren Lebenswirklichkeit noch ihre Lieder. Er nimmt sie beim Wort. Es ist Camp, nicht Kitsch, wenn er Schlager neben progressive Rockmusik oder romantisches Kunstlied stellt. Ironie und Zynismus gelten den dargestellten Verhältnissen.

Originalmusiken – Modelle und Formen

Die musikalischen Formen der Originalkompositionen sowie Melodie, Harmonie und Rhythmus sind generell einfach gestaltet. Walzer, Ländler, Marsch und europäisch geprägter Tango überwiegen, konterkariert von melancholischen Passagen in pseudo-romantischem Stil oder in pseudo-barocker Imitationstechnik. Solche Imitationen, aber auch die für Ingrid Caven und Jeanne Moreau komponierten Chansons, spielen mit dem Topos der unwiederbringlich vergehenden Zeit und der mit ihr vergehenden Liebe. Songs wie *Our Love/So Much Tenderness* (1970; Text: Rainer Werner Fassbinder, Musik: Peer Raben), gesungen von Günther Kaufmann in DER AMERIKANISCHE SOLDAT, modellieren die musikalische Gegenwart in Anspielung auf seinerzeit aktuelle Trends in der Popmusik. Eine besondere Symbolfunktion nehmen die rein elektronisch generierten Synthesizer-Musiken ein, wie sie in WELT AM DRAHT oder ACHT STUNDEN SIND KEIN TAG zu hören sind. Sie künden mit ihren zur Zeit der Entstehung der Filme noch neuartigen Klängen dem Publikum vom Übergang in eine andere Welt und ein neues Zeitalter.

Komponisten

Fassbinder hatte keine musikalische Ausbildung erhalten, aber offenbar eine umfangreiche Repertoirekenntnis von der Renaissance bis zur Gegenwart, und den dringenden Wunsch, »Ich möcht' Musik machen können«.[3] Er hat in einigen seiner Filme die Musik selbst kompiliert und auf eine Originalkomposition verzichtet, etwa in den ersten beiden überlieferten Kurzfilmen sowie in den zwischen 1971 und 1975 entstandenen Langfilmen. Er hat mit den Komponisten Peer Raben, Gottfried Hüngsberg, Jens Vilhelm Pedersen (auch unter den Pseudonymen Fuzzy und Jean Gepoint bekannt), Holger Münzer und Joachim Heider gearbeitet.

Joachim Heider ist der Komponist des von Christian Anders gesungenen Schlagers *Geh nicht vorbei*, der in WARUM LÄUFT HERR R. AMOK? eine wesentliche Rolle spielt, weil er in einem Dialog zwischen Kunde und Schallplattenverkäuferin zuerst beschrieben wird, bevor er zu hören ist. »Ich glaub', das ist ein Sänger, aber das kann man ja heute nicht mehr so genau unterscheiden« und: »Es ist ein sehr trauriges Lied. Der singt das mit sehr viel Gefühl und sehr viel Schmelz, und oft hat er auch so Sachen drin, wo er dann ein bisschen stöhnt dabei und drüber geht mit der Stimme.«[4]

Holger Münzer ist Co-Komponist in LIEBE IST KÄLTER ALS DER TOD und hat vermutlich gemeinsam mit Peer Raben die Musiken für Gitarren, Bass, Schlagzeug, Klavier und E-Orgel improvisiert, komponiert und, erweitert mit Bläsern und Streichern, im Easy-Listening-Stil eingespielt. Sie zitieren und verarbeiten unter anderem *If you could read my mind* von Gordon Lightfoot.

Gottfried Hüngsberg hat, abgesehen von dem als Titelsong verwendeten *Albatross* von Peter Green und Fleetwood Mac, die Originalmusik zu WELT AM DRAHT komponiert und die Repertoiremusik kompiliert. Die Originalkomposition zu WELT AM DRAHT für Synthesizer entsteht zu Beginn als tiefe Oszillation aus dem Motorengeräusch eines Autos, der entfernte Gesang einer Bassstimme verleiht der Szene eine sakrale Atmosphäre. Das Bild flirrt. Synthetische Klangfarben verweisen als Begleitung von Kamerafahrten auf den Übergang in die virtuelle Welt. Die elektronische Musik ist ein klingendes Symbol, bleibt allerdings motivisch, harmonisch und rhythmisch an traditionelle Musik gebunden und fungiert als Bindeglied zwischen den unterschiedlichen Realitätsebenen des Films und ihren romantischen Musiken, wie *Von fremden Ländern und Menschen* aus den *Kinderszenen*, op. 15 von Robert Schumann und *Isoldes Liebestod* aus der Oper *Tristan und Isolde* von Richard Wagner. Die Walzer *Über den Wellen* von Juventino Rosas, der schon im STADTSTREICHER erklang, und insbesondere *An der schönen blauen Donau* von Johann Strauss (Sohn) können hier durchaus als Verweis auf die Ver-

↓ **DIE EHE DER MARIA BRAUN**
Liste »Musiken Willi« von Rainer Werner Fassbinder mit den von Peer Raben verwendeten Musiken

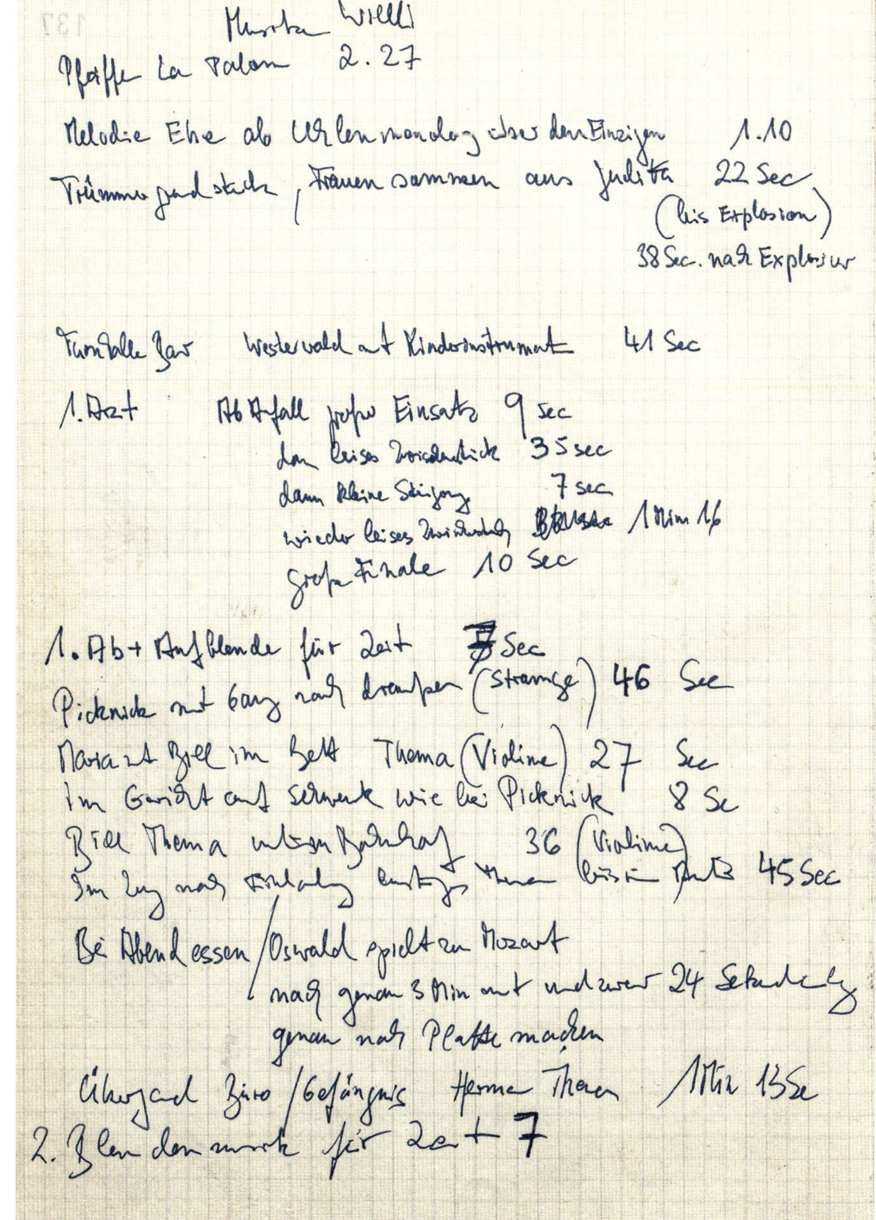
Musiken Willi
Pfeife La Paloma 2.27
Melodie Ehe ab Uhrenmonolog über den Einzigen 1.10
Trümmergrundstück / Frauen sammeln aus Julitta 22 Sec (bis Explosion)
38 Sec. nach Explosion
Turnhalle [illegible] Westerwald mit Kinderinstrument 41 Sec
1. Arzt Ab Anfall großer Einsatz 9 sec
dann leises Zwischenstück 35 sec
dann kleine Steigerung 7 sec
wieder leises Zwischenstück [illegible] 1 Min 16
große Finale 10 Sec
1. Ab + Aufblende für Zeit 7 Sec
Picknick mit Gang nach draußen (Strange) 46 Sec
Maria mit Bill im Bett Thema (Violine) 27 Sec
Im Gericht auf [illegible] wie bei Picknick 8 Sec
Bill Thema [illegible] 36 (Violine)
Im Zug nach Entlassung [illegible] Thema bis [illegible] 45 Sec
Bei Abendessen / Oswald spielt an Mozart
nach genau 3 Min und zwar 24 Sekunden
genau nach Platte machen
Übergang Büro / Gefängnis Hermann Thema 1 Min 13 Sec
2. Blenden [illegible] für Zeit 7

3 Didi Neidhart, Schlager sind kälter als der Tod, https://skug.at/schlager-sind-kaelter-als-der-tod/, 30. Juli 2012, zuletzt aufgerufen am 7. Dezember 2020.
4 Ebd.

wendung des Donauwalzers in Stanley Kubricks 2001 – A SPACE ODYSSEE gehört werden.

Jens Vilhelm Pedersen hat als Jean Gepoint die Musik für die Fernsehserie ACHT STUNDEN SIND KEIN TAG komponiert und zusammengestellt. Insbesondere die Titelmusik fällt auf, weil sie alle Erwartungen an eine Familienserie erfüllt (Titelmusiken von Fernsehfilmen und Serien brechen bei Fassbinder ansonsten radikal oder subversiv mit den Konventionen des Mediums). Sie ist leicht, beschwingt im Walzertakt und voller positiver Energie. Sie ist aber auch ein süffisanter Verweis von Regisseur und Komponist, da sie an französische Musik zu Filmen von Jacques Tati oder Jacques Demy erinnert. Das Publikum wird auf einen unterhaltsamen Abend eingestimmt. Die kompilierte Musik besteht aus politischen und gesellschaftsrelevanten Liedern und Songs der 1960er- und 70er-Jahre. Die Originalkomposition für Orchesterinstrumente orientiert sich ganz am Stil von Peer Raben und zitiert auch einige seiner Motive. Die an einigen Stellen eingespielte elektronische Synthesizer-Musik klingt als Symbol, da sie mit dramatischer Geste auftritt, wenn die Arbeiter einen mutigen Entschluss fassen, der zu positiven Veränderungen der Verhältnisse führen wird.

Peer Raben und sein Personalstil

Die Mehrheit der Filme bis PIONIERE IN INGOLSTADT, 1971, und seit 1975, FAUSTRECHT DER FREIHEIT, bis zum letzten Film, QUERELLE (1982), entstand in Zusammenarbeit mit Peer Raben als Komponist.

Raben berichtet, dass Fassbinder eigentlich immer im Voraus wusste, an welchen Stellen im Film eine zu komponierende Musik gebraucht würde, welchen Charakter sie haben und wo sie beginnen und enden solle.[5] Die beiden verband ein langjähriges Arbeits- und Vertrauensverhältnis. Mit Unterbrechungen arbeiteten sie von Fassbinders Eintritt beim action-theater bis zu seinem Tod zusammen.

Die Kompositionen Rabens zeichnen sich durch Sanglichkeit aus. Er verwendet vorwiegend Dur-Tonarten. Die Melodien bestehen meist aus zwei- bis sechstönigen Motivzellen: etwa eine in zwei bis drei Schritten stufenweise aufsteigende oder schwankende Melodielinie, auf die ein markantes, sich aufschwingendes Intervall, meist eine kleine Septime oder eine große Sexte, folgt und mit einer absteigenden Stufenbewegung abgeschlossen oder sequenziert wird. Ein solches Modell ist häufig anzutreffen, wobei die beschriebene Linienführung nicht zuletzt den Charakter von Sehnsuchtsmotiven prägt.

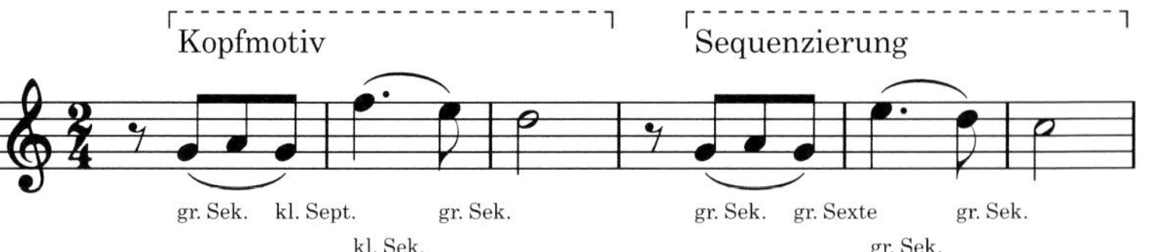

Peer Raben: Kopfmotiv des Hauptthemas aus BERLIN ALEXANDERPLATZ

Weit schweifende Melodielinien sind bei Raben selten. Er arbeitet eher mit Fragmenten, bestehend aus kurzen Motiven und Zellen, die er montiert und auf engstem Raum variiert. Sie werden dabei nicht entwickelt, sondern kreisen eher imitierend. Oft werden sie gedehnt und gestaucht, die rhythmischen und harmonischen Proportionen werden verändert, sodass sich insgesamt eine Instabilität ergibt. Es wird gesummt, oder Melodie-Instrumente imitieren Gesang. Häufig ist das klagende, sehnsüchtige oder schwärmerische Englischhorn zu hören, das nicht zuletzt in Richard Wagners *Tristan und Isolde* und Christoph Willibald Glucks *Orpheus und Eurydike* eine große Rolle spielt. Auch Ennio Morricone, der gelegentlich von Fassbinder und Raben zitiert wird, setzt es gern als melodieführendes Instrument ein. Die Trompete verwendet Raben, ähnlich wie Nino Rota, weniger als lautes Signal- und Fanfareninstrument, sondern mit ihren zarteren und melancholischen Farben des mittleren Registers. Außerdem setzt er häufig die pastorale Flöte in Form von Block-, Pan- oder Querflöte, die Klarinette, die sehnsüchtige Mundharmonika oder das Akkordeon ein sowie melancholisch tastende Kantilenen im Cello. Das übrige Instrumentarium besteht generell aus einer Kombination von klassischen Orchesterinstrumenten mit den Standard-Instrumenten der Beatbands (meistens zwei E-Gitarren, E-Bass oder Kontrabass und Drumset, sowie Orgel, Klavier und Synthesizer) und Instrumenten aus der Volksmusik (Zither, Mundharmonika, Akkordeon, Euphonium).

Rabens Musik verströmt sich zuweilen fast wie ein Geruch oder nervös wie irrlichternde Gedanken. Suspense-Elemente mit treibenden Ostinato-Figuren, wie sie etwa im Genrekino eingesetzt werden, kommen grundsätzlich nicht vor. Die Musik fließt meistens gleichmäßig dahin und suggeriert eine in ihrer Melancholie weiterlaufende Welt. Mithilfe von stilistischen Zitaten

5 »Bei LIEBE IST KÄLTER ALS DER TOD haben wir über die Musik schon gesprochen, ehe das Drehbuch geschrieben war. Da konnte Fassbinder schon exakt sagen, wie der Film stilistisch werden sollte, und die Musik sollte das unterstützen. Da war es bereits möglich, Ideen für die Musik zu entwerfen. Fassbinder gab dazu Stichworte wie: Die Räume, in denen der Film spielt, sollen sehr kalt wirken, zu hell, überhell. Das Licht soll alles andere überstrahlen, so dass alle Personen, die in den Räumen agieren, verschwinden, weil sie vom Licht, das durch die Fenster kommt, verdrängt werden. Damit konnte ich gleich was anfangen. [...] Er kannte zum Glück sehr viel Musik«, Peer Raben im Gespräch mit Herbert Gehr, Arbeit ohne Endpunkt, in: Juliane Lorenz (Hg.), Das ganz normale Chaos, Berlin 1995, S. 67.

liefert sie dem Publikum Anhaltspunkte und verzichtet meistens vollständig auf dramatisch veranlasste Effekte, oder sie stellt diese ostentativ aus. In Filmen aus dem mittleren Werk, wie DESPAIR – EINE REISE INS LICHT und ANGST VOR DER ANGST begleiten und intensivieren sogenannte Effektmusiken die Kamerabewegungen (Schwenks, Fahrten und Zoomeffekte). Diese Stilmittel haben mit der ansonsten eigenständigen musikalischen Welt des Films wenig zu tun. Sie sind aufgesetzt und sollen auch so wirken. Subtiler, wenngleich auch eine Effektmusik, ist die flirrende Überlagerung von Streicherklängen in CHINESISCHES ROULETTE, die den Blick in die Landschaft durch das alte, wellige Fensterglas des Schlosses begleitet. Die Irritation entsteht optisch wie akustisch durch minimale, kaum einzuordnende harmonische Trübungen.

Das Metrum bedient immer die in Mitteleuropa gängigen Taktarten: 2/4, 3/4, 6/8 und 4/4. Die Rhythmen sind selten synkopiert oder mehrdeutig. Sie sind in der Regel einfache gleichförmige Bewegungen im Puls des Metrums, geben sich gelegentlich als barocker Schreittanz oder romantischer Trauerzug zu erkennen. Vieles orientiert sich an Lied-, Streichquartett- und Klavierkompositionen von Franz Schubert, so etwa auch der Wanderer-Rhythmus im Bass eines Klaviers oder als eindringlich pochendes Cello-Pizzicato. Bei Raben drängt dieser Wanderer-Rhythmus allerdings nicht voran, er tritt auf der Stelle. In musikalischen Anspielungen erscheinen beiläufig die harmonische Welt und der Schreittanz-Rhythmus (Pavane) von Schuberts *Streichquartett Nr. 14 in d-moll, op. post., D 810* mit dem Titel *Der Tod und das Mädchen*. Wie Fassbinder Tableaus aus der Filmgeschichte zitiert, so verwendet Raben Klangdispositionen oder musikalische Verläufe, die aus bestehenden Repertoirekompositionen stammen könnten, etwa von Franz Schubert oder Gustav Mahler. Er verknüpft dies mit Zitaten seiner eigenen Filmmusiken. Die von einer Männerstimme gesummte Melodie aus LIEBE IST KÄLTER ALS DER TOD taucht ebenso in späteren Kompositionen wieder auf, wie das berühmte Thema aus BERLIN ALEXANDERPLATZ. Letzteres etwa in CHINESISCHES ROULETTE oder in einer Waldszene in LILI MARLEEN, als in einer kurzen Anspielung das von der Mundharmonika vorgetragene Kopfmotiv ertönt, bevor die Erzählung anhebt, an dieser Stelle habe vor vielen Jahren ein Zuhälter sein Mädchen ermordet und ein Dichter habe darüber einen Roman geschrieben, während die Musik auch hier wieder durch melodische, harmonische Transformation und Überlagerung Unbehagen verbreitet.

Den Epilog von BERLIN ALEXANDERPLATZ hat Fassbinder selbst musikalisch konzipiert. Er greift dabei auch auf die von Raben für die vorangegangenen Folgen komponierte Originalmusik zurück. Der Epilog funktioniert als eine Sequenz von Tableaus mit Liedern

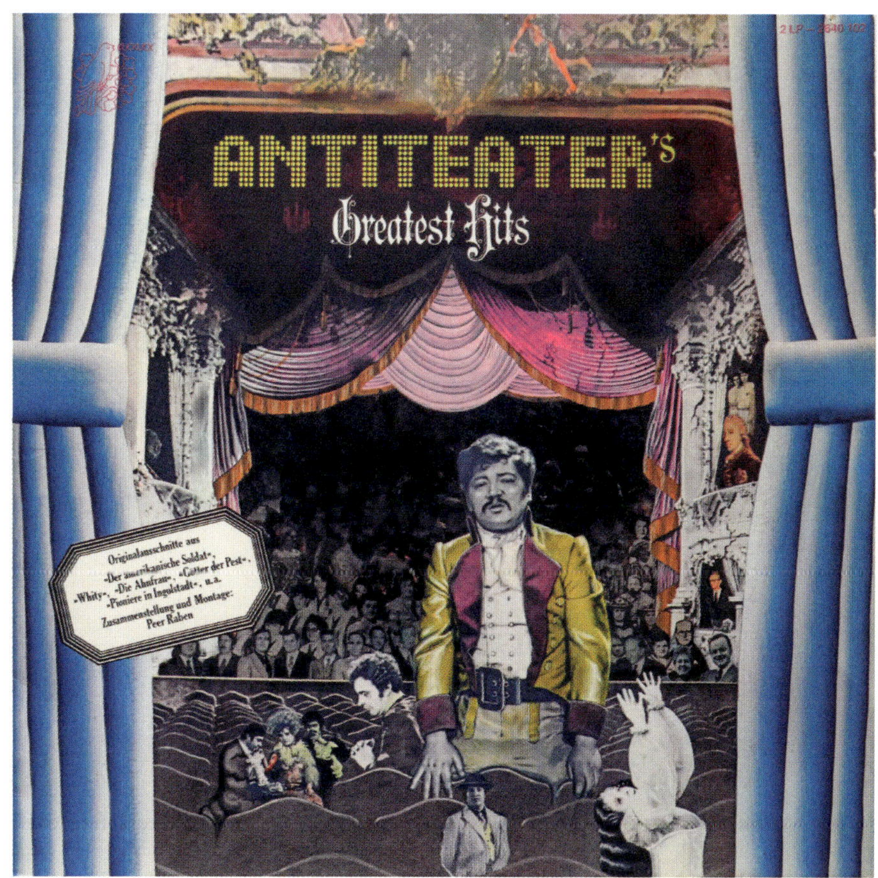

↑ ANTITEATER'S Greatest Hits. Cover einer Doppel-LP mit Originalausschnitten zu Produktionen von Rainer Werner Fassbinder. Zusammenstellung und Montage: Peer Raben. Collage der Vorderseite: Caspar Klebusch, 1992

und Songs, inszeniert wie Traumbilder im Theater. Das ansonsten gültige Prinzip von Überlagerung und Gleichzeitigkeit in der Musik wird hier radikal außer Kraft gesetzt. Dieser Bruch im musikalischen Verfahren unterstreicht den Bruch der filmischen und erzählerischen Dramaturgie umso deutlicher. Die musikalische Zitatensammlung erreicht hier ihren Höhepunkt und wird gleichzeitig als Fassbinders große Obsession erkennbar. Ein sehr persönliches Bekenntnis, da er den Epilog »Mein Traum vom Traum des Franz Biberkopf« nennt. Er zitiert mit den Liedern und Songs auch seine Filme, in denen diese zuvor schon erklungen sind. *Ist ein Traum, kann nicht wirklich sein,[...]* aus dem *Rosenkavalier*, *Der Tod und das Mädchen*, *Radio-Aktivität*, *Amara Terra Mia*. Das Verfahren der Überlagerung wird nur momentan und punktuell sowie am Schluss des Epilogs und dafür umso wirksamer wieder aufgegriffen, als die Volks-, Arbeiter- und Kampflieder *Die Internationale*, *Bandiera Rossa*, das *Horst-Wessel-Lied*, das *Westerwald-Lied* und *Die Wacht am Rhein* nacheinander einsetzen und dann gleichzeitig erklingen.

Rezeption

»[...] es gab da ganz positive und ganz verständige Kritiken und auch Verrisse, wie eigentlich immer. Es gab immer Verrisse, wenn man's genau nimmt.«

Corinna Brocher, Die Gruppe, die trotzdem keine war, in: Robert Fischer (Hg.), Fassbinder über Fassbinder. Die ungekürzten Interviews, Frankfurt a.M.: Verlag der Autoren, 2004, S. 119.

»Die Fernsehserie hat dem Geschmack des Publikums entsprochen, während die Kritiker teilweise gegen die Serie waren, aber oft waren die Meinungen auch innerhalb einer Redaktion geteilt.«

Christian Braad Thomsen, Die Ästhetik der Hoffnung (1973), in: Robert Fischer (Hg.), Fassbinder über Fassbinder. Die ungekürzten Interviews, Frankfurt a.M.: Verlag der Autoren, 2004, S. 260.

»[...] ich weiß einfach, dass vieles von den Angriffen aus mangelnder Information passiert, aber mir macht das nichts mehr aus. Ich kann sehr gut damit leben.«

Arno Ziebell, »Angreifen muss man sich schon lassen können« (1979), in: Robert Fischer (Hg.), Fassbinder über Fassbinder. Die ungekürzten Interviews, Frankfurt a.M.: Verlag der Autoren, 2004, S. 445.

»Es gibt eine ganz ehrliche Ehrlichkeit und eine fast ehrliche Ehrlichkeit und eine halbehrliche Ehrlichkeit und eine fast unehrliche Ehrlichkeit, und dann erst beginnt die Lüge.«

André Müller, Eine andere Art Ehrlichkeit (1973), in: Robert Fischer (Hg.), Fassbinder über Fassbinder. Die ungekürzten Interviews, Frankfurt a.M.: Verlag der Autoren, 2004, S. 271.

»Bei der Diskussion war dann das, was die Leute tatsächlich zum Kochen gebracht hat, dass ich halt gesagt hab: Ja, ich bin Anarchist. Das hat die wirklich zur Raserei gebracht.«

Corinna Brocher, Die Gruppe, die trotzdem keine war (1973), in: Robert Fischer (Hg.), Fassbinder über Fassbinder. Die ungekürzten Interviews, Frankfurt a.M.: Verlag der Autoren, 2004, S. 123.

»Angreifen muss man sich schon lassen können.«

Arno Ziebell, »Angreifen muss man sich schon lassen können« (1979), in: Robert Fischer (Hg.), Fassbinder über Fassbinder. Die ungekürzten Interviews, Frankfurt a.M.: Verlag der Autoren, 2004, S. 445.

»[...] wir überlegen uns immer, was das eigentlich ist, was wir da verlangen von Filmkritikern oder von Leuten, die sich mit Film beschäftigen. Es geht da schon um eine Methode, wie man Film rezipiert.«

Arno Ziebell, »Angreifen muss man sich schon lassen können« (1979), in: Robert Fischer (Hg.), Fassbinder über Fassbinder. Die ungekürzten Interviews, Frankfurt a.M.: Verlag der Autoren, 2004, S. 446.

Verena Lueken

Der deutsche Freund

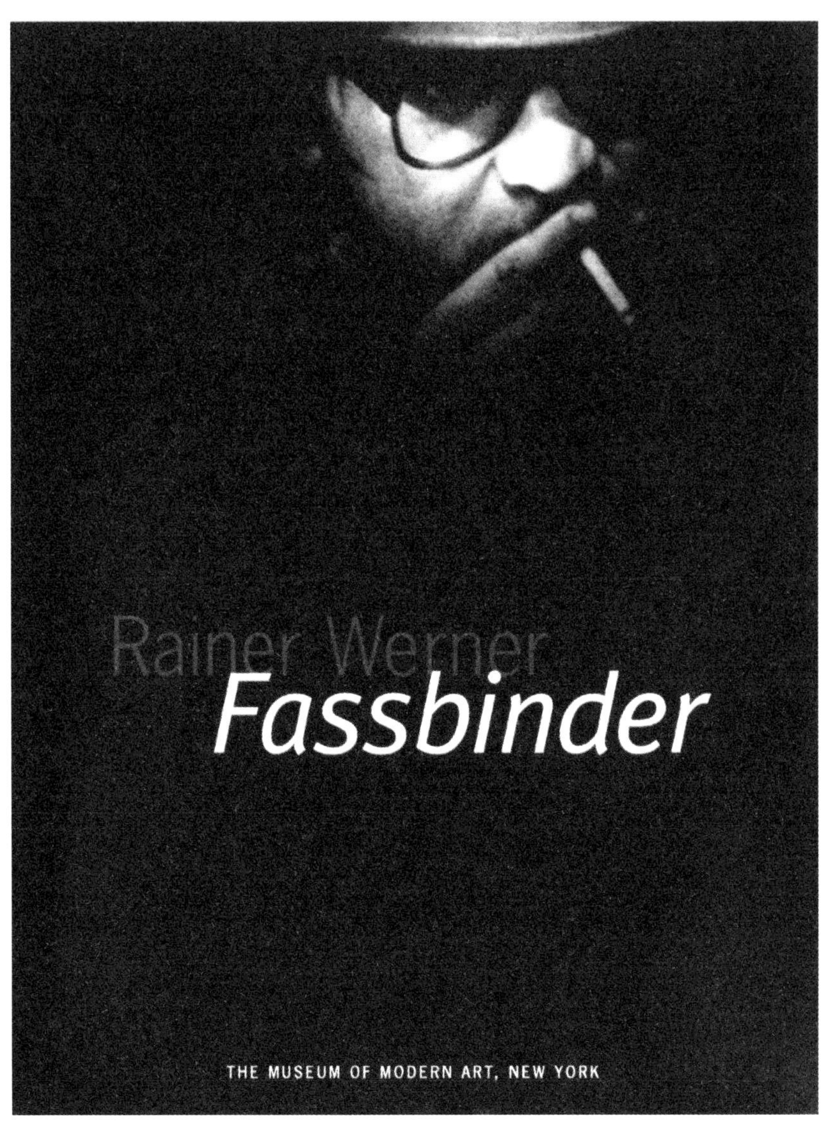

Pressemappe zur Retrospektive im Museum of Modern Art (MoMa). New York, 23. Januar – 20. März 1997 →

»Bereit für Drama (und Meta-Drama)? Beginnen Sie mit diesen beiden Meistern!« So lautete eine Überschrift in der *New York Times* am 5. November 2020.[1] Mitten in der Covid-19-Zeit waren alle auf der Suche nach immer neuen Streaming-Angeboten, und die Zeitung gab Empfehlungen. Für das pandemiebedingte *binge watching* eigne sich der »ultimate binge filmmaker« ganz besonders. Gemeint war Rainer Werner Fassbinder.

Der Artikel von Ben Kenigsberg machte auf einige seiner Filme aufmerksam und schlug vor, sie gemeinsam mit denen von Josef von Sternberg anzuschauen. Keine erstaunliche Mischung angesichts des Umstands, dass Fassbinder mit LOLA 1981 eine gewissermaßen kommentierte Nachkriegsversion der Geschichte von Professor Unrat drehte, die von Sternberg im BLAUEN ENGEL 1930 seinerseits nach dem Roman von Heinrich Mann erzählt hatte. Drama und Meta-Drama? Natürlich! Dramen des Lichts und des Dekors und Material für stilistische Vergleiche. In welchem Deutschland die Filme jeweils spielen, wird von Kenigsberg erwähnt und benannt (Weimar, Wirtschaftswunder), aber mit dem Stil nicht weiter in Verbindung gebracht.

Fassbinder, der in den Vereinigten Staaten spätestens seit der umfassenden Retrospektive seines Werkes im Jahr 1997 im New Yorker Museum of Modern Art als Klassiker des Kinos gilt, hat, so zeigt dieser Artikel, den Medienwandel also überstanden – jedenfalls insoweit, als Klassiker des Kinos überhaupt noch vor die Augen interessierter Zuschauer gelangen.

Amerika hat Fassbinder schon immer geliebt, früher jedenfalls als sein Heimatland. Das hatte viele Gründe, und es ist nicht ganz auszumachen, welcher der entscheidende war. War es die Bewunderung eines Genies, dieser deutschesten aller Erfindungen in der Kunst? War es die Ehrfurcht vor seiner Produktivität, dieser grundlegenden Eigenschaft des effizienzversessenen Amerika? Sah man in ihm den Anderen, dessen Referenzpunkt die Filme Godards und dann der Ufa waren, oder den Gleichen, der sich an B-Movies und dann an den Emigranten in Hollywood orientierte? Verehrte man den Avantgardisten, der mit der Geschichte Deutschlands überkreuz lag, der genau sah, wo die Kontinuität von Nazi-Deutschland im Wirtschaftswunderland verlief, der daran litt und nicht davon loskam, sich in diesem Leid als guter Deutscher erwies und damit das Kino des Landes in den liberalen Kreisen amerikanischer Cinephiler wieder gesellschaftsfähig machte? Der Nachkriegsdeutschland überhaupt wieder eine Präsenz im internationalen Kino verschaffte? Wäre er allein die queere Ikone, die er auch war, müsste man kaum weiter fragen. Aber seine Wirkung, seine Ausstrahlung, sein Ruhm gingen weit darüber hinaus. Was also sahen die Amerikaner in Fassbinder, was fanden sie in seinen Filmen?

Im Jahr 1977 bewarb sich der amerikanische Kritiker und Künstler Manny Farber um ein Guggenheim-Stipendium. Der Titel des Buches, das er schreiben wollte, lautete: *Munich Films, 1967–1977: Ten Years That Shook the Film World*. Fassbinder und seine Filme bis dahin sollten eine zentrale Rolle in diesem Buch spielen, und vermutlich wäre etwas Überraschendes dabei herausgekommen. Was Manny Farber an der neuen Generation »linker deutscher Filmemacher« faszinierte, war deren Interesse an der Verschränkung formaler Innovation mit einer »politischen Dimension« bei gleichzeitiger Förderung durch staatliche Stellen und Gelder aus den Fernsehanstalten. Ihm ging es nicht um Ähnlichkeiten, sondern um die außerordentlichen Unterschiede innerhalb der »Münchner Schule«, zu der er Straub/Huillet, Herzog, Wenders, Schroeter und Fassbinder, aber auch Hauff, Sanders, Syberberg, Böhm, Sinkel, Kluge, Reitz, Schlöndorff, Ucicky und Verhoeven zählte. Farber, einer der originellsten amerikanischen Kritiker, mehr als eine Generation älter als Fassbinder und die anderen und längst eine Kultfigur der internationalen Filmkritik, wollte untersuchen, wie es zu dieser Renaissance des deutschen Films kam, und seine Wurzeln freilegen.

Das Buch wurde nie geschrieben (aber der Stipendien-Antrag ist in *Farber on Film. The Complete Film Writings of Manny Farber* abgedruckt).[2] Wenig später konzentrierte sich Farber ganz auf das Unterrichten und auf seine Kunst und beendete seine Tätigkeit als Filmkritiker.

So müssen wir, was ihn angeht, mit einigen kürzeren Ausführungen zu Fassbinder und seinen Filmen auskommen. Farber fand vor allem ihre sinnliche Qualität außergewöhnlich; er meinte die Räume gleichsam riechen zu können, in denen sich die Figuren in Fassbinders Filmen so unbehaglich fühlen. Meinte zu spüren, wie es sich auf dem kleinen Sofa sitzt, auf dem ein großer Mann Platz genommen hat. Er erlebte ein Gefühl verlorener Liebe zwischen Liebhabern, von Irritation zwischen Müttern und ihren Kindern, von Streitigkeiten zwischen Geschäftsinhabern und ihren Angestellten, all dies hierarchische Beziehungen in einer bürgerlichen und kleinbürgerlichen Welt, die in Hollywood nicht vorkämen. Wer wird verletzt? Wer behält die Oberhand? Wer hat die Macht, und spielen nicht alle sie aus?

1 Ben Kenigsberg, Ready for Drama (and Meta-Drama)?, in: The New York Times, 5.11.2020.
2 Robert Polito (Hg.), Farber on Film. The Complete Film Writings of Manny Farber, A special publication of the Library of America 2009.

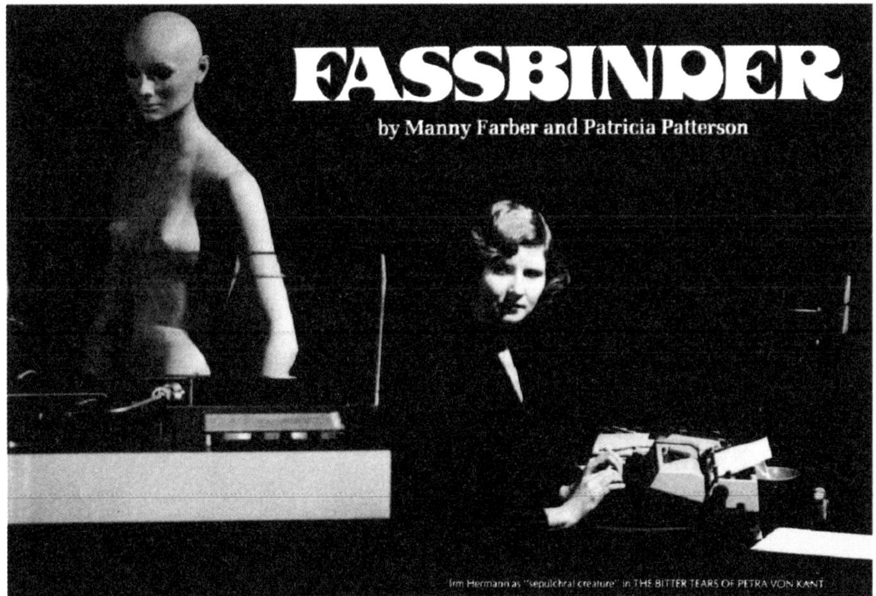

↑ Seite aus »Fassbinder« von Manny Farber und Patricia Patterson, 1975. Nachgedruckt in: Film Comment. Digital Anthology, Mai 2014 (Published by the Film Society of Lincoln Center, New York)

Ungemütlich seien Fassbinders Filme, gleichzeitig wild. Im »priesterlichen Licht eines Fra Angelico« entwürfen sie eine Ikonografie der Mittelklasse. Etwa so beschreiben Manny Farber und seine Frau und Mitarbeiterin Patricia Patterson ihre Faszination in einem gemeinsamen Interview mit Richard Thompson im Jahr 1977 in *Film Comment*, dem Jahr des Stipendienantrags.[3]

Was wäre das für ein Buch geworden! Doch könnte es sein, dass den beiden bei aller Begeisterung für die stilistischen und ausstattungstechnischen Qualitäten etwas verborgen blieb? Von Deutschland ist bei ihnen jedenfalls kaum die Rede. Diese Leerstelle findet sich bei vielen, die über Fassbinder geschrieben haben. Das brachte Beate Uhrmeister 1989 in einem Aufsatz für die Zeitschrift *Text + Kritik* zu der Vermutung, die Verehrung der Amerikaner für Fassbinder beruhe auf einem Missverständnis.[4]

Um dem nachzugehen, lohnt es sich, weit zurückzuschauen zu jenen Männern und der einen Frau, die für Fassbinders Ruhm in den Vereinigten Staaten verantwortlich waren, allen voran Vincent Canby, der Filmkritiker der *New York Times* von den späten 1960er- bis in die frühen 90er-Jahre, aber auch Thomas Elsaesser, Filmwissenschaftler, Autor und Hochschullehrer[5], sowie Laurence Kardish, Kurator der Filmabteilung des New Yorker Museum of Modern Art mit Mary Lea Brandy, der Leiterin des Bereichs. Canby begleitete die Filme, sobald sie auf einem amerikanischen Festival oder im Kino gezeigt wurden, mit zumeist hymnischen Kritiken. Thomas Elsaesser schrieb die Bücher dazu und stellte den Kontext her, und Laurence Kardish unterstützte die museale Werkpflege, kaufte Kopien und richtete 1997 die bereits erwähnte erste vollständige Retrospektive im Museum of Modern Art aus.

Diese Retrospektive von Fassbinders Werk in New York war ein überragender und in gewisser Weise auch ein überraschender Erfolg. Fassbinder war seit 15 Jahren tot. Die Nachkriegszeit in Deutschland war mit dem Ende der DDR endgültig vorbei. Das Kino hatte sich verändert, neue Medien waren entstanden, das Verhältnis der Geschlechter zueinander war weiterhin im Umbruch – was also konnte die Amerikaner am Werk Fassbinders immer noch derartig faszinieren? Lag es an Deutschland, wie er es ihnen zeigte? Interessierte es sie überhaupt, oder war es nicht vielmehr die Bearbeitung amerikanischer Filmgenres – wenn auch entwickelt von deutschen Immigranten wie Josef von Sternberg oder Detlef Sierck/Douglas Sirk – wie dem Melodram, das sie in dieser besonderen Ausprägung in Bann zog? Das sind Fragen, die seitdem jede Retrospektive begleiten.

Eine Antwort gab Leo A. Lensing in seinem Vorwort zur ersten englischsprachigen Ausgabe von Fassbinders Interviews, Essays und Notizen im Jahr 1992. *Filme befreien den Kopf* heißt die deutsche Ausgabe. Die englische setzt einen anderen Schwerpunkt: *The Anarchy of the Imagination*.[6] Möglicherweise ist es das, was Fassbinder für ein amerikanisches Publikum so attraktiv machte: die anarchische Vorstellungskraft in Verbindung mit dem scharfen Blick auf eine ganze Palette von Berufsgruppen und Tätigkeiten nicht nur am sozialen Rand, von den Räumen, in denen sie sich bewegen, agieren und ausruhen, ihren sexuellen Orientierungen und den Spielen der Macht auch unter gesellschaftlich Machtlosen. Gleichzeitig über politische Ereignisse und ästhetische Entscheidungen nachzudenken und dabei Kinokunst zu schaffen – so nannte es Leo A. Lensing in Anlehnung an Botho Strauß in diesem Text.

Die MoMA-Retrospektive 1997 wurde weitflächig kommentiert und begleitet, und auch Hilton Als schrieb im *New Yorker* einen kurzen Text.[7] Abgesehen davon, dass er von »Fassbinders Frauen« hingerissen war, von

3 Manny Farber und Patricia Patterson, Fassbinder, in: Film Comment, November-Dezember 1975.
4 Beate Uhrmeister, It was indeed a German Hollywood-Film, in: Text + Kritik. Zeitschrift für Literatur, Heft 103, Juli 1989.
5 Thomas Elsaesser, Rainer Werner Fassbinder, Berlin: Bertz + Fischer, 2012.
6 Michael Töteberg und Leo A. Lensing, The Anarchy of the Imagination. Interviews, Essays, Notes, aus dem Deutschen übersetzt von Krishna Winston, The Johns Hopkins University Press, Baltimore/London 1992.
7 Hilton Als, Fassbinder's Five, The New Yorker, 17.2.1997.
8 Richard Brody, Total Fassbinder, The New Yorker, 15.5.2014.

denen viele damals nach New York gereist und im Museum aufgetreten waren, erkannte er das Entscheidende: Niemals zuvor, so schreibt er über DIE EHE DER MARIA BRAUN, hätten die Amerikaner zu sehen bekommen, welche emotionalen Konsequenzen die Niederlage Deutschlands 1945 hatte und was es bedeutete, sich aus den Trümmern wieder aufzurappeln und den Schutt der Vergangenheit zum Wiederaufbau zu verwenden. Und er spricht von der Würde, die darin liege, überhaupt Ideale zu haben, was erklärt (auch wenn Als dies nicht ausschreibt), warum Fassbinder seine Figuren, auch die abstoßendsten, nicht verrät.

Gut 17 Jahre später, im Mai 2014, analysiert Richard Brody, ebenfalls im *New Yorker*, aus Anlass einer weiteren Retrospektive in New York die vielfachen Brechungen in Fassbinders Werk, beschreibt die Vermengung von Gesten der Macht mit scheinbar alltäglichen Belangen in einer natürlichen Umgebung und Sprache und nennt dies dann nicht »Deutschland filmen«, sondern »Deutschland dem Kino anverwandeln« (»He didn't just film Germany; he cinematized it.«).[8]

Das ist kein Missverständnis mehr: Fassbinder hat aus Deutschland einen Schauplatz des Kinos gemacht, einen Schauplatz der Spiegel und Fenster, der Innenräume, der Enge draußen, einen Schauplatz für die Kleinmütigkeit, die Verlogenheit, die ans Groteske grenzende Banalität von Nachkriegsdeutschland mit seiner Verweigerung von Erinnerung und Schuld, einen Kinoort für die Verlassenheit seiner Landsleute, so wie das John Ford für Amerika mit Monument Valley gemacht hat und Martin Scorsese mit New York. Vielleicht ist das die tiefe Verwandtschaft zwischen Fassbinder und den Amerikanern: ein Land mit seinen Menschen darin in Kino zu verwandeln, ohne den Blick darauf aufzugeben, wer sie in der Geschichte waren und sind.

Pressemappe zur retrospektiven Tournee des Goethe-Instituts und der Rainer Werner Fassbinder Foundation durch die USA und Kanada, 1997/98 →

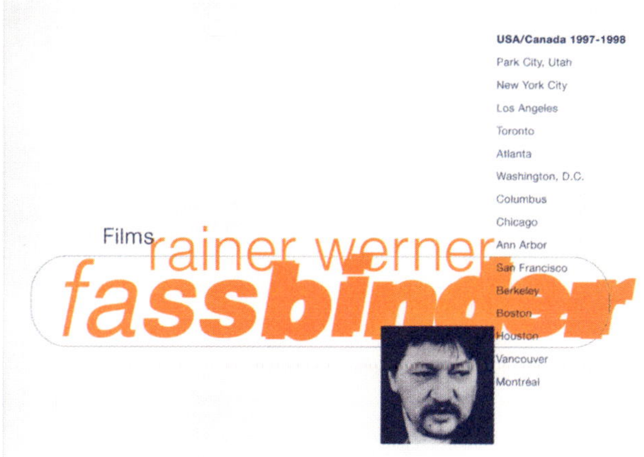

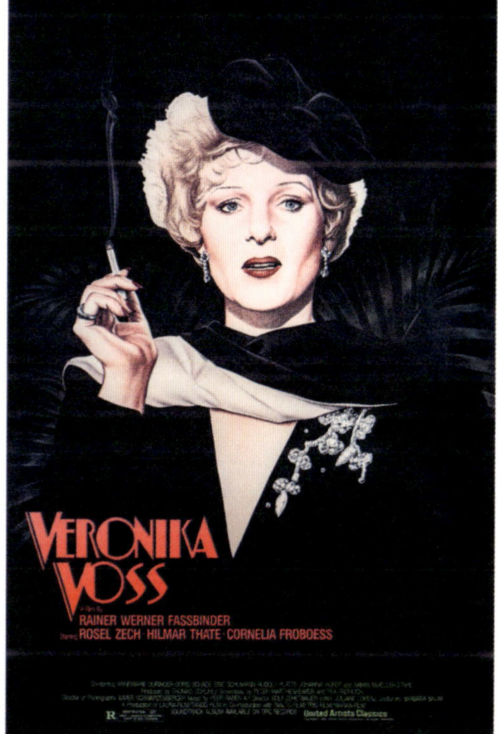

DIE SEHNSUCHT DER VERONIKA VOSS 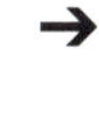
Originalentwurf des US-amerikanischen Plakats von Vincent Topazio, 1982

Andrea Hartmann

»Der Menschen-Erzähler«

Wolfram Schütte über Rainer Werner Fassbinder

»Wenn man sich den Neuen Deutschen Film allegorisch als Mensch imaginierte, so wäre Kluge sein Kopf, Herzog sein Wille, Wenders sein Auge, Schlöndorff seine Hände und Füße et tutti quanti dies und das; aber Fassbinder wäre sein Herz gewesen, die lebende Mitte (nicht politisch oder als Punkt des Ausgleichs, sondern als Gravitationszentrum, in dem die jeweiligen künstlerischen Tendenzen sich schnitten).«

(19.6.1982/*Frankfurter Rundschau*)

Dies schrieb der Literatur- und Filmkritiker Wolfram Schütte in der *Frankfurter Rundschau* zum Tode Rainer Werner Fassbinders. Schütte, Jahrgang 1939, war ein Wegbegleiter Fassbinders, einer, der von Beginn an seine Bedeutung für den deutschen Film erkannte und nicht müde wurde, dies dem Publikum in Kritiken und Interviews zu vermitteln. Als Schütte 2013 mit dem Johann-Heinrich-Merck-Preis ausgezeichnet wurde, brachte es Thomas Assheuer in seiner Laudatio auf den Punkt: »Auf den ersten Blick haben Sie Rainer Werner Fassbinders Genie erkannt und gegen die kompakte Majorität des ›gesunden Volksempfindens‹ verteidigt, das in Gestalt unserer weltberühmten Boulevardzeitung und in unsterblicher Treue zu sich selbst dem Regisseur gleich wieder das Maul stopfen wollte.«

Schütte war Filmkritiker im besten Sinne des Wortes. Positiv oder mitunter auch negativ waren seine Fassbinder-Kritiken stets fundiert, wenn er der Leserschaft durch detaillierte und verdichtete Analysen das audiovisuelle Objekt verständlich machte. Dabei ging er auf alle Aspekte des Films ein wie Einstellung, Kamera, Schnitt, Licht, Farben, Ton, Musik und Schauspielerführung, deren Effekte er im Einzelnen und in ihrer Gesamtheit mit sprachlicher Gewandtheit klar und verständlich formulierte. Seine Metaphern waren nie Selbstzweck, sondern dienten immer der Sache, nämlich der Erschließung von Bedeutungsebenen und der Vermittlung derselben an das Publikum. Seine Kritiken waren im besten Sinne Lehrstunden der Filmanalyse und führten das interessierte Publikum dadurch nicht nur zu Erkenntnisgewinn, sondern vor allem zum Begreifen der Vielschichtigkeit von Fassbinders Werk, das untrennbar verknüpft ist mit der historischen und gesellschaftspolitischen Entwicklung der Bundesrepublik Deutschland. Bereits 1969 erkennt Schütte Fassbinder als Chronist der verdeckten (Ge-)Schichten der bundesdeutschen Gesellschaft: »In dem Maße, in dem uns Fassbinders Film den unteren Rand unserer Gesellschaft zeigt, den wir aus den Augen verloren und vor dem wir sie verschlossen hatten, kommt er einer Entdeckung gleich, einer Entdeckung seiner künstlerischen Fähigkeiten und unserer bisherigen Blindheit.« (3.12.1969/*FR*) Ein Jahr später bekräftigt er die Einzigartigkeit Fassbinders in der bundesdeutschen Filmlandschaft: »Eine derartige Spannweite möglichen Erfahrungsreichtums ist heute selten, und die Meisterschaft Fassbinders läßt sich an der Einfachheit seiner Mittel ablesen. Sprache und Stille sind wie Licht und Dunkel in den GÖTTERN DER PEST – mehr Dunkel als Licht, durchdringt diesen Film aus der Unterwelt, und in die Stille dieser dunklen schwermütigen Bilder tropfen ein paar Worte.« (3.7.1970/*FR*)

Im offensichtlichen Geldmangel sieht Schütte eine ästhetische Chance, die Fassbinder in oder mit Kreativität umzusetzen versteht: »Das Tempo seiner Produktionen ist rasant, man merkt es den auskalkulierten Filmen nicht an. Ihre Ökonomie ist die Ökonomie eines, der wenig Geld hat für einen Film: der sich in seinen Mitteln beschränken muß, und dieser ökonomische Zwang fördert stilistische Konzentration. In ihr ist alles Beiläufige bis zur nackten Abstraktion abgestreift, das viele Fleisch fällt von den Knochen, und die zeigen einen starken, strengen, festen Bau. Darauf ruht der Film, sie geben ihm auch Elastizität. Kein Schnörkel verziert seine gestochen-klare Form.« (3.12.1969/*FR*)

Schütte notierte auch Fassbinders besondere Fähigkeit, trotz der Geschwindigkeit immer mit »stilistischer Konzentration« zu produzieren. So drehte er »rund ein Dutzend herausgestoßener Filme in drei Jahren«. Diese Filme »flirrten zwischen […] dem ästhetisch-narzistischen Selbstgenuß und der kritischen Analytik gesellschaftlicher Verhältnisse. Eines wurde durch das andere vermittelt, oft auch verwischt: es waren Blicke, die durch Glasscheiben oder Spiegel (blind, verregnet, dunkel, hell und zerbrochen) auf die Wirklichkeit sich richteten: Filme eines Manieristen. Deshalb verschwimmen in der Erinnerung die einzelnen Werke, sie lösen sich auf wie Aquarelle, und es bleiben nur (nur?): einzelne Einstellungen, starr, dunkel, rätselhaft-intensiv; Blöcke im Nebel der verschlungenen Geschichten, die hier erzählt wurden.« (27.5.1972/*FR*)

Schütte bewertete Fassbinders Filme durchaus nicht immer positiv, sondern blieb kritisch, wenn er zum Beispiel zu den Frauenfiguren in den frühen Filmen, insbesondere zum HÄNDLER DER VIER JAHRESZEITEN schrieb: »Schon früher ist Fassbinders Misogynie aufgefallen; Frauen waren schon zuvor in seinen Filmen: Huren, Flittchen, Erpresserinnen, Verräterinnen. Kalte Frauen, warme Männer: der Gedanke an ein anderes Leben, an Freundlichkeit, Liebe delegiert Fassbinder ganz an die Männer, Opfer der Frauen, die als Agentinnen der bestehenden Verhältnisse diese durch ihre Aktivität perpetuieren. Eine Blickverengung, vielleicht mehr noch: eine Wunschprojektion.« (27.5.1972/*FR*)

Zwei Jahre später revidiert er jedoch diesen Punkt in der Kritik zu FONTANE EFFI BRIEST: »Im Rückblick auf viele seiner Filme, in denen Frauen so oft als gemeine hemmende, verräterische und zerstörerische Feinde der Männer erschienen, erblickt man in EFFI BRIEST, der er die moderne Horrorparaphrase MARTHA vorausschickte, einen Akt der Umkehr, fast eine Zurücknahme.« (1.7.1974/*FR*)

Schüttes Artikel dienten nie der Selbstdarstellung. Er konzentriert sich immer auf den vorliegenden Film und als Leser*in lässt man sich gern auf seine (Film-)Entdeckungsreisen mitnehmen, wenn er über Fassbinders ANGST ESSEN SEELE AUF wie folgt urteilt: »Eine Fähigkeit zu sehen, darzustellen, um durch Darstellung sichtbar zu machen; und nicht nur sichtbar, sondern auch empfindbar, fühlbar, verstehbar und teilbar.« Hier hat man den Eindruck, dass es nicht nur um das sensible Inszenierungstalent des Regisseurs geht, sondern dass der Kritiker dem Publikum in seinem Text diese sinnliche Erfahrung ebenfalls näherbringen möchte, insbesondere bei einem Film, über den Schütte emphatisch schreibt: »Das wirklich Große an diesem kleinen Film ist seine Fähigkeit, Sozialbereiche und Lebenszusammenhänge von Minderheiten und Randgruppen unserer Gesellschaft plastisch hervortreten zu lassen; sie uns in ihren Widersprüchen (die sich bis in die Personen, ihre Verzweiflungen, Hoffnungen und gegenseitig aufeinander gerichteten Wünsche schmerzhaft fortsetzen) ohne Prätention, ohne verschmiertes Pathos und ohne eine Rührseligkeit, die den Kopf verkleistert, vor Augen gestellt zu haben.« (9.3.1974/*FR*)

Nach drei weiteren Filmen, die von der Kritik überwiegend negativ rezensiert wurden, und einer kurzen, für Fassbinder unerfreulichen Zeit am Frankfurter TAT, titelt Schütte 1975: »Was ist los mit Fassbinder?«, um diese Frage unter Verweis auf Fassbinders

Bedeutung für die »Filmprovinz Bundesrepublik« dann gleich zu beantworten: »Unter den Künstlern, die zu Anfang des Jahrzehnts erschienen, plötzlich da waren, blieb er nicht eine Sternschnuppe (wie viele), sondern wurde ein Fixstern. [...] Er war kontinuierlich präsent, staunenswert agil, schnell, und wo andere Atem holten, holte er sich eine Filmidee, und als die anderen noch beim Überlegen waren, was sie damit anfangen könnten, hatte er schon seinen Film beendet.« (11.7.1975/*FR*) Auch Schütte sieht Schwächen in Fassbinders letzten Filmen und kritisiert, dass der Regisseur »immer nachlässiger, fahriger, desinteressierter und deshalb schlampig bei den Vorarbeiten, bei der Begründung und Führung des plots« gewesen sei. »[...] Die Lust auf die Wirklichkeit trat zurück hinter den illustrierenden und illustrierten Gedanken, die über sie gemacht werden: es kommt zu Formeln, Erstarrungen, und wo die dann zusammentreffen, zu Unstimmigkeiten.« Jedoch sind solche Schwächen Schüttes Meinung nach nur vorübergehend, denn am Ende des Artikels betont er die besondere Qualität typischer Fassbinder-Filme, zu der dieser inzwischen mit MUTTER KÜSTERS zurückgekehrt ist: »[...] so raffiniert, perfekt, zugleich einfach und spannend, ist ihm nach MARTHA kein Stoff mehr gelungen. Daß die ästhetischen Mittel, die er virtuos benutzt, ihre Tradition haben – was ihm auch zum Vorwurf gemacht wurde –, wer bezweifelt das? Was ist schlecht daran? Wie oft hat in diesem Sinne sich denn Hitchcock schon imitiert? Was mit Fassbinder los ist? Er ist in Turbulenzen geraten. Er findet da auch wieder heraus. Keine Angst.« (11.7.1975/*FR*)

Raffinesse bescheinigt Schütte auch Fassbinders CHINESISCHES ROULETTE: »So raffiniert hat Fassbinder mit Perspektiv- und Spiegelbrechungen, mit Kamerafahrten und Schwenks seit DIE BITTEREN TRÄNEN DER PETRA VON KANT (1972) und MARTHA (1973) nicht mehr seine professionelle Könnerschaft als einer unserer international besten ›miseur-en-scène‹ definiert. Die zentrale Sequenz des CHINESISCHEN ROULETTES steht in seinem bisherigen Werk als Tour-de-force-Akt präzisester Arbeit mit erzählerischem Spannungsbogen, gestischen Verweisen, montierten Kontrasten und überraschenden Mystifikationen einzigartig da. Er ist unter denen, die bei uns Filme machen, der produktiv-kreativste. Wobei SATANSBRATEN zweifellos der persönlichste ist: ein Faustschlag; CHINESISCHES ROULETTE: ein Kunststück.« (25.11.1976/*FR*)

Sollten seine Leser*innen zuvor Berührungsängste vor dem »Faustschlag« gehabt haben, so verdeutlicht Schütte, dass Fassbinder in SATANSBRATEN ganz bewusst den Inhalt auf laute und brutale, aber eben auch auf sinnvolle Art in eine angemessen unbequeme Form bringt: »Dieses rabiateste Stück Kino, dieser wüsten Psychopathologie des Alltags, diesem Wahrheitsspiel über Verzweiflung und Lügengespinst über (Selbst-)Ausbeutung hat unser Film augenblicklich wenig an die Seite zu stellen, was von vergleichbarer Wut, ähnlichem Zynismus und verwandtem Furor wäre. Es wird abgewrackt, was in der trüb-derben Melange von Kulturbetrieb und Lebensbetrieb als kaputte Existenzen herumschwankt. [...] Die permanente Verunsicherung, das Wechselbad der Emotionen, welche Fassbinder in fast jeder Einstellung gegen die Erwartungen und Klischees inszeniert, ist in der Tat auch verwirrend, weil jeder Halt verloren geht, nichts auf dem Tisch bleibt, weil doch Tabula rasa gemacht wird. Der Kern dieser vulgären, dissonanten Komödie der Verirrungen aber ist nichts anderes als eine denkbar radikale Kritik an einer Lieblingsvokabel des Augenblicks: dem ich, dem künstlerischen Subjekt.« (4.12.1976/*FR*)

1978 stellt Schütte »zwei ästhetisch unterschiedliche Tendenzen« in Fassbinders Filmen heraus, »zum einen radikal egozentrisch plebejische Stoffe und Formen wie in SATANSBRATEN und seinem Beitrag für DEUTSCHLAND IM HERBST, und zum anderen Werke wie CHINESISCHES ROULETTE, FRAUEN IN NEW YORK und nun EINE REISE INS LICHT, in denen, oberflächlich gesehen, eine radikale Ästhetisierung am Werk ist. [...] Daß beide ästhetisch kontroversen Tendenzen so persönlich sind wie seine früheren Filme [...], ist so gut wie gar nicht wahrgenommen worden, wiewohl er selbst immer wieder darauf hingewiesen hat.« Unter Betonung dieser Ästhetisierungskonzepte schreibt er – »wegen der barbarischen Ignoranz gegenüber allen komplexeren Prozessen ästhetischer Produktion im Bereich des Films, der gerade von seinen angeblichen Liebhabern am konsumentenhaftesten ästhetisch verachtet wird« – konsterniert gegen die Kritik und das Unverständnis gegenüber Fassbinders Film an und verweist auf die durchdachte Ästhetik des Films, auf die »[...] optischen und verbalen, szenischen und musikalischen Motivketten, durch deren dicht gedrängte Wiederholungen und Variationen sich EINE REISE INS LICHT in ein Spiegelkabinett stetig wachsender Verunsicherungen, gehäufter Doppelbödigkeiten hineinbewegt«. (20.5.1978/*FR*)

Geht er hier auf Bilder und Musik ein, so hebt er in seiner Kritik zu DIE DRITTE GENERATION den Ton hervor: »[...] Teile eines episch in sechs Teile zerlegten Reliefs, dessen tieferliegender Hinter- und Untergrund – die Tonschicht – dem Film erst den wirklichen Resonanzboden gibt. Was Fassbinder da [...] den Rundfunk- und Fernsehnachrichten entnommen hat, die während der Drehzeit gesendet wurden – vom gescheiterten Metaller-Streik für die 35-Stunden-Woche über die politischen Ereignisse in Persien, Kambodscha und Vietnam bis zur berühmtesten Diskussion Dutschkes, Cohn-Bendits und Matthias Waldens –, ist so etwas wie die Interlinearversion des alltäglichen Wahnsinns, der Komposthaufen der laufenden Ereignisse, aus dem das Gespenst des nihilistischen Terrorismus aufsteigt. Es ist die Welt, in der wir atmen und der wir uns bereits so wie die Figuren des Films akklimatisiert haben, daß wir sie gar nicht mehr bewußt wahrnehmen. Aber ihr Dunst, ihr fauliger Gestank ist in uns eingedrungen, hat uns durchsetzt mit Hoffnungslosigkeit, Wahnwitz, Kopflosigkeit. Da wird Deutschland (West), Anno '79, ein akustischer Spiegel vorgehalten. [...] DIE DRITTE GENERATION ist ein Verstärker für eine Gesellschaft von fast Tauben und Still-Gestellten.« (17.9.1979/*FR*)

In seinem Bericht von den Filmfestspielen Venedig 1980 nimmt Fassbinders Döblin-Adaption BERLIN ALEXANDERPLATZ eine besondere Stellung ein, diese »Ballade vom Leben und Sterben, von den Irrungen und Wirrungen Franz Biberkopfs«, die Fassbinder »freilegt«, nachdem er laut Schütte die »kunstvoll verwucherte Stoffmasse des Romans gejätet« und in ein Drehbuch übersetzt hat: »Teils um diesen Erzählkern, teils in ihn eindringend, teils ihn (vor allem musikalisch) kontrapunktierend, teils aus ihm hervorgehend (wenn z.B. Biberkopf sich Zeitungsannoncen vorliest, die Döblin als Zitate in den Text montiert hatte), holt sich Fassbinder dann jenes Material aus politischen Losungen, Statistiken, Schlagern, Liedern, der Bibel, der Poesie wieder in die Erzählung herein. Die Epik des Films [...] ist jedoch weniger in diesen Ton- und Sprachmontagen zu suchen als in der äußersten, genauesten Entfaltung des Kammerspiels, des Melodrams psychosomatischer Prozesse. Aber sie erreicht die Komplexität, Widersprüchlichkeit, den Reichtum eines umgreifenden Bildes vom Menschen durch eine Intensität, die von allen Bereichen des Films ausstrahlt und ihn beispiellos macht.« (27.8.1980/*FR*) BERLIN ALEXANDERPLATZ ist für Schütte »[...] die vorläufige Summe seines [Fassbinders] dreiunddreißigjährigen Lebens: die große Konfession, die Abtragung einer Schuld, die Erfüllung eines Traums und die Zusammenfassung aller bisherigen künstlerischen Anstrengungen. [...] Er ist: Menschen-Erzähler (von unseren Regisseuren: der größte, intensivste).« (11.10.1980/*FR*)

Wenig später fügt er seiner Kritik hinzu, dass Fassbinders »Re-Psychologisierung [...] durch die Hereinnahme der epischen Verfahrensweise Döblins wieder Tiefe und Breite, Mehrstimmigkeit gibt. [...] Was für Döblin die ›sichtbare und die unsichtbare Geschichte‹ des Romans war (seine metaphysische und seine physische) ist für Fassbinder die innere und äußere seiner Personen, psychosomatische Dialektik.« Wenngleich er den Film nicht durchgängig für gelungen hält, schließt er seine Kritik doch mit dem Fazit: »[...] wo der ich-erlösungssüchtige Döblin ruft: ›Gerettet, gerichtet, erlöst!‹, da höre ich Fassbinder, der sich wie ein alter Meister auf diesem Fresco (mit Schlapphut, dunkler Brille, brennender Zigarette) verewigt hat – ich höre ihn flüstern: ›endgültig verloren, erledigt.‹ [...] Was erzählt er da zuletzt? Sich selbst. Autobiografischer dürfte noch keine filmische Adaption eines Romans gewesen sein.« (11.10.1980/*FR*)

BERLIN ALEXANDERPLATZ, dem Film, der für ihn »von innen heraus glühte und mit Empathie erzählt wurde«, stellt er mit LILI MARLEEN ein seiner Meinung nach »kalttemperiertes Wachsfigurenkabinett« gegenüber. Die dezidiert ambivalente Kritik schließt mit der Präzisierung dieser Zweideutigkeiten: »Das schleichende Gift, das die herzzerreißende Geschichte von Liebe und Verzicht, von hoher und niederer Kunst, von bösen jüdischen Vätern und bösen SS-Leuten, von Trennung und Wiedersehen, Sportpalast-Show und Geiselaustausch, Fronttheater und Partisanenbesuch, von Karriere und Widerstand durchtränkt, lagert sich in den Bildern selbst ab und unterlegt der Marzipan-Süßigkeit des Kitschs den Mandelgeschmack winziger Dosen Zyankali.« (17.1.1981/*FR*)

Positiv hingegen sein Fazit zu DIE SEHNSUCHT DER VERONIKA VOSS, vor allem zur farblichen oder genauer schwarz-weißen Gestaltung, das mit einem Literaturverweis schließt (oder zweien, wenn man den Horror aus *Herz der Finsternis* im letzten Satz mitliest): »Im Dunkel, im Zwielicht leben sie; denn wo das Licht voll aufscheint, wo das Weiße dominiert (in der Praxis der Ärztin mit den abtrennenden Glasverschalungen, der sich drehenden Paillettenkugel an der Decke, die ihre Lichtreflexe beunruhigend über den Raum streut) – wo die schattenlose Zone beginnt, da ist das Weiß tödlich, klinisch rein wie am Ende von Poes *Arthur Gordon Pym*: der nackte Schrecken.« (19.2.1982/*FR*)

Als Fassbinder im Juni 1982 stirbt, titelt Schütte: »Unser Balzac ist tot« (11.6.1982/*FR*).

In einem weiteren Nachruf gelingt es ihm, die Komplexität und Bedeutung von Fassbinders Schaffen zusammenzufassen, ohne die Vielschichtigkeit zu vernachlässigen. So erwähnt er DIE EHE DER MARIA BRAUN und LOLA als Beispiele für Filme, die »nur noch teilweise über ihre Stories zu erschließen [sind]; sie verlangen eher eine komplexe Lesart ihrer ästhetischen Operationen; deren ironische Historisierungen, deren Mehrfach-Codierungen durch Ton, Musik, Licht, Farbe, Blenden etc. versperren diesen Arbeiten bewußt eine leichtsinnige Konsumierbarkeit; es sind populäre Stoffe in einem scheinbar esoterischen Etui, das mit ihnen untrennbar verwachsen ist.« (19.6.1982/*FR*)

Parallelen zu Balzac sieht er nicht nur darin, dass Fassbinder sich »[...] programmatisch etwas vorgenommen hatte, was den epischen Zyklen Balzacs und Zolas entsprach – nämlich den Deutschen im Film ihre eigene jüngste Geschichte vor Augen zu führen«, sondern er sieht auch: »[W]ie dessen Œuvre trägt auch seines Züge des Unausgeführten, Mißlungenen, bloß Flüchtigen; es ist zugleich sehr persönlich und überpersönlich, inwendig und auswendig, emotional erhitzt und eisig kühl, sentimental und zynisch, von großer Empathie für die Außenseiter, die Opfer und von einer Faszination für das ästhetische Raffinement, das manchmal Personen und Charaktere in sich verschließt und verrätselt. Er hat Themen, Stoffe, die ›in der Luft lagen‹, gewittert und an sich gezogen [...]; trotz mancher misogynen Züge enthält sein Œuvre die unterschiedlichsten, differenziertesten Frauenporträts des gesamten deutschen Nachkriegsfilms, verkörpert von Hanna Schygulla, Margit Carstensen, Brigitte Mira, Elisabeth Trissenaar und Barbara Sukowa. Rainer Werner Fassbinder war kein Regisseur der Weite und der offenen Horizonte, der Landschaft und der Natur; seine Domäne war die Enge, die Bedrängungen des Dekors, der Verspiegelungen, der Durchblicke, wo er die poetischen Orte des Kammerspiels aufsucht und den unterdrückten Gefühlen in falschen Gesten, die sie überlagern, zur Wahrheit ihrer Wünsche verhalf. Er war ein unnachsichtiger Chronist der menschlichen Verluste und der Leiden, welche ›der Angstapparat aus Kalkül‹ (Fontane), die Zirkulation der Macht in der bundesdeutschen Gesellschaft tief in den einzelnen hinterlassen hat und welche noch deren Opfer zu ihren eigenen Henkern macht. Ja: er war: das Herz. Es ist nun stillgelegt.« (19.6.1982/*FR*)

2013 beschrieb Schütte das, was er als Hauptaufgabe der Filmkritik sieht: »sich gegen den übermächtigen Mainstream, seine langläufigen ›Blockbuster‹ und gegen die durch massives Marketing erreichte Konformität des Massen-Konsums zu stemmen. Und das Abweichende, Komplexere, Experimentelle, Widerständige & Minoritäre zu entdecken & hervorzuheben & es dem Publikum mit Enthusiasmus, Kennerschaft & analytischer Verve zu vermitteln« (Dankesrede, Johann-Heinrich-Merck-Preis 2013). Genau dies hat Schütte immer wieder mit und für Fassbinder und dessen Werk getan, von den ersten bis zu den letzten Filmen. Nicht nur in Filmkritiken und Interviews, sondern auch in der Herausgabe des Fassbinder-Bandes in der Reihe Film des Hanser Verlags (gemeinsam mit Peter W. Jansen) arbeitete er stetig daran, »den neuen deutschen Film gegen die Trägheit des Publikums im eigenen Land durchzusetzen«. Man würde sich heute mehr solcher klugen, differenzierten, analytischen und sprachgewandten Kritiker wünschen, die genau hinsehen und -hören, die Filme in all ihren Facetten analysieren, sprachlich erfahrbar machen und dem lesenden Publikum gerade auch den Zugang zu Filmen jenseits des Mainstreams ermöglichen. Anlässlich der 2015 erschienenen Dokumentation FASSBINDER beklagte Daniel Kothenschulte: »Kaum jemand versucht auch nur zu benennen, worin denn die künstlerische Eigenständigkeit seines Kinos liegt. [...] Es fehlen die Interpreten, insbesondere die Filmkritiker und Publizisten, die Fassbinders Werk zu Lebzeiten begleitet haben: Wolfram Schütte, Hans Günther Pflaum oder Joachim von Mengershausen.« (29.4.2015/*FR*)[1]

Dass die Bedeutung von Fassbinders Werk hierzulande in seiner ganzen Größe erfasst wurde, ist jedenfalls auch ein Verdienst der Kritiker, und unter diesen insbesondere das Verdienst des »enthusiastischen Kenners« Wolfram Schütte und seines »engagierten Plädoyer[s] für die Autonomie der Kunst wie für die Freiheit der Kunstkritik« (Jury Johann-Heinrich-Merck-Preisverleihung für literarische Kritik und Essay 2013).

1 https://www.fr.de/kultur/tv-kino/weggefaehrten-fassbinders-11673030.html. Das gesamte Archiv von Wolfram Schütte befindet sich in den Sammlungen des DFF – Deutsches Filminstitut & Filmmuseum, Frankfurt am Main.

← Erste Seite eines Manuskripts zu einem Romanentwurf von Rainer Werner Fassbinder, undatiert (um 1981)

SCHÜTTE
Von der Dialektik des Bürgers im Paradies der lähmenden Ordnung
Ein Roman

Schütte = 1981 – 38 Jahre alt
Schütte = 1968 – 25 Jahre alt
Schütte = 1943 geboren
Schütte = also Ziege nach dem chinesischen Horoskop
Schütte = Anfang September geboren und somit Jungfrau
Schütte = 1968 seit vier Jahren verheiratet
Schütte = hochgebildet, extrem sensibel, zudem politisch wach + integer
Schütte = 1968 Journalist, träumt aber davon, Filmemacher zu werden

Wer Ähnlichkeiten mit lebenden Personen zu entdecken glaubt, ist selber schuld. Dem Autor lag es fern, etwas wie einen Schlüsselroman zu schreiben. Im Gegenteil, man könnte sagen, dieser Text wurde erfunden und aufgeschrieben, wie er geträumt, gedacht und phantasiert worden war. Für mediokren Zweifel, die üblichen brauchbaren Skrupel für die Schere im Kopf des Autors eben, gab es nicht Zeit genug, gab es auch keinen Raum in der Kunstwelt des Erzählers.

Film, sagt Godard, das ist 24x in der Sekunde Wahrheit. Film, das sage ich, das ist 25x in der Sekunde Lüge. Schütte liebt uns beide, Godard und mich. Und aus diesen beiden, sich widersprechenden Behauptungen, gelingt es ihm, einen einzigen klaren, eindeutigen und verständlichen Gedanken zu entwickeln und darüber zu formulieren.

Ralf Schenk

Sie schlugen und sie küssten ihn

Im Mitte der 1980er-Jahre erhielt ich den Auftrag, für ein Internationales Filmlexikon, das im Ostberliner Henschelverlag erscheinen sollte, einen Text über Herbert Achternbusch zu übernehmen. Ich schrieb an Achternbusch und bat ihn, mir Literatur über sich zu schicken, die mir nicht zugänglich war. Achternbusch antwortete umgehend per Postkarte: »Sehr geehrter Herr Schenk, Sie werden doch nicht meinen, dass ich einen bürokratischen Furz unterstütze – mein Name in einem bürgerlichen DDR-Lexikon, um die Feigheit, einen Film von mir zu zeigen, zu kaschieren.«[1] Die Vorderseite der Karte zeigte einen Mann, der am Strand auf ein im Nebel auftauchendes Schiff blickt: »Ein Mensch der lebt will uferlos schauen«.

Zunächst war ich irritiert, aber ich musste zugeben: Achternbusch hatte recht. Keiner seiner Filme war je in den DDR-Kinos gezeigt worden, ein Schicksal, das er mit anderen Regisseuren seiner Generation teilte. Natürlich liefen auch im Osten westdeutsche Filme, jedes Jahr ein rundes Dutzend. Doch die Auswahl, die die Einkäufer des DDR-Monopolverleihs Progress trafen, war eng. Sicher, ein paar Arbeiten von Wicki, Lilienthal, Schlöndorff, Trotta, Hauff, Bohm wurden übernommen, aber Wenders fehlte fast völlig, Herzog, Kluge, Praunheim, Schroeter, Syberberg ganz und gar, von den feministischen Filmen Helke Sanders, Ula Stöckls oder Jutta Brückners ganz zu schweigen. Dagegen gab es einen ganzen Schwung Edgar-Wallace- und Karl-May-Adaptionen. Unterhaltung eben.

1 Herbert Achternbusch an Ralf Schenk, 25.10.1985, Postkarte im Besitz des Autors.

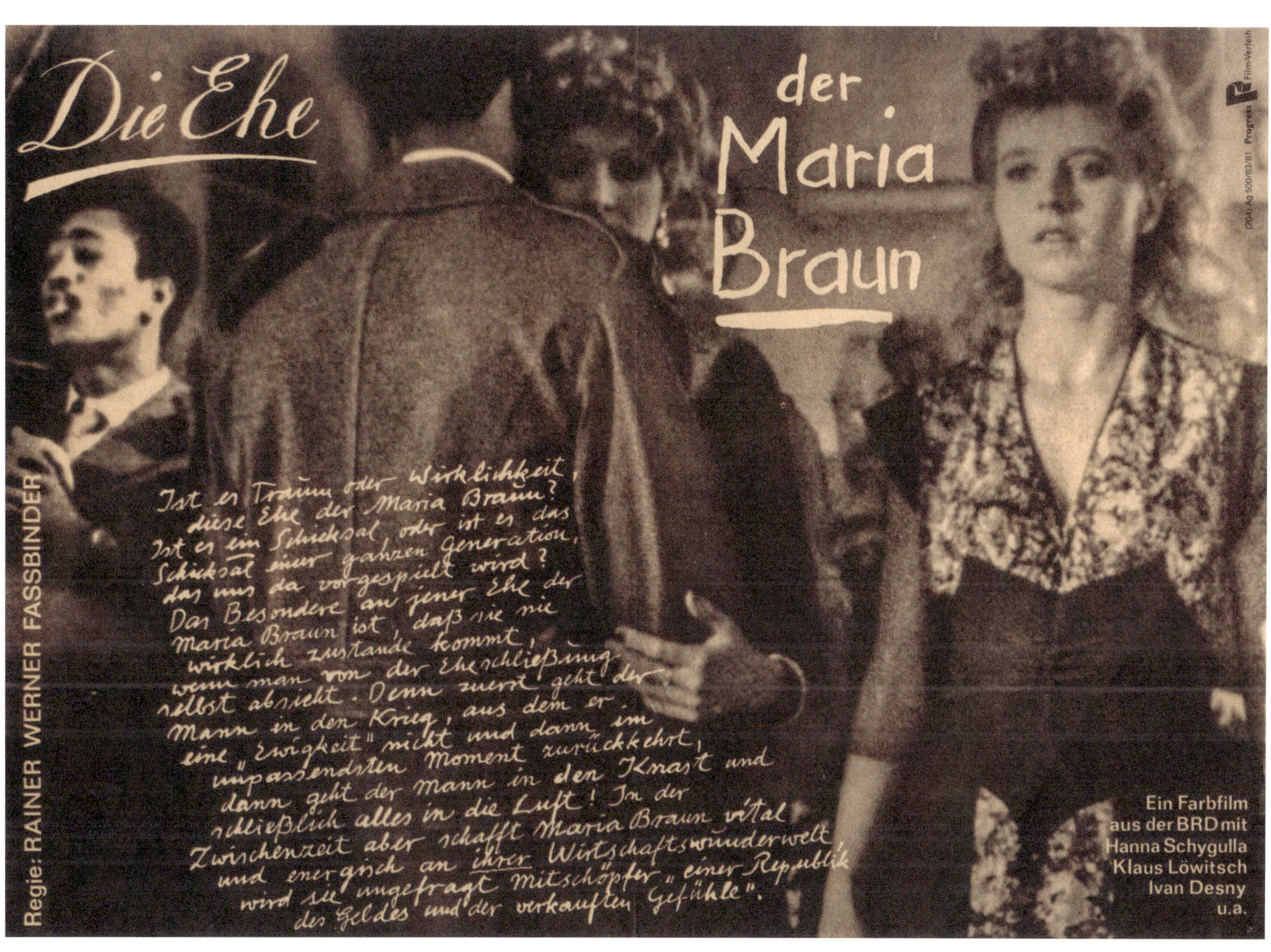

↑ **DIE EHE DER MARIA BRAUN** Plakat der Erstaufführung in der DDR, 1981

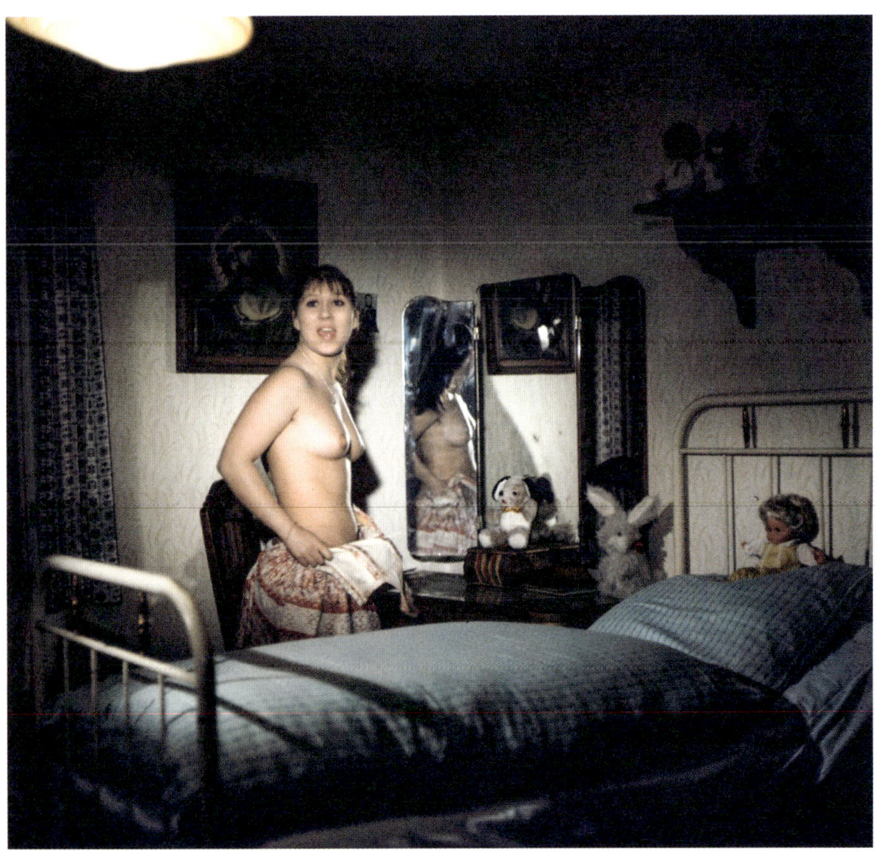

lobte auf einer Karteikarte, die ich damals für jeden Film anlegte, »die langen, weichen Aufblenden ins Weiße« oder »zahlreiche Spiegel«, die das Äußere der Figuren gleichzeitig offenbaren und verhüllen. Auch die optischen Metaphern für Effis Einsamkeit gefielen mir ausnehmend gut, die »schleppenden Gardinen« etwa.

III Dass Fassbinder-Filme auf DDR-Leinwänden tabu waren, hing möglicherweise auch mit dem zusammen, was über ihn geschrieben wurde. Besonders Horst Knietzsch, der Filmkritiker des *Neuen Deutschland*, des Zentralorgans der SED, machte aus seiner weithin ablehnenden Haltung keinen Hehl. In dem von ihm herausgegebenen Kino- und Fernsehalmanach *Prisma*, einer populären Buchreihe, erschien schon 1972 ein längerer Aufsatz über Fassbinder. Knietzsch hatte ihn nicht selbst verfasst, sondern den Kulturwissenschaftler und Funktionär Jürgen Harder damit beauftragt, den späteren Ressortchef Film in der Kulturabteilung des Zentralkomitees der SED. Harder lobte zwar Fassbinders künstlerische Begabung und ungewöhnliche filmische Produktivität. Doch mit dem »politischen Programm und der ideologischen Konzeption von Fassbinders Filmästhetik« konnte er wenig anfangen. Seine Darstellung privater Motive und Handlungsweisen laufe darauf hinaus, dass »der naive Moralist [...] in der Pose des Revolutionärs und im Namen des Sozialismus hässliche bürgerliche Ideologie

II Auch Rainer Werner Fassbinder blieb draußen vor der Tür. Zumindest im offiziellen Kinoprogramm des Progress Verleihs, der 1981 als einzigen Fassbinder-Film DIE EHE DER MARIA BRAUN in die DDR-Kinos brachte, nachdem er schon im Oktober 1980, während der ersten BRD-Filmwoche in der DDR, zu sehen gewesen war. Wer Fassbinders Produktivität verfolgen wollte, musste Westfernsehen schauen. Das konnte im Osten fast überall empfangen werden. Ich erinnere mich an die Ausstrahlung von WILDWECHSEL, den ich 1973 gemeinsam mit meinen Eltern sah. Von der Ansagerin gab es den Hinweis, die Sendung sei »für Jugendliche nicht geeignet«, was mich als 17-Jährigen erst recht neugierig machte. Und meine Eltern nicht störte.

Fassbinder im Kino: Das ging für DDR-Bürger zunächst nur auf Reisen in sozialistische Nachbarländer. Polen und Ungarn kauften hin und wieder Fassbinder-Filme ein, in Polen liefen sie in deutscher Sprache mit Untertiteln, in Ungarn synchronisiert. In Warschau sah ich FONTANE EFFI BRIEST (1974) und

WILDWECHSEL
Eva Mattes (Hanni) ↖

Eva Mattes und
Harry Baer (Franz) →

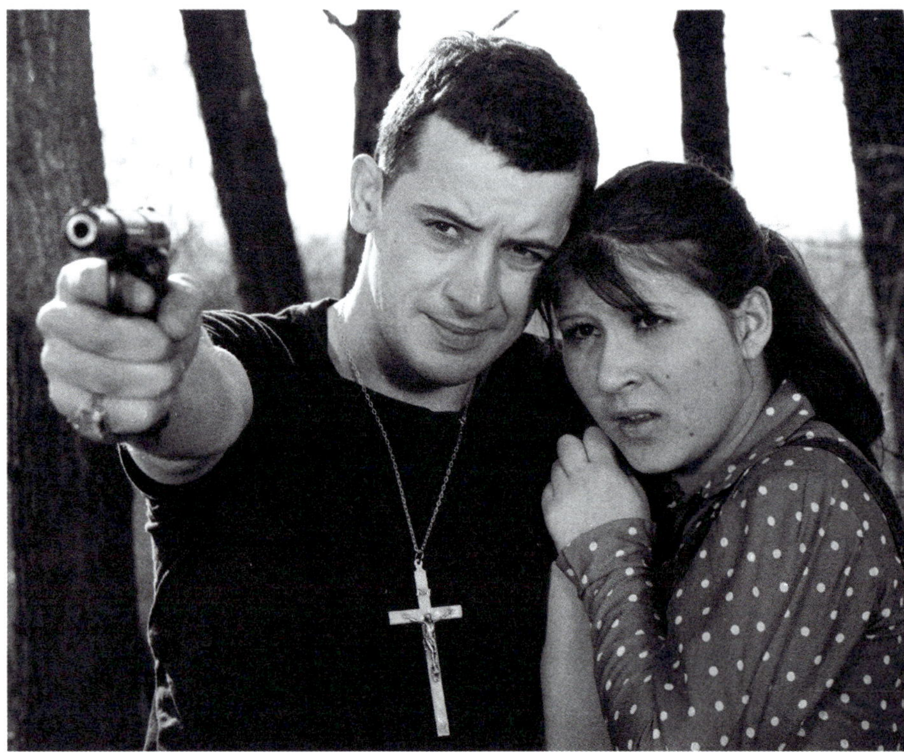

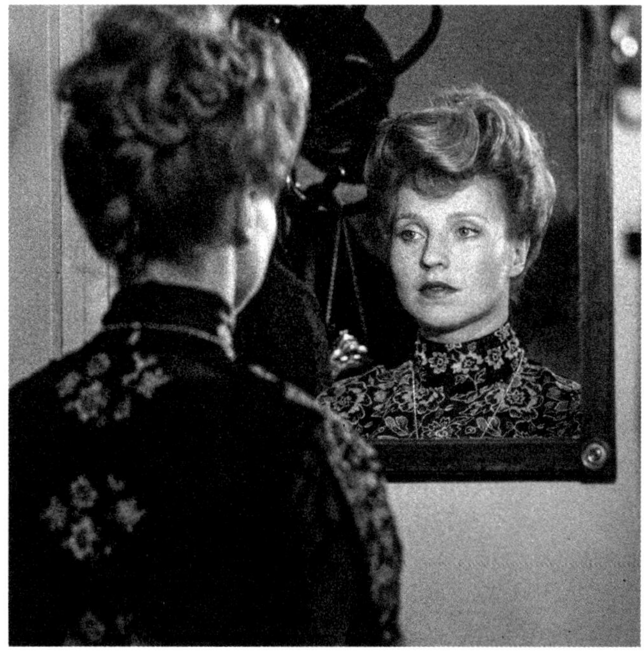

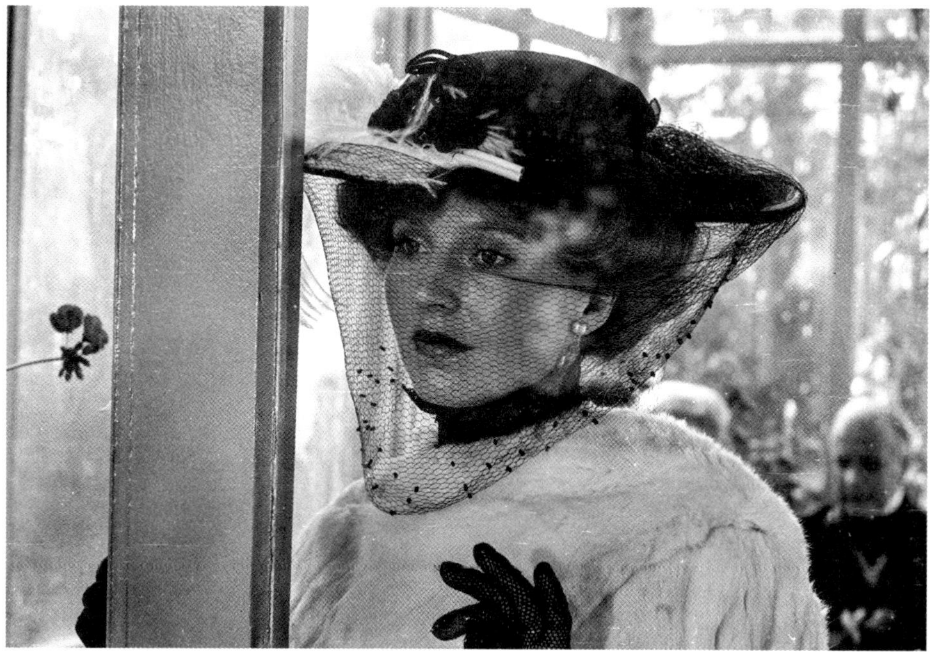

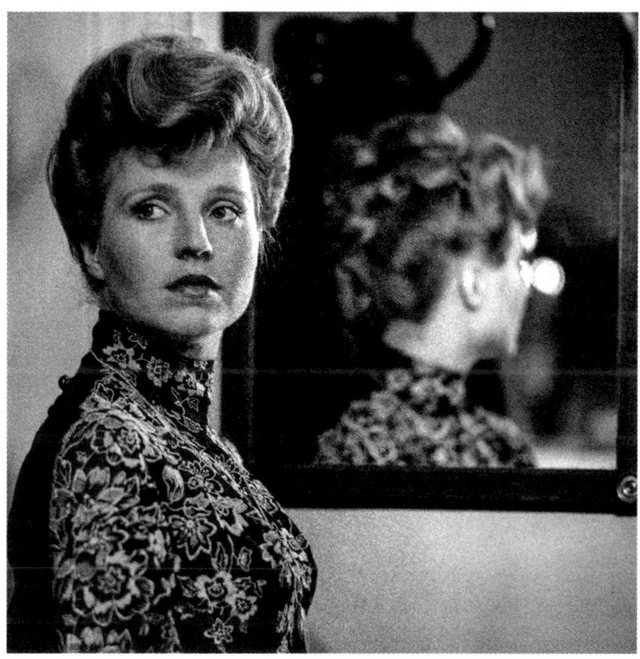

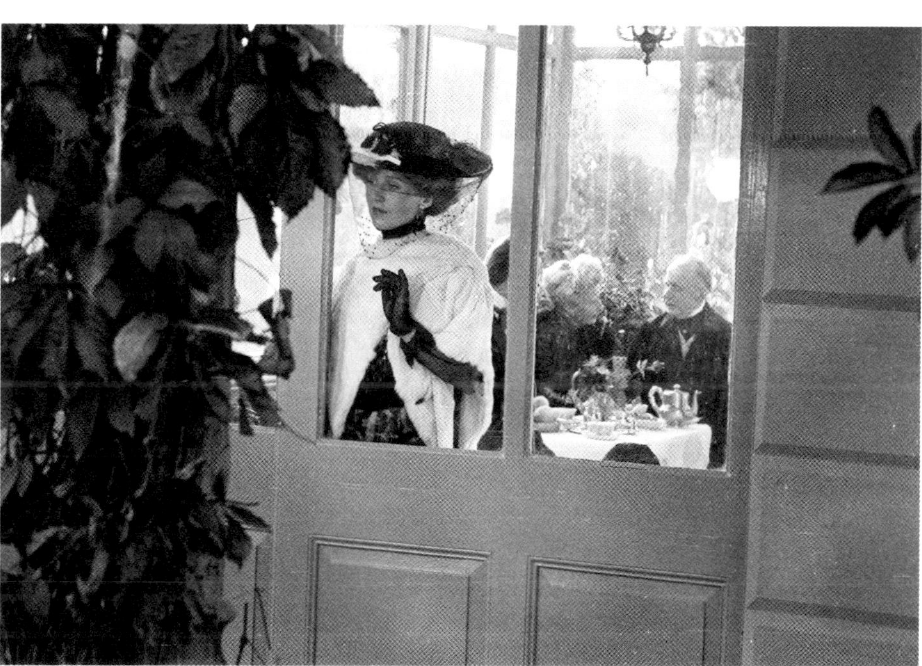

↑ **FONTANE EFFI BRIEST oder Viele, die eine Ahnung haben von ihren Möglichkeiten und Bedürfnissen und dennoch das herrschende System in ihrem Kopf akzeptieren durch ihre Taten und es somit festigen und durchaus bestätigen** Hanna Schygulla (Effi)

LOLA Armin Mueller-Stahl (von Bohm) und Karin Baal (Lolas Mutter) →

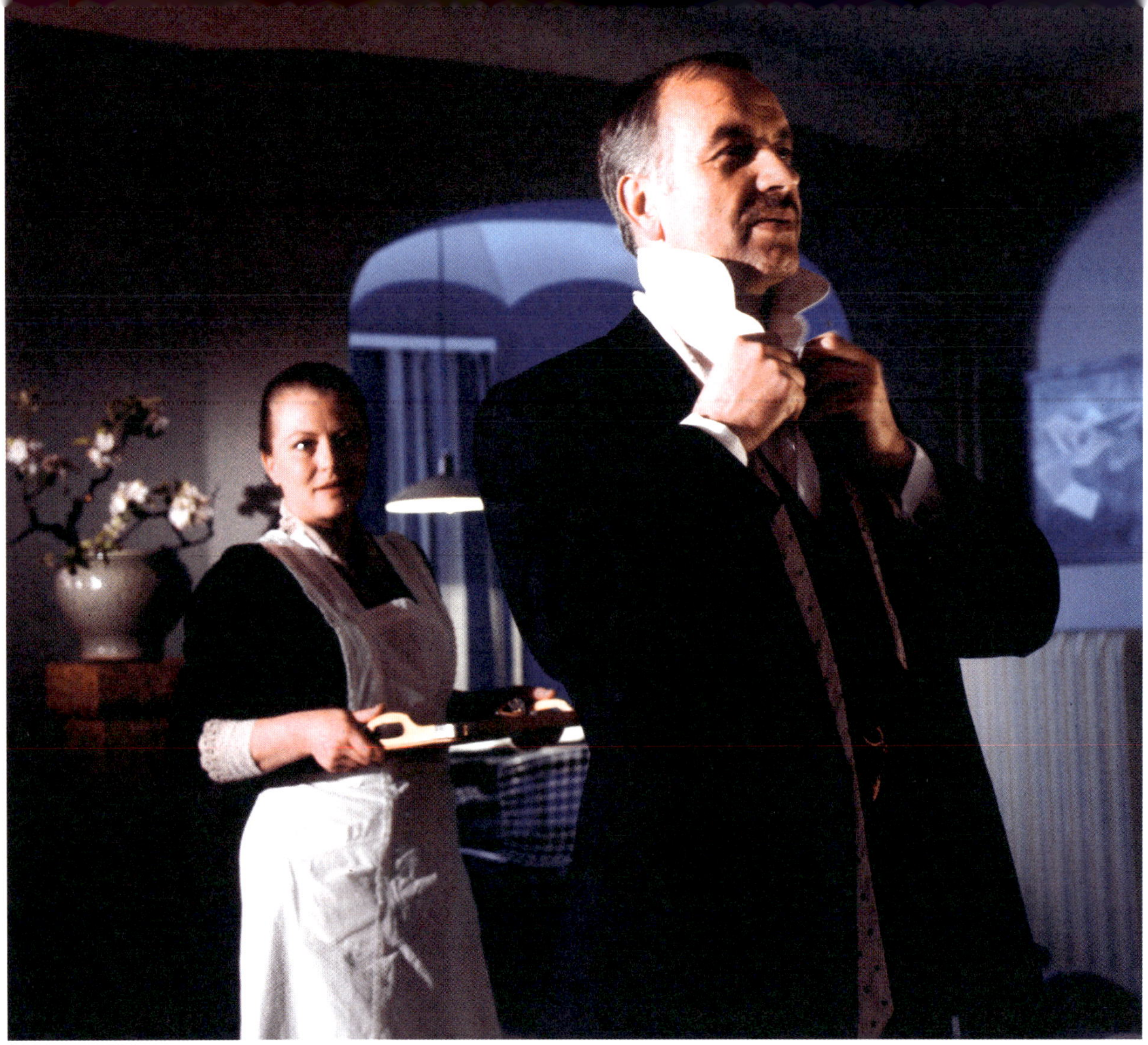

DIE SEHNSUCHT DER VERONIKA VOSS Hilmar Thate (Robert Krohn) und Cornelia Froboess (Henriette)

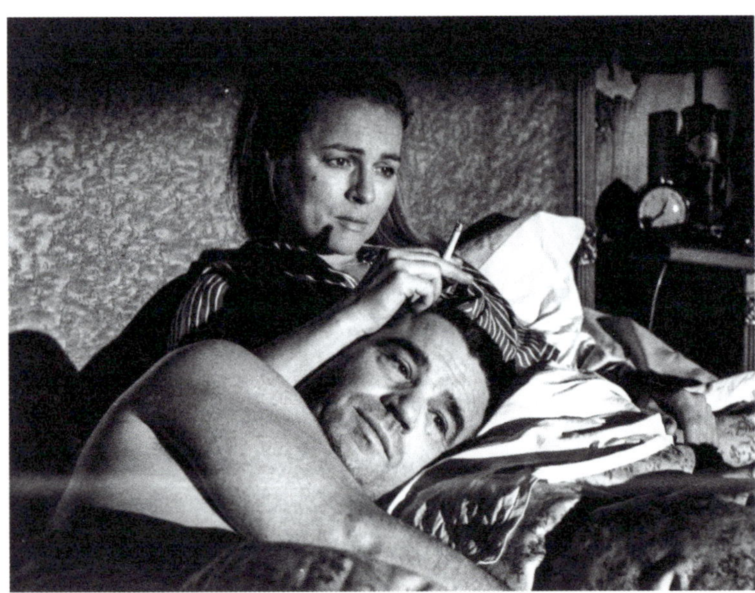

mittels origineller Kino-Katharsis in schöne bürgerliche Ideologie verwandeln« könne. Fassbinders »Begrenztheit« zeige sich in seiner Ignoranz gegenüber größeren politischen Strukturen; die Revolution seiner Figuren finde stets nur im Privaten statt. So müsse ein Film wie WARUM LÄUFT HERR R. AMOK? (1969) in programmatisch formulierter Ratlosigkeit enden.[2]

IV Knietzsch blieb seiner Animosität in Festivalreporten und Kommentaren treu. In einem Bericht von der Mannheimer Filmwoche 1976 schrieb er über SATANSBRATEN, der Film sei »die masochistische Selbstbespiegelung eines Regisseurs, der sich immer mehr in die Position eines bourgeoisen Hofnarren manövriert hat«. Fassbinder habe zwar einen Film über den täglichen Faschismus in der BRD machen wollen, sähe den Faschismus aber »nicht als politische Bewegung, sondern als menschliches Problem, das am ›Küchentisch‹ beginnt«.[3]

Umso erstaunlicher war, dass den Filmklubs der DDR im selben Jahr zum ersten Mal eine Arbeit Fassbinders zur Verfügung gestellt wurde: KATZELMACHER (1969). Gebucht werden konnte der Film über das Staatliche Filmarchiv, das einen eigenen Verleihkatalog mit rund 300 Titeln anbot, auf nichtkommerzieller Basis. KATZELMACHER blieb, neben MACHORKA MUFF (1962) und NICHT VERSÖHNT (1965) von Jean-Marie Straub und Danièle Huillet, der einzige Beitrag des Neuen Deutschen Films, der in dieser Verleihstaffel des Filmarchivs zu sehen war.[4]

V

Mit LILI MARLEEN schien sich Rainer Werner Fassbinder für die Filmeinkäufer der DDR endgültig ins Abseits katapultiert zu haben. Im September 1981 druckte die Fachzeitschrift *Film und Fernsehen* einen Text der beiden Medientheoretiker Siegfried Zielinski und Dietrich Klitzke aus der westdeutschen Wochenzeitung *die tat* nach, der schon in der Überschrift feststellte: »Faschismus-Abziehbilder: Exportschlager fürs Kino«. Darüber hinaus resümierte der Westberliner Filmkritiker Hans-Joachim Schlegel, Fassbinder habe zehn Millionen Mark »für einen nazi-nostalgischen Illusionsfilm« verpulvert, »der seinen Zuschauern Gefühle und Gedanken vernebelt«.[5] Ein eigenes Urteil konnten sich die DDR-Bürger nicht bilden.

Doch kurz zuvor, im Sommer, war ein kleines Wunder geschehen: DIE EHE DER MARIA BRAUN wurde ins DDR-Kinoprogramm übernommen und erhielt fast durchweg glänzende Kritiken. Das »Regiegenie Fassbinder«, so Jutta Voigt im *Sonntag*, habe einen »fast hundertprozentig sicheren Instinkt für Wirkung und vor allem mit der Fähigkeit, sie präzis zu inszenieren«.[6] Nur Horst Knietzsch konnte das Mäkeln nicht lassen: Fassbinders Karriere sei gut programmiert gewesen, »heute sitzt er am gleichen Tisch mit denen, die er vor Zeiten als Revoluzzer zu schrecken suchte, wurde zum geschickten Händler mit bürgerlichem Naturalismus«.[7]

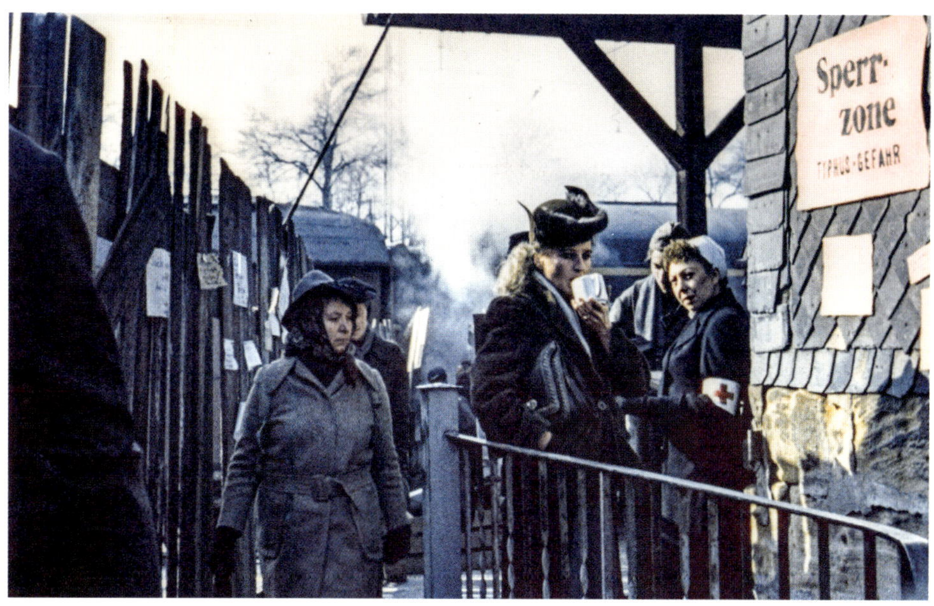

↑ **DIE EHE DER MARIA BRAUN** Hanna Schygulla (Maria)

Dennoch: Nach der Vorführung von MARIA BRAUN in den DDR-Kinos hielt ich es für denkbar, dass noch weitere neue Fassbinder-Filme eingekauft werden könnten. Ich erinnere mich gut an die umjubelte Präsentation von LOLA (1981) im Rahmenprogramm der Internationalen Filmfestspiele in Karlovy Vary im Sommer 1982 und wie eine ganze Riege von DDR-Journalisten den »Filmminister« Horst Pehnert noch vor Ort aufforderten, diesen Film zuzulassen. Pehnert aber zögerte. Und er wusste, warum: Armin Mueller-Stahl, der vom Osten in den Westen übergesiedelt war, spielte eine der Hauptrollen. So wie anschließend Hilmar Thate in DIE SEHNSUCHT DER VERONIKA VOSS (1982). Doch »Abtrünnige« waren auf DDR-Leinwänden tabu. Sogar DEFA-Filme wurden ihretwegen gesperrt.[8] Keine Chance also für Fassbinders Spätwerke.

VI

Als Fassbinder im Juni 1982 starb, war dies auch einigen DDR-Zeitungen einen Nachruf wert. Fred Gehler umriss im *Sonntag* dessen Thema: »Wenn ein Mensch seine Gefühle aufgibt, so gibt er sich selbst oder einen wesentlichen Teil seines Selbst auf.«[9] Und Rolf Richter trauerte im *Filmspiegel*, Fassbinders Werk sei »gleichzeitig scharf und entschärft, wach und sentimental, eine verführerische Mischung. [...] Ich war neugierig auf seine Filme zur Geschichte der BRD. Wer wird das jetzt nur machen?«[10]

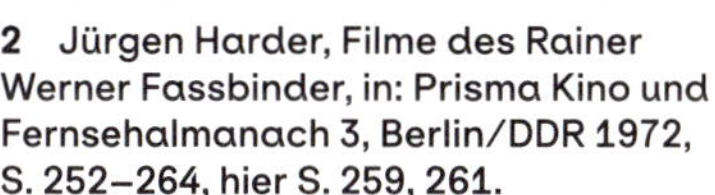

2 Jürgen Harder, Filme des Rainer Werner Fassbinder, in: Prisma Kino und Fernsehalmanach 3, Berlin/DDR 1972, S. 252–264, hier S. 259, 261.
3 Horst Knietzsch, Ein Millionär hatte eine Idee ..., in: Filmspiegel, Berlin/DDR, 23, 1976, S. 23.
4 Im CAMERA-Programm des Staatlichen Filmarchivs, das allerdings nur in größeren Städten der DDR präsentiert wurde, wurden in Einzelvorführungen mit mehrjähriger Verspätung auch FONTANE EFFI BRIEST und einige wenige andere Fassbinder-Filme für die DDR erstaufgeführt.
5 Hans-Joachim Schlegel, Nazi-nostalgisches Illusionskino, in: Film und Fernsehen, Berlin/DDR, 9, 1981, S. 36–38.
6 Jutta Voigt, Die Ehe der Maria Braun, in: Sonntag, Berlin/DDR, 35, 1981.
7 Horst Knietzsch, Melodram über den Tod menschlichen Gefühls, in: Neues Deutschland, Berlin/DDR, 15.8.1981.
8 Eine der wenigen Ausnahmen von dieser Regel war Margarethe von Trottas ROSA LUXEMBURG. Der Film wurde für die DDR übernommen, obwohl dort sowohl Jürgen Holtz als auch Winfried Glatzeder mitspielen.
9 Fred Gehler, Gedenken Rainer Werner Fassbinder, in: Sonntag 25, 1982.
10 Rolf Richter, Nachtrag zu Fassbinder, in: Filmspiegel 14, 1982.

Nicolas Wackerbarth

Ich, Du, Sie, Er, Wir, Die, Alle

Eine dramaturgische Setzung meines Films CASTING (DE 2016/17) ist, dass ein öffentlich-rechtlicher Fernsehsender anlässlich des 75. Geburtstags von Rainer Werner Fassbinder das Theaterstück *Die bitteren Tränen der Petra von Kant* neu verfilmen will. Das Kammerspiel erzählt von dem Scheitern einer Liebe zwischen zwei Frauen. Um aber ihren Zuschauer*innen (Durchschnittsalter 62 Jahre – offizielle Statistik der ARD) den Zugang zu Fassbinders Text zu erleichtern, soll eine Identifikationsmöglichkeit mit großer Reichweite her. Also wird in der Hoffnung auf eine bessere Quote der Film heterosexualisiert und – allen Diversitätsdebatten zum Trotz – das Herzstück der Erzählung geopfert. Als im Laufe des Castings bei den eingeladenen Schauspielerinnen Zweifel an dieser Entscheidung aufkommen, wird jeder Einwand gegen dieses Remake mit dem immer gleichen Argument vom Tisch gewischt: In dem Stück gehe es ja nicht um eine lesbische Liebe, sondern um eine Liebe. Es ist nicht nur dreist, sondern auch perfide, seine konservative Grundhaltung als Ausdruck von Progressivität auszugeben. Der Twist könnte aus dem Werkzeugkasten neurechter Argumentationsstrategien stammen, die gern Begriffe aus ihrem Kontext reißen und die ursprüngliche Bedeutung ins Gegenteil verkehren, um sie für die eigenen Zwecke zu missbrauchen. Fassbinder hatte ein immenses Interesse an Sprache. Er hatte ein Ohr für die verbalen Strategien, mit denen Menschen ihre Privilegien in der Gesellschaft zementieren, sich der Floskeln und Gemeinplätze bedienen, die alles über einen Kamm scheren und ein imaginiertes »Wir« postulieren.

»Don't say we. Never say we!« Nie werde ich vergessen, wie William S. Burroughs – dessen Bücher ich als Jugendlicher verschlang – einen Fernsehinterviewer wiederholt zurechtwies, als dieser jede Frage mit einer »allgemeingültigen« Behauptung einleitete. Statt auf rhetorische Fragen zu antworten, zwang Burroughs ihn dazu, kein »Wir« als gegeben anzunehmen, sondern stets seine eigene Position zu markieren.

In der zweiten Episode von DEUTSCHLAND IM HERBST (1978) filmt sich der 33-jährige Fassbinder selbst in seiner Wohnung. Das Gesicht von Drogen aufgedunsen, sitzt er nackt neben seinem damaligen Freund Armin Meier vor dem Fernseher. Aus den Nachrichten erfahren sie, dass sich Jan-Carl Raspe, Andreas Baader, Gudrun Ensslin in Stammheim selbst getötet haben und Irmgard Möller nur schwer verletzt überlebte. Fassbinder äußert seine Zweifel an den Selbstmorden. Er glaubt nicht, dass ohne Wissen der Sicherheitsbehörden Schusswaffen in ein Hochsicherheitsgefängnis gelangen können. Der massive Druck auf die noch junge BRD, ausgelöst durch die terroristischen Aktionen dieser Zeit (Ermordung von Siegfried Buback, Jürgen Ponto und Hanns Martin

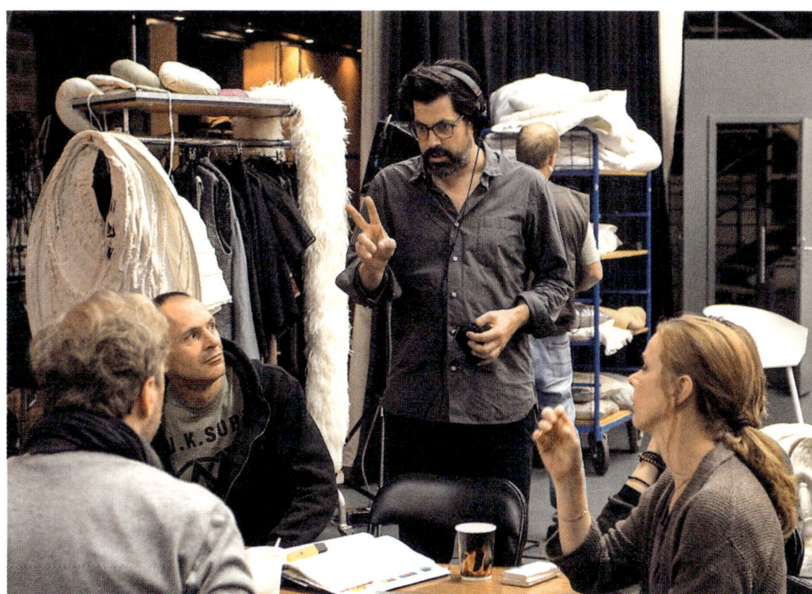

↑ CASTING Nicolas Wackerbarth (Dreharbeiten, l. Abel vom Acker, r. Milena Dreissig)

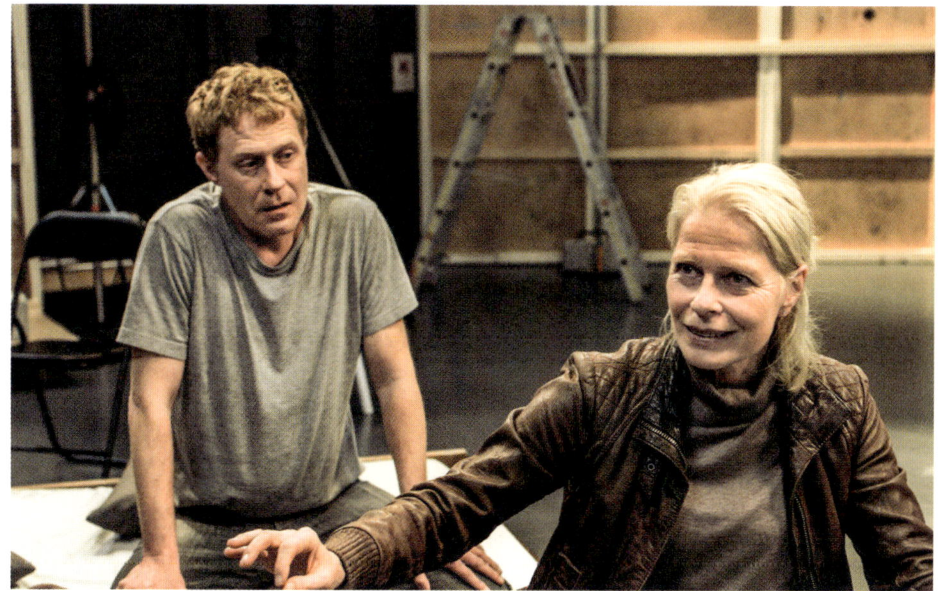

↑ CASTING Andreas Lust (Gerwin) und Corinna Kirchhoff (Luise Maderer)

Schleyer, Entführung des Passagierflugzeugs Landshut)[1], treibt den Kokser Fassbinder in die Paranoia. Er fühlt sich von der Polizei verfolgt und fürchtet überzogene repressive Maßnahmen des Staates. Die Zeit des Nationalsozialismus steckt dem Land noch in den Knochen. Laut Umfragen war damals eine große Mehrheit in der Bundesrepublik für die Wiedereinführung der Todesstrafe. Auch sein proletarischer Freund würde alle Terroristen an die Wand stellen und erschießen lassen. Fassbinder will das ausdiskutieren und zerrt seine Mutter Liselotte Eder vor die Kamera. Sie sieht die Menschen nicht gemacht für die Demokratie und wünscht sich einen »autoritären Herrscher, der ganz gut ist und ganz lieb und ordentlich«. Die Entblößung Fassbinders und seiner eigenen Mutter verkommt hier nicht zum narzisstischen Selbstzweck, sondern hat eine nachhaltige Wirkung, die die Filmemacherin Helke Sander wie folgt beschrieben hat:

»Da würde ich sagen, da ist jemand, der mal nicht ein Objekt braucht und ein Zeichen für seine eigenen Probleme, sondern er setzt sich selbst einer Situation aus. Nicht nur als Mann, sondern auch als Macher. Er gibt seine Ängste zu, zeigt seine kaputte Beziehung; dass sich das unter Männern abspielt, finde ich das Politischste an diesem ganzen Film. Dass man in einer solchen Zeit einen solchen Film macht, es wagt, ihn so zu machen. Da würde ich sagen, hat Fassbinder etwas von den Frauen gelernt. Damit kann man sich dann auch ganz unideologisch auseinandersetzen.«[2]

Beim Filmemachen ist es ratsam, nicht gleich mit dem Finger auf andere zu zeigen, sondern erstmal bei sich selbst anzufangen. Wer diesen Ausgangspunkt wählt, diese Selbstverortung leistet, erfüllt meiner Ansicht nach geradezu eine ethische Pflicht, die dieser Beruf (und seine Machtposition) mit sich bringt. Fassbinder hat diese Haltung sehr ernst genommen. Er hat sich aber wohl auch einen Heidenspaß daraus gemacht, seine fette Wampe, seinen Schwanz, seine düstere Wohnung, seinen Freund, seine Mutter zu zeigen. Fassbinder besaß nicht nur den dafür nötigen diebischen Humor, sondern fand auch eine angemessen überhöhte Form, die die privaten Protagonisten beschützt, ja, sie zu Darstellern von Rollen macht. Es mutet fast bizarr an, sich selbst direkt mit diesen großen aktuellen politischen Ereignissen des Deutschen Herbstes ins Verhältnis zu setzen. Nicht seine Nacktheit ist gewagt, sondern diese Anmaßung. Fassbinder war ein Spieler.

Mein eigenes Verhältnis zu Fassbinder war nie ein frömmelndes. Als jemand, der vom Theater kam, war er einfach immer da. Als jemand, der aus München stammt, sowieso. Als jemand, der mit einem Mann zusammenlebt, auch. Wir haben beide am gleichen Tag Geburtstag: 31. Mai. Und wie Fassbinder habe ich Filme gedreht. Nur, dass Fassbinder mit 37 Jahren starb und über 40 Filme gemacht hat und ich mit 47 ganze 3.

1 Ermordung von Wolfgang Göbel (Siegfried Bubacks Fahrer), Georg Wurster (Leiter der Fahrbereitschaft der Bundesanwaltschaft), Heinz Marcisz (Hanns Martin Schleyers Fahrer) und von den als Personenschützer tätigen Polizisten Reinhold Brändle, Helmut Ulmer, Roland Pieler. Ermordung von Jürgen Schumann (Pilot der Lufthansa-Maschine Landshut). Bei der Befreiungsaktion der 86 Passagiere und 4 Crewmitglieder durch die Spezialeinheit der Bundespolizei GSG 9 wurden die Terrorist*innen Zohair Youssif Akache, Hind Alameh und Wabil Harb getötet.

2 Hans Günther Pflaum (Hg.), Jahrbuch Film 77/78 – Berichte, Kritiken, Daten, Beitrag: »Was ich sagen möchte, kann ich so billig sagen«, Gespräch von Christa Maerker mit Helke Sander und Margarethe von Trotta. Mit freundlicher Genehmigung von Helke Sander. Carl Hanser Verlag (1.1.1978).

Gut, zählen wir meine 4 Kurzfilme dazu und meine Theaterarbeiten, das Unterrichten an Filmhochschulen, meine Arbeit für unsere Filmzeitschrift *Revolver* ... – es hilft alles nichts, der rastlose Fassbinder würde wohl spöttisch über mich lächeln. Der Filmemacher Reinhard Hauff erzählte mir, dass jedes Mal, wenn er Fassbinder begegnete, der ihn süffisant fragte: »Und? Bist immer noch im Schneideraum?«

Ist es bloß ein kurioser Zufall, dass die Einführung der bundesweiten und regionalen Filmförderung (1979) und die Bestrebungen des neuen Bundeskanzlers Helmut Kohl nach einer »geistig-moralischen Wende« (1982) mit dem Todesjahr von Fassbinder (1982) zusammenfallen? Davor ging mehr – so berichteten es mir zumindest der Dramatiker Tankred Dorst und seine künstlerische Mitarbeiterin Ursula Ehler. Das Paar hatte gemeinsam mit KLARAS MUTTER (1978) und EISENHANS (BRD 1982/83) zwei filmische Meisterwerke hingelegt. Sie hatten junge Schauspieler*innen wie Susanne Lothar oder Marius Müller-Westernhagen zu Glanzleistungen angetrieben. EISENHANS feierte seine Weltpremiere auf der Quinzaine des Realisateurs in Cannes, und der Hauptdarsteller Gerhard Olschewski wurde mit dem deutschen Filmpreis ausgezeichnet. Doch dann wurde es zäh. Die Finanzierung des nächsten Filmprojekts verlief im Sand. Kein Einzelfall. Die Springerpresse brandmarkte »Autorenfilme« als Steuerverschwendung, und Herbert Achternbuschs DAS GESPENST (BRD 1983) wurden bereits zugesagte staatliche Fördermittel gestrichen. Der damalige Innenminister Friedrich Zimmermann äußerte in der Bundestagssitzung vom 24. Oktober 1983, dass er keine Filme finanzieren werde, die außer dem Produzenten niemand sehen wolle. Eine bessere Werbung konnte sich Achternbusch gar nicht wünschen, die Kontroverse lockte 150 000 Zuschauer*innen in die Kinos. Dennoch waren die Folgen dieser Politik langfristig verheerend. Dorst und Ehler waren pragmatisch und kehrten zum Theater zurück.

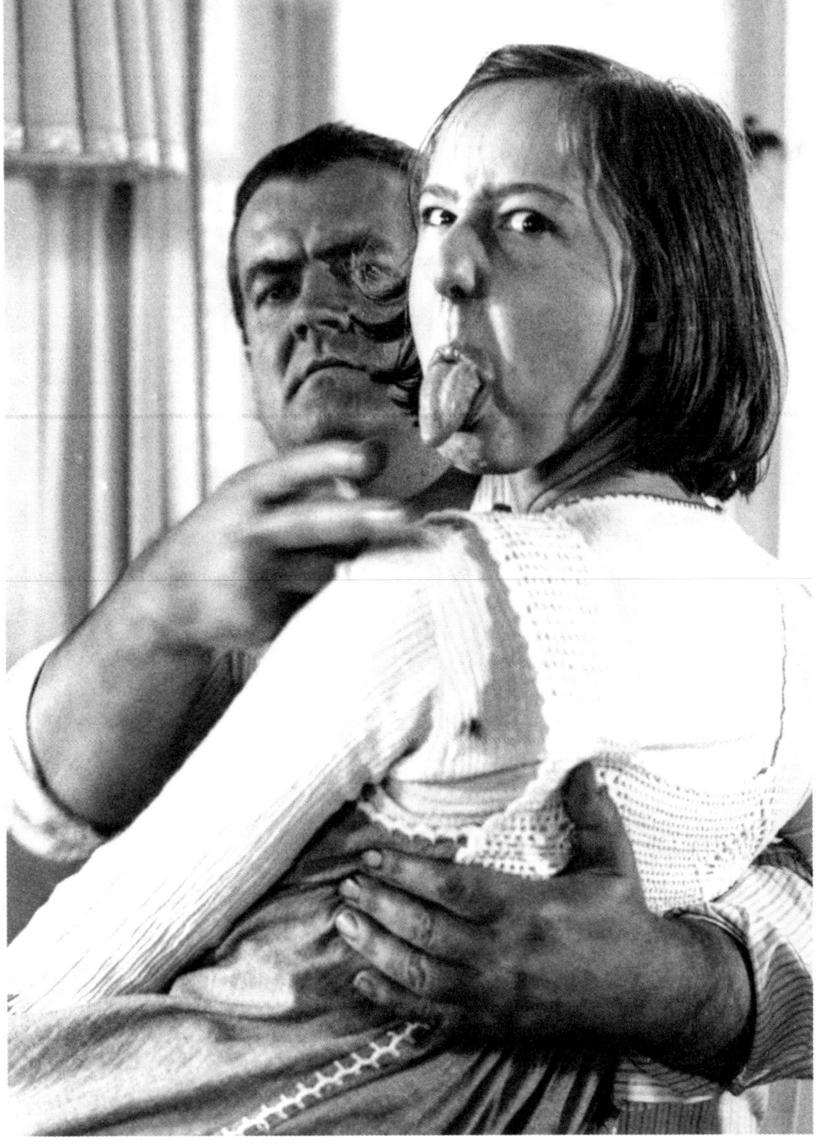

← **EISENHANS** Susanne Lothar (Marga Schroth) und Gerhard Olschewski (Hans »Eisenhans« Schroth)

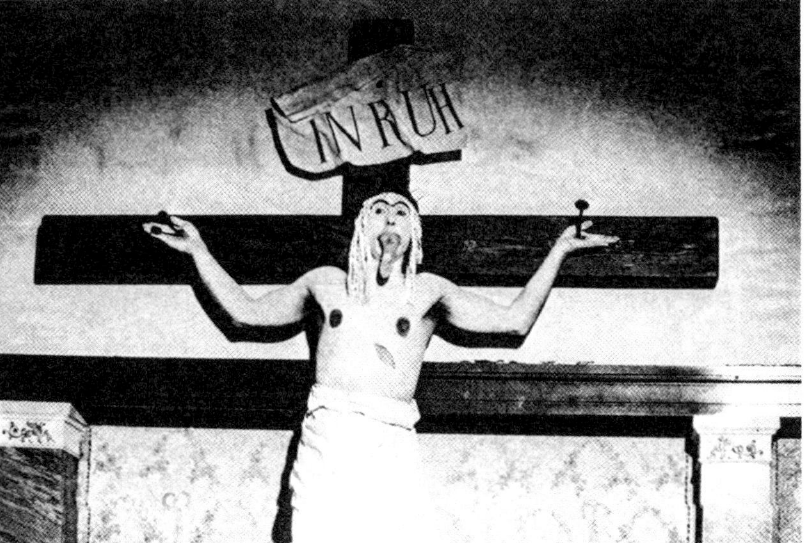

← **DAS GESPENST** Herbert Achternbusch (Ober)

Fassbinder hätte sich wohl dagegen zu wehren gewusst. Durch seine Gruppe hatte er sich immer eine große Unabhängigkeit bewahrt. Als die Fernsehanstalten seine schwarze Komödie über DIE DRITTE GENERATION (1979) der RAF abwiesen, machte er den Film eben ohne sie. Erst diese Produktionsbedingungen ermöglichten es ihm, sich einen Werkkatalog zu erarbeiten, der in seiner Fülle in der deutschen Filmgeschichte einmalig ist und ihn zum Chronisten der deutschen Geschichte machte. Warum aber scheint mir sein Einfluss im deutschen Kino heute so marginal zu sein?

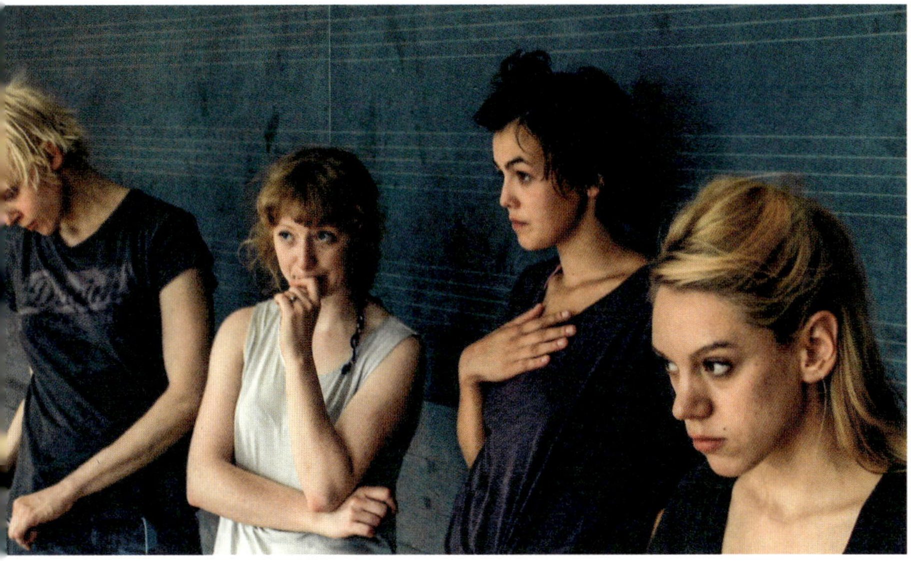

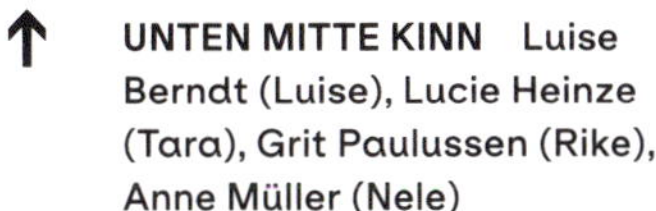

UNTEN MITTE KINN Luise Berndt (Luise), Lucie Heinze (Tara), Grit Paulussen (Rike), Anne Müller (Nele)

Fassbinders Filme wagen immer die steile politische These mit großer divenhafter Geste. Durch seinen farcenhaften Inszenierungsstil schafft er die nötige Distanz, um die normativen Narrative verschiedener Filmgenres zu entlarven. So sind sie immer zweierlei zugleich: Melodram, Familienserie, Science Fiction, Sozialdrama und die Parodien derselben. Hier bemüht sich keiner um Realismus oder um Glaubwürdigkeit, die den Zuschauenden in eine Illusion entführen soll. Es geht um Modelle. Der Film muss sich als Film zu erkennen geben. Die Innenseite eines eleganten Mantels wird nach außen gedreht, um die Nähte und Taschen sichtbar zu machen. Fassbinders Filme sind nicht altmeisterlich, sondern direkt. Sie sind nicht für die Ewigkeit gemacht, sondern für die Gegenwart. Sie sind eine Gesprächsaufforderung.

Es sind Filme, die dramaturgische und ästhetische Setzungen zusammenführen, die auf den ersten Blick nicht zusammengehören. Filme, die an ihrer Überspanntheit fast zu scheitern drohen – aber auch das ist ein kalkulierter Teil des Fassbinder-Spiels. Wo begegnen mir Spuren seines Schaffens heute? In Frankreich konstant in vielen filmischen Arbeiten: NE CROYEZ SURTOUT PAS QUE JE HURLE von Frank Beauvais, L'INCONNU DU LAC/DER FREMDE AM SEE von Alain Guiraudie, SYNONYMES/SYNONYME von Nadav Lapid, AVANT QUE J'OUBLIE/EIN ANFANG VOR DEM ENDE von Jacques Nolot, TIRESIA von Bertrand Bonello, ROMANCE XXX von Catherine Breillat. Auch in den französischen Koproduktionen wie: STORY OF MY DEATH von Albert Serra, O FANTASMA und MORRER COMO UM HOMEM/TO DIE LIKE A MAN von João Pedro Rodrigues. In Deutschland dagegen immer nur in einzelnen Werken: TOTEM von Jessica Krummacher, HAT WOLFF VON AMERONGEN KONKURSDELIKTE BEGANGEN? von Gerhard Benedikt Friedl, FUTUR DREI von Faraz Shariat, PHOENIX von Christian Petzold – so *Fassbinderian* war der Petzold noch nie –, WINTERMÄRCHEN von Jan Bonny. Und klar: DIE 120 TAGE VON BOTTROP von Christoph Schlingensief – das ist jetzt aber auch schon über 20 Jahre her.

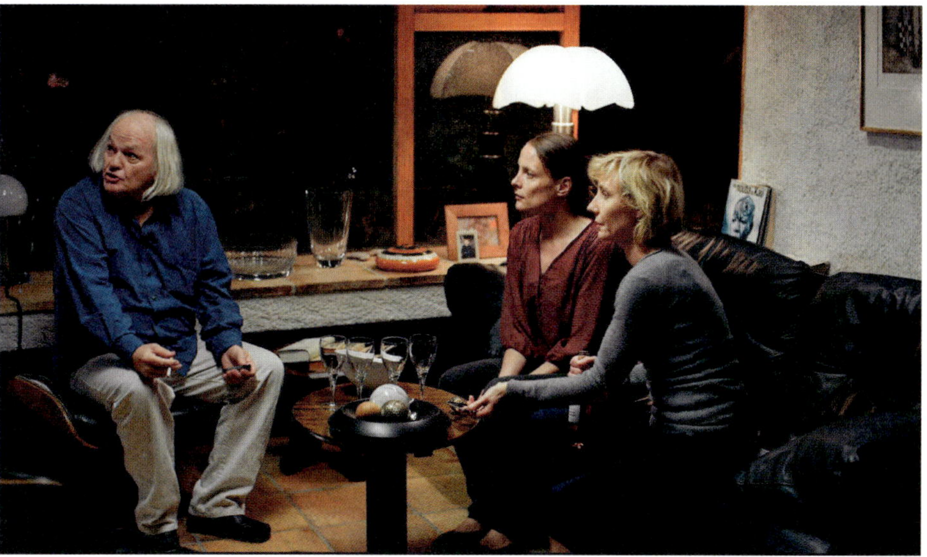

HALBSCHATTEN Lou Castel (Daniel), Anne Ratte-Polle (Merle) und Nathalie Richard (Olga)

Mit meinem ersten Film UNTEN MITTE KINN (DE 2010) habe ich versucht, meine tief sitzende Enttäuschung über die Sprachlosigkeit der damaligen völlig unpolitischen Generation von Schauspielerinnen und Schauspielern zu hysterisieren. Eine Generation, die sich nicht solidarisch zeigte, sondern wegduckte. Künstler*innen, die keine gemeinsame Sprache entwickelten, um politische Ziele gegen die feudalen, sadistischen und sexuellen Auswüchse der Staatstheater-Fürsten zu artikulieren. In HALBSCHATTEN (DE 2011–2013) bin ich dem – Fassbinder so verhassten – diffusen Leben einer ewig Unentschlossenen nachgegangen, die sich von überzogenen Selbstverwirklichungsansprüchen und konsumistischen Wunschträumen in den Stillstand treiben lässt. Und wie immer hat auch das sehr viel mit mir zu tun. Mit meinem eigenen Versagen.

Damit aber eine private Erzählung welthaltig wird, muss es ihr gelingen, Individuen nicht von den ökonomischen Verhältnissen abgetrennt darzustellen, sondern als deren Teil. Von Fassbinders Geschichten konnte ich lernen, dass Leistungen von Gruppen oder Außenseitern nicht zwangsläufig in heroische Siege oder feige Niederlagen münden, sondern meist von gesellschaftlichen Prozessen okkupiert werden. Fassbinder dekliniert die einsetzenden sozialen Teilprozesse durch, zeigt wie sich die Gesellschaft mittels Aneignung und Inkorporation auf Kosten anderer erneuert und somit ihren Status quo absichert. Auch in meinen nächsten beiden Filmen werde ich wieder versuchen, die Verteilungskämpfe innerhalb von Institutionen möglichst präzise zu erkennen und deren Mechanismen durch Übertreibung insistierend zu inszenieren. Es gilt, eine so spaßige wie giftige Erfahrung in die Körper des Publikums zu injizieren, die nicht geleugnet und nur durch Reflexion kuriert werden kann. *My weapon of choice* ist der Humor. Anstatt zynisch, weinerlich, sentimental oder verrückt zu werden, hilft er einem, Abstand zu bewahren – auch zur eigenen inneren Haltung.

Vor dem oben erwähnten Casting hatte ich den Theaterabend *Fassbinders Freunde und Genossen oder so* mit Lou Castel konzipiert, der in WARNUNG VOR EINER HEILIGEN NUTTE (1971) Fassbinder spielte. Diese Meta-Farce handelt vom Scheitern der Kommune um Fassbinder herum, die zusammen leben und arbeiten wollte. Am ersten Drehtag schrieb Fassbinder allen Beteiligten einen Brief mit folgenden Zeilen:

»Liebe Freunde oder Genossen und so, […] lasst uns doch die Arbeit an diesem Film […] als letzte Möglichkeit betrachten, zu überprüfen, warum es so gelaufen ist und nicht anders.«[3]

Wir, die damals neu gegründete Performance-Gruppe Parallelaktion, wollten uns an dem Abend mit den Gründen für das Scheitern dieser Kommune auseinandersetzen, deren damalige politische Fragestellungen mit unseren heutigen abgleichen und die historische Differenz des Diskurses produktiv nutzen. Gemeinsam erstellten wir eine Abschrift des mit Kamera und Ton dokumentierten Krisengesprächs (*Ende einer Kommune?* von Joachim von Mengershausen, 1970), das die Auflösung der Gruppe besiegelte. Zum Abschluss des Theaterabends baten wir Lou Castel zu uns bzw. zu Fassbinders Kommune die versöhnlichen Worte zu sagen: »Don't be too harsh to yourself. You did some films together. That's something.«

War das unsere Quintessenz? Sollte das die Lehre sein, die aus dem Zusammenbruch eines idealistischen Projektes (Zusammenleben/Zusammenarbeiten) zu ziehen war? Lou weigerte sich, diese altersmilden Sätze auch nur in den Mund zu nehmen. Bei uns spielte Lou Castel Lou Castel. Und was kümmerten ihn ein paar »gute Filme«? Lou trennte zeitlebens Politik und Kunst. Die Einladung von Godard, sich der Dziga-Vertov-Gruppe anzuschließen, schlug er damals aus. Auch in Fassbinders DIE DRITTE GENERATION übernahm Lou keine Rolle, stattdessen drehte er schlechte Fernsehserien, um möglichst viel Geld zu verdienen, mit dem er den militanten Kampf der Brigate Rosse in Italien unterstützte. Filme erreichten seiner Meinung nach nichts. Oder kaum etwas. Wir verstanden seine Haltung, waren aber auch sprachlos. Wie sollten denn nun die Schlussworte für den Premierenabend morgen lauten? Ratlos saßen wir nach der Generalprobe gemeinsam auf dem Boden im Kreis.

Am nächsten Tag spielten wir das Stück vor Publikum, und als der Streit der Kommune endete, hatte Lou wohl einen Anflug von Mitleid. Er ließ sich erweichen und sprach unsere Sätze: »Don't be too harsh to yourself. You did some films together. That's something.« Wir sahen ihn erstaunt und etwas verlegen an, bis einer von uns von der Bühne runter aus dem Saal stürmte und brüllte: »Fuck you, Lou! Fuck you!« Irritation im Zuschauerraum und auf der Spielfläche. Alle schauten sich verunsichert an. Nur Lou lächelte erleichtert und nickte mir zufrieden zu.

Auch Fassbinder ging es nie weit genug. Er wollte nicht von der Revolution erzählen, sondern von der Unerträglichkeit der Verhältnisse, damit die Zuschauer*innen den Kinosaal mit Wut im Bauch verlassen und draußen etwas verändern. Er akzeptierte den Mangel an Leben im Leben nicht und verrannte sich am Ende in der Abkürzung: den Drogen. Fassbinder war einer, der nie lockerließ, der sich nichts Geringeres vornahm, als die Welt aus den Angeln zu heben.

Letzten Sommer las ich den Essay »Unterscheiden und herrschen« von Sabine Hark und Paula-Irene Villa. Folgender Satz blieb hängen: »Unabdingbar ist es daher, kontinuierlich darüber Rechenschaft abzulegen, wie Welt imaginiert, geformt und aufrechterhalten wird.« Dass Film nicht die Realität reflektiert, sondern die Realität einer Reflexion ist, ist klar. Dieser Satz hilft mir, mich immer wieder daran zu erinnern, dass im Film jedes Bild, jeder Ton dazu beitragen kann, Bestehendes aufrechtzuerhalten oder es eben ins Wanken zu bringen. Große Worte, hoher Anspruch. Stimmt aber trotzdem.

---

3 Kino oder Leben – Fassbinder Heute, Werkschau 15 + 2, Presseheft, hg. von Clara Burckner und Christian Ziewer, Basis-Film Verleih Berlin (Juli 2001).

Liebe Freunde oder Genossen und so,

in Anbetracht der Tatsache, dass wir nun bereits seit einem Jahr zusammen Filme machen und wir alle zuerst mit Ansprüchen an die Sache gegangen sind, die sich im Laufe dieser Zeit als nicht erfüllt (oder gar erfüllbar) herausgestellt haben, lasst uns doch die Arbeit an diesem Film, und die Zeit, in der sie passiertals letzte Möglichkeit betrachten, zu überprüfen, warum es so gelaufen ist und nicht anders und welche Änderungen nötigwären, um letzlich doch noch Produktionsbedingungen zu finden, die eine weitere Zusammenarbeit doch noch als erstrebenswert erscheinen lassen.

Das Kind ist tot zwar, aber dennoch ist bei alleneine Sehnsucht spürbar vorhanden, es wieder lebendig zu machen (Schygulla), dass man untersuchen sollte, was möglich ist. Lasst uns diese drei Wochen diskutieren und reden und versuchen, zu einer Zärtlichkeit zurückzufinden, die das Mass an Freiheit von den Zwängen möglich macht und unser aller Angst wenigstens erträglich macht.

Sorrent, den 14-9-1970

Rainer Werner Fassbinder

cc.:

Baer
Brem
Caven
Danzer
Dobbertin
Fassbinder
Fengler
Schygulla
Scheydt
Gaue
Hohoff
Krää
Lommel
Raab
Raben
Schaake
von Trotta

Am 1. Tag der Arbeit an diesem Film habe ich an alle diesen Rundbrief geschickt

Briefentwurf, betreffend den Film **WARNUNG VOR EINER HEILIGEN NUTTE,** 14. September 1970

Weggefährtinnen und -gefährten

»Und in dem Fall war's so, dass die Gruppe 'ne Gruppe war, ich sag das, ob's arrogant klingt oder nicht, weil es mir zu der Zeit mehr Spaß gemacht hat, mit denselben Leuten weiter zusammen zu arbeiten als mit Fremden.«

Corinna Brocher, Die Gruppe, die trotzdem keine war (1973), in: Robert Fischer (Hg.), Fassbinder über Fassbinder. Die ungekürzten Interviews, Frankfurt a.M.: Verlag der Autoren, 2004, S. 154.

»Man [ist] natürlich froh, Leute da zu haben, von denen man weiß, die verstehen einen und die können auf einen eingehen.«

Corinna Brocher, Die Gruppe, die trotzdem keine war (1973), in: Robert Fischer (Hg.), Fassbinder über Fassbinder. Die ungekürzten Interviews, Frankfurt a.M.: Verlag der Autoren, 2004, S. 133.

»Das war schon eine ganz wichtige Erfahrung für uns, dass wir gesehen haben, man kann tatsächlich auch mit Schauspielern arbeiten, die nicht Gruppenmitglieder sind, man kann auch mit denen was Spezielles und Spezifisches und Eigenartiges erarbeiten.«

Corinna Brocher, Die Gruppe, die trotzdem keine war (1973), in: Robert Fischer (Hg.), Fassbinder über Fassbinder. Die ungekürzten Interviews, Frankfurt a.M.: Verlag der Autoren, 2004, S. 134.

»Natürlich ist der, der liebt oder mehr liebt oder mehr an dieser Liebe hängt oder an einer Beziehung hängt, der Unterlegene. Das hat damit zu tun, dass der, der weniger liebt, mehr Macht hat. Damit fertig zu werden, ein Gefühl, eine Liebe, ein Bedürfnis zu akzeptieren, dazu braucht es eine Größe, die die meisten Menschen halt nicht haben.«

Peter W. Jansen, »Ich bin in dem Maße ehrlich, in dem mich die Gesellschaft ehrlich sein lässt« (1978), in: Robert Fischer (Hg.), Fassbinder über Fassbinder. Die ungekürzten Interviews, Frankfurt a.M.: Verlag der Autoren, 2004, S. 428.

»Ich habe immer meine Freunde auch [...] mitarbeiten lassen, weil das zu meiner Möglichkeit gehört, mit Menschen eine besondere Art von Kontakt zu bekommen.«

Peter W. Jansen, »Ich bin in dem Maße ehrlich, in dem mich die Gesellschaft ehrlich sein lässt« (1978), in: Robert Fischer (Hg.), Fassbinder über Fassbinder. Die ungekürzten Interviews, Frankfurt a.M.: Verlag der Autoren, 2004, S. 417.

»Ich glaube, dass der Mensch – man könnte vieles sagen über seine Erziehung, denn davon hängt alles ab, was passiert –, dass der Mensch so erzogen ist, dass er zwar das Bedürfnis nach Liebe hat, aber er ist nicht so erzogen, dass er in der Lage wäre, in seinen Beziehungen mit anderen nach dem Prinzip der Gleichheit zu verfahren. Das ist nicht vorgesehen. Also gibt es immer einen, der dominiert.«

Georges Bensoussan, »Wir sitzen auf einem Vulkan« (1981), in: Robert Fischer (Hg.), Fassbinder über Fassbinder. Die ungekürzten Interviews, Frankfurt a.M.: Verlag der Autoren, 2004, S. 567.

»Nach ein paar Erfahrungen bin ich mit dem unbedingten Willen an die Gruppen rangegangen, Leitung oder Führungsfunktionen abzulehnen und abzuwehren. Aber das hat nicht funktioniert, denn irgendwann, damit's überhaupt weitergeht, übernimmst Du dann so 'ne Rolle doch.«

Wolfgang Limmer/Fritz Rumler, »Alles Vernünftige interessiert mich nicht« (1980), in: Robert Fischer (Hg.), Fassbinder über Fassbinder. Die ungekürzten Interviews, Frankfurt a.M.: Verlag der Autoren, 2004, S. 504.

»Die Gruppe ist ja nur ein Traum, ist auch sicherlich was Schönes, mit lauter von Vater- und Mutterbildern befreiten Menschen [...].«

Arno Ziebell, »Angreifen muss man sich schon lassen können« (1979), in: Robert Fischer (Hg.), Fassbinder über Fassbinder. Die ungekürzten Interviews, Frankfurt a.M.: Verlag der Autoren, 2004, S. 453.

»Wir sind da natürlich immer alle, weil wir alle sehr viel Angst hatten vor der großen Welt, sind wir natürlich alle immer im Pulk aufgetreten, und so fünfzehn Mann auf einem Haufen, das fällt natürlich unheimlich auf. Die Leute sind wirklich in der Tat nur zusammen gewesen, weil sie niemand anderen kannten. Aber ausgesehen hat es nach außen, so als wär das halt so was wie – ja, als wär's 'ne Gruppe.«

Corinna Brocher, Die Gruppe, die trotzdem keine war (1973), in: Robert Fischer (Hg.), Fassbinder über Fassbinder. Die ungekürzten Interviews, Frankfurt a.M.: Verlag der Autoren, 2004, S. 120.

»Ich arbeite halt gern kontinuierlich mit denselben Leuten zusammen, aber das müssen halt Leute sein, die nicht von mir abhängig sind, die jederzeit auch wo anders arbeiten können und deren freie Entscheidung es ist, mit mir was zu machen. […] Abhängigkeit ist ja was Gegenseitiges, ein fluktuierendes Spiel.«

André Müller, Eine andere Art Ehrlichkeit (1973), in: Robert Fischer (Hg.), Fassbinder über Fassbinder. Die ungekürzten Interviews, Frankfurt a.M.: Verlag der Autoren, 2004, S. 268.

Ingrid Caven

Mit Fassbinder in Los Angeles und Umgebung

In den 15 Jahren einer doch recht beständigen Liebe und Freundschaft waren Rainer und ich viel alleine unterwegs, oft im Ausland zwischen Piräus, Rom, Tanger, New York, und von da aus auch mehrmals nach Los Angeles.

Zum ersten Mal in L.A. 1967 im Hotel Tropicana und dem Zimmer mit dem mintfarbenen Riesenkühlschrank mit der opulenten Tür. Gegenüber das große Bett, auf dem man so gemütlich lesen und schreiben, trinken, rauchen konnte. Und endlos palavern. Schränke gab es nicht. Brauchten wir damals auch gar nicht. Alles Nötige konnte man in der Boutique unten am Pool kaufen: T-Shirts, Slip, Haarnadeln, Zahnbürste, Cola, Whisky und die *New York Times*.

Mit unserem Mietauto haben wir dann einen Abstecher nach Disneyland gemacht, um in den Spiegel- und Gruselkabinetten das Fürchten zu lernen. Rainer wollte mich immer so gerne beschützen. Aber meist war er von den stärkeren Ängsten befallen. Das auch dank seiner Hochbegabung, mit der Kraft einer intensiven Vorstellung von Gefühlen, diese in die Wirklichkeit abrufen zu können, um sie dann besonders stark zu empfinden. Kinder machen das, und sie können auch Situationen und Objekten eine magische Kraft zuordnen.

Um die Weihnachtszeit 1971 haben wir in Las Vegas bei einem Dinner-Konzert Paul (*You are my destiny*) Anka erlebt mit einem Gastauftritt von Ginger Rogers (*They can't take that away from me*).

Von Las Vegas aus ging es dann mit einem kleinen Propellerflugzeug in den Grand Canyon. Ich durfte neben dem Piloten sitzen, und so ging es im Sonnenuntergang durch tiefe Schluchten neben fliegenden Schatten über die rostroten, gelb-blauen bis schiefergrauen Farbschichten der in Milliarden von Jahren gewachsenen Felsen von Amerika mit ihrem Ewigkeitsanspruch.
Wir ließen uns heftig durchrütteln.

Einige Jahre später, auch von L.A. aus, waren wir auch einmal in den Rocky Mountains in einem Hotel hoch oben mit Blick auf den Mount Rushmore mit den in Stein gehauenen Präsidentenköpfen, und natürlich ist da auch die Erinnerung an Cary Grant, der Eva Marie Saint am Felsen vor dem Absturz rettet in NORTH BY NORTHWEST von Alfred Hitchcock, unter den Klängen eines Bernard Herrmann, der mit Monteverdi ein Vorbild für Peer Raben war.

Dann sind wir in San Francisco, wo Rainer wieder mal, wie so oft auf unseren Reisen, im Gegensatz zu New York, nichts (Verbotenes?) unternehmen will, und schon gar nicht, wenn es zu einfach ist, wie in dieser damaligen Hochburg der Homosexuellen. Aber beobachten, genau hinschauen und zuhören, ja. Das immer! Überall und in allen Situationen: Voyeur, der Cineast!

Vielleicht zwei oder drei Jahre nach unserer Scheidung, es war an meinem Geburtstag, also am 3. August, und Rainer hatte eine Überraschung für mich geplant. So fuhr ich, wieder am Steuer, nach seiner Anleitung durch das Death Valley bis zu einer Geisterstadt der Goldgräber. Wir kraxeln über eine endlose Holztreppe bis zu dem ehemaligen Goldminendepot, wo auf einer winzigen Estrade Lola Montez aus ihren Aufzeichnungen gelesen haben soll. Die Brosche mit ihrem Konterfei habe ich verloren.

Ende der 70er-Jahre, wieder in Las Vegas, und diesmal, um einen großen Reibach zu machen. Im Casino haben wir nicht zu viel verloren, und ich habe sogar etwas gewonnen am »Einarmigen Banditen«, der so groß war, dass ich bei der Bewegung seines Arms immer einige Schritte vor und zurückgehen musste. Das amüsierte Fassbinder natürlich.

Er hat dann in einer französischen Modeboutique neben unserem Hotel ein cremefarbenes Seidenkleid mit handgemalten langstieligen blauen Iris-Blumen gekauft. Ohne mein Wissen und Anprobe. Er wollte uns wieder verheiraten und hatte auch schon einen Termin vereinbart in einem dieser Fast-married-Büros. Aber ich wollte doch meine kleine Freiheit bewahren, und diese Art unserer intimen Liebe, die sich auch nach der Scheidung und über einige Entfernungen hinweg immer weiter entwickelt hatte, war etwas Gutes (auch wenn ich nur eine Woche vor seinem Tod in München ihm wieder eine Absage geben musste. Wenigstens ein paar Wochen sollte ich wieder bei ihm bleiben, er hatte auch meinen Lebenspartner gefragt, aber ich konnte nicht ...).

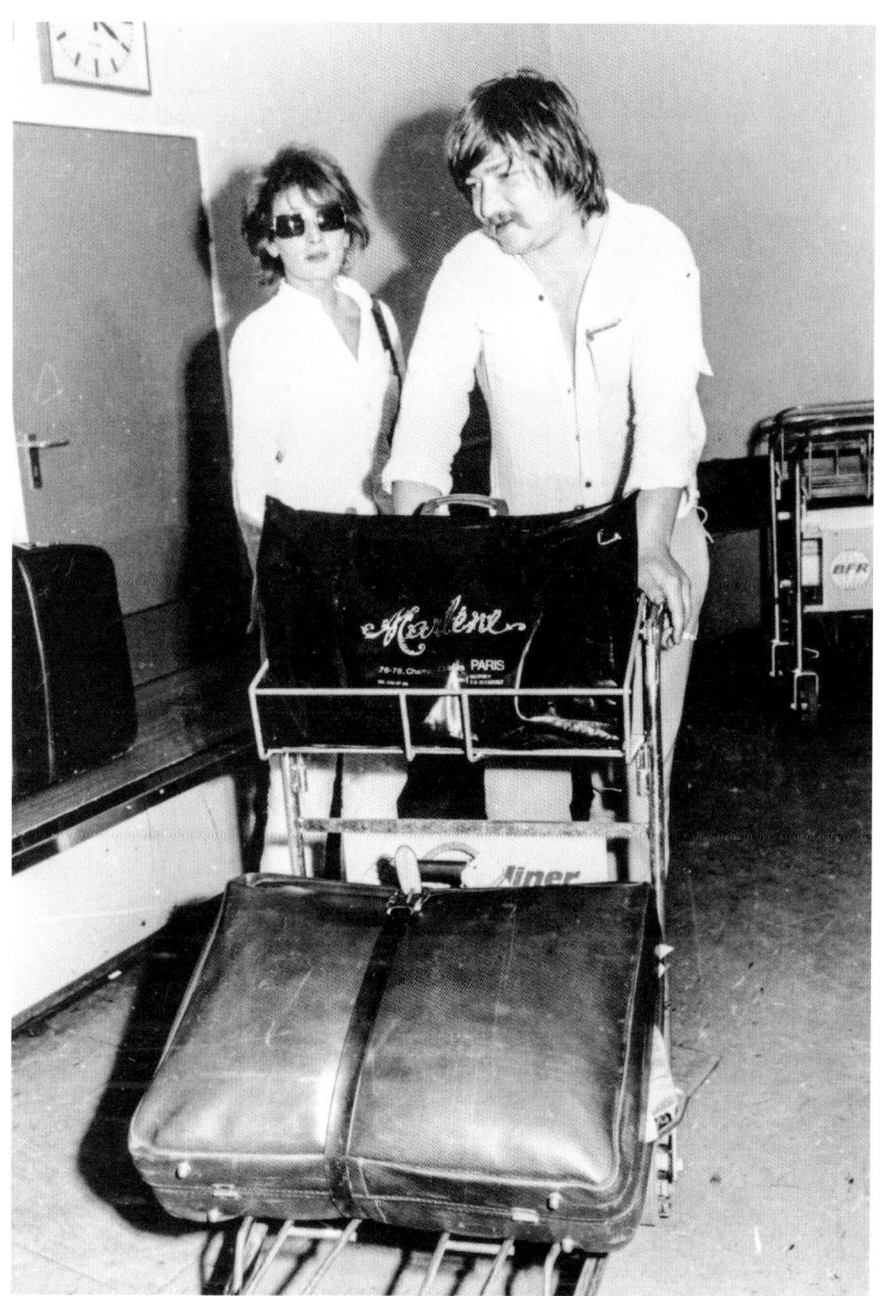

↑ Ankunft am Flughafen Berlin-Tegel anlässlich der Bundesfilmpreisverleihung, Juni 1973

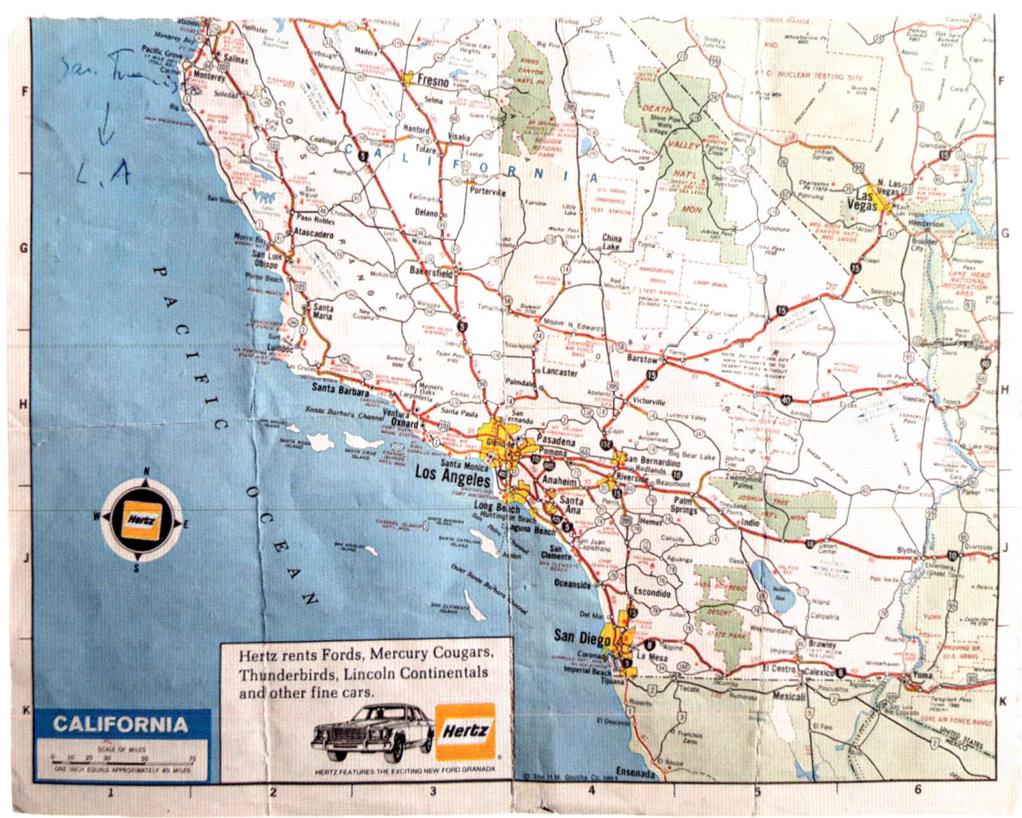

Straßenkarte von Kalifornien, auf deren Rückseite Rainer Werner Fassbinder den Liedtext *Akne Vulgaris* notierte, o. D.

Akne vulgaris

Fräulein Meier hat keinen abgekriegt
Sagten die einen und hatten nicht recht
Sie hat's nicht geschafft, das Leben hat sie besiegt
Dachten die andern und manche dachten auch schlecht

Sie lehrte Latein und Mathematik
Nicht schlecht, doch die Schüler mochten sie nicht
Sie fürchteten sich vor des Fräuleins scheuem Blick
Und ekelten sich vor den Pickeln in ihrem Gesicht

Aus ganz vielem hat sie ganz wenig gelernt
All ihre Tränen waren zu Ende geweint
Aus ihrer Wohnung hat sie die Spiegel entfernt
Dieser Unsinn könnte helfen, hat sie gemeint

Im kleinen Leben liegt der große Schmerz
Die Großen brauchen für ihr großes Leben ohnehin kein Herz

Ihr erster war Metzger, sie hat noch studiert
Die Pickel störten ihn nicht, hat er gesagt
Sie hat's nicht geglaubt, [illegible]
Und ihn ausgelacht, als er um ihre Hand gefragt

Und ist so oft in ihrem Bett gelegen
Die kleine Faust an ihre Scham gedrückt
Und als die Mutter sagt, sie muss sich besser pflegen
Da hat sie vor Verzweiflung kaum genickt

Der nächste dann log, sie wusst' es genau
Hat es ertragen, sie liebte ihn so
Doch als er zurückging zu seiner Frau
Da fiel's ihr ganz leicht und fast war sie froh

Im kleinen Leben liegt der große Schmerz
Die Großen brauchen für ihr großes Leben ohnehin kein Herz

Der Vater des Dritten war Millionär
Am Ende war sie geschlechtskrank und wieder allein
Die Spritzen zu zahlen fiel ihr sehr schwer
Doch sie dachte, das alles müsste so sein

Mit den Pickeln, das wurd immer schlimmer
Sie glaubte keinem mehr, der um sie warb
Verließ kaum mehr ihr spiegelloses Zimmer
Und fiel kaum auf, als sie dann letzte Woche starb

Sie hatte das Gesicht, das sie so hasste
Ins Bratrohr ihres Küchenherds gesteckt
Und ward, noch ehe sie es wirklich fasste
Von einem Engel für die Ewigkeit geweckt

Im kleinen Leben liegt der große Schmerz
Die Großen brauchen für ihr großes Leben ohnehin kein Herz

Fräulein Meier hat keinen abgekriegt
Sagten die einen und hatten nicht recht
Sie hat's nicht geschafft, das Leben hat sie besiegt
Dachten die andern und manche dachten auch schlecht

MUTTER KÜSTERS FAHRT ZUM HIMMEL →

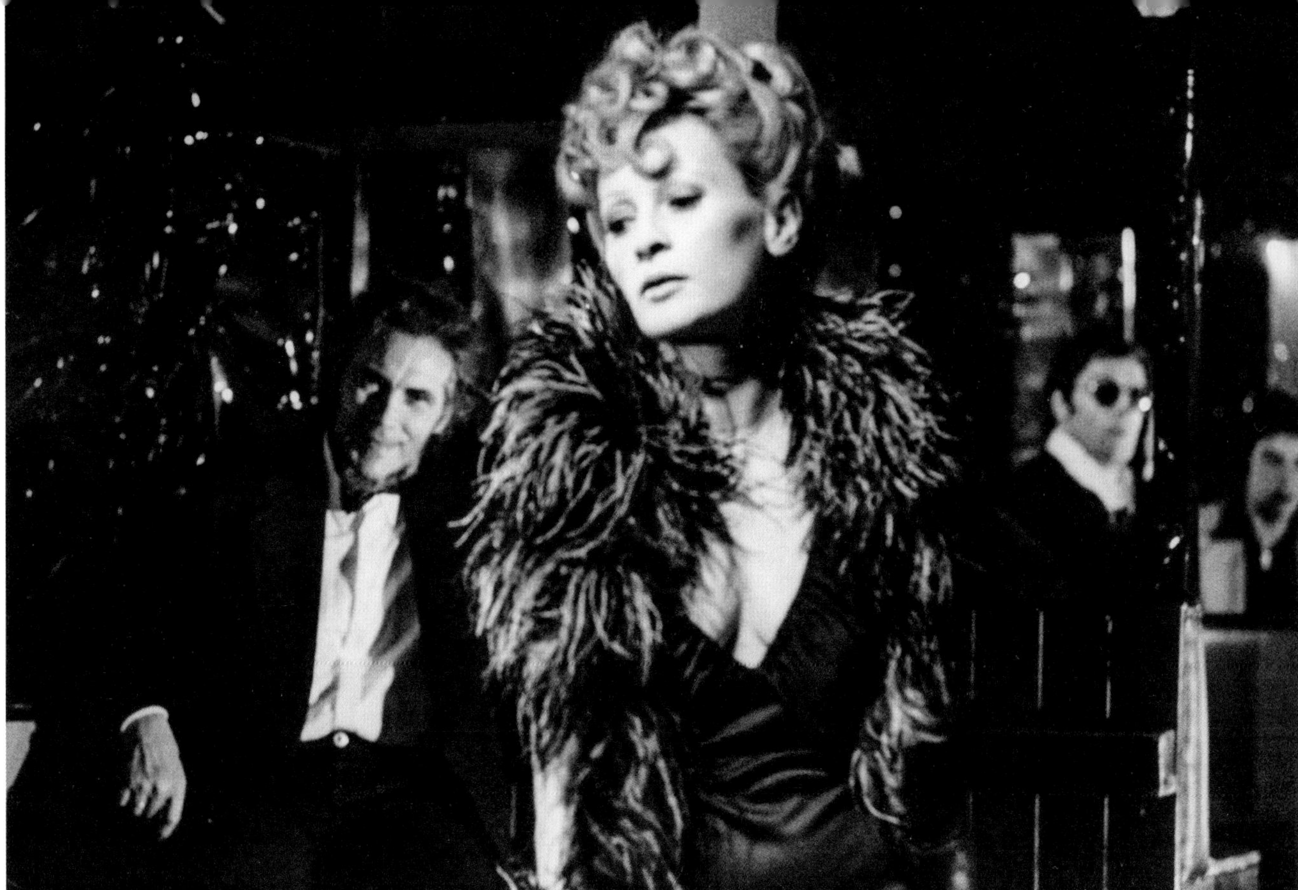

Das zarte Kleid mit den Flügelärmeln und den blauen Blumen hab ich nie getragen. Es ist heute noch so unversehrt, wie ich es von Rainer bekommen hatte.

Ende der 70er-Jahre waren wir eingeladen von Tom Luddy zu einem Besuch seines Pacific-Film-Archive in Berkeley.

Ich erinnere mich besonders an einen Brunch auf der Ranch von Francis Ford Coppola, denn dieser hatte nach einem höflichen Lob meiner Lieder auch eine Reserve angemeldet. Die Kompositionen hätten oft ein zu abruptes Ende. Und man versteht: Für den damaligen Geschmack der so hoffnungsvoll friedlichen Flower-Power- und psychedelischen Musiken waren die Fassbinder-Caven-Raben-Lieder zu heftig.

Rainer, wie so oft beim Small Talk, blieb stumm, und ich, sicher wieder aufgedreht zu Hochform, hatte viel Spaß. Das Buffet war großzügig, es gab guten Wein, und da war Rainer auch mal wieder glücklich.

In der Nacht dann hatte ich wie oft nach dem Verzehr von Meeresfrüchten einen starken Allergieanfall; Gesicht und Körper rot und geschwollen. Dann konnte Rainer immer eine besonders starke Empathie entwickeln.

Es war auf dem Rückweg über den Highway One. Ich fuhr den Leih-BMW von San Francisco über Big Sur nach Los Angeles und immer am Pazifik entlang, während Rainer neben mir auf der Rückseite unserer Hertz-Autokarte ein neues Lied für mich schrieb: AKNE VULGARIS.

Hanna Schygulla spricht zu
Rainer Werner Fassbinder
(posthum)
Paris, 28. April 2020

Einige ungeordnete Gedanken

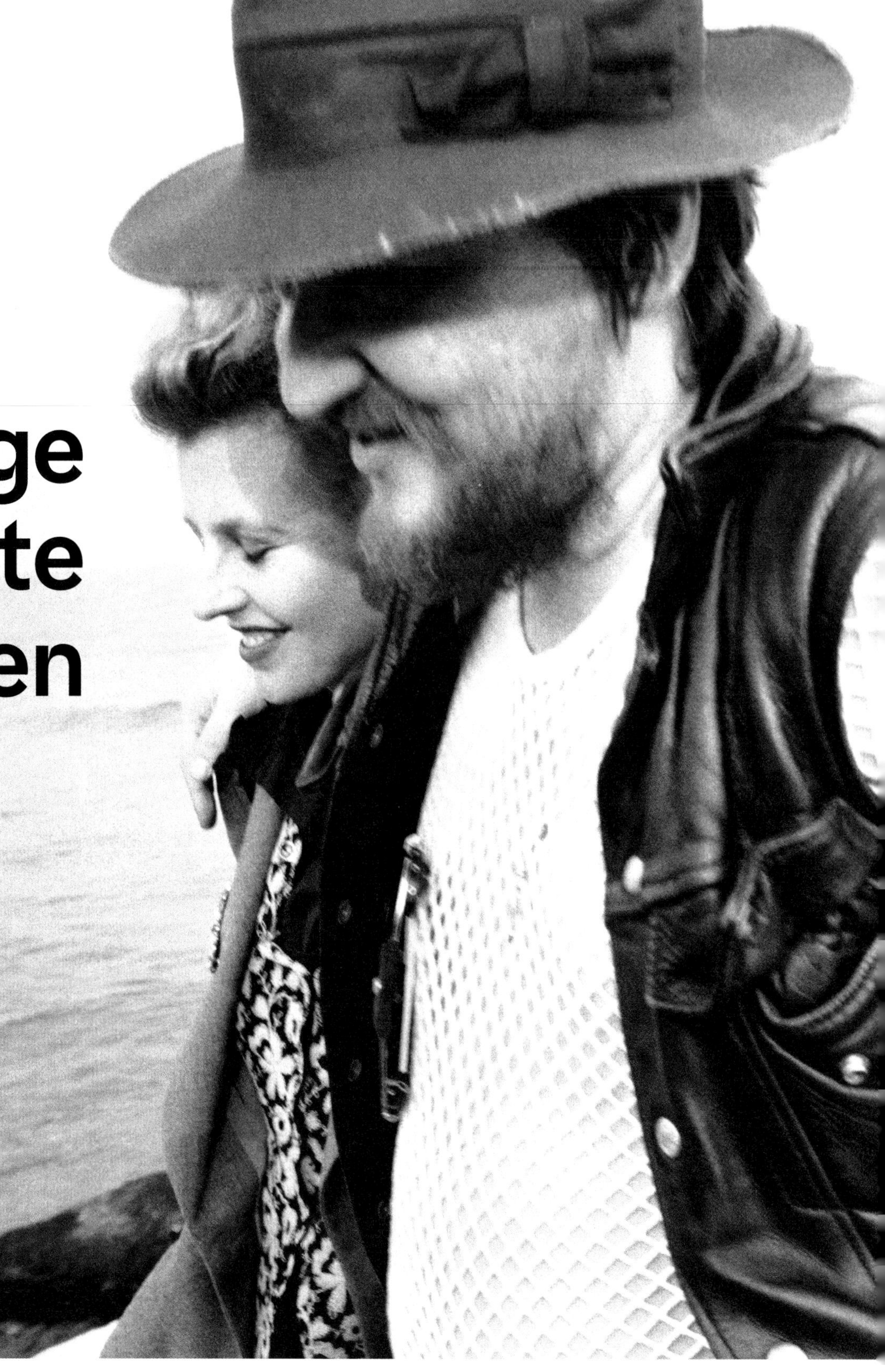

Während der Filmfestspiele in Venedig, 1980

Du weißt ja, wie es gewesen ist: Eines Tages taucht dieses Mädchen in der Schauspielschule auf, ein wenig Stummfilm-Look, mit eingekohlten Augen und Löckchen ums Gesicht herum wie eine Puppe.
Sie – also ich – hat Dich gleich bemerkt, denn Du warst auch in einer Gruppe von etwa 20 Schülern nicht zu übersehen, und natürlich hatte sie keine Ahnung davon, dass Du seit Deiner Kindheit auf Puppen stehst. Die Puppen und die Kunstbücher waren Inventar in der Kulturbürgerwohnung, in der Du vielleicht zu viel alleine warst, weil Deine Eltern sich schon in Deiner zarten Kindheit scheiden ließen.
Auch Irm Herrmann und Eva Mattes und auch Margit Carstensen hatten in Deinen Filmen diese Porzellanpuppen-Köpfe.

Nun ist Irm vor ein paar Tagen gestorben, ganz nah an Deinem Geburtstag.
Die Begegnung mit Dir war für sie damals auch so etwas wie ein Geburtstag, der Geburtstag einer neuen Irm Herrmann. Aus der Büroangestellten wurde zuerst eine Kleindarstellerin im KLEINEN CHAOS, dem ersten Deiner Kurzfilme. Dann wurde sie kurz zu Deiner Agentin.
Sie war es, die sich mit diesen Bildern auf den Weg gemacht hat, um eine Rolle für einen von uns oder sogar am besten für alle zu ergattern.
Und dann wird sie die Darstellerin der durchgedrehten Spießbürgerin, einem Milieu, dem sie entrinnen wollte und auf das Du sie zunächst festgenagelt hast, wenn auch in verfremdeter Form; und endlich hat sie dann all das überflogen durch Dich, sowie auch ich durch Dich zur Überfliegerin der Intellekt-müden Studentin wurde.

Auch meinen Lebenslauf hast Du verändert.
Zwar bin ich nach ein paar Wochen von dieser, auch Deiner, Schauspielschule schon wieder abgegangen, weil ich meinte, das ist nichts für mich, aber Du warst da ganz anderer Meinung.
Du hattest schon am Anfang unserer Begegnung eine Art *Erkenntnisblitz*: Dieses Mädchen aus Deiner Klasse wird später einmal »so etwas wie ein Star, oder Motor oder Eckpfeiler Deiner Filme« sein. Aber lieber hättest Du Dir die Zunge abgebissen, als mir etwas davon zu erzählen. Wir haben es vermieden, allein zu zweit zu sein.

So. Und jetzt werde ich Dir noch so einiges mehr sagen. Wir haben ja damals kaum ein Wort gewechselt, immer die seltsame Scheu voreinander ...
Nur einmal hast Du Deinen Freund Theo Roser zu mir geschickt, um mir zu sagen, wie sehr ich Dich bei unserem Gemeinschaftsabend in eben jener Schauspielschule in meiner Solo-Etüde berührt habe. Da ging es um »Die Geschwister« bei Goethe. Sie verbirgt, über ihr Stickzeug gebeugt, wie sehr sie für Ihren Bruder in Liebe glüht, denn was nicht sein darf, auch nicht sein kann ...
Erst später habe ich verstanden, *warum* bei Dir diese große Emotion aufkam, trotz der altertümlichen Vorlage Goethes. Eigentlich hat das zu dem Lederjackenrebell so gar nicht gepasst ...

Ach ja, die Lederjacke. Später hast Du selbstironisch gedichtet:

ALLES AUS LEDER ...
DOCH NEBENBEI BIST DU WIE JEDER ... IM EINERLEI
SCHÜTZT SIE DIE SEELE, DIE UNIFORM?
WENN ICH DICH QUÄLE
HAST DUS DOCH GERN
TRINK DEINE MILCH, FREUND,
HEUL DICH MAL AUS, UND HAST DU GEHEULT,
JA, DANN KOMM NACH HAUS

Beim Thema ... unausgesprochene Geschwisterliebe ... hast Du angedockt zum ersten Mal, wenn auch nicht Du selbst, sondern nur über Deinen Mittelsmann Theo.
Und später lief unsere »Geschwisterliebe« weiter über die Rollen, die Du mir geschenkt hast.

Aber natürlich gab es da *Etwas*, etwas Unterirdisches, das hat uns verbunden bei aller offensichtlichen Verschiedenheit: dieser Hang zum Widersprüchlichen, dem Labyrinth des Gegensätzlichen:
Im Leben muss Platz sein für alles.
Wenn das Eine wahr ist, ist das Gegenteil auch wahr.

**Du warst mir Freund und Feind,
Traum und Albtraum,
Heimat und Fremde.**

Als Du gestorben bist, war ich erst mal Vollwaise, nein Voll- nicht, denn es hatte ja schon damit begonnen, dass ich in die Umlaufbahn des europäischen Kinos geraten bin.
Ich bin Dir schon untreu geworden mit Godard und Carlos Saura und vorher auch schon innerdeutsch mit Schlöndorff und Wenders und Margarethe von Trotta, aber selbst, wenn ich auch »fremdgegangen« bin, hatte ich immer das Gefühl, *das mit dem Rainer, das ist fürs Leben*, so eine Art »Ehe der Maria Braun«, die alles beherrscht, auch wenn sie nie gelebt wurde.

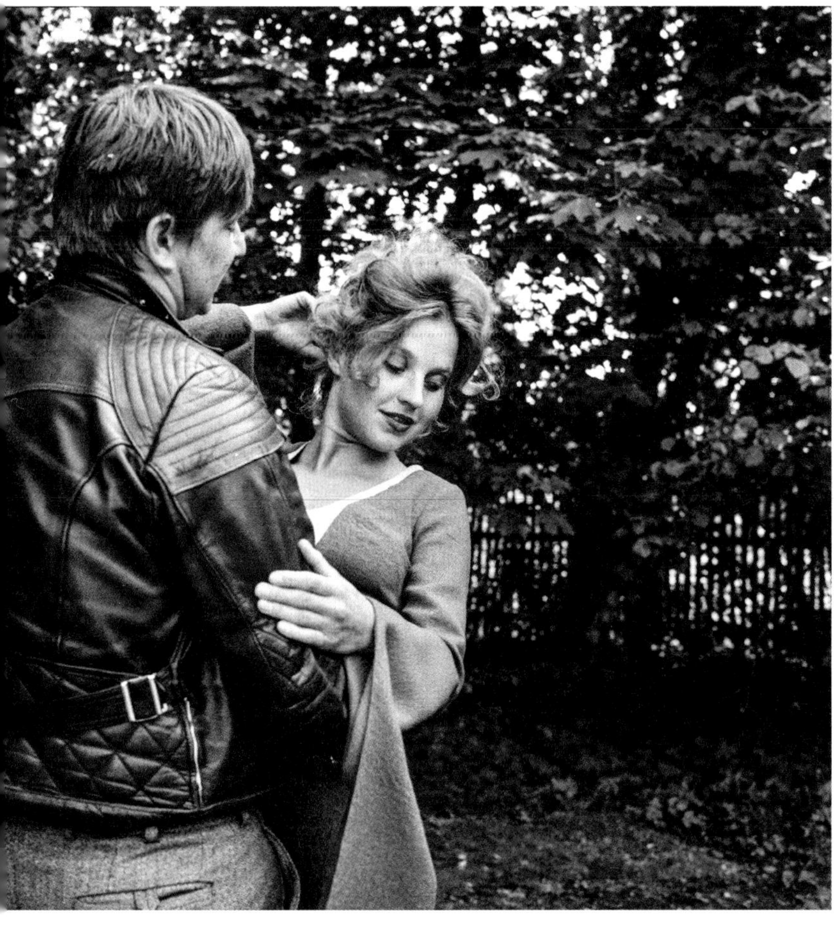

Übrigens war ja auch Maria Braun vielleicht mehr Dir ähnlich als mir.

Vom Neuanfang hast DU *nur etwas in und durch Deine Werke gehalten.*
Das ist einer unserer Unterschiede.
Für mich ist die Gestaltung des eigenen Lebens eigentlich das Hauptwerk.

Damals wusste ich nichts von Deinem Todestraum in Bremen und dass Du nachher gesagt hast:
»wenn wir die Vergänglichkeit unseres Körpers wirklich begriffen haben, werden sie verschwinden, der Neid, die Eifersucht, der Hass … (ENDE ENDLOS)*. Was die Menschen dann erfinden, das wird wirklich spannend sein.«*
Aber warum sagst Du daran anschließend: *»mich hat diese Erkenntnis mit 26 viel zu spät getroffen? Ich konnte sie für meine Beziehungen nicht mehr nutzbar machen??«*
Ich sage im Gegenteil: *»Du kannst Dich verändern bis zum letzten Atemzug.«*

Auch bei Dir gab es so ein Loch, das nicht zu stopfen war, in der Kindheit aufgerissen … und gefragt, was denn mit Deiner Kindheit sei, hast Du gemeint, *»ich glaube, ich hatte gar keine.«*

Ohne den Filmemacher Fassbinder hätte es die Schauspielerin Hanna Schygulla nicht gegeben – ich habe das schon oft gesagt, und jetzt sage ich es eben noch einmal.

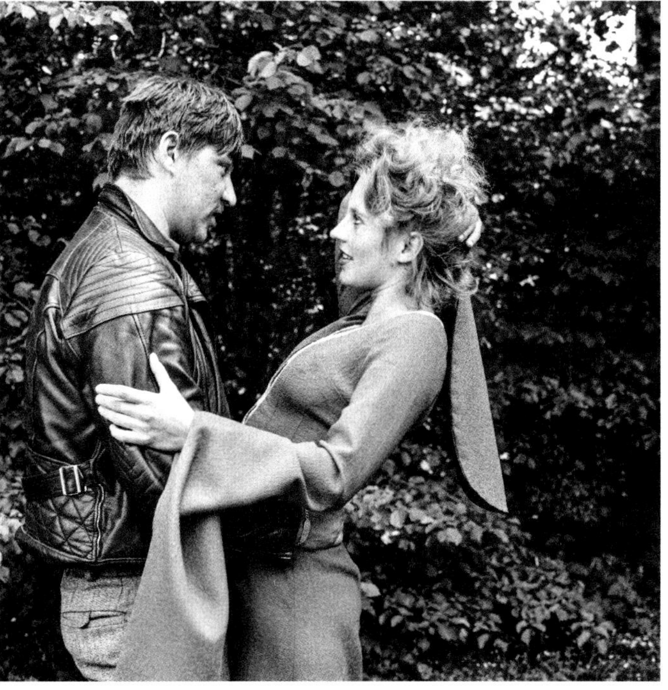

← Während der Dreharbeiten zu **DIE NIKLASHAUSER FART.** Garten der Villa in Feldkirchen bei München, 1970

Wahrscheinlich hättest Du den Satz zu Lebzeiten gerne mal gehört, aber wir haben uns nicht verwöhnt mit Komplimenten oder Dankbarkeitsbezeugungen.
Du hast zwar nach jeder Einstellung notorisch »Danke« gesagt … und das war es dann.
Dein Kommentar: *»wenn ich nichts sage, ist das eben das Höchste.«*

Nur nicht zugeben, dass man nach den Liebesbezeugungen hungert, die man als Kind vielleicht zu wenig bekommen hat.

Und wenn Du wie bei Deinem ersten Film vom Publikum ausgepfiffen wirst, dann machst Du diesen (er winkt beschwörend in den johlenden Zuschauerraum) …
»ja … kommt, noch mehr … ja, so gefällt es mir …«
Ich wäre an Deiner Stelle in den Boden versunken.

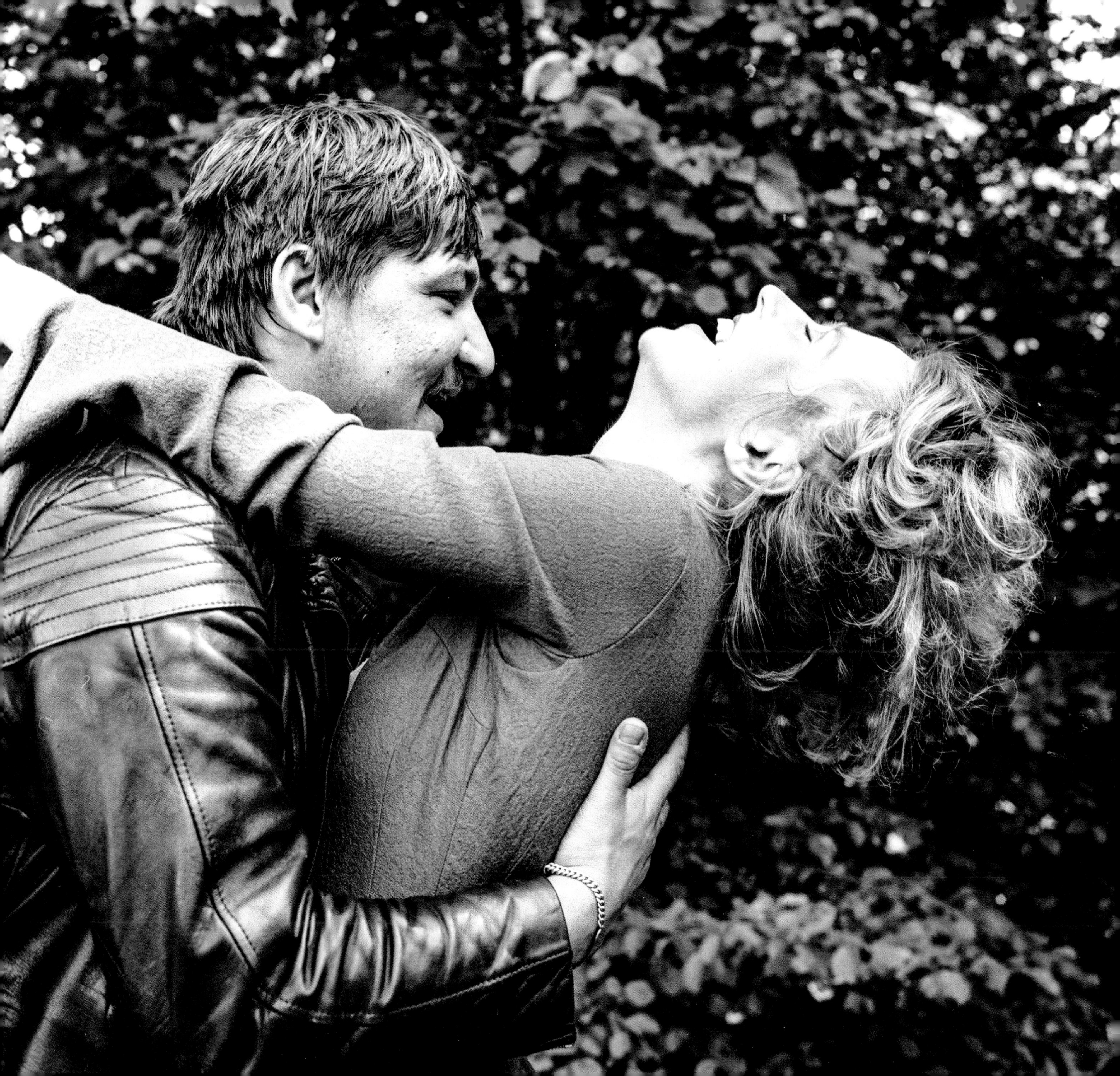

Heute würdest Du also Deinen 75. Geburtstag feiern, wenn Du Dich nicht schon mit 37 aus dem Leben herauskatapultiert hättest, ich nenne es mal so, weil bei der Menge von Aufputschern und Schlafmitteln kommt auch das stärkste Herz aus dem Takt, und Du hattest ein schwaches Herz. Das hat Dir schon der erste Versicherungsarzt gesagt, und von da an wolltest Du nie wieder zum Versicherungsarzt gehen ... vor keinem Deiner Filme.

Und das waren dreimal so viele wie bei den anderen Regisseuren zur gleichen Zeit. Ein grandioses Gebäude hast Du in 13 Jahren aufgebaut ... oder sagen wir in 17 Jahren, die Zeit der ersten zwei Kurzfilme mitgerechnet, die Zeit, in der Du auch schon so erstaunliche Theaterstücke geschrieben hattest wie *Nur eine Scheibe Brot*. Da hast Du als Tabubrecher das damals noch eher mit Schweigen übergangene KZ-Leben thematisiert und für diesen Geniestreich nur den feigen zweiten Preis bekommen.

***Der Hexer* – so haben wir Dich am Anfang genannt: »Achtung, der Hexer kommt !!!«**

Dann sollte das Geplapper am Drehort aufhören, dann war Konzentration angesagt, aber absolut keine preußische Disziplin. Das war schon erstaunlich, mit welcher Lockerheit Du dann die zu drehende Szene durchchoreografiert hast: einmal und aufgepasst und dann ging's los ... Nur Eines durfte keinesfalls sein ... am Drehort gähnen. Das ging gar nicht!

Das war schon die reinste Hexerei, wie Du scheinbar ohne große Mühe einen Film nach dem anderen aus dem Ärmel geschüttelt hast, und die anderen kamen mit dem Schauen gar nicht nach, immer wieder warst Du schon mit einem Film wieder voraus all denen, die da in dieser deutschen *Nouvelle Vague* auch unterwegs waren.

Aber auch das war schon *wie ver-hext, dass Du, obwohl von so befreiter Kreativität, doch auch ein Gefangener Deiner eigenen Person bliebst.*
Du wolltest von der Liebe erzählen und hast doch kein Vertrauen in die Liebe gehabt.
Wie die Menschen einander benützen, das war Dein Blick auf die Welt.

Ja, Du dachtest, keiner liebt Dich einfach nur so ... alle wollen sie Dich nur benützen.
Also vielleicht solltest Du, genauer gesagt, *der verhexte Hexer* genannt werden.

Und zum schnellen Leben des Rainer Werner Fassbinder gehört noch der verheißungsvolle Spruch, den Du unter Deine Widmungen gesetzt hast:
LIFE IS SO PRECIOUS EVEN RIGHT NOW
DAS LEBEN IST KOSTBAR – EBEN JETZT.

Auch das haben wir anderen von Dir gelernt: Im Film Theater machen und im Theater Film. So hast Du angefangen, das gibt den *Hallo-wach-Effekt der Verfremdung*.

Nicht zu vergessen, um Dich ganz zu verstehen ... das erste Buch (handgeschrieben, selbstgebunden), das Du geschrieben hast für Deine Mutter zu Weihnachten, um ihr zu zeigen, dass Du viel mehr warst als nur ein Schulversager ...
Der Titel dieses ersten Buches hieß: *Im Land des Apfelbaums*
Es führt uns in eine Art Paradies ... ein unerreichtes Land
schon möchtest Du darin versinken, jedoch ... die Äpfel der Erkenntnis winken

VON EFEU LIEBEVOLL UMRANKT
VON TRAUERWEIDEN SANFT UND DULDSAM EINGESÄUMT
LIEGT EIN UNERREICHTES LAND
DOCH ES IST FÜR JEDERMANN SCHON EINGERÄUMT

ICH DENKE OFT DARAN, WAS NACHHER KOMMT
VIELLEICHT NUR SCHÖNHEIT ... LIEBE ... MELODIE
DOCH WAS UNS HEUTE NICHT GEGÖNNT
ERREICHEN WIR ES AUCH SPÄTER NIE?

Da ist sie schon ... die Skepsis der Nachkriegsgeneration, wir hatten nicht die Werte im Rücken, sondern den Zusammenbruch der Werte, »die schwarze Milch der Frühe« (Paul Celan), die auch wir, die Kinder der Nazigeneration, getrunken haben.

Dieses erste Buch hast Du geschrieben mit siebzehn, und doch ist da schon das prophetische Vorwegnehmen der Lebensthematik.

DAS LETZTE GERICHT
...
ERINNERE DICH AN DEINEN ERSTEN TRAUM
DEN DUNKLEN ANFANGS HELLEN LEBENSBAUM
DU MUSST GESTEHEN, IN DICH GEHEN
...
WIR MARTERN IN DER HÖLLE NICHT ... WIR HEILEN
WIR RETTEN DIE VERDORRTEN SEELEN
NICHT EWIG SOLLST DU DORT VERWEILEN
DU SOLLST NUR DIE LIEBE WÄHLEN

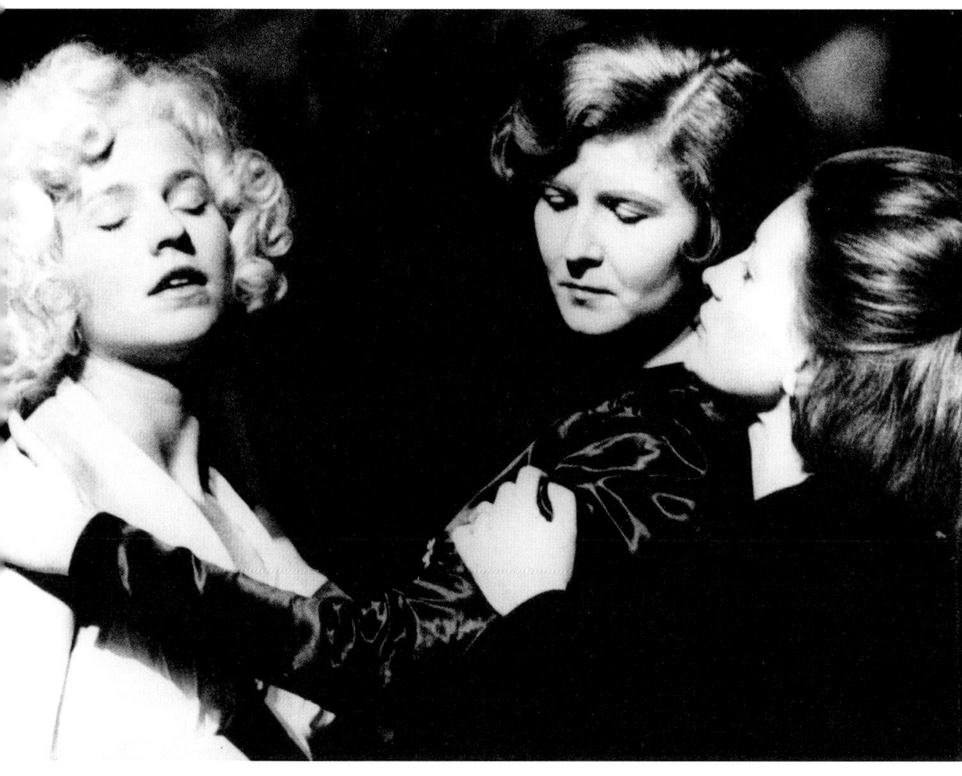

LILIOM Hanna Schygulla (Julie), Irm Hermann (Marie) und Ingrid Caven (Frau Hollunder). Schauspielhaus Bochum, 1972

Du aber wählst die Kunst, die Kreativität. Viele wählen so, aber nur manche sind er-wählt.
Du bist eine geballte Ladung an Talent, aber auch das kann das Loch, die Leerstelle nicht füllen.

Dann machst Du es Dir heimisch in dieser Welt, in dem Du Dir *ein Haus aus Filmen* baust.
Der Boden, auf dem das Haus steht, ist die 1968er-Kulturrevolution. Die Wut über das, was der Mensch mit dem Menschen macht und das Geld mit der Welt.

MAKE LOVE NOT WAR
IMAGINE NO POSSESSIONS
ALL WE NEED IS LOVE
BORN TO BE WILD
FREEDOM'S JUST ANOTHER WORD FOR NOTHIN' LEFT TO LOSE

DU am Drehort in den verschiedenen Phasen Deines übervollen kurzen Lebens, in dem Du doppelt so schnell gealtert bist wie wir anderen.
Am Anfang bist Du, wenn »eine Einstellung im Kasten war«, *gehüpft wie ein Kind*, das beim Spiel gewonnen hat,
und *gegen Ende* hattest Du den abgeklärten *Blick des Alleinherrschers*, der die Puppen tanzen lässt, vielleicht auch schon müde Deiner Meisterschaft … gelangweilt, dass da alles so am Schnürchen läuft, denn der Film ist in Deinem Kopf längst fertig. Und jetzt muss er aber lästigerweise noch zu Ende gedreht werden.

Bis hin zum *letzten Interview*, ein paar Stunden vor Deinem Tod gedreht.
Du gibst dir ein bisschen Mühe mit dem Aussehen, ein frisches lila Hemd, dazu der Hut … der Hut, der Hut, der steht ihm so gut, *»na, seh' ich hübsch aus«*, fragst Du mit Selbstironie, und dann sprichst Du mit schleppendem Atem davon, dass man vielleicht durch die Höllen dieser Welt durch muss, um in einem besseren Leben anzukommen.

»BIS ICH ENDLICH REIF BIN, DEM NACKTEN UNTERGANG INS AUGE ZU SEHEN«,
wie Du das schon mit 17 geschrieben hast.

Tja, und was würdest Du vielleicht jetzt sagen zu unserer Welt von heute, die sich so galoppierend schnell verändert?? Würdest Du sagen, das habt Ihr davon, dass Ihr immer noch diesen Planeten bewohnen wollt. *Mein Motto war schon damals: live fast, die young.*
Gerhard Zwerenz hat damals schon geschrieben: Die Erde ist unbewohnbar wie der Mond.
Aber der Optimismus, ohne den es sich noch schlechter lebt, sagt: JETZT muss der Boden bereitet werden für die Zeitenwende:
Denn wenn nicht jetzt, wann dann?
DAS LEBEN IST SO KOSTBAR – EBEN JETZT.

Hanna –
es war einmal ein treuer Husar
der liebt sein Mädel ein ganzes Jahr
ein ganzes Jahr und noch viel mehr,
die Liebe nahm kein Ende mehr
Berlin, am 21.1.74 Rainer

Widmung von Rainer Werner Fassbinder an Hanna Schygulla auf einer Serviette. Berlin, 21. Januar 1974

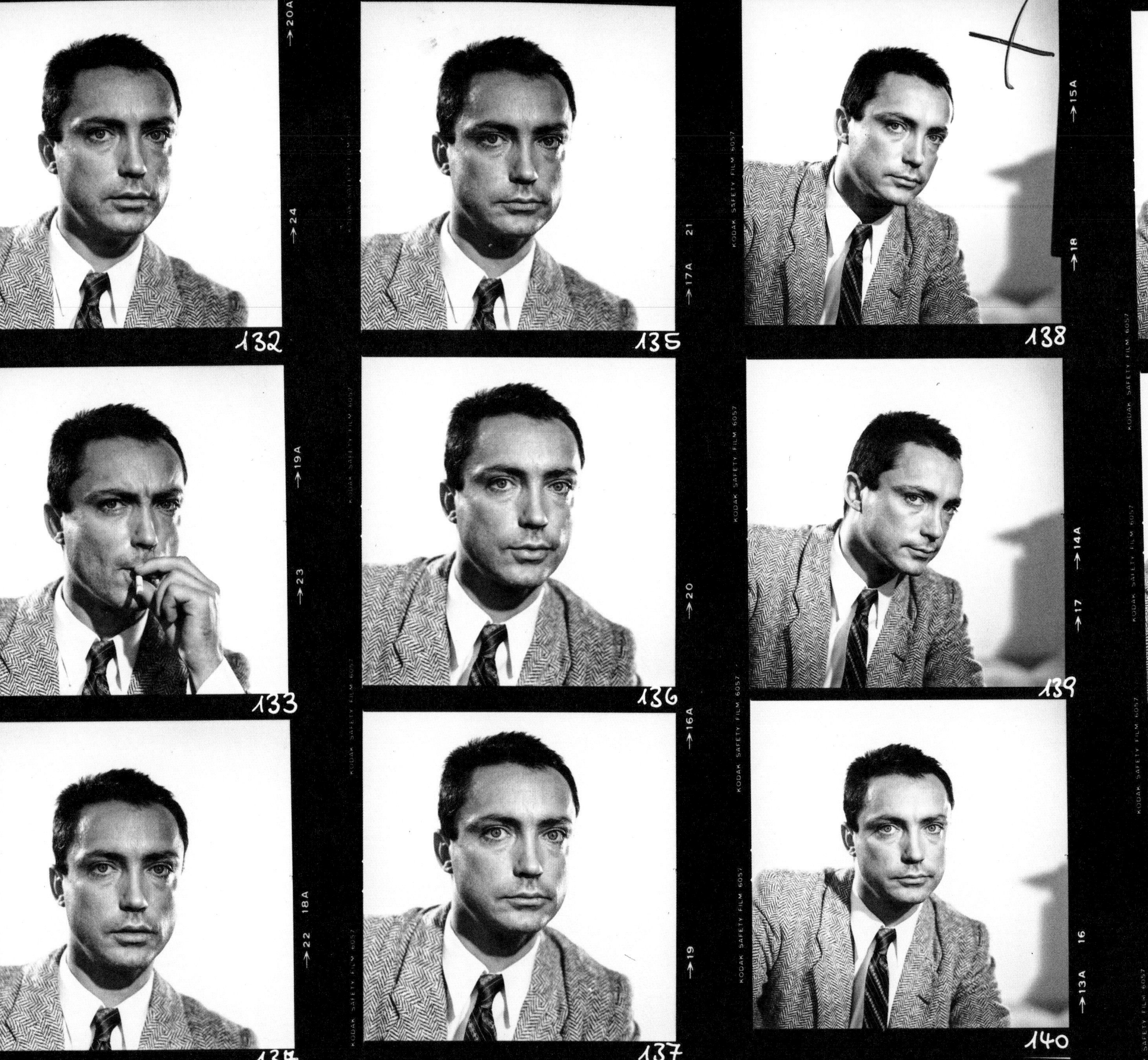

Schauspieler Udo Kier im Gespräch mit Ulrich Sonnenschein

»Don't act!«

← LILI MARLEEN Kontaktbogen mit Porträtfotos zur Rolle des Drewitz

Udo Kier: Du rufst in einem wunderschönen Moment an, Joe Biden ist seit 3 Minuten neuer Präsident der Vereinigten Staaten.

Ulrich Sonnenschein: Yes! Wunderbar. Da hab ich schon den ganzen Tag drauf gewartet.
Es wird sicher noch viel Theater geben, aber er hat 273 Stimmen, und hier auf dem Bildschirm steht: President-Elect Joe Biden.

Du hast seit den 1960er-Jahren in über 250 Film- und Fernsehproduktionen mitgewirkt. Welche Rolle spielt Rainer Werner Fassbinder dabei?
Ich hab den Rainer in den 60er-Jahren kennengelernt, in einer Kneipe am Neumarkt in Köln, die hieß »Bei Leni«. Die Besitzerin hieß Leni, und da haben wir uns getroffen, an der Theke. Ich war 16 und er 15½. Ich bin ja im Oktober '44 geboren und er im Mai '45. Dort haben wir an den Wochenenden Bier getrunken, sofern das möglich war, von den 5 Mark, die ich in der Woche von meiner Mutter bekam. Ich bin als Nachkriegskind ohne Vater aufgewachsen und habe ihr zuliebe eine kaufmännische Lehre gemacht. Das war reine Zeitverschwendung.

Ihr habt euch also in dieser Kölner Arbeiterkneipe getroffen, quasi noch Kinder damals, und der Film war da noch ganz weit weg. Auf welcher Ebene seid Ihr da miteinander umgegangen?
Rainer lebte ja in Köln bei seinem Vater und seiner Tante und kam eher zufällig in diese Kneipe. Das war schon eine harte Szene dort, wenn sich zwei stritten, dann bekam der eine schnell mal ein Glas Bier ins Gesicht geschüttet. Da gab es alles, zwischen Sekretärinnen und Taxifahrern, und wir Jungen waren irgendwie etwas exotisch. Wir haben da also an der Theke gestanden und Leute beobachtet. Wir haben gar nicht so viel über uns geredet. Der Rainer wusste, dass ich im Krieg geboren wurde, er ja kurz nach Kriegsende, und kannte auch meine Geschichte, dass ich kurz nach der Geburt, ich war erst 2 Stunden alt, einen Bombenangriff überlebte und aus den Trümmern des Krankenhauses gerettet wurde. Das war ein Moment der Wahrheit, das war Fassbinder wichtig. Aber viel mehr haben wir damals gar nicht ausgetauscht. Später haben wir dieses »Spiel der Wahrheit« oft gespielt, bei dem man die Wahrheit sagen muss. Jedenfalls schrie die Wirtin dann um 22 Uhr regelmäßig: »Rainer, Udo, raus!!!« Wir waren ja noch minderjährig, und sie wollte wegen uns keinen Ärger bekommen.

Was hat Euch damals verbunden, habt Ihr über Kino gesprochen?
Nein, überhaupt nicht. Ich bin zwar damals schon gern ins Kino gegangen, das kostete 50 Pfennig, und da wurden dann vor-

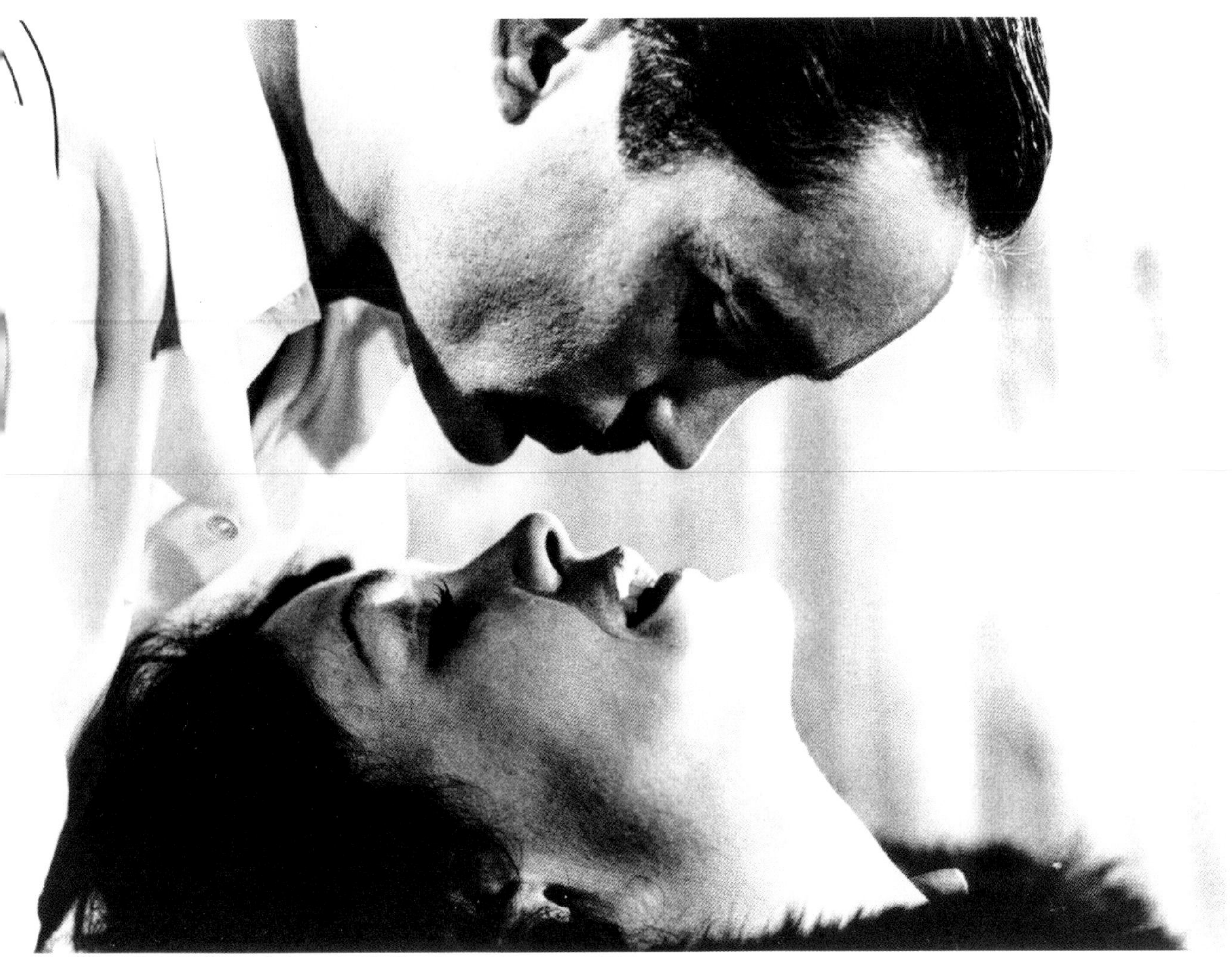

↑ **BOLWIESER** Als Friseur Schafftaler mit Elisabeth Trissenaar (Hanni)

die Sekretärin, die gerade ihren Job verloren hatte, oder der Taxifahrer, der gerade unglaubliche 20 Mark Trinkgeld bekommen hatte. Ein Bier kostete damals 30 Pfennig, aber viel getrunken haben wir da nicht. Wir waren dafür einfach noch viel zu jung. Naja und dann ging der Rainer zurück nach München, um sich an der Schauspielschule zu bewerben, und ich ging nach London, und so verloren wir uns aus den Augen. London war für mich eine Möglichkeit, Englisch zu lernen. Ich hatte ja nur die Hauptschule besucht, und mein Ziel war es, die Welt zu sehen. Ich komme ja von der anderen Rheinseite, aus Köln-Mülheim, und bin auf dem Weg zu meiner Oma oft mit dem Rad an den Bayer-Werken vorbeigefahren, der Aspirin-Firma aus Leverkusen. Da wollte ich mal arbeiten. Als so eine Art Auslandskorrespondent. Das war mein Traum damals, und deshalb bin ich nach London gegangen.

mittags Filme gezeigt, Piratenfilme mit Errol Flynn und so. Aber darüber haben wir nicht gesprochen. Wir waren auch nie zusammen im Kino. Das war eine eher schwierige Zeit für uns. Wir haben kaum genug Geld für Essen gehabt. Es gab die Woche über Bohnen- oder Linsensuppe und nur am Sonntag, da gab es einen Braten. Mit Salat und zum Nachtisch Vanillepudding mit Himbeersoße. Das werd ich nie vergessen. Ich war quasi erzwungener Vegetarier in der Woche. Dem Rainer ging es da nicht anders, obwohl sein Vater Arzt war. Wir haben uns da auch nicht verabredet oder so, wir sind einfach am Wochenende in diese Kneipe gegangen und haben uns dort mehr oder weniger zufällig immer wieder getroffen und über die Menschen unterhalten, die in dieser Kneipe ein und aus gegangen sind. Wir waren ja meistens samstags da, und mit der Zeit kannte man sich. Da haben wir dann zugehört, wie die Leute ihre Geschichten erzählt haben,

Aber das änderte sich dann schnell, oder? Obwohl Du nie eine Schauspielschule besucht hast und Dich in London mit kleinen Jobs durchgeschlagen hast.

Ja. In London wurde ich entdeckt, wie man so schön sagt. Da kam jemand auf mich zu, der meinte, wir drehen da in Südfrankreich einen Film, wollen Sie vielleicht die Hauptrolle spielen? Da hab ich gesagt: »Wie? Schauspieler? – Ich weiß doch gar nicht, wie das geht.« Aber das war denen egal, und so bin ich nach Frankreich gefahren und habe mit Michael Sarne ROAD TO ST. TROPEZ gedreht. Ich hab da immer geschaut, wo die Kamera ist, und hab mich gewundert, dass die so weit weg war. Ich wusste ja nicht, dass der Film in Cinemascope gedreht wird und ich riesengroß auf der Leinwand zu sehen sein würde. Als der Film dann in London lief, schrieben die Zeitungen »Das neue Gesicht des Kinos«, und ich habe bei William Morris, der größten Agentur in Amerika, unterschrieben, und so nahm das seinen Anfang.

Und mit Fassbinder hattest Du in diesen Jahren überhaupt keinen Kontakt.

Nein überhaupt nicht. Ich bin dann nach Wien gegangen und habe mit dem Berliner Nachtclub-Besitzer Rolf Eden den Exploitation-Film SCHAMLOS gedreht, das war der zweite Film von Eddy Saller, und ich spielte die Hauptrolle, einen Gangster in der Frankfurter Unterwelt. Dann kam ein Film, der schnell zum Kultfilm wurde, HEXEN BIS AUFS BLUT GEQUÄLT, von Adrian Hoven und Michael Armstrong. Da gab es einige wirklich sadistische Folterszenen, und der Film war in diversen Ländern verboten und ist es teilweise bis heute. Herbert Lom spielte damals den Inquisitor, und ich war sein Lehrling. Und da hab ich dann einmal den *Stern* aufgeschlagen, und da war groß das Gesicht von Fassbinder. Ich hatte ja keine Ahnung, dass der sich inzwischen in der Film- und Theaterszene einen Namen gemacht hatte. Das war 1969, LIEBE IST KÄLTER ALS DER TOD und KATZELMACHER waren bereits erschienen, und da stand: »Fassbinder, das Genie, der Alkoholiker«, und ich dachte nur, das ist doch der Rainer! Ich bin dann nach Rom gegangen, hab mit Carlo Ponti Andy Warhols FRANKENSTEIN und dann DRACULA gemacht, und später in Paris DIE GESCHICHTE DER O. Das war ganz interessant, denn Roman Polanski hatte mich in einen Nachtclub eingeladen, und da kam ein Mann auf mich zu, den ich nicht kannte, der meinte, wir wollen DIE GESCHICHTE DER O verfilmen. Da hab ich gesag: Bitte? Ich mach doch keine Pornos!!? Aber Polanski hat mich unterm Tisch getreten und gesagt, das ist der erotische Bestseller Frankreichs, wenn Du das machst, bist Du auf allen Titelseiten.

Jetzt sind wir schon im Jahr 1975. In all den Jahren habt Ihr Euch weder gesehen noch gesprochen? Ich hatte ja die kleine Hoffnung, dass Du mir etwas über seinen ersten Kurzfilm von 1966, THIS NIGHT, sagen könntest. Der gilt heute als verschollen, und kaum jemand weiß, worum es da eigentlich ging.
Darüber weiß ich gar nichts. Unsere Wege hatten sich komplett getrennt, ich war in London, Rom und Paris, er in München. Und hätte ich diesen *Stern*-Artikel nicht zufällig gefunden, hätte ich überhaupt nicht gewusst, dass er Filme macht. Denn über die deutschen Grenzen hinaus war er damals noch nicht bekannt. Aber ich wollte ihn wiedersehen, und so haben wir uns in München in einer Disco verabredet. Das war dann der Anfang einer wunderbaren Zusammenarbeit.

Es sind also 15 Jahre vergangen, in denen Ihr nichts voneinander gehört habt. Ihr habt dann aber direkt den Fernsehzweiteiler BOLWIESER zusammen gemacht. Das war die Geschichte einer Dreiecksbeziehung nach dem Roman von Oskar Maria Graf. Du spielst da einen Friseur, der die schöne Elisabeth Trissenaar am Schluss bekommt, ihr Mann Bolwieser, dargestellt von Kurt Raab, bleibt unglücklich zurück.

Genau. Damals wohnten wir dann schon zusammen in der Reichenbachstraße 13. Er hatte da schon seinen Clan, Familie hört sich irgendwie falsch an, diese Gruppe von Schauspielern, die immer wieder in seinen Filmen aufgetreten waren, wie Volker Spengler oder Kurt Raab, Hanna Schygulla, Irm Hermann oder Ingrid Caven, da wohnten also viele Leute, jeder hatte sein Zimmer, ich auch, und wir arbeiteten zusammen. Diese Wohnung war direkt gegenüber von der »Deutschen Eiche«. Das war unser Stammlokal, und da hatten wir unseren Stammtisch, an dem wir uns trafen und sprachen, über Filme, die wir gesehen hatten oder die wir machen wollten. Wir haben nicht gelangweilt am Stammtisch rumgesessen und getrunken, sondern diskutiert. Das war unglaublich intensiv. Wir haben genau beobachtet, was in Frankreich passiert, haben über Godard gesprochen und vor allem über Werner Schroeter, der damals viel im Ausland gearbeitet hat, in Frankreich, Italien oder Brasilien. Er war ungeheuer mutig und einer der wichtigsten deutschen Regisseure damals. 1980 hat er dann ja auch mit dem Film PALERMO ODER WOLFSBURG den Goldenen Bären bei der Berlinale gewonnen. Uns war dabei allen klar, dass es der Rainer nicht mochte, wenn wir nebenbei noch für andere deutsche Regisseure gearbeitet hätten, wie Wim Wenders oder Werner Herzog, aber im Ausland war das kein Problem. Die Ausnahme war Werner Schroeter, da hat Fassbinder mir erlaubt, dass ich den Film GOLDFLOCKEN mit ihm machte. Später, nach dem tragischen frühen Tod von Fassbinder, hab ich dann auch mit Wenders und Herzog gedreht. Aber

↓ DIE DRITTE GENERATION
Als Edgar Gast

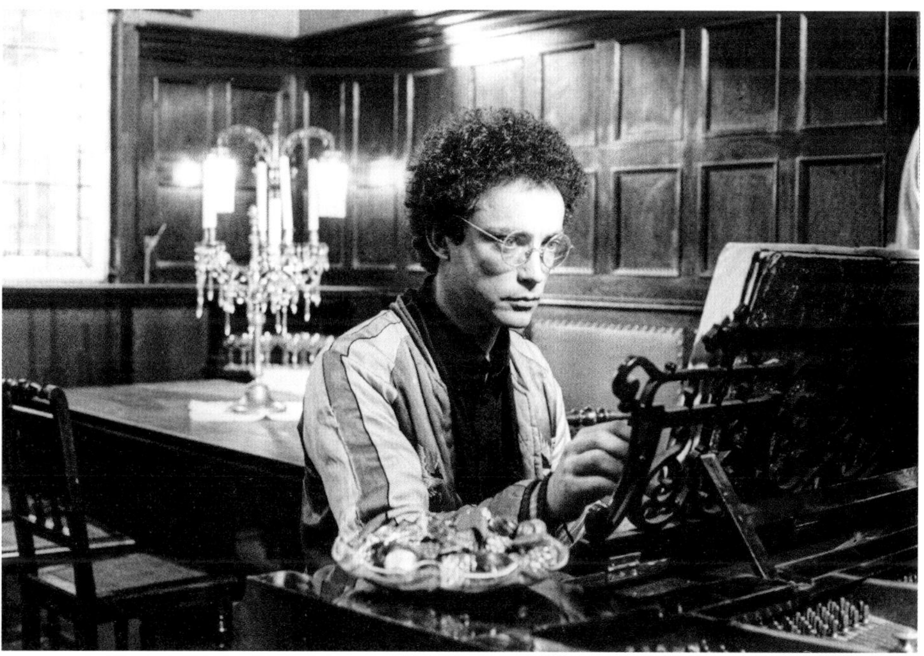

in der Zeit mit Fassbinder hab ich sonst nur in Italien, Frankreich und Ungarn gearbeitet. Das war eine aufregende Zeit. Zum Beispiel war Lee Strasberg zu der Zeit in München, und da bin ich dann in seine Kurse gegangen. Als ich dann abends nach dem Kurs in die Kneipe kam, hieß es: »Was hast Du denn heute gelernt?« Ich musste einen Bären spielen, der *Oh Tannenbaum* singt. Also sagt Fassbinder, geh raus, und wenn Du wieder reinkommst, bist Du der Bär, der *Oh Tannenbaum* singt. Vor der ganzen Kneipe, denn die war immer sehr voll, weil man da für 4, 5 Mark sehr gut essen konnte.

Fassbinder war ja ein Besessener, konnte arbeiten wie kaum ein anderer. Allein im Jahr 1970 hat er 7 Filme gedreht. Wie war das in der Zusammenarbeit? Musste alles immer schnell gehen?

Fassbinder wusste sehr genau, was er wollte. Und das hat er uns dann auch gesagt. Ich erinnere mich noch, wir drehten damals den Film DIE DRITTE GENERATION mit Hanna Schygulla und Volker Spengler. Spengler spielte einen Terroristen und Hanna und ich ein zerstrittenes Ehepaar. In einer Szene sagte dann Spengler zu uns: »Ihr streitet ja schon wieder.« Und da hab ich es gewagt zu sagen: »Wir streiten doch gar nicht.« Und das war's dann. Der Satz stand nicht im Drehbuch, und man durfte kein Jota vom Drehbuch abweichen. Fassbinder starrte uns an und verließ dann wortlos die Kamera. Er hat ja bei diesem Film selbst die Kamera geführt. Ging hoch auf sein Zimmer und kam nicht mehr zurück. Also musste ich ihm nach und mich entschuldigen. Fassbinder verlangte, dass man selbst die Rolle wurde. Man sollte nicht spielen, sondern sein. Wie bei Lars von Trier, dessen Lieblingssatz ist »Don't act!«, so war es bei Fassbinder auch. Wir sind ja dann in ein Penthaus in Schwabing gezogen, und da hat Fassbinder neben den Dreharbeiten zu DIE DRITTE GENERATION die Drehbücher zu BERLIN ALEXANDERPLATZ geschrieben. Das waren mit dem Epilog 13 Bücher. Das muss man sich mal vorstellen, er hat quasi nur gearbeitet. Er saß da in seinem Zimmer, rauchte, trank und arbeitete. Ich wohnte nebenan und habe morgens oft die Zeitungen geholt. Nicht eine, sondern mindestens 3 Stück. Er hat mich ungeheuer fasziniert. Wir haben also eine Zeit lang zusammen gewohnt und gearbeitet, und irgendwann wurde das sehr anstrengend. Nicht unangenehm, aber anstrengend. Ich hatte ja meine Karriere schon aufgebaut, hab international gearbeitet und war nicht, wie andere, auf Fassbinder angewiesen.

Fassbinder hat immer direkt und schonungslos gesagt, was ihm gefällt und nicht gefällt, vor allen Leuten. Konnte man sich daran gewöhnen, oder war es verletzend bis zum Schluss?

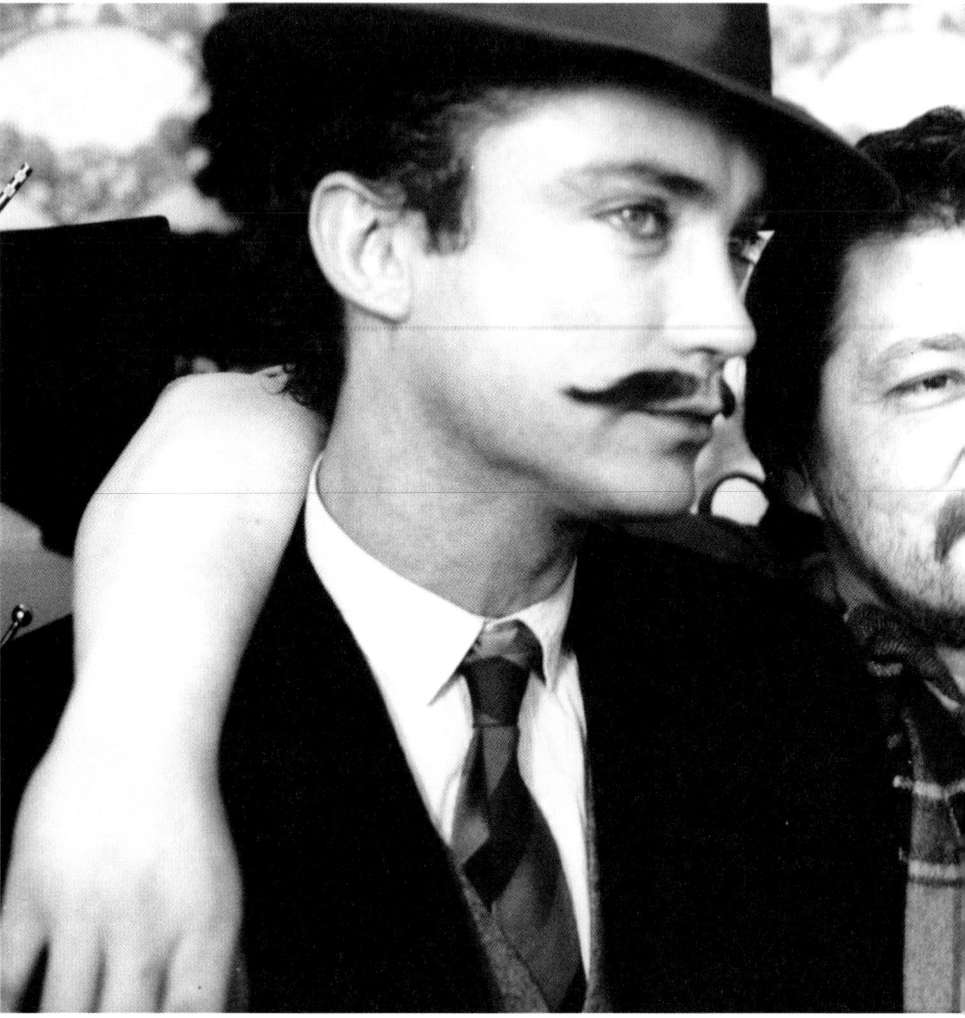

↑ DIE DRITTE GENERATION
Der Regisseur und sein Schauspieler

Man hat es akzeptiert, obwohl es verletzend war. Wir waren ja alle freie Menschen und hätten gehen können. Und ich bin dann ja auch irgendwann gegangen. Bei LILI MARLEEN hatte ich ja als Widerstandskämpfer eine angenehme Rolle, aber dadurch, dass ich ihm so nah war, musste er mich immer runterputzen. Da war ich dann der schlechteste Autofahrer, der schlechteste Mitarbeiter und der schlechteste Schauspieler. Alles an mir war schlecht. [lacht] Ich hab mir das aber nicht sehr zu Herzen genommen und bin nicht weinend vom Set weggelaufen. So war er eben. Ich kann Dir aber noch eine Geschichte erzählen. Als wir DIE DRITTE GENERATION gedreht haben, hat er aus dem Nichts einen Streit mit mir angefangen. Mitten in einer großen Szene mit Hanna Schygulla hat er mich plötzlich rausgeschmissen. Vor allen Leuten, zack, einfach so. Hat gesagt, ich sollte gehen. Und da hab ich gedacht, wenn ich jetzt gehe, dann war's das. Dann werden wir nie wieder zu-

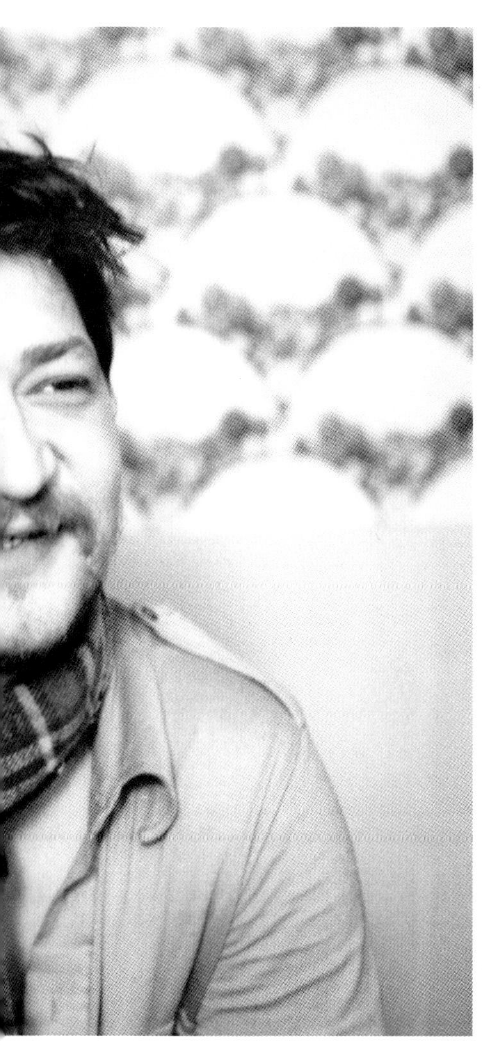

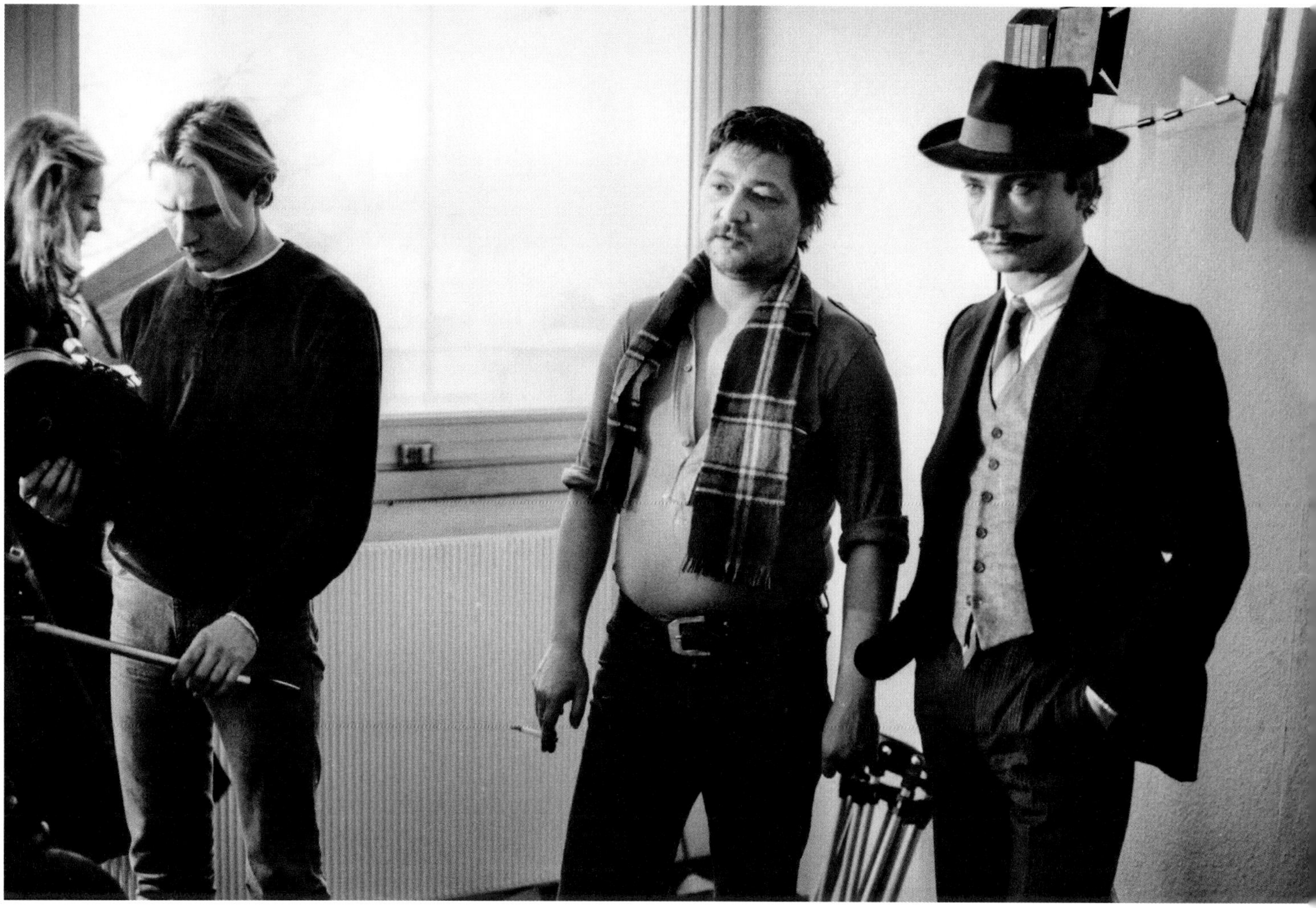

↑ **DIE DRITTE GENERATION**
Mit Rainer Werner Fassbinder, Wolfgang Rühl und Juliane Maria Lorenz während der Dreharbeiten

sammenarbeiten. Also bin ich aufgestanden, fest entschlossen zu gehen, und er läuft zur Tür, breitet die Arme aus, hindert mich hindurchzugehen und sagt: »Jetzt hab ich Dich, wo ich Dich haben wollte, jetzt drehen wir die Szene.« Und diese Szene, sag ich Dir, war die beste Szene für mich im ganzen Film. Oder bei BERLIN ALEXANDERPLATZ, da habe ich eine kleine Rolle, und wir drehten eine Billard-Szene. Danach hab ich gesagt: »Rainer, können wir das bitte nochmal machen?«, und er sagte barsch: »Nein, Du hattest Deine Chance.« So hat er gearbeitet.

Wenn Du bei BOLWIESER vielleicht der schönste Mann am Set warst, so hat er Dich für LILI MARLEEN durch eine Gesichtsnarbe entstellt.

Naja, das war halt die Rolle, und die hat mir eigentlich sehr gut gefallen wie sie war. Da wurde ja längst nicht alles gedreht. In einer frühen Drehbuchfassung hätte ich mal aufgehängt werden sollen. Überhaupt änderte sich ständig etwas. Fassbinder war der Autor, der Regisseur und Herr über alles. Er allein wusste, wie man die Balance hält und wie der Film in seinem Rhythmus am Schluss funktionieren würde. Ich muss schon sagen, und ich benutze das Wort wirklich sehr selten, Fassbinder war ein Genie. Ebenso wie Lars von Trier.

Und wie war das mit Christoph Schlingensief?

Schlingensief war der pure Wahnsinn. Er kam genau zur richtigen Zeit. Er war das, was ich brauchte, als Fassbinder starb. Ich hatte MENU TOTAL gesehen und hab gedacht, wer ist denn das? Der ist aber mutig. Der traut sich was. Und dann bin ich in Berlin in eine Kneipe gegangen, die war total voll, und hab einen Menschen gefragt, ob ich an seinem Tisch sitzen könne. Und das war Christoph Schlingensief, der saß da mit Tilda Swinton. Und dann haben wir geredet, teilweise über, teilweise unter dem Tisch, weil es so laut

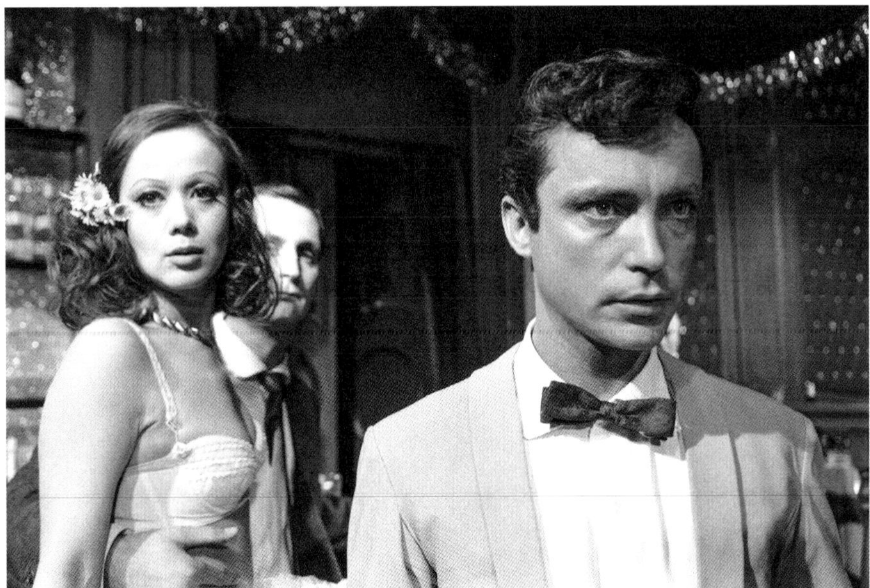

↑ LOLA Als zweiter Kellner mit Y Sa Lo (Rosa)

war, und haben uns die Hand gegeben und beschlossen, dass wir EGOMANIA miteinander drehen.

Du hast ja vielfach mit Regisseuren gedreht, die entweder als Persönlichkeit oder von den Arbeitsbedingungen her als schwierig gelten. Bist Du im Umgang so unkompliziert?
Das würde ich nicht sagen. Ich weiß nicht. Ich bin auch nicht kompliziert. Das klingt irgendwie so technisch. Ich habe tatsächlich noch nie jemanden gefragt, ob er mit mir arbeiten will. Ich habe zum Beispiel David Lynch mehrmals getroffen, den ich sehr bewundere, aber stell Dir mal vor, ich hätte gesagt: »Ich würde gern mit Dir arbeiten« und er hätte gesagt: »Wer nicht?« Nein, darauf habe ich es nie ankommen lassen. Ich habe auch so viel Glück in meinem Leben gehabt. Man muss einfach sehen, dass es Menschen gibt, wie Fassbinder, Schlingensief oder Lars von Trier, die machen, was sie machen wollen. Da fragt man nicht »Warum?«. Die haben einfach so viel Kraft, da bricht es manchmal aus ihnen heraus, und dann sind die nicht immer freundlich oder verständnisvoll. Sie machen große Kunst, und das ist es, worum es ihnen einzig geht. Schau doch, was Fassbinder in den wenigen Jahren alles geschaffen hat. Das schaffen manch andere nicht in zwei Leben.

Die letzte gemeinsame Arbeit an einem Spielfilm, bei dem Fassbinder Regie führte, war dann der 3. Teil der BRD-Trilogie, LOLA, mit Barbara Sukowa, und auch da spielst Du wieder eine sehr kleine Rolle, die eines Kellners im Bordell. Ging es einfach darum, dabei zu sein?
Ja, man hat nicht nach der Größe der Rolle geschaut, sondern einfach vieles zusammen entwickelt. Wir waren zusammen und haben zusammen gearbeitet. Ich habe gespielt, und wenn ich Drehpause hatte, hab ich Lampen geschleppt oder so. Fassbinder hat DIE DRITTE GENERATION ja selbst finanziert. Die Sendeanstalten sind ausgestiegen, weil es dabei um die Ermordung von Schleyer ging. Da hat dann keiner mehr nach einer Gage gefragt. Uns ging es nur noch um den Film. Aber bei LOLA war es anders. Irgendwann rief er mich an und sagte: »Du, ich plane da einen Film, ›Lola‹, und ich möchte, dass Du die Ausstattung machst.« »Ausstattung?«, hab ich geantwortet, »ich bin doch kein Ausstatter!« Und da hat er gesagt: »Ja, aber wir haben uns doch in genau der Zeit kennengelernt, und Du weiß genau, was die Leute damals für Möbel hatten, wie es in den Kneipen aussah«, und so weiter. So hab ich für LOLA, gemeinsam mit einem Freund, zum ersten und zum letzten Mal die Ausstattung gemacht und dazu noch diese kleine Rolle übernommen. Das war gar nicht so ohne. Ich habe da zum Beispiel einen Stuhl gefunden, der war sehr teuer und sehr selten, und da hab ich dann zu Barbara Sukowa gesagt: »Wenn Du Dich in diesen Stuhl setzt, dann genieße es!« Aber als er dann wieder anfing, ich sollte auch für DIE SEHNSUCHT DER VERONIKA VOSS und für QUERELLE die Ausstattung machen, hab ich abgelehnt. Es hatte zwar Spaß gemacht, aber ich wollte nun wirklich kein Ausstatter sein. Und das war es dann auch. Wir haben dann noch im Mai ’82 seinen Geburtstag gefeiert, und zwei Wochen später bekam ich einen Anruf: »Der Rainer ist tot!«
Und dass wir heute noch Zugang zu seinem großartigen Werk haben, ist Juliane Lorenz zu verdanken, der Cutterin und letzten Lebensgefährtin von Fassbinder. Sie sorgt als Präsidentin und Geschäftsführerin der Rainer Werner Fassbinder Foundation dafür, dass seine Filme immer wieder gezeigt werden.

Die tatsächlich letzte gemeinsame Arbeit zwischen Dir und Fassbinder ist der Kurzfilm THE LAST TRIP TO HARRISBURG, bei dem Du nicht nur die beiden Hauptrollen spielst, sondern auch Regie führst. Wie kam es zu diesem Projekt?
Der Dichter Wolf Wondratschek wollte einen Stoff von Yukio Mishima verfilmen, mit mir und Ingrid Caven in den Hauptrollen. Ich bin also nach München gefahren, aber da hatte er irgendwie das Interesse verloren und sagte: »Du kannst den ganzen Stoff haben, Kameramann ist Ed Lachman, und mach Du das doch.« Nun hatte ich also das Material, den Kameramann und vor allem Zeit, und da hab ich gesagt: »Ok, ich mach jetzt einen Film.« Ich hatte nie vorher Regie geführt und danach übrigens auch nie wie-

der. Zuerst wollte ich die Gefängnistagebücher von Jean Genet machen, aber da hat Fassbinder gesagt: »Das ist schwierig, da musst Du die Rechte anfragen, nimm doch einen alten Text, nimm doch die Bibel.«

In diesen Texten steckt ein Grauen, das nur wenige in der Bibel vermuten würden. »Frauenhände kochen ihre eigenen Kinder«, zum Beispiel. Diese Texte sprichst aber nicht Du, sondern Fassbinder.

Das Grauen war ja der Grund dafür, diese Texte zu nehmen. Und dann war es natürlich gar nicht geplant, dass er diese Texte spricht, also mich in der männlichen und in der weiblichen Rolle synchronisiert. Aber ich hatte überhaupt kein Geld, um diesen Film zu vollenden, und da hat er eines Tages gesagt, während er BERLIN ALEXANDERPLATZ synchronisierte: »Ich mach das eben mit.« Ich hätte das in der Bavaria niemals selbst machen können, aber er, der Star, ihm hat niemand etwas gesagt. Und so hat er das halt eben in der Mittagspause gemacht.

Der Film besteht ja aus zwei Teilen. Eingerahmt von der mythischen Schlachtung des Lamm Gottes, werfen sich ein Mann und eine Frau apokalyptische Sätze an den Kopf. Es ist aber keine Unterhaltung, sondern sich abwechselnde Kleinstmonologe. Beide Rollen spielst Du. War das auch eine Sparmaßnahme?

Nein. Das war mein Konzept. Ich war von dem Reaktorunfall in Harrisburg so geschockt, damals ahnte ja noch niemand etwas von Tschernobyl, dass ich darauf reagieren wollte. Es sitzt also ein Soldat in einem Zug, der in die Vernichtung fährt, und spricht mit seinem weiblichen Selbst in einer Art Monolog. Das war alles sehr spontan und meine persönliche Reaktion auf den Atomunfall. Es ist ja auch mein einziger Film geblieben. Wir haben das an einem Tag gedreht. Ich glaube an filmische Kleinigkeiten. Das habe ich tatsächlich von Fassbinder gelernt. Es kommt nicht auf die großen Gesten an, sondern auf die kleinen. Ich stecke mir zum Beispiel manchmal ein Bild von meiner Mutter in die Jackentasche. Und wenn ich dann emotionale Situationen drehe, geht meine Hand nahezu unwahrnehmbar an die Tasche, von außen. So steigere ich die Emotionalität.

Dein Markenzeichen ist ja ein harter, stahlblauer Blick. Wann hast Du begonnen, den bewusst einzusetzen?

Die stahlblauen Augen, zumal in Kombination mit dunklen Haaren, waren einfach da. Aber bewusst bin ich damit nie umgegangen. Wie gesagt, »Don't act«, das war mein Motto. Es stimmt, dass dieser Blick mein Markenzeichen wurde, aber dafür haben eher andere gesorgt. Ich selbst musste dafür nicht viel tun.

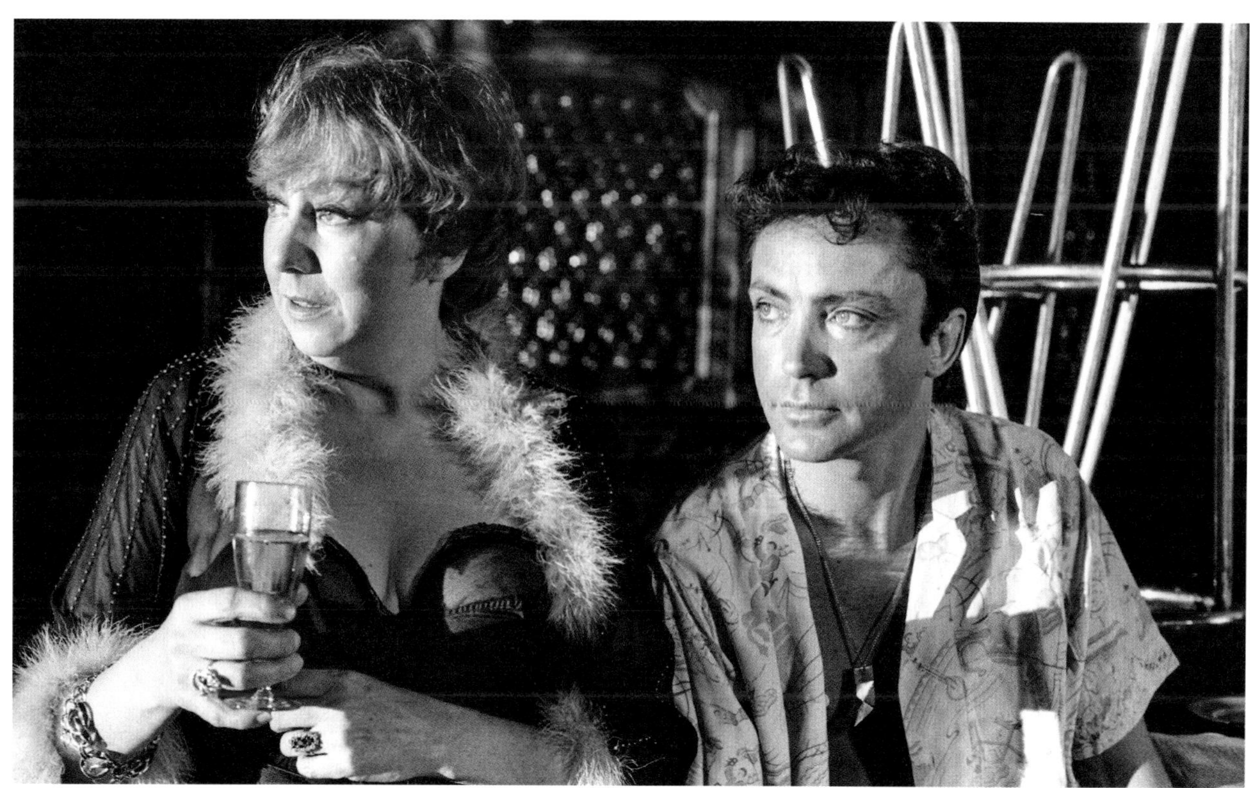

LOLA →
Mit Sonja Neudorfer
(Frau Fink)

Rainer Werner

Ich habe Rainer Werner knapp 15 Jahre lang gekannt.
Das ist nicht viel, wenn man bedenkt,
dass er in dieser Zeitspanne gut 40 Filme gedreht
und unzählige Theaterstücke, Hörspiele und Drehbücher geschrieben hat.
Aus den vielen Begegnungen über die Jahre nehme ich ein paar heraus.

Zuerst steckten wir in zwei rivalisierenden Lagern.
Im Herbst 1967 hatte die Hochschule für Fernsehen und Film in München
ihre Tore für die ersten Studenten geöffnet.
20 Bewerber hatten es in die erste Regieklasse geschafft,
viele Hunderte waren abgewiesen worden.

Unter den »Glücklichen« war ein 1945 geborener Arztsohn aus Düsseldorf,
meine Wenigkeit, der ebenfalls 1945 geborene Arztsohn aus Bayern,
eben Rainer Werner Fassbinder, war unter den »Verstoßenen«.

Ich gehörte deswegen im Winter 1967/68 zu denen,
die sich für die Auserwählten hielten,
während Rainer mit der Truppe des action-theaters, später des antiteaters,
zu den Jungen Wilden oder Rebellen gehörte,
die sich aber wie auch die andere Fraktion
denselben Kiez und dieselbe Stammkneipe auserkoren hatten.
(Ja, man kann sich das durchaus so vorstellen,
wie die »Jets« und die »Sharks« in *West Side Story*.)
Der gemeinsam frequentierte Ort war der legendäre *Bungalow*
in der Türkenstraße, nur einen Steinwurf entfernt
von der Münchner Kultstätte schlechthin, dem ARRI-Kopierwerk.

Der Bungalow war praktisch zu jeder Tages- und Nachtzeit offen,
war grundsätzlich komplett zugequalmt,
hatte einen Flipperraum mit 4 Apparaten, die immer heiß umkämpft waren,
eine Theke, an der es gezapftes Bier und andere Drogen gab,
und als absolutes Zentrum, als Allerheiligstes,
eine Jukebox mit einer kleinen Tanzfläche davor.
Ansonsten stand man herum, mit einem Bier in der Hand,
oder verdrückte sich in die Ecken.
Die beiden Gangs standen dabei immer in gehöriger Entfernung.
Fassbinder war (bei den Sharks natürlich) der Räuberhauptmann,
und wir Studenten der HFF waren eher ein linker Haufen,
ohne Anführer, aber mit wesentlich intellektuellerem Anspruch.

↓ Der *Kleine Bungalow* in der Münchner Türkenstraße Nr. 84, 1964

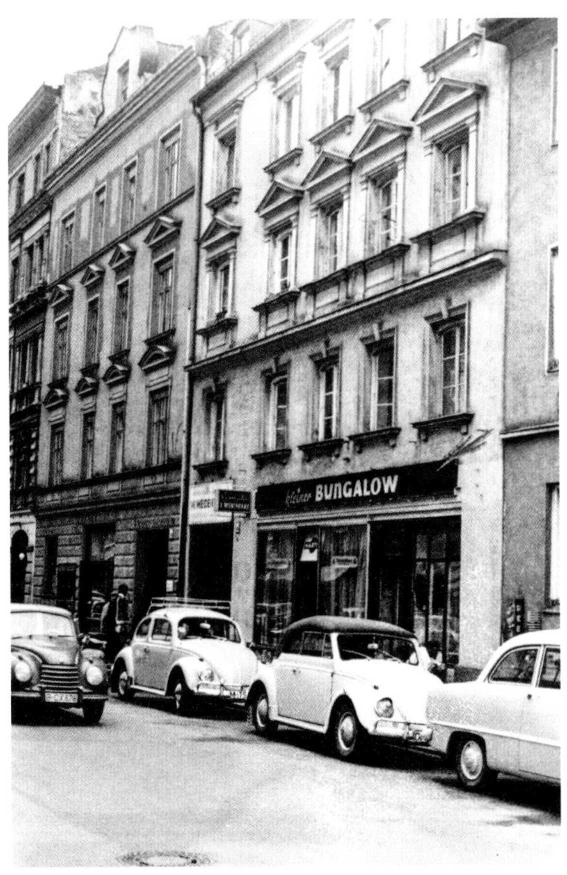

Die Jukebox lief ohne Unterbrechung,
ihr unaufhörliches Füttern war Ehrensache,
und sie wurde von allen Parteien einvernehmlich bedient.
Die Lautstärke war grundsätzlich auf Maximum eingestellt.
Manchmal, mitten in der Nacht,
entstand um das Allerheiligste herum ein ehrfürchtiger Kreis.
Das war, wenn Hanna Schygulla selbstvergessen
mit geschlossenen Augen vor der Jukebox tanzte.

Aller Augen lagen dann auf ihr,
die der Jets genauso ehrfürchtig wie die der Sharks.
Natürlich gehörte Hanna zum Fassbinder-Clan.
Wir Studenten hatten sowas nicht zu bieten.
Wir hatten außer Arroganz und Introvertiertheit nicht viel drauf,
umso weniger, je länger wir auf unsere ersten Filme hin hofften
und je schneller Rainer Werner mit seiner Truppe anfing zu produzieren.
Davon waren wir Studenten noch meilenweit entfernt,
die HFF hatte in dieser Anfangszeit nicht einmal Kameras,
und Filme waren in den ersten Semestern nicht vorgesehen,
wie uns immer schmerzhafter bewusst wurde.

Die Machtverhältnisse änderten sich deswegen bald drastisch.
Wir Hochnäsigen wurden zum Lumpenproletariat,
zwar voller hochtrabender Pläne, aber mit leeren Händen,
und Fassbinder drehte, was das Zeug hielt.
Als wir endlich unsere ersten Kurzfilme vorzeigen konnten,
hatte Rainer Werner uns mit 3 Spielfilmen längst schon rechts überholt
und uns im Staub der Landstraße stehen lassen.
Ihm hätte kaum etwas Besseres passieren können,
als an der HFF abgelehnt zu werden, das war uns allen schon lange klar.
Ihm auch, denke ich.

In jener Zeit habe ich angefangen, in bester Nouvelle-Vague-Manier,
Filmkritiken für die *Filmkritik* und manchmal die *SZ* zu schreiben.
Für einige von Fassbinders Filmen hatte ich nicht nur freundliche Worte.
Ich fand, dass man unterscheiden musste zwischen den Werken,
die er irgendwie hingerotzt hatte,
und solchen, in die er Herzblut investiert hatte.
Sicherlich spielte da wohl noch ein gewisser Neid
aus den Zeiten der Jets und der Sharks eine Rolle.
Später habe ich dann auch einige von Rainer Werners Rohdiamanten
schätzen gelernt, obwohl ich immer noch der Meinung blieb,
dass man den Filmen ansieht, welchen er mehr Lebenszeit gegönnt hatte.

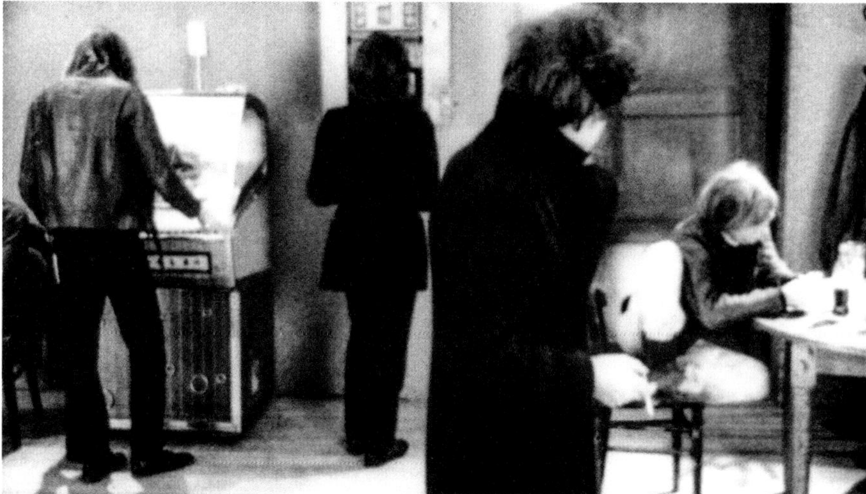

↑ **ALABAMA: 2000 LIGHT YEARS** Regie: Wim Wenders, 1968/69

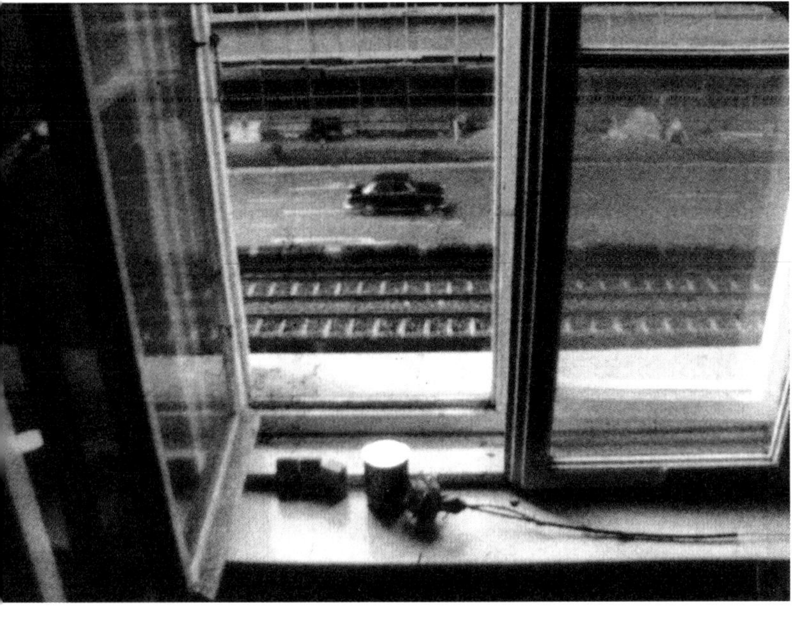

↑ SILVER CITY Regie: Wim Wenders, 1968/69.
Blick aus Wenders' Münchner Wohnung

Ich springe zehn Jahre vor, zum Mai 1978.
Wir waren längst nicht mehr »Kontrahenten«,
die wir de facto auch in Bungalow-Zeiten nie ernsthaft gewesen waren,
das waren ja immer eher rituelle Abtastmanöver gewesen.
Über den Filmverlag der Autoren
und den inzwischen in der Welt angesehenen Neuen Deutschen Film
waren wir beide Mitstreiter an einer gemeinsamen Sache geworden,
unterstützten uns gegenseitig, wo wir konnten,
und waren in keiner Hinsicht gegenseitige Konkurrenz,
was im Übrigen auch für alle unsere anderen Regie-Kolleg*innen galt.
(Heute mag das niemand mehr so richtig glauben,
dass der Neue Deutsche Film vor allem
ein Akt von außerordentlicher Solidarität gewesen ist.)

Ich war schon dabei, mich schlafen zu legen,
als mich Rainer Werner kurz vor Mitternacht anrief.
»Ich hab den Vorführer in den Museums-Lichtspielen dazu bekommen,
länger zu bleiben und noch eine Schicht einzulegen.
Gleich zeigen wir die Arbeitskopie von meinem neuen Film.
Deine Meinung wär mir wichtig! Bis gleich.«

Also hab ich mich ins Auto geschwungen und bin hin.
Da saßen im schummrigen Licht des kleine Saales
nicht viele Leute, Mitarbeiter und ein paar Freunde, soviel ich sehen konnte.
Ich hab mich, wie immer, in die erste Reihe gesetzt,
wo man meiner festen Überzeugung nach einfach sitzen muss,
um in einem Film so richtig drin zu sein.
Deswegen weiß ich kaum noch, wer alles hinter mir saß.
Ich glaube mich an Volker Schlöndorff zu erinnern.
Der Film fing auch gleich an.

Hinterher bin ich auch erstmal lang sitzen geblieben.
Ich hatte einen Rohschnitt von DIE EHE DER MARIA BRAUN gesehen
und war höchst beeindruckt, mehr als das,
ich war sicher, ein Hauptwerk von Rainer Werner
und überhaupt ein Hauptwerk unserer Zeit damals gesehen zu haben.

Der Film war wohl extrem unterfinanziert gewesen,
und Rainer wollte vor allem wissen, ob es sich lohnen würde,
noch mehr zu investieren, um den Film beenden zu können.
Ich weiß nur noch, dass ich der Meinung war, jedes Opfer sei recht,
um diesen Film angemessen fertigzustellen, keine Frage.
Das würde ein Welterfolg, der alle Mühe rechtfertigen würde.

Auch Rainer Werner habe ich in dieser Nacht
als ungewohnt vergnügt und optimistisch in Erinnerung.
Er strahlte geradezu, was man sonst kaum sagen konnte,
wo er sich ja meist eher mürrisch und abweisend gab.
Rainer war sichtbar stolz auf seinen Film, und ich glaube,
er wusste schon genau, was ihm da gelungen war.

Fast forward 2 Jahre.
Bei der Oscar-Verleihung 1980
trafen Rainer Werner und ich uns unvermittelt in den Gängen.
Wir waren beide als Gäste da, nicht mit einem Film.
Für die, die bei dieser Veranstaltung noch nie dabei waren:
in den langen Werbeblöcken, für die die Verleihung jeweils unterbrochen wird,
strömen die Gäste in die verschiedenen Etagen des Auditoriums,
um zu trinken und zu rauchen (jedenfalls damals noch),
während die Plätze in ihrer Abwesenheit
von »Platzhaltern« in Smoking und Abendkleid eingenommen werden.
Wenn man sich also in einer Pause trifft, wie Rainer und ich in diesem Jahr,
kann man auch ruhig die nächsten Preise auslassen
und erst in der folgenden Unterbrechung wieder auf seinen Platz zurückkehren.

Wir umarmten uns, freuten uns, es gab viel voneinander zu erzählen.
Und irgendwann kam Rainer auf das Thema HAMMETT,
den Film, den ich zu der Zeit in Hollywood mit Unterbrechungen drehte,
für Francis Ford Coppola und seine Zoetrope-Studios.
Er habe gehört, wollte Rainer wissen, dass man mich nicht gut behandelte
und mir in den Film reinreden wollte. Sei das so?
Ich versuchte, ihm die ganze lange Geschichte zu erklären,
als er mich plötzlich unterbrach:
»Du, da unten, ist das nicht der Coppola?«
Er wies auf die Menschenmenge unter uns,
die gerade wieder aus dem Saal geströmt kam.
Tatsächlich, dabei war auch Francis, mit Fred Roos, meinem Produzenten.

»Ich geh jetzt da runter und knall dem eine!«
Ich erwischte Rainer gerade noch am Rockzipfel seines Smokings
und konnte ihn nur mit einiger Mühe von seinem Vorhaben abbringen.
»Der Francis ist nicht dran schuld,
dafür ist eher Orion verantwortlich, das Studio, das den Film finanziert.«
Etwas widerwillig hörte Rainer Werner sich die ganze Geschichte an.
Lieber hätte er eingegriffen und wäre handgreiflich geworden.
(Ich habe oft überlegt, was dann wohl passiert wäre ...)

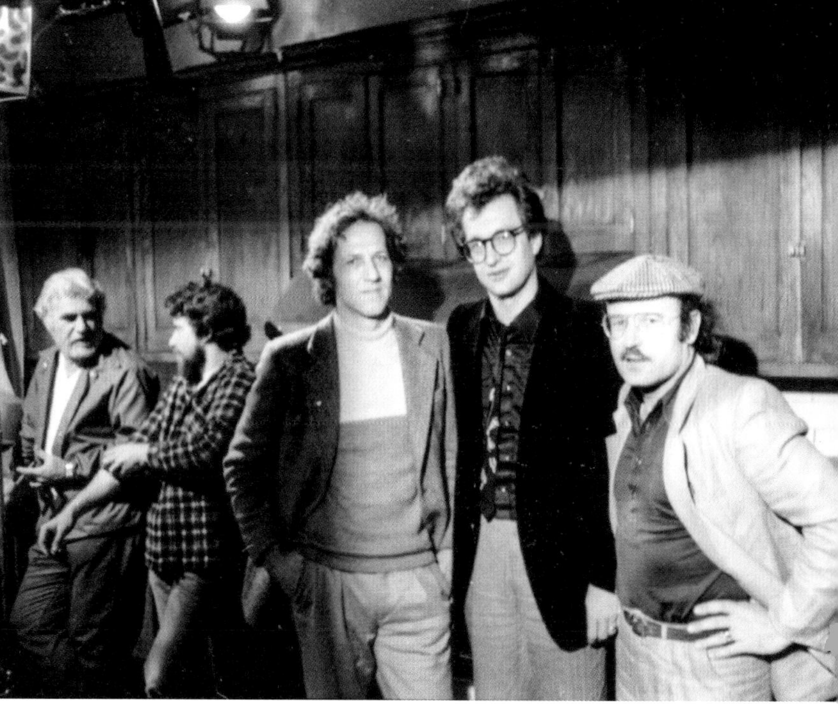

↑ Mit Werner Herzog (li.) und Volker Schlöndorff (re.).
Dreharbeiten zu **HAMMETT**, 1981/82

Danach haben wir uns erst in Cannes wiedergesehen, im Mai 1982.
Ich drehte während der Filmfestspiele einen kleinen Dokumentarfilm,
ROOM 666, im einzigen freien Raum des Hotels Martinez
und lud dazu alle anwesenden Regisseure ein,
sich vor die Kamera in das leere Zimmer zu setzen
und etwas über die Zukunft des Kinos zu sagen.
Das, so war es jedenfalls damals meine Überzeugung,
steckte in einer Krise und war dabei, seine eigene Sprache zu verlieren.
Viele der Kollegen folgten meiner Einladung,
setzten sich in das Zimmer vor die Kamera,
lasen meine Frage und antworteten dann direkt ins Objektiv.
Außer ihnen war niemand im Raum ...
Es wusste auch niemand, wie lange jemand reden würde,
geschweige denn, was er oder sie sagen würde.

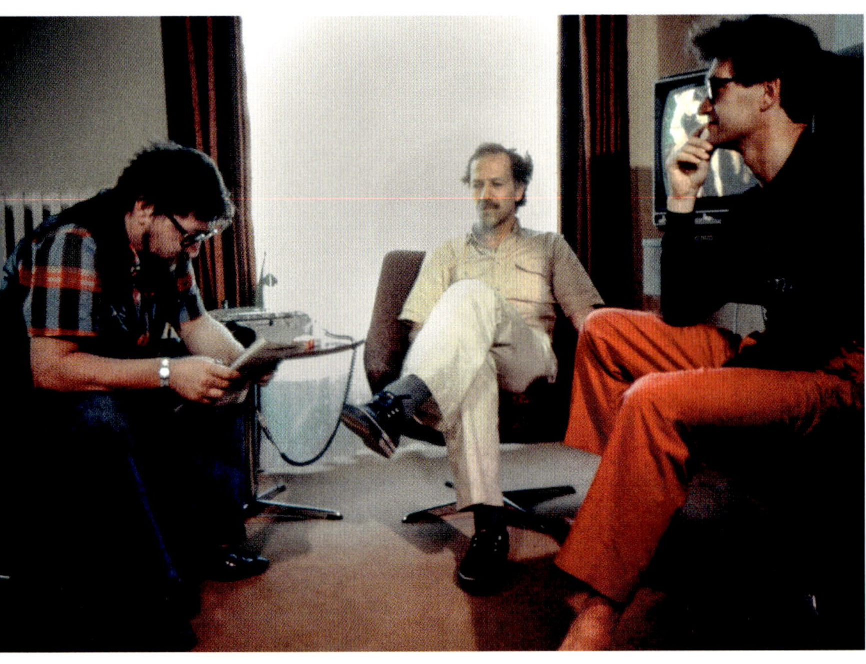

↑ CHAMBRE 666 / ROOM 666 FR/US 1982
Wim Wenders mit Rainer Werner Fassbinder (li.)
und Werner Herzog (Mitte). Cannes, Mai 1982

Ich traf Rainer Werner an der Hotelbar,
bevor er sich in das Zimmer für sein Statement begeben wollte.
Bei seinem Anblick bin ich etwas erschrocken.
So müde und ausgepowert hatte ich ihn noch nie gesehen.
Er schien gegenüber unserem letzten Treffen spürbar gealtert
und ging mit hängenden Schultern, als läge eine große Last auf ihm.
Er rauchte Kette, hatte ein bleiches Gesicht und tiefe Ringe unter den Augen.
Und wie immer trug er seine Lederweste und abgewetzte Jeans.

Er fand das Anliegen dieses kleinen Films gut, war er doch überzeugt,
dass das Kommerzkino in der Tat in einer Krise steckte,
das Autorenkino jedoch voller Kraft und Erneuerungsfähigkeit war.
Er kam nur für ein paar Minuten ins Zimmer 666,
da kam es auch zu einem kurzen Treffen mit Werner Herzog und uns beiden,
und schon war er wieder verschwunden.
Danach habe ich ihn in Cannes nicht mehr gesehen.

Anfang Juni desselben Jahres komme ich mit dem Nachtzug in München an.
Frühmorgens trete ich aus dem Hauptbahnhof, um ein Taxi zu nehmen.
Links und rechts stehen die Zeitungsständer der *SZ*, der *AZ* und der *tz*.
Alle Titelseiten haben nur ein Thema: den Tod des Rainer Werner Fassbinder.

Ich setze mich auf die Treppen vor dem Bahnhof und heule Rotz und Tränen.
Ich weine um all die Filme, die Rainer nicht mehr machen wird.
Ich weine um all die Menschen, die ihn besser kannten als ich
und denen gerade viel mehr verloren gegangen ist.
Ich weine wie nur einmal vorher, beim Tod von John Lennon.
Weil eine Zeit zu Ende war,
eine Zeit, die zu meinem, zu unser aller Leben gehört hatte.

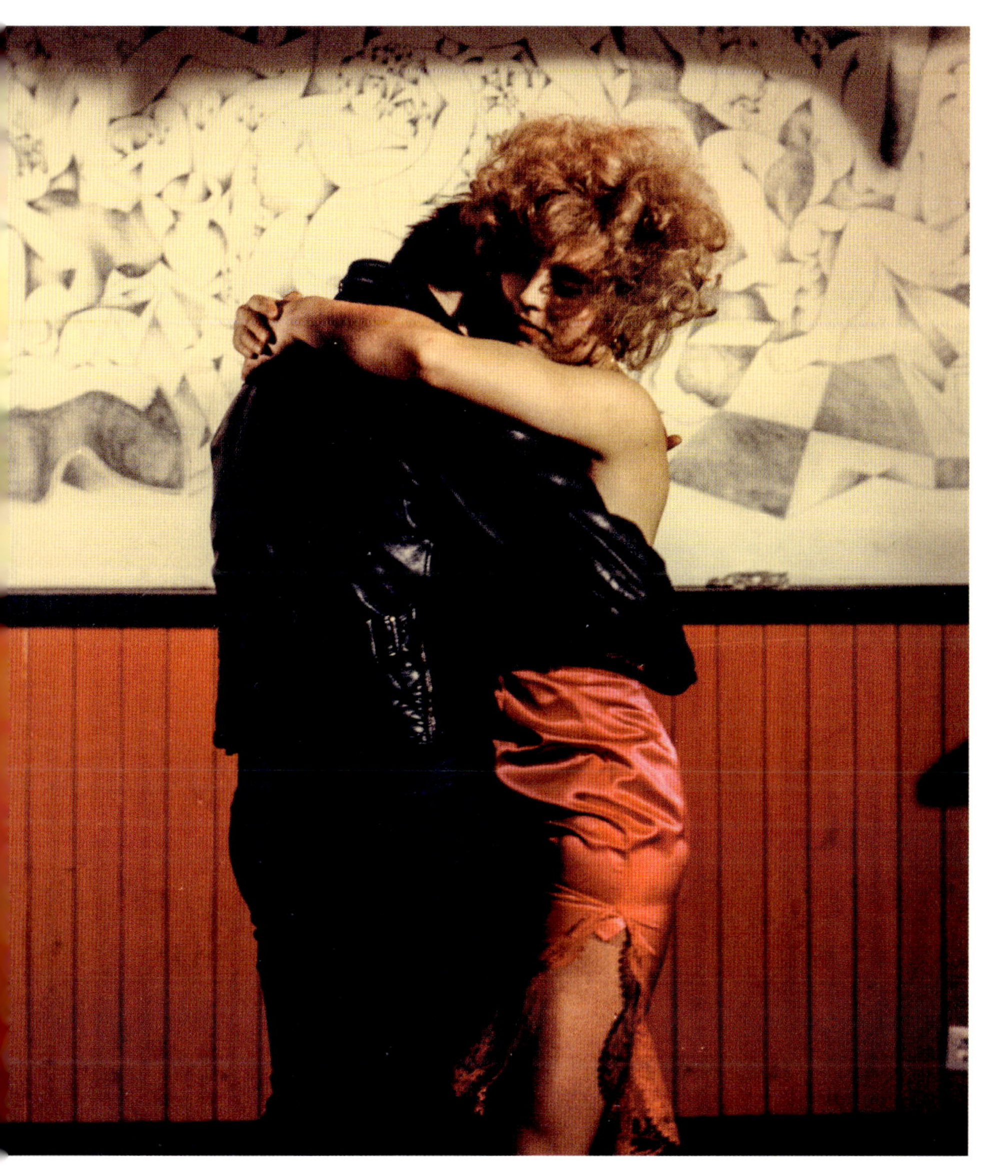

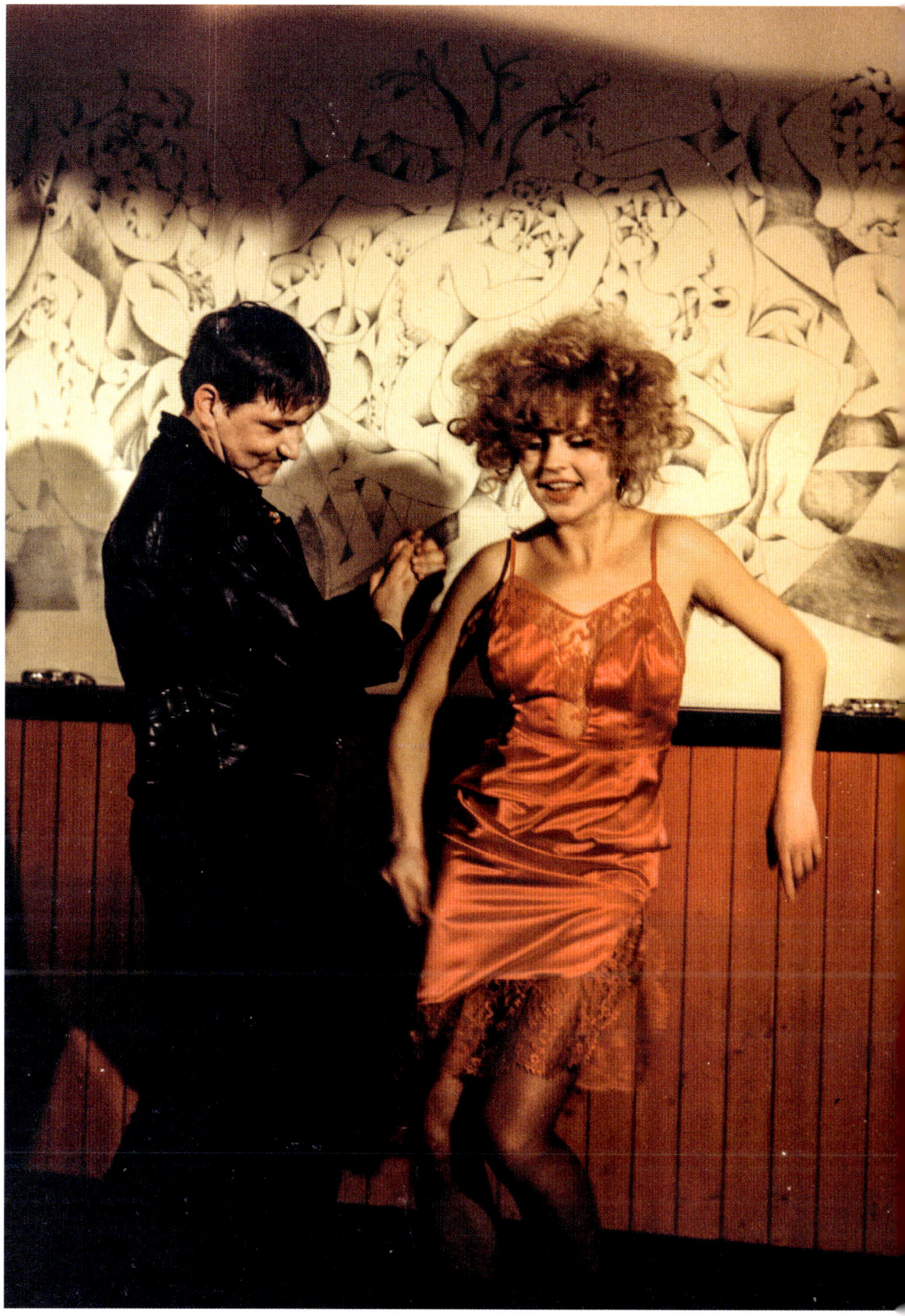

↑ RIO DAS MORTES Rainer Werner Fassbinder und Hanna Schygulla, 1971

Dreht Filme wie andere Leute Zigaretten

DER SPIEGEL 47/1975

Abgeschmackte Trivialitäten

epd Kirche und Rundfunk, 8.6.1974

Einer unserer international besten »Metteurs-en-scène«

Frankfurter Rundschau, 25.11.1976

EIN MORALBERSERKER

Theater heute, 3/1970

Erfolgreiche Mischung aus Poker- und Baby-Face

Frankfurter Allgemeine Zeitung, 24.3.1971

Ein Autor vom Zuschnitt Balzacs

Frankfurter Rundschau, 19.6.1982

Fassbinder – wieder mal am Wendepunkt?

epd Kirche und Film, Nov./Dez. 1980

FASSBINDER, EIN LINKER FASCHIST?

DIE ZEIT, 26.3.1976

Brechtian bad boy of the German cinema's New Wave

Take One, Vol. VII 2, 1/1979

Propagandist bürgerlicher Ideologie

Rote Fahne, 4.2.1976

Was ist los mit Fassbinder?

Frankfurter Rundschau, 11.7.1975

Nicht mehr als trivial

Neue Zürcher Zeitung, 10.7.1975

ARBEITET WIE AM FLIESSBAND

Neue Ruhr-Zeitung, 17.3.1973

Im Auftrag der Bourgeoisie: Hetze gegen die Kommunistische Partei

Rote Fahne, 4.2.1976

Depressives Gleichmaß

Süddeutsche Zeitung, 25.3.1976

Kraftwerk RWF

Die Weltwoche (Zürich), 23.7.1975

Fassbinder simply has more talent than most

The Village Voice, 8.7.1981

Fassbinder is the most dazzling, talented, provocative, original, puzzling, prolific and exhilarating film maker of his generation

The New York Times, 9.9.1980

The movies' Wunderkind

TIME Magazine, 13.7.1981

ER ARBEITET WIE ANDERE ATMEN

Stuttgarter Zeitung, 3.1.1981

MÜLLKUTSCHER FASSBINDER

Frankfurter Rundschau, 12.3.1976

EIN GENIE OHNE ORIGINALITÄT?

Die Welt, 25.11.1970

Ein außerordentliches Kinotalent

Die Welt, 21.8.1981

The most bitterly funny, talented and prolific West German director.

The New York Times, 8.10.1979

Wahrscheinlich doch ein hoffnungslos guter Mensch

Stuttgarter Nachrichten, 22.3.1971

Wohlbezahlter Lumpen-Literat und -Regisseur

Rote Fahne, 4.2.1976

The Wunderkind of low-budget West German cinema

TIME Magazine, 27.6.1977

Buhmann des Kulturbetriebes

DER SPIEGEL, 4.10.1976

Einer der vitalen Geschichtenerzähler des deutschen Films

Stuttgarter Zeitung, 22.8.1981

Der schnelle Regisseur

Hanauer Anzeiger, 10.3.1980

Fassbinder, inzwischen doch ein Kommerzregisseur?

epd Kirche und Film, Nr. 11/12, November/Dezember 1980

Anhang

Kurzbiografie Rainer Werner Fassbinder

Lebenslauf

Am 31. Mai 1945 wurde ich als Sohn des praktischen Arztes Dr. Helmuth Fassbinder und seiner Ehefrau Liselotte, geb. Pempeit, in Bad Wörishofen geboren.

Meine ersten Lebensjahre verbrachte ich in München, wo ich auch von 1951–1955 die Rudolf-Steiner-Schule besuchte.

Von 1955–1961 war ich in folgenden Gymnasien: 1955–1956 Theresiengymnasium München, 1956–1958 St. Anna Gymnasium Augsburg, 1958–1959 Realgymnasium Augsburg, 1959–1961 Neues Realgymnasium München.

Von 1961–1963 half ich meinem Vater in Köln beim Aufbau eines Immobilienbüros. In dieser Zeit besuchte ich außerdem ein Abendgymnasium.

Von 1963 – März 1964 nahm ich Schauspielunterricht bei Intendant Kraus in München, anschließend beim Schauspielstudio Fridl Leonhard bis 31. Mai 1966.

Ende Juli 1966/Anfang August 1966 war ich Mitarbeiter an Bruno Joris Fernsehdokumentation „Hoffnungsgruppe" in Verona. Nach der Herstellung eigener 8mm-Filme im September/Oktober 1966 machte ich im November 1966 meinen ersten Kurzspielfilm in 35mm „Der Stadtstreicher". Außerdem erhielt ich im November 1966 beim Dramenwettbewerb der Jungen Akademie, München, einen Preis für „Nur eine Scheibe Brot". Im Februar 1967 machte ich dann meinen zweiten 35mm-Kurzspielfilm „Das kleine Chaos"

26.7.1967

Rainer Werner Fassbinder

1945

31. Mai: Rainer Werner Fassbinder wird in Bad Wörishofen, einem Kurort im schwäbischen Allgäu, geboren.

1945–1948

Kurz nach der Geburt des Sohnes ziehen die Eltern, Dr. Helmut (auch: Hellmuth, Helmuth) Fassbinder und Liselotte Pempeit-Fassbinder, nach München. Der Vater beginnt in der Sendlingerstraße 5 eine Arztpraxis einzurichten und beschließt, das Kind zu seinem Bruder und dessen Ehefrau, die eine Landarztpraxis betreiben, nach Kippenheim bei Lahr (Schwarzwald) zu bringen. Im Frühling 1946 wird das Kind wieder nach München zurückgeholt; mittlerweile sind auch Verwandte der Mutter in die Wohnung mit der angeschlossenen Praxis eingezogen.

1950

Umzug der Großfamilie in die Stielerstraße 7, Praxis und Wohnbereich befinden sich wieder in einer Wohnung. Die Mutter muss wegen einer offenen Tuberkulose für mehrere Monate ins Krankenhaus.

1951

Scheidung der Eltern. Der Vater zieht zunächst nach Bad Godesberg und später nach Köln, die Mutter mit ihrem Sohn in eine kleine Parterrewohnung; sie beginnt, den gemeinsamen Lebensunterhalt als Übersetzerin zu verdienen.

1951–1955

Einschulung in die Rudolf-Steiner-Schule in München, die er drei Jahre lang besucht. Aufgrund ihrer Tuberkuloseerkrankung muss die Mutter mehrmals kurz ins Krankenhaus. Das Kind wird in dieser Zeit abwechselnd von Familienangehörigen und Nachbarn betreut. Rainer Werner beginnt, kleine Geschichten und Gedichte zu schreiben, die er mit Schulkameraden einstudiert. Er findet immer häufiger Gelegenheit, ins Lichtspielhaus am Goetheplatz zu gelangen, das unweit der Wohnung in der Stielerstraße 7 liegt. Durch einen längeren Sanatoriumsaufenthalt der Mutter bedingt, wechselt er im September 1953 in die Volksschule Ravensburg und wohnt dort bei Freunden der Mutter.

1955–1961

Wechsel zum Gymnasium; zunächst das Theresien-Gymnasium in München (1955/56), dann das St.-Anna-Gymnasium in Augsburg (1956–1958), Besuch des Internats; Lungenoperation der Mutter mit anschließendem zweijährigem Aufenthalt im Sanatorium. Wechsel zum Realgymnasium in Augsburg und weiterer Internatsaufenthalt.

1958/59

Nach der Entlassung aus dem Sanatorium lernt die Mutter den freien Journalisten Wolf Eder kennen, den sie heiratet.
Erneuter Schulwechsel an das Realgymnasium in München mit Aufenthalt im Schülerheim.

Mai 1961

Rainer Werner Fassbinder verlässt das Realgymnasium in München ohne Abschluss.

1961–1963

Aufenthalt beim Vater in Köln und Besuch des Abendgymnasiums. Er muss sich seinen Lebensunterhalt im Immobilienbüro des Vaters verdienen; er schreibt kurze Stücke, Gedichte, Kurzgeschichten. Unter dem Titel *Im Land des Apfelbaums* schenkt er 1962/63 seiner Mutter eine Auswahl von ihnen.

1963–1966

Rückkehr nach München. Er arbeitet kurzfristig im Archiv der *Süddeutschen Zeitung*, als Statist an den Münchner Kammerspielen und nimmt von September 1963 bis Februar 1964 privaten Schauspielunterricht bei dem Intendanten [Otto] Krauß. Anschließend zweijähriger Besuch der Schauspielschule Fridl Leonhard; dort Begegnung mit Hanna Schygulla und Marite Greiselis.

1966

Besteht die staatliche Schauspielprüfung nicht.
31. Mai: Abbruch der Schauspielschule.
Juli: Dreh des 8-mm-Kurzfilms THIS NIGHT (verschollen).
Schreibt u.a. das Stück *Nur eine Scheibe Brot – Ein Stück in 10 Szenen mit unverändertem Dekor*, für das er bei einem Dramenwettbewerb der Jungen Akademie in München den dritten Preis teilen muss. Lernt Irm Hermann kennen.
Schreibt das Drehbuch *Tischtennis* und das Stück *Tropfen auf heiße Steine*.
Für die Aufnahmeprüfung an der neu gegründeten Deutschen Film und Fernsehakademie, Berlin (DFFB) schreibt er auf Grundlage des Stückes *Nur eine Scheibe Brot – Ein Stück in 10 Szenen mit unverändertem Dekor* eine Filmfassung mit dem Titel *Parallelen – Szenen zu einem Film über Auschwitz*. Nach der einwöchigen Aufnahmeprüfung in Berlin wird er zum Studium nicht zugelassen; Begegnung mit Daniel Schmid.

1967

Sommer: Erster Kontakt zu den Mitgliedern des action-theaters (Ursula Strätz, Peer Raben, Kurt Raab u.a.) in München; zweiter vergeblicher Versuch, an der DFFB aufgenommen zu werden. Mitarbeit und bald Regie am action-theater.
Horst Söhnlein zertrümmert die Einrichtung des Theaters – Unfall Ursula Strätz.
11.–25. November: Gastspiel des action-theaters in Paris.

1968

Nach der Schließung des action-theaters begründet Fassbinder mit einigen anderen ehemaligen Mitgliedern, u.a. mit Peer Raben, das antiteater, das in verschiedenen Spielstätten in München auftritt.
Steht in den Filmen ALARM (Regie: Dieter Lemmel) und FREI BIS ZUM NÄCHSTEN MAL (Regie: Korbinian Köberle) als Darsteller vor der Kamera, ebenso in Paul Vasils TV-Musical TONYS FREUNDE; lernt Ulli Lommel kennen.

1969

Lernt Harry Baer bei *Die Bettleroper* kennen.
Beginn der Filmproduktionen unter antiteater-X-Film.
Titelrolle in BAAL unter der Regie von Volker Schlöndorff; Beginn der einjährigen Beziehung mit Günther Kaufmann.
November: In Bremen findet im Theater am Goetheplatz unter der Intendanz von Kurt Hübner ein »Fassbinder-Showdown« statt. Das antiteater-Ensemble wird eingeladen und spielt alle bisherigen Fassbinder-Stücke.

1970

Erster Kontakt mit Günter Rohrbach (WDR, Leitung der Spiel- und Fernsehspielabteilung) und Peter Märthesheimer (Redaktion).
26. August: Heirat mit der Schauspielerin und späteren Sängerin Ingrid Caven in Feldkirchen bei München.

1971

Beschäftigt sich intensiv mit den Filmen von Douglas Sirk, die in einer Retrospektive im *abc*-Kino in München zu sehen sind, und schreibt darüber für die Monatszeitschrift *film* einen langen Text.
Tod von Wolf Eder; Fassbinders Mutter, Liselotte Eder, beginnt, sich um die ungeordneten Finanzangelegenheiten des antiteaters und der antiteater-X-Film zu kümmern.
Zusammenbruch des antiteaters, Gründung der Produktionsgesellschaft Tango-Film Rainer Werner Fassbinder.
Beteiligung an der Gründung des Filmverlags der Autoren.
August: Dreharbeiten HÄNDLER DER VIER JAHRESZEITEN; Beginn der Beziehung mit El Hedi ben Salem m'Barek Mohamed Mustafa.
Das New York Film Festival, das alljährlich im Lincoln Center stattfindet, zeigt den Fassbinder-Film DIE NIKLASHAUSER FART.

1972

27. September: Scheidung von Ingrid Caven.

1973

Dezember: Ende der Beziehung mit El Hedi ben Salem.

1974

Fassbinder lernt im Hotel und Restaurant *Deutsche Eiche* Armin Meier kennen.
Übernimmt die Mit-Direktion am Frankfurter Theater am Turm (TAT).
Erste Fassbinder-Retrospektive in der Cinémathèque Paris.

1975

Vorzeitiges Ende des Engagements am TAT.
Fassbinder-Retrospektive während des New York Film Festival.

1976

Kurt Raab, Hanna Schygulla, Irm Hermann und Ingrid Caven verlassen die »Fassbinder-Truppe« vorläufig, fortan stehen nur Peer Raben und Harry Baer in regelmäßigem Kontakt mit Fassbinder.
Fassbinder lernt Juliane Maria Lorenz bei den Dreharbeiten zu CHINESISCHES ROULETTE kennen.

1977

Trennt sich von seinen Anteilen am Filmverlag der Autoren.
El Hedi ben Salem stirbt am 13. September an den Folgen eines Herzinfarkts in einem Gefängnis in Nîmes (Frankreich).
Fassbinder sieht seine künstlerische Selbstverwirklichung durch die bestehenden Institutionen, Filmförderungsanstalten und Programmverantwortlichen der BRD als zunehmend beschränkt und verkündet im Sommer erstmals öffentlich seine Pläne, in die Vereinigten Staaten auszuwandern.
Das Angebot, Alfred Döblins *Berlin Alexanderplatz* für den WDR zu verfilmen, führt dazu, dass Fassbinder seine Auswanderungspläne vorerst aufgibt.

1978

Fassbinder trennt sich von Armin Meier.
Armin Meier stirbt am 31. Mai vermutlich durch eine Überdosis Schlaftabletten in Fassbinders Münchner Wohnung.
Fassbinder und Juliane Maria Lorenz absolvieren eine Ehe-Zeremonie in Fort Lauderdale, Florida.

1980

Fassbinder steht aufgrund der Folgen der öffentlichen Hetze des Springer-Verlags gegen BERLIN ALEXANDERPLATZ unter Polizeischutz.

1982

Rainer Werner Fassbinder stirbt am 10. Juni 1982 gegen 4 Uhr morgens in seiner Wohnung in München, Clemensstraße 76.

Quelle: Rainer Werner Fassbinder Foundation, Berlin

Filmografie

Die Filmografie von Rainer Werner Fassbinder umfasst 44 bzw. 45 Titel (zählt man seinen verschollenen Kurzfilm THIS NIGHT hinzu), darunter 16 Fernsehproduktionen, bei denen er Regie geführt hat. Grundlage dieser gekürzten Fassung sind die Publikation *Rainer Werner Fassbinder* (hg. von Peter W. Jansen und Wolfram Schütte, Reihe Cinema, Fischer 1992; überarbeitete Lizenzausgabe der 5. erweiterten und überarbeiteten Ausgabe des Carl Hanser Verlages, München, 1985) sowie die Datenbanken des DFF – Deutsches Filminstitut & Filmmuseum, Frankfurt am Main (www.filmportal.de) und der Rainer Werner Fassbinder Foundation (RWFF) (www.fassbinderfoundation.de). Ergänzende Hinweise wurden Rune Kühls Werkverzeichnis in *Fassbinder über Fassbinder* (hg. von Robert Fischer, 2005) entnommen. Die Angaben sind aus Platzgründen gekürzt.

Weitere filmografische Angaben finden sich unter www.filmportal.de

sowie unter www.fassbinderfoundation.de

Abkürzungen

Anm.: Anmerkung
A: Ausstattung
AL: Aufnahmeleitung
B: Buch
Ba: Bauten
Da: Darsteller*in
DB: Drehbuch
DO: Drehort
ES: Erstsendung
dt. EA: deutsche Erstaufführung
DZ: Drehzeit
F: Format
Ga: Garderobe
HL: Herstellungsleitung
K: Kamera
Ko: Kostüme
L: Länge
LT: Liedtexte
M: Musik
P: Produktionsfirma
Pd: Produzent
PL: Produktionsleitung
R: Regie
R-Ass: Regieassistenz
Sch: Schnitt
SF: Standfotos
T: Ton
UA: Uraufführung

THIS NIGHT

BR Deutschland 1966. **R, DB, K:** Rainer Werner Fassbinder. **P:** Roser Film (München). **Pd:** Christoph Roser. **F:** 8 mm, Farbe, Kurzfilm, verschollen.

DER STADTSTREICHER

BR Deutschland 1966. **R, DB:** Rainer Werner Fassbinder. **K:** Josef Jung. **Sch:** Michael Fengler, Rainer Werner Fassbinder. **M:** Georg Friedrich Händel, Juventino Rosas (Lieder). **Da:** Christoph Roser (Stadtstreicher), Susanne Schimkus (Bedienung), Michael Fengler (1. Mann), Thomas Fengler (2. Mann), Irm Hermann (Frau), Rainer Werner Fassbinder (junger Mann in Lederjacke). **P:** Roser Film (München). **Pd:** Christoph Roser. **F:** 16 mm, schwarzweiß, 1:1,33. **L:** 10 Min.

DAS KLEINE CHAOS

BR Deutschland 1967. **R, DB:** Rainer Werner Fassbinder. **K:** Michael Fengler. **M:** Reg Presley und The Troggs: *Can't Control Myself*. **Da:** Rainer Werner Fassbinder (Franz, einer der drei Gangster), Marite Greiselis (Marite), Christoph Roser (Theo), Lilo Pempeit (d.i. Liselotte Eder), Greta Rehfeld, Susanne Schimkus. **P:** Roser Film (München). **Pd:** Christoph Roser. **F:** 35 mm, schwarzweiß, 1:1,33. **L:** ursprünglich 12 Min., auf 9 Min. gekürzt.

LIEBE IST KÄLTER ALS DER TOD

BR Deutschland 1969. **R, DB:** Rainer Werner Fassbinder. **R-Ass:** Martin Müller. **Script:** Katrin Schaake. **K:** Dietrich Lohmann. **A:** Ulli Lommel, Rainer Werner Fassbinder. **Sch:** Franz Walsch (d.i. Rainer Werner Fassbinder), Katrin Schaake (Assistenz). **M:** Peer Raben, Holger Münzer. **Da:** Ulli Lommel (Bruno), Hanna Schygulla (Joanna), Rainer Werner Fassbinder (Franz), Hans Hirschmüller (Peter), Katrin Schaake (Dame im Zug), Peter Berling (Schuster). **P:** antiteater-X-Film (Feldkirchen). **DO:** München und Umgebung. **DZ:** 24 Tage, April 1969. **F:** 35 mm, schwarzweiß, 1:1,33. **L:** 88 Min. **UA:** 26.6.1969, Berlin (Filmfestspiele).

KATZELMACHER

BR Deutschland 1969. **R, DB:** Rainer Werner Fassbinder, nach seinem gleichnamigen Bühnenstück. **R-Ass:** Michael Fengler. **K:** Dietrich Lohmann. **M:** Peer Raben. **A:** Rainer Werner Fassbinder. **Sch:** Franz Walsch (d.i. Rainer Werner Fassbinder). **Da:** Hanna Schygulla (Marie), Lilith Ungerer (Helga), Elga Sorbas (Rosy), Doris Mattes (Gunda), Rainer Werner Fassbinder (Jorgos), Rudolf Waldemar Brem (Paul). **P:** antiteater-X-Film (Feldkirchen). **DO:** München. **DZ:** 21.7.1969–1.8.1969. **F:** 35 mm, schwarzweiß, 1:1,37. L: 88 Min. **UA:** 8.10.1969, Mannheim (Filmwoche).

GÖTTER DER PEST

BR Deutschland 1969. **R, DB:** Rainer Werner Fassbinder. **R-Ass:** Kurt Raab. **Script:** Peter Gauhe. **K:** Dietrich Lohmann. **SF:** Konrad Hartmann, Arnold John. **Ba:** Kurt Raab. **Sch:** Franz Walsch (d.i. Rainer Werner Fassbinder), Thea Eymèsz (Assistenz). **M:** Peer Raben. **Da:** Harry Baer (Franz), Hanna Schygulla (Joanna), Margarethe von Trotta (Margarethe), Günther Kaufmann (Günther), Carla Aulaulu (Carla), Ingrid Caven (Magdalena Fuller), Rainer Werner Fassbinder (Pornokäufer), u.a. **P:** antiteater-X-Film (Feldkirchen), Michael Fengler (Mitarbeit). **Pd:** Rainer Werner Fassbinder. **DO:** München, Dingolfing. **DZ:** 5 Wochen, Oktober und November 1969. **F:** 35 mm, schwarzweiß. **L:** 91 Min. **UA:** 4.4.1970, Wien (Viennale). **Dt. EA:** 31.5.1970, Hof (Internationale Filmtage).

WARUM LÄUFT HERR R. AMOK?

BR Deutschland 1969. **R, DB:** Michael Fengler, Rainer Werner Fassbinder. **R-Ass:** Harry Baer. **K:** Dietrich Lohmann. **Sch:** Rainer Werner Fassbinder, Michael Fengler. **M:** Peer Raben, Joachim Heder. **Da:** Kurt Raab (Herr R.), Lilith Ungerer (seine Frau), Amadeus Fengler (ihr Sohn), Franz Maron (Chef), Harry Baer (1. Kollege), Peter Moland (2. Kollege). **P:** antiteater-X-Film (Feldkirchen), hergestellt von Maran Film (im Auftrag des Süddeutschen Rundfunks, SDR). **DO:** München. **DZ:** 13 Tage, Dezember 1969. **F:** 16 mm, aufgeblasen auf 35 mm, Farbe, 1:1,37. **L:** 88 Min. **UA:** 28.6.1970, Berlin (Filmfestspiele). **Anm:** Anstelle eines Drehbuchs entwarfen Fengler und Fassbinder den groben Umriss der Geschichte. Die Darsteller improvisierten auf dieser Grundlage ihre Dialoge.

RIO DAS MORTES

BR Deutschland 1970. **R, DB:** Rainer Werner Fassbinder, nach einer Idee von Volker Schlöndorff. **R-Ass:** Harry Baer, Kurt Raab. **K:** Dietrich Lohmann. **A:** Kurt Raab. **Sch:** Thea Eymèsz. **M:** Peer Raben. **Da:** Hanna Schygulla (Hanna), Michael König (Michel), Günther Kaufmann (Günther), Katrin Schaake (Katrin, Hannas Freundin), Joachim von Mengershausen (Joachim, Katrins Freund), Lilo Pempeit (d.i. Liselotte Eder; Günthers Mutter), Rainer Werner Fassbinder (Hannas Tanzpartner), u.a. **P:** antiteater-X-Film (Feldkirchen), Janus Film und Fernseh-Produktion (Frankfurt am Main). **Pd:** Klaus Hellwig. **DO:** München. **DZ:** 20 Tage, Januar 1970. **F:** 16 mm, Farbe, 1:1,33. **L:** 84 Min. bei 25 b/s. **ES:** 15.2.1971, ARD.

DAS KAFFEEHAUS

BR Deutschland 1970. **R, DB:** Rainer Werner Fassbinder, nach dem Bühnenstück von Carlo Goldoni; Fernsehbearbeitung von Rainer Werner Fassbinder und dem antiteater, München unter Verwendung der von Peer Raben und Rainer Werner Fassbinder mit dem Bremer Ensemble entwickelten Spielelemente. **K:** Dietbert Schmidt, Manfred Forster. **M:** Peer Raben. **Da:** Margit Carstensen (Victoria), Ingrid Caven (Placida), Hanna Schygulla (Lisaura), Kurt Raab (Don Mario), Harry Baer (Eugenio), Hans Hirschmüller (Trappolo). **P:** Westdeutscher Rundfunk (WDR), Köln. **DO:** Köln (Studio). **DZ:** 10 Tage, Februar 1970. **F:** MAZ 2 Zoll, schwarzweiß. **L:** 105 Min. **ES:** 18.5.1970, WDR III.

WHITY

BR Deutschland 1970. **R, DB:** Rainer Werner Fassbinder. **K:** Michael Ballhaus. **A:** Kurt Raab. **Sch:** Franz Walsch (d.i. Rainer Werner Fassbinder), Thea Eymèsz. **M:** Peer Raben, Hanna Schygulla (Gesang), Günther Kaufmann (Gesang). **LT:** Ulli Lommel, Rainer Werner Fassbinder. **Da:** Günther Kaufmann (Whity), Hanna Schygulla (Hanna), Ulli Lommel (Frank), Harry Baer (Davy), Katrin Schaake (Katherine), Ron Randell (Ben Nicholson), u.a. **P:** antiteater-X-Film (Feldkirchen), Atlantis Film (München). **Pd:** Ulli Lommel. **DO:** Almeria (Spanien). **DZ:** 20 Tage, April 1970. **F:** 35 mm, Farbe, Scope, 1:2,35. **L:** 95 Min. **UA:** 2.7.1971, Berlin (Filmfestspiele).

DIE NIKLASHAUSER FART

BR Deutschland 1970. **R, DB:** Rainer Werner Fassbinder, Michael Fengler. **R-Ass:** Harry Baer. **K:** Dietrich Lohmann. **A:** Kurt Raab. **Sch:** Franz Walsch (d.i. Rainer Werner Fassbinder), Thea Eymèsz. **M:** Peer Raben, Amon Düül II. **Da:** Michael König (Hans Böhm), Michael Gordon (Antonio), Rainer Werner Fassbinder (Schwarzer Mönch), Hanna Schygulla (Johanna), Walter Sedlmayr (Pfarrer), Margit Carstensen (Margarethe), u.a. **P:** Janus Film und Fernseh-Produktion (Frankfurt am Main). **Pd:** Klaus Hellwig. **DO:** München, Starnberg, Feldkirchen. **DZ:** 20 Tage, Mai 1970. **F:** 16 mm, Eastmancolor, 1:1,33. **L:** 86 Min. bei 25 b/s. **ES:** 26.10.1976, ARD.

DER AMERIKANISCHE SOLDAT

BR Deutschland 1970. **R, DB:** Rainer Werner Fassbinder. **R-Ass:** Kurt Raab. K: Dietrich Lohmann. **A:** Rainer Werner Fassbinder. **Ko:** Kurt Raab. **Sch:** Thea Eymèsz. **M:** Peer Raben. **LT:** Rainer Werner Fassbinder, Ulli Lommel. **Da:** Karl Scheydt (Ricky), Elga Sorbas (Rosa), Jan George (Jan), Margarethe von Trotta (Zimmermädchen), Hark Bohm (Doc), Ingrid Caven (Sängerin), Rainer Werner Fassbinder (Franz), u.a. **P:** antiteater-X-Film (Feldkirchen). **HL:** Peer Raben. **DO:** München. **DZ:** 15 Tage, August 1970. **F:** 35 mm, schwarzweiß, 1:1,37. **L:** 80 Min. **UA:** 9.10.1970, Mannheim (Filmwoche).

WARNUNG VOR EINER HEILIGEN NUTTE

BR Deutschland 1970. **R, DB:** Rainer Werner Fassbinder. **R-Ass:** Harry Baer. **Script:** Katrin Schaake. **K:** Michael Ballhaus. **SF:** Peter Gauhe. **Ba:** Kurt Raab. **Ga:** Molly von Fürstenberg. **Sch:** Franz Walsch (d.i. Rainer Werner Fassbinder), Thea Eymèsz. **M:** Peer Raben. Gaetano Donizetti, Elvis Presley (Lieder), Ray Charles (Lieder), Leonard Cohen (Lieder). **Da:** Lou Castel (Jeff, Regisseur), Eddie Constantine (Eddie Constantine), Hanna Schygulla (Hanna, Schauspielerin), Marquard Bohm (Ricky, Schauspieler), Rainer Werner Fassbinder (Sascha, Herstellungsleiter), Ulli Lommel (Korbinian, Aufnahmeleiter), u.a. **P:** antiteater-X-Film (Feldkirchen), Nova International (Rom). **DO:** Sorrent (Italien). **DZ:** 22 Tage, September 1970. **F:** 35 mm, Eastmancolor, 1:1,37. **L:** 103 Min. **UA:** 28.8.1971, Venedig (Filmfestspiele).

PIONIERE IN INGOLSTADT

BR Deutschland 1970. **R, DB:** Rainer Werner Fassbinder, nach dem Bühnenstück von Marieluise Fleißer. **K:** Dietrich Lohmann. **A:** Kurt Raab. **Sch:** Thea Eymèsz. **M:** Peer Raben. **Da:** Hanna Schygulla (Berta), Harry Baer (Karl), Irm Hermann (Alma), Rudolf Waldemar Brem (Fabian), Walter Sedlmayr (Fritz), Klaus Löwitsch (Feldwebel), u.a. **P:** Janus Film und Fernseh-Produktion (Frankfurt am Main), antiteater-X-Film (Feldkirchen). **Pd:** Klaus Hellwig. **HL:** Peer Raben. **PL:** Kurt Raab. **DO:** Landsberg-Lech, München. **DZ:** 25 Tage, November 1970. **F:** 35 mm, Farbe, 1:1,37. **L:** 84 Min. bei 25 b/s. **ES:** 19.5.1971, ZDF.

HÄNDLER DER VIER JAHRESZEITEN

BR Deutschland 1971. **R, DB:** Rainer Werner Fassbinder. **R-Ass:** Harry Baer. **K:** Dietrich Lohmann. **SF:** Peter Gauhe. **A:** Kurt Raab. **Ko:** Uta Wilhelm, Kurt Raab. **Sch:** Thea Eymèsz. **M:** Rocco Granata, Rainer Werner Fassbinder, Archivaufnahmen. **Da:** Hans Hirschmüller (Hans Epp, Obsthändler), Irm Hermann (Irmgard Epp, seine Frau), Andrea Schober (ihr Kind), Gusti Kreissl (Mutter), Hanna Schygulla (1. Schwester), Heide Simon (2. Schwester), Rainer Werner Fassbinder (Herr Zucker), u.a. **P:** Tango-Film (München), Zweites Deutsches Fernsehen (ZDF), Mainz. **Pd:** Rainer Werner Fassbinder. **DO:** München. **DZ:** 11.8.–25.8.1971. **F:** 35 mm, Farbe, 1:1,37. **L:** 89 Min. **UA:** 10.2.1972, Paris (Cinémathèque).

DIE BITTEREN TRÄNEN DER PETRA VON KANT

BR Deutschland 1972. **R, DB:** Rainer Werner Fassbinder, nach seinem Bühnenstück. **R-Ass:** Harry Baer, Kurt Raab. **K:** Michael Ballhaus. **SF:** Peter Gauhe. **A:** Kurt Raab. **Ko:** Maja Lemcke. **M:** Rainer Werner Fassbinder (Musikauswahl), Giuseppe Verdi. **Sch:** Thea Eymèsz. **Da:** Margit Carstensen (Petra von Kant), Hanna Schygulla (Karin Thimm), Irm Hermann (Marlene), Katrin Schaake (Sidonie von Grasenabb), Eva Mattes (Gabriele von Kant), Gisela Fackeldey (Valerie von Kant), u.a. **P:** Tango-Film (München). **Pd:** Rainer Werner Fassbinder. **DO:** Worpswede. **DZ:** 10 Tage, Januar 1972. **F:** 35 mm, Eastmancolor, 1:1,37. **L:** 124 Min. **UA:** 25.6.1972, Berlin (Filmfestspiele). **ES:** 19.11.1973, ARD.

WILDWECHSEL

BR Deutschland 1972. **R, DB:** Rainer Werner Fassbinder, nach dem Bühnenstück von Franz Xaver Kroetz. **R-Ass:** Irm Hermann. **K:** Dietrich Lohmann. **SF:** Peter Gauhe. **Ba, Ko:** Kurt Raab. **M:** Ludwig van Beethoven; Song *You Are My Destiny* von Paul Anka. **Sch:** Thea Eymèsz. **Da:** Jörg von Liebenfels (Erwin), Ruth Drexel (Hilda, seine Frau), Eva Mattes (Hanni, deren Tochter), Harry Baer (Franz), Rudolf Waldemar Brem (Dieter), Hanna Schygulla (Ärztin), u.a. **P:** Intertel Television (München) im Auftrag des Senders Freies Berlin (SFB). **Pd:** Gerhard Freund. **DO:** Straubing und Umgebung. **DZ:** 14 Tage, März 1972. **F:** 16 mm und 35 mm, Eastmancolor. **L:** 102 Min. **UA:** 30.12.1972, München (Royal).

ACHT STUNDEN SIND KEIN TAG

Eine Familienserie
1. Teil: Jochen und Marion.
2. Teil: Oma und Gregor.
3. Teil: Franz und Ernst.
4. Teil: Harald und Monika.
5. Teil: Irmgard und Rolf.

BR Deutschland 1972. **R, DB:** Rainer Werner Fassbinder. **R-Ass:** Renate Leiffer, Eberhard Schubert. **K:** Dietrich Lohmann. **SF:** Peter Gauhe. **Ba:** Kurt Raab. **Sch:** Marie Anne Gerhardt. **M:** Jean Gepoint (d.i. Jens Wilhelm Petersen). **Da:** Gottfried John (Jochen), Hanna Schygulla (Marion), Luise Ullrich (Oma), Werner Finck (Gregor), Anita Bucher (Käthe), Wolfried Lier (Wolf), u.a. **P:** Westdeutscher Rundfunk (WDR), Köln. **Pd:** Peter Märthesheimer. **DO:** Fabrik bei Mönchengladbach und Köln. **DZ:** 105 Tage, April–August 1972. **F:** 16 mm, Farbe, 1:1,33. **L:** 5 Teile, 101 Min. (1), 100 Min. (2), 92 Min. (3), 89 Min. (4), 89 Min. (5). **ES:** 29.10.1972, ARD. **Anm.:** Restaurierte Fassung 2017: DCP, Farbe. **L:** a.a.O. **UA (DE):** 11.–12.2.2017, Berlin (Filmfestspiele/ Berlinale Special).

BREMER FREIHEIT

BR Deutschland 1972. **R, DB:** Rainer Werner Fassbinder, nach seinem Bühnenstück; Fernsehbearbeitung von Rainer Werner Fassbinder und Dietrich Lohmann unter Verwendung von Spielelementen, die von Rainer Werner Fassbinder mit dem Ensemble des Bremer Schauspielhauses entwickelt wurden. **R-Ass:** Fritz Müller-Scherz. **K:** Dietrich Lohmann, Hans Schugg, Peter Weyrich. **A:** Kurt Raab. **M:** Archiv. **Sch:** Friedrich Niquet, Monika Solzbacher. **Da:** Margit Carstensen (Geesche), Ulli Lommel (Miltenberger), Wolfgang Schenck (Gottfried), Walter Sedlmayr (Pfarrer), Wolfgang Kieling (Timm), Rudolf Waldemar Brem (Vetter Bohm), Rainer Werner Fassbinder (Rumpf), u.a. **P:** Telefilm Saar (Saarbrücken) im Auftrag des Saarländischen Rundfunks (SR). **DO:** Saarbrücken (Studio). **DZ:** 9 Tage, September 1972. **F:** MAZ 2-Zoll, Farbe. **L:** 87 Min. **ES:** 27.12.1972, S3.

WELT AM DRAHT

BR Deutschland 1973. **R:** Rainer Werner Fassbinder. **R-Ass:** Renate Leiffer, Fritz Müller-Scherz. **DB:** Fritz Müller-Scherz, Rainer Werner Fassbinder, nach dem Roman *Simulacron-3* von Daniel F. Galouye. **K:** Michael Ballhaus. **Ba:** Kurt Raab. **Ko:** Gabriele Pillon. **M:** Gottfried Hüngsberg, Archivaufnahmen. **Sch:** Marie Anne Gerhardt. **Da:** Klaus Löwitsch (Fred Stiller), Mascha Rabben (Eva Vollmer), Karl-Heinz Vosgerau (Herbert Siskins), Adrian Hoven (Prof. Henri Vollmer), Ivan Desny (Günther Lause), Barbara Valentin (Gloria Fromm). **P:** Westdeutscher Rundfunk (WDR), Köln. **DO:** Köln, München, Paris. **DZ:** 44 Tage, Januar–März 1973. **F:** 16 mm, Eastmancolor, 1:1,37. **L:** 2 Teile, 100 Min. (1), 106 Min. (2). **ES:** 14.10.1973, ARD (1. Teil), 16.10.1973, ARD (2. Teil). **Anm.:** Restaurierte Fassung 2010: DCP, 35 mm, Farbe, 1:1,33. **L:** 102 Min. (1), 108 Min. (2) (inklusive Abspanntitel der Restaurierung). **UA:** 14.2.2010, Berlin (Filmfestspiele/Berlinale Special).

NORA HELMER

BR Deutschland 1973. **R, DB:** Rainer Werner Fassbinder, nach dem Schauspiel *Ein Puppenhaus* von Henrik Ibsen (Übersetzung: Bernhard Schulze). **R-Ass:** Fritz Müller-Scherz, Rainer Langhans. **K:** Willi Raber, Wilfried Mier, Peter Weyrich, Gisela Loew, Hans Schugg. **A:** Friedhelm Boehm. **Ko:** Barbara Baum. **Sch:** Anne-Marie Bornheimer, Friedrich Niquet. **M:** Archiv. **Da:** Margit Carstensen (Nora), Joachim

Hansen (Torvald), Barbara Valentin (Frau Linde), Ulli Lommel (Krogstad), Klaus Löwitsch (Dr. Rank), Lilo Pempeit (d.i. Liselotte Eder; Marie), u.a. **P:** Telefilm Saar (Saarbrücken) im Auftrag von Österreichischer Rundfunk (ORF), Wien, Saarländischer Rundfunk (SR), Saarbrücken. **DO:** Saarbrücken (Studio). **DZ:** 21 Tage, Mai 1973. **F:** MAZ 2-Zoll. **L:** 101 Min. **ES:** 3.2.1974, SR.

MARTHA

BR Deutschland 1973. **R, DB:** Rainer Werner Fassbinder, nach der Kurzgeschichte *For the Rest of Her Life* von Cornell Woolrich. **R-Ass:** Renate Leiffer, Fritz Müller-Scherz. **K:** Michael Ballhaus. **Ba:** Kurt Raab. **Ko:** Gisela Röcken. **Sch:** Liesgret Schmitt-Klink. **M:** Max Bruch, Gaetano Donizetti (*Lucia die Lammermoor*). Orlando di Lasso. **Da:** Margit Carstensen (Martha Heyer, später: Martha Salomon), Karlheinz Böhm (Helmut Salomon), Gisela Fackeldey (Mutter), Adrian Hoven (Vater), Barbara Valentin (Marianne), Ingrid Caven (Ilse), u.a. **P:** Westdeutscher Rundfunk (WDR), Köln. **Pd:** Peter Märthesheimer. **DO:** Konstanz, Ottobeuren, Kreuzlingen, Rom, S. Felice Zirceo. **DZ:** 25 Tage, Juli–September 1973. **F:** 16 mm, Eastmancolor, 1:1,33. **L:** 112 Min. bei 25 b/s. **ES:** 28.5.1974, ARD.

ANGST ESSEN SEELE AUF

BR Deutschland 1973. **R, DB:** Rainer Werner Fassbinder. **R-Ass:** Rainer Langhans. **K:** Jürgen Jürges. **SF:** Peter Gauhe. **A:** Kurt Raab, Rainer Werner Fassbinder. **Sch:** Thea Eymèsz. **M:** Archiv. **Da:** Brigitte Mira (Emmi), El Hedi Ben Salem M'Barek Mohamed Mustafa (Ali), Barbara Valentin (Barbara, Wirtin), Irm Hermann (Krista), Rainer Werner Fassbinder (Eugen, ihr Mann), Karl Scheydt (Albert), u.a. **P:** Tango-Film (München). **Pd:** Rainer Werner Fassbinder. **DO:** München. **DZ:** 15 Tage, September 1973. **F:** 35 mm, 1:1,37. **L:** 93 Min. **UA:** 5.3.1974, München (Filmtheater am Lenbachplatz, Cinemonde).

FONTANE EFFI BRIEST
oder Viele, die eine Ahnung haben von ihren Möglichkeiten und Bedürfnissen und dennoch das herrschende System in ihrem Kopf akzeptieren durch ihre Taten und es somit festigen und durchaus bestätigen

BR Deutschland, 1972–1974. **R, DB:** Rainer Werner Fassbinder, nach dem Roman *Effi Briest* von Theodor Fontane. **R-Ass:** Rainer Langhans, Fritz Müller-Scherz. **Script:** Ingrid Caven, Fritz Müller-Scherz. **K:** Dietrich Lohmann (1972), Jürgen Jürges (1973). **SF:** Peter Gauhe. **A:** Kurt Raab. **Ko:** Barbara Baum. **Sch:** Thea Eymèsz. **M:** Motive von Camille Saint-Saëns, Ludwig Spohr. **Da:** Hanna Schygulla (Effi), Wolfgang Schenck (Baron Geert von Innstetten), Karlheinz Böhm (Geheimrat Wüllersdorf), Ulli Lommel (Major Crampas), Ursula Strätz (Roswitha), Irm Hermann (Johanna), Rainer Werner Fassbinder (Edgar) u.a. **P:** Tango-Film (München). **Pd:** Rainer Werner Fassbinder. **DO:** München, Wien, Aeroskobing (Dänemark), Schloss Bredeneek, Neustadt und Brodau (Schleswig-Holstein) und im Schwarzwald (die Eisenbahnfahrten). **DZ:** 58 Tage, September 1972 – November 1973. **F:** 35 mm, schwarzweiß, 1:1,37. **L:** 140 Min. **UA:** 28.6.1974, Berlin (Filmfestspiele).

FAUSTRECHT DER FREIHEIT

BR Deutschland, 1974/75. **R:** Rainer Werner Fassbinder. **R-Ass:** Irm Hermann. **DB:** Rainer Werner Fassbinder unter Mitarbeit von Christian Hohoff. **K:** Michael Ballhaus. **A:** Kurt Raab. **Sch:** Thea Eymèsz. **M:** Peer Raben, Elvis Presley (Lieder), Leonard Cohen (Lieder). **Da:** Rainer Werner Fassbinder (Franz Biberkopf), Peter Chatel (Eugen), Karlheinz Böhm (Max), Rudolf Lenz (Rechtsanwalt), Karl Scheydt (Klaus), Hans Zander (Springer, Barkeeper), u.a. **P:** Tango-Film (München), City Film (Berlin). **Pd:** Rainer Werner Fassbinder. **DO:** Marrakesch, München. **DZ:** 21 Tage, April und Juli 1974. **F:** 35 mm, Eastmancolor, 1:1,66. **L:** 123 Min. **UA:** 30.5.1975, Cannes (Filmfestspiele).

WIE EIN VOGEL AUF DEM DRAHT

BR Deutschland 1974. **R:** Rainer Werner Fassbinder. **DB:** Rainer Werner Fassbinder, Christian Hohoff. **R-Ass:** Christian Hohoff. **K:** Eberhard Spandel. **A:** Kurt Raab. **Sch:** Helga Egelhofer. **M:** Ingfried Hoffmann (Lieder), Leonard Cohen (Lieder). **Da:** Brigitte Mira (Brigitte Mira), Evelyn Künneke (Evelyn Künneke), Ingfried Hoffmann (Barpianistin), Kurt Raab (Barbesucher), El Hedi Ben Salem (Bodybuilder). **P:** Westdeutscher Rundfunk (WDR), Köln. **DO:** Köln (Studio). **DZ:** 6 Tage, Juli 1974. **F:** MAZ 2-Zoll, Farbe. **L:** 44 Min. **ES:** 5.5.1975, ARD.

MUTTER KÜSTERS' FAHRT ZUM HIMMEL

BR Deutschland 1975. **R:** Rainer Werner Fassbinder. **R-Ass:** Renate Leiffer. **DB:** Rainer Werner Fassbinder, unter Mitarbeit von Kurt Raab. **K:** Michael Ballhaus. **Ba:** Kurt Raab. **Sch:** Thea Eymèsz. **M:** Peer Raben. **Da:** Brigitte Mira (Emma Küsters), Ingrid Caven (Corinna), Karlheinz Böhm (Tillmann), Margit Carstensen (Frau Tillmann), Irm Hermann (Helene), Gottfried John (Jörg Niemeyer), u.a. **P:** Tango-Film (München). **Pd:** Rainer Werner Fassbinder. **DO:** Frankfurt am Main. **DZ:** 20 Tage, Februar–März 1975. **F:** 35 mm, Farbe, 1:1,37. **L:** 120 Min. **UA:** 2.1.1976, Berlin (Voraufführung 7.7.1975, Berlin). **Anm.:** Fassbinder drehte ein alternatives Ende (L: 10 Min.), das ursprünglich für die US-amerikanische Fassung des Films gedacht war.

ANGST VOR DER ANGST

BR Deutschland 1975. **R, DB:** Rainer Werner Fassbinder, nach einer Idee von Asta Scheib. **K:** Jürgen Jürges, Ulrich Prinz. **R-Ass:** Renate Leiffer. **Ba:** Kurt Raab. **Ko:** Gisela Rücker. **Sch:** Liesgret Schmitt-Klink, Beate Fischer-Weiskirch. **M:** Peer Raben. **Da:** Margit Carstensen (Margot Staudte), Ulrich Faulhaber (Kurt), Brigitte Mira (Mutter), Irm Hermann (Lore), Armin Meier (Karli), Adrian Hoven (Dr. Merck), u.a. **P:** Westdeutscher Rundfunk (WDR), Köln. **Pd:** Peter Märthesheimer. **DO:** Köln, Bonn. **DZ:** 25 Tage, April–Mai 1975. **F:** 16 mm, Eastmancolor, 1:1,33. **L:** 88 Min. bei 25 b/s. **ES:** 8.7.1975, ARD.

ICH WILL DOCH NUR, DASS IHR MICH LIEBT

BR Deutschland 1975/76. **R, DB:** Rainer Werner Fassbinder, nach einer Geschichte aus dem Buch *Lebenslänglich – Protokolle aus der Haft* von Klaus Antes und Christiane Ehrhardt. **R-Ass:** Renate Leiffer, Christian Hohoff. **K:** Michael Ballhaus. **Ba:** Kurt Raab. **Sch:** Liesgret Schmitt-Klink. **M:** Peer Raben. **Da:** Vitus Zeplichal (Peter), Elke Aberle (Erika), Alexander Allerson (Vater), Erni Mangold (Mutter), Johanna Hofer (Großmutter), Katharina Buchhammer (Olga), Rainer Werner Fassbinder (NN), u.a. **P:** Bavaria Atelier (München-Geiselgasteig), im Auftrag des Westdeutschen Rundfunks (WDR), Köln. **Pd:** Peter Märthesheimer. **DO:** München und Umgebung. **DZ:** 25 Tage, November–Dezember 1975. **F:** 16 mm, Farbe, 1:1,33. **L:** 104 Min. **ES:** 23.3.1976, ARD.

SATANSBRATEN

BR Deutschland 1975/76. **R, DB:** Rainer Werner Fassbinder. **R-Ass:** Ila von Hasperg, Christa Reeh, Renate Leiffer. **K:** Jürgen Jürges, Michael Ballhaus. **A:** Kurt Raab, Ulrike Bode (Assistenz). **Sch:** Thea Eymèsz. **M:** Peer Raben. **Da:** Kurt Raab (Walter Kranz), Margit Carstensen (Andrée), Helen Vita (Luise Kranz), Volker Spengler (Ernst), Ingrid Caven (Lily), Marquard Bohm (Rolf, ihr Mann), u.a. **P:** Trio Film (Duisburg), Albatros Produktion (München). **Pd:** Michael Fengler. **DO:** München. **DZ:** 29 Tage, Oktober 1975 (14 Tage), Januar–Februar 1976 (15 Tage). **F:** 35 mm, Eastmancolor, 1:1,37. **L:** 112 Min. **UA:** 7.10.1976, Mannheim (Filmwoche).

CHINESISCHES ROULETTE

BR Deutschland/Frankreich 1976. **R, DB:** Rainer Werner Fassbinder. **R-Ass:** Ila von Hasperg. **K:** Michael Ballhaus. **A:** Peter Müller, Helga Ballhaus, Kurt Raab. **M:** Peer Raben. **Sch:** Ila von Hasperg, Juliane Maria Lorenz (Assistenz). **Da:** Margit Carstensen (Ariane Christ), Anna Karina (Irene), Alexander Allerson (Gerhard Christ), Ulli Lommel (Kolbe), Andrea Schober (Angela), Macha Méril (Traunitz), u.a. **P:** Les Films du Losange S.a.r.l. (Paris), Albatros Produktion (München). **Pd:** Michael Fengler, Barbet Schroeder (ungenannt). **DO:** Stöckach (Schloss) und Umgebung, München (Flughafen). **DZ:** 36 Tage, April–Juni 1976. **F:** 35 mm, Farbe, 1:1,66. **L:** 86 Min. **UA:** 16.11.1976, Paris (Filmfestival). **Dt. EA:** 22.4.1977.

BOLWIESER

BR Deutschland 1976/77. **R, DB:** Rainer Werner Fassbinder, nach dem Roman *Die Ehe des Herrn Bolwieser* von Oskar Maria Graf. **R-Ass:** Christian Hohoff, Ila von Hasperg, Udo Kier. **K:** Michael Ballhaus. **Ba:** Peter Müller. **Sch:** Ila von Hasperg, Juliane Maria Lorenz, Rainer Werner Fassbinder (Kinofassung). **M:** Peer Raben. **Da:** Kurt Raab (Xaver Ferdinand Maria Bolwieser, Bahnhofsvorstand), Elisabeth Trissenaar (Hanni), Bernhard Helfrich (Frank Merkl, Metzger und Gastwirt), Udo Kier (Schafftaler, Friseur), Volker Spengler (Mangst, Sekretär), Armin Meier (Scherber, Aspirant), u.a. **P:** Bavaria Atelier (München-Geiselgasteig) im Auftrag des Zweiten Deutschen Fernsehens (ZDF), Mainz. **Pd:** Herbert Knopp. **DO:** Bahnhof Marxgrün, Förmitzsee, Schloss Thurnau, Landgericht Bayreuth, Hof, München-Solln. **DZ:** 40 Tage, Oktober–Dezember 1976. **F:** 16 mm, aufgeblasen auf 35 mm,

Eastmancolor, 1:1,66. **L:** 112 Min. **ES:** 31.7.1977, ZDF (2 Teile). **UA:** 8.5.1983, Cannes (Filmfestspiele) – Quinzaine des Réalisateurs. **Dt. EA:** 10.6.1983 (Kinofassung).

FRAUEN IN NEW YORK

BR Deutschland 1977. **R, DB:** Rainer Werner Fassbinder, nach dem Bühnenstück *The Women* von Clare Boothe Luce, in der Übersetzung von Nora Gray; Fernsehfassung der Fassbinder-Inszenierung am Deutschen Schauspielhaus, Hamburg. **K:** Michael Ballhaus. **Ko:** Frieda Parmeggiani. **Sch:** Wolfgang Kerhutt. **Da:** Christa Berndl (Mary, Mrs. Stephen Haines), Margit Carstensen (Sylvia, Mrs. Howard Fowler), Anne-Marie Kuster (Peggy, Mrs. John Day), Eva Mattes (Edith, Mrs. Phelps Potter), Angela Schmid (Nancy Blake/Prinzessin Tamara/Miss Trimmerback), Heide Grübl (Jane/Gymnastiklehrerin/verzweifeltes Mädchen). **P:** Norddeutscher Rundfunk NDR (Hamburg). **DO:** Hamburg (Deutsches Schauspielhaus). **DZ:** 7 Tage, März 1977. **F:** 16 mm, Eastmancolor, 1:1,33. **L:** 111 Min. bei 25 b/s. **ES:** 21.6.1977, ARD.

DESPAIR – EINE REISE INS LICHT

BR Deutschland 1977. **R:** Rainer Werner Fassbinder. **DB:** Tom Stoppard, nach dem Roman *Despair* von Vladimir Nabokov. **K:** Michael Ballhaus. **Ba:** Rolf Zehetbauer. **Ko:** Dagmar Schauberger. **Sch:** Juliane Maria Lorenz, Rainer Werner Fassbinder; Reginald Beck (Rohschnitt). **M:** Peer Raben. **Da:** Dirk Bogarde (Hermann Hermann), Andrea Ferréol (Lydia), Volker Spengler (Ardalion), Klaus Löwitsch (Felix), Alexander Allerson (Mayer), Bernhard Wicki (Orlovius), u.a. **P:** NF Geria II Film (München), in Zusammenarbeit mit SFP (Paris), hergestellt von der Bavaria Atelier. **Pd:** Peter Märthesheimer. **DO:** München, Interlaken, Berlin, Lübeck, Braunschweig, Hamburg, Mölln, Atelier, Bavaria. **DZ:** 41 Tage, April–Mai 1977. **F:** 35 mm, Eastmancolor, 1:1,66. **L:** 119 Min. **UA:** 19.5.1978, Cannes (Filmfestspiele) und München (Eldorado).

DEUTSCHLAND IM HERBST. EPISODE 02: RAINER WERNER FASSBINDER

BR Deutschland 1977/78. **R, DB:** Rainer Werner Fassbinder. **K:** Michael Ballhaus. **Sch:** Juliane Maria Lorenz. **Mitwirkende:** Rainer Werner Fassbinder, Liselotte Eder, Armin Meier. **P:** Tango-Film (München), Pro-ject Filmproduktion im Filmverlag der Autoren. **Pd:** Theo Hinz. **DO:** München (Wohnung von Rainer Werner Fassbinder). **DZ:** 6 Tage, Oktober 1977. **F:** 35 mm, Eastmancolor, 1:1,66. **L:** 30 Min. **UA (Rohfassung):** 3.3.1978, Berlin (Filmfestspiele). **Anm:** Regie der weiteren Episoden des Omnibusfilms: Alf Brustellin, Alexander Kluge, Maximiliane Mainka, Edgar Reitz, Katja Rupé/Hans Peter Cloos, Volker Schlöndorff, Bernhard Sinkel.

DIE EHE DER MARIA BRAUN

BR Deutschland 1978. **R:** Rainer Werner Fassbinder. **R-Ass:** Rolf Bührmann. **DB:** Peter Märthesheimer, Pea Fröhlich, nach einer Idee von Rainer Werner Fassbinder. **Dialoge:** Pea Fröhlich, Peter Märthesheimer, Rainer Werner Fassbinder. **Stoff:** Rainer Werner Fassbinder. **K:** Michael Ballhaus. **Ba:** Norbert Scherer. **A:** Helga Ballhaus. **Ko:** Barbara Baum, Susi Reichel (Assistenz). **Sch:** Juliane Maria Lorenz, Rainer Werner Fassbinder. **M:** Peer Raben. **Da:** Hanna Schygulla (Maria), Klaus Löwitsch (Hermann), Ivan Desny (Oswald), Gottfried John (Willi), Gisela Uhlen (Mutter), Günter Lamprecht (Wetzel), Rainer Werner Fassbinder (Schwarzmarkthändler), u.a. **P:** Albatros Produktion (München), Trio-Film (Duisburg), Westdeutscher Rundfunk (WDR), Köln. **Pd:** Michael Fengler. **DO:** Coburg, Berlin, Atelier, Bavaria. **DZ:** 35 Tage, Januar–März 1978. **F:** 35 mm, Fujicolor, 1:1,66. **L:** 120 Min. **Interne Voraufführung:** 22.5.1978, Cannes (Filmfestspiele). **UA:** 20.2.1979, Berlin (Filmfestspiele).

IN EINEM JAHR MIT 13 MONDEN

BR Deutschland 1978. **R, DB, K:** Rainer Werner Fassbinder, Juliane Maria Lorenz (Mitarbeit), Volker Spengler (DB-Mitarbeit). **R-Ass:** Walter Bockmayer, Volker Spengler. **A:** Rainer Werner Fassbinder, Karl Scheydt. **Ko:** Rainer Werner Fassbinder. **M:** Peer Raben. **Sch:** Rainer Werner Fassbinder, Juliane Maria Lorenz. **Da:** Volker Spengler (Erwin/Elvira Weishaupt), Ingrid Caven (die rote Zora), Gottfried John (Anton Saitz), Elisabeth Trissenaar (Irene), Eva Mattes (Marie-Ann), Günther Kaufmann (J. Smolik, Chauffeur), Rainer Werner Fassbinder (Interviewter im Fernsehen), u.a. **P:** Tango-Film (München), Pro-ject Filmproduktion im Filmverlag der Autoren (München), Westdeutscher Rundfunk (WDR), Köln. **Pd:** Rainer Werner Fassbinder. **PL, AL:** Isolde Barth. **DO:** Frankfurt am Main. **DZ:** 25 Tage, Juli–August 1978. **F:** 35 mm, Eastmancolor, 1:1,66. **L:** 124 Min. **UA:** 8.11.1978, Montréal (Filmfestspiele). **Dt. EA:** 17.11.1978, Frankfurt am Main.

DIE DRITTE GENERATION

BR Deutschland 1978/79. **R, DB, K:** Rainer Werner Fassbinder. **A:** Raúl Gimenez, Y Sa Lo (Assistenz), Volker Spengler (Assistenz), Elvi Sefke (Waffen). **R-Ass, Sch:** Juliane Maria Lorenz. **M:** Peer Raben, Archivaufnahmen. **Da:** Volker Spengler (August Brem), Bulle Ogier (Hilde Krieger), Hanna Schygulla (Susanne Gast), Harry Baer (Rudolf Mann), Vitus Zeplichal (Bernhard von Stein), Udo Kier (Edgar Gast), u.a. **P:** Pro-ject Filmproduktion im Filmverlag der Autoren (München), Tango-Film Produktion (Berlin). **Pd:** Rainer Werner Fassbinder. **DO:** Berlin. **DZ:** 30 Tage, 27.11.1978–22.1.1979. **F:** 35 mm, Eastmancolor, 1:1,66. **L:** 110 Min. **UA:** 13.5.1979, Cannes (Filmfestspiele, Sektion »Un certain regard«). **Dt. EA:** 14.9.1979, Berlin.

BERLIN ALEXANDERPLATZ

TV-Film in 13 Teilen und einem Epilog. 1. Teil: Die Strafe beginnt. 2. Teil: Wie soll man leben, wenn man nicht sterben will. 3. Teil: Ein Hammer auf dem Kopf kann die Seele verletzen. 4. Teil: Eine handvoll Menschen in der Tiefe der Stille. 5. Teil: Ein Schnitter mit der Gewalt vom lieben Gott. 6. Teil: Eine Liebe, das kostet immer viel. 7. Teil: Merke – einen Schwur kann man amputieren. 8. Teil: Die Sonne wärmt die Haut, die sich manchmal verbrennt. 9. Teil: Von den Ewigkeiten zwischen den Vielen und den Wenigen. 10. Teil: Einsamkeit reißt auch in Mauern Risse des Irrsinns. 11. Teil: Wissen ist Macht und Morgenstund hat Gold im Mund. 12. Teil: Die Schlange in der Seele der Schlange. 13. Teil: Das Äussere und das Innere und das Geheimnis der Angst vor der Angst. Epilog: Rainer Werner Fassbinder: Mein Traum vom Traum des Franz Biberkopf.

BR Deutschland 1979/80. **R, DB:** Rainer Werner Fassbinder, nach dem Roman von Alfred Döblin. **R-Ass:** Renate Leiffer, Thomas Schühly. **Künstl. Mitarbeit:** Harry Baer. **K:** Xaver Schwarzenberger. **SF:** Karl Reiter. **A:** Helmut Gassner, Werner Achmann, Jürgen Henze. **Ko:** Barbara Baum, Monika Jacobs (Assistenz). **Sch:** Juliane Maria Lorenz, Rainer Werner Fassbinder. **M:** Peer Raben. **Da:** Günter Lamprecht (Franz Biberkopf), Hanna Schygulla (Eva), Barbara Sukowa (Mieze), Gottfried John (Reinhold), Franz Buchrieser (Meck), Claus Holm (Max, Wirt), Rainer Werner Fassbinder (als er selbst, im Epilog), u.a. **P:** Bavaria Atelier (München-Geiselgasteig) im Auftrag des Westdeutschen Rundfunk (WDR), Köln. **Pd:** Günter Rohrbach, Peter Märthesheimer. **DO:** Berlin, Geiselgasteig (Freigelände). **DZ:** 18.6.1979–3.4.1980. **F:** 16 mm, Fujicolor, 1:1,37. **L:** 13 Teile, 81 Min. (1), 59 Min. (2), 59 Min. (3), 59 Min. (4), 59 Min. (5), 58 Min. (6), 58 Min. (7), 58 Min. (8), 58 Min. (9), 59 Min. (10), 59 Min. (11), 59 Min. (12), 59 Min. (13), 111 Min. (Epilog). **UA:** Voraufführungen 28.8.–8.9.1980, Venedig (Filmfestspiele). **Anm.:** Restaurierte Fassung BERLIN ALEXANDERPLATZ: remastered, 2007: DCP, Farbe. **L:** a.a.O. **UA (DE):** 9.2.2007, Berlin (Filmfestspiele/Berlinale Special). **Anm.:** Am 9.2.2007 Premiere im Admiralspalast, danach wurde die Serie am 11.2.2007 in fünf Blöcken von 10 Uhr morgens bis 2.45 Uhr nachts in der Volksbühne gezeigt. Weitere Vorführungen: vom 12.–18.2. täglich um 18.30 Uhr im Cinemaxx 4 (Potsdamer Platz).

LILI MARLEEN

BR Deutschland 1980. **R:** Rainer Werner Fassbinder. **R-Ass:** Karin Viesel, Harry Baer (künstl. Mitarbeit). **Script:** Renate Leiffer. **DB:** Manfred Purzer, unter Mitarbeit von Joshua Sinclair und Rainer Werner Fassbinder, nach der Autobiografie *Der Himmel hat viele Farben* von Lale Andersen; zusätzliche Dialoge: Rainer Werner Fassbinder. **K:** Xaver Schwarzenberger, Michael Ballhaus (ungenannt). **SF:** Karl Reiter. **Ba:** Rolf Zehetbauer (Gesamtausstattung), Herbert Strabel (Architekt). **Ko:** Barbara Baum, Rolf Rainer Stegemann (Hanna Schygulla), Max Dietl (Giancarlo Giannini), Egon Strasser (Assistenz). **Sch:** Juliane Maria Lorenz, Rainer Werner Fassbinder. **M:** Norbert Schultze (Lieder), Peer Raben. **LT:** Hans Leip. **Da:** Hanna Schygulla (Willie Bunterberg), Giancarlo Giannini (Robert Mendelsohn), Mel Ferrer (David Mendelsohn), Karl-Heinz von Hassel (Hans Henkel), Christine Kaufmann (Miriam Glaubrecht), Hark Bohm (Taschner), Rainer Werner Fassbinder (Günther Weisenborn), u.a. **P:** Rialto Film Preben Philipsen (Berlin), Roxy Film (München), Bayerischer Rundfunk BR (München), CIP Filmproduktionsgesellschaft (Rom). **Pd:** Luggi Waldleitner. **DO:** München, Berlin, Zürich, Helgoland. **DZ:** 21.7.–29.9.1980. **F:** 35 mm, Fujicolor, 1:1,66. **L:** 120 Min. **UA:** 15.1.1981, Berlin. **Anm.:** Hanna Schygulla singt das Lied *Lili Marleen*.

LOLA

BR Deutschland 1981. **R:** Rainer Werner Fassbinder. **R-Ass:** Karin Viesel. **DB:** Peter Märthesheimer, Pea Fröhlich, Rainer Werner Fassbinder. **K:** Xaver Schwarzenberger. **SF:** Karl-Heinz Vogelmann. **A:** Raúl Gimenez, Rolf Zehetbauer, Udo Kier, Helmut Gassner

(Architekt). **Ko:** Barbara Baum, Egon Strasser. **Sch:** Juliane Maria Lorenz, Rainer Werner Fassbinder. **M:** Peer Raben. **Da:** Barbara Sukowa (Lola), Armin Mueller-Stahl (von Bohm, Baudezernent), Mario Adorf (Schuckert, Bauunternehmer), Matthias Fuchs (Esslin), Helga Feddersen (Hettich), Karin Baal (Lolas Mutter), Rainer Werner Fassbinder (Kinozuschauer), u.a. **P:** Westdeutscher Rundfunk WDR (Köln), Rialto Film Preben Philipsen (Berlin), Trio-Film (Duisburg). **Pd:** Horst Wendlandt. **PL:** Thomas Schühly. **HL:** Rainer Werner Fassbinder. **DO:** München (Bavaria-Studio). **DZ:** 30 Tage, April–Mai 1981. **F:** 35 mm, Fujicolor, 1:1,66. **L:** 115 Min. **UA:** 20.8.1981, Wiesbaden (Walhalla).

THEATER IN TRANCE

BR Deutschland 1981. **R, DB:** Rainer Werner Fassbinder; Texte aus Antonin Artauds *Le Théâtre et son double* (*Das Theater und sein Double*). **R-Ass:** Raúl Gimenez, Karin Viesel. **K:** Werner Lüring. **Sch:** Juliane Maria Lorenz, Franz Walsch (d.i. Rainer Werner Fassbinder). **SF:** Mina Kindl. **Da (Mitwirkende):** Het Werktheater (Amsterdam), Squat Theater (New York), Sombrad Blancas (Mexiko), Kipper Kids (Kalifornien), Magazzini Criminali (Florenz), Pina Bausch und das Wuppertaler Tanztheater, Jérôme Savary, Yoshi Oida, Rainer Werner Fassbinder. **P:** Laura Film (München) im Auftrag des Zweiten Deutschen Fernsehens (ZDF), Mainz. **Pd:** Thomas Schühly. **DO:** Köln. **DZ:** 14 Tage, Juni 1981. **F:** 16 mm, Eastmancolor, 1:1,33. **L:** 91 Min. **UA:** 8.10.1981, Mannheim (Filmwoche). **ES:** 11.11.1981, ZDF.

DIE SEHNSUCHT DER VERONIKA VOSS

BR Deutschland 1981. **R:** Rainer Werner Fassbinder. **R-Ass:** Karin Viesel, Harry Baer, Tamara Kafka. **DB:** Peter Märthesheimer, Pea Fröhlich, Rainer Werner Fassbinder. **K:** Xaver Schwarzenberger. **SF:** Leo Weisse. **A:** Rolf Zehetbauer, Walter E. Richarz (Filmbildner). **Ko:** Barbara Baum, Elisabeth Blanke (Assistenz), Monika Jacobs (Assistenz). **Sch:** Juliane Maria Lorenz. **M:** Peer Raben. **Da:** Rosel Zech (Veronika Voss), Hilmar Thate (Robert Krohn), Cornelia Froboess (Henriette), Annemarie Düringer (Dr. Katz), Doris Schade (Josefa), Armin Mueller-Stahl (Max Rehbein), u.a. **P:** Süddeutscher Rundfunk SDR (Stuttgart), Laura Film (München), Trio-Film (Duisburg), Tango-Film (München), Maran Film (München-Geiselgasteig), Rialto Film (Berlin). **Pd:** Thomas Schühly. **Co-Pd:** Rainer Werner Fassbinder. **DO:** München. **DZ:** 24 Tage, November–Dezember 1981. **F:** 35 mm, schwarzweiß, 1:1,66. **L:** 104 Min. **UA:** 18.2.1982, Berlin (Filmfestspiele).

QUERELLE – EIN PAKT MIT DEM TEUFEL

BR Deutschland 1982. **R:** Rainer Werner Fassbinder. **R-Ass:** Harry Baer (künstl. Mitarbeit), Karin Viesel, Michael McLernon. **DB:** Rainer Werner Fassbinder, Burkhard Driest, Kurt Raab (ungenannt), nach dem Roman *Querelle de Brest* von Jean Genet. **K:** Xaver Schwarzenberger. **SF:** Roger Fritz. **A:** Rolf Zehetbauer, Walter E. Richarz (Architekt), Friedrich Thaler (Kunstmaler). **Ko:** Barbara Baum, Monika Jacobs (Assistenz). **Sch:** Juliane Maria Lorenz, Franz Walsch (d.i. Rainer Werner Fassbinder). **M:** Peer Raben. **Da:** Brad Davis (Querelle), Franco Nero (Leutnant Seblon), Jeanne Moreau (Lysiane), Laurent Malet (Roger), Hanno Pöschl (Robert/Gil), Günther Kaufmann (Nono), u.a. **P:** Planet Film (München), Gaumont International S. A. (Neuilly), Albatros Filmproduktion (München). **Pd:** Dieter Schidor, Sam Waynberg. **DO:** Berlin (CCC-Filmstudios). **DZ:** 22 Tage, März 1982. **F:** 35 mm, Fujicolor, Scope 1:2,35. **L:** 107 Min. **UA:** 31.8.1982, Venedig (Filmfestspiele). **Dt. EA:** 17.9.1982. **Anm:** Der Film wurde in englischer Sprache gedreht. Widmung: »This film is dedicated to my friendship with El Hedi ben Salem m'Barek Mohammed Mustafa. Rainer Werner Fassbinder.«

Mitwirkung an Kino- und TV-Produktionen anderer Regisseur*innen

1966

HOFFNUNGSGRUPPE
R: Bruno Jori. **T:** Rainer Werner Fassbinder.

EIN PLATZ FÜR G
R: Max Willutzki. **R-Ass:** Rainer Werner Fassbinder.

1967

MIT EICHENLAUB UND FEIGENBLATT
R: Franz-Josef Spieker. **Da:** Rainer Werner Fassbinder (Soldat).

TONYS FREUNDE
R: Paul Vasil. **Da:** Rainer Werner Fassbinder (Mallard). TV-Spielfilm.

1968

SCHULDIG ODER NICHT SCHULDIG – AUS DER WEHRSTRAFLICHEN PRAXIS
R: Claus Landsittel. **Da:** Rainer Werner Fassbinder (Gefreiter Abel). Lehrfilm der Bundeswehr.

DER BRÄUTIGAM, DIE KOMÖDIANTEN UND DER ZUHÄLTER
R: Jean-Marie Straub. **Da:** Rainer Werner Fassbinder (Freder, der Zuhälter). Kurzfilm.

1969

AL CAPONE IM DEUTSCHEN WALD
R: Franz-Peter Wirth. **Da:** Rainer Werner Fassbinder (Heini). TV-Film.

ALARM
R: Dieter Lemmel. **Da:** Rainer Werner Fassbinder (Uniformierter). TV-Film.

FREI BIS ZUM NÄCHSTEN MAL
R: Korbinian Köberle. **Da:** Rainer Werner Fassbinder (Mechaniker). TV-Film.

BAAL
R, DB: Volker Schlöndorff, nach dem Theaterstück von Bertolt Brecht. **Da:** Rainer Werner Fassbinder (Baal). TV-Film.

SONJA UND KIRILOW HABEN SICH ENTSCHLOSSEN, SCHAUSPIELER ZU WERDEN UND DIE WELT ZU VERÄNDERN
R, DB: Ursula Strätz. **P:** antiteater-X-Film. **Pd:** Rainer Werner Fassbinder.

FERNES JAMAICA
R: Peter Moland. **DB:** Rainer Werner Fassbinder. **P:** antiteater-X-Film. Kurzfilm.

1970

DER PLÖTZLICHE REICHTUM DER ARMEN LEUTE VON KOMBACH
R: Volker Schlöndorff. **DB:** Volker Schlöndorff, Margarethe von Trotta. **Da:** Rainer Werner Fassbinder (Bauer).

1970/71

SUPERGIRL
R, DB: Rudolf Thome. **Da:** Rainer Werner Fassbinder (Mann vor dem Schaufenster).

MATHIAS KNEISSL
R: Reinhard Hauff. **DB:** Martin Sperr, Reinhard Hauff (Mitarb.). **Da:** Rainer Werner Fassbinder (Flecklbauer).

1971

HAYTABO
R: Ulli Lommel. **DB:** Rainer Langhans u.a. **Da:** Rainer Werner Fassbinder (Sendbote des Professors).

DIE AHNFRAU
R, DB: Peer Raben **Da:** Rainer Werner Fassbinder (Jaromir). TV-Film.

1972

DIE WOHNGENOSSIN
R: Nikos Perakis. **Da:** Rainer Werner Fassbinder (NN). TV-Film.

1972/73

ZÄRTLICHKEIT DER WÖLFE
R: Ulli Lommel. **DB:** Kurt Raab. **Da:** Rainer Werner Fassbinder (Wittkowski). **Sch:** Rainer Werner Fassbinder. **P:** Tango-Film, München. **Pd:** Rainer Werner Fassbinder, Michael Fengler. **PL:** Rainer Werner Fassbinder.

1974

1 BERLIN HARLEM
R: Lothar Lambert. **DB:** Lothar Lambert, Wolfram Zobus. **Da:** Rainer Werner Fassbinder (er selbst).

1975

SCHATTEN DER ENGEL
R: Daniel Schmid. **DB:** Rainer Werner Fassbinder, Daniel Schmid nach dem Theaterstück *Der Müll, die Stadt und der Tod* von Fassbinder. **Da:** Rainer Werner Fassbinder (Raoul). **P:** Albatros Produktion, München. **Pd:** Michael Fengler.

1976

ADOLF UND MARLENE
R, DB: Ulli Lommel. **Da:** Rainer Werner Fassbinder (Hermann). **P:** Albatros Produktion, München. Fassbinder hat sich von der Endfassung des Films distanziert.

1976–1978

DER KLEINE GODARD (AN DAS KURATORIUM JUNGER DEUTSCHER FILM)
R, DB: Hellmuth Costard. **Da:** Rainer Werner Fassbinder (2. Regisseur).

1978

BOURBON STREET BLUES
R: Douglas Sirk (Ltg. der Gruppenarbeit). **DB:** Georg Borgel u.a. **K:** Michael Ballhaus. **Da:** Rainer Werner Fassbinder (Schriftsteller). **P:** Hochschule für Film und Fernsehen (HFF), München. Kurzfilm.

SPIEL DER VERLIERER

R, DB: Christian Hohoff. **Sch:** Juliane Maria Lorenz, Franz Walsch (d.i. Rainer Werner Fassbinder). **Pd:** Rainer Werner Fassbinder, Christian Hohoff (Tango-Film).

1981

HEUTE SPIELEN WIR DEN BOSS – WO GEHT'S DENN HIER ZUM FILM?

R: Peer Raben. **DB:** Peter Kern, Kurt Raab. **K:** Michael Ballhaus. **Da:** Rainer Werner Fassbinder.

POLNISCHER SOMMER

R, DB: Jürgen Flimm. **Da:** Rainer Werner Fassbinder (Babiuch).

KAMIKAZE 89

R: Wolf Gremm. **DB:** Robert Katz, Wolf Gremm. **Da:** Rainer Werner Fassbinder (Polizeileutnant Jansen).

1982

DIE ERBTÖCHTER. EPISODE: »FLÜCHTIGE UMARMUNG«

R: Marie-Christine Questerberg. **Da:** Rainer Werner Fassbinder (als er selbst). TV-Episodenfilm.

LAST TRIP TO HARRISBURG (vormals THE BLUE RAIN)

1980–1984 (filmportal.de: 1976–1984). **R:** Udo Kier. **DB:** Bernd Brummbär, Udo Kier, Ed(ward) Lachman. Stimme: Rainer Werner Fassbinder. **Pd:** Udo Kier.

Beobachtungen bei Dreharbeiten, Dokumentationen, TV-Auftritte (Shows, Talkshows), Interviews – Filme, Fernseh- und Rundfunksendungen, Bonustracks für DVD-Editionen mit und über Rainer Werner Fassbinder (RWF) sowie mit und über Mitarbeiter*innen – eine Auswahl.

Abkürzungen

R: Regie; **K:** Kamera; **DB:** Drehbuch; **Da:** Darsteller; **P:** Produktion; **Re:** Redaktion; **A:** Autor*in; **M:** Moderation; **G:** Gäste

1968/69

ASPEKTE

Fernseh-Kulturmagazin mit einem Beitrag über das antiteater unter dem Titel »Gegen was wir sind«. Aufnahmen der Proben zu *Anarchie in Bayern*.

1970

ENDE EINER KOMMUNE

R: Joachim von Mengershausen. **P:** SDR. **ES:** 2.2.1970 (ARD). TV-Dokumentarfilm über das antiteater.

1970/71

FASSBINDER DER PRODUZIERT: FILM NR. 8

R: Michael Ballhaus, Dietmar Buchmann. **ES:** 27.1.1971 (West 3). Dokumentarfilm über die Dreharbeiten zu der AMERIKANISCHE SOLDAT.

1973

GLASHAUS – TV INTERN RAINER WERNER FASSBINDER

Re: Martin Wiebel, Ludwig Metzger. **ES:** 1.4.1973 (WDR). TV-Sendung über ACHT STUNDEN SIND KEIN TAG.

1974

DALLI DALLI

M: Hans Rosenthal. **ES:** 11.4.1974 (ZDF). TV-Spielshow. RWF als Ratekandidat in der Sendung.

KINO LIVE

P: Hessischer Rundfunk. Jürgen Kritz interviewt RWF zu ANGST ESSEN SEELE AUF während der Filmfestspiele von Cannes.

1975

POUR LE CINEMA

ES: 21.9.1975. R.W.F. dans les Archives de l'INA. Über FAUSTRECHT DER FREIHEIT.

RÜCKBLICK AUF EIN JAHR – PSYCHOGRAMM DER EREIGNISSE

M: Prof. Hans Killian. P: BR/Bernd Dost - Vedra Verlag und Filmproduktion. ES: 9.1.1975 im BR. Talkshow. Gespräche mit RWF, Gerd Bucerius und Uli Hoeneß.

AUF DEM TRÜMMERFELD DER TRÄUME

Leitung der Sendung: Wolfgang Limmer. ES: 22.4.1975 (ORF). Filmanalyse über die Douglas-Sirk-Melodramen. Gesprächspartner: u.a. RWF, Claude Chabrol und Johnny Hallday.

1976

JE SPÄTER DER ABEND

M: Reinhard Münchenhagen. Gäste: u.a. Ernst Albrecht, Mario Adorf und RWF. P: ARD/WDR. ES: 20.3.1976. Talkshow. Thema: *Der Müll, die Stadt und der Tod.*

ZEITGENOSSEN: RAINER WERNER FASSBINDER

R: Gert Ellinghaus. ES: 21.6.1976 (HR III). TV-Dokumentation.

SIGNS OF VIGOROUS LIFE: NEW GERMAN CINEMA

R: Peter Adam. P: OMNIBUS/BBC 2. ES: 2.12.1976 in BBC 2. Mehrteilige TV-Dokumentation. Interviews mit RWF, Volker Schlöndorff, Werner Herzog, Wim Wenders, Hans Jürgen Syberberg. Ausschnitte aus Filmen von RWF.

1977

RAINER WERNER FASSBINDER

R: Florian Hopf und Maximiliane Mainka. P: Maximiliane Mainka Filmproduktion. Dokumentarfilm. Florian Hopf interviewt RWF während der Dreharbeiten zu DESPAIR – EINE REISE INS LICHT.

KULTUR AKTUELL – FILMMAGAZIN

M: Jürgen Kritz. ES: 8.4.1977 (HR 3). Radio-Filmmagazin. RWF im Interview zu CHINESISCHES ROULETTE.

1978

LEBENSLÄUFE: RAINER WERNER FASSBINDER IM GESPRÄCH

ES: 19.3.1978 (Südwest 3). Interview von Peter W. Jansen. RWF kurz vor Beginn der Dreharbeiten zu DIE EHE DER MARIA BRAUN.

RAINER WERNER FASSBINDER – CANNES, MAI 1978

P: CBT. Interview mit Christian Braad Thomsen anlässlich der Uraufführung von DESPAIR – EINE REISE INS LICHT bei den Filmfestspielen von Cannes.

FILMARBEIT MIT DOUGLAS SIRK

R: Gustavo Gräf Marino. P: BR/TV Munich/Albatros Film. ES: 18.1.1987 (BR). Dokumentarfilm über die Dreharbeiten zu BOURBON STREET BLUES.

1979

SCHAUKASTEN

ES: 1.7.1979 (SFB). TV-Kulturmagazin mit einem Beitrag zu Dreharbeiten von BERLIN ALEXANDERPLATZ.

ABENDSCHAU

ES: 19.7.1979 (SFB). TV-Nachrichtenmagazin mit einem Bericht über die Dreharbeiten in Berlin zu BERLIN ALEXANDERPLATZ.

1980

BERLIN ALEXANDERPLATZ – BEOBACHTUNGEN BEI DEN DREHARBEITEN

R: Hans-Dieter Hartl. TV-Dokumentation über die Dreharbeiten zu BERLIN ALEXANDERPLATZ.

FILMFORUM DOUGLAS SIRK: ÜBER STARS

R: Eckardt Schmidt. ES: 29.4.1980 (ZDF). TV-Dokumentation mit Douglas Sirk und Rainer Werner Fassbinder.

STARS IN DER MANEGE

Dezember 1980. P: ARD/BR. Fernsehsendung. Rainer Werner Fassbinder tritt als Zauberer im Münchner Zirkus Krone auf und lässt Hanna Schygulla schweben.

1981

NDR TALKSHOW

M: Wolf Schneider, Dagobert Lindlau, Michael Lentz. ES: 12.12.1980 (NDR). Talkshow. RWF im Interview zu ALEXANDERPLATZ und LILI MARLEEN.

1982

CHAMBRE 666/ROOM 666

FR/USA. R: Wim Wenders. Interview mit Rainer Werner Fassbinder, u.a. Gedreht während der Festspiele in Cannes, Mai 1982.

GESPRÄCHE ÜBER FASSBINDER

M: Hans-Christoph Blumenberg. ES: 15.6.1982 (WDR III). Live-Gedenksendung mit Freund*innen und Mitarbeiter*innen.

ASPEKTE

ES: 11.6.1982 (ZDF). TV-Kulturmagazin mit Hannes Keil. Nachruf von Peter W. Jansen zum Tode von RWF.

KINO 82 – FILMEN UND LEBEN

M: Hans-Christoph Blumenberg. G: Peer Raben, Irm Hermann, Dieter Schidor, Kurt Raab, Harry Baer. ES: 15.6.1982 (WDR). TV-Live-Gedenksendung zum Tode von RWF.

ZUM TODE VON RWF

M: Jürgen Kritz. Gäste: Werner Schroeter und Wolf Gremm. ES: 24.6.1982 (HR 3). TV-Sendung zum Tode von RWF.

PORTRÄT RAINER WERNER FASSBINDER – »ETWAS WOVOR ICH ANGST HABE, SETZT MICH IN GANG«

R: Michael Strauven. ES: 27.6.1982 (SFB). TV-Dokumentation.

RAINER WERNER FASSBINDER. LETZTE ARBEITEN

R: Wolfgang Gremm. **ES:** 26.7.1982 (ZDF). Dokumentarfilm über die Dreharbeiten zu KAMIKAZE 1989 und QUERELLE.

DER BAUER VON BABYLON

R: Dieter Schidor. **Kommentar:** Wolf Wondratschek. **Sprecher:** Klaus Löwitsch. **P:** Planet-Film. Dokumentarfilm über die Dreharbeiten zu QUERELLE. Enthält das letzte Interview mit Fassbinder, geführt am 9.6.1982.

JOURNAL ANTENNE 2

ES: 7.9.1982 (Antenne 2). Ausschnitt aus TV-Kulturjournal anlässlich der Uraufführung von QUERELLE in Frankreich. Interview mit Jeanne Moreau von France Roche.

1983

CINÉMA CINÉMAS: FASSBINDER 2

R: Dieter Schidor. **ES:** 8.6.1983 (Antenne 2). TV-Kinomagazin mit Jeanne Moreau und Dieter Schidor.

DIE BILDER WAHR MACHEN – PEER RABEN – MUSIK ZU FILMEN

R: Hans Emmerling. **P:** SR. Ausschnitte u.a. aus BOLWIESER und BERLIN ALEXANDERPLATZ.

1985

DER MENSCH IST EIN HÄSSLICHES TIER

R: Rosemarie Stenzel-Quast. **ES:** 13.1.1985 (ARD). TV-Filmessay mit Archivmaterial von und mit Fassbinder.

MÜNCHNER FILMFEST. DER ALTE UND DER NEUE JUNGE DEUTSCHE FILM

P: ARD/BR. Von Eberhard Hauff. Interviewpassage mit RWF ca. 1975/76.

TITEL THESEN TEMPERAMENTE

Re: Dietmar N. Schmidt. **P:** ARD/HR. **ES:** 31.10.1985. Interview mit Gerhard Zwerenz über *Der Müll, die Stadt und der Tod*.

ARD BRENNPUNKT – NICHT NUR THEATER – EIN DEUTSCHES TRAUERSPIEL

M: Manfred Buchwald. **G:** Micha Brumlik, Hermann Alter, Daniel Cohn-Bendit, Christian Raabe, Ernst-August Schepmann; Peter Iden, Iring Fetscher, Michel Friedmann, Dov Ben Meir. **P:** ARD. TV-Sondersendung zur geplanten Aufführung von *Der Müll, die Stadt und der Tod* im Frankfurter Schauspiel.

CLUB 2 – DISKUSSIONSSENDUNG

M: Hubert Feichtlbauer. **G:** Heiko Holefleisch, Daniel Cohn-Bendit, Ignatz Bubis, Alphons Sylbermann, Robert Schindel, Viktor Reimann, Gundl Herrnstadt-Steinmetz. **P:** ZDF/ORF. TV-Runde zur geplanten Aufführung von *Der Müll, die Stadt und der Tod* im Frankfurter Schauspiel.

1989

SEHNSUCHT NACH SODOM

R: Hans Hirschmüller, Hanno Baethe. **ES:** 21.3.1989 (ZDF). TV-Dokumentation über den Tod des Schauspielers Kurt Raab.

1992

NACHTCLUB – GENIE ODER PROVOKATEUR KVITT ELLER DOBBELT

M: Hellmuth Karasek. **Gäste:** Helmut Dietl, Peer Raben, Laurens Straub, Rosel Zech, Lilith Ungerer. **ES:** 5.6.1992 (BR). Talkshow zum 10. Todestag von RWF.

ICH WILL NICHT NUR, DASS IHR MICH LIEBT. DER FILMEMACHER RAINER WERNER FASSBINDER

R: Hans-Günther Pflaum. **P:** Pro-ject Filmproduktion im Filmverlag der Autoren, München. TV-Dokumentation. **ES:** 11.6.1992 (ZDF).

ROLLENSPIELE. FRAUEN ÜBER RAINER WERNER FASSBINDER

R: Thomas Honickel. TV-Dokumentation. **G:** Margit Carstensen, Irm Hermann, Hanna Schygulla und Rosel Zech.

ALEX

M: Wilfried Rott. **ES:** 18.5.1992 (SFB). TV-Sendung im Spiegelzelt an der Freien Volksbühne Berlin zum 29. Theatertreffen. Interview mit Liselotte Eder und Juliane Maria Lorenz zu RWF und zu der bevorstehenden Ausstellung im Fernsehturm am Alexanderplatz.

1993

ROEREND GOED – RAINER WERNER FASSBINDER

ES: 16.11.1993 (Nederland 2). TV-Sendung zu RWF. Interviews mit Hanna Schygulla, Xaver Schwarzenberger und Günter Lamprecht. Filmausschnitte von LIEBE IST KÄLTER ALS DER TOD, FONTANE EFFI BRIEST, FAUSTRECHT DER FREIHEIT, ANGST ESSEN SEELE AUF und BERLIN ALEXANDERPLATZ.

EINE DEUTSCHE GESCHICHTE: RAINER WERNER FASSBINDER UND SEIN FILM DIE EHE DER MARIA BRAUN

R: Peter Kremski. **P:** WDR/ARTE. Dokumentarfilm.

1995

RAINER WERNER FASSBINDER: ES IST NICHT GUT, IN EINEM MENSCHENLEIB ZU LEBEN

R: Peter Buchka. **P:** Kick-Film (Berlin). **ES:** 31.5.1995 (BR). TV-Dokumentation.

1996

TIP-TV/SCAN-TV – FASSBINDER IN AMERIKA – AKTUELLE KAMERA

R: Birte Meier. **ES:** 29.8.1995 (TIP-TV).

1997

ZDF-DOCUMENTATION OF RWF – OPENING

K: Norbert Mergel. **ES:** 23.1.1997 (ZDF). Aufzeichnungen des ZDF-Studios in New York. Eröffnung der Fassbinder-Retrospektive im MoMA mit Margit Carstensen, Irm Hermann, Udo Kier, Hanna Schygulla, Rosel Zech, Barbara Sukowa.

ARD MORGENMAGAZIN

ES: 24.1.1997 (ARD). TV-Magazin mit einem Bericht zur Fassbinder-Retrospektive im MoMA.

DW TV – DEUTSCHE WELLE – JOURNAL – FASSBINDER USA-RETROSPECTIVE AT THE MUSEUM OF MODERN ART

ES: 24.1.1997 (DW TV). TV-Magazin mit einem Bericht zur USA-Retrospektive im MoMA.

TICKET

M: Wilifried Rott. **G:** Hanna Schygulla, Rosel Zech und Juliane Maria Lorenz. **ES:** 30.1.1997 (SFB). TV-Magazin mit einem Beitrag zur USA-Retrospektive im MoMA 1997.

LIFE, LOVE & CELLULOID AND A FILM RETROSPECTIVE

R: Juliane Maria Lorenz. **P:** Rainer Werner Fassbinder Foundation, Berlin. Dokumentarfilm.

THE MANY WOMEN OF FASSBINDER (TUTTE LE DONNE DI FASSBINDER)

R: Alessandro Colizzi, Silvia Cossu. **P:** Film Daedalus/RAI. Interviews mit Bernardo Bertolucci, Peter Berling, Hanna Schygulla, Liliana Cavani, Dacia Maraini, Giovanni Spagnoletti. Dokumentarfilm.

B. TRIFFT GÜNTER LAMPRECHT

M: Bettina Böttinger. **ES:** 21.11.1997 (WDR). TV-Talkshow mit Juliane Maria Lorenz und Günter Lamprecht.

1999

KULTURREPORT

ES: 18.4.1999 (ORB). TV-Sendung mit Beitrag von Gabriele Denecke zu den Proben von *Der Müll, die Stadt und der Tod* in Tel Aviv/Israel. Ausschnitte aus SCHATTEN DER ENGEL.

2000

SCHLAFEN KANN ICH, WENN ICH TOT BIN

M: Michael Schmid Ospach. **G:** Ingrid Caven, Volker Schlöndorff, Günther Rohrbach. **P:** WDR/ARTE. **ES:** 6./7.11.2000.

FÜR MICH GAB'S NUR NOCH FASSBINDER

R: Rosa von Praunheim. **P:** ZDF/ARTE. TV-Dokumentation. **EA:** Okt. 2000, Leipzig (Dokumentarfilmwoche).

2001

EIN LEBEN EIN ROMAN

R: Carl Bernhardt. **P:** Duskes GmbH (Berlin). Dokumentarfilm über Ingrid Caven.

2002

DU LIEBST MICH SOWIESO (YOU LOVE ME ANYWAY: HANNA SCHYGULLA AND ULLI LOMMEL ON FASSBINDER'S LOVE IS COLDER THAN DEATH)

R: Robert Fischer. **P:** Fiction Factory. Dokumentar-Kurzfilm.

DIETRICH LOHMANN ZU GÖTTER DER PEST

P: ARTHAUS/Kinowelt/STUDIOCANAL GMBH. Interview, entstanden 1992 während der WERKSCHAU.

3sat KULTURZEIT

M: Christine Thalmann. **A:** Peter Twiehaus. **ES:** 13.6.2002 (3sat). TV-Magazin mit einem Beitrag zum 20. Todestag von RWF. Interview mit Juliane Maria Lorenz. Ausschnitte aus MARTHA und LOLA.

FASSBINDER IN HOLLYWOOD

R: Robert Fischer. **P:** BR/Fiction-Factory/Lavida. Dokumentarfilm.

DAS JAHRHUNDERT DES THEATERS – DIE KINDER VON MARX UND COCA-COLA

R: Peter von Becker, C. Rainer Ecke. **P:** ZDF. Sechsteilige TV-Dokumentation mit einem Beitrag über RWFs Theater in Folge 5.

RAINER WERNER FASSBINDER – DER THEATERMENSCH. DER BÜHNENMENSCH

R: Bruno Schneider. **P:** ZDF/Metropolis Film. Dokumentarfilm.

2003

INTERVIEW WITH BRIGITTE MIRA

M: Robert Fischer. In: ALI: FEAR EATS THE SOUL (DVD). **P:** Fiction Factory/ Criterion.

EDITED BY THEA EYMESZ

In: ALI: FEAR EATS THE SOUL (DVD). **P:** Fiction Factory/Criterion. Interview mit Thea Eymesz.

HANNA SCHYGULLA: ERINNERUNGEN AN LILI MARLEEN

M: Robert Fischer. In: LILI MARLEEN (DVD). P: Fiction Factory/ARTHOUSE/ Kinowelt.

JULIANE LORENZ ÜBER LILI MARLEEN

In: LILI MARLEEN (DVD). **P:** Fiction Factory/ARTHOUSE/Kinowelt.

JULIANE MARIA LORENZ WITH KARRY KARDISH

In: CRITERION: THE BRD TRILOGY (DVD). **P:** Criterion.

KAMERAMANN XAVER SCHWARZENBERGER IM INTERVIEW (CINEMATOGRAPHER XAVER SCHWARZENBERGER)

In: LOLA, DIE SEHNSUCHT DER VERONIKA VOSS und CRITERION: THE BRD TRILOGY (DVDs). **P:** Fiction Factory/Criterion.

HANNA SCHYGULLA ZU DIE EHE DER MARIA BRAUN
In: CRITERION: THE MARRIAGE OF MARIA BRAUN und CRITERION: THE BRD TRILOGY (DVDs). **P:** Fiction Factory.

VIDEO INTERVIEW WITH FASSBINDER SCHOLAR ERIC RENTSCHLER
In: CRITERION: THE MARRIAGE OF MARIA BRAUN (DVD). **P:** Criterion.

2004

INTERVIEW MIT XAVER SCHWAZENBERGER ZU LOLA (CINEMATOGRAPHER XAVER SCHWARZENBERGER)
In: ARTHOUSE: LOLA und CRITERION: THE BRD TRILOGY (DVDs). P: Fiction Factory/Arthouse/Kinowelt.

SCREENWRITER PETER MÄRTHESHEIMER
In: ARTHOUSE: LOLA, ARTHOUSE: DIE SEHNSUCHT DER VERONIKA VOSS und CRITERION: THE BRD TRILOGY (DVDs). **P:** Fiction Factory.

KAMERMANN MICHAEL BALLHAUS ZU MARTHA
In: ARTHOUSE: DIE SEHNSUCHT DER VERONIKA VOSS (DVD). **P:** ARTHAUS/Kinowelt.

GESPRÄCH ZWISCHEN ROSEL ZECH UND JULIANE MARIA LORENZ
In: ARTHOUSE: MARTHA (DVD). **P:** ARTHAUS/Kinowelt/STUDIOCANAL.

XAVER SCHWARZENBERGER ZU DIE SEHNSUCHT DER VERONIKA VOSS (THE CINEMATOGRAPHER XAVER SCHWARZENBERGER)
In: ARTHOUSE: DIE SEHNSUCHT DER VERONIKA VOSS (DVD). **P:** Fiction Factory/ARTHOUSE/Kinowelt.

PETER MÄRTHESHEIMER ZU DIE SEHNSUCHT DER VERONIKA VOSS
In: ARTHOUSE: DIE SEHNSUCHT DER VERONIKA VOSS (DVD). **P:** ARTHOUSE/Kinowelt.

JULIANE MARIA LORENZ ÜBER FASSBINDER UND DEUTSCHLAND IM HERBST
In: ARTHOUSE: DEUTSCHLAND IM HERBST (DVD). **P:** ARTHOUSE/Kinowelt.

GEGENÖFFENTLICHKEIT: VOLKER SCHLÖNDORF ÜBER DEUTSCHLAND IM HERBST
In: ARTHOUSE: DEUTSCHLAND IM HERBST (DVD). **P:** ARTHOUSE/Kinowelt.

DIE WURZELN DER WUNDEN: JULIANE MARIA LORENZ ZU RWF IN EINEM JAHR MIT 13 MONDEN
In: ARTHOUSE: IN EINEM JAHR MIT 13 MONDEN (DVD). **P:** Fiction Factory/ARTHOUSE/Kinowelt/STUDIO-CANAL.

LIEBE UND VERZWEIFLUNG: WERNER SCHROETER ZU IN EINEM JAHR MIT 13 MONDEN
In: ARTHOUSE: IN EINEM JAHR MIT 13 MONDEN (DVD). **P:** Fiction Factory/ARTHOUSE/Kinowelt/STUDIO-CANAL.

RICHARD LINKLATER ZU IN EINEM JAHR MIT 13 MONDEN
In: FANTOMA: IN A YEAR WITH 13 MOONS (DVD).

DAS LÄCHELN DES SADISTEN
R: Robert Fischer. **P:** Fiction Factory. Dokumentarfilm.

HANNA SCHYGULLA – MEIN LEBEN – MA VIE
R: Frank Eggers. **P:** ARTE/MACROSCOPE FILM. Dokumentarfilm.

JULIANE MARIA LORENZ ÜBER DIE DRITTE GENERATION
In: ARTHOUSE: DIE DRITTE GENERATION. **P:** ARTHAUS/STUDIOCANAL.

2005

TITEL THESEN TEMPERAMENTE
Re: Brigitte Kleine. **ES:** 17.4.2005 (ARD). TV-Kulturmagazin mit einem Beitrag zur RWF-Retrospektive im Centre Pompidou in Paris und Interviews mit Hanna Schygulla und Juliane Maria Lorenz.

DEUTSCHE LEBENSLÄUFE: RAINER WERNER FASSBINDER
R: Dagmar Wittmers. TV-Dokumentarfilm.

MIT MEINEN FILMEN BAU ICH EIN HAUS
R: Dagmar Wittmers. **Da:** u.a. Hanna Schygulla, Daniel Schmid, Peer Raben, Irm Hermann, Ingrid Caven, Juliane Maria Lorenz, Harry Baer. **ES:** 27.5.2005 (ARTE/SR.). Dokumentarfilm.

BECKMANN
M: Reinhold Beckmann. **G:** Karlheinz Böhm, Walter Bockmayer, Günter Lamprecht, Irm Hermann, Udo Kier, Rosel Zech, Hanna Schygulla.
ES: 3.10.2005 (ARD/NDR). TV-Sendung zum 60. Geburtstag von RWF.

2006

ALTER EGO: HARRY BAER ÜBER RAINER WERNER FASSBINDER
R: Robert Fischer. **P:** Fiction Factory, München. Dokumentarfilm.

A POWERFUL POLITICAL POTENTIAL
In: ARROW FILM: FEAR EATS THE SOUL und ARTHAUS: ANGST ESSEN SEELE AUF. **P:** Fiction Factory. Feature über Michael Ballhaus.

2007

FASSBINDERS BERLIN ALEXANDERPLATZ REMASTERED – BEOBACHTUNGEN BEI DER RESTAURATION
R: Juliane Maria Lorenz. **P:** Rainer Werner Fassbinder Foundation; Berlin. Dokumentarfilm.

FASSBINDERS BERLIN ALEXANDERPLATZ: EIN MEGA-FILM UND SEINE GESCHICHTE
R: Juliane Maria Lorenz. **P:** Rainer Werner Fassbinder Foundation, Berlin. Dokumentarfilm.

JULIANE LORENZ UND ELISABETH TRISSENAAR ZU BERLIN ALEXANDERPLATZ REMASTERED – DW-TV
ES: 9.2.2007 (Deutsche Welle TV).

3sat KULTURZEIT
Re: Tillman Jens. **ES:** 11.6.2007 (ZDF/3sat). TV-Magazin mit einem Beitrag zum 25. Todestag von RWF unter dem Titel »Rainer ist meiner« und der Restaurierung des Films BERLIN ALEXANDERPLATZ. Interviews mit Juliane Maria Lorenz und Ingrid Caven.

BARBARA SUKOWA – MEIN LEBEN
R: Hilka Sinning. **ES:** 14.9.2008 (ARTE). Mehrteilige TV-Dokumentation.

2008

MICHAEL BALLHAUS – EINE REISE DURCH MEIN LEBEN
R: Vera Tschechowa. **ES:** 29.11.2008 (BR/NDR/WDR/SWR/tp Filmproduktion). TV-Dokumentation. Ausschnitte aus MARTHA und DIE EHE DER MARIA BRAUN.

2009

SWR 1 – LEUTE
ES: 27.5.2009 (SWR 1 - Leute). Radiosendung mit dem Beitrag »Peter Berling - Schauspieler und Schriftsteller«.

3sat KULTURZEIT
ES: 9.9.2009 (3sat). TV-Kulturmagazin mit einem Beitrag von Claudia Kuhland zu den Proben zur Aufführung von *Der Müll, die Stadt und der Tod* im Theater an der Ruhr.

WEST.ART AM DIENSTAG
ES: 22.9.2009 (WDR). TV-Kulturmagazin mit dem Beitrag »Eklat um Fassbinder-Stück« zu *Der Müll, die Stadt und der Tod* im Theater an der Ruhr.

2010

DA MUSSTE JETZT DURCH, JÜNTA!
R: Dagmar Wittmers. **ES:** 16.1.2010 (rbb). TV-Dokumentation über Günter Lamprecht.

FASSBINDERS WELT AM DRAHT – BLICK VORAUS INS HEUTE
R: Juliane Maria Lorenz. **P:** Rainer Werner Fassbinder Foundation, Berlin. Dokumentarfilm.

DEUTSCHLANDRADIO KULTUR
M: Britta Bürger. **ES:** 14.2.2010 (rbb Radio Eins). Radiointerview mit Ingrid Caven über Daniel Schmid, Werner Schroeter, RWF und dessen Film WELT AM DRAHT.

VON DER LIEBE ZU DEN ZWÄNGEN: MUTMASSUNGEN ÜBER FASSBINDERS ICH WILL DOCH NUR, DASS IHR MICH LIEBT
R: Robert Fischer. **P:** Fiction Factory/Bavaria Media. Dokumentarfilm.

2011

JANNAT'ALI (ALI IM PARADIES/ MY NAME IS NOT ALI)
R: Viola Shafik. **P:** mec Film. **UA:** 7.11.2011 (Arabisches Filmfestival, Berlin). Deutsch-ägyptischer Dokumentarfilm zum Leben von El Hedi ben Salem.

UNTER VIER AUGEN
M: Nina Ruge. **ES:** 17.6.2011. TV-Talksendung mit Gottfried John.

BEI ANRUF SCHNITT AUF VIERUNDZWANZIG.DE
P: Deutsche Filmakademie/Portal 24. **ES:** 8.8.2011. Juliane Maria Lorenz im Interview über die Montage von DIE EHE DER MARIA BRAUN.

DAS KINO UND SEIN DOUBLE: ERINNERUNGEN AN RAINER WERNER FASSBINDERS DESPAIR
R: Robert Fischer. **P:** Fiction Factory, München. Dokumentarfilm.

METROPOLIS: INTERVIEW MIT EVA MATTES
ES: 19.11.2011 (ARTE). TV-Kinomagazin. Interview mit Eva Mattes anlässlich der Veröffentlichung ihres Buches *Wir können nicht alle wie Berta sein.* Thema: Mattes' Arbeit mit Fassbinder, Herzog, Zadek.

2012

CAPRICCIO
ES: 22.3.2012 (BR). Fernseh-Kulturmagazin mit einem Beitrag zum 30. Todestag von RWF. Berichte zu den Theaterstücken *Die bitteren Tränen der Petra von Kant* am Residenztheater München und *Satansbraten* an den Kammerspielen München mit Filmausschnitten aus den gleichnamigen Filmvorlagen. Interviews mit Hanna Schygulla, Martin Kušej und Brigitte Hobmeier.

TTT – TITEL THESEN TEMPERAMENTE
ES: 6.5.2012 (WDR/ARD). TV-Kulturmagazin mit einem Beitrag zum 30. Todestag von RWF unter dem Titel *Seismograph deutscher Befindlichkeiten*. Interviews mit Hanna Schygulla und Harry Baer.

DCPT – OHNE MUSIK IST ALLES LEBEN EIN IRRTUM – FASSBINDERS BEERDIGUNG
P: DCPT TV online. Irm Hermann im Interview mit Alexander Kluge.

ES WAR EINMAL ... DIE EHE DER MARIA BRAUN
R: François Lévy Kuentz. **ES:** 18.6.2012 (ARTE). TV-Dokumentation. Interviews mit Hanna Schygulla, Elisabeth Trissenaar, Günter Lamprecht, Michael Ballhaus, Juliane Maria Lorenz, Barbara Baum, Yann Lardeau und Daniel Cohn-Bendit.

ARTE-INTERVIEWS IM WEBDOSSIER
P: ARTE/group galore. **ES:** 19.6.2012 auf ARTE. Beiträge unter dem Motto »Ein Werk, das seine Zeit überstehen wird«. Fatih Akin, Juliane Maria Lorenz, Ulrich Seidl und Ken Loach über die Persönlichkeit und das Werk von RWF.

BAYERN 2
ES: 27.6.2012 (Bayern 2). Radiobeitrag zu Erinnerung an Doris Schade.

GANZ MÜNCHEN.DE INGRID CAVEN ALS EHRENGAST BEI DER HOMMAGE FÜR RWF BEIM FILMFEST MÜNCHEN

ES: 2.7.2012 (Ganz-münchen.de). Videobeitrag und Interview mit Ingrid Caven und u.a. mit Isolde Barth, Robert Fischer, Renate Leiffer, Francis Brücher, Michael Fengler, Andrea Schober.

REDEN ÜBER FILM XV: ISOLDE BARTH ÜBER RAINER WERNER FASSBINDER

ES: 4.7.2012 (Filmfest München). YouTube-Videobeitrag.

INGRID CAVEN BEIM FILMFEST MÜNCHEN IN DER BLACK BOX – FILMMAKERS LIVE VIDEO

P: SigilnAction. **ES:** 11.7.2012. Mitschnitt einer Pressekonferenz in der Black Box zur Fassbinder-Hommage auf dem Filmfest München mit Robert Fischer und Ingrid Caven.

INTERVIEW MIT TODD HAYNES. 2012

ES: 7.7.2012 (Filmfest München). YouTube-Videobeitrag mit kurzem Statement von Todd Haynes zu RWF.

KINO KINO

ES: 4.7.2012 (BR). Fernseh-Kinomagazin mit Beitrag zur RWF-Hommage auf dem Filmfest München; u.a. mit Ingrid Caven im Interview.

3sat KULTURZEIT

M: Ernst A. Grandits. **ES:** 12.11.2012 (3sat). Fernseh-Kulturmagazin mit einem Beitrag von Teresa Corceiro zum Dokumentarfilm ALI IM PARADIES. Interview mit Viola Shafik.

ROSAS WELT – »EVA MATTES«

ES: 24.11.2012 (rbb). TV-Dokumentation. Interview von Rosa von Praunheim mit und über Eva Mattes.

2013

THADEUSZ

M: Jörg Thadeusz. **ES:** 5.2.2013 (rbb). Talkshow. Regina Ziegler im Interview u.a. auch zu den Dreharbeiten von KAMIKAZE 1989.

THADEUSZ

M: Jörg Thadeusz. **ES:** 5.2.2013 (rbb). Talkshow. Michael Ballhaus im Interview u.a. auch zu den Dreharbeiten von WHITY.

RBB – KULTURRADIO

Re: Frank Schmid. **ES:** 3.6.2013 (rbb – Kulturradio). Radiosendung »Ikone, Muse, Mythos und Mensch« über Hanna Schygulla.

RBB – KULTURRADIO

Re: Dirk Fuhring. **ES:** 2.8.2013 (rbb – Kulturradio). Radiosendung mit dem Beitrag »Irm Hermann. Ich bedauere es nicht«.

2015

FASSBINDER – LIEBE OHNE FORDERN

R: Christian Braad Thomsen. **P:** Kollektiv Film. Dokumentarfilm.

FASSBINDER

R: Annekatrin Hendel. **ES:** 25.5.2015 (ARTE). **P:** It Works! Medien, Berlin mit RWFF/SWR/BR/WDR/RBB/ARTE. Dokumentarfilm.

… UND

1983

EIN MANN WIE EVA

R: Radu Gabrea. **DB:** Radu Gabrea, Laurens Straub, nach einer Idee von Horst Schier und Laurens Straub. **K:** Horst Schier. **Da:** Eva Mattes (Eva, Regisseur), Lisa Kreuzer (Gudrun), Werner Stocker (Walter), Charles Regnier (Yvonne), Charly Muhamed Huber (Ali), Carola Regnier (Else). **P:** Horst Schier und Laurens Straub/ Trio-Film/Impuls Film/Maran-Film. **UA:** 17.2.1984.

2020

ENFANT TERRIBLE

R: Oskar Roehler. **DB:** Klaus Richter und Oskar Roehler. **K:** Carl-F. Koschnick. **Da:** Oliver Masucci (Rainer Werner Fassbinder), Hary Prinz (Kurt), Katja Riemann (Gudrun), Frida-Lovisa Hamann (Martha), Eva Mattes (Brigitte Mira), Erdal Yıldız (Salem), Isolde Barth (Rainers Mutter), Jochen Schropp (Armin), Alexander Scheer (Andy Warhol), Michael Klammer (Günther). **P:** Bavaria Film, München/X Filme Creative Pool, Köln. **Kinostart:** 1.10.2020.

Nicht realisierte Filmprojekte (Auswahl)

1966

»Tischtennis«

Drehbuch für ein nicht realisiertes Fernsehspiel.

»Parallelen«

Drehbuch für einen nicht realisierten Kurzfilm, frei nach der Kurzgeschichte *Schließ die letzte Tür* von Truman Capote. Ein weiterer Drehbuchentwurf gleichen Namens basiert auf Fassbinders Theaterstück *Nur eine Scheibe Brot*.

1967

»Der 30. Mai«

B: Rainer Werner Fassbinder, Susanne Schimkus. Der Text bildet die Grundlage für Fassbinders Hörspiel *Keiner ist böse und keiner ist gut*.

1975

»Soll und Haben«

DB: Rainer Werner Fassbinder nach Gustav Freytag. Das Drehbuch in Zusammenarbeit mit H. Knopp wird abgelehnt. Geplantes TV-Projekt mit dem Norddeutschen Rundfunk (NDR).

1980

»Hurra, wir leben noch«

Rainer Werner Fassbinder spricht das Drehbuch zum Spielfilm auf Tonband.

1980–1982

»Kokain«

DB: Rainer Rerner Fassbinder schreibt für Rialto Film/Horst Wendlandt. Geplanter Spielfilm.

1982

»Ich bin das Glück dieser Erde«

P: Tango-Film, München. Geplanter Spielfilm.

»Rosa L.«

DB: Rainer Werner Fassbinder nach *Der Ruf der Lerche* von Peter Märthesheimer und Pea Fröhlich (Fragmente).

Theatrografie

Theaterstücke von Rainer Werner Fassbinder

1965

Nur eine Scheibe Brot

B: Rainer Werner Fassbinder. Gewinnt 1966 den 3. Preis bei einem Dramenwettbewerb. **Erstaufführung:** 1995. **R:** Georg Schuchter. Volkstheater Wien/Bregenzer Festspiele.

1965–1966

Tropfen auf heiße Steine

B: Rainer Werner Fassbinder. **R:** Klaus Weise. Premiere: TheaterFestival (München). 1985.

1968

Katzelmacher

B: Rainer Werner Fassbinder. **R:** Rainer Werner Fassbinder, Peer Raben. **Da:** Hanna Schygulla, Lilith Ungerer, Doris Mattes, Irm Hermann, Ingrid Caven, Gunter Krää, Rudolf Waldemar Brem, Jörg Schmitt, Peer Raben. **P:** action-theater (München). **Premiere:** 7.4.1968.

Iphigenie auf Tauris von Johann Wolfgang von Goethe

B: Rainer Werner Fassbinder nach Johann Wolfgang von Goethe. **R:** Rainer Werner Fassbinder. **M:** Peer Raben, Gottfried von Hüngsberg. **Da:** Rita Buser, Charly Brocksieper, Reinhold Gruber, Johannes Kiebranz, Peer Raben. **P:** antiteater (München). **Premiere:** 25.10.1968.

Ajax. Eine archaische Operette nach Sophokles

B: Rainer Werner Fassbinder, Peer Raben nach Sophokles. **R:** Rainer Werner Fassbinder. **Da:** Kurt Raab, Rita Buser, Hartmut Solinger, Rudolf Waldemar Brem, Charly Brocksieper, Peer Raben, Dagmar Kreiner, Ralph Enger. **P:** antiteater (München). **UA:** 9.12.1968.

Der amerikanische Soldat

B: Rainer Werner Fassbinder nach dem Film MURDER BY CONTRACT von Irving Lerner. **R:** Rainer Werner Fassbinder, Peer Raben. **Da:** Hartmut Solinger, Kurt Raab, Peer Raben. **P:** antiteater (München). **Premiere:** 9.12.1968.

1969

Die Bettleroper

B: Rainer Werner Fassbinder nach John Gay. **R:** Rainer Werner Fassbinder. **M:** Peer Raben. **Da:** Kurt Raab, Peer Raben, Ingrid Caven, Hanna Schygulla, Rainer Werner Fassbinder, Ursula Strätz, Irm Hermann, Dagmar Kreiner, Ralph Enger. **P:** antiteater (München). **Premiere:** 1.2.1969.

Pre-Paradise Sorry Now

B: Rainer Werner Fassbinder. **R:** Peer Raben. **M:** Peer Raben. **Da:** Hanna Schygulla, Reinhold Gruber, Kurt Raab, Irm Hermann, Peer Raben. **P:** antiteater (München). **Premiere:** 16.3.1969.

Anarchie in Bayern

B: Rainer Werner Fassbinder. **R:** Peer Raben, Rainer Werner Fassbinder. **Da:** Monika Klein, Kurt Raab, Hans Hirschmüller, Irm Hermann, Peer Raben, Ursula Strätz, Rainer Werner Fassbinder, Ingrid Caven, Peter Moland, Reinhold Gruber, Doris Mattes, Carla Aulaulu, Rita Buser, Jochen Pinker. **P:** antiteater im Werkraumtheater der Münchner Kammerspiele. **Premiere:** 14.6.1969.

Gewidmet Rosa v. Praunheim

B: Rainer Werner Fassbinder. **R:** Rainer Werner Fassbinder. **Da:** Lilith Ungerer, Peter Moland. **P:** antiteater (München). **Premiere:** 19.7.1969.

Das Kaffeehaus

B: Rainer Werner Fassbinder nach Carlo Goldoni. **R:** Peer Raben, Rainer Werner Fassbinder. **Bühnenbild:** Wilfried Minks. **Da:** Hermann Faltis, Michael König, Georg Martin Bode, Jan-Geerd Buss, Uwe Karsten Koch, Margit Carstensen, Hans Hirschmüller, Ute Uellner. **P:** Schauspiel Bremen. **UA:** Juni oder 10.9.1969.

Das Kaffeehaus

B: Rainer Werner Fassbinder nach Carlo Goldoni. **R:** Peer Raben. **Da:** Kurt Raab, Harry Baer, Ursula Strätz, Ingrid Caven, Peter Moland, Peer Raben, Rudolf Waldemar Brem, u.a. **P:** antiteater, München. **Premiere:** 14.10.1969.

Werwolf

B: Harry Baer, Rainer Werner Fassbinder. **R:** Kollektiv. **Da:** Lilith Ungerer, Irm Hermann, Kurt Raab, Peter Moland, Harry Baer. **P:** antiteater in Berlin (Forum Theater). **Premiere:** 19.12.1969.

1970

Das brennende Dorf

B: Rainer Werner Fassbinder nach Lope de Vega. **R:** Peer Raben. **Bühnenbild:** Wilfried Minks, Erich Wonder. **Da:** Margit Carstensen, Hans Hirschmüller, Irm Hermann, Rudolf Waldemar Brem, Willi Ress, Volker Geissler, Karl Scheydt, Ute Uellner, u.a. **P:** Schauspiel Bremen. **Premiere:** 7.11.1970.

1971

Blut am Hals der Katze. Marilyn Monroe contre les vampires

B: Rainer Werner Fassbinder. **R:** Peer Raben, Rainer Werner Fassbinder. **M:** Peer Raben. **Da:** Margit Carstensen, Hanna Schygulla, Katrin Schaake, Ingrid Caven, Heide Simon, Kurt Raab, Ulli Lommel, Hannes Gromball, Hans Hirschmüller, Rainer Werner Fassbinder. **P:** antiteater an den Städtischen Bühnen Nürnberg. **Premiere:** 20.3.1971.

Die bitteren Tränen der Petra von Kant

B: Rainer Werner Fassbinder. **R:** Peer Raben. **M:** Michael Goden. **Da:** Margit Carstensen, Maria Kayssler, Beatrix Martin, Renate Bochow, Elisabeth Gassner, Irm Hermann. **P:** Landestheater Darmstadt. **UA:** 5.7.1971 (im Rahmen der *Experimenta* Frankfurt am Main).

Bremer Freiheit

B: Rainer Werner Fassbinder. **R:** Rainer Werner Fassbinder. **Bühnenbild:** Wilfried Minks. **Da:** Margit Carstensen, Hans Hirschmüller, Helmut Erfurt, Annelore Kunze, Wolfgang Schenck, Kurt Raab, Norbert Kentrup, Ute Uellner, Fritz Schediwy, Gerd Timm, Willi Ress. **P:** Schauspiel Bremen. **UA:** 10.12.1971.

1973

Bibi

B: Rainer Werner Fassbinder nach Heinrich Mann. **R:** Rainer Werner Fassbinder. **M:** Peer Raben. **Bühnenbild:** Rainer Werner Fassbinder, Peter Schulz. **Choreografie:** Frank Reno, Heidrun Harlander. **Da:** Ulli Lommel, Karl-Heinz Vosgerau, Margit Carstensen, Hanna Schygulla, Peter Kern, Brigitte Mira, Rudolf Waldemar Brem, Peter Chatel, Ingrid Caven. **P:** Schauspielhaus Bochum. **Premiere:** 21.1.1973.

1975

Der Müll, die Stadt und der Tod

B: Rainer Werner Fassbinder. Nicht in Deutschland aufgeführt, bis auf eine Pressevorführung am Schauspiel Frankfurt. **R:** Dietrich Hilsdorf, 4.11.1985. Seitdem international in verschiedenen Produktionen aufgeführt.

Theaterregie

1967

Leonce und Lena

R: Rainer Werner Fassbinder, Peer Raben. **B:** Georg Büchner. **Da:** Kurt Raab, Peer Raben, Kristin Peterson, Ursula Strätz, Rainer Werner Fassbinder (Valerio), Lilith Ungerer, Horst G. Trießler, Peter J. Heinrich. **P:** action-theater. **Premiere:** 3.10.1967.

Hands up, Heiliger Johannes!

R: Rainer Werner Fassbinder, Peer Raben. **B:** Bob Burleson. **Da:** Rainer Werner Fassbinder, Kurt Raab, Elke Koska. **P:** action-theater. **Premiere:** 10.12.1967.

Die Verbrecher

R: Rainer Werner Fassbinder. **B:** Ferdinand Bruckner. **Da:** Rainer Werner Fassbinder (Kellner Tunichtgut), Kurt Raab, Irm Hermann, Ursula Strätz, Peer Raben, Rudolf Waldemar Brem, Toni El Gitano. **P:** action-theater. **Premiere:** 18.12.1967.

1968

Zum Beispiel Ingolstadt

R: Rainer Werner Fassbinder. **B:** Marieluise Fleißer mit Szenen von Rainer Werner Fassbinder. **Da:** Hanna Schygulla, Peer Raben, Irm Hermann, Elke Koska, Rudolf Waldemar Brem, Kurt Raab, Franz Xaver Kroetz. **P:** Büchner Theater. **Premiere:** 18.2.1968.

Axel Caesar Haarmann

R: Kollektiv. **B:** Kollektiv. **Da:** Doris Mattes, Lilith Ungerer, Hanna Schygulla, Irm Hermann, Ingrid Caven, Jörg Schmidt, Peer Raben, Horst G. Tießler, Rudolf Waldemar Brem, Gunter Krää, Rainer Werner Fassbinder. **P:** action-theater. **Premiere:** 26.4.1968.

Chung

R: Kollektiv. **B:** Kollektiv. Straßentheater, München, Mai 1968. **P:** action-theater.

Wie dem Herrn Mockinpott das Leiden ausgetrieben wurde

R: Jörg Schmitt, Rainer Werner Fassbinder. **B:** Peter Weiss. **Da:** Kurt Raab, Rudolf Waldemar Brem, Irm Hermann, Lilith Ungerer, Hanna Schygulla, Doris Mattes, Jörg Schmitt. **P:** antiteater. **Premiere:** 10.7.1968.

Orgie Ubuh

R: Kollektiv. **B:** Kollektiv, nach dem Theaterstück *Ubu Roi* (*König Ubuh*) von Alfred Jary. **Da:** Kurt Raab, Lilith Ungerer, Rudolf Waldemar Brem, Peer Raben, Irm Hermann, Gunter Krää. **P:** antiteater. **Premiere:** 2.8.1968.

Hilferufe

R: Rainer Werner Fassbinder. **B:** Peter Handke. **Da:** Rainer Werner Fassbinder, Peer Raben, Irm Hermann, Dagmar Kreiner, Monika Nüchtern, u.a. **P:** antiteater. **Premiere:** 17.11.1968.

1971

Pioniere in Ingolstadt

R: Rainer Werner Fassbinder. **B:** Rainer Werner Fassbinder nach Marieluise Fleißer. **Bühnenbild:** Wilfried Minks, Burkhard Maurer. **Da:** Rainer Werner Fassbinder, Irm Hermann, Rudolf Waldemar Brem, Kurt Raab, Hans Hirschmüller. **P:** Schauspielhaus Bremen. **Premiere:** 7.11.1971.

1972

Liliom

R: Rainer Werner Fassbinder. **B:** Ferenc Molnár. **Bühnenbild:** Manfred Lütz, Kurt Raab, Rainer Werner Fassbinder. **Da:** Wolfgang Schenck, Hanna Schygulla, Irm Hermann, Margit Carstensen, Jutta Wachsmann, Kurt Raab, Ingrid Caven, Rudolf Waldemar Brem, Peter Kern, Rainer Hauer, Ulli Lommel, Karl von Liebezeit, El Hedi ben Salem. **P:** Schauspielhaus Bochum. **Premiere:** 2.12.1972.

1973

Hedda Gabler

R: Rainer Werner Fassbinder. **B:** Henrik Ibsen. **Bühnenbild:** Kurt Raab, Rainer Werner Fassbinder. **Da:** Karlheinz Böhm, Margit Carstensen, Gisela Fackeldey, Eva Mattes, Kurt Raab, Peter Chatel, Helga Ballhaus. **P:** Freie Volksbühne Berlin. **Premiere:** 21.12.1973.

1974

Die Unvernünftigen sterben aus

R: Rainer Werner Fassbinder. **B:** Peter Handke. **Bühnenbild:** Christian A. Steifo. **Da:** Matthias Fuchs, Peter Gavajda, Peter Danzeisen, Edgar Böhlke, Kurt Raab, Jürgen Kloth, Elisabeth Trissenaar, Irm Hermann. **P:** Schauspielhaus Frankfurt am Main. **Premiere:** 25.5.1974.

Germinal

R: Rainer Werner Fassbinder. **B:** Yaak Karsunke nach Émile Zola, Rainer Werner Fassbinder. **M:** Peer Raben. **Bühnenbild:** Peter Schulz. **Da:** Brigitte Mira, Karl-Heinz Staudenmayer, Heide Simon, Günther Arnulf Kopsch, Gottfried John, Volker Spengler, Klaus Diekmann, Malte Mylo, Margit Carstensen, Peter Neubauer, Peter Chatel, Kurt Raab, Jörg Albrecht, Peter Bollag, Ewald Sanden, Ursula Strätz, Irm Hermann, Peter Möbius, Karin Romig, Helga Ballhaus, Archim Geisler, Dietmar Roberg, Jeanette Becker, Ursula Lillig, Fouad Mediouni-Zaoudi. **P:** Theater am Turm (TAT), Frankfurt am Main. **Premiere:** 15.10.1974.

Onkel Wanja

R: Rainer Werner Fassbinder. **B:** Anton Tschechow. Bühnenbild: Peter Schulz. **Da:** Peter Neubauer, Margit Carstensen, Heide Simon, Gisela Fassbinder, Gottfried John, Karlheinz Böhm, Volker Spengler, Brigitte Mira, Ewald Sanden. **P:** Theater am Turm (TAT), Frankfurt am Main. **Premiere:** 8.12.1974.

1976

Frauen in New York

R: Rainer Werner Fassbinder. **B:** Clare Booth Luce. **Bühnenbild:** Rolf Glittenberg. **P:** Schauspielhaus Hamburg.

Nicht aufgeführte oder realisierte Theaterstücke

1970

Warnung vor einer heiligen Nutte

B: Rainer Werner Fassbinder.

1974

Die Erde ist unbewohnbar wie der Mond

B: Rainer Werner Fassbinder nach Gerhard Zwerenz.

Rainer Werner Fassbinder als Theaterdarsteller

1967

Antigone

R: Peer Raben. **B:** Bertolt Brecht, Sophokles. **Da:** Ursula Strätz, Marite Greiselis (später für sie: Hanna Schygulla); Kristin Peterson, Lilith Ungerer, Kurt Raab, Anatol von Gardner (später für ihn: Rainer Werner Fassbinder), Dieter Aurich, Inge Hisserich, Peter Heinrich, Arumis Le Loup, Michail Ivanoff, Heine Schoof, Toni El Gitano, **P:** action-theater. **Premiere:** 20.8.1967.

1968

Krankheit der Jugend

R: Jean-Marie Straub. **B:** Ferdinand Bruckner. **Da:** Rainer Fassbinder (Freder, der Zuhälter), Irm Hermann, Rudolf Waldemar Brem. **P:** action-theater. **Premiere:** 7.4.1968

1974

Fräulein Julie

R: Ula Stöckl und das Ensemble. **B:** August Strindberg. **M:** Peer Raben. **Da:** Rainer Werner Fassbinder (Jean), Margit Carstensen, Irm Hermann. **P:** Theater am Turm (TAT), Frankfurt am Main. **Premiere:** 13.10.1974.

Hörspiele

1970

Pre-Paradise Sorry Now

R, B: Rainer Werner Fassbinder. **P:** Süddeutscher Rundfunk (SDR), Stuttgart. **L:** 54 Min. **ES:** 10.4.1970.

Ganz in Weiß

R: Rainer Werner Fassbinder, Peer Raben. **B:** Rainer Werner Fassbinder. **M:** Gottfried Hüngsberg, Peer Raben. **Sprecher:** Ruth Drexel (Mutter), Peer Raben (Pfarrer), Kurt Raab (Erzieher), Harry Baer/Thomas Brandner/Fabian Brinkmann/Günther Kaufmann (Fürsorgezöglinge), Hanna Schygulla/Regina Hackethal (zwei Mädchen). **P:** Bayerischer Rundfunk (BR), München, in Zusammenarbeit mit Hessischer Rundfunk (HR), Frankfurt am Main, und Süddeutscher Rundfunk (SDR), Stuttgart. **L:** 47 Min. **ES:** 16.10.1970.

1971

Iphigenie auf Tauris von Johann Wolfgang von Goethe

R, B: Rainer Werner Fassbinder, nach Johann Wolfgang von Goethe. **M:** Peer Raben. **Sprecher:** Hanna Schygulla (Iphigenie), Kurt Raab (Thoas), Rainer Werner Fassbinder (Arkas), Hans Hirschmüller (Orest), Ulli Lommel (Pylades). **P:** Studio Akustische Kunst/Westdeutscher Rundfunk (WDR), Köln. **L:** 30 Min. **ES:** 15.5.1971.

1972

Keiner ist böse und keiner ist gut – Ein Versuch über Science Fiction

R, B: Rainer Werner Fassbinder. **M:** Peer Raben, Gottfried Hüngsberg, Rainer Werner Fassbinder. **Sprecher:** Hanna Schygulla (Elvira), Peer Raben (Petrov), Walter Sedlmayr (Großvater), Regina Hackethal (Jeanne), Fabian Brinkmann (Christoph), Rainer Werner Fassbinder (Erzähler) sowie El Hedi Ben Salem, Irm Hermann, Panos Papadopoulos, Kurt Raab, Karl Scheydt. **P:** Bayerischer Rundfunk (BR), München. **L:** 28 Min. **ES:** 5.5.1972.

Sonstige Werke

und Mitwirkung

1961–1965

Erste kurze Stücke, Gedichte, Kurzgeschichten, Drehbuchübungen, die nicht genau zeitlich zuzuordnen sind.

1969

Jagdszenen aus Niederbayern

R: Hermann Wenninger. **B:** Martin Sperr. Sprecher: u.a. Rainer Werner Fassbinder (Abram). Hörspiel.

1978

Othello

R: Peter Palitzsch. Rainer Werner Fassbinder beginnt nach Ende der Dreharbeiten zu IN EINEM JAHR MIT 13 MONDEN am Schauspielhaus Frankfurt mit den Proben zu *Othello*. Gibt die Rolle des Jago nach den ersten Proben ab.

Auszeichnungen und Preise

1966

3. Preis der Jungen Akademie München für *Nur eine Scheibe Brot*

1969

Förderpreis des Gerhardt-Hauptmann-Preises der Freien Volksbühne e.V. Berlin

FIPRESCI-Preis, Evangelischer Filmpreis des Internationalen Filmfestivals Mannheim-Heidelberg für KATZELMACHER

Preis der deutschen Filmkritik für KATZELMACHER

Fernsehpreis der Deutschen Akademie der Darstellenden Künste für KATZELMACHER

Teleplay-Preis des Fernsehfilmfestivals Baden-Baden für KATZELMACHER

1970

Bundesfilmpreis: Filmbänder in Gold (Produktion, Gestaltung, Buch) für KATZELMACHER; Filmband in Gold (Darstellung) für LIEBE IST KÄLTER ALS DER TOD; KATZELMACHER; GÖTTER DER PEST im Ensemble

Preis der Deutschen Filmkritik für KATZELMACHER

Preis der ökumenischen Jury der Internationalen Filmfestspiele Berlin für WARUM LÄUFT HERR R. AMOK?

Interfilm-Preis der Internationalen Filmfestspiele Berlin für WARUM LÄUFT HERR R. AMOK?

1971

Bundesfilmpreis: Filmband in Gold (Regie) für WARUM LÄUFT HERR R. AMOK? mit Michael Fengler

1972

Bundesfilmpreis: Filmband in Gold (Gestaltung) für HÄNDLER DER VIER JAHRESZEITEN

1973

Bundesfilmpreis: Filmbänder in Gold (Darstellung, Kamera) für DIE BITTEREN TRÄNEN DER PETRA VON KANT

Spezialpreis der Jury des Internationalen Filmfestivals Chicago für DIE BITTEREN TRÄNEN DER PETRA VON KANT

1974

Adolf-Grimme-Preis (Ehrende Anerkennung) für WELT AM DRAHT

Sutherland Trophy der British Film Institute Awards für MARTHA

Interfilm-Preis der Internationalen Filmfestspiele Berlin für FONTANE EFFI BRIEST

Bundesfilmpreis: Filmband in Gold (Brigitte Mira als Beste Darstellerin) für ANGST ESSEN SEELE AUF

FIPRESCI-Preis und Preis der ökumenischen Jury der Internationalen Filmfestspiele Cannes für ANGST ESSEN SEELE AUF

Silberner Hugo des Internationalen Filmfestivals Chicago für ANGST ESSEN SEELE AUF

1978

Bundesfilmpreis für DESPAIR – EINE REISE INS LICHT
Bundesfilmpreis: Filmband in Gold (Regie) für DEUTSCHLAND IM HERBST (Fassbinder hat für seinen Beitrag die Annahme des Preises abgelehnt)

1979

Bundesfilmpreis: Filmband in Silber (Produktion), Filmband in Gold (Regie) für DIE EHE DER MARIA BRAUN
Silberner Bär der Internationalen Filmfestspiele Berlin für DIE EHE DER MARIA BRAUN im technischen Team
Großer Preis des Internationalen Filmfestivals Figueira da Foz (Portugal) für DIE EHE DER MARIA BRAUN
Großer Preis des Internationalen Filmfestivals Orléans (Frankreich) für DIE EHE DER MARIA BRAUN
Bronzener Hugo des Internationalen Filmfestivals Chicago für IN EINEM JAHR MIT 13 MONDEN
Premios David di Donatello: Premio Luchino Visconti

1980

Golden Globe Nominierung (Bester ausländischer Film) für DIE EHE DER MARIA BRAUN
London Critics Circle Film Award (Bester fremdsprachiger Film) für DIE EHE DER MARIA BRAUN

1982

Goldener Bär der Internationalen Filmfestspiele Berlin für DIE SEHNSUCHT DER VERONIKA VOSS
FIPRESCI-Preis des Internationalen Filmfestivals Toronto für DIE SEHNSUCHT DER VERONIKA VOSS
Bundesfilmpreis für LOLA

Abbildungsnachweis

S. 28–35 DFF – Deutsches Filminstitut & Filmmuseum, Frankfurt am Main / Fassbinder-Handschriften-Archiv © Juliane Maria Lorenz-Wehling / Rainer Werner Fassbinder Foundation
S. 36 © DFF – Deutsches Filminstitut & Filmmuseum, Frankfurt am Main / Sammlung Peter Gauhe. Fotograf: Peter Gauhe
S. 39 © Felicitas Timpe. Bayerische Staatsbibliothek München / Bildarchiv, Fotoarchiv Felicitas Timpe
S. 40 © Roger Fritz. Fotograf: Roger Fritz
S. 44 + 45 © DFF – Deutsches Filminstitut & Filmmuseum, Frankfurt am Main / Nachlass Karl-Heinz Vogelmann
S. 47 DFF – Deutsches Filminstitut & Filmmuseum, Frankfurt am Main / Fassbinder-Handschriften-Archiv © Juliane Maria Lorenz-Wehling / Rainer Werner Fassbinder Foundation
S. 49–52 picture-alliance / dpa / dpa
S. 53 (links) picture-alliance / dpa / Manfred Rehm
S. 53 (rechts) picture-alliance / dpa / Police Handout
S. 54 © DFF – Deutsches Filminstitut & Filmmuseum, Frankfurt am Main / Sammlung Peter Gauhe. Fotograf: Peter Gauhe
S. 55 © DFF – Deutsches Filminstitut & Filmmuseum, Frankfurt am Main / Sammlung Peter Gauhe. Fotograf: Peter Gauhe
S. 56 (links) DFF – Deutsches Filminstitut & Filmmuseum, Frankfurt am Main / Fassbinder Collection. Dauerleihgabe der Rainer Werner Fassbinder Foundation, Berlin © RWFF
S. 56 (rechts oben und unten) DFF – Deutsches Filminstitut & Filmmuseum, Frankfurt am Main / Bildarchiv
S. 57 © DFF – Deutsches Filminstitut & Filmmuseum, Frankfurt am Main / Sammlung Peter Gauhe. Fotograf: Peter Gauhe
S. 58 (alle) © DFF – Deutsches Filminstitut & Filmmuseum, Frankfurt am Main / Sammlung Peter Gauhe. Fotograf: Peter Gauhe
S. 59 © DFF – Deutsches Filminstitut & Filmmuseum, Frankfurt am Main / Sammlung Peter Gauhe. Fotograf: Peter Gauhe
S. 60 (beide Fotos) DFF – Deutsches Filminstitut & Filmmuseum, Frankfurt am Main / Fassbinder Collection. Dauerleihgabe der Rainer Werner Fassbinder Foundation, Berlin © WDR / RWFF
S. 61 DFF – Deutsches Filminstitut & Filmmuseum, Frankfurt am Main / Fassbinder Collection. Dauerleihgabe der Rainer Werner Fassbinder Foundation, Berlin © WDR / RWFF
S. 62 + 63 © Roger Fritz. Fotograf: Roger Fritz
S. 64 + 65 © DFF – Deutsches Filminstitut & Filmmuseum, Frankfurt am Main / Sammlung Peter Gauhe. Fotograf: Peter Gauhe
S. 66 DFF – Deutsches Filminstitut & Filmmuseum, Frankfurt am Main / Fassbinder Collection. Dauerleihgabe der Rainer Werner Fassbinder Foundation, Berlin © Erika Rabau / Archiv: RWFF
S. 67 (links) © Michael Friedel. Fotograf: Michael Friedel
S. 67 (oben) DFF – Deutsches Filminstitut & Filmmuseum, Frankfurt am Main / Fassbinder Collection. Dauerleihgabe der Rainer Werner Fassbinder Foundation, Berlin © WDR / RWFF
S. 67 (unten): DFF – Deutsches Filminstitut & Filmmuseum, Frankfurt am Main / Fassbinder Collection. Dauerleihgabe der Rainer Werner Fassbinder Foundation, Berlin © Patrick La Banca / RWFF
S. 68 © DFF – Deutsches Filminstitut & Filmmuseum, Frankfurt am Main / Nachlass Karl-Heinz Vogelmann
S. 69 (oben links, oben rechts, unten links und mittig) © Roger Fritz. Fotograf: Roger Fritz
S. 69 (unten rechts) DFF – Deutsches Filminstitut & Filmmuseum, Frankfurt am Main / Fassbinder Collection. Dauerleihgabe der Rainer Werner Fassbinder Foundation, Berlin © Erika Rabau / Archiv: RWFF. Fotografin: Erika Rabau
S. 70 DFF – Deutsches Filminstitut & Filmmuseum, Frankfurt am Main / Fassbinder Collection. Dauerleihgabe der Rainer Werner Fassbinder Foundation, Berlin © Erika Rabau / Archiv: RWFF. Fotografin: Erika Rabau
S. 71 (links oben) DFF – Deutsches Filminstitut & Filmmuseum, Frankfurt am Main / Fassbinder Collection. Dauerleihgabe der Rainer Werner Fassbinder Foundation, Berlin © Erika Rabau / Archiv: RWFF. Fotografin: Erika Rabau
S. 71 (links unten) DFF – Deutsches Filminstitut & Filmmuseum, Frankfurt am Main / Fassbinder Collection. Dauerleihgabe der Rainer Werner Fassbinder Foundation, Berlin © Erika Rabau / Archiv: RWFF. Fotografin: Erika Rabau

S. 72 (oben) DFF – Deutsches Filminstitut & Filmmuseum, Frankfurt am Main / Fassbinder Collection. Dauerleihgabe der Rainer Werner Fassbinder Foundation, Berlin © Erika Rabau / Archiv: RWFF. Fotografin: Erika Rabau
S. 72 (unten) DFF – Deutsches Filminstitut & Filmmuseum, Frankfurt am Main / Fassbinder Collection. Dauerleihgabe der Rainer Werner Fassbinder Foundation, Berlin © RWFF
S. 73 (oben) DFF – Deutsches Filminstitut & Filmmuseum, Frankfurt am Main / Fassbinder Collection. Dauerleihgabe der Rainer Werner Fassbinder Foundation, Berlin © RWFF. Fotografin: Claire Beaugrand Champagne
S. 73 (unten) DFF – Deutsches Filminstitut & Filmmuseum, Frankfurt am Main / Fassbinder Collection. Dauerleihgabe der Rainer Werner Fassbinder Foundation, Berlin © RWFF. Fotograf: Christian Braad Thomsen
S. 73 (rechts) © Mario Mach / Deutsche Kinemathek, Berlin. Fotograf: Mario Mach
S. 80 Verlag der Autoren
S. 81 DFF – Deutsches Filminstitut & Filmmuseum, Frankfurt am Main / Fassbinder Collection. Dauerleihgabe der Rainer Werner Fassbinder Foundation, Berlin © Pit Ludwig / Archiv: RWFF. Fotograf: Pit Ludwig
S. 82 DFF – Deutsches Filminstitut & Filmmuseum, Frankfurt am Main / Fassbinder Collection. Dauerleihgabe der Rainer Werner Fassbinder Foundation, Berlin
S. 83 Verlag der Autoren / Teatro Principal, San Sebastian
S. 84 (oben) Verlag der Autoren / Staatstheater Stuttgart
S. 84 (unten) Verlag der Autoren / Staatstheater Mainz
S. 85 (links) Verlag der Autoren / Meininger Staatstheater
S. 85 (rechts) Verlag der Autoren / Theater Rotwelsch / Theater am Halleschen Ufer, Berlin © Dirk Bleicker. Fotograf: Dirk Bleicker
S. 86 Verlag der Autoren / Münchner Kammerspiele © Arno Declair. Fotograf: Arno Declair
S. 87 Verlag der Autoren / Münchner Kammerspiele
S. 89 Verlag der Autoren
S. 90 Verlag der Autoren
S. 91 Verlag der Autoren
S. 93 + 94 © DFF – Deutsches Filminstitut & Filmmuseum, Frankfurt am Main / Sammlung Hans Hirtreiter. Fotograf: Hans Hirtreiter
S. 95 (oben) DFF – Deutsches Filminstitut & Filmmuseum, Frankfurt am Main / Fassbinder Collection. Dauerleihgabe der Rainer Werner Fassbinder Foundation, Berlin / Archiv Yaak Karsunke
S. 95 (unten) DFF – Deutsches Filminstitut & Filmmuseum, Frankfurt am Main / Fassbinder Collection. Dauerleihgabe der Rainer Werner Fassbinder Foundation, Berlin © Wilfried Beege / Archiv: RWFF. Fotograf: Wilfried Beege
S. 96 DFF – Deutsches Filminstitut & Filmmuseum, Frankfurt am Main / Fassbinder Collection. Dauerleihgabe der Rainer Werner Fassbinder Foundation, Berlin © Ulrich Handl. Fotograf: Ulrich Handl
S. 97 DFF – Deutsches Filminstitut & Filmmuseum, Frankfurt am Main / Fassbinder-Handschriften-Archiv © Juliane Maria Lorenz-Wehling / Rainer Werner Fassbinder Foundation
S. 98 (links) DFF – Deutsches Filminstitut & Filmmuseum, Frankfurt am Main / Fassbinder Collection. Dauerleihgabe der Rainer Werner Fassbinder Foundation, Berlin © RWFF
S. 98 (rechts oben) DFF – Deutsches Filminstitut & Filmmuseum, Frankfurt am Main / Fassbinder-Handschriften-Archiv © Juliane Maria Lorenz-Wehling / Rainer Werner Fassbinder Foundation
S. 98 (rechts unten) + S. 99 DFF – Deutsches Filminstitut & Filmmuseum, Frankfurt am Main / Fassbinder Collection. Dauerleihgabe der Rainer Werner Fassbinder Foundation, Berlin © Andreas Buttmann / Archiv: RWFF. Fotograf Andreas Buttmann
S. 100 DFF – Deutsches Filminstitut & Filmmuseum, Frankfurt am Main / Fassbinder-Handschriften-Archiv © Juliane Maria Lorenz-Wehling / Rainer Werner Fassbinder Foundation
S. 101 © Manjit Jari. Fotograf: Manjit Jari
S. 112 Archiv Hans-Peter Reichmann
S. 113 © Michael Friedel. Fotograf Michael Friedel
S. 114 © Mario Mach / Deutsche Kinemathek, Berlin. Fotograf: Mario Mach
S. 115 DFF – Deutsches Filminstitut & Filmmuseum, Frankfurt am Main / Sammlung Volker Schlöndorff © Volker Schlöndorff
S. 116 (oben) DFF – Deutsches Filminstitut & Filmmuseum, Frankfurt am Main / Bildarchiv
S. 116 (unten) DFF – Deutsches Filminstitut & Filmmuseum, Frankfurt am Main / Fassbinder Collection © Ziegler Film
S. 117 beide Fotos: DFF – Deutsches Filminstitut & Filmmuseum, Frankfurt am Main / Fassbinder Collection © RWFF
S. 118 DFF – Deutsches Filminstitut & Filmmuseum, Frankfurt am Main / Fassbinder Collection © Sygma, Paris / RWFF
S. 119 DFF – Deutsches Filminstitut & Filmmuseum, Frankfurt am Main / Fassbinder Collection © RWFF
S. 126 + 127: DFF – Deutsches Filminstitut & Filmmuseum, Frankfurt am Main / Fassbinder Collection © RWFF. Fotograf: Maximilian Johannsmann
S. 129 DFF – Deutsches Filminstitut & Filmmuseum, Frankfurt am Main / Fassbinder-Handschriften-Archiv © Juliane Maria Lorenz-Wehling / Rainer Werner Fassbinder Foundation
S. 131–133 Archiv Thomas Kuchenreuther © Heinz Gebhardt. Fotograf: Heinz Gebhart
S. 134 Archiv Thomas Kuchenreuther
S. 135 © Isolde Ohlbaum. Fotografin: Isolde Ohlbaum
S. 136 © Michael Friedel. Fotograf Michael Friedel
S. 137 DFF – Deutsches Filminstitut & Filmmuseum, Frankfurt am Main / Bildarchiv
S. 138 DFF – Deutsches Filminstitut & Filmmuseum, Frankfurt am Main / Fassbinder Collection © HFF München / RWFF
S. 139 DFF – Deutsches Filminstitut & Filmmuseum, Frankfurt am Main / Fassbinder-Handschriften-Archiv © Juliane Maria Lorenz-Wehling / Rainer Werner Fassbinder Foundation
S. 140 DFF – Deutsches Filminstitut & Filmmuseum, Frankfurt am Main / Sammlung Peter Gauhe. Fotograf: Peter Gauhe
S. 142 DFF – Deutsches Filminstitut & Filmmuseum, Frankfurt am Main / Fassbinder Collection. Dauerleihgabe der Rainer Werner Fassbinder Foundation, Berlin © WDR-Bildarchiv
S. 143 DFF – Deutsches Filminstitut & Filmmuseum, Frankfurt am Main / Bildarchiv
S. 144–146 © DFF – Deutsches Filminstitut & Filmmuseum, Frankfurt am Main / Sammlung Peter Gauhe. Fotograf: Peter Gauhe
S. 147 DFF – Deutsches Filminstitut & Filmmuseum, Frankfurt am Main / Bildarchiv
S. 148 DFF – Deutsches Filminstitut & Filmmuseum, Frankfurt am Main / Fassbinder Collection / Sammlung Barbara Baum © RWFF. Fotograf: Karl Reiter
S. 149 (oben) DFF – Deutsches Filminstitut & Filmmuseum, Frankfurt am Main / Bildarchiv. Fotograf: Karl Reiter
S. 149 (unten) DFF – Deutsches Filminstitut & Filmmuseum, Frankfurt am Main / Fassbinder Collection © RWFF. Fotograf: Karl Reiter

S. 154 DFF – Deutsches Filminstitut & Filmmuseum, Frankfurt am Main / Fassbinder Collection © WDR / RWFF. Fotograf: Peter Gauhe
S. 155 DFF – Deutsches Filminstitut & Filmmuseum, Frankfurt am Main / Fassbinder Collection © WDR / RWFF. Fotograf: Peter Gauhe
S. 156 DFF – Deutsches Filminstitut & Filmmuseum, Frankfurt am Main / Fassbinder Collection © RWFF. Fotograf: Karl Reiter
S. 157 © DFF – Deutsches Filminstitut & Filmmuseum, Frankfurt am Main / Sammlung Peter Gauhe. Fotograf: Peter Gauhe
S. 158 + 159 DFF – Deutsches Filminstitut & Filmmuseum, Frankfurt am Main / Fassbinder Collection © WDR / RWFF
S. 160 DFF – Deutsches Filminstitut & Filmmuseum, Frankfurt am Main / Fassbinder Collection © WDR / RWFF
S. 161 DFF – Deutsches Filminstitut & Filmmuseum, Frankfurt am Main / Fassbinder Collection © WDR / RWFF. Fotograf: Peter Gauhe
S. 162 © DFF – Deutsches Filminstitut & Filmmuseum, Frankfurt am Main / Sammlung Peter Gauhe. Fotograf: Peter Gauhe
S. 163 DFF – Deutsches Filminstitut & Filmmuseum, Frankfurt am Main / Fassbinder Collection © WDR / RWFF. Fotograf: Peter Gauhe
S. 164 + 165 © DFF – Deutsches Filminstitut & Filmmuseum, Frankfurt am Main / Sammlung Peter Gauhe. Fotograf: Peter Gauhe
S. 174 DFF – Deutsches Filminstitut & Filmmuseum, Frankfurt am Main / Fassbinder Collection © Ulrich Handl / Archiv: RWFF. Fotograf: Ulrich Handl
S. 175 DFF – Deutsches Filminstitut & Filmmuseum, Frankfurt am Main / Fassbinder-Handschriften-Archiv © Juliane Maria Lorenz-Wehling / Rainer Werner Fassbinder Foundation
S. 176 Archiv Bernd Schultheis
S. 177 DFF – Deutsches Filminstitut & Filmmuseum, Frankfurt am Main / Musikarchiv
S. 182 DFF – Deutsches Filminstitut & Filmmuseum, Frankfurt am Main / Fassbinder Collection / RWFF / MoMa
S. 184 film comment. Digital Anthology, Mai 2014, unter Verwendung eines Fotos von Peter Gauhe © DFF / Peter Gauhe
S. 185 (oben) DFF – Deutsches Filminstitut & Filmmuseum, Frankfurt am Main / Fassbinder Collection / RWFF / Goethe Institut
S. 185 (unten) DFF – Deutsches Filminstitut & Filmmuseum, Frankfurt am Main / Fassbinder Collection. Entwurf: Vincent Topazio
S. 191 DFF – Deutsches Filminstitut & Filmmuseum, Frankfurt am Main / Fassbinder-Handschriften-Archiv © Juliane Maria Lorenz-Wehling / Rainer Werner Fassbinder Foundation
S. 193 DFF – Deutsches Filminstitut & Filmmuseum, Frankfurt am Main / Plakatarchiv
S. 194 + 195 © DFF – Deutsches Filminstitut & Filmmuseum, Frankfurt am Main / Sammlung Peter Gauhe. Fotograf: Peter Gauhe
S. 196 (oben) © DFF – Deutsches Filminstitut & Filmmuseum, Frankfurt am Main / Nachlass Karl-Heinz Vogelmann. Fotograf: Karl-Heinz Vogelmann
S. 196 (unten) DFF – Deutsches Filminstitut & Filmmuseum, Frankfurt am Main / Fassbinder Collection © RWFF. Fotograf: Leo Weisse
S. 197 DFF – Deutsches Filminstitut & Filmmuseum, Frankfurt am Main / Fassbinder Collection © WDR / RWFF
S. 199 Piffl Medien / Nicolas Wackerbarth
S. 200 DFF – Deutsches Filminstitut & Filmmuseum, Frankfurt am Main / Bildarchiv
S. 201 Piffl Medien / Nicolas Wackerbarth / DFF Bildarchiv
S. 203 DFF – Deutsches Filminstitut & Filmmuseum, Frankfurt am Main / Fassbinder-Handschriften-Archiv © Juliane Maria Lorenz-Wehling / Rainer Werner Fassbinder Foundation
S. 213 DFF – Deutsches Filminstitut & Filmmuseum, Frankfurt am Main / Fassbinder Collection © Erika Rabau / Archiv: RWFF. Fotografin: Erika Rabau
S. 214 DFF – Deutsches Filminstitut & Filmmuseum, Frankfurt am Main / Fassbinder Collection © RWFF
S. 215 Ingrid Caven © RWFF
S. 216 Photo Bruno Bertani / Courtesy Schirmer / Mosel
S. 218 + 219 © DFF – Deutsches Filminstitut & Filmmuseum, Frankfurt am Main / Sammlung Peter Gauhe. Fotograf: Peter Gauhe
S. 221 DFF – Deutsches Filminstitut & Filmmuseum, Frankfurt am Main / Fassbinder Collection © Deutsches Theatermuseum München, Archiv Roswitha Hecke
S. 222 DFF – Deutsches Filminstitut & Filmmuseum, Frankfurt am Main / Fassbinder Collection © RWFF
S. 224 DFF – Deutsches Filminstitut & Filmmuseum, Frankfurt am Main / Fassbinder Collection © RWFF
S. 225–227 DFF – Deutsches Filminstitut & Filmmuseum, Frankfurt am Main / Fassbinder Collection © RWFF / Maximilian Johannsmann. Fotograf: Maximilian Johannsmann
S. 228 + 229 © DFF – Deutsches Filminstitut & Filmmuseum, Frankfurt am Main / Nachlass Karl-Heinz Vogelmann
S. 230 Stadtarchiv München, LBK-23430
S. 231 + 232 © Wenders Stiftung 2012
S. 233 DFF – Deutsches Filminstitut & Filmmuseum, Frankfurt am Main DFF / Sammlung Volker Schlöndorff
S. 234 © Wenders Stiftung 2012
S. 235 © DFF – Deutsches Filminstitut & Filmmuseum, Frankfurt am Main / Sammlung Peter Gauhe. Fotograf: Peter Gauhe
S. 241 DFF – Deutsches Filminstitut & Filmmuseum, Frankfurt am Main / Fassbinder-Handschriften-Archiv © Juliane Maria Lorenz-Wehling / Rainer Werner Fassbinder Foundation

Die verwendeten Abbildungen wurden von den angegebenen Leihgeber*innen zur Verfügung gestellt oder entstammen den Archiven der Rainer Werner Fassbinder Foundation, Berlin, und dem DFF – Deutsches Filminstitut & Filmmuseum, Frankfurt am Main / Fassbinder Center.

Trotz intensiver Recherchen war es nicht in allen Fällen möglich, die Rechteinhaber*innen der Abbildungen ausfindig zu machen. Berechtigte Ansprüche werden im Rahmen der üblichen Vereinbarungen abgegolten.

Die Geltendmachung der Ansprüche gem. § 60h UrhG für die Wiedergabe von Abbildungen der Exponate/Bestandswerke erfolgt durch die VG Bild-Kunst.

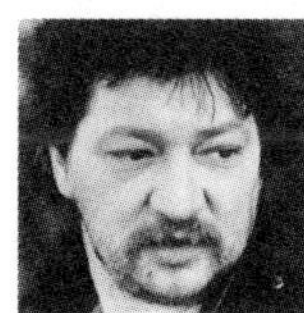

Rainer Werner Fassbinder Foundation

IMPRESSUM

Diese Publikation erscheint anlässlich der Ausstellung

Methode Rainer Werner Fassbinder
Eine Retrospektive

10. September 2021 bis 6. März 2022
Bundeskunsthalle, Bonn

Eine Ausstellung der Bundeskunsthalle, Bonn,
in Zusammenarbeit mit dem
DFF - Deutsches Filminstitut & Filmmuseum, Frankfurt am Main und
der Rainer Werner Fassbinder Foundation, Berlin

Bundeskunsthalle, Bonn
Intendantin
Eva Kraus

DFF – Deutsches Filminstitut & Filmmuseum, Frankfurt am Main
Direktorin
Ellen M. Harrington

Vorstand
Ellen M. Harrington
Aurélio de Sousa

Rainer Werner Fassbinder Foundation, Berlin
Präsidentin
Juliane Maria Lorenz-Wehling

AUSSTELLUNG

Kurator*innen
Hans-Peter Reichmann, Isabelle Louise Bastian, Susanne Kleine

Ausstellungsgestaltung
mind the gap! design, Karl-Heinz Best, Frankfurt am Main
Supportarchitekten, Meike Schermelleh, Heusenstamm

Medienkuratoren
Jean-Noël Lenhard, Michael Kinzer

Konzept »Musikeinsatz bei Fassbinder«
Bernd Schultheis

Konzept »Fassbinders Einflüsse«
Andrea Hartmann

Ausstellungsrealisation
Hossein Maghsoudi

Medien
Martin Leetz

Medientechnik
satis&fy, Karben

Digitale Leinwände
Active Image, Berlin

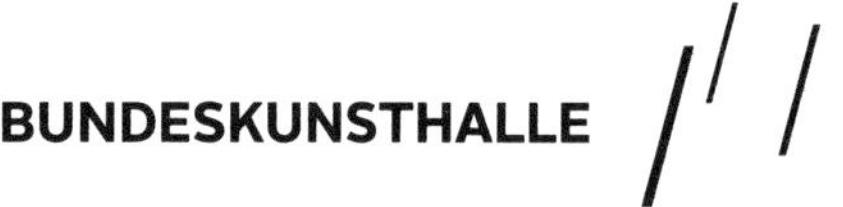

www.bundeskunsthalle.de

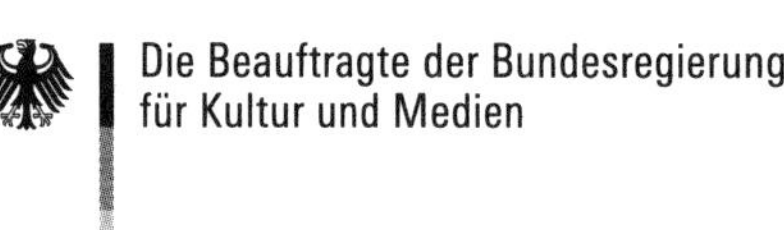

PUBLIKATION

Herausgeber*innen
Kunst- und Ausstellungshalle der Bundesrepublik Deutschland
DFF – Deutsches Filminstitut & Filmmuseum, Frankfurt am Main
Rainer Werner Fassbinder Foundation, Berlin

BUNDESKUNSTHALLE

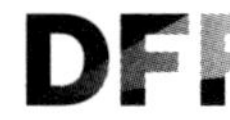

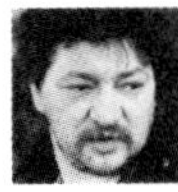
Rainer Werner Fassbinder Foundation

Konzeption, Koordination, Redaktion
Hans-Peter Reichmann, Isabelle Louise Bastian, Susanne Kleine

Katalogmanagement
Jutta Frings

Lektorat
Helga Willinghöfer

Rechteklärung
Eva Assenmacher

Korrektorat
Christine Fellhauer

Übersetzung aus dem Englischen
Proverb, Stuttgart

Grafische Gestaltung
mind the gap! design, Karl-Heinz Best, Frankfurt am Main

Projektmanagement Verlag
Valerie Hortolani, Hatje Cantz

Verlagsherstellung
Stefanie Kruszyk, Hatje Cantz

Lithografie
Repromayer Medienproduktion GmbH, Reutlingen

Schrift
Dashiell Text, Klarheit Kurrent

Papier
Munken Kristall, 150 g/m^2, Arctic Volume Highwhite, 150 g/m^2, Magno Gloss, 170 g/m^2, Munken Print White 18, 90 g/m^2

Druck und Bindung
Livonia Print, Riga

Umschlagabbildungen
Rainer Werner Fassbinder mit Kameramann Michael Ballhaus bei den Dreharbeiten zu WARNUNG VOR EINER HEILIGEN NUTTE
© DFF – Deutsches Filminstitut & Filmmuseum, Frankfurt am Main / Sammlung Peter Gauhe. Fotograf: Peter Gauhe

Herzlicher Dank für die Mitarbeit:
Tim Abele, Isabelle Becker, Patrik Blaser, Yvette Fuhrmann, Martin Hoffmann, André Mieles, Simon Lames, Jens Kaufmann Anna Maria Pahlke, Charlotte Schulze, Emily Simon-Stickley, Annalena Steppat

Ein herzlicher Dank gilt den Leihgeber*innen, den Autor*innen sowie den Fotograf*innen und vielen Anderen, die geholfen haben, die Ausstellung und den Katalog zu realisieren:
David Barnett; Barbara Baum; Bonner Kinemathek; Karlheinz Braun; Ingrid Caven; Deutsche Kinemathek – Museum für Film und Fernsehen; Deutsches Theatermuseum, München; Antonio Exacoustos; FTA Film- und Theater-Ausstattung GmbH, München; Robert Fischer; Michael Friedel; Roger Fritz; Christa Hedderich; Clemens Jeller; Barbara Klemm; Thomas Kuchenreuther; Henning Lohner; Juliane Maria Lorenz-Wehling; Sibyll Möbius; Annette Reschke; Wolfgang Schopf; Wolfram Schütte; Hanna Schygulla; STUDIOCANAL (Wiebke Weber), Berlin; Theaterkunst GmbH, Berlin; Verlag der Autoren, Frankfurt am Main; Jendrik Walendy

Erschienen im
Hatje Cantz Verlag GmbH
Mommsenstraße 27
10629 Berlin
www.hatjecantz.de
Ein Unternehmen der Ganske Verlagsgruppe

ISBN 978-3-7757-5105-6

Die Deutsche Nationalbibliothek verzeichnet diese Publikation in der Deutschen Nationalbiografie; detaillierte bibliografische Daten sind im Internet über http://dnb.d-nb.de abrufbar.

Printed in Latvia

Klaus Jänner Maja Lemcke Margarethe Ullmann Victor Curland Günther Kortwich
Gerhard Trampert Wolfgang Zerlett Grigorios Karipidis Wolfried Lier Christine
Christiane Jannessen Gerhard Freund Rolf Defrank Manfred Korytowski Rudolf
Fritz Schediwy Siegbert Kohl Thomas Burck Katharina von Martius Theo Teckle
Maryse Dellanoy Alexander Wesemann Hans D. Adenacker Marcel Massotti W
Maria Theres List Alois Woppmann Anne-Marie Bornheimer Peter Wohlers Frank H.
Katharina Herberg Elisabeth Bertram Erhard Spandel Franz-Josef Zimmermann
Lothar Elsässer Karl-Heinz Staudenmeyer Rüdiger Schmid Gustav Holzapfel Pete
Ulrike Bode Evelyn Döhring Paul Schöler Peter Notz Michael Octave Katren Ge
Edith Volkmann Robert Naegele Axel Ganz Inge Schulz Heinz-Hermann Bernstein He
Albert Goll Macha Méril Barbet Schroeder Jean-François Stévenin Nico Kehrha
Gustl Bayrhammer Helmut Alimonta Maria Singer Manfred Günther Adolph Grub
Willi Segler Henry Sokal Willi Lanzinger Brigitte Raupach Klaus Maier Micha
Christa Berndl Anne-Marie Kuster Carola Schwarz Adelheid Müther Heide Grü
Otto Kirchhoff Sabine Wegener Ehmi Bessel Dieter Meichsner Wolfgang Kühnlenz
Osman Ragheb Klaus Meyenberg Uli Wendt Dagmar Schauberger Karin Geuer Ro
Don French Wolfgang Mund Frantisek Vasék Walter Bockmayer Bob Dorsay Jan
Norbert Scherer Claus Kottmann Georg W. Borgel Andreas Willim Arno Mathes Ingebo
Anton Schirsner Martin Häussler Arthur Glogau Volker Canaris Thomas Womm
Hans-Günther Bücking Elvi Sefke Wolfgang Rühl Jean-Luc Marié Doris Glatz Georg E
Theodor Nischwitz Werner Achmann Jürgen Henze Fritz Goldmann Michael Assing
Heinz Stamm Heike Kruse Klaus Heim Theo Mair Lotte Müller Siegfried Haubold
Alexander Bräuer Frieda Lorenz Pamela Amerika Theo Müller Rolf Zacher Klaus
Gunther Witte Winfried Demuß Jürgen von Kornatzki Manfred Purzer Joshua Sincla
Alwin Schuler Hans Günter Stangl Robert Wischert Klaus Emberger Michael Behre
Traute Hoess Toni Netzle Volker Eckstein Dirk Galuba Paul Felix Arno E. Hausch A
Benigna von Keyserlingk Konstantin Thoeren Carla Thoeren Franz Achter Gerh
Stanislav Litera Andrea Heuer Maxim Oswald Marita Pleyer Ulrike Vigo Step
Yoshi Oida Bernd Wördehoff Leo Weisse Elisabeth Blanke Rupert Medele Hans R
Burkhard Driest Thomas Keck Wolfgang Kluge Siegmar Brüggenthies Wolfgang
Ingo Klein Ingrid Massmann-Körner Eva Fleischmann Galip İyitanır Stefan Beck
Natia Brunckhorst Robert van Ackeren Neil Bell Gilles Gavois Frank Ripploh Sam